Alfred Kerr · Erlebtes 2

Argon

ALFRED KERR · WERKE IN EINZELBÄNDEN
Herausgegeben von Hermann Haarmann und Günther Rühle

Alfred Kerr

Erlebtes
Reisen in die Welt

Herausgegeben
von
Hermann Haarmann

Argon

ALFRED KERR · WERKE IN EINZELBÄNDEN
BAND I, 2

© 1989 by Argon Verlag GmbH
Potsdamer Straße 77—87, 1000 Berlin 30
Alle Rechte vorbehalten
Printed in Germany

Satz: Mercator Druckerei GmbH
Druck und Bindung: Franz Spiegel Buch GmbH, Ulm

Frontispiz: Alfred Kerr, gezeichnet von Emil Orlik

ISBN 3-87024-902-1

Inhalt

I. Reiseimpressionen

Paris

II. Reisebücher

O Spanien!

Die Allgier trieb nach Algier

Eine Insel heißt Korsika

I. Reiseimpressionen

Paris

Der Abend in St.-Germain

I.

Ich kam zum ersten Mal nach Paris im Anfang des Monats Juni und blieb dort acht Wochen.

In St.-Germain bei Paris war eine Vorstellung angekündigt worden. Schauspieler und Musiker sollten dort, Sonntag abend, im Freien auftreten. Madame Dufresne vom Odeontheater war das Herz des Unternehmens. Ich beschloß, hinzufahren. Zu ihren Schülerinnen, welche mitwirken durften, gehörte eine Bürgerstochter, Fräulein Blanche R., siebzehn Jahre, Gesichtsfarbe von feinster Mattheit, dabei gesundes Blut durchleuchtend, fast unwahrscheinliche Augen, schmiegsam bewegtes Geblüt. Sie verkehrte längst in der Familie meines Hauswirts, als Nachbarskind. Bei der Vermählung seiner Octavie war sie Kranzeljungfer. Sie kam alle Abende mit ihrer Mutter an die Seine, die vor unsrem Hause floß. Auf zehn, zwölf Stühlen plauderte die Nachbarschaft im Anblick der wandernden und festen Schiffslichter, der roten und der blauen, gegenüber von steilen Uferplatanen, die grün durch das Dunkel leuchteten, während links und rechts über steinerne Brücken der abendliche Verkehr der Zauberstadt wie in ersterbender Ferne flutete.

Ihr Vater war Pilot auf der Seine, führte die Schiffe von Paris in die Normandie. Er kam bloß zweimal in der Woche nach Haus.

II.

Ich war, die ganze Zeit über, viel mit diesem entzückenden Mädel zusammen. Sie fuhr jeden Tag zur Frau Dufresne vom Odeontheater und wurde für ihren künftigen Beruf so ernst vorbereitet, wie bei uns ein Fräulein zur Lehrerinnenprüfung.

Der Tag erschien. Gegen sieben ging ich in einen Blumenladen des Gerichtsviertels und bestellte dort in aller Hast einen Strauß. Ich hatte gegen Mitternacht eine Verabredung auf dem Gipfel des Märtyrergebirgs oder Montmartre, in der schwebenden und hängenden Stadt der Künstler. Dort oben, wo die Seligkeit den Menschen überschleicht, und er schwankt, ob er in die Höhe nach einem Stern greifen soll, oder lieber in den Abgrund nach den Türmen von Notre-Dame. Ich hoffte, das Theaterspiel vorher hinnehmen zu können. Der Blumenhändler fragte rasch, leise, zugleich zart und bestimmt: für welchen Zweck? Ich: für ein junges Mädchen, die Schauspielerin werden soll und heute mitspielen darf. Er nickte, die Augen schließend: in einer halben Stunde.

III.

Als ich nach einer halben Stunde von ihm fortfuhr, besaß ich einen einzigen Strauß, groß wie ein Kind, ganz aus leuchtenden Rosen, mit berückend melancholischem Gerank, und alles ruhte fest in einer matten feinen weißen Hülle. Es war ein ganz magischer Strauß; ich hatte Not, ihn in den Wagen zu heben.

IV.

Um neun sollte die Vorstellung beginnen. Abenddunkel hatte sich schon über den Ort gelegt, als ich ankam. St.-Germain liegt hoch; und wer zu einer gewissen Stelle des alten Schloßgartens kommt, sieht plötzlich in der Tiefe das grün reizvolle Seinetal mit seiner Wirrnis, mit baumgrün umrankten Inseln, mit feucht umbuschten Ufern. Unter diesem Laub verkriechen sich da unten etliche Ortschaften. Grade noch ein paar Wirtshausgiebel und Landhausdächer werden sichtbar. Alles liegt wie Grillen im Grase; nur zuweilen dringt Musik in die Höh'.

Oben, an diesem Abhang der grünen Hochstadt, wollten die Künstler im Freien spielen, auf der holdesten Landschaftsterrasse. Der Teil des Schloßgartens, in welchem das Theater stand, heißt Pavillon Henri quatre. In dem hängenden Garten, durch Balustraden von der Tiefe getrennt, liegt ein kleines Haus, ein Wirtshaus von himmlisch erlesener Art. Ich fragte nach den Künstlern. Man bat mich, zwei Treppen in die Tiefe zu steigen; und als ich dort das Haus auf der andren Seite verließ, geriet ich wiederum in einen tieferen Garten. Vor mir stand die Rückseite der Bühne. Man führte mich durch den Künstlereingang, mein Strauß knisterte, und im Halbdunkel sah ich Frau Dufresne vom Odeontheater mit ihren Schauspielern und den Musikern stehn. Eine einzige Kerze brannte. Fräulein Blanche, wie so oft in Musselin, hörte denen zu, und ihr Kleid raschelte, als sie sich jetzt umsah. Ich gab ihr den Strauß. Dann ging ich sogleich durch die Schattengestalten der Schauspieler nach vorn, kletterte über die Bühne und sprang in den nächsten tiefer gelegenen Garten. Dort saßen die Hörer.

Es waren nicht viele. Vier Reihen Gartenstühle hatte man aufgestellt. Frau R., die Mutter von Blanche, lud mich neben sich auf einen Stuhl in der ersten Reihe. Es lag eine Zauberstimmung über dem Platz. Unten tauchten nächtlich die Landstädtchen und Weiler des Seinetals wie in tiefer Ferne auf, die ganze weite, von der Dunkelheit umküßte Ebene lag beglänzt auf dem Grunde, vom gestirnten Himmel in freundlicher Finsternis überschienen. Oben in den tieferen und höheren Schwebegärten um das Wirtshaus saßen im Dunkel an kleinen Tischen leise Gruppen von schmausenden Damen und Herren; Sommergästen aus Paris, voll stiller, zarter Eleganz; auf jedem der Tische standen Windlichter, wie Glühwürmer leuchtend, weil das Glas um die Kerze mit einem grünlich-gleißenden Schirmchen umsteckt war. Es war kaum ein Gesumm der Stimmen wahrzunehmen, eher ein Geflüster. Manchmal, bei diesem Schmaus zwischen Tal und Himmel, schlug ein Messer auf das Porzellan, ein paar französische Worte drangen durch die Julinacht. So saßen wir Zuschauer im Dunkeln auf den Gartenstühlen, die Glühwurm-Windlichter flimmerten seitwärts, und vor uns hell, in freier Luft, ohne herabgelassene Gardine, wuchs das leichte Theaterchen aus dem Garten, das man am nächtlichen Abhang zu flüchtigem Gebrauch gezimmert hatte. In der zweiten Reihe saß eine junge Frau — oder war es ein Mädchen — mit ihrer Familie; blaß, dunkle Augen; neben ihr die

Mutter. Der Mann oder Bräutigam sprach auf sie ein, während sie tief im Gartenstuhl zurücklehnte; sie war wundersam gekleidet, ein leiser Duft, peau d'Espagne, kam herüber. Sie sprachen diese leise Sprache, die in der Umgangsrede unvergeßlich wird.

V.

Neun Uhr war längst vorbei, und die Vorstellung begann nicht. Die Künstler, sagte Frau R., wollten warten, bis die Essenden sich entschließen würden, Platz zu nehmen. Sie hatten keine Eile. Wir saßen still da, hörten das leise Sprechen und sahen auf der Bühne die Schatten der Schauspieler. In der Ferne des Flußtals, über dem Ort Bougival, wurde ein Feuerwerk abgebrannt. Von Zeit zu Zeit stieg eine Rakete in die Luft und zerstob. Die Mutter wurde ungeduldig. Ein paar Zuschauer gingen an die Balustrade des hängenden Gartens und sahen in die ferne Tiefe nach dem Feuerwerk.

Ich blickte hinab ins Dunkel, ein bißchen geblendet vom hellen Theater. Mir war es, als flöge die Jugend durch diese Nacht, umwittert vom Duft der Blume Jelängerjelieber.

VI.

Im Hintergrund, durch eine Tür der hellen Bühne sichtbar, standen immer noch die Schauspieler. Sie besprachen sich in der Dämmerung. Nach einer Weile trat Fräulein Blanche aus ihrer Gruppe, schlüpfte schräg über die offene Szene, stieg die Stufen in unsren Garten hinab, im zarten Kleid aus Musselin, in dem sie spielen sollte.

Sie kam zu uns, suchte zu beschwichtigen. Mit einem Hinweis auf die Blumen — es waren damals die ersten, die ich ihr schenkte — sprach sie: »Ah, mais non! ne faites plus de ces folies! non-non-non!« Sie war beglückt mitten im Lampenfieber, und ihr liebes Gesicht strahlte feiner. Sie stellte sich vor mich hin, und während sie zur Mutter redete, gestikulierend, stieß sie mich mit dem Fuß heimlich zwei-, drei-, viermal an meinen linken Stiefel. Ihr Kleid raschelte. Da ich fragte, wie ein Musselinkleid so rascheln könne, sprach sie leuchtend: »Aber sehn Sie — es ist auf Seide gearbeitet.«

8

Als sie dann verschwunden war, überlegte ich, daß ich fort mußte. Ich sah auf die Uhr. Zehn Uhr dreizehn ging mein letzter Zug, wenn ich vor Mitternacht noch auf Montmartre sein wollte — auf dem Kamm der steilen Straße Tholozé, wo über Weingärten und Baumwipfeln eine verwitterte morsche Mühle steht, die Pilzmühle, in deren Mondschatten die kleinen Mädchen aus der Nähstube auf erleuchteter Diele tanzen. Zehn Uhr dreizehn — ich hatte noch grade Zeit, am Lazarusbahnhof in Paris ein Gefährt zu nehmen und hinauf in die geliebte Bergstadt zu jagen. Ich nahm Abschied. Die Mutter wollte mich halten, doch meine Sinne und meine Seele waren schon auf dem Märtyrergebirg.

Es stiegen noch blaue Leuchtkugeln aus dem abendlichen Paradies über Bougival in die Luft. Sie platzten und fuhren schimmernd nieder. Ich kletterte durch die verschiedenen Schwebegärten und war bald im Dunkel auf dem Wege zum Bahnhof. Und so reist' ich ab, ehe die Vorstellung begonnen hatte.

Dies war das Theater von St.-Germain.

Ich möchte nicht paradox sein. Aber es ist die reine Wahrheit, und ich sage sie bei meiner Seelen Seligkeit: daß von allen Theaterabenden, die ich in Frankreich erlebt, dieser der wundersamste gewesen ist.

Der Garten Luxembourg

I.

Die Tage fliehen ... es ist wieder am herrlichsten, ganz planlos herumzugehn.

Dieser Gasthof liegt ziemlich in der Mitte zwischen zwei Gärten, will sagen: der luxemburgische Garten ist nicht viel weiter ab von ihm als der Garten des Tuilerienschlosses.

II.

Eines Abends (denn es zieht mein Herz ja doch nach dem Studentenviertel, wo ich seltsame Wochen einstmals verlebt) saß ich lange Zeit auf einer Bank im luxemburgischen Garten, die Stunde bleibt mir im Gedächtnis, weil alle Leute von einer so verdämmernd leisen Heiterkeit schienen.

... Die Kinder spielten das Luftspiel diabolo. Das kreiselförmige Ding, von einer Schnur zwischen zwei Stäben emporgeschnellt ... und wieder aufgefangen. Hundert reizvolle Jöhren, in Gesundheit leuchtend, hatten das eine Zeitlang getrieben — bis sie allmählich von sorglichen Großvätern, schlicht-strahlenden Kinderfräuleins nach Haus geführt wurden, eine nach der andern.

III.

Bloß ein kleines Mädchen, vielleicht acht Jahr, blieb mit einem alten Herrn und einer jungen Dame noch auf dem Platz im Bezirk der glückschwer sich neigenden Riesenbäume. Es war ein bißchen Regen gefallen, der Boden dampfte. Die Jöhre warf den diabolo in die Luft — mit einer köstlichen Kraft; fing ihn mit lachender Geschicktheit auf, daß die Erwachsenen, die Studenten mit den Büchern unter dem Arm, die Gelehrten, die einen Abendgang taten, die Maler, die im Nachbarviertel der Sternwarte hausen, und die Privatleute, worunter so viele Liebespaare sind, stehn blieben und der Kleinen, die selbst ein diabolo war, zusahen ...

Und als auch sie weggeführt wurde, spielten im letzten Dämmerschein die Erwachsenen. Auch sie führten solche Kreisel bei sich. Und immer warf ein Mann den diabolo einem Mädchen zu; dann warf sie ihn zurück.

IV.

Die Farbe der Luft war ein Mittelding vom Grün der Bäume und vom Abschiedshauch des Tages. Und rings um den Garten, der schon halb in Gutenachtstimmung war, lagen die abendlichen Häuserreihen, erleuchtet, denn der grüne Riesenplatz des Friedens liegt ja mitten in der Stadt, in einem bewegten Viertel mit Lichtern, das hundert Studentengasthäuser birgt; draußen, am fernen Zaun, waren die Lichter in den Eßstuben angezündet, aber der Garten sank und sank tiefer in Heimlichkeit, man hörte die lachenden Worte der Werfenden, deren Umriß hell sichtbar blieb, man vernahm den unnennbar heiteren Laut dieser holden Spießersprache. Bis auch die letzten froh und still nach Hause gingen; der Garten wird geschlossen.

V.

Ich zog mit hinaus und speiste vor dem Gitter zur Nacht im Wirtshaus d'Harcourt — und durch das erleuchtete Dunkel der Straße drang ein grüner Schein von Stocklaternen, die junge Menschen trugen.

... Im Wirtshaus schrien die Stimmen, klapperten die Teller, die Kellner eilten. Zwischendurch saß neben einem Nachtesser ein schwarzäugiges Mädel, hold angezogen, mit einer Stumpfnase über dem blühenden Mund ...

(Aus Toulouse? ...)

Die selige Stadt

I.

Den Dingen, die man hier sieht, hört, fühlt, ist es schwer standzuhalten. Sie reißen fort; ihr Taumel zeugt bei manchem eine besondre Form des Wahnsinns.

Andre, von gefestigterem Herzen, sehn die Stadt wieder, nachdem sie einmal hier geweilt, und plötzlich überkommt sie das alte stürmische Entzücken, wenn gegen Abend die violetten und roten Lichter auf dem Fluß zwischen gequaderten Mauern und noch taggrünen Platanen funkeln; wenn der herrlich verwitterte Sankt-Jakobsturm in die dämmernde Luft als ein schwarzer Schatten steigt; wenn das gebändigte Riesenschloß des Louvre im Schweigen liegt; wenn die Kirchhöfe mit zauberischem Totengebirg, mit ihrer Wildnis an hängenden Bäumen und wirrem Gerank verschlossen sind, auf steinernen Brücken hunderttausend Stimmen schwirren, in allen Häusern manches erinnerungstiefen Stadtviertels die Lichter angezündet werden; wenn unter den Frühlingsblüten des Luxemburgischen Gartens ein Dichter auf dem Sockel träumt, wenn Bonaparte mit der Düsternis des Himmels einsam auf der hohen Säule verschwimmt — und in den großen Hauptstraßen der Glanz aufflammt.

II.

Da wird man von einem Lebensgefühl emporgetragen, das gewaltiger redet als an irgendeiner Stätte dieser Welt.

Nicht bloß weil die Stadt so schön ist, ein steinernes Zauberbild mit Wohnungen am Ufer, Wohnungen auf dem Gebirg, mit allem was dazwischenliegt an Türmen, Brücken, alten Bäumen, grauen Häusern; nicht bloß, weil auf allen Straßen zu dieser Stunde geschmaust wird, weil in jedem Winkel witzige Kunst leuchtet, weil schwarzäugige Mädel von zarten Sitten und selbstverständlicher Liebesfreiheit die Gefährtinnen der holden Magie werden, weil jede Nachricht vom Weltgetrieb gleich öffentlich verkündet wird, weil alles flutet, berückt, still erglänzt. Das allein ist es nicht. Paris ist so schön: weil man alle Dinge, die einen wirklich bewegen, hier sagen kann. Weil man in dieser Stadt größere Lust bekommt, die wahrhaften Dinge auszusprechen.

Als der Dithmarse Hebbel von Paris fortging, schrieb er in sein Tagebuch: »Blühe länger als alle Städte der Welt zusammengenommen!«

— — — — — — — — — — — — — — — —

Nachschrift. Es schien mir, 1901, wenig Hoffnung darauf. Ich wollte damals der Stadt, der unnennbarherrlichen, ein Grabmal schreiben. Einen Strahlenschimmer bannen des Lichts, das über ihr lag, unsterblich, unvergeßbar.

Da kam die große Neuschichtung: der Weltkrieg; der ihre Lebensfrist mehrt — (wenn auch nicht ihre Lebenskraft.)

Wir waren siebzig, sie nur vierzig Millionen. An Toten haben beide fast gleichviel. Die Sieger sind besiegter als die Besiegten.

. . . .

Und ich empfinde den Schmerz darüber so stark wie den Schmerz um eignen Verlust. Wie den tiefen Schmerz um den Aderlaß der Heimat. Eine Weltminderung; hier wie dort.

Rüde Schurken und verantwortungslose Trottel (die stets über »zersetzenden« Einfluß klagten!!) haben zwei solche Völker zu geistesschwachem Mord gepeitscht.

Ins Gesicht spucken soll man ihnen, öffentlich; jeder der will; der Reihe nach: dem ehrlosen Prahlgesindel dieser spät Entafften.

Ins Gesicht spucken; öffentlich; jeder der will.

Ewiger Glanz

I.

Ganz nordisch kommt mir diesmal die Stadt vor. Nach den weißen Mauern Afrikas — diese grauen Steingebäude mit den schwarzen Gitterbalkons! An das Grün der Bäume, der Ufer-Platanen, der Wiesen, der Büsche muß man sich diesmal erst gewöhnen. Ein Araber, der zum ersten Mal hier durch die Straßen geht, meint sich nach Thule versetzt. Die Stadt ist, diesmal auch für mich, ein Glanz des Nordens.

II.

Sie bleibt mit jedem Himmel die schönste der menschlichen Siedelungen. Nirgends kriegt man sonst ein so stilles Gefühl von Dankbarkeit für das, was an Verwogenem und Schönem auf der Welt lebt. Nirgends beides so verschlungen: vollspendend heitere Natur ... und eine wundersam gegliederte Arbeit starker Seelen, tief eingedenk, neben der Kraft ihrer im Feuer geborenen Werke für Anmut Raum zu schaffen. Es geht von dieser Stadt (die schmucklos ist im Verhältnis zu manchem schreienden Ort) besänftigende Gemütlichkeit aus.

Die Franzosen haben kein Wort für den Begriff Gemütlichkeit — ihre größte Stadt ist voll von ihr ...

Was Ihr meistens über die Stadt lest, ist Provinzialengewäsch; oder Schwindel.

III.

Ich weiß, daß hier jeden Morgen hunderttausend Künstler mit mir aufstehn ... Jeder Dienstmann, jeder Droschkenkutscher, jeder Schaffner, jeder Lump von Althändler, jeder Hausknecht hat eine (verhältnismäßig) geschliffene Seele ...

Die Völker sind manchmal nett, wenn sie vor dem Untergang stehn.

IV.

Ich trete hinaus auf den Balkon meines Gasthofzimmers, das an den lieben Ufern der Seine liegt, an den steinernen Staden, schrägüber von steinernen Brücken, mit lebenslieblichstem Getümmel. Unter mir die vielhundert Kästen der Schwartenhändler. Alte Stiche, neue Bilder, Seltenheiten, Kunst ... Kleine flinke Schiffchen fahren den Fluß hinauf, hinab, niemand flucht, kein Stoßgedräng', sie haben sich an die Dinge schon gewöhnt, wissen sie mit leisem Takt ohne viel Aufhebens zu benutzen — und ein Wohlgefühl durchbebt die ganze Menschenniederlassung.

V.

Heiteres Behagen in der Luft. Sogar die Hunde (nicht lachen!) sind hier behaglich-heiterer. Niemand neckt sie scharf — darum bellen sie nicht so; sind nicht so kriegerisch. Vielleicht auch, weil sie besseres Futter im reichen Lande des guten Essens schlingen ... Die Jagdhunde wie die putzigen vierschrötig-torkelnden Bulldoggen (von den Pinschern schweig' ich), alle machen einen recht lebensheiter-befriedigten, manche gar einen seligen Eindruck. Haben Recht.

Nicht lachen! Auch in Bayern sind die Hunde zärtlicher als in Preußen; und vergnügter. Wer einmal im Orient gewesen ist, der weiß: wie das Verhalten des Volks auf das Verhalten der Hunde wirkt. Dort werden sie gar als heilig angesehn, niemand tut ihnen was — und die, der Größe nach, erschrecklichsten Köter sind von staunenswert stiller Sanftmut im Morgenland ...

VI.

Auf diesem Balkon über dem Fluß mit den steinernen Seligkeitsbrücken hat Oscar Wilde vor einer Handvoll Jahren gestanden — »als er's Licht noch sah«. Hier, im selben Gasthof, hat er lange gewohnt. In seinen mittleren Zeiten; gestorben ist er höher hinauf, nach Montmartre zu.

Ich fragte gestern die Wirtin, eine große muntere Gallierfrau, nach ihm. Sie weiß davon, denn jeder Mensch ist hier neben dem Hauptberuf ein Stück Literat, Artist, Liebhaber, alle hegen den Respekt vor der holden Kunst.

Weiß davon, aber gekannt hat sie ihn nicht, damals besaß ihre Schwester den Gasthof — genau kann sie nicht sagen, ob er mein Zimmer bewohnt hat … Doch derselbe Blick, dieselben Fenster haben einen Gepeitschten, Verstoßenen getröstet.

Er mag sich an den steinernen Brücken, am Grün der Uferbäume, am nächtlichen Funkeln purpurner Flußlichter die Seele vollgeschöpft haben. —

VII.

Sie steigt die Treppe hinauf; sagt etwas zu dem Hausmann, einem Auvergnaten; er geht in den Keller, nach Wein. Durch den Flur, durch die Räume zieht ein unbestimmtes Etwas, am Vormittag. Hier … und auf den Straßen, und über den Wassern, und in der Luft, und in den Kleidern, und über den Köpfen. Es sind unfeierliche Dinge, Alltagsdinge, Dinge der Gemütlichkeit.

VIII.

Nein, Menschheitsdinge sind es — und ewiger Glanz.

Winterfrühling

I.

Ich rate jedem, der sich schlecht fühlt, eine Reise nach dieser Stadt zu machen. Weil das allgemeine Befinden, weil das Glücksgefühl dort gehoben wird.

Eine Reise solcher Art ist sehr zu empfehlen; mitten im Winter; für wenige Tage; plötzlich.

Ohne jemandem was mitzuteilen, steigt man in die Bahn, nachdem man im Zustande der Erleuchtung ein paar Sachen in den Koffer geschmettert hat.

Es ist sehr schön, mitten im Winter von Mittwoch bis Freitag in Paris zu sein.

II.

Man fährt los, es wird sommerlicher. Bei der Ankunft glaubt man (wenn man Glück hat) in ein Frühlingsland zu kommen.

Lüfte mit seltsam belebender Lust wehen aus dem kleinen Abgrund, in dem die Häuserchen und Gärtchen liegen, hinauf zur Terrasse von Meudon.

Drüben, jenseits, von bläulichem Duft umschmiegt, lagert die ungeheure Stadt mit allem, was sie an Menschenträumen, Paradies, Wünschelsternen, Sonnengunst, Schicksalswundern, Alltagsmärchen in sich hält. Etliches liegt noch hinter dem, was du schaust: das Riesenrad, der Eiffelturm, der Invalidendom (wo Bonaparte schläft), die große Kirche Unserer Lieben Frau — sie ragen über das schöne, graue Gewühl der Häuser in den unternehmend-frohen Himmel, und wieder jenseits, hinter allem, blickt der auf dem Kamm des Märtyrergebirgs hingelagerte Teil und die Häuser, die an der Seitenwand kleben, niederwärts auf die einzige Stadt ... mit aller Wirrsalwonne, mit aller Magie des Lebens und Sterbens; mit ihrer Einzigkeit.

III.

Und am Abend sitzt man in der Stadt selber, zurückgetragen von einer Traumwoge. Lichter sänftigen, Stimmen beglücken, Schatten grüßen, Feen leuchten, die Gloria singt, die Ewigkeit, im Zeitlichen, rauscht.

IV.

... Ich rate jedem, der sich schlecht fühlt, eine Reise nach dieser Stadt zu machen. Weil das allgemeine Befinden oder Menschenglücksgefühl dort gehoben wird. Im tiefsten Winter. Von Mittwoch bis Freitag.

Das gläserne Schloß

I.

Man klettert auf das Verdeck des Bahnwaggons, wo allerhand Bänke sind. (Kannst auch unten einsteigen.) Hiernach saust man dahin; turnt an der Porte Maillot de Neuilly niederwärts; befindet sich mitten im Bois de Boulogne. Schlaglichter. Nächtliche Schatten. Es ist kühl und wunderbar.

II.

Dunkel der grünen Engpässe. Autos mit zwei Menschen und seltsamen Lichtern. Jäh vorüber. Radfahrer fliegen durch die Nacht, phosphoreszierend-grünliche Papierlaterne am Lenksteg; als ob Leuchtkäfer dahinschössen.

Kutschen. Die Insassinnen flitzen vorüber; die Nase behält ein Erinnern, in aller Eile; wieder peau d'Espagne? ein Duft wie ein verschwebtes Gedenken. Die Ahnung von etwas Leichtem; leichtes Auffliegen zarter Spitzen; Seidenband; das eine schlanke, nicht zusammengepreßte Taille umgibt; Wippen eines durchtrieben-holden einfachen Strohhuts; — und ein paar Worte wie ferne Walzermusik.

III.

Der Pavillon d'Armenonville liegt an einem Hang, inmitten junigrüner Bäume. Ziemlich versteckt. Im Gehölz. Die Lichter und Lampeln dieses leis glänzenden Wirtshauses strahlen über das stille Wasser, auf dessen verschollener, dennoch klarer Fläche Ranken und Blätter schwimmen. Um Mitternacht sitzen in dem gläsernen Haus die feinsten Bilder; in Gewändern aus Spinnweb. Mit Tropfen beglänzt.

Schlucken was gut und teuer ist an Speisen, die auf der Zunge schmelzen. Feingefühl des Gaumens.

Unter den Bäumen, welche das Glasschloß umgeben, sitzen andre, schlürfen oder saugen aus Strohstengelchen Kühlendes.

Man sieht hierbei Licht und Lämplein im still nächtlichen Gewässer sich spiegeln; dahinter sommerliche Finsternis, die verschwimmt, alles einhüllt; und hinter ihr scheint die Welt ein Ende zu haben ... Es ist aber nicht so — denn hinter ihr beginnt erst die Stadt Paris.

IV.

Um Mitternacht fährt Kutsche nach Kutsche vor. Die Damen barhäuptig, in Balltracht. Mailcoaches. Ein alt-englisches Bild. Im Mondenschein fahren sie zwischen dem stillen Gewässer und dem Pavillon entlang, hoch sitzen zwei, drei Damen, in grauen, tiefausgeschnittenen Kleidern; in fliegend rosa Gewändern (aus Spinnweb). Haben die Nachtluft oben voll geschlürft — und ließen sie um die Wangen ziehn.

Herren springen heraus. Aber ach — das birkene Gestell, welches das Wirtshaus zur Verfügung hat, ist fern. Ein Herr faßt an der Seite Posto, wo die Treppe des Wagens aufhört, nimmt eine nach der andern in den Arm, schwingt sie herunter. Alles leicht. Es fällt niemandem ein, darüber zu lachen. Die Damen lächeln bloß. Dann hinein, in das gläserne Häuschen.

V.

Kutschen fahren leise, langsam in der Nacht vor. Gestalten. Düfte. Leise Musik ... Zwischendurch mit leiser Stimme: »Garçon, l'addition s'il vous plaît«.

Geigen ... Kleiderrauschen ... »L'addition, s'il vous plaît« ... Wagenräder rollen langsam ...

— — — — — — — — — — — — — — — — —

Die Gesandten

I.

In der Nähe dieses Lichtschlosses, doch nach der Stadt zu liegt das Brettl »Zu den Gesandten« inmitten grüner Bäume. Dort singt Yvette Guilbert.

Sie steht auf einem griechischen Theaterchen, unter freiem Himmel. Die Hörer sitzen auf Bänkchen unter grünen Blumen. Sie singt. Schwalben schießen auf und nieder, zwischen den Hörern und dem Theaterchen. Abendmilde Lüfte wehn. Sie singt den feinsten Geist, den zarten Witz, hernach wächst sie übermenschlich zu höllenhafter Größe. Schwalben schießen vorbei; die Hörer blicken nach ihr, im Lichterglanz. Zweiundzwanzig Liedsänger treten auf, einer nach dem andern. Kein Athlet kommt und kein dressiertes Schwein. Die Leute plaudern und horchen. Der Geist weht.

(Doch wer zu London sitzt, im Empire-Theater, sieht Athleten und Schweine.)

II.

Und ich sprach von alledem schon im vierten Band meiner Schriften. Von den Empörungen und Wonnen solcher Lieder; von Kampfgesängen, Lebensgesängen; von Kot und Glorie; von Blutaufreizendem, Athenischem — von Menschlichem. Lest es nach ... hier ist kein Platz für Literatur.

III.

»Dies Volk ist im Untergang; doch vorher soll es dreimal gesegnet sein.« So sprach ich dort. Das Ende des Weltkriegs, »günstig« für Frankreich, ist kein Grund den Segen zu widerrufen ... noch den Untergang zu bezweifeln.

Deutschland liegt todwund. Beide Völker jedoch erinnern mich an zwei Hähne — deren Kampf in Sevilla gezeigt wird: auch dem Sieger ist bestimmt, kurz darauf geschlachtet zu werden.

Die Totenkammer

I.

Die Totenkammer liegt nicht weit von Notre-Dame, bequem am Weg — in dieser Stadt des Lebens und des Sterbens. Jeder kann im Vorübergehn für einen Augenblick hinein, wenn er lustig ist; steht alles offen.

Zuerst glaubt man, im Wachskabinett zu sein. Menschen mit frischen Farben (wie geschminkt) liegen mit Kleidern im Schaufenster hinter Glas. Man könnte sie für schlafend halten; wenn ein Dicker nicht eine Schußwunde; wenn ein Frauchen nicht das Antlitz einer Strangulierten hätte.

II.

Verwirrt fragt man den Wärter: »Es sind wohl doch Kunstfiguren — aus Wachs?«

Sind nicht aus Wachs. Künstlich gefroren. Hinter der Scheibe liegen sie in Eisluft, die lange frischhält.

Auf steinernen Wandtafeln wird jeder gebeten, wenn er einen der Leichname kennt, Angaben zu machen. Kosten soll er nicht haben.

Draußen vorn stehn die Worte »Fraternité. Liberté. Égalité«. Wie auf den öffentlichen Gebäuden sonst; selbst auf der Kirche Notre-Dame.

Die liberté hat keinen Wert mehr, die fraternité kann man nicht äußern.

Aber die égalité stimmt.

Gräber

I.

... und nachdem ich ein Weibsbild zwei Tage betrauert hatte, begrub ich ihr Angedenken; ich zerriß die deutschen Telegramme, worin sie schwindelte, nahm eine helle Krawatte, und ging durch die Straßen dieser Stadt. Es war 1899.

Ich las zum ersten Mal jenes Gedicht von Henry Becque, das einzige: »Il n'y a rien qui me la rappelle...« Es umschließt den ganzen Fall. Es liegt hierin Elend und Seligkeit, Wildes und Heiliges der Adamskinder, das schlafende Mondlicht und der schmerzvolle Sonnenbrand, es ist ein Kampf zwischen Cherubim und Harpyien, es birgt Asche und Lohe, Abgestorbenes und Fieberhaftes, Glorie und Schmach, Blumen und Mist, Wurstigkeit und Liebe, Sehnsucht und Verachtung.

Mögest Du glücklich werden, hol Dich der Teufel.

II.

Denkwürdig sind hier die Gräber. Eines liegt unten, wie in einem weiten, weißen Brunnenschacht aus Marmor. Im goldnen Licht eines Doms. Goldnes Licht fällt durch goldgefärbte Fensterscheiben im Hintergrund.

Es fällt nicht in seinen marmorn runden Schacht.

Schlachtengöttinnen, zwölf Stück, aus Marmor, blicken unten auf seinen Porphyrsarkophag. Manche schaut düster; der Dämon schläft, ohne zu schnarchen, den ehernen Schlummer in ihrer kalten Hut.

Wir in Deutschland sehn ihn als Dämon. In Frankreich, auf Bildern und Statuen, sieht man ihn häufiger als Artillerieoffizier.

Nicht die bleiche Titanenmaske.

In Versailles auf manchem Schlachtenbild von Vernet blickt Napoleon wieder nicht cäsarenstarr, sondern wie ein nervöser kleiner Offizier. In Frankreich hat man Taine gelesen; die Briefwechsel; man weiß, daß Bonaparte menschliche Eifersuchtsqualen, erst um Josephine Beauharnais, litt, dann um Marie Louise; daß er sich in Pein an den Pyramiden verzehrte, dann als Weltherrscher noch einmal.

(In Cherbourg höchstens, der Kleinstadt, ist er als heroischer Komödiant in Bronze gegossen. Sitzt auf dem Roß; streckt als lebendes Bild die Hand aus, während am Sockel die Worte stehn: »Ich beschloß, die Wunder Ägyptens in Cherbourg zu erneuern.«)

III.

Fern vom Invalidendom ruht im Schatten einer Weide Alfred de Musset. Freunde haben sie gepflanzt. Seine bekanntesten Verse wünschten es ja:

> Mes chers amis, quand je mourrai
> Plantez un saule au cimetière ...

So setzten sie eine hin; eine schlanke, zarte, hellgrüne. Sie senkt ihre Blätter selig zu ihm — und will nicht altern.

21

Dieser Friedhof hat Tiefen und Gebirge. Auf einem Gipfel sah ich im Schein der Abendsonne das Grab Ludwig Börnes. Der stille Stein blickt in das grüne Totental. Ein Schimmer von Entsagung umhüllt hier die schlichteste der schlichten Stätten. Ludwig Börnes asketisch reine Seele — von der Wirklichkeit entfernt, wie eines Mathematikers — ruht nach vergeblichen Kämpfen aus. Vergeblichen? Wenn seine Augen, vom Totengebirge herab, heut noch sähen! Ein glühend reiner Abgesandter war er; ein tapfrer Heiliger für die Gerechtigkeit; der mit Engelszungen sprach; den die Flammen des eignen zitternden Herzens töteten.

Franzosen haben ihm den Denkstein gesetzt. Jünglingshaft verschönt blickt sein gramschweres Gesicht aus der Gruftwand. Vögel singen in verschlungenen Bäumen dieses Gebirgs.

IV.

Im Vorbeischreiten zog ich vor jedem Freunde den Hut. Nicht weitab lag Chopin. Der Sänger Béranger. Der tote Molière, neben Lafontaine; er schläft wie auf einem Podium. Ich ging an Racine vorbei. Lachte dem Figarodichter Beaumarchais zu. Stand vor Balzacs Denksäule.

Eine bergige Totenstadt.

V.

Unten, vom Stein der Rachel wenig entfernt, ragt zweier Liebenden Grabmal: des Abälard und der Heloise. Er war als junger Mönch ihr Lehrer, sie gebar ihm ein Kind. In Klöstern brachten sie den Rest des Lebens zu; durch den Raum getrennt, für die Ewigkeit vereint.

Wundervoll, daß man ihren gemeinsamen Sarkophag hierher schaffen ließ in die Hauptstadt der Franzosen. Wie ein hoher steinerner Baldachin strebt jetzo das alte Grabmal in die Friedhofsluft; den Sarg hat Abälard zur Lebzeit meißeln lassen ... Blumen ringsum, rote, selige. Ein steinernes Hündchen schläft zu den Füßen des Mönchs.

Man schaut Abälards und der Geliebten Züge. Sie muß ein einfaches, reizendes Mädel gewesen sein — vor tausend Jahren. Holde Wildnis eines uralten Gartens umschlingt den Platz; Äste, Ranken durchwinden einander in der Luft; von oben blickt das Totengebirg, und aus der Erde sprießen Juniblumen.

VI.

Auf dem Märtyrerberg schläft Heinrich Heine. Am Abend kam ich in Paris an; am nächsten Morgen fuhr ich gleich an dieses Grab.

Die Pariser Kirchhöfe sind wirklich Totenstädte: mit gepflasterten Straßen. Der Dichter liegt nicht weit von einer Hauptstraße. Vorn am Gitter ist jene bekannte kleine Schale für Namenskarten der Besucher. Vielmehr ein Körbchen. Es war ganz gefüllt. Parisfahrer aus allen Ländern dieser Erde lassen ihre Karte bei dem Verstorbenen. In fremden Sprachen stand hie und da ein Wort stürmischer Liebe.

Zwei Bäume von den Nachbargräbern, neigen sich über dies Grab, greifen mit den Ästen ineinander.

Auf den Straßen von Paris werden Rosen verkauft. In diesen Junitagen erheben sich ganze Wände von Rosen über den Handwägelchen der Verkäufer, jede Arbeiterin kauft sich für zehn centimes einen dicken Strauß wundersamer Rosen. Solche Rosen brachten wir ihm mit, Rosen von der Straße. Ich breitete sie zu seinen Füßen hin; sie leuchteten durch die Ranken.

VII.

Eine Seite aus dem Tagebuch von Paris, wie wenig sagt sie. Dies Tagebuch enthält aber an Seiten tausend und drei. Fast liebt man die Toten dieser Stadt mehr als ihre Lebenden. Was hier lebt, ist noch voll von altem, unergründlichem Zauber, heute noch, in fünfzig Jahren nicht mehr vielleicht, wenn Anglisierung und Amerikanisierung vollzogen ist.

Noch fühlt man Athenisches, noch im letzten schmucklosen Mädel auf der Straße, wenn sie mit leiser, bescheidner Grazie was fragt. Noch bei den elenden, bezahlten Tänzerinnen, wenn sie ihre Glieder tummeln. Noch bei den kleinen Kröten aus der Nähstube, wenn sie bei Bullier lebensheiß im Walzer schwimmen. Ein Duft aus einer Welt, die versinken muß. Es soll hier kein »Gemüt« geben. Wirklich? Doch in der holden Sphäre heitren Tageslichts, in diesem menschlichen, zarten Lebenszauber finden sich Tröstungen, die anderswo die Sterne versagen.

Und ehe diese Welt scheidet, grüßt man sie noch einmal.

Studentenviertel

I.

Eine Menge Glanz, Wonne, Glück, Frohsinn, erhöhte Daseinslust kann der Mensch hier finden. Eigentümlichkeit dieser Stadt: daß sie Wein in die Seele träuft. Daß man sich sagt: diese Stunden kommen nicht wieder.

II.

Geh am Morgen in jenen Luxemburgischen Garten mit seinen Dichterstatuen, Gewässern, strahlenden Bäumen. Da stehn Maler, malen einen Winkel, in den das Sonnenlicht durch grüne Zweige fällt; Vöglein singen; Frauen sitzen auf den Bänken. Alte Gelehrte. Junge Gelehrte. Es werden neueste Bücher und Flughefte unter leuchtenden Ästen gelesen; wer will, kann Croquet spielen; wer will, kann in die bahnbrechende Bildergalerie der Welt gehn; innerhalb des Gartens. Wer will, kann eine Zigarette rauchen; wer will, kann sein Notizbuch vorziehn, die lieblichsten Einfälle hinschreiben; und wer will, tut gar nichts, sondern atmet bloß. (Ich tue das.)

III.

Am Nachmittag ist hier Musik. Die holden Mädel, die dann zuhören! Viel zarte Wonne; viel stille Lustigkeit! Man denkt (irrig): das kommt nicht wieder.

Und wenn eine gar kein Geld hat, macht sie sich mit ein paar Metern leichten Stoffes doch ein reizendes Gewand zurecht. Steckt mit zehn Stecknadeln ihre paar Lumpen so, daß sie jemand Liebes ist.

IV.

In der Hauptstraße des lateinischen Viertels sind Geschäfte, mit Phantastischem. Verrückteste Krawatten; Hüte von der seltsamsten Form für junge Männer. Doch bei aller Absonderlichkeit wahrt man den leisen Takt. Nirgends ein Rohheitsausbruch.

Das Gejohl im Studentengasthaus tritt nur als Begleitung zu gewissen Orchesterstücken auf. Sobald bestimmte Takte klingen, die beliebt sind, erhebt sich ein Massengesang von Jünglings- und Mädchenstimmen, die nur diese fünf, sechs Takte mitsingen. Nur diese paar Takte. Die Wucht des Mitsingens hängt mit der Witterung zusammen. An diesen zaubervollen, letzten Mai-Abenden war die Stimmung so, daß die alten Türme der Notre-Dame (drüben auf der steinernen Flußinsel) sich gewundert haben, wenn ein Abendhauch den Schall hinübertrug — von den fünf, sechs Takten.

V.

Dann geht das Geräusch weiter. Die Kellner bedienen ohne Geräusch; ohne durch Schwitzen, durch überstürztes Laufen die Gäste unbehaglich zu machen; ohne daß ein »Geschäftsführer« mit geschwollener Stirnader Befehle gibt — und die Singenden, die Gelehrten, die Mädel, die Studenten setzen das Abendessen fort.

Eine Menge Glanz, Wonne, Glückseligkeit, Frohsinn, erhöhte Daseinslust kann der Mensch hier finden. (Gegen acht Uhr.)

Tanzen

I.

Bei Bullier. Studentenball. In der Mitte wandelt ein Dichter oder Künstler auf und ab, dessen Rockschoß die Erde fegt. Unter dem Zylinder wallen Locken vor.

Das Lieblichste, daß eine Seite des Ballraums offen ist. Die vierte Wand fehlt. Immer gute Luft, jeder kann im Freien sein, ohne durch eine Tür zu gehn. Schmeichlerisch die Beleuchtung. Die Gewandfarben strahlen; es scheint die Lebensseligkeit selber zu flimmern. Draußen sind Grotten und Gänge. In den Grotten sitzt man, saugt holde Säfte mit Eis.

II.

Unter den Tänzerinnen in diesem Jahr ist eine sehr anmutvolle. Radfahrerhosen. Drollig geweckter, hübscher Gassenjungenkopf. Sie tanzt wie ein Elferich.

Plötzlich, wenn die Quadrillenpaare vorrücken, sitzt sie auf der Erde, wer weiß, wie sie dahin gekommen ist. Nicht wie ein gewöhnlicher Mensch; mit haarsträubenden Beinverrenkungen; sieht drollig aus. Sie lacht sich halbtot, wirft einem ihrer Bekannten eine Blume ans Monocle, mit einer Affengebärde. Steht jählings aufrecht, tanzt mit, strahlend. Vielleicht achtzehn Jahr' alt.

Die Künstler sind gebannt von ihren Haltungen, Wendungen, Armbewegungen. Von Lebenslust und Tanzenkönnen.

Es ernüchtert Beobachter wenig, daß sie für ihre Anwesenheit besoldet wird. Außer ihr sind noch drei oder vier für die Quadrille gemietet: um Schwung zu bringen ...

III.

Ihre Vorgängerin vor zwei Wintern war die lange Renée. Schlankes, blutjunges, rabenschwarzes Mädel von eigenmächtiger Anmut. Die große Renée fand im langsamen Tanz ihre Stärke. Schien sich kaum vom Fleck zu bewegen ... In dieser Langsamkeit lag solche Sehnsucht, so viel Müdes, ein Rausch der Verlassenheit. Sie hatte wegen »Mein und Dein« fünfzehn Monat gesessen.

Pilzmühle

I.

Ball auf dem Märtyrergebirg; Moulin de la galette. Auf dem höchsten Gipfel, da liegt sie, die alte Mühle mit den Pilzen aus Holz, wo man unter dem gestirnten Abendhimmel sitzt, über den letzten Häusern, über Baumwipfeln, Kirchen, Brücken, Schlössern, über dem nächtlichen Paris, über der zeitlich-ewigen Stadt mit hunderttausend Lichtern, über dem Fluß.

Habe manches von der Welt gesehn; dies gehört zum Herrlichsten. Bin glücklich, das Lob dieses Tanzbodens zu singen — der zwischen Erd' und Himmel schwebt; besonders bei Mondenschein von tiefem Glanz.

Außerhalb des Tanzraumes liegt die verwitterte Mühle, zu ihr führt eine Treppe hinauf — die Mädel und Männer steigen dahin, wenn sie vom Walzer erhitzt sind, und blicken auf Paris.

Unten in der Stadt entzünden sich die Lichter ... Wird alles zu einem Fest erleuchtet? ...

Ja. Zu einem Erdenfest. Jeden Tag.

II.

Drin im Tanzraum schweben ganz andre Mädel als unten, am linken Ufer, bei Bullier. Der Raum ist nur den sechsten Teil so groß wie bei den Studenten. Die Tänzer sind Maler, die auf Montmartre wohnen; Schönheitssucher; Anbeter des Still-Leuchtenden.

Wie entzückend sind, 1899, meistens diese jungen Mädchen, die in Tracht und Haltung mehr Einfachheit zeigen als die Fräuleins bei Bullier. Angezogen wie bei uns junge Töchter aus gut bürgerlichem Hause, die ein Sommerkränzchen mitmachen, hold und schlicht — mit zartestem Geschmack. Kommen nur ohne Papa und Mama, glaubt man ... Ein Teil sind Modelle; Liebschaft verbindet sie mit Künstlern dieses Viertels. Maler von sechzig Jahren sehn dem Tanze zu; und so ein holdes Mädel wechselt bald mit einem (in Europa berühmten) einen brüderlichen Händedruck.

O zauberhafte, gutartige, leise Lustigkeit der Pariserinnen!

III.

Ein Orchesterchen in der Höhe. Die Namen berühmter Walzerkomponisten sind unter der Decke zu lesen. Geigenrausch. Der zierliche Saal selber scheint zu schweben. Etwas Unbestimmtes umschmiegt den Schwarm.

Nachher steigt man die Stufen hinauf zur alten, morschen Mühle, auf die das Mondlicht fällt. Unten liegt die irdisch-ewige Sadt, die Menschenstadt; unten liegt der stählerne Turm, das Pantheon, die Madeleine, das Louvreschloß, der Invalidendom — und die verrauschende Zeitlichkeit.

Bastillentanz

I.

Mitte Juli. Ich schmore manchmal ein bißchen; schwimme täglich in der Seine (gegen den Strom ist es nicht leicht).

Immer der Hauptgedanke hier: Freut euch des Lebens —.

Das Landesfest am 14ten Juli bedeutet: eine Stadt, die im Freien tanzt.

Zur Feier der Bastillenzerstörung. An diesem Tag errang das Volk sein Recht. Auf der Revolution ist ja das Staatswesen aufgebaut, so tanzen sie zu Ehren einer Gefängniserstürmung ...

II.

Paris hat sehr viel Holzpflaster und Asphalt.

Orchester an vielen Straßenecken. Die Stadt ist beflaggt, nicht wie bei uns mit großen Fahnen, sondern mit einer Unzahl kleiner, die nicht weit im Winde wehn, aber mit kurzen Stöcken reizvoll sind. (Gern haften drei dieser meterlangen Trikoloren zusammen; große Gebäude haben zweihundert, vierhundert Fahnen.) Alles entzückend gemütlich — viel weniger prunkvoll als unendlich heiter. Die Straßen von Paris, auf den Schönheitsblick hin gebaut, haben an jeder Ecke gewissermaßen einen Aussichtspunkt.

III.

Kirchen sind bis hoch auf die Türme mit blauweißroten Fähnchen besteckt. Die schweigsam alte Notre-Dame vorn mit blutrotem Tuch umwickelt. Dazu die erquickenden Bäume fast auf allen Straßen mit ihrem lieben Grün; dazu dieser frohe Himmel; dazu die frisch-holde belebte Seine mit ihren Schiffchen; dazu Rosenverkäufer auf allen Gassen mit Wänden von Blumen auf Handwägelchen; dazu Schaukeln, Süßigkeiten, Fruchteiswagen, Gefährte mit Weintrauben, Melonen; Berge von Erdbeeren, Wälle von Pfirsichen, Aprikosen, frische grüne Mandeln; Nougatverkäufer; dazu Hunderttausende von Stühlen, kleinen Tischen auf Straßen vor Gasthäusern, Kaffeehäusern, mit trinkenden, schmausenden Menschen; — ahnet, wie einem ums Herz ist, wenn in so einer Stadt plötzlich alles zu tanzen anfängt.

IV.

Drei Abende, drei Nächte tanzten sie. Am Abend vorher, am Abend nachher, am Fest selber. Ich werde das nicht vergessen.

Man ist irgendwo, außerhalb von Paris, bricht spät auf, um ein Uhr nachts heimzukehren, und findet um zwei Uhr — zwei Tage nach dem Nationalfest — noch immer die Stadt tanzend. Denn es war ein Sonntag. Sie haben am Abend dieser Festtage jeden Gram versenkt.

Ohne besonders ausgelassen zu sein, ohne zu gröhlen, ohne Rohheit — tanzen, tanzen, tanzen sie. Sehn nicht übermäßig vergnügt aus ... nur gewahrt man kein griesgrämiges Gesicht; es ist ein Volk, das glückliche Feste gefeiert hat in einem reichen Land.

Im lateinischen Viertel, auf der Place de la Sorbonne tanzt bis um vier Uhr morgens alles, alles, alles.

V.

Am Hauptabend flammte die Stadt in Feuer auf.

Feuerwerke viel und Beleuchtungen sah ich in den Städten der sterblichen Menschen. Das Schönste bleibt schon die Beleuchtung des Heidelberger Schlosses. Ein architektonisch gegliederter Brand, der durch die Lüfte fliegt, wenn man es vom Neckar zu sehn das seltene Glück hat.

29

In Paris? Weniger Lichtwirkungen. Alles nur die letzte feierlich-heitere Ergänzung zum Leben. Nur wie ein Tüpfelchen, auf das schönste aller I's gesetzt.

Schönere Leuchtkugeln gibt es hundertfach, besser platzende Raketen, Feuergarben auch; aber ...

VI.

Aber wenn aus einem Inselchen der Seine die mittleren Raketen und Leuchtkugeln aufsteigen; wenn das ungeheure fast endlose Gebäude des alten edlen Louvreschlosses von Flämmchen umleckt, umlodert ist; wenn vor dem Stadthaus, wo die Guillotine gräßlich stand, ein rötliches Flimmern über die Menge webt; wenn die große Oper, eine Riesenkrone, gleißt; wenn am nächtlichen Seinefluß die Bäume durch rotleuchtende Ballons, mit deren Blutfarbe sich das strahlfrische Grün mischt, einen einzigen unbeschreiblichen Zauberwald bilden; wenn drumherum, in Ferne und Nähe, Mannsleute mit Frauenbildern, so Gott in einer guten Laune schuf, tanzen, tanzen, tanzen — —

Ich vergesse das nicht.

Pariserinnen sind kokett

I.

Pariser Frauen und Mädel stellt sich ein durch Zeitungstrottel irregeführter Deutscher als Zieräffchen vor. Man erwartet an ihnen so viel zerbrechliche Grazie, daß sie ein gesundes Aug' eher abstoßen als anziehn. Sie sind ganz anders.

Sie sind weiche, milde, keineswegs besonders blitzende Geschöpfe. Ihr denkt sie »feurig«; sie machen eher einen zurückhaltenden Eindruck. Ihr denkt sie lebhaft; sie sprechen kaum so laut wie bei uns.

Nur, Steifheit ist ihnen fern.

Sie haben Selbstbeherrschung. Waches Behagen; mit unmerklichem Schönheitssinn.

Bei uns wirkt eine Großstädterin, die kokett sein will, eher nervös. Die Pariserin erledigt Koketterie mit leiser Anmut, gewissermaßen unbeweglich. Macht einen recht natürlichen Eindruck. Scheint alles aus Freude am Lebenszauber selbstverständlich zu tun. Sie schwitzt hierbei nicht.

Unsre lieben Frauen (ach, sie sind entzückend) haben was Verträumtes, Holdes, Pflanzenhaftes. Die Französinnen sind wach, dabei jedoch ohne Schärfe; bei allem lebhaften Wesen voll Gutartigkeit. Noch die Letzte der Letzten hat was kindhaft Gutmütiges — und die Kaltblüter-Brutalität mancher berlinischen Dirne liegt ihr fern.

II.

Ein Mittel, ohne Aufwand ihre Schönheit zu steigern, ist die Art, wie sie den Rock halten. Es scheint ein Gesetz, daß man den Rock mit der linken Hand faßt. Ob gutes, ob schlechtes Wetter. Die reiche wie die ärmste rafft an der linken Hüfte den Rock beim Gehn. Köstlicher Anlaß, Grazie zu entwickeln. Natürlichen Reiz.

(Noch jede Arbeiterfrau und Familienmutter lüpft am Sonntag einen violett-seidenen Unterrock. Wie bei uns eine, na, Schauspielerin.)

III.

»Die Französin ist frivol« — dieser Blödsinn stammt von Zeitungsmikrozephalen.

»En France, la femme travaille« — das trifft eher die Wirklichkeit.

Deutscher Irrtum

I.

Das sogenannte »Sonnige«, was man den blonden Völkern immer nachsagt, findet sich nach meiner Beobachtung zwar weniger bewußt, doch in größerer Verbreitung zwischen den Pyrenäen und dem Pas de Calais …

II.

Man stellt sich Gallier als Prahlhänse vor; als Blender. Ganz falsch. Unscheinbar sind sie. Man muß häufig genau und recht lange hinsehn, bis man drüben an einem Ding Vorzüge merkt, die im Verborgenen blühen. Die Einzigen, die Paris nach der Seite des Blenderischen, Schreienden, Klobigen drängen, sind nicht Franzosen (in denen wohnt zu viel leiser Geschmack), sondern das sind die derben, von griechischem Geiste nicht beleckten, germanischeren Yankeebären.

III.

Vieles in Frankreich ist unscheinbar. In einem Raum, der nach nichts aussieht, beinah ärmlich zu nennen, kriegt man ein Göttermahl vorgesetzt. Ein Mensch, der wie ein kleiner Beamter aussieht, besitzt eine Jahresrente von hunderttausend Mark. Die zaubervollsten Fische, die köstlichsten Krustentiere, das schierste Fleisch, die märchenhaftesten Früchte sind Alltagsgewöhnung in der Provinz ...

Was in Frankreich ein Arbeiter ißt: das gibt es bei uns noch nicht in der Tiergartenstraße. Wenn die sich Langusten, Artischocken oder den schmalen, grünen Spargel oder die Edelpilze für protziges Geld kommen läßt, haben sie den Duft der ersten Frische längst eingebüßt. Wer in Frankreich erster Klasse fährt und ein Auto besitzt, sieht wie ein Schubiack aus. Manche Frauen und Mädchen von Paris würde man bei uns als Landstreicherinnen, Naturforscherinnen, entartete Fabrikmädchen ansehn — es sind jedoch sehr brave Hausmütter; wackre Töchter voll Anspruchslosigkeit; haben mit solchem Aussehn schon eine Rente zusammengespart.

IV.

Letzten Endes ist Rohheit in unteren Schichten Frankreichs gering. Noch ein Handlanger, Straßenarbeiter, Kanalräumer bleibt für logische Erörterung zu haben. Alles sieht weniger auf rohe Kraft, als auf den »polierten Geist«. Und aussehn, wie gesagt, tun sie wie die Landstreicher ...

— — — — — — — — — — — — — — — —

V.

Kindhafte Künstlermenschen!

Ich fuhr in einem »Rapide« von der Touraine gen Paris. Herrliche Wagen: Hotelzimmer. Ein großer Raum, in dem man tanzen kann; wo alles in bewegbaren, wegzurollenden Sesseln im Kreis herumsitzt. Lehnklubschmarotzerschlemm- sitzgelegenheiten in der Bahn. Der Raum mit köstlichem Teppich bespannt. Diener reichen Erfrischungen. Es gibt Handarbeitszimmer mit Nähtischen für Damen, welche die Zeit während der Fahrt hausfraulich totschlagen. Mehr sol- cher Verschmitztheiten. Das haben wir nicht im Deutsch- land Wilhelms des Zweiten.

Die praktischen Gepäckausgaben mancher französischen Bahnhöfe! Technik; wie ein wunderbares Spielzeug für Kin- der. Riesenlanger Kreistisch, der sich fortwährend im Kreis bewegt, auf dem schwebt das Gepäck bis zum Empfänger. Diese Tische wandern also fortwährend; jeder Koffer gleitet auf dem Wandertisch bis dahin, wo der Eigner steht und ihn herunternehmen läßt ...

VI.

Die Gallier galten im Altertum als ein gutartiger, wenn auch reizbarer und kriegerischer Stamm von Kindern, mit Kinderneugier, sogar einer gewissen Kinderschlichtheit (die sie heut noch inmitten aller Verfeinung deutlich besitzen). Künstler- und Kindersinn verwendet solche Bahnhofsspie- lereien, die aber praktisch sind.

Dieser Künstler- und Kindersinn hat schließlich auch die Aeroplane, das Himmels- und Weltenspielzeug von ernster Bedeutung, ersonnen oder fabelhaft vervollkommnet ...

Dafür sind sie in allen hygienischen Einrichtungen des Alltaglebens hinter uns zurück. Nur das betonen deutsche Zeitungsesel, die Gott im Zorn geschaffen hat. Alkohol in verdichteter Form; waschen sich weniger; spucken mehr; wohnen dichter in kleineren Räumen; machen klotzigen Lärm mit Verkehrsmitteln. Nur haben sie daneben wieder das Automobil erfunden, das geniehafte Verkehrsmittel ... Kinder und Künstler!

VII.

Oft schon recht ermüdete Kinder. Auch dezimierte Kinder; Bonaparte ließ eine schwere Menge gesündesten Menschenfleisches auf der Strecke ... bevor Ludendorff, der ideenlose Erzschlächter, kam. Der Rest ist friedfertig (trotz stachelnder Zeitungen); wohlhabend — was beinah dasselbe wie friedfertig ist; etwas verwöhnt, doch in diesem Ruhestadium wundervoll neugierig, unternehmungsfroh, im tiefsten Grunde von kindhafter Heiterkeit.

Nochmals: das sogenannte »Sonnige«, was man den blonden Völkern immer nachsagt, findet sich nach meiner Beobachtung zwar weniger bewußt, doch in größerer Verbreitung zwischen den Pyrenäen und dem Pas de Calais.

VIII.

Man spreche mit Franzosen, mit edleren Geistern dieses ... überreifen Volkes (falls ein Volk je überreif sein kann!), so wird man sie sagen hören: Ja, wir wissen, daß Frankreich an Zahl der Einwohner zurückgeht — aber ist das ein Hauptmerkmal für die Bedeutung eines Volks? Man bedenke doch, daß die weltbewegenden Einflüsse fast immer von kleinen Völkern ausgegangen sind (und die Franzosen werden bald ein zusammengeschrumpftes Volk sein) — die Schönheit der Welt ging von dem kleinen Hellas aus, die Religion der Welt kam von dem kleinen Lande Palästina.

Frankreich wird, wie jedes Land, eines Tags zugrunde gehn, dies ist das Los aller Völker, ein geschichtliches Gesetz — doch es kommt nicht drauf an, wie lange Zeit ein Volk gelebt, sondern was es zu seiner Lebzeit für Einflüsse geübt, was für Glück es ausgestrahlt, was für Schönheit es geschaffen hat.

Ja, wer löst die Welt vom Raubtierwahn?

IX.

Alles erscheint einem in Deutschland so funkelnagelneu, so wenig gebraucht — wenn man aus dem grausteinernen

Gewirr von Paris, von den moosbewachsenen alten Städten der Normandie, der Touraine, der Bretagne kommt.

Aber die Annahme, daß die französische Provinz unbedeutend und langweilig sei, bleibt einer der schwersten deutschen Irrtümer. Nürnberg ist etwas Herrliches — doch um der Wahrheit die Ehre zu geben, so scheint mir, daß Frankreich viele Nürnbergs hat. Das Land wurde von den Griechen besiedelt, bevor die Römer eindrangen.

X.

—————————————————————

Nachtrag. Liebes Deutschland! Wenn man nach der reichen (aber allzu verständigen, zu sehr mit Akzenten versehenen und kurzen) Landschaft der Franzosen wieder Schleswig-Holstein sieht; herrliche Ebenen mit dem Hauch in der Luft: so weiß man, wo für einen Deutschen der Friede wohnt. Ein Friede, dem Traum nahe verwandt, wie ein Bruder dem andren. (Und eine Schwester gibt es, die heißt: Musik.) ...

Alles herrlich! Es wird an nichts geknausert und geknickkert, die Natur ist stark und großmütig — doch wenn man nach Berlin zurückkehrt ...

XI.

Wenn man nach Berlin zurückkehrt und hier die märkische Dürftigkeit des Bodens, die Armut der Luft doppelt peinlich empfindet, dann fragt man sich zum xten Mal: weshalb wir nicht vor Jahrhunderten im deutschen Nordwest eine Landeshauptstadt vorbereitet; man grübelt sauersüß, ob nicht heute noch Berlin an Alster, Elbe, Nordsee zu verlegen ist. Wo der Wind weht, Schiffe schaukeln, der Mensch atmen kann, etwas wächst wie in Frankreich.

Die tiefe, leuchtende, sommerliche Schönheit Hamburgs, sonderlich Hamburgs im August und Juli, läßt sich nur in Gesängen ausdrücken. Aber die Spreestadt? —! Auch sie war ein deutscher Irrtum ...

Die reife Frucht

I.

Deutsches Mißverständnis: Paris als Vergnügungsstadt zu stempeln. Allerübelste Betrachtung. Merkmal für Menschen ist hier: alte Hochentwicklung.

Eingesessenes; Vererbtes.

Wir haben diese Kultur in Deutschland gleichfalls. Man gehe nur in den deutschen Süden oder Westen! Doch justament in Berlin haben wir sie nicht. Zu vieles im Werden — (das ist kein Tadel; die Worte schließen ja eine Hoffnung ein) — aber in Paris ist schon alles geworden.

II.

Und was die Verstorbenen hier hinterlassen, an Möbelstücken, Bildern, Seltenheiten, Büchern: das beleuchtet Entwicklungen.

Nicht weit von den Boulevards ist ein Gebäude: wo in allen Stockwerken Hausrat, Kleider, Kunstsachen Gestorbener versteigert werden. Man denkt sich dieses Hôtel Drouot nur als Stätte für Kostbarkeiten. Falsch; hier kann einer für zwei francs Wertvolles erwerben.

Ein Kleinhändler, der in Pantoffeln und barhäuptig ankommt, kauft im Handumdrehn für drei francs eine Kollektion von fünf — Gemälden ... Vier davon schauderhaft. Aber das fünfte reißt ihn heraus; er sagt zu seiner Umgebung: »Es ist nämlich eine Kopie nach Frans Hals — elle n'est pas mal.« Er geht davon, seine Pantoffeln klappern.

III.

Kulturbelecktheit in der niedersten Schicht; oft beinah komisch. Aber sie sagen alles einfach und selbstverständlich — es ist in Fleisch und Blut übergegangen. Ein einfaches Bedienungsmädel im Wirtshaus: »Man ist hier eine Sklavin der Arbeit.« Hausdiener reden in Epigrammen. »Sie reisen ab, mein Herr? Ah, um so schlimmer für mich. Ich liebe Klienten wie Sie.«

IV.

An der Seine haben die Buchhändler ihre Kästen. Wer flog nicht alles nach Paris? Die Anziehung der Stadt redet aus diesen Kästen. Den Deutschen ergreift es, wenn er im fremden Land Bände seiner Muttersprache findet, die einstmals wer weiß wem gehört. »Goethes Briefwechsel mit einem Kinde« mit handschriftlicher Widmung der Bettina ... wie mag dies Buch hergekommen sein? ... Der selige Kotzebue, die selige Luise Mühlbach; französische Dichter; plötzlich Werthers Leiden in einem vergilbten Band. Molière-Ausgaben; zerflatternde Lieder des Sängers Béranger; Memoiren einer Herzogin. Davor stehn Dienstmädchen, Flußknechte, prüfen, ernsthaft, mit einem gewissen Kennerblick aufgehäufte Literatur ...

V.

Man ist in Deutschland zehnmal so musikalisch wie in Frankreich. Die Franzosen sind das unmusikalischste Volk — die Deutschen das musikalischste. Doch man kommt in ein Kaffeehaus, ganz abseits ... unter Arbeitern und Kleinbürgern ist ein »klassisches Konzert«. Sie saugen voll Ehrfurcht Kammermusik. Mit stürmischem Beifall belohnen sie die Quartettspieler. Wie wurde mir ums Herz, als dies französische Quartett sich zuletzt entschloß, Webers Oberon-Ouvertüre zu spielen! Die ärmlichen Hörer saßen still begeistert, dann verbrüderten sie sich mit den Musikern ...

VI.

Es gibt eine Kultur, die so reif ist, daß sie den Stich ins Faulige bekommt. Aber auch Gesindel, das jede Kultur als faulig hinstellt.

Manches (böswillige) Kamel, das von Paris her deutsche Spalten vollmacht, schilderte jahrelang die Franzosen als ein Verrücktenvolk — und hielt sich für einen munteren Geist. Wie der »Matin« uns als plumpe Rohlinge malt. Laßt Euch die Freude nicht an dem Herrlichen dieses Volks verkümmern. Auch nicht von den Folgen des schmierigen Weltverbrechens und der großen Zeit.

Liebet einander.

Spree und Seine

I.

Es ist das Schicksal meiner Reisen insgesamt, in Paris zu enden. (Und wenn ich in Palermo bin, jag' ich zuletzt, mit einem Kroatenschiff, nach Marseille, von dort nach Paris.)

Eine Menge von Leuten gibt es, die kein Sinneswerkzeug für die Stadt haben. Ihr Gegenstück ist Friedrich Hebbel, der beim Scheiden von Paris ins Tagebuch jene seltsamen Worte schrieb.

II.

Ich vergleiche nicht Frankreich und Deutschland; nur Paris mit Berlin. Guckt mal vom Triumphbogen — es wird eine Stunde menschlicher Ergriffenheit.

Berlin hat in der Anlage diesen großen Zug nicht. Es fehlt Machtvolles: Straßen wie die Champs-Elysées. Ein Carousel-Platz (am Louvre). Eine Place de la Concorde.

Wir haben keinen Fluß wie die Seine, darum keine Brücken wie ihre Brücken. Keine Bergstadt neben der Talstadt. Keinen Mont Valérien, der in naher Ferne sich aus hold umblühter Landschaft erhebt, für die scheidende Sonne ganz lyrisch ein Vergoldungsanlaß. Mich überkommt auf dem Triumphbogen eine Hebbel-Stimmung, ich wiederhole da oben zwar seine Worte nicht, aber ich fühle fast einen Drang, mit den erhobenen Händen zu wackeln, diese menschliche Schönheit zu segnen, zu segnen — so komisch es klingt.

III.

Ich liebe mein Vaterland: aber die Kellner in Berlin giften mich. Ein Kellner unter Wilhelm dem Zweiten wird forscher aussehn, einen blonderen Schnurrbart tragen; doch der Ton, in dem er spricht, ist affig-gekünstelt. Unterstrichener Drang nach Schneidigkeit. Der falsche Leutnant.

Ein französischer Kellner mittleren Ranges wird natürlicher, ohne Fatzkerei mich ruhig beraten. Gute Mitte: nicht unterwürfig, nicht anmaßend. Ein Ratgeber, taktvoll.

Ich liebe mein Vaterland — doch die französischen Diener sind mir in gutem Erinnern. Die Kraft eines lebhaften Mannes, doch fühlt man sich leise bedient ...

IV.

Hätte Berlin einen Pavillon d'Armenonville: man würde sofort merken, daß jemand eine »Konzession« erhalten hat, und zwar »polizeilicherseits« ... Im Zoologischen Garten Wilhelms des Zweiten ist Großbetrieb, verbunden mit Geprotz, denn oben auf dem gedeckten Altan pflanzen sich solche hin, die nicht etwan einen gedeckten Raum vorziehn, weil er gedeckt ist: sondern weil man sehn soll, daß sie in der »Weinabteilung« sitzen. Uäh.

Weinabteilung — fürchterliches Wort! (In Gallien trinken die Hungerleider Wein) ... Im Zoologischen Garten ist die Protzerei nur spießbürgerlich; im Armenonville wird sie phantastisch.

Die Leute in Berlin sitzen Schau. Die Protzen in dem Leuchtschloß halten sich nur steif, wenn sie Ausländer sind.

V.

Ja, in Frankreich herrscht mehr Natürlichkeit als bei uns — trotz allem Gerede von diesem »koketten« Volk.

Ich muß etwas zufügen.

Die volle verwegene Frauenschönheit wird bei uns noch immer fast wie ein Frevel betrachtet. In der Weinabteilung muß auch die Schönheit sich in »bürgerlichen Grenzen« halten. Wagte sie volle Entfaltung, wäre man beleidigt von einem verdächtigen Überheben; das schickt sich »denn doch« nicht. (Und alle diese Frauen bei uns in der, uäh, »Weinabteilung«, die es nicht wagen, möchten es doch so furchtbar gern wagen. Denn es ist menschlich.

Und weil diese Menschlichkeit in Frankreich aufrichtiger bekundet wird, darum sagt einem Künstler das Verweilen in diesem Lande recht sehr zu ...)

VI.

Und all diese Vergleiche gelten wirklich nicht für Deutschland und Frankreich; bloß für Spree und Seine — unter Wilhelm dem Protzigen.

O alte Burschenherrlichkeit

I.

Mein Wirt ist ein Südfranzose diesmal. Hat eine dicke, gute Gattin; eine jungverheiratete, glückliche Tochter; ein hôtel meublé. Schmales Haus mit fünf Stockwerken. Von meinem Fenster blick' ich zur Kirche Notre-Dame, zum Louvre auf der andren Seite; sehe wieder über sieben steinerne Brücken weg.

Das Haus steht an der Seine, am Quai des Grands-Augustins. Abends, wenn ich rote Damastvorhänge mit leuchtenden Goldfiguren zurückziehe, mich hinausbeuge, schwimmt über dem Wasser der alte Zug von Lichtern; rote, blaue, bläuliche, gelbe; von allen Brücken, allen Schiffen her.

Und wenn die riesigen Bäume sich am Ufer leis im Nachtwind bewegen: dann packt mich, ich weiß nicht wie, Himmelslust.

Schlagt mich tot.

II.

Mein Wirt hat im Keller allerhand Weine. Weißwein aus Bordeaux in massigen Flaschen; Flaschen mit südfranzösischem Rotwein, gelb gesiegelt. Vom Weißen und vom Roten große Doppelliterflaschen; darin eine schwere, doch wohlfeilere Sorte. Daneben den sogenannten kleinen Wein, aus der Gascogne, den er selber schluckt.

Der Wirt ist ein Mann von vierundvierzig Jahren. Lebt nicht schlecht; hat zwar schon graues Haar, aber nicht von

Sorgen. Kennt mehrere Deutsche, die bei ihm gewohnt. Ein Theologieprofessor aus Jena war darunter.

Das Haus ist voll von Franzosen. Liegt in einer abseitigen, fast kleinstädtischen Stille. Ein italienischer Maler hat im vierten Stock ein helles Zimmer. Die dicke, stets lächelnd-freundliche Wirtin, Madame Crégut, und ihr südlicher Mann, Jean-Baptiste Crégut, haben ihm so gut gefallen, daß er sie malte. Das Bild des Mannes ist fertig; ich sage zu Crégut — da er das Ehrenamt eines Administrateur de la société des marchands de vin bekleidet, Aufsichtsrat einer bürgerlichen Weinkaufsgesellschaft — daß seine ganze Würde auf dem Bild herauskommt. Er lacht. Er freut sich.

Frau Crégut ist noch nicht fertig gemalt. Alle Mittage sitzt der Maler unten im Gastzimmer; sie hat ihr Schwarzseidenes angezogen, rührt sich nicht, er pinselt — während Leute am Quai stehn bleiben, ihm ruhig auf die Leinwand gucken. »Ist es gelungen?« frag' ich einen kleinen Bengel, der zusieht. Er prüft und sagt: »Es ist gelungen, nur das Gesicht ist zu rot, man hält es für einen Apfel — on dirait une pomme.«

So fließt hier das Leben dahin.

III.

In unsrem Haus sind noch zwei Deutsche. Wir haben uns kennengelernt. Der eine: Gymnasiallehrer; aus kleiner Stadt im Odenwald. Der andre: Chemiker; hat Studien in London gemacht. Beheimatet in Magdeburg.

Eines Abends trafen wir alle drei im Gastzimmer zusammen.

IV.

Herr Crégut hat in seinem Keller auch Bier. Bière de Strasbourg, von der Firma Gruber. Wir baten Crégut, eine Flasche heraufzuholen.

Eigentlich war es keine Flasche; schon eine Badewanne. Wir tranken sie zu Vieren aus; alles war gut.

Um diese Zeit trat der italienische Maler ein. Hatte seinen abendlichen Gang gemacht. Sah uns Bier trinken. Er war vor Jahren, vor Jahren auf der Akademie in München ein Semester gewesen; bei Piloty zu lernen, den er jetzt verachtet. Von der deutschen Sprache hatte sich sein Gehirn einen Ausdruck, einen münchnerischen Fluch gemerkt, den ich selber noch nicht kannte. Hieß: sakra fuffzig! Wenn dieser Maler beweisen wollte, daß er in der deutschen Sprache nicht unbewandert sei, sagte er zu jedem einzelnen von uns, blödsinnigmild lächelnd: »Sakra-fuffzig!« Platzte hiernach vor Stolz.

V.

Sakrafuffzig (ich will ihn so nennen) sah das Bier auf dem Tisch. Begann zu gleißen. Setzte sich zu uns; bat um ein Glas. Es wurde bewilligt. Wir waren jetzt fünf: drei Deutsche, der südfranzösische Wirt, Sakrafuffzig.

Für Frau Crégut und ihr Privatstubenmädchen Joséphine (Boulogne sur mer) hatte die Stunde des Schlafengehens geschlagen. Das Boulogner Mädchen ließ die Rolläden des Gästezimmers herab, schloß die Tür. Ließ uns ungeschoren. Frau Crégut, die schon um halb elf im Gespräch wie eine Orgel schnarchte, kroch die Treppe zu den Privaträumen hoch; von ihrer Fülle hob sich die zierliche Gestalt der kleinen Boulognerin lieblich ab.

Wir aßen und tranken.

VI.

Allmählich überkam den Wirt eine seltsame Stimmung. Wir waren an diesem Südfranzosen Lebhaftigkeit gewöhnt. Doch er hatte so viel Bier wie heute noch nicht getrunken.

Eine Riesenflasche nach der andern war geöffnet. Er schien zugleich innig bewegt und grüblerisch bohrend.

War trotzdem erfahren genug als Trinker, den Kopf nicht zu verlieren. Nur eine gewisse Weihe kam über ihn, daß er beinah röchelte. Wir gossen immer ein. Auch wir blieben nicht kühl. Leiser Taumel — in diesem verbarrikadierten Erdgeschoß eines Pariser Hauses zur Nachtzeit.

Lagen wir im Schlummer — vorübergehend?

Fest stand es, als der Odenwäldler sich jede Zwischenbemerkung verbat . . . und eindringlich den cantus »O alte Burschenherrlichkeit« kommandierte. Der cantus stieg. Crégut sah erstaunt und seltsamer aus denn vorher; fassungslos, halb beseligt.

Sakrafuffzig suchte mitzusingen, hatte bei der dritten Strophe die Melodie weg.

»O alte Burschenherrlichkeit« klang durch die Räume. Das ganze Haus schlief. »Wohin bist du geschwunden!« Zuletzt standen wir auf, reichten bei der Schlußstrophe, wie immer, uns die Hände verschränkt um den Tisch herum.

Crégut und Sakrafuffzig verschränkten ihre Arme mit großer Gewandtheit, aber plötzlich sitzend.

VII.

Was hierauf geschah, weiß niemand. Ich kommandierte noch einen Salamander. Der Wirt war soweit bei Kräften, daß wir ihn den beibringen konnten. Crégut äußerte kindlichen Jubel, da er den Salamander raus hatte.

Nachher ergaben sich Schwierigkeiten. Er war außerstande noch Flaschen zu holen. Im Hintergrund der Gaststube war der Eingang zum Keller, eine große Falltür, die offen stand. Er bat uns mit lächelnder Milde, die von Wehmut und von einem plötzlichen Versuch, Sakrafuffzig zu kitzeln, vermenschlicht war, an seiner Statt in den Keller zu steigen — er habe Augenschmerzen und lese keine Zeitungen mehr.

Wir erfüllten seinen Wunsch. Aber mit Mühe. Der junge Chemiker und ich kletterten hinab. In diesem Pariser Keller sah es wunderlich aus. Aus allen Ecken gleißte gehaltvoller Stoff. Ein Duft, wie man ihn alle Tage nicht riecht, drang entgegen. Einen Augenblick lang hatten wir die Absicht ... Aber es schien uns doch eine Gemeinheit gegen die andern. Wir trugen empor, was wir zu tragen fähig waren; darunter zwei Flaschen der Witwe Cliquot.

Crégut hat noch eine stehend geöffnet — doch der Abend schloß mit einer südfranzösischen Bierleiche.

VIII.

Ich will uns nicht besser machen als wir sind. Auch wir waren am nächsten Morgen, der just anbrach, umwölkt.

Sakrafuffzig blieb verschollen; malte Frau Crégut nicht an jenem Tag. Die Boulognerin teilte mit, daß er auf seinem Zimmer brüte. Der Gymnasiallehrer hatte Kopfschmerzen. Der Chemiker »arbeitete«.

Crégut aber befand sich »dans un état tout-à-fait déplorable.« Er konnte kein Mittagbrot und kein Abendbrot essen.

Gutmütig, wie Franzosen sind, kam er nicht aus dem Lachen heraus.

... Zum Trost sprach ich: »Mais à présent vous savez frotter un salamandre.«

Heimfahrt
(Diana)

I.

Einmal fuhr ich, wie so oft, von Paris auf dem Seeweg heim. Adieu, Paris — rasch nach Cherbourg.

Adieu, Paris... Knapp vierzehn Tage vor der Abreise war ich über die Sankt Michaelsbrücke gegangen, welche auf französisch Pont St.-Michel heißt, und hatte dort im Gewühl der Omnibusse, Fußgänger, Autos einen alten Venezianer getroffen (einen Mann mit weißgrauem, eisgrauem Bart), welcher an die Quader gelehnt stand und Dasjenige tat, was seine Landsleute so oft tun, nämlich nichts. Vor ihm, auf dem Quarengeländer der alten Brücke, waren kleine Kunstwerke holder Art aus Gips aufgestellt. Eine Figur fiel mir in die Augen.

»In die Augen fallen« ist ein schwacher Ausdruck. Sprang in die Augen. Ich verliebte mich in sie. Es war eine Diana. Von dem Bildhauer Falguière.

Der Greis auf der Brücke wies freundlich darauf hin, daß die Nachahmung dieser Figur verboten sei, daß er sie aber trotzdem nachgeahmt. Alles italienisch mit adligem Anstand. Ich kaufte sie.

II.

Die Diana stand auf dem rechten Bein; das linke ragte, während sie sich vorbog und ihren Pfeil abschoß, etwas in die Luft. Der Liebreiz des Gesichtchens, die Anmut der Haltung, die feine Schönheit junger Glieder wirkten bezaubernd.

III.

Schwer, die Diana jetzt einzupacken. Das Frauensbild war gewissermaßen im Sprunge, so breiteten sich ihre Glieder in mehrere Windgegenden. Was fehlte, war ein fester Stützpunkt, sie an den Boden einer Kiste zu fesseln. Sie anbinden? Es war ihr nicht beizukommen in aller zerbrechlichen Feinheit.

IV.

Lange suchten wir. Ein épicier in der Rue des Halles kletterte mit mir in den Keller; zeigte mir den Vorrat an großen und kleinen Kisten. Der italienische Maler Sakrafuffzig hatte die Güte, sich anderweit indes umzutun. Weder er noch ich fanden einen Käfig für die Göttin. Blieb nichts, als sie in die Hand zu nehmen; so mit ihr (nach herzlichem Abschied vom ganzen Haus) davonzufahren. Hoch war sie an dreiviertel Meter.

V.

Auf dem Lazarusbahnhof sprang eine Dame, während ich, von zwei Gepäckträgern gefolgt und die Diana in der Hand, den Zug abschritt, heraus. Mit solcher Genauigkeit auf die Figur, daß deren linkes Bein verlorenging. Es rollte, leider nicht in einem Stück, sondern in sieben Stückchen, unter den Waggon. Die Springerin machte mir ein beschämtes Gesicht (Lächeln, tiefes Bedauern) und sagte: »Ah, monsieur, je vous demande pardon...« und blieb stehn. Ich verzieh ihr, schritt von dannen, setzte mich in den Zug, betrachtete den schönen Torso und fuhr nach Deutschland.

VI.

Auf dem ganzen Wege hat mir Diana, von meiner Hand gehalten, Glück gebracht. Als Gesprächsanknüpfung. Ich wurde von Mitfahrenden auf dem Schiffe liebevoll umtreut; alle forschten wegen der Verwundung in einem Ton, als ob ich sie erlitten hätte.

Französinnen bis Cherbourg waren voll bezaubernder Teilnahme. Das Göttermädel, dem von seiner Schönheit genug blieb, eroberte die Herzen; und etwas, immerhin, fiel für mich ab.

VII.

Am Abende des zweiten Tages saß ich in Bremen, im Ratskeller. Altes und Neues schwirrte durch ein gewisses Wolkengold. Heimat und Frankreich.

Ein französischer Vers glaubt:

Chaque homme a deux patries: la sienne et puis la France.

Mag wahr sein unter der Bedingung, daß Ihr mein Wort gelten laßt: »Jeder Nichtdeutsche hat eine Doppelheimat: sein Land — und deutsche Musik.«

VIII.

Erst kam Nackenheimer. Dann Oppenheimer Goldberg. Wir drangen mit dem Schwarm in die Kellerräume, wo es himmlisch duftet; wo in den Fässern seit anderthalb Jahrhunderten Edelstes lagert.

Wir plauderten. Die Herzen gingen auf. Der kleine Oppenheimer stand vor uns auf dem Tisch.

IX.

Nachher schritten wir über den Rathausplatz. Vereinzelte Spaziergänger in einer friedlichen, schönen, stillen Stadt begegneten uns.

Ich war wieder in Deutschland.

Diana sollte das Gnadenbrot kriegen — ich hab' sie heute noch.

Eine holde Schiffsgefährtin war durch sie gewonnen. Sie schritt neben mir. Jedes ihrer Beine war unversehrt. Und nicht von Gips.

— — — — — — — — — — — — — — — — —

X.

Am Abend des nächsten Tags kam ich nach Berlin. Hier sitzt man. Die Freude des Wiedersehens ist groß. In aller Freude nagt leises Heimweh nach der Riesenstadt, die man verlassen; nach der seligen Stadt; nach der Wunderstadt; nach der Stadt mit den steinernen Brücken, heiter dunkelnden Türmen, dem ewigen Glanz, dem Märtyrergebirg, dem witzig-zarten Geist, dem Glück der Schönheit.

Sie liegt westlich in der Ferne... und reift, wie mancher Deutsche glaubt, ihrem Untergang entgegen.

Deutschland ist herrlich, herrlich, herrlich. (Aber Berlin ist nicht Deutschland.)

XI.

Diana steht auf dem Klavier — und zielt mit Pfeil und Bogen.

Venezianisch

Rakéel'

I.

Es wuchs vor meinem Fenster
    Ein leuchtender Feigenbaum ...
— — — — — — — — — — —
    — — — — — — — — — —

Die weiße Etsch rauschte vorbei,
    Die feuchte Erde roch nach Wein.
Die Welt mit allen Büschen
    Wuchs mir ins Fenster hinein.

Wo war das gewesen? Es war ... Wo die deutsche Sprache
noch herrscht. Wo sie lichter blüht als im dünnen Tieflande.
Das lag hinter mir.

II.

... Dann kam ich in die Stadt. Wunderstadt, verfallene; mit
nächtlicher Schönheit am Meer, im Leuchten zerbröckelnder
Trauer; Hochzeit von Schwermut und Anmut. Es geschah
zum dritten Mal, daß ich hinkam. Wochen hatt' ich einstens
dort gelebt. Nächtlich strahlte sie; tiefer, prachtreicher, ver-
storbener — unsterblicher. Der Löwe von Erz schrie schlafend über die Säule hin, über die Wasser, und schlug mit den
Flügeln. Schwarze Särge zogen durch die Flutgassen zu verschollenen Häusern — ihre Marmorstufen gingen in fried-
verstohlene Finsternis; Steinköpfe starrten vom Gesims.

III.

So will ich der Wahrheit gemäß berichten, was mir damals
in Venedig zustieß. Ein Vorfall ohne Merkwürdigkeit. Vielleicht hat er nur Wert für den Mann, der ihn erfuhr: nicht für
andre, die von ihm hören ... Für diesen Fall bestände die
Entschuldigung bloß hierin: daß wir noch am ehesten solche

Dinge erzählen können, an denen wir Anteil genommen. (Und daß es am anständigsten ist, keine andren Dinge zu erzählen, als eben solche) ... Es kommt nicht darauf an, daß ich, ich, ich die Dinge erlebt habe. Sondern allein: daß jemand Dinge erzählt, die er erlebt hat ... Zudem ist nichts an den paar Tatsachen geeignet, ihren Erzähler in romantisches Licht, oder in heldenhaftes Licht, zu setzen. Vielmehr ließe sich vermuten, daß von dem Erzählten die meiste Helligkeit auf die Stadt und auf die Seele der Stadt fallen werde.

IV.

In einer Tasche des alten Reisebuchs steckten Gasthofs-Rechnungen aus dem Jahr 1894 ... und zwei Briefe.

Die Briefe waren von einer venezianischen Bürgerstochter, im Jahr darauf, 1895, nach Deutschland gerichtet, dann dort hineingeschoben worden. Der eine begann: Gentile signor ... (hier kam der Vorname), und schloß fröhlich: cordiali saluti di lei devotissima R. Es stand hierin folgendes: Die kleine Base der Schreiberin sei heute zu ihr gekommen und habe versichert, den Empfänger auf dem Markusplatz gesehn zu haben; ob es war sei, daß er in Venedig oder ob er in Berlin sitze.

... Seltsam, nach Jahren so einen Brief im Reisebuch zu finden. Dieses entzückende Mädchen aus einer Kleinbürgerfamilie hatte mich damals venezianisch sprechen gelehrt. An vielen Abenden trafen wir uns, und sie brachte — weil sie auf andre Art nicht hätte fortgehn dürfen — immer die achtjährige Base mit, bei deren Mutter sie wohnte. Das Kind besorgte manchmal, an der Markuskirche nachmittags wartend, unsre Zettelchen mit Verabredungen. Alles das war wundersam heiter; doch mit jenem Ernst, wovon in dieser Stadt noch auf die herrlichste der Herrlichkeiten ein voller Abglanz fällt. Rakéele, venezianischer Rakéel', hatte schönes schwarzes trocknes Haar und war ein großes, zartes Mädchen mit sehr dunklen Augen. Ihr Körper schien ahnungslos zu leuchten, wenn sie sich streckte, oder mit geschmeidigem Liebreiz das lange Schultertuch der Venezianerinnen halb in

Gedanken zurechtschob … Noch seh' ich ihre Gestalt im Dunkel, als wir einmal bei Regen rasch im finstren Torgang einer ausgestorbenen Kirchgasse Unterschlupf suchten. Sie stand im Dunkel neben mir, die Kleine aß abseits an ihrem Kuchen.

Auch seh ich sie, wie wir draußen bei einem Weinwirt einkehrten, in einem kaum beleuchteten entlegenen Stadtteil — unter freiem Himmel saßen wir drei an einem Tisch, der auf die alten Quadern hinausgeschoben war, und vor uns stieg aus dem weiten Wasser die Steininsel mit Zypressen: der Kirchhof. Auch damals saß sie neben mir. Und noch oft.

V.

Das war sechs Jahre her. Es trieb mich nun, eines Abends, das Haus zu suchen, welches der Schluß jenes Schreibens genannt. Ich wollte fragen, ob vielleicht jemand wisse, was aus einem Mädchen, namens Soundso, geworden, die vor sechs Jahren dort bei ihren Verwandten gewohnt. Von der Abendmusik ging ich aus dem Gewühl, kreuz und quer, durch umgitterte Ufergänge, mattfarbige Winkel mit alten Brunnen, an erleuchtet verhangenen Schänken vorbei … und fand die Gasse, nicht weit von der Kirche zur Schönen Heiligen Maria oder Santa Maria Formosa.

Als ich klingelte (diese schmalen alten Häuser werden von oben geöffnet), fragte mich eine fünfzigjährige Frau, die außen, neben dem ehernen Türlein gestanden, was ich wolle; sie rief, wie zu ihrer Unterstützung: »Rakéel', vien' a basso!« Und als Rakéele in dem dunklen Haustor erschien, wo ihr Gesicht nicht erkennbar war und das meine auch nicht, sprach ich mit leiser Stimme. »Ich glaube nicht zu irren …«

Sie nannte meinen Namen.

VI.

Nach einer Weile brachte sie Licht und hieß mich hinaufkommen; die Tante stieg hinter mir die steinernen Stufen empor. Wir saßen zu dritt in Rakéeles Zimmer, dem einzig bewohnten dieses mittleren Stockwerks. Bloß die Kerze brannte. Das Zimmer war geräumig, ein Fenster stand offen, das Gesumm aus den abendlichen Nachbarstraßen drang herein. Die Tante, nach den verblüffenden ersten Erkundigungen, schlug die Tür zu und stieg in ihre Wohnung. Rakéele saß neben mir.

Sie war kaum verändert. Sie hatte noch ganz das Unsagbare, den Liebreiz. Den lustigen Mund unter den melancholischen Augen. Nur daß sie damals achtzehn war und heute vierundzwanzig.

Ein Kind von weniger als einem Jahr schlief im eisernen Wiegengestell an dem zweiten, geschlossenen Fenster; ein rundes kleines Mädchen. Auf meine Frage, wem das gehöre, erwiderte sie schlicht: è mia — es ist meins.

Als ich sie anblickte, wie sie jetzt dastand, bloß ohne den Glorienschein, und als ich die Stimme hörte, mit der sie die Worte sprach, die Stimme, die mir so wohl vertraut war, da ergriff ich ihre linke Hand, welche dem Herzen am nächsten ist, und küßte sie bis zur Handwurzel. Wir traten ans Fenster, ich blies das Licht aus, und indem wir uns über die Brüstung lehnten und in die stiller werdende Gasse hinabsahen, redeten wir von der Vergänglichkeit der Zeit und von unsren einstigen Zusammenkünften vor sechs Jahren. Die Base von damals war ein großes Mädel geworden und zu Besuch in Chioggia. Jedes Wort wußte Rakéele, das wir damals gesprochen. In ihrer alten lustigen und sanften Art holte sie das hervor. Fein wie eine Prinzessin; lustig wie Colombine; schön wie eine Heilige; still wie eine Venezianerin.

Sie fragte nach meinem Leben in Berlin, nach den Gewohnheiten dieser Stadt. Dann, als wir vom Fenster in das Zimmer zurückgetreten waren und im Dunkel nebeneinander standen, erzählte sie vom Vater des Kindes, einem Sizilianer, den sie drei Jahre kannte — Schiffsingenieur auf der Strecke nach Alessandria in Ägypten. Sie hoffte, daß er sie heiraten würde. Die Verwandten waren bitterböse, als das Kind kam. Am meisten die Mutter, die anderwärts beim Bruder wohnte. Sie plauderte fort. Sie gehe täglich zur Messe, komme sonst nicht aus dem Haus (wegen der Kleinen) und stehe manchmal bis nachts um zwölf an diesem Fenster und schaue so auf die Gassen. Einmal im Monat kam er zurück. Zuweilen ging sie mit dem Kinde gern in den Markusdom, — die Kleine sei noch kein Jahr, könne aber schon richtig das Kreuz schlagen.

Das erzählte sie, lächelnd und ernst, wie damals. Ich fragte, ob sie ihn lieb habe. Sie hatte ihn gern gehabt, und sogar für ihn die »Krankheit« durchgemacht, die Eifersucht. Jetzt nicht mehr so. Sie kannte schon seine Fehler. Das sagte sie mit ernsterer Stimme.

Ein kindhaftes Wesen sprach.

VII.

Am nächsten Abend ging ich im Dunkel wieder zu ihr. Rakéel' wartete. Das Licht brannte. Sie saß auf dem Sofa, angetan mit ihrem schönsten Kleid, an einer schmalen Glaskette hing der Fächer, den sie langsam gegen ihr Gesicht bewegte. Bei Sternenschein verließ ich das Haus. Dies war der vorletzte Abend meines Aufenthaltes in Venedig.

VIII.

Am letzten Abend um halb elf stiegen wir fröhlich und leise die Treppe hinunter. Sie war in ihrer alten, süßen Tracht, in das lange dunkle Schultertuch geschmiegt, ohne Hut. Auf den kleinen Plätzen lag Ruhe. Am Haltestand der Schönen Heiligen Maria gingen die Stufen ins Wasser; wir riefen und stiegen ein. Der Mensch fragte, wohin. Sie antwortete wie ehemals, mit feiner Stimme: ein biß'l Luft schöpfen — per respirar' un po' d'aria! Es ging zuerst unter Marmorbrückchen und durch Seitenwege leicht in die große, dunkle Flutgasse mit den Palästen, dann aber hinaus in die schwermutvolle, fernere Lagune. Bei der langgestreckten braunen Häuserinsel der ganz Armen, der Giudecca, sahen wir noch Gestalten ins Wasser springen und baden. Gegen Mitternacht näherten wir uns dem ummauerten Klostereiland, wo die armenischen Mönche hausen und ihre Bibeln drucken; nur ein Fenster war hell. Um halb eins legten wir weit draußen bei stil-

len Moloquadern an, der Gondelführer lief in das verschlafene Wirtshaus mit den wenigen späten Gästen unter freiem Himmel und holte willig ein Eisgetränk von Granatsaft, sowie einen weißen, moussierenden, kalten Wein. Gegen halb zwei fuhren wir langsam zurück. Rakéele saß neben mir. Sie berührte wieder entlegene Worte, die wir vor Jahren gesprochen hatten. Meine eignen waren mir entfallen, doch ich wußte jedes, das sie gesagt, und die Stellen, wo sie es gesagt. Die Milchstraße glomm über uns. Ehrfürchtig äußerte der Gondelführer, ob es z. B. in Deutschland möglich sei, diese Sternbilder zu erblicken. Rakéele wußte nicht, ob sie ihrem Landsmann beistimmen solle; doch legte sie still ihre Hand auf die meine und ließ sie drei-, viermal sacht niederfallen ...
Als wir durch das letzte Brückchen vor der Schönen Heiligen Maria glitten, sagten wir lächelnd: es sei unsre, unsre Seufzerbrücke.
An ihrem Haus umschlang sie mich noch einmal und wünschte mir mit leiser Stimme Glück. Es war sehr spät. Sie sah zum Fenster, als dächte sie jetzt an die Kleine. Das Laternenlicht fiel auf ihre dunklen Augen. Dann schlüpfte sie still ins Haus.

IX.

... Verborgen in einer Wasserstadt; in Gäßchen; vom Weltgeschehen abseits: leben Geschöpfe, glutvoll und fein; zart und lustig; königlich und sanft.
Venezianische.
Sehen die Welt, wenn sie einmal auf den Markusplatz kommen. Oder wenn sie am Fenster bis spät in die Nachbargasse blicken. Das Leben verrauscht; wir wissen nichts von ihnen — bis zufällig ein einzelner irgendwohin zurückkehrt: von dannen er in einer hohen, atmenden Stunde, vor Jahren, ausging.
Kränze gleiten. Sommergesänge in Höhen und Tiefen. Sterne leuchten und stürzen durch den Weltenraum. Und der glückliche Schmerz bleibt: dies alles nicht nehmen, es mit der Gurgel trinken, es mit den Zähnen essen zu können —

und nicht selber zu bleiben, was man heute noch, heute noch, heute noch war.

So ist das Leben. Questa è la vita. Such is life. C'est la vie, c'est la vie, c'est la vie.

Chioggia bei Venedig

I.

Die Bewohner lallen: sie sagen nicht Kiodscha; sie haben diese feinere, zierlichere Art des Veneto-Dialekts. Sie flöten Dzôsa (Kiôhdsa?); gleichwie an irgendeiner friesischen Küste die Konsonanten kindlich ausgesprochen werden. Die Sassen dieser Insel sind Fischer. So verwegen, daß sie mit ihren Barken bis Griechenland fahren.

Mein Freund und ich wollen dieser Tage mit.

II.

Vorläufig sind wir gestern mit dem paduanischen Studenten und seiner Geliebten, Alba, sowie mit dem andren paduanischen Studenten und seiner Geliebten, welche leider Ida heißt, auf einem Segelboot über das Adriatische Meer gekreuzt. Ida sang; Alba, Aube, die Morgenröte, war stiller.

Zwölf Flaschen hatten die Halunken in einem Schaff mit Eiswasser mitgenommen. Wir tranken sie aus mit ihnen und sahen aus dem Grünblauen bald dieses, bald jenes Dorf der Westküste mit seinem Kirchturm oder Campanile, weiß in Farben, emporsteigen, wir sprachen über den Idealisten Kant, über den Positivisten Comte, über Gabriele d'Annunzio, welchen die Studenten für einen jammervollen Macher hielten, es war anno 1898, auch über die Liebesverhältnisse jüngerer italienischer Männer, und über Alba und Ida, doch vorwiegend über Alba, Aube, die Morgenröte, mit ihrem beschattenden Haar.

III.

Und es befand sich auf dem Schiff ein Mann namens Nicola. Dies war sein Vorname. Alle Bewohner der Insel Chioggia oder Dzôza-Kiôhdsa kannten selbigen; denn er

war ein Kommissionär, ein Figaro, ein Factotum; die pado-
vanischen Studenten tauften ihn auf meine Bitte Sancho
Pansa. Er war dick, hatte sinnlich ein breites Maul, eine flache Nase, und aß, da er die Gastfreundschaft edler Männer
genoß, für siebzehn und eine halbe Person. Auf zwanzig
Tage, sprachen wir, ißt sich Nicola heute voll. Und so geschah es.

IV.

Zuletzt aber, in einer Osteria, welche sich »Zu den Antiche
Nazioni« nannte, kam er in Krach mit beiden Geliebten der
paduanischen Studenten, und er drohte, der Alba, Aube oder
Morgenröte, einen Teller an den Kopf zu schleudern.

Da meldete sich eine peinliche Stille, wir betrachteten den
stiernackigen vierzigjährigen Burschen, der so gefährlich
war. Einmal soll er einem Gegner sogar einen ganzen Tisch
an den Kopf geworfen haben. Eifrig aßen wir die Erdbeeren,
die mit Mühe und Not auf der Insel zum Nachtisch aufge-
triebenen, und wir erkannten jetzt klar die Ursache des Strei-
tes zwischen der Venezianerin und dem dicken Nicola. Sie
hatte zweimal mit voller Wucht ein Stück Obst in sein Gesicht geworfen, er hatte sich das verbeten und hatte das italienische Kraftwort porca beim zweiten Male drohend ausge-
rufen. Das ließ die sich nicht gefallen. Und Nicola, unser
allgemeiner Kammerdiener, noch von den Getränken auf
dem grünblauen Wasser benommen, drohte, die Tafel aufzu-
heben und sie insgesamt durch die Luft zu schleudern. Um
die Frisur Albas, Aubes, der Morgenröte, und um ihre Hirn-
schale war es dann geschehn. Und im Grund erkannte mein
Ich, wie sehr Nicola recht hatte: denn die Fremdlinge hatten
ihm Wasser in seinen Wein gegossen, Wasser in seinen Kaffee, Wasser in seinen Vermouth, Wasser in jedes Getränk, sobald es ankam, und Albas Hand war auf seine dicken Backen
grausam gesaust, um ein Meerlied eindrucksvoll zu gliedern.
Das erträgt kein Mensch. Er beruhigte sich, als wir nachts in
den Gasthof »Zum Gobbo« gingen, um den Tag unter dem
Leinwand-Baldachin dieses Wirtes zu beschließen. Alba goß

ihm zwar wiederum Wasser in seine Birra di Puntigam, doch er runzelte nur vorübergehend die Stirn, ließ sich von den Insel-Honoratioren hänseln, fühlte sich als Original und sagte zum Schluß (es ist keine Dichterlüge) mit lauter Stimme durch den Garten: questa è la vita. Ich will ein Schuft sein, wenn er nicht sagte: questa è la vita, so ist das Leben.

Ich war ein bißchen berührt. Ich nahm unter dem Zeltdach mein Glas empor, beugte mich mühselig über den Tisch in seine Ecke und stieß mit dem stiernackigen Nicola zweimal an, indem ich seine Worte in deutscher Sprache wiederholte: So ist das Leben. Es ist wiederum die Wahrheit, wenn ich behaupte, daß der verfressene und sonst spitzbübische Kerl die Bedeutung dieses Augenblicks erkannte und mir mit einem freimaurerischen Einverständnis ernst in die Augen blickte: questa è la vita.

(Und rings um uns, an den Mauern des Gartens, wuchsen Platanen und Lorbeerbäume und Wein und Oliven, und von der Junifrische des Adriatischen Meeres kam ein Hauch durch die Nacht.)

Abermals Chioggia

I.

Chioggia ist eine Insel, vier Meilen von Venedig; alles scheint hier für die Schiffer bestimmt, für sie wird der Flachs gesponnen, für sie dehnen sich unter dem Himmel die Seilereien, für sie flechten Frauen die Netze, für sie sitzen dunkle, zarte Meerkreaturen auf den Steinplatten der Inselstraße, flicken Segel. Der Fremde wird als ein Wunder bestaunt und angelacht und bewillkommnet, wenn er grüßt. Die Männer dieser Frauen sind oft Monate, halbe Jahre lang auf dem Meer; und die Treue ist oft ein leerer Wahn.

II.

Die Duse ist eine Chioggiotin. Im Umkreis dieser Insel, mit den Kirchen und der mattgetönten Hauptstraße, gezeugt. Duse: hier ein verbreiteter Name. Vorn am Hauptplatz gibt es einen Drucker Duse; dann einen Emilio Duse, barbiere ... Sein Freund, der in der Mittagsstunde bei ihm die Zeitung liest, spricht vom alten Vater Duse; hernach schmält er, daß die Eleonora auch nicht ein einziges Mal in ihrer Heimat gespielt.

III.

Chioggia ist eine Insel, vier Stunden von Venedig. Wenn man mit der Segelbarke auf das Meer fährt, sieht man bei gutem Wetter in der Ferne San Marco.

Jeden Tag gehn wir durch Chioggias enge Gassen mit der stumpfen Buntheit, vorbei an den Dziôsotinnen, die Hanf spulen und Netze flicken. Jeden Tag gehn wir an das Meer, ziehn uns am Strand aus, trollen uns hinein in das frische, milde, grüne Juniwasser.

Drüben liegt Venedig.

IV.

Abends, wenn wir im Garten des kleinen chioggiotischen Gasthofs sitzen oder bei zwei brennenden Kerzen auf dem Zimmer, tönt etwas Singendes, das auch in der Lustigkeit leise bebt.

Wir gehn dann auf und ab in der steingeplatteten Hauptstraße, die barhäuptigen Mädchen der Insel wandeln ruhig in der Abendkühle, schwarz das Schultertuch fazzoletto, schwarz der Rock, schwarz die Augen, schwarz das Haar.

(Und eine ferne Stimme ruft: Komm heran! komm heran, Tod.)

Die Stunden auf Dschosa

I.

Ein andres Jahr. Vier Meilen von Venedig liegt jene Insel im seligen, grünen, junilauen Adriatischen Meer. Immer noch. Auf dieser Insel sitz' ich.

Es ist Nacht; zwei Lichter brennen auf meinem Tisch; ich öffne das Fenster einen Augenblick, das wegen allerhand fliegenden Nachtgetiers geschlossen sein muß — und sehe nach, wer im Nachbargarten zu zwei Violinen und einer Laute singt.

Nicht zu erkennen; denn über dem Gärtchen schwebt ein Baldachin. Er schützt am Tag die Menschen gegen die Sonne; behält abends den Platz, weil er die saftig dicken Ranken von grau-rosa und weißen Mauern her an sich gezogen hat; der Baldachin ist mit den gemörtelten Grenzen des Gartens rankig verstrickt.

Wer unten singt, ist nicht zu erkennen.

II.

Olivenbäume, Platanen, Lorbeer, Weinspaliere, rotbraune Dächer, grüne Fensterläden, selbst in dieser Nacht ein zart hellblauer Himmel, das Ganze von jener zuversichtlichen Seligkeit und Ruhe, die ein Nachgeschmack des Paradieses ist. (Oder ein Vorgeschmack?)

III.

Nach einiger Zeit singt wieder eine männliche Stimme. Jetzt ohne Begleitung.

IV.

O kleine Balkons! Das Wort »süß« paßt hier.

Ein Balkon ist genau so lang wie das Fensterchen, vor dem er angebracht ward; keinen Zoll länger; kaum einen halben Meter tief; und besteht aus schlank anmutigen Säulchen. Hie und da ein komisch-edler Löwenkopf, nicht etwan in der Mitte, sondern unsymmetrisch (wie überhaupt alles in Venedig unsymmetrisch ist). Schiefes mit phantastischem Reiz.

V.

Die Nacht war gestern so weich und schwer, daß die beiden Lichter auf meinem chioggiotischen Tisch bald ausgelöscht wurden und ich aufs Bett sank.

VI.

Die Sonne liegt jetzt über der seltsamen Schifferinsel, ich gehe mit einem Freund hinüber in das selige, grüne, junilaue Adriatische Meer, wir steigen abermals hinein; und wenn das Wasser bis an den Hals reicht, heben wir nach Norden die Hand und sprechen:

Dort liegt Venedig.

Sturm in Venedig

I.

Regen. Heut ist, am Donnerstag, die große Lagune stürmisch und schlägt an die Steinfliesen der Piazzetta.

Gestern Nacht saß in den gedeckten Säulengängen des Dogenpalastes allerhand verlumptes Volk, zog sich in sich selbst zurück vor dem Winde, der über die Lagunenstadt jagt. Vermummt schlüpften sie über poriggraue Marmorbrückchen, die Kapuze über den Kopf gehüllt, daß sie gleich dunklen Spitzsäulen, die zwischen fallenden Wassern tänzeln, ganz märchenhaft dahingehuscht sind.

Wenn man sie anspricht, haben sie nichts Koboldgleiches! Antworten mit adliger Sittenfeinheit, Bescheidenheit, stiller Einfachheit ... in eben diesen nächtlichen Wetterschauern, wenn sie (wie dunkle Spitzsäulen) über die Brückchen irrlichteliren und in Seitengässeln auf schmalem Pfad am Wasser verschwinden.

II.

Um Mitternacht, als der Sturm recht drohend war, saßen die wassergewohnten Venezianer in mancher erleuchteten Weinschänke; in manchem ihrer kleinen Kaffeehäuser — inmitten von Straßen, die recht in Tiefdunkel starrten und von Wassern stärker, melancholischer durchrauscht wurden.

III.

Um Mitternacht fuhr ich ein Stück auf dem Canalazzo, bis zur Rialtobrücke, am goldnen Haus vorüber, Ca doro ge-

nannt, und am Palazzo Vendramin vorbei, Wasserrauschen
oben, unten; der Vendramin war klitschnaß; und in meinem
Herzen lebte dennoch eine unsagbare Freude.

IV.

. . . .

Um Mitternacht ging ich durch einsame Gäßchen, deren
Bewohner längst gestorben; durch schmale steinerne gestor-
bene Gäßchen; durch Gäßchen mit alten verrosteten Pforte-
gittern zum Durchgucken; durch Gäßchen mit verstummten
Marmortieren, zerbröckelnden; über kleine, gequaderte, ge-
storbene Plätze mit drei Brunnen aus altem Marmor, mit einer jählings grauen Kirche von holder Liebkosegestalt.

(Und einmal sah ich im Vorbeischreiten, beim schmalen
Durchblick in eine schmale Ferne, die Seufzerbrücke nächtlich schweben — die fallenden Wasser weinten an ihr herab.)

Wieder Lagunensturm

I.

Es ist nun Morgen auf dem grünen, weiten, stürmischen
Wasser. Der Blick schweift bis an jenen Punkt, wo die heller
grünen Wogen des Adriatischen Meers hineinbranden. An
die Piazzetta, an ihre Marmorquadern schlagen die Wellen;
auf der schlanken Säule hoch brüllt der venezianisch geflü-
gelte Löwe vor sich, die Augen weit geöffnet, der Schwanz
peitscht die Lüfte.

Soviel Löwen wie hier sieht man nirgends in der Welt.
Und alle geflügelt. Manche davon sind uralt zerfallende Löwen, aus grauen Zeiten der Republik, Löwen mit komisch
eingebognem Hintern, wehmütig-stolzem Gesicht.

(Sitzen auf dem Steiß, ihre Verkürztheit zeugt Mitgefühl.
Sind heut friedliche Bewohner der friedlichen Provinz Vene-
zien, der stillsten Italiens.)

II.

Vierzehn Tage bin ich hier, bald von Venedig nach der Insel Chioggia eilend, bald von der Insel im Abendschein gen

Venedig über die Flut getragen. Jetzt bleib' ich in der Wasser-stadt. Ich sehe vom Fenster die Kirche della Salute aus der Lagunenwelt steigend. Ich seh' das Sklavenufer entlang, ich seh' den goldnen Dogenpalast mit den weißen Säulen. Ich seh' den Campanile schmucksachenhold in den Himmel dringen. Ich seh' die Piazzetta, die palazzi — und alles ist wie mit Perlmutter eingelegt auf einem altmodischen Portemon-naie aus den dreißiger Jahren, wie es bei uns im Haus lag, bevor ich in die Schule ging. Dies Portemonnaie war in einer Schublade, nachher in einem Fach des Mahagonispindes, Chiffonière benannt, neben silbernen Leuchtern, der silber-nen Fischkelle, den Operngläsern; gehörte meiner Groß-mama, der feinsten alten Dame mit weißen Löckchen: Ama-lie Calé. Sie sang öfter das Lied »Hektors Abschied«, hatte Gitarre spielen gelernt, und ich entsinne mich, wie sie stets zu Beginn einen Fehler machte:

> Will sich Hektor ewig von mir wenden.
> Wo Achill mit den unnahbar'n Händen
> Dem Petroklus gräßlich Opfer bringt?

Ich weiß nicht, woran es lag, daß meine Großmama Petro-klus und nie Patroklus sang.

Manchmal sang sie auch ein Lied: »O Maler, o mal mir mein Liebchen, o mal es so schön wie es ist; o male die lä-chelnden Grübchen; o Maler, vergiß es mir nicht.«

Sie besaß das Perlmutterportemonnaie. An ihr gütiges Ge-sicht werd' ich erinnert, wenn über Venedig Sonne scheint; wenn vor den Perlmuttersäulen, Perlmutterbogen der perl-mutternen Paläste die Lagune perlmuttern glitzert.

III.

Bisweilen bin ich wieder in Chioggia. An einer stillen Ecke stand: Onorate la memoria di Felice Cavallotti! In schwarzer Ölfarbe war die Erinnerung an den Toten, lebens-länglichen Kirchenfeind, Dichter und Duellanten hingemalt

... Auf dieser Fischerinsel kauf' ich bei einem Bänkelsang-
Händler ein Cavallotti-Lied. Er hält am Sonntag Liebeswei-
sen, Stücke der Göttlichen Komödie, Schauerballaden, Ge-
sänge auf den afrikanischen Feldzug gegen Menelik feil. »Il
duello mortale di Felice Cavalotti — canzone popolare novis-
sima.« Tiefes Bedauern, daß Cavallotti, als er mit Macòla die
Klinge maß, einen Stich in den Mund bekam, so daß sein
edles Blut dahinfloß, was allen nur Schauder erwecken
konnte. Es begann mit den Leier-Versen:

> Cavallotti con Macòla
> La sua spada misurò;
> Ma la punta nella gola
> Per la bocca penetrò.
> Corre il sangue in larga vena,
> Cessa l'anima e il respir:
> A cosi tremenda scena
> Debbon tutti inorridir.
> D'Italia il bardo
> Forte e gagliardo
> Cosi fini
> L'ultimo di.

Zum Schluß wies das dichtende Volk rechtens auf die
Blödsinnigkeit des Duells. Maledetto sia il duello; ein »dum-
mes Laster«; eine brutta usanza. Dann wieder klagend: d'Ita-
lia il bardo ...

IV.

Man feierte das Fest des heiligen Fortunat und des heiligen
Felix; Patrone der Insel Chioggia. Ein berühmter Tag; die
Schiffer kehren aus entferntesten Gewässern heim, ihn mit-
zumachen (und ihre Gattinnen wieder zwei Tage lang zu
küssen).

An diesem Fest hielt ein feiner und starker Pfaffe, die Aus-
lese feinen Pfaffentums, vor den Chioggioten die Predigt. Er
sprach nicht pfäffisch, nicht zeternd, sondern mit weicher,

voller Kraft, ging auf und nieder, seine federnde Stimme war eindringlich, er sprach schlicht wie ein sonder Umschweif Gläubiger, zugleich mit der Überlegenheit eines seelenbannenden Sprechers.

War ein schöner, ernster Mann; gesunde, künstlerisch durchseelte Züge, aller abgestuften Wandlungen fähig.

V.

Mit diesen Mitteln zog er gegen die neuere Welt — und erklärte doch, er sei nicht gegen den Fortschritt, nur eins solle man ihm lassen: Gesù, Gesù, Gesù!

Die Kirche sei nicht freiheitsfeindlich, wolle die Wissenschaft auch nicht hemmen; die Kirche sei das Wahre; es gebe heut eitle, unsaubere Schriftsteller, doch die Chioggioten seien ein begünstigtes Volk, und er erzählte den Lebensgang ihrer zwei Heiligen, des heiligen Felix und des heiligen Fortunat.

Beide standen, Fortunat wie Felix, als Wachspuppen unterhalb der Kanzel, mit römischer Kriegsrüstung angetan, darunter mit wollenen Kleidchen, sehr handlich; und die Füße standen auf niedlichen Kanonenrohren, obschon die zwei, Felix wie Fortunatus, zur Zeit des Kaisers Diocletian gelebt hatten, wo es Kanonen nur in verschwindend geringer Zahl gegeben hat.

VI.

Die chioggiotischen Schiffer, heimgekommen die Frau zu küssen, die Patrone zu ehren, horchten auf den politischen Pater; und ich dachte, daß Deutschlands Bühne nicht einen so bewegsam-dringlichen, nicht einen so aristokratisch-innigen Seelenzergliederer besitzt.

VII.

. . . .

Über die Brückchen fegt der feuchte Sturm. Ich schließe mein Tagebuch beim Schein zweier Lichter. Sind jetzt angezündet und auf zwei blaue hölzerne Heiligenleuchter gesteckt.

Ich hab' die Heiligenleuchter in der Via Garibaldi gekauft; noch einen Antonius von Padua. Er ist aus Holz und einem aufgeklebten Bild, recht einfach. Auch eine kleine Lampe gehört dazu, und ein Rosenkranz, und dann ein Gekreuzigter auf schwarzem Holz. Liegt alles zwischen den Leuchtern still. Es stürmt über Venedig.

Demütiges San Lazzaro

I.

Der schönste Platz des Landes ist nach dem heiligen Apostel Markus benannt. Hier sitz' ich und schreibe dies Tagebuch, Kunde zu bringen von der edelsten Stadt, von geliebten Bündeln zarter Porphyrsäulchen, von goldmatten Mosaiks, von marmornen Löwen, mit Flügeln an der Flanke nebst zwei glühenden Augen.

II.

Mitten in den nordischen Herbst hinein sollen diese Stunden erinnern an einen Frühling, an ewige Schönheit, an lindes Wasser des grünblauen Meeres; an dunkel verlorene Feuchtgassen mit sehnsüchtigen Häusern, an verschollene Paläste mit zersprungenem Glanz; an steinerne Flutkirchen; an ein dunkles, entzückendes Mädchen im dunklen Schultertuch; an Gondeln; an gesänftigten Rausch; an alte Bilder Tizians; an die Himmelfahrt Mariä mit hundert süßen, saftstrotzenden, schalkhaften Bengelein oder Kinderseelen; an die weltliche Schönheit dieser holden Venezianerin, die er »Maria« zu nennen geruht; auch an Madonnen des Bellini, über die Maßen anmutvoll — still-ahnungslose Torheit in den ernsten Kinderaugen, als wären sie sitzen gelassen worden.

III.

Ich fuhr neulich über die Lagune zu den armenischen Mönchen. Nach San Lazzaro. Die Insel beherbergt nichts als ihr Kloster.

Sie tragen lange Bärte, schwarze Bischofsmützen, schwarze wallende Gewänder. Sie feierten in diesen Tagen ein Fest.

Die Sonne war im Untergehn, da brachte die Gondel uns hinüber. Die große, weite, schwermutvolle (bald dunkle, bald rosa-silbernde) Lagune — mit einem Mal brannte sie in rotem überirdischem Glanz ... dann sanken die Schatten auf sie.

IV.

Als wir ankamen, lag eine Barke vor dem Klostertor, wir mußten sie überklettern, stiegen auf die tief ins Wasser gehenden Marmorstufen, traten unter die Pforte. Sahen in den Kreuzgängen, die einen grünen Garten umgrenzten, schwarze Gestalten festlich hin- und hereilen; Halbdunkel über den Gängen, über dem abendlichen Garten, über den inneren Treppen.

Ich trat zu einem der umschatteten Männer und fragte sacht, ob uns zu so später Stunde noch erlaubt sei, in das Klosterhaus zu treten. Der Priester, ein starker, hoher Mann von fünfzig Jahren, rief mit ruhiger Freundlichkeit einen jüngeren — und trug ihm auf, uns alles zu zeigen.

V.

Die Armenier werden unterdrückt; von zwei Seiten geknechtet. Und weil sie heimatlos sind, wollten sie eine Heimat errichten auf einer Insel in den Lagunen; Zufluchtsstätte für jeden, der ihre Sprache spricht; von wo aus der weiten Welt er immer kommt.

Fünfzig Priester wirken hier; für Das, was dem Vater aller Armenier im Himmel zukommt; zugleich für das Wohl ihres geschundenen Volks auf Erden.

Haben in Venedig eine Schule für die kleinen Armenier aufgemacht, so gewillt sind, ihr Werk auf der Insel dereinst fortzusetzen.

Vielleicht schlägt, fern oder nah, die Stunde der Erlösung, des Jubels. In Erwartung des großen Tages, wo sie, Mißhandelte, ihrer Wunden vergessen, einer die narbenbedeckte Hand des andern packt — in Erwartung dieses großen Tages

68

bewirteten sie an jenem Abend die Schüler, die man aus Venedig herübergeholt: mit Fleisch und Fisch und süßem Wein.

Und in dem abendlich schönen Klostergarten hatten sie billige Papierlampeln aufgehängt. Auch neben die Glocken ihres Turms. Und eilten geschäftig hin und her: die Lichtlein anzustecken.

VI.

Noch aber lag alles im Dunkel, als uns der Priester umher-führte — nur ein einziger Raum war hell: die Klosterkirche hinter dem Kreuzgang. Diese Tür öffnete plötzlich unser Führer, ... wir standen inmitten des Glanzes.

Umsummt und umrauscht von den Gesängen alter Männer.

Und wir sahen zwei mit weißen, lang niederhängenden Bärten, Hundertjährige schier, die vorn am Altar vor den dick schwälenden Kerzen würdig, in innerster Ergriffenheit sich beugten, sich drehten ... und Maria, gebenedeite Mutter des Erlösers, mit gebrochener Stimme priesen aus tiefster Brust.

Machten dabei mit den Armen so wohlanständig-beschei-dene, zugleich doch so innige Gebärden, daß man auf sie hätte zugehn mögen und sprechen:

»Mein lieber, kleiner, guter, ehrwürdiger betagter Vater, ich wünsche: daß du noch eine große letzte Seligkeit, eine himmlische Freude des Herzens erfahren mögest auf dieser Welt; und laß es dir sehr, sehr, aber sehr gut gehn die paar Jahre!«

(So wollte man sprechen.)

VII.

Als wir in Finsternis die Insel verließen, wendeten unsre Ruderer das schwarzbeschlagene Fahrzeug, da es schon ganz von melancholischen Schauern dieser weiten, trauervollen, unsterblich holden Wasserflut umhüllt war, noch einmal nach der Richtung der verlassenen Insel San Lazzaro.

Und jetzt leuchteten in rotem und dunkelviolettem Schein
der Turm und die Luft über dem Klostergarten wie ein
bescheiden-sehnsüchtiges Fanal.

Und wir wußten: jetzt schmausten dort den einfachen, va-
terländischen Jubelschmaus die Greise und die Knaben eines
zerschlagenen Volkes.

Ein Gruß ging hinüber durch die Finsternis.

Der neue Campanile

I.

Campanile! Campanile!
  »Auferstanden!« (jubeln viele);
»Ruderscht du vor die Piazzetta,
  Wirkt der Eindruck jetzt viel netta.«

II.

Prächtiger Platz, mit Bogen, Zacken,
  Platz, auf dem die Tauben ... hacken.
Weil man ihnen Erbsen streut.
  (Und sie hacken stets erneut).

III.

»Horch! Die Campanile-Glocken!«
  Pirna macht sich auf die Socken.
Herrlich an der Adria
  Liegt das Café Quadri! Ja!

Lehrerinnen, säck'sche Grazien,
  Sitzen vor den Procurazien — —
Wo das blonde Frauensbild
  »Ober! einen Wääärmuth!!« brüllt.

Hesperisch

Der Fuhrmann am Gardasee

I.

Wir saßen, meine Mutter und ich, abends am dunklen Wasser, das bei Sternenschein an den Fels schlug. In Erquicken löste sich alles. Wenn ein Luftzug kam, war es wie Erinnerung an verdunstete Glut.

Wir tranken ruhsam den leichten und vollen Goldwein dieser Gegend. Der Glockenturm des dunklen Städtchens ragte drüben in die Luft; das erleuchtet altväterische Zifferblatt strahlte dahin über mild bestrahlte Nachtflut.

II.

Die Wirtin kam ins Freie; sie trat an unsren Tisch. Sie stellte sich nach den ersten italienischen Worten als Innsbruckerin heraus. Einundzwanzig Jahr alt, drei Jahre schon verheiratet; von der harmlosen Anmut österreichischer Frauen aus den Alpenstädten. Ihr zartes Mädchengesicht sah fromm unter herumgelegten Zöpfen in die Welt.

Sie guckte nach der Windlampe auf unsrem Tisch; begann hernach kindlich allerhand zu erzählen. Sie versicherte meiner Mutter, trotz aller Schönheit des Landes habe sie Verlangen, unaufhörlich, nach Innsbruck. Sie liebe die Italiener nicht — obwohl ihr Mann, alles was wahr ist, sie gut behandle. Sie wolle nicht klagen. G'sund seien sie auch alle zwei. Gott sei Dank.

III.

Dann erzählte sie Mordsgeschichten von der verstorbenen Mutter des Manns. Eine alte, eine richtige Italienerin! Ausg'standen habe sie von ihr. Die Alte besaß ein großes Gaschthaus, betrank sich jeden Abend, gab der Schwiegertochter nichts zu essen, und einmal hat sie die junge Frau vor zweihundert Gästen z'sammeng'schumpfen und ihr eine Watschen 'geben.

Nach dem Tode der Alten ging es besser. Trotzdem — Italiener! Ihre einzige Freundin in dieser kleinen Stadt, aus der Lombardei stammende Bürgersfrau, hatte kürzlich Namenstag und sie zu einer Wagenpartie eingeladen. Auf der Partie aber ließ das Geburtstagskind in einem Wirtshaus das Teuerste, Beste vorfahren, ohne zahlen zu können; sie selbst, der Gascht, mußte alles bezahlen. »Die G'schicht' hat mich über zehn Gulden gekoschtet«, sagte sie schmerzbewegt.

Das alles erzählte sie mit einem leisen, stillen Liebreiz und mit einem Anflug jener furchtbaren Dummheit, welche den Tirolern so häufig nachgerühmt wird.

IV.

————— ————— ————— —————

Als ich, sechs Jahre früher, zum ersten Mal auf dem Gardasee fuhr, summten in der Luft selig die Liedworte »Kennst du das Land . . .?« in Beethovens Melodie.

Jetzt erneute sich der Zauber. Waschblau die Flut. Man schwört: wenn ich vom Fahrzeug die Hand ins Wasser stecke, kommt sie waschblau heraus. Aber sie kommt weiß heraus.

(Das griechische Küstenmeer zwischen Patras und Korfu schäumt ebenso dunkelblau, nein, dunkler blau — und es hat, ha, noch salziges Wasser! Italien ist: Hellas für Unbemittelte. Taormina: Ersatz für die Akropolis. Wie der Königssee ein verbilligter Fjord ist.)

V.

Felsen steigen braun aus diesem italischen See. Man beugt sich zurück, auf ihre Höhe sehn zu können — weil da oben Kirchen, Häuser, Dörfer sind. Bloß eben hingekleckst, am Rand. Daß die ja nicht in den See fallen!

Wenn der Wind weht — wir fangen ein paar Kirchlein . . . als Mitbringsel, Mutterle!

VI.

Wo die Zitronen blühen, sind Marmorpfeiler am Felsgestad. Ganze Reihen. Schimmernde Pfeiler. Steigen amphitheatralisch und machen einen recht antiken Eindruck.

(Das dunkelgrüne Laub sticht von diesem Weiß ab; halb geduckt hängen mattgelbe Limonen; manche noch grünlich, aber von einem helleren Grün als die dichten Blätter.)

Gelbgrün runde Früchte schmiegen sich in einer dunkelgrünen Wirrnis, die Marmorpfeiler gleißen in der Sonne, blaue Wellen schlagen an den Strand. Es ist, wenn man es recht erwägt, im Grunde genommen ohne weitere Umschweife sozusagen blödsinnig hübsch.

VII.

In Gargnano verließen wir das Schifflein.

Die Sonne brennt. Wir steigen; diese Orte mit Orangen- und Zitronenwäldern liegen ja terrassig.

Ich kriege schreitend einen Kerl an, der mit verkniffenen Augen, faul und mißtrauisch und schweigsam seinen Weg hinansteigt. Ob er uns in einen der großen ummauerten Zitronengärten führen könne.

Er lächelt, zieht einen Schlüssel aus der Tasche und nickt. Er ist der Gärtner von einem.

Nach fünf Minuten öffnet er in der alten Steinmauer ein altes Tor. Der Garten geht hinauf, hinauf, immer hinauf.

Alles glänzt von Marmorpfeilern, alles glüht von reifenden Früchten; von tiefen, brennenden Blätterfarben.

Der Mann lächelt; zeigt auf schlanke Stämme dort: im Geäst hängen Hunderte von Limonen. Krankgewordene Früchte liegen herum. Die Bäume sind empfindlich, müssen in der Gesundheit behütet werden.

Der Gärtner pflückt uns Früchte, von jeder Art, wie wir lustig sind: gelbe, grüne, zwitterfarbige, faustgroße, niedlich-kleine. (Pomeränzchen, gleich einer Kirsche.) Der Mann läßt uns die Wahl.

»Wollen Sie uns Früchte verkaufen?« — »Verkaufen? Nein! ... Schenken? Ja!« Mit zwinkernder Anmut.

Er führt uns in den Olivengarten. Sagt nicht viel; nur zeitweilig, bei Stücken von unerhörter Fruchtbarkeit, dreht er sich triumphierend um; eine Handbewegung: als ob er der Urheber dieses Naturspiels wäre. Geht stolz weiter.

. . . .

Auf den Oliven zirpen die Grillen. Am Ufer dieses blauen Felsensees ist hoch an den Stein eine waghalsige Fahrstraße gesprengt.

Da geht man spazieren in der Morgensonne, drunten liegt irgend was Unwahrscheinliches.

Hier auf graugrünen Olivenbäumen zirpen millionenstimmig die Grillen. Sommerlicher Lebensruf, riesenhaft und lieblich.

(Den ganzen lieben langen Sommer tun diese vereinigten Zentral-Grillengenossenschaften nichts andres, als sich heiser zu singen ... und aus voller Männerbrust die Schönheit zu rühmen. Ich müßte das auch.)

Oleander hoch wie eine Mauer.

Kakteen mit fetten, triefend langen Stachelblättern.

Myrte; gibt es nur halbsoviel Jungfern in meinem Vaterland?

IX.

Auf der Steinbrüstung, an der Fahrstraße, turmhoch über dem blauen Traumgewässer, liegt eine halbmeterlange, fette, leuchtgrüne Eidechse, am Vormittag. Kitschig in einer Barke fährt ein Fischer vorbei, in seinem Bauerndialekt singt er eine langgezogene Melodie, so an den Felswänden emporhallt, die Eidechse hebt wahrhaftig den Kopf und horcht. Wie sie da so in der Sonne blinzelt, das wunderschöne gesunde Vieh —.

X.

... Herrlich, oben hoch im offenen Einspänner entlangzujagen, bis in den sinkenden Abend. Von Gargnano bis in die stille Bucht von Salò.

Herrlich, bei dämmerndem Morgen in solchen Wäglein etliche Meilen abermals zu durchfliegen. Durch Dörfer zu sausen, die am hohen Ufer hingelagert sind. In den See zu blicken. Mit der Hand nach etwelchem glühenden Gezweig zu haschen.

XI.

Den Hut schief auf dem Kopfe, sitzt nachmittags der Fuhrmann oder vetturino vor uns auf dem Bock. Knallt mit der Peitsche, raucht — in schiefem Winkel die endlos dünne Zigarre zwischen den Zähnen. Stramm sitzt er da.

Wenn ich nicht ein deutscher Schriftsteller wäre, welches von allen Berufen zweifellos der schönste ist, möcht' ich so ein Vetturin sein. Lebt in guter Luft, kennt den Weg, und bezweifelt nichts.

Sooft er mit uns in ein Dorf einfährt, rennen die Frauen und Mädel an die Fenster. Manche grüßen ihn wohlgefällig, ein Fuhrmannsberuf ist sehr was Schönes, eine wirft eine Handvoll Blumen herab, welche am linken Hinterschenkel des Rosses niedergleiten und überfahren werden. Der Vetturin lächelt. Knallt mit der Peitsche. »Via, via« ruft er, was auf Deutsch »Vorwärts« oder »hü« heißt.

Leser, ein Fuhrmann wie der möcht' ich sein. Und mitten in das Leuchtende wollt' ich rufen, vom Wind umweht, von Zweigen gestreift, von Augen gegrüßt:

Via! Via! Via! Via!

———————————————

(Wenn ich nicht Schriftsteller wäre!)

Die Schönheitsinseln

Mercede

I.

Ich wollte nach den Borromeischen Inseln reisen, die Jean Paul beschrieben hat. Ich steckte den »Titan« ein, so heißt das Buch, und fuhr nach Süden.

Jetzt haus' ich auf den Inseln der Schönheit. Bin heut nacht der einzige Fremde hier. Die erste heißt Mutterinsel, die andere heißt Fischerinsel, die dritte heißt Schönheitsinsel. Die dritte bewohn' ich.

Alle drei waren ehemals nackte Felsen, aus der Flut starrend. Da ließ ein Graf Borromeo sie mit Erde bedecken, vor drittehalb Jahrhunderten. So entsproß eine Blühnis.

Um mich strahlt es: mit hängenden Gärten, seltenen Düften, absonderlichen Blumen und einem Traumschlößle; leuchtend schwimmt alles im Frühlingssee; schlechthin Lago maggiore genannt.

II.

Tot bist Du, Carlo Borromeo. Auch Du, Vitaliano; und Dein Bruder Kardinal; ihr schlaft in rostender Stille.

Doch eure Inseln blühen fort; der Enkel besitzt sie, Graf Borromeo; gestern saß er beim Frühstück hier, mit seiner vierzehnjährigen Tochter. War von Mailand herübergekommen, wollte wohl Gewißheit, ob die Schönheitsinsel noch vorhanden. (Wär' ich der Besitzer, mir träumte manchmal, sie sei schweigend in den See gesunken, weil sie zu schön ist. Oder habe sich, als ein ausgemachtes Wundereiland, in die Lüfte gehoben — und sei davongeschwebt.)

III.

Davongeschwebt mit der dunklen Mauer, die aus der Flut steigt. Zypressen stehn daran, fünf Stock hoch; totenhaft, feierlich — Wächter des großen Südens; Ewigkeitsposten.

Aus dem Fels langen Agaven ins grünblaue Wasser. In Zitronengärten, in dicken Kamelienbüschen singen die Vögel. Und himmelsfern lugen Gipfel, vergletschert und furchtbar, hinab in die Seligkeit.

Das ist die Schönheitsinsel oder Isola bella.

IV.

Drei Tage bin ich nun hier. Nicht vierzig Familien wohnen auf der Insel. Die Häuser übereinandergeklebt. In hundert Sekunden wäre die Länge der Insel abzuschreiten — wenn der seltsame Bau nicht eben terrassenförmig in die Luft stiege.

Die Väter gehn auf den Fischfang. Die Töchter sitzen unter freiem Himmel; flicken Hemden, verkaufen geflochtene Kleinigkeiten, wenn ein Schiff anlegt.

Am Abend stehn sie mitsammen zwischen den Gärten an der Mauer; schwatzen, gucken über die Flut und singen.

Die schönste heißt Mercede Varesi; achtzehneinhalb, großgewachsen, gebräunte Züge. Augen wie dunkler Stahl, mit langen Wimpern; und blondes Haar.

Sie schrieb ihren Namen mit eigner Hand in mein Tagebuch, eifrig und lächelnd: »Mer ... ce .. de Va ... re ... si.«

V.

Alle sträuben sich, die Insel zu verlassen. Eine der Töchter hat nach Arona geheiratet, einem reizenden Ort am südlichen Ufer. Die Schwestern sagen, daß sie es jeden Tag bedauert. Sie erklären ausdrücklich: nur auf dieser Insel sei es schön.

Die Venezianerinnen haben eine feine Melancholie — die Töchter von der Schönheitsinsel weben ganz in holder Zuversicht.

Die Familien trinken selbstgebauten Wein. Jede hat am Uferberg drüben ein paar Stöcke, hinreichend für den Verbrauch des ganzen Jahres.

Zwischen die Vogelnester ist ein Bethaus gekleckst. Auf den Bergen ruht Wunderglanz; Abendschein auf der Flut. Ein kleiner Priester trommelt eben die Kinder zusammen. Im Innern ein Leuchtfleck von der roten Lampe, sonst Finsternis. Und im Dunkel beginnt es zu summen: ... gratia plena ... benedicta tu in mulieribus ... nunc in tenore morti nostri ... ora pro nobis peccatoribus ...

Im ganzen hat die Insel drei Kirchen. Die Zahl der Einwohner beträgt hundertsechzig.

VI.

Heute war ich wieder im Schloß. Es erscheint jedesmal festlicher, mit seinen Marmortreppen, mit Mosaiksälen voll alter Kristalle, mit verlassenen Balustraden.

Es hat Fernblicke durch kühl schweigsame Gänge auf bläuliches Wasser, blauen Himmel — am Ende des Gangs steht ein Marmorbild zwischen der Dämmernis des Innern und dem leuchtenden Luftmeer.

Galerien, die über die Flut hängen. Geheimnisvolle Türen. Magische Seitengemächer, still beleuchtet. Ein unterirdisches Geschoß, stalaktitgewölbt.

Oben Prunkhallen; geschnitzte Herrlichkeit vergangener Jahrhunderte; Alabaster aus verschollener Zeit; alt-edle Saiteninstrumente; Mauerkästen von dunklem Elfenbein. Andenken, verwitternde.

Seltsames Wappengetier; immer aufs neue das Einhorn als das borromeische Sinnbild: ein stolzes Pferd, auf der Stirn das lange, einzige Stoßgeweih, damit es einen Löwen durchbohrt ...

Kostbare Wandbehänge. Unter Gemälden fünfzig Naturstücke des Holländers Molyn, den man »Ritter Sturm« genannt hat oder Cavaliere Tempesta.

Bei einer Sünderin des Veronese mach' ich jedesmal Halt. Auch vor dem nachgedunkelten Männerkopf eines Unbekannten.

Von den Wänden grüßt die Zeit. Aus den Möbeln wieder. Auf dem abseitigen Lager dort schlief die Königin von Britannien. Tut ihr kein Zahn mehr weh. Im himmlischen Himmelbett wälzte sich vor Marengo der Korse. Liegt mäuschenstill — im Invalidendom.

VII.

Es wachsen Märchenbäume draußen. In Höhen und Tiefen duftet es. Am schwersten, süßesten ein Geruch von goldgelb hohen Wolken blühender Mimosen; Bäume sind es, die über den See funkeln, mit niederfließendem Gezweig; jedes schlankfeine Blatt aus hundert schlankfeineren Blättchen gebildet; daneben strahlendselig gelbe Duftkugeln.

Es gibt Magnolien, haushoch. Kamelienstämme, wie ein Wunderregen vom Manzanillobaum, roten und weißen Überschwang verströmend.

Absonderliche Sträucher auch, wo die Blume mitten auf dem Blatt wächst; sie heißt ruscus. Dann Veilchen, sozusagen ausgelassen, haufenweis, nicht mehr im Verborgenen blühend. Sehnsüchtig betörender Duft von weißen Daphnebüschen. Schimmernde Gloria der rosa Pfirsichblüten. Lorbeerbäume, dreihundertjährig, weit und hoch wie Paläste.

Und das dunkle Meer von Myrten, gleich einer Flut gestaut unter den Orangengärten.

Indiens dämonische Grüße; der Osten ruft; die Tropen winken. In dieser Luft gedeiht der Teestrauch. Ein alter Blätterriese schickt Kampfergeruch wie tausend norddeutsche Kleiderschränke ... Ha, auch die Aloe sprießt aus dem Höhlendämmer.

(Und eine wüst-gewaltige Libanonzeder, dieser Eichbaum der Semiten, gurgelt Psalmen zu Adonai.)

VIII.

Säulen auch hier; verborgene Gänge; verwittertes Gebild; schwebende Brüstungen; steinerne Ungeheuer; weiße Pfauen, jäh emporflatternd; tief umsponnene Wirrnis seltsam verschachtelter Terrassen, bald voll holden Mosaiks, bald brutal felsig und roh, rätselhafter sich versteigend, auf der letzten Höhe wieder das mystische Tier, das Einhorn — und alles schwimmt mit Duft und Vogelsang im See.

IX.

— — — — — — — — — — — — — — — — — —

Hätt'st Du es erblicken können, Jean Paul! Du hast es nur beschrieben; nie gesehn.

Wie der arme Schiller nicht in Wilhelm Tells Land gekommen ist: so trugen Dich allein die Fittiche Deines glühenden Herzens auf die Inseln der Borromeer.

Aus fernen Berichten träumtest Du Dir alles zusammen; (und so machst Du ein »Eichhorn« aus dem Einhorn. Was tut es!)

Feierklänge rauschen auf bei Deinem Namen. Großer unergründlicher Jean Paul, Herrlicher unter den Deutschen!

Die Stunde für Deine Erkenntnis wird schlagen. Heut ist 1901. Mit ausgestrecktem Arm, den Blick in tiefem Glanze, stehst Du in der Welt, lächelnd und schmerzlich und sehnsuchtsvoll.

Die Sehnsucht schrieb Dein Buch, wie Deine Bücher alle.

Dein junger Albano fährt mit verbundenen Augen ins Jugendland — es »stellte Dian, ein Grieche von Geburt und ein Künstler, welcher Isola bella und Isola madre öfters umschifft und nachgezeichnet hatte, ihm diese Prachtkegel der Natur in feurigen Gemälden näher vor die Seele«. Sie fahren, bis die Lerchen sich in den Gesang der Ruderleute mengen. Dann kommt ein Augenblick, wo der Träumer oben steht auf der zehnten Terrasse und hinübersieht. Albanos umschleiertes Herz leuchtet auf, als »sich Fasanen von der Madre-Insel in die Wellen warfen«; (selbst ein trockner Begleiter huldigt diesem Anblick und zog ihn »einigen Tempestas im borromeischen Palaste bei weitem vor«.) Hier soll Albano Ruhe finden, unter den »Blüten des welschen Frühlings«. Und er wird ein gerechter Herrscher sein.

Du aber, Jean Paul, träumst: »Ich wüßte einem Menschen, den ich lieb habe, nichts Schöneres zu wünschen, als eine Mutter, eine Schwester, drei Jahre Beisammenleben auf Isola bella, und dann im zwanzigsten eine Morgenstunde, wo er auf dem Eden-Eiland aussteigt und alles dieses mit dem Auge und der Erinnerung auf einmal genießend umfängt.«

X.

. . . .

Während ich schreibe, steht das Fenster offen. Die Erde dampft vom Regen. Am Spätnachmittag fuhr ich wieder nach der Mutterinsel und kam vor einer Stunde zurück. Sie ruht paradiesisch, im Schlafe der Verlassenheit. Nur vier Gärtner bewohnen sie heut.

Das Fenster steht offen. Neben mir duften die paar Zweige, die ich mitgebracht. Der schönste hat sich über den »Titan« gelegt.

Roma

I.

Während ich auf dem Mittelmeer (unter Verwendung eines kroatischen Fahrzeugs) zwischen der Vesuvstadt und dem französischen Ort Marseille woge, schwanke, gleite, schwebe, wackle, fliege, will ich das Gedenken feiern an Gegessenes. Schlllff!

Vorher das Gedenken eines merkwürdigen Augenblicks. Ich fuhr in einem kleinen Wagen durch Rom, sah das Getümmel, rollte hinauf und in die Tiefen; erwog, daß ich dies alles neun volle Jahre nicht gesehn ... und erblickte plötzlich einen Straßennamen, der sich mir ins Herz grub.

Er war: Via della consolazione; auf deutsch: Gasse des Trostes ... Mancher wird lachen und nicht wissen, was man daran finden kann. Aber manche werden es trotzdem wissen. Im Jagen durch die Welt sieht man irgendwo, jählings, an einer Ecke, den Beginn eines verborgenen Pfads — daran geschrieben steht: Gasse des Trostes.

(Noch brauch' ich dich nicht; bleib, wo du liegst — schnarch im Dunkel!)

Kutscher, vorwärts!

II.

Was nun dies in Rom Gegessene betrifft: so kam es nach einer liebhaberisch zerkochten Artischocke. Es trug sich an einem festlich einsamen kleinen Tisch einer schmucklosen, mit Kennern rechnenden Kneipe zu. Die Räume sind keine Hallen; bloß ein paar abendliche Zimmer ... mit weißgedeckt verborgenen Tischen wie aus entschwebter Zeit. Jedes Gericht besonders fertig gemacht, es gibt gewiß keine Riesenkessel, aus denen alles mit der Kelle geholt wird ... Nach einer Artischocke, salsa bianca, (der schwierige Punkt bei einer Artischocke bleibt, sie meisterhaft zu zerkochen) kam das Beste.

III.

Es war ein gâteau all' arancia — somit ein Pomeranzenkuchen. Orangenhaut war verwendet, nicht etwa zu einem

Mus flüssig gemacht: sondern folgendes begab sich. Ein süß zerrinnender Teig war übergossen mit ihr, die zu einem ganz scharfen, beißend durstigmachenden Strom gewandelt war ... und oben drin steckten höllenschwarze Kirschen; derart, daß all dies Wesen in einem scharfen Duft von unbeschreiblicher Kraft zum Himmel stieg.

Ich aß, weil ich morgen abreisen wollte, des Vorrats wegen drei Stück.

IV.

Wandelte dann durch die Straßen; mein Odem zerschnitt Steine. Bei jedem Wort entglitt eine Baumschule von Pomeranzen, auf den Umfang eines Fingerhutes zusammengedrängt — und im Traum dieser Nacht hielt ich meinen Leib für Johann Maria Farina, gegenüber dem Jülichsplatz.

Schlllllff ...!

V.

Was mir von unwichtigeren Dingen aufsteigt, ist folgendes. Alle diese romanischen Völker, alle diese Menschen, die man hier trifft, die einzelnen wie die Herde, scheinen zu murmeln: ich verschnaufe.

Die Altvorderen haben viel getan. Die Enkel klimmen ins Altenteil. Die Nordvölker (lange nicht so angenehm sind sie) machen das Rennen. Willen haben die Nordvölker noch, die Südvölker wenig. Die Franzosen stehen köstlich in der Mitte, sind scharf, imperatorisch, wallungsvoll — doch jeder ist so selbständigklug, daß er zu Taten im Glied, im Schwarm, von den Antreibern kaum noch verwendbar wird; sie lassen sich als Kanonenfutter nicht gern brauchen. Hier sind keine Gehorsamsmenschen mehr: weil sich alle zu urteilen gewöhnt haben.

(Die Todesbereitschaft fehlt, wo die Kritik erblüht ist; ecco.)

Es wird das Schicksal dieser Lateinvölker sein, eines Tags aufgekauft zu werden. Ihr Käufer wird angelsächsisches Blut haben; mag er diesseits des Wassers, mag er jenseits wohnen.

Die Angelgermanen besuchen und lieben dieses Land: bevor
sie es enteignen.

VI.

Oder wird es von der Slawenschaft überklettert? erstickt
in einem wilden Miau? Der Serbe kommt. Ich sehe das ...

In die Mark der Adlig-Matten
(Die verfeinte Fasern hatten,
Hohes Blut und edle Knochen)
Sind die Katzen eingebrochen.

Johlen, jubeln, jaulen, juchzen,
    Schwingen Schwänze, schlenkern, schluchzen,
Kreischen Sieg und trommeln Krach,
    Sitzen selig auf dem Dach.

Auf dem Dachfirst, welch ein Sums,
    Quarren, Mauzen, Schweifgebums;
Durch den Welt-Sarmatengau
    Singt es satt und süß: Miau!

Der Serbe kommt. Leb wohl, Italien ... (Was haben die
Römer davon gehabt, daß sie Römer waren?)

VII.

Ich forsche hier, wo das Herz Hesperiens lag. Mich dünkt,
am Palatin von Rom. Von dort sah man zu den Sabinerber-
gen; über das Forum ... Kern der Frucht!
Man stelle sich auf den Palatin ... und stelle sich auf die
Akropolis: so hat man den Unterschied zwischen einem
Stamm von nüchtern-feurigen Eroberern und einem Stamm
salzvoller Frühkünstler. Vom Palatin erblickt man: die nette,
nicht ins Unendliche schweifende Landschaft. Von der
Akropolis erblickt man: selige See mit seligen Inseln, seligen
Buchten; Wunderland in Morgenfrische.
Vor den Sabinerbergen wuchs das Kolonialvolk; vor den
kykladischen Inseln ein Geistervolk, das heute noch lebt —

das nach dem Sterben wie ein Ariel heiter durch die Welt zieht, ... während die Römer wirklich mausetot sind.

VIII.

Die Sabinerberge sind erblaßt vor einem verfallenen Ding mit Rosen und Kaskaden.

An den Kaskaden sah ich drei Mädels Wäsche waschen. In allen Ländern locken mich waschende Frauen. Lebenslänglich sollte man sie schildern ... wie jemand bloß ein Kuhmaler ist.

IX.

Nachher legten sie die Wäsche schier auf ein Brett, bedeckten das Haupt mit einem zusammengeringelten Wäschestück, luden hierdrauf das Brett und wandelten so, die Arme in die Hüften gestemmt, aufrecht und vorsichtig, die verfallene Treppe hinan, die von den Springteichen hochführt. Und ich sah, daß sie zugleich voll und schlank waren. Zugleich wundersam schwerwandelnd. Dabei sehr schwarz. Ein Rabe glänzt, ... sie jedoch waren trocken-schwarz; verbrannt-schwarz. Die eine zählte siebzehn Jahre, war aber die vollste, zugleich schlankste — und die nachtschwärzeste. Und schritt wie ein Reitersmann. Und wendete sich, wo der Treppenweg die Biegung macht, noch einmal um ... und lachte noch einmal.

X.

Dies insgesamt war mir nicht unwillkommen.

Ich warf den Blick auf die Berge ... (von denen einstens die Römer sich ihr Hauskreuz holten, raubten, wegschleppten — wär ich damals auf der Welt gewesen, ich hätte die Siebzehnjährige gepackt).

Teutones in pace

I.

Es ist 1899. Herr Pecci, der Papst, liegt im Sterben. Abermals meldet sich die besondere Magie jener Stätte, wo der alte Mann, glaubensstark von Berufs wegen, im Bett ringt ... und durchaus nicht ins Paradies kommen will. Er will halt nicht.

II.

Seitlich von der Peterskirche erhebt sich was — zwischen gelb und braun und rötlich schwankend; mit vielen Fenstern; fast zurückgezogen und versteckt, ja man könnte sagen: auf der Lauer liegend. Das ist der Vatikan.

Geistigste Festung; ohne jedes Abzeichen des Kriegs.

Die schweigsamen Fenster schielen vor, wenn man der Grabstätte des Petrus, über die Michelangelo seine Kuppel wölbte, mit aufgerissenen, zugleich enttäuschten Augen naht.

Über dieser ganzen Stadt liegt Blutdunst. Die Römer und die Päpste haben hier gehaust, hintereinander zwei Jahrtausende. Die Römer: die Bluthunde. Die Päpste: die Blutkater. Golgatha, Golgatha!

Am Morgen sieht man erschüttert den Gigantenbau, wo Rom die Christen losgelassenen Bestien vorwarf zum Vergnügen der Einwohner; und am Abend (am ersten Abend, den ein Deutscher in Rom verbringt) sitzt man draußen auf den Stufen des Vatikans; hinter diesen Mauern wohnt ja die zweite Macht; welche das alte Raubtier Rom beerbt; von hier wird — nein, wurde die Welt regiert.

Der Unkriegerische umzaubert von hier die Gemüter, bis nach Australien.

III.

Auf den Stufen des Vatikans sitzt man mit zusammengeschnürter Kehle; halb in Verzweiflung über das Nutzlose des weiten Menschheitsgeschicks — obschon dieses Papsttum

einen Fortschritt bedeutet wider die Völkerwanderungs-
bestien.

Man stürzt los und läßt sich, wie zur Befreiung vom See-
lenkrampf, durch zwei flinke Rößlein wegführen aus diesem
scheintoten Stadtteil mit verschlafenen Säulen; springt hernach aus dem Wagen auf einen abendlichen, einen stürmisch
belebten Platz, wo vor den Cafés heutige Menschen wimmeln und Zeitungshändler brüllen.

Der eine schreit: »L'Avanti! l'Avanti! l'Avanti!« Das ist sozialistisch. Man stürzt auf ihn los. Grade dies Blatt muß es
sein — in diesem Augenblick. Erlösung!

(Und wenn man's überflogen hat; wenn das Herz von dem
unsäglichen Sturm der niederschmetternden, einzigen Stadt
nur ein wenig zur Ruhe kam, dann drängt sich gleich die notwendige Frage auf: und die nächste Macht? Wann beginnt
sie? Auch diese Weltmacht war die letzte nicht.)

IV.

Der Canossagänger Heinrich fraß den Groll hinunter;
hoffte Rache von der Zukunft Deutschlands. Bismarck?
Schon frohlockte Preußen. (Die evangelischen Superintendenten und Konsistorialräte — die nicht Priester, sondern
Beamte sind; Gottbürokraten.)

Doch der derbe Emporkömmling mit dem Slawenhaupt
konnte gegen eingesessene Jahrtausendmacht nicht an. Focht
mit einem überlegenen Gespenst. Hieb in die Luft — Bismarck zog mit Beulen ab.

V.

Diese Macht kann nicht durch einen Mann gestürzt: sie
kann bloß durch eine Bewegung abgelöst werden.

Ablösung und Auflösung.

Am Organisiergeschick der römischen Kirche hat noch
niemand gezweifelt; man soll sie organisieren lassen; zum
Schluß nimmt man ihr die Sorge mit einem kräftigen Händedruck des Dankes ab ...

Die Italiener blicken auf diesem Feld weiter als wir. Der
Pfaffe Don Albertario, der mit Aufrührern sozialistischen

und anarchistischen Bekenntnisses jetzt, 1899, im Zucht-
hause sitzt; der mit letztem Fanatismus freiheitlicher Gesinnung, als ein unerschlaffter Kämpfer, für Volksrecht eintrat:
der war ein Kleriker. Generale packten ihn. Schleppten ihn
zum Verließ. Waffenträger sind es, so auch die andren verge-
waltigt haben.

Immer ruhig organisieren lassen — und dann den Händedruck.

VI.

Nun die Päpste keine Blutkater mehr sind, schreitet der
Ketzerich mit stillen Gefühlen, stiller am Vormittag als am
Abend, an jener verborgenen Fensterfront entlang, wo der
alte Pecci gebettet liegt und sich gegen das Paradies rasend
sträubt.

VII.

Man ist jenem hysterischen Schwindel fern, den katholi-
sierende Snobs versuchen: aber den seelischen Wirkungen
dieser leise besänftigenden Welt entgeht niemand.

Wer durch das Tor schreitet, erblickt zum Überfluß einen
kleinen Kirchhof zur Linken, und über der Pforte steht in
schweigenden Lettern: »Teutones in pace«.

Sehr seltsam, dieses Teutones in pace. Man sieht die paar
Gräber der Deutschen, die hier »in Frieden« schlummern.
Ein paar deutsche junge Kleriker (vielleicht sind sie aus In-
golstadt? vielleicht sind sie aus Neisse?) — gehn still vorüber,
lächelnd, von der Vormittagssonne beschienen, das blonde,
kurzgeschorene Haar von keinem Hut bedeckt; sie sind hier
beheimatet.

Sehn aus jungen, wachleuchtenden Augen im Vorbeischreiten nach der versteckten Fensterfront, vor der sich die
Kuppel kolossalisch reckt; mit den Fingern streifen sie spielend an dem kleinen Gitter lang, über welchem geschrieben
steht:

Teutones in pace.

VIII.

Ja, es ist ein Zauberort. Sturmgefriedet lauscht ein Winkel der Welt: die scheintote Sonderstadt, in deren Lüften das Wunder webt. Der alte Herr mit der spitzen Nase, dem spitzen Kinn ruht in seinen Betten. Die Kardinäle sind schon an der Arbeit. Lautlose Arbeit; verborgen; scheintot.

Der Nachfolger wird weiter organisieren, wie der Vorgänger.

Und eines Tages schlägt die Uhr, und der Oberpriester sieht, wie groß die Bewegung geworden ist; wie die Soldateska immerhin die geringsten Aussichten hat.

Und er treibt in den Arm der neuen Macht, welche Millionen für sich hegt, die fünfzig Millionen und die hundert Millionen.

Die Götterdämmerung bricht an. Und es heißt:
Homines in pace.

IX.

(Genau so kommt es. Oder so ähnlich zum allermindesten.)

Florentinischer Juli

I.

Wozu es verheimlichen, Leser, daß ich tagsüber, seit ich in Florenz bin, ohne Bekleidung herumlaufe. Oder herumliege.

Höchstens, daß man zum Frühstück ein bissel zu Bonciani geht; immer im Häuserschatten, katzenheimlich an der Wand entlang. Dort ißt man zwei Pfund Maccaroni mit Tomatensaft und Parmesan; dahinter drei Scheiben kaltes Roastbeef; dahinter eine Süßigkeit; beträuft alles mit einem halben Liter Chianti vecchio (bianco). Schlllff!

Und wenn die elfte Vormittagsstunde dahin ist, sitzt man abermals im kühl verdunkelten Zimmer, entkleidet.

Gegen Abend geht man aus; in der Dunkelheit nimmt man die Hauptmahlzeit.

Wenn die Mitternacht näher zieht, löffeln alle Florentiner aus Weingläsern Limonen-Eis; manche Tamarinden-Eis; manche den blutroten Eistrank Grenatino. Dies die wichtigsten Angaben über die Kunstdenkmäler der Stadt.

II.

Ich will arbeiten. Ich will schreiben.

Eine Ahnung steigt mir auf, verblüffend: daß dieses Schreiben allzu lang nicht werden wird. Es ist ein Glaube, ja eine Gewißheit ... als ob in der Ecke des dämmerig verdunkelten Zimmers ein Engel stände, der zu mir spricht: »Über ein Kleines, so wirst du aufhören zu schreiben.« Kriegt er Recht? Es ist aber ein Botticellischer Engel, wohl aus den Uffizien durch die Sonnenglut herübergeschwebt, und seine stillen, schönen nackten Füße stehn lieblich auf dem kühlen Fußboden. Er könnte mit den Flügeln einen sehr hübsch fächeln. Und seine Prophezeiungen sind so angenehm.

III.

In der Ecke, wo der Engel gestanden hat, summen allerhand zanzare, welche man auch gewissermaßen-sozusagen Mücken benennen könnte.

Die Fensterläden sind zu, der eine läßt ein bißchen durchgucken. Unten in der Sonne rollen kleine Wagen mit vorgespannt munteren Eselein dahin. (Daß die Tiere nicht blödsinnig werden vor Hitze, bringt mich in Erstaunen. Auf den Kopf hat man freilich ihnen sehr liebenswerte Hauben gesetzt, aus weißer Leinwand, und mit Häkeleien durchbrochen ... Auch die florentinischen Omnibuspferdchen tragen weiße Hauben, weiter hinten eine Art Jäckchen, bei den größeren ist das schon eine Nachtjacke; sehn aus wie Beamtenfrauen in der Morgenstunde.)

Das alles schau' ich aus meiner Wohnung.

IV.

Mit Wohnungen hab' ich großes Glück. Die jetzige liegt an dem Fluß Arno; schrägüber von der steinernen Burg des

Signoriapalastes; in welchem die Medici das große Wort führten; und von den Uffizien.

Unten am Haus ist, nach dem Wasser zu, ein kleiner Garten: in welchem abends etwan hundert Leuchtkäfer schwelgen. Diese grünschimmernden Lümmels treiben einen beispiellos ausgelassenen Unfug mit nächtlichem Herumgeflieg' in Ölbäumen und Weinspalieren; und wenn man so gegen zwölf hinunterguckt, wird man geblendet, wie sich die Kerls balgen und küssen und auftauchen und schwinden.

Ich sehe — jenseits des Gärtchens, jenseits des Flusses, jenseits der florentinischen Türme — durch diesen Fensterladenspalt auf Zypressenhöhen, auf Olivenhaine der Talwand.

Die Höhen, von denen Florenz umgeben ist, sind das Lieblichste der Stadt. Denn im Innern ist sie wenig reizvoll. Oh, lange nicht so schön, wie ihr Name klingt. Schlagt mich tot. Die Wahrheit muß herfür — sagt Ulrich Hutten.

Ich hatte mir Phantastisches gedacht . . . und fand einen geräuschvoll geschäftereichen Ort. (Nach Venedig ist es schwer, hier zu leben.) Glaubet mir, liebe Freunde: es gibt auch einen Italien-Schwindel. Es wird übertrieben! Was ein andrer sieht, seh' ich auch. Aber nach den Schilderungen deutscher Italienfahrer hatte man sich unter Florenz (immer die innere Stadt ins Auge gefaßt, denn die Landschaft der äußeren ist entzückend) einen Böcklinschen Platz vorgestellt. Ich dachte mir was Schattig-Schönes. Was DunkelgrünSteinernes mit zarten Rosen — ja das war es: dunkelgrünes Gestein mit Blumen, mit Schatten, mit Brunnenstille.

Die Wirklichkeit bringt mir den verdammten Vergleich mit Dresden. Er ist schon so oft gemacht worden. Aber trotzdem wahr. Hol's der Teufel! Fast eine Woche braucht' ich, den Gedanken loszuwerden.

Ob der Florentiner sächselt?

V.

Ich habe mir Erdbeer-Eis holen lassen. Ein großer Weinkelch voll. Erfrischt sehr. Ich schreibe jetzt was ins Tagebuch über die neuesten Reden Wilhelms des Zweiten. Er hat zu den Schauspielern beim Regierungsjubiläum gesprochen; müssen überrascht gewesen sein. Sie erfahren, daß sie, die schlechten Histrionen des Berliner Schauspielhauses, bedeutsam genug sind, beim Selbstrückblick auf ein zehnjähriges (ungemein rastloses) Wirken und Schaffen als die am herzlichsten ausgezeichnete Kunstkraft gerühmt zu werden. Mit doppelter Freudigkeit bringen sie künftig die vom kaiserlichen Herrn bevorzugten Dichter, sei es Hebbel, sei es Lauff, zu Ehren. Was aber den Naturalismus anlangt, wogegen der Jubilar was hat, so ist der beim Hebbel doch auch zu finden. Ja, viele behaupten, daß naturalistische Dramendichtung zum großen Teil auf jenem erbarmungslosen Seelenfeststeller aufgebaut ist. Wilhelm verschmäht (und schmäht) sie. Der Kaiser hat nachweislich naturalistische Dramen auf einer Bühne niemals gesehn. Da er ein Urteil über sie fällt, hat er also ...

VI.

Donnerwetter, da steht der Engel abermals. (Ich hab' ihn schon erwartet.) Er gibt mir ein Zeichen. Er selber wischt sich mit der Rückseite der linken Hand den Schweiß von der Stirn, fächelt sich mit einem sanften Schnupftuch ein bißchen und schaut genäschig auf meinen Rest Erdbeer-Eis.

Keinen Strich mehr, sag' ich — höchstens noch einen leidlichen Schlußsatz anstandshalber.

Ich begieße mich jetzt, noch einmal, mit Wasser von Kopf zu Fuß; ziehe mich langsam, sorgfältig, recht leicht an; wanke dann zum Abendessen.

VII.

Bis Mitternacht schlürf' ich noch Limonen-Eis; nach der Heimkehr steck' ich den Kopf aus dem Fenster und beobachte die Leuchtkäferiche.

Sie Botticelli, schauen Sie, daß Sie in die Uffizien kommen.

93

Padua

I.

Bist du nicht auch in Padua gewesen? ja; es war 1898. Tagebuch her.

Es war ein Nachmittag; und ein Abend, an dem wir den heiligen Antonius besuchten und seine prachtreiche Kirche — und wie viel Donatellos erblickten wir nicht an diesem Abend ... der Kerl von Küster mußte, weil es dunkel ward, einen Wachsfaden anstecken, leuchtete mit dieser Funzel hinauf, immer hinauf an die goldigen Donatellos ... und wir krochen durch sämtliche Heiligtümer ... und bestaunten Altarsimse ...

II.

Draußen stand das wundersame Reitergebild; und wir kauften einen hölzernen Antonius in einer Bude dicht nebenbei ... War schwarzlackiert, der Heiligenschein gelb und abnehmbar, durch eine Holzspitze in den Hinterkopf einzustecken ... auch das Christkind, das er im Arm trug, blieb abnehmbar ... (und alles steht heutigen Tags bei mir, nebst andren Heiligen des Südens, welcher meine Heimat ist) ...

III.

Und am nächsten Vormittag in Padua erfuhren wir aus dem Reisebuch, nachdem wir auf dem harten Lager eines Weinschenkenwirts von Flöhen erstochen worden, daß es noch herrliche Fresken von Giotto zu sehn gibt ... und wir sprachen: o weh, es gibt hier noch herrliche Fresken von Giotto! (Denn unser Sinn war auf die Welt, auf die Luft, auf die Straße gerichtet.)

IV.

Sie befanden sich aber in einem Garten — der Garten zog uns mit seinem Gestrüpp und seinen Bäumen mehr an als die Fresken, an diesem Vormittag. Und wir warfen dennoch einen Blick auf sie — und zogen von hinnen, indem wir sprachen: jetzt sind wir die Fresken los, dem Himmel Dank, möge Giotto glücklich werden!

Und gingen, atmend, durch den hellen Vormittag, und dachten: »Königin! o Gott, das Leben ist doch schön!«

V.

(So Padua.)

Vorhof Liguriens
Zwischenspiel: Genf

I.

Dezemberausgang. Werden diese Zeilen die letzten sein? Nicht des Jahres, sondern meines Lebens? ... Mir ist so zu Mute. Nach Mutters Tod. Krank. Herunter.

Der Arzt hat mich weggeschickt; Arbeit untersagt.

Ich blicke still über den Genfer See — der »Anblick gibt den Engeln Stärke«. Will zu schreiben versuchen. Wenn es nicht geht, hör' ich auf ... Wie bin ich hergekommen? Graues Regenwetter. Ich darf nicht ausgehn; sitze nur schläfrig im Balkonzimmer.

Trotz dem Regen, der seit zwei Tagen fließt, ahnt man die ganze leuchtend-sachte Herrlichkeit dieses Seegebildes, das sich mit altem Grün, mit Lichtgrün, mit Gelbgrün, mit Schwarzgrün, mit Holzhäuselchen, mit getürmten kyklopischen Gletscherwildheiten und mit einer schimmernden Flutfläche dort unten, dort drüben breitet.

II.

Das Haus steht hart am Wasser; nicht bloß der beste Gasthof Genfs; sondern einer der liebsten und sozusagen seligsten, die mir auf meinen Kreuzfahrten über die Erde zu Gesicht gekommen sind ...

Immerhin; ich möchte selbst in diesem wundermilden Haus nicht sterben — obschon alle Bequemlichkeit vorhanden ist. Im Zimmer, mit hellen, seidenhaltigen Tapeten, steht

95

ein blauseidenes Bett, von dem ich noch über den See gucken kann, wenn das Auge schon bricht — und im Badezimmer nebenan, wo Erfindungen zwischen edlen Zauberkacheln auf einen Druck losgehn, könnte man gut meinen Leichnam waschen; würde dabei noch die letzte Lust fühlen.

III.

Wollte sagen, wie ich hergekommen bin. Es ist ganz drollig, die Christnacht im Schlafwagenzug zu verbringen.

Während meine Lokomotive durch Deutschland saust, sieht man durch die beschlagenen Fenster Tannenbäume brennen. Es hat manches für sich. Schon hinter Thüringen brannten sie. Am Main brannten sie noch immer. Bis man das Licht ausknipst, die Vorhänge herabläßt, schlafen geht. (In Basel wird man wieder ins Leben gerufen. Müde dämmert man hernach weiter; mittags ist man in Lausanne.)

IV.

Lausanne, wie herrlich war dieser Name, bevor man den Ort kannte. So geht es einem.

Ein bestimmtes Bild macht man sich; mit allen Farben seines Tuschkastens tuscht man es — und wenn man hinkommt ...! Aber nein; doch nicht bloß Enttäuschung; sondern irgend ein bestimmter Punkt ist hinterdrein schöner, als man ihn gedacht.

Lausanne hat sehr bergige Straßen. Ich fuhr empor. Der Wagen hielt — schon außerhalb der Stadt. Ich wollte fast ärgerlich sein und meinen Fluch über Lausanne murmeln; da sah ich drüben etwas Unglaubliches, noch stärker als ich es geträumt: Bergzacken, Schründe, Gletscherwände, Schneefelder leuchtend an einem blauen Wasser. —

Obgleich man die Sache von Schokoladepaketen kennt, sieht es in Wirklichkeit großartiger aus.

Und ein seltsamer Duft kommt hinzu. Sechshundert Meter hoch, im Winter, riecht es hier nach allerhand heilsamen Kräutern, betäubend, erfrischend. Es ist vom Schicksal, dacht' ich, nett, daß es mich vor dem vielleicht nahen Verlassen der Erdkugel das noch riechen läßt.

V.

Dann wankt' ich hinab zum Universitätsplatz, stieg von dort allerhand Stufen (darunter köstlich-alte von Holz) zum Dom aufwärts. Ich glaube, daß Rudolf von Habsburg die Einweihung vorgenommen und den Baukünstler mit dem Roten Adlerorden ausgezeichnet hat.

Aber ich ließ den Dom auf sich beruhen und stellte mich auf die Plattform davor. Hier bot sich ein verwandtes Schauspiel wie oben — Chocolat Suchard.

VI.

Ich schreibe das hier spaßend hin, aber in Wirklichkeit war man wie vom Donner gerührt. Gewiß, der Pic von Tenerifa, der auf einer holden kanarischen Insel mit seinem Eiskrater in den halbtropischen Blausüdhimmel glotzt, hat mich innerlich stärker umgewälzt — weil man zugleich wußte: das ist der größte Vulkan dieser Erde, und er steigt (gewissermaßen durch die Insel hindurch) vom Meeresboden auf. Der Pic von Tenerifa hat mich nachdenklicher gestimmt; diese Gletscher jedoch waren erfrischend und unvorhergesehn.

In solcher festen Überzeugung eilt' ich auf den Bahnhof, um Lausanne schleunigst zu verlassen.

VII.

— — — — — — — — — — — — — — —

Als ich in Genf ankam, fiel mir ein, daß heute mein Geburtstag war. Denn meine verstorbene, liebe Mutter hat mich in derselben Nacht geboren, die von etlichen hundert Millionen Menschen gefeiert wird. Ich hatte das zum ersten Mal vergessen. Der Regen rann.

Es gab eine öde Fahrt in jenen Gasthof. Dann, auf dem Söller, den eine Rampe deckt, sah ich von diesem feinen schweigsamen Haus hinüber zu den Gletschern jenseits der graublaugrünen edlen Flut. »Mon lac est le premier«, soll

Voltaire vom Genfer See gerufen haben (es steht auf meinem Fahrplan).

Niemand kann ihm das verdenken.

VIII.

Und obschon alles eintönig wurde durch graues Plätschern; obschon alles versank in der traurigen Stummheit dieses Tags; obschon in der schleirigen Luft wenig zu sehn war: so fühlte man dennoch den stillen Glanz, das sachte Leuchten der Stadt. (Man hat sie kaum kennengelernt — und weiß, wie man sie liebt) ...

IX.

Und am Abend, als ich von meinen verzaubert stillen, schönen Zimmern hinunterging in den Eßraum, wo eine Handvoll Amerikanerinnen (mit aufgeräumt-banausischen Gatten) tolle Perlen; wo russische Damen unglaubliche Steine still über der gepuderten Brust trugen; wo Patrizier von Genf speisten (eine Exilstimmung umwob alles, denn die frohen Tage von Genf sind im Herbst und im Frühling, jetzt ist, Gott sei Dank, seine tote Zeit) — da stand mitten auf dem Spiegelparkett eine Tanne mit Lichtern, und ihre Nadeln rochen nach den Bergen, wenn sie von der Flamme zwischendurch etwas angeröstet wurden.

X.

Die Köche hatten nicht geknausert: es gab nur feiste Leckerbissen; wieviel von Edelpilzmus, Trüffeln, Gänselebern jedem Gang beigefügt ward, steht nicht fest. Ich fand es gut vom Schicksal, daß es noch eine Geburtstagsüberraschung hatte. »Dieses Mahl«, dacht' ich, »wird das letzte meines Lebens sein — aber es war auch das beste meines Lebens.«

... Ich höre zu schreiben auf. Der See hat sich umdunkelt. Ich konnte noch keinen Fuß heut über die Schwelle des schweigsamen Hauses am Wasser setzen. Undurchdringlicher Abend ist von den Gletschern gestiegen; breitet sich fast zärtlich über den See.

Der winzige Leuchtturm sprüht Schein über die Flut. Lichter jenseits, diesseits, tief und hoch, strahlen. Ein Schiff mit grünen Flammen eilt zur Stadt.

Genf, ich liebe dich.

XI.

Von hier kommt man in einem Nachmittag ans Mittelmeer?

Morgen bin ich dort.

Ligurien

I.

Das Schiff tanzt ein bißchen. Zwar kann ich Marokko nicht mehr sehn, aber ich fühle seinen Hauch — wenn abends in aller Windbewegtheit, die jedes Wesen torkeln läßt, etwas Warmes über die hohen Wogen zieht; ein Lüftchen, das in der Wüste gewachsen ist ...

Ich kam hierher von der Schwelgerküste: Riviera genannt. Stieg dann in Genua auf ein italienisches Fahrzeug (das nach Südamerika will); werde morgen auf den Kanarischen Inseln aussteigen — dann wieder nordwärts ziehn. (Jedem Freunde meiner Schriften bring' ich einen Kanarienvogel mit.)

II.

In Genua wurde mir klar, daß alles Italienische der Örtlichkeit, für die F. Schiller vergebens durch seinen »Fiesco« Reklame zu machen versucht hat, mehr und mehr schwindet; und was allein über diese Ländereien hinschallt, ist der Ruf: »Herr Ober!«

III.

Ich war erstaunt, am ersten Abend nichts in der Stadt des verstorbenen Lavagna zu hören als: »Herr Ober!« ... »Herr Ober!«

Als ich den Ruf in Ligurien vernahm, war ich trotzdem froh, mein Nachtmahl in dem prunklos weißen Raum eines einfach ausgestatteten, bloß mit weißen Tischtüchern festlich gestimmten Speisehauses (mit guter Ölküche) zu schlucken — ich ziehe halt diese Form des Essens dem Aufenthalt in einer Gralsburg mit protzigem Bratenduft vor.

Das Schiff steigt und fällt. Drei Gläser und eine Karaffe sind nebenan vom Tisch gefallen. Mir tut es nichts; bin seefest; (der Commandante hat mich gestern, als alle untreu wurden, einen vecchio marinaio genannt: einen alten Seefahrer. Hat Recht.)

IV.

In Ligurien liegt Montecarlo. Das erinnert mich sehr an Bayreuth.

Zwei Wallfahrtspunkte der Menschheit — aus allen Ländern. Bloß nach diesen zwei Ortschaften strömen sie so von überallher ... und bleiben einige Tage nur, um völlig gesammelt den mit dem Orte verbundenen Zweck zu erfüllen. Oben auf einem Hügel in dem einen Fall. Auf einem ins blaue Meer springenden Fels im andren Fall. Das eine Mal ist es der Festspielhügel; das andre Mal schlicht der Spielhügel.

Jedenfalls kippt nun das hesperische Schiff so auf die Seite, daß ich beinah über den Tisch wie über den Kopf eines Pferds zu fliegen drohe.

V.

Schön waren sie, diese wundersam strahlenden Farbenbeete, Balustraden, Spiegelsäle, Huren. Auch Spießer aus Preußenland. Bin, obschon ich verloren habe, für Erhaltung dieses Orts; zu seinem Zweck. Irgendwo in der Welt muß es einen Punkt geben, wo bürgerliche Führung zeitweis aufhört ... O Marmorvestibül der Gaunerburg, wo man sich bei erlesenem Duft für den Entscheidungskampf rüstet. Manchem ist um zehn so zumut, wie dem Torero, bevor er in den Stierzirkus tritt. O Gaunerburg.

Eine Oberstleutnantstochter; blickt in Potsdam wie eine Madonna drein — doch hier, hinter der Mama, hängen ihre Augen wie an zwei Schnüren bis auf das grüne Tuch; an den

Backen rote Flecke, zwischen Ohr und Hals ... Die Stammgäste zucken sämtlich.

O Gaunerburg.

VI.

In Genua wie Donnerhall der Ruf: »Herr Ober!« An allen Abendtafeln des verkafferten Ligurien breiten sich Ehepaare Norddeutschlands hin. »Es regnet — da nehm' wa alle vier ein Droschkonggg!« Ferner: »— Eß man Flooomen (Pflaumen) — das is jesund.« Dies noch: »Ham Sie'n Walzertroooum jesehn«« — »Von wem is er denn?« — »Da fragen Se mich zu viel.« — Beim Essen: »Ich hab' frische Strümpfe angezogen ... meine Füße waren janz feucht.«

VII.

Jetzt liegt alles hinter mir. Der Atlantische Ozean (links davon Marokko) hebt Schiff und Menschen hoch, stuppst sie tändelnd zu Tal und zerstört Karaffen.

Delphine, Schweinsfische, springen herdenweis; heut Morgen hat ein Schwertfisch, lang wie mein Arbeitszimmer im Grunewald, einen Springbrunn in die Lüfte geschickt, riesig, und ein Albatros flog über ihm.

VIII.

Alles liegt hinter mir. Das Felsennest — und meine blanken Goldfüchse.

Vor mir die Inseln mit den Kanarienvögeln.

Genua

I.

In dieser Stadt verschwor sich Johann Ludwig Fiesco. Man geht herum, atmet den zusammenströmenden Hauch des Südens, der Meerfrische; guckt auf Schiffsleute, die Boccia spielen und Wein trinken.

Erklimmt auf steilem Pfad Seegefels und staunt im Straßengewimmel über freche Bauart, wenn eine Gasse sieben

Stock hoch über der zweiten entlangführt; über unverschämte Häuser, die sich an jedem Abgrund hinpflanzen wie Kastelle.

Man blickt in manche bergig-enge Seitengasse (mit aufgehängten Unterhosen); auf die Vergeudung an Marmor.

Sieht alte Palazzi mit herrischem Türgewölb. Nicht so düster kriegerisch wie die Paläste der Florentiner; sondern eben von adligen Reedersippen voll Verschwendung erbaut ... Und mittendrin wird man den Gedanken nicht los an Johann Ludwig Fiesco, der sich in dieser Stadt verschwor und unterging.

II.

Als Zehnjähriger ist man im Fühlen und Denken ein Indianer. Als Fünfzehnjähriger: der Graf von Lavagna, Giovanni Luigi de' Fieschi, Edler von Genua. (Geschmeidige Tücke.)

Der wirkliche Fiesco fiel durch Zufall ins Wasser; ersoff wie ein Kätzchen; kein Verrina hat ihn ertränkt. Dies Brücklein, wo es geschah, liegt heute zwischen Schienen und Speichern. Noch trägt eine Gasse den Namen des Geschlechts. Man findet sie kaum.

»Diese majestätische Stadt! Mein! Und darüber emporflammen, gleich dem königlichen Tag! Es ist schimpflich, eine Börse zu leeren — es ist frech, eine Million zu veruntreuen, aber es ist namenlos groß, eine Krone zu stehlen.«

Zwischen Schienen und Speichern.

III.

Eines schönen Morgens ging ich ins Schloß der Doria.

Dicht bei Meer und Gebirg. Vergilbter Bau. Der alte Garten am Meer trägt herrliche Palmen — und einen Brunnen-Poseidon mit den Zügen des Andreas.

Derselbe Doria hat sich als Herkules verewigt, riesengroß, in Marmor.

An der Wand hängt er in Öl, prahlsüchtig als antiker Held gekleidet. Dann wieder in Öl, schon greisenhaft, mürrisch,

krank. Aber das seltsamste Bild ließ er im späten Alter machen. Er sitzt triefäugig da, mit einer braunen Katze.
War sein Lieblingsvieh.

Der Doge von Genua, der »gewohnt ist, daß das Meer aufhorcht, wenn er spricht« — bei Schillern — hat auf der Welt zuletzt keine Freude denn ein Katertier. Wie man ihn konterfeien will, hält er drauf, daß sein Herzblatt mitgemalt wird. Taprig blickt er zu ihm hin. Fiesco war um diese Zeit schon ins Wasser gefallen.

IV.

In der Ecke steht noch der Mantelhalter des Andreas. Dort hängt er den Purpur auf, wenn er sich's bequem macht. Von vergoldet gewundenem Holz.

Der erhabene Greis bekam das Schloß von der Republik zum Geschenk. Nach der Wasserseite führt eine schöne Plattform, breit, mit Balustraden. Dort mag er herumspaziert sein und »Miez! Miez!« gerufen haben.

V.

. . . .

Ach, meine Lieben: die venezianischen Palazzi sind anders. . Schweigsamer, tiefer durchleuchtet von stiller Schönheit. Die kehrt nicht wieder in der Welt. Ich bin ein alter Venezianer, völlig ausgepicht; es kommt gegen diese Stadt nichts auf.

Nicht mal der große Zug des Doria-Schlosses, das an keiner lauernden Lagune, sondern dreist am salzigen Meere liegt. Venedig gebiert tausend Träume, jeden Abend, unsterbliche, jeden Morgen, jede Stunde. In der Trauer; im Zerfall; in der Sehnsucht; in zerbröckelnd entrinnender Totenanmut.

VI.

Genua dagegen gebar bloß den Kolumbus, der hinauszog, eine Welt zu entdecken, so daß am Grünwasserplatz oder Piazza aqua verde sein Standbild errichtet worden.

Und heut! Amerika gehört den Amerikanern. Genua ist ein mittlerer Platz für eine Flotte.

Venedig aber bleibt unüberwindbar. Denn es kann wohl in den Farben umschattet, in den Träumen gewandelt: aber durch keine Politik vernichtet werden. Es bleibt ja der hohe Zufluchtswinkel des Verlangens, sturmgefriedet und gebenedeit, für alle Tieferen, die in Herrlichkeit leben, doch in brausender Herrlichkeit einmal stillhalten ... und zum ewigen Bewußtsein kommen.

VII.
Machtvolles Genua? — Winziges Genua.

Neapel

I.

Ich hatte Fieber in Genua. Im Abenddunkel lief ich hinab zum Hafen. Ein Schiff sollte spät nach Neapel fahren. Zwei Halunken traten an mich heran. Ich fragte, ob der »Dominico Balduino« abgegangen sei. Er liege noch da; sie wollten mich hinrudern.

Durch die Nacht ruderten wir los. Saiteninstrumente tönten, die niemand spielte. Ich sah Zypressen und Rosmarin. Schlafende See. Funkenregen von krudelschönen Sternen. Zwischen Kuttern, Barken, entschlummerten fremden Fahrzeugen mit griechischer Inschrift glitt und schlich das Boot mit den zwei Halunken fort. Hinten, in der braunblauen Dämmerung, lag die Stadt Genua, mit zwanzigtausend Lichtern, in Höhen und Tiefen. Vorn die Nacht ... und das blutaufreizende Mittelmeer.

II.

Die Gestalten der zwei Schufte schwammen in Blau und Braun. Ich sah noch manchmal, wie sie sich zurücklegten, den Unterleib emporstießen und ausholten.

Am nächsten Tag war ich krank.

Drei-, viermal kroch ich auf Deck. Die Insel Korsika erschien aus Wolken; verblich in der Ferne. Wir fuhren hart an Elba vorbei.

Aus diesem blauen Meer also war er hervorgegangen. Aus dieser holdselig dunklen Leuchtflut. Das letzte große Ungeheuer, das Du, sterbender Süden, der Erde geschenkt hast.

Sterbender Süden? Kältere Rassen verteilen heute die Welt.

Am zweiten Morgen stieg ich in Neapel ans Land.

III.

———————————————————————————

Auf einem Nachbarschiff war ein wundersames Frauenzimmer aus dieser Gegend, das sich nun ausbooten ließ. Blutjung, mohrenbraun, mit rotsammetnem Umhang, im bloßen Kopf. In der Rechten trug sie einen dicken, duftenden Strauß von weißen Orangenblüten; ein bäurisch grünes Sonnenschirmchen.

Als sie in das Boot stieg, warf sie sich über die Querbänke auf den Rücken, schmiß die Pakete neben sich, stopfte die Orangenblüten als Kissen unter den Kopf, das schwarze, unbedeckte Haar fiel in ihr schönes, braunes Gesicht, und so, ganz im leuchtenden Schein, wurde sie davongerudert.

Die Schiffer hatten um den Kopf brennend rote Tücher.

Ich war jetzt gesund.

———————————————————————————

IV.

... Graus des Südens! Neapel ist ein Lumpenmarkt, ins Übersinnliche gesteigert.

Viele Bewohner wirken wie Affen, mit schwarzen Punkten als Augen. Verleiblichung dumpfer, verhungerter Gier. In allem, was sie tun, kraftlos, tierisch, ausbeutungssüchtig, ohne Fröhlichkeit. Der Graus des Südens packt mich. Sie scheinen bösartig, störrisch, ausgebrannt, lauernd-lüstern, zu jedem Opfer allzu schnell bereit.

Nach Berichten vermutet man, dies Schnorrertum sei liebenswürdig. Es ist ohne jeden Zug von Liebenswürdigkeit.

Die feinste Straße wimmelt von Hexen, Lumpenpack, Galgenvögeln, Kot. Blutige Lämmer im Fell hängen zwischen feinen Geschäften, wahnsinnige Fische mit Schleimgekräusel werden angeboten in zeterndem Singsang, Weiber mit Baßstimmen preisen Zwiebeln an, nebst allerhand seltsamen Stengeln.

Die Straße leuchtet von Orangen, Zitronen, draufgehängten Kirschen. (Die Kirschen sind schmal und länglich; im Geschmack von junger, fleischiger Frische.)

Seitengassen steigen hoch, besät mit weißleuchtenden Blumen; die Verkäufer halten Rosensträuße, schwere Sträuße von weißen Kamelien in den Händen, springen auf die Wagentrittbretter, jeder quakt, singt, heult, miauzt; Inder und Ägypter von den Schiffen trotten zwischendurch; Bürstenbinderinnen arbeiten auf der Gasse; Kinder pfeifen, viele wälzen sich in Staub und Nässe, machen Feuer mitten auf dem Damm; edle Gesichter scheinen begraben in Schmutz, alles spuckt, rülpst, stinkt, Schüsseln mit Hammelohren stehn feil, Gemüse liegt auf dem Bürgersteig, Esel, Maultiere, Gäule quer angebunden, anreißende Fuhrleute, massenhaft lärmende Schuhputzer, kleine Ziegenherden, Ochsen, mittendurch Aristokratie in Equipagen im Garten der Villa Nazionale, der zwischen Meer und Palmen und blaustrahlenden Judasbäumen entlangführt, wimmelnde Spitzenwägelchen für Neugeborene, von Böcken gezogen, von Ammen in tollem Luxusgewand bedient, schwarze Kälber fressen hart daneben auf der Straße Grünfutter, schwarze Ochsen gehn hintereinander her, rote Kopfbedeckung wogt obenauf, plötzlich wird aus der Höhe was herabgegossen, drei Männer brüllen gegeneinander los, man denkt, sie erschlagen sich, plaudern aber nur; alles handelt, bietet Geringfügiges an; von fünf Jahren ab; irgendwo, ohne daß ein Kaffeehaus besteht, haben sie einen Tisch auf die Straße gerückt, spielen Karten, fünf Ziegen sind an das Tischbein gebunden; jemand steht auf, melkt ein Glas voll, spielt weiter.

Geschwüre, furchtbar; und eitrige Blattern! Wieviel menschliche Scheußlichkeit, bald ausgemergelt, bald gedunsen! Wieviel Roheit gegen Tiere, die man gegen den Unterleib mit dem hölzernen Stiel der Peitsche haut.

Graus des Südens.

V.

. . . .

Inmitten dieser Umgebung, am Kramplatz oder Mercato, schläft Konradin von Hohenstaufen; seines Geschlechts der letzte; besiegt bei Tagliacozzo; hingerichtet durch Karl von Anjou: doch überdauernd in Gesängen den Dreck der Stadt, den Rost der Zeiten und die namenlose Schwermut des Todes.

Er war ein Kind, lebte bei der Mutter in Schwaben.

Der Papst bannte das Kind.

Das Kind zog über die Alpen; schlug die Schlacht; kniete vor dem Henker.

(Die Mordstätte säumt ein verwitterter Burgrest, von Grün umwachsen, hart daran die Karmeliterkirche, das Meer klopft zwanzig Schritt fern ans Gestein — und zwischen Kastell und Bethaus der schmutzig verstaubte, stinkende Trödelmarkt.)

VI.

Mord am Anfang, Mord am Ende. Wieviel Schlächtereien sah diese Stadt?

Verständlich, allerdings, die Gier auf Stadt und Golf und Inseln: als auf ein Besitztum von nicht zu sagender irdischer Schönheit.

Wer Neapel verläßt mit seinem Auswurf, seiner Bande, seinem Gesindel; wer an das dunkelblaue Meer kommt mit leuchtenden Trümmern daran: der . . . ahnt Griechenland.

Dunkelblaues Meer, leuchtende Trümmer daran.

Himmelsschöne dunkle Menschenbilder; griechische Häuser; drüben der feuerspeiende Berg und die befreiten Städte.

Taumelbecher der Welt, holdselig, komm an die Lippen.

Brausendes Leben, tu den tiefsten Zug — und grüße strahlend auch die Untergegangenen.

— — — — — — — — — — — — — — — — — — — —

VII.

Die Untergegangenen. In Pompeji scheint es, als ob sie im Innern der Wohnungen sich verborgen hielten; heraustreten könnten. Aber man wandelt im Reich der Vergangenheit. Tragische Todeserinnerung. In der starren Lava sind die Körper der Gewesenen schrecklich aufbewahrt.

Ein Mädelchen, unbekleidet, das sich rasch noch ein Gewand überziehn will, ist vom Tod erfaßt worden; der Anblick des jungen Körpers hat etwas Rührendes. Ein Sklave schlief, den Kopf auf die Hand gestützt; ist so hinübergegangen in die Ewigkeit; die Züge des Gesichts mit furchtbarer Treue zu erkennen. Eine Mutter und ihr Kind starben in enger Umschlingung. Andre ziehn die Glieder krampfig an den Leib, da der glühende Tod sie überkommt. Alles das sieht man, als wär' es gestern geschehn.

An den Wänden, an der Außenseite der Häuser noch Kritzeleien, so übermütige Jugend damals neckend hinmalte, wie heut; Namen der Wahlkandidaten, von Parteigängern eifrig an die Wand gekratzt. Es ist, als hätte die Zeit in diesem einen Fall stillgestanden.

In den Kneipen Weingefäße noch auf den Gestellen. In Kaufmannsläden Öl-Amphoren auf dem Ladentisch. Noch liegt frischgebackenes Brot da, kohlig erstarrt in zwei Jahrtausenden — man möchte die Semmeln mit dem hübschen Muster anbeißen; noch liegen Eßwaren herum; gelangten in keines Pompejaners Magen. Das alles hat die Lava ... gerettet. Gerettet!

Auch die Bilder an den Wänden. Wie ließ doch jeder bessere Bürger der Stadt anmutvoll Speisezimmer, Schlafzimmer, Empfangszimmer mit Gemälden ausstatten. Gebrannte Farben auf die Wände gesetzt. Und was für Bilder! Ein Frauenkopf, wie gestern von Böcklin gemalt. Nicht etwa Dinge, die langweilen, als Antike, steif, zu der wir kein herzhaftes Verhältnis haben — sondern entzückend lebensprühende Sächelchen; schalkhaft; nachdenklich; himmlisch; voll wundersamer Farbtönung. Das alles hat die Lava ... gerettet. Die blonden Neger hätten es zerstampft.

VIII.

Von Pompeji ritt ich auf den Vesuv.

In Torre Annunziata Fest des heiligen Franziskus. Es hingen um seinen Baldachin, den man durch die Straßen trug, zwanzig tote Hähne und Hennen. Ein kleines Lamm, über und über geschmückt mit farbigen Papierblumen, schritt an der Leine. Dazu wurde Trompete geblasen, alle Bewohner von Torre Annunziata ergingen sich in froher Spannung.

IX.

Der erste Teil des Ritts in englischem Trab. Dann verfiel das Roß grundlos in Karriere. Ich tat, was zwei Monate lang ein preußischer Rittmeister mir beigebracht: »Hacken runter, Fußspitzen nach innen, Fäuste abrunden, Schenkel 'ran, sitzen wie ein Licht.« Immerhin: Zitronenbäume, deren Geäst über Steinmauern hing, bedrohten das Augenlicht. Der Gaul blieb reich an Einfällen.

Jetzt erst sah ich, wie der Führer, der sich hinter mir hielt, von Zeit zu Zeit den Peitschenstiel an den Unterleib des Pferdes brachte, weil er früher zurück sein wollte zum Fest des heiligen Franziskus. Ich gebot ihm, voranzuziehn. Jetzt ging alles gut, unter dem Zitronenregen durch; an wundersamen, hohen Bauernmädeln vorbei; bis hinauf zur einsamen Pferdehütte, die schwindelnd über dem Golf liegt.

Kletterei.

Bis ans Schienbein im braunschwarzen Lavastaub. Die Steine sind beim Hinanklimmen locker.

Endlich kriecht man hinauf zum Krater, bis an den Rand. Legt sich, von Führern ermahnt, auf den Bauch, um nicht hineinzufallen.

X.

Aus dem Schlunde dringt ein fauchendes Gebrüll schauerlich. Wie wenn ein unvorstellbares Raubtier röchelnd schnauft. Der Schlund geschwängert mit nicht durchdringlichem Schwefeldampf. Heiße, rot- und graue Riesenwolken stoßweis; manchmal in gelbgrauen Stößen, welche den Atem benehmen; Lungen und Augen verderblich.

Wenn der grollende Rauch zur Seite zieht, gewahrt man für einen Augenblick Eingänge, dunkle Höhlen, Abgründe ... im Innern des Feuerberges.

Man ist in Dampf gehüllt.

Der Kegel fällt jäh ab.

Nach einer Weile klettert man hinunter.

XI.

Dem feuerflüssigen Wesen der Sonne war man auf die Entfernung eines Sprunges nahegerückt.

Ein Gefühl, das für die Dauer dieses Lebens nicht verlischt.

Hier steht man an den Pforten.

XII.

Wir kamen hinab. Ich sah in der Tiefe die Häuser von Pompeji; noch einmal empor zu dem furchtbaren Gipfel.

Er war doch milder als die Goten und die Vandalen. Sie schlugen in Splitter und Staub ... eine Welt. Er aber hütete, tödlich sanft, mit dem Feuerstrom, als einziger das Angedenken dieser verwehten Gloria.

Rettete vor der Vandalenschaft drei Menschensiedelungen — noch heute nicht von ihren Bewohnern verlassen.

XIII.

Um Neapel ist Leben und Tod. Erschütternd größtes Grab der Erde, Friede sei mit Dir.

XIV.

Zwei Nächte schwamm ich wieder auf dem Meer. Die letzten Worte dieses Tagebuchs schreib' ich auf gallischem Boden. In Marseille.

Messina

I.

Nachts in Messina schlief ich in einem altitalienischen Haus; die Korridore trachytgeplattet.

Ein blutjunges, ehrfürchtiges Stubenmädel mit einem Heiligengesicht von Bellini — die beim leichten Verneigen die Arme demütig hob ...

Ihre Mutter war just angekommen, und das ganze Haus bewirtete diese Bäuerin mit patriarchalischer Freundschaft in dem marmornen Treppenflur ...

II.

Da stand ich, gegenüber vom Festland.

Ein Deutscher denkt hier an Sylt. Einem Sylter mit Ahnen hätt' es geschehn können, daß seine Altvorderen auf dem Festland und im selben Haus wohnten, das er nun auf der Insel bewohnt. Im selben Haus.

Eine furchtbare Welle schied Sylt eines schlimmen Abends vom Lande, wie Gibraltar von Afrika, wie Messina von Reggio ... Auf dem Meeresgrunde zwischen Schleswig und Sylt ruhen Häuser mit Knechten, Mägden, Gäulen, Hunden; Dörfer und Gemeinden.

Wird eines Tages das schmale Halb-Eiland Italien, auch Hesperien genannt, mit seinen Statuen und Bildern, mit seinen Weinstöcken und Gesängen, mit vielen schwarzen Augen auf dem Grunde liegen, begraben und verschluckt vom Salzwasser, Schwamm, untermeerischen Höhlungen und nassen Vulkanschlünden? Weshalb sollte nicht im Großen möglich sein, was im Kleinen Wirklichkeit ist?

III.

Es kommt mehr auf die Stimmung eines Menschen als auf die Beschaffenheit einer Landschaft an ...

Schön ist jedenfalls der seltsame Blick vom oberen Teil Messinas über die Meerenge — die nicht breiter als ein Fluß

aussieht, aber recht angenehm dunkelblau im Vormittagslicht schimmert.

Also drüben liegt Italien, heiter, man sieht die Gebäude —
ein Katzensprung. Und die Häuser von Messina steigen und
steigen, mit hellblauen, mit rosa Mauern, über die manchmal
Zweige mit Goldgelbem baumelnd hängen ... Friedvoll-
behagliche Meerstadt mit leisem Getrieb.

IV.

Durch die heitere Meerenge, sie hat nicht mehr Wellen als
der Main, fahren bunte Schifflein, farbig bemalte Küstenna-
chen sinnfällig angestrichen wie eine schlesische Bauern-
truhe. Alles friedlich, arglos. (Viel sauberer als in Italien —
Sizilien ist ja sauberer.)

Glockenläuten, ein seltsam alter Dom mit schönen Heiligen darin. Manches in den Straßen sieht mehr spanisch als
italisch aus (wie bekanntlich oft in Sizilien).

V.

Am Domplatz ist eine dolceria oder Stätte der Süßigkeiten, von zwei schlichten Sizilianerinnen bedient; ein Frühstück von seltsamen Kuch-chen und Marsalawein schmeckt
dort sehr gut ...

VI.

Das Erdbeben kam.

Die zwei Sizilierinnen sind in der Zwischenzeit erschlagen; im Schutte liegen die Heiligen; die dolceria liegt im
Schutt; die kleinen Kirchlein und hohen Palasthäuser liegen
im Schutt.

VII.

(Auch das Stubenmädel?)

. . . .

Jeruschalajim

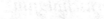

Jeruschalajim
(1903)

I.

Ägyptenland liegt hinter mir. Ja, ich fühle, daß ich vom Geschlecht der Schwärmer bin. Daß man sich verblutet und veratmet und verschwelgt; daß man die Seele zurückgibt mit lebendem Bewußtsein, nicht erst nach dem Tod, sondern schrittweis und vor Seligkeit, diese Welt umfassend und verlassend.

II.

Am Donnerstag dem 16. April 1903 früh um sieben ein Viertel Uhr Palästinas Küste gesehn. Ich stehe ganz still auf einem fremden Schiff, das Port Said gestern verließ. Die Tränen steigen mir auf.

Es ist eine bergige Küste; schön im Morgenduft.

Dort hebt sich das Land der Juden.

(Nein, die Berge liegen dahinter, die Küste selbst ist eben. Weit hinter der Küste das Hochland von Judaea — das sind diese Berge.)

III.

Jaffa ist mehr Orient als Smyrna; mehr als Konstantinopel; mehr als Kairo; mehr als Algier.

Schwarzbraune Morgenlandsmenschen. Weißer Turban über dunkler Haut. Karawanen.

Sarazenenenkel. Irgendeine schwere Plempe, ziseliert, gebogen; mag eine rostig-feine Klinge drin sein. Kauernde Menschen, rauchende, dominospielende. (Nicht Bazare für Europäer, sondern die Händler sind unter sich.) Und wieder Kamele.

Das ist der Orient. Kreuzfahrer nahmen orientalische Sitten an? Man wird gewiß dazu verlockt.

Zwischendurch hör' ich schwäbisch reden; die Schwäble reden auch fließend arabisch; wie mag es klinge? Nicht unbehaglich.

Vorher im Boot: reisender Handwerksmeister; auch schwäbisch; nicht ohne bescheidnen Wohlstand — und Reisewut nebst Anteil für Dinge der Heiligen Schrift.

IV.

Ein Jude, blond, vierzigjährig, schlank, mit zwei Kindern an der Hand, wies mir den Weg. Ohne Bakschisch.

Im Gesicht edleres, ernstes Menschentum. Sie waren hergezogen, um in der Nähe des Tals Josaphat zu sterben — um gleich da zu sein, wenn die Posaune zum jüngsten Gericht ruft.

Eine schöne alte Frau, von der ich dann Auskunft erbitte, fragt am Schluß, wohin ich von Jaffa wolle. Nach Jerusalem.

Sie sagt mit einer wissenden Menscheninnigkeit, wie Juden sie manchmal wunderbar haben: »Nach Jerusalem? Geihn Se zu gesünd!« Ein inniger Akzent auf jeder Silbe.

Sie gibt sorglich noch eine Auskunft und spricht, wie für sich: »Wozü ä krümmer Weg we'mme kann geihn ä gleichen Weg?« Mit gefaßter, friedsam gewordener Weisheit; wie bei so vielen ihres Urvolks.

V.

Herr Blanckertz, ein freundlicher Mann. Kneipe. Ich suche films. »Vielleicht,« sagt er zuletzt, »bei einem Juden, Rabinowitz.«. Es lag ein Aber darin. Eine männliche Daja. Ich ließ durchblicken, daß es auch ein Feueranbeter sein darf, wenn er films habe.

— — — — — — — — — — — — — — — —

VI.

Gelobtes Land. Selige Gelände zwischen Jaffa und Jerusalem, wenn man das Meer verlassen hat.

Palmen. Ein süßer, stärkster Duft von Orangenblüten; alles, alles blüht weiß in frischem Grün. Frische der Orangengärten; fruchtbar, hold. O Palmen und Orangenblüten im April.

Kanaan ist lieblicher als Ägypten, das gelbliche Lehmreich.

Ich sah die Ebene Saron. Dahinter Bergketten, blauende, des alten Schicksalslandes. Ja, es ist hold; ich wußte nicht, daß es Saron war, und fand es hold.

Dickstämmig-alter Olivenwald! Eine Meile lang, eine Meile breit. Räumige Kakteen; Berberfeigen. Ein Ölwald — und steht wie auf Ackererde.

Weiße, gelbe Blumen. Feigenbäume, von saftstrahlender Frühlingsfrische, leuchtend.

Ein reiches Land; ein Weideland.

Frühland, Frühlingsland! Ernstes Land und Schönheitsland!

Mit mancher weißgebauten Ortschaft. Mit Kuppeln, Brunnen, Gräbern, zerfallenen Toren.

Nah das blaue Mittelmeer — und die Berge Judas. Düfte, Reichtum — und steinige Wucht.

— — — — — — — — — — — — — — — —

Ernstes Land und Schönheitsland. Frühland! Frühlingsland! Judenland!

VII.

Springende Eselsfüllen. Grautiere, darauf Menschen seitlich sitzen — dieser Eselritt (der Esel vorn oft geführt) erinnert an die »Flucht aus Ägypten«, die man allzu häufig gemalt fand. Am Feldrain Kamele.

Ein betagtes Dorf der Pelischtim — der Philister.

Nahm von spielenden Kindern einen Blumenstrauß. Es ist in dem Dorfe Der-Abân. Der Strauß hängt heute noch an meiner Wand, nach sechzehn Jahren, in Deutschland.

Die Blumen der Philister leben lange. Der-Abân hieß das Dorf.

VIII.

Das Land riecht wie ein einziger Strauß von starken Feldblumen.

Ich sehe den Bach Sorek. Das ist Dalilas Heimat.

Über dem Bach Sorek liegt die Simsonshöhle. Zehntausend Ziegen haben darin Platz. Hoch über dem Sorek öffnet sich das Felsenloch für zehntausend Ziegen — und einen Kämpfer-Bock.

IX.

Ich sah bei Bethar die Bergfeste, wo Barkochba, der Sternensohn genannt, Aufruhr trug wider das Raubtier Rom.

Simson und Barkochba stehn mir am Eingang des Ahnenlandes: Aufrecht-Verwegene; Nackengewaltige.

Gleichnisbilder für das wundersam ungebeugteste Volk.

Verbrannt, gemartert, erschlagen, geknechtet — dennoch untötbar. Juden.

X.

Zweitausend Jahre danach dürfen sie, lange von Bestien umsperrt, endlich über die Mauer klettern. Sie springen aber, die Herrlichen, die Stehaufmänner, nicht schüchtern senkrecht hinab — sondern fliegen gleich vom Rand in die vorderste Reihe. Nach Moses, Hillel, Christus kommt Spinoza, Karl Marx. Die schaffen die zwei großen Bewegungen.

Juden. Sie sind, jeden Wirrglauben belächelnd, auch den ihren, im Verstande die Allerfreiesten. Die Allerfernsten von jedem Lichtschwund. Dies alte Volk ist das neueste — nach zweitausend Jahren.

Sie haben alle Scheiterhaufen überwährt. Sie haben allen Seelenschlächtern getrotzt. Und wuchten die Welt vorwärts — nach zweitausend Jahren.

(Sie haben alle Scheiterhaufen überwährt. Sie haben allen Seelenschlächtern getrotzt. Und wuchten die Welt vorwärts — nach zweitausend Jahren.)

XI.

Simson, Barkochba ... Vettern! Eure Pfote!

XII.

— — — — — — — — — — — — — — — — — —

Der erste Abend, ein Weg auf den Ölberg zu. Dämmer. Nach kurzer Frist Nacht.

Ich fühle mich etwas gefangen von dem galiläischen Schmeichler — obschon ich abwehre. Simson! Barkochba! ... Nein, auch Du, gepfählter Itzig; sanfter Reb Joschua. Die Juden nennen Dich »Thole« — das ist: der Gehenkte.

Lieber, lieber, gehenkter Antimilitarist. Stehst immerhin meinem Herzen auch nah. Doch mit peinlichem Unterstrom.

XIII.

In meinem Absteighaus wohnt ein Pastor, das Gesicht breitgescheuert; mit der Frau, die eine Art Käppchen, Haube, als Zeichen der Sanftmut trägt; und mit zwei artigen, nach rückwärts gekämmten Mädeln — dieser Pastor tritt im Gastzimmer zuerst hinter seinen Stuhl und betet einen gesäääagneten Spruch. Er sieht aus wie ein hart erbarmungsloser Knecht; sie wie ein Versehen. Dann futtern sie den Pensionsfraß gesäääagnet ...

Aber nein. Später wirken sie ganz annehmbar; nur mit einem Feinheitsdefekt.

Diese Wallung in mir ist wohl die Wut: weil ich so oft in der Zwischenzeit auf den Holzstoß geschleppt, geblendet, geglüht, gevierteilt worden bin — seit mich das Geschick aus dem von Engeln bewachten Sonnenschloß hinaustrug in das Norderland. Dort hieß ich noch David.

... Zuletzt wirken die Pastorsleute nicht mehr widerstrebend, nur anders.

Ich bin ja nach den Martern der Jahrtausende heut auch heiter geworden. Und schlage die Harfe; wie keiner sie schlug seitdem. Weiß hebräisch nicht zehn Worte. Dennoch klingt in mir der Klang: der gedrängten Symmetrie; der Väterschaft; Gottes.

Ich bin heiter geworden. Ich wuchte, heiter, die Welt vorwärts.

XIV.

Die Stadt ist stumm, heilig, dunkel.

In dem Absteighaus erzählt am Nachbartisch ein Kerl, brüllenden Gelächters, von einer Kneipe, vorgeblich in Chemnitz, wo Messer und Gabeln angekettet sind, Suppe

mit der Spritze eingeschenkt und, falls einer nicht bezahlt —
huipft! — wieder zurück in die Spritze gezogen wird. Der
Tisch lacht zum Wackeln.

Die Stadt ist dunkel, heilig, stumm.

XV.

Auf der Fahrt von Jaffa setzt sich der Bahnvorsteher, französisch sprechender Türke, zu mir — erzählt lachend von den
schandbaren Gewohnheiten der Gäste. Die Christen prügeln
einander blutig, um jeden Platz an geweihtem Ort. Sie wirken, sagt er, mit schmierigsten Mitteln, gehässig.

(Im deutschen Reisebuch steht: »So ist die Verachtung, mit
welcher der gläubige Jude und der Mohammedaner auf den
Christen herabschaut, eine nur zu wohlverdiente.«)

Der chef du train, ein riesenstarker Mann, erwähnt le feu
sacré, das in der Grabeskirche vom Himmel fallen soll; noch
nicht der albernste Schwindel. Wenn sich ein Jude hinwagt,
töten sie ihn, zerreißen ihn. »Das heißt«, sagt er, »einen an-
sässigen Juden, man erkennt ihn an seinen tire-bouchons,
den Pfropfenzieherlocken, den Peies.« Er spricht vom Fanatismus der Mohammedaner auf dem Tempelplatz.

Ich strecke mich; rede von der Pyramidenkletterei. Nachher immer nur vier Stunden Schlaf.

Er meint: »Aber das haben Sie für Ihr Leben; das hat man
bloß einmal im Leben!«

Er setzt hinzu: »Ich war in meiner Jugend in Frankreich.«
(Aha, denk’ ich.) Er fügt bei: »Ich werde das auch nicht vergessen.«

XVI.

. . . .

Herrlicher Wein wächst in diesem Land.

Ich trinke roten Betlehemer am ersten Abend. Was für ein
voll zehrendes Südfeuer. (O Sonnenwein, o Sonnenwein, du
leuchtest mir ins Herz hinein.)

Ich denke heut vom Rheinwein, daß man ihn bloß bei großer Hitze trinken kann.

Wie ungerecht. Er schmeckt am Rhein hold und lieb.

…Bin zuletzt im Gastzimmer der einzige Jude (eine Gazellen-Araberin, europäisch gekleidet, hat sich entfernt) und denke mir, wenn ich die Tischgäste drüben ansehe:

Habt ihr … eine Ahnung von dem Innigkeitsasiaten Jesus!

Habt ihr … eine Ahnung von dem Begriff Jerusalem!

Macht lauter spitze Kirchen hin; entwest einen großen Ort; haut euch — Habt ihr … eine Ahnung!

XVII.

Dann: Gegen Hiob ist jener Griechen-Prometheus ein Kaffer.

Hiob war der Seelen-Prometheus — nicht bloß der Lausbuben-Prometheus.

Habt ihr … eine Ahnung.

XVIII.

Jerusalem nachts, unter klarem Sternhimmel. Frische Höhenluft, felsige Stadt. (Bergstadt zwischen zwei Meeren!)

Wundersam feierlich dies Dunkel — — — der galiläische Schmeichler steht vor mir, stärker als ich will. In der Sternennacht. Nicht der edelste von den Juden: bloß der bekannteste. Eine Aufregungsgestalt wegen seines Todes. Heut noch ein Zankapfel … für Sorglose. Mildester Revolutionär. Die Nacht gebiert ihn wieder. In dieser Stille ist er gewandelt.

(Eben läutet es kirchlich, uäh — alles ist vorbei.)

XIX.

Ich möchte heut nicht zu Hause sein unter diesen Menschen Asiens — doch bin ich zu Haus unter diesem Himmel.

Ich fühle mich bei meinen großen Vätern voll Hingebung, den Weltahnen. Erschüttert, beglückt in ihrer Nähe.

Ein schönes Klima hat meine vergangene Heimat.

Lind; aber Bergluft.

Nachts (wie eine Legendenerscheinung, doch ist es Wirklichkeit) gehn die Leute mit einem Licht, mit Laternen in der Hand. Alles liegt in Höhenfinsternis.

Bergluft; Sterne; Dunkel; Fels; Tal und Anhöhe.

Seltsamer, unsterblicher, schweigend großer Glanz.

Eine Jüdin wankt im Dunkel durch die Stadt, weint, sucht einen »Söllner« (Soldaten) zur Hilfe; sie ist irrsinnig.

... Still immer die Stadt, dunkle Sternenstadt, mit Zinnen und Tiefen, man erwartet das Wunder. Es hat hier sein können. Die Verzückung liegt nah und die Hoffnung auf das Unerhörte.

Ein schönes Klima hat meine vergangene Heimat.

XX.

Später. Die Hunde heulen, bellen, machen Streifzüge. Alles scheint sich in den Häusern zu halten, man geht fast scheu und rasch, rasch durch die Straßen.

XXI.

— — — — — — — — — — — — — — — — —

Vor dem Einschlafen denk' ich, nach Europa fliegend:

Der Beitrag an neuer Kraft, den Ihr, Juden, mit Eurer Stärke liefert, wird verwischt; vertuscht; unter andren Firmen verbucht; weggehaßt; weggelogen.

Man nennt Euch, um Euch zu schmähen. Man nennt Euch, um ein dunkles Gegenstück zu haben für die sonnig-wonnig-verwaschene Mehrheit, Mehrheit, Mehrheit — das ist es. Beim Anzengruber sagt eine Gestalt etwa: »Gestern ham's mich im Gasthaus verprügelt.« Einer fragt: »Warum?« Antwort: »Weil's mehr woar'n!« Dies wundervolle Wort ist auf die Juden»frage« die ganze Antwort. Weil's mehr sind.

XXII.

Das Bild des Ariers wird hergestellt (von seinen kotzigsten Schriftstellern) bloß aus den Zügen der Allerbesten. Sie tun, als ob sämtliche so wären. Aber das Bild des Juden wird hergestellt aus den Zügen der Allerschlechtesten.

Feigheit der Mehrzahl. Der Arier ist in diesem Bild grundehrlich, tapfer, aufrecht. (Nachtrag: nicht etwa so tapfer wie Wilhelm von Amerongen, so ehrlich wie Ludendorff — sondern schlechtweg tapfer und ehrlich). Der Jude hingegen ist in diesem Bild, nach dem Muster der Schlechtesten, gaunerisch, erbärmlich. Dieser Kühne, Rückgratstarke gilt als feig! Erbärmlich seid Ihr, feige, lügnerische Mehrheitsbande, Mißbraucher zahlenmäßigen Vorteils. Ich spreche von den kotzigsten der Schriftsteller. Bereitschaft zum Tod im Gemetzel? Die Neger sind körperlich tapferer als die tapfersten »Arier«.

XXIII.

Wenn die Wirtsvölker sich ihrer Tugenden knallig rühmen, gilt Gleiches bei Juden als »taktlose Frechheit«. Ich will diese Frechheit begehn. Ich will diese Gerechtigkeit begehn.

Juden! seid Ihr logisch, nennt man Euch gemütlos; habt Ihr jedoch Gemüt, nennt man Euch weichlich. Seid Ihr befangengemacht, nennt man Euch ungewandt; seid Ihr jedoch gewandt, nennt man Euch oberflächlich. Habt Ihr Charakterstärke, nennt man sie Eigensinn. Seid Ihr weltbessernd, nennt man Euch zersetzend ... Dieser ganze Schwindel deshalb, weil Ihr eine Kleinzahl seid. (Und weil Ihr jemand seid.)

XXIV.

Was aus Euch singt, ist: Daseinsdrang der Verscharrten und Wiederhochkommenden.

Köstlich großes Lebenswunder, verleiblicht in diesem Stammbaumvolk: die Macht zu dauern. Tiefe zähe Urgewalt. Eigenbrötler der Menschheitsgeschichte. Die Härtesten wie die Lindesten; mit Shylocks und Heilanden. Juden!

XXV.

... Ein schönes Klima. Lange her, daß ich von hier weg bin. Aber heilig lebt Erinnerung bis zum letzten Atemzug.

So wie einstens, wenn ich nach wieder drei Jahrtausenden im Leib eines großen himalaiischen Harfenspielers wiederkehre (Schleudern gibt es da nicht mehr, bloß noch Harfen), — so wie dann das Erinnern an dies gewesene Deutschland, meine andre verschollene, mir ins Blut gewachsene Heimat, fortleben wird in der neuen Hülle, bis zum letzten Atemzug.

So wahr mir ein Herz in der Brust schlägt.

(Ich würde, morgen nach Amerika verpflanzt, mein Deutschtum nicht vor die Köter schmettern — was der aufrecht-herzenstreue Blondäng tut.)

So dacht' ich — und schlief ein, zu Jerusalem.

XXVI.

. . . .

Nach dem Ölberg eines Morgens geritten.

Eine Himmelfahrtskapelle gehört hier den Moslim. Ich sehe weit über das Land — auf die weiße Stadt Jeruschalajim.

Dann geh' ich zu einer russischen Kirchensiedlung. Hätte gern von hier einen Blick hinab. Ein übellaunig-tückischer Pope will mich tiefer nicht hineinlassen. Ich bleib' ihm auf den Fersen; Sprachunkenntnis vorgeschützt; geh' nicht vom Fleck. Wütend über die Entschlossenheit eilt er vor mir her in den Bienengarten, der infame Popen-Kerl, damit man gestochen wird. Ich werde von einer Biene gestochen. Immerhin seh' ich das Tote Meer (und den Bienengarten des Schufts).

Absonderlich der Blick auf dies Blau des Toten Meers in der Tiefe. Jerusalem schwebt über diesem Meer so hoch wie der Brocken.

Ich sehe vom Ölberg den Tempelplatz.

XXVII.

Im Garten Gethsemane (es soll die alte Stätte wirklich sein) wachsen Ölbäume, uralt, riesendick, zerberstend. Außerhalb des Gartens weiden Ziegen. War es dort, wo Judas Jesum küßte? Hat er ihn geküßt? Hat er gelebt? Ziegen fressen sich dort voll.

… Vorher war ich durch die Via dolorosa gegangen. Tafeln; Inschriften; an einer Stelle: »Jesum apprehendit et flagellavit«. Die Wilden haben hier überall Jahrmarktsdenkmäler in Buntheit hergekaffert. (Die Innigkeit lebt im hohen, adlig-letzten Ernste der Juden an der Klagemauer. Doch wird auch da gebettelt. O Menschen, Menschen.)

XXVIII.

Die steinige Hochstadt Jerusalem hat nicht Straßen: sondern Gebigssteinwege von Mauern umsäumt.

In Sacklumpen gehn viele daher, nur gegen die Sonne geschützt.

XXIX.

In Gethsemane war es ein Franziskaner, der mich herumführte. Himmlischer Morgen — im friedvollen Gärtle.

Es war ein Italiener. Ich fragte (nachdem ich einmal am Kodak heimlich geknipst): »Ist es verboten, den Garten Gethsemane zu photographieren?« Er hatte das Knipsen nicht bemerkt und sprach: »Ja. Eigentlich ist es verboten. Die Oberen wollen es nicht. Aber wenn man schon eine so weite Reise gemacht hat, um diesen Ort zu sehn — warum soll man ihn nicht photographieren dürfen? nicht wahr?« Er sah etwas habgierig aus und fügte zu: »Ich ... will es Ihnen erlauben!«

Es war ein Italiener. Das Ferkel.

XXX.

Ich photographierte den Garten Gethsemane.

XXXI.

Nach einer Weile (zu dem Franziskaner): »Da oben — ist das die fromme russische Siedelung?« Er sagt rasch: »Ja, aber es gibt nichts, nichts, nichts bei ihnen zu sehn. O gehn Sie nicht erst hin!«

Er war ein Christ.

XXXII.

. . . .

Ich habe die Klagemauer mit meiner Hand berührt. Mit meiner Stirn berührt.

Quadern, hohe, zeitzerfressen-gewaltige sind es.

Wie Bäuerinnen sehn die hebräischen Frauen davor aus. Absonderlicher Klang erschüttert das Herz: ein Frauenweinen; tiefes Schluchzen. Sie kamen von weit. Erzalte Männer, gütig-bärtiger Schlag, Augenbrauen wie eine weiße Bürste. Manche Greise haben das Haupt umhüllt mit Tüchern. Mäntel von rotem Samt. Manche stehn in violettsamtenem Sabbatmantel. Knaben mit rundem schwarzem Judenhut.

Mauer der wehesten, über diesen Stern Erde schwellenden Sehnsucht. Ich habe sie mit meiner Stirn berührt.

XXXIII.

Sie beten dort:

»Wegen des Palastes, der wüste liegt — sitzen wir einsam und weinen«. Dann: »Wegen der Mauern, die zerrissen sind — sitzen wir einsam und weinen.« Dann: »Wegen der Priester, die gestrauchelt haben — sitzen wir einsam und weinen.«

Zuletzt aber: »Möge Friede und Wonne einkehren in Zion — und der Zweig Jesse aufsprossen zu Jerusalem.«

Aus meinem Herzen klingt es tausend-tausendmal: »Möge Friede und Wonne einkehren in Zion.«

XXXIV.

Schnorrer sind auch dabei; o Lumpenzeug; der Schlag soll Euch treffen am schönsten Jonteff; Menschen, Menschen! Ich gebe mein Geld weg. Greise prügeln sich, weil der eine was bekommen hat, der andre nicht. Ein Schutzmann trennt sie.

Aber das Frauenweinen, tiefes, fassungsloses Schluchzen bricht hindurch.

Manche sammeln Geld in der Mitte. Einer führt den andren zum Sammeln. »Sennor!« rufen sie, wenn sie betteln; Sephardimjuden. Die Aschkenasim haben runde Pelzmützen, Samt in der Mitte. Das sind die Reste eines Volks.

XXXV.

Nein: das sind die weicheren Außenseiter eines die Menschheit vorwärtswuchtenden Stammes.

XXXVI.

Hört auf zu klagen — Ihr dürft es heut.

Simson und Barkochba, Ihr werdet wiederum erschlagen von Philistern und Machtviechern — doch Ihr steht auf!

Heilig-wilde Lebenskraft. Ihr wirkt heute nicht für ein Volk: sondern für alle.

Auferstehung aller Menschheit.

Wegen der Priester, die davongejagt sind — sitzen wir hoffend, nicht mehr einsam, und jauchzen.

XXXVII.

Jauchzen!

XXXVIII.

— — — — — — — — — — — — — — — — — —

Sprache des Felsenlands am Südmeer — durch die Welt bist du gegangen; gipfelnd in mir.

Musik der scharfen, unverwaschenen, der baumeisterlichen Symmetriesprache; gipfelnd in mir.

XXXIX.

Ich höre Christus mauscheln. (Ihr hört es nicht.) Weil meine Schriften, die singend-gedrungensten in deutscher Sprache seit ihrem Bestand — weil meine Schriften selber mauscheln in, sozusagen, steingeschnittenem Tonfall.

Blumenhaft und felsfest.

Schlankgewogen und falkenjäh. Ihr hört die Hälfte. Wißt Ihr was vom Tonfall des Alten Testaments — den ich verpreußt habe?

Christus hat den Satz: »Wenn Dich Dein Auge ärgert, reiß es aus« sicherlich so gesagt: »Wenn Dich Dein Auge ärgert« — Pause; eingeschobenes unhörbares »Nun?«, nochmals unhörbar: »Nun?«; Schluß der Pause; fortfahren mit verändertem, plötzlich erleuchtetem, doch nur leise triumphierenden Tonfall: »Reiß es aus!« (als ob jemand sagte: das ist doch sehr einfach).

Oscar Wilde, darin ein Esel, läßt Christum griechisch parlieren. Wird ihm was. Gemauschelt hat er! Das ist: blitzhaftunterscheidlich gesprochen.

Hört Ihr es jetzt?

»Wenn Dich Dein Auge ärgert — — — reiß es aus!!«

XL.

Selig bleiben die Abende dieser Bergstadt. Verzaubert sind die Sternennächte Jeruschalajims.

XLI.

— — — — — — — — — — — — — — — — —

Es gibt hier Deutsche, die nach Emmaus fahren (oder reiten — aber zurück reiten sie nicht mehr) und sich sternhagelvollsaufen. Ich kann da nicht rechten; der Wein ist gut.

Ich kaufte heut ein Bethlehemsgewand für meine ferne deutsche Geliebte.

O Land voll himmlischen Weins. Damit ist so vieles gesagt.

Es gibt, nochmals, Deutsche, die nach Emmaus gehn und sich dort besaufen. Meine Verzeihung haben sie.

XLII.

— — — — — — — — — — — — — — — —

Abends (nach sechs) auf Zion spazieren gegangen.

Bathseba!

(Es lag mir im Blut, wenn später der Bengel Salomo, den die blonde Hethiterschickse mir gebar, sich tausend Weiber angeschafft hat.)

Bathseba!

Ich wandere von Zion weiter. Sind keine Straßen in Jerusalem; sind Felswege zwischen Mauern.

XLIII.

Bei der Anzündung des »heiligen Feuers« in der Grabeskirche. Kawassen mit Peitschen. Gendarmerie mit Peitschen. Fremde Bauerngesichter. Die Wilden. Ein Flammenmeer.

Unerhörtes Schauspiel. Der Pfaffe schließt sich ein, wenn er das Feuer vom Himmel holt. Kafferndicker Schwindel. Die ganze Nacht haben sie mit Sack und Pack in der Kirche gelagert, von Vögten bewacht, damit sie einander nicht zerfleischen, wo der Erlöser schläft. (Und er schläft nicht einmal hier.)

Wenn der priesterliche Gauner die Flamme vom Himmel geholt hat in seinem Klosett: dann rasen Läufer, so ihre Fackeln daran entzündet, hundeflink durch den Raum. Geheul. Die christlichen Wilden betupfen sich mit den Flammen der Fackel. Weiber, vor dem Kalben, berühren den Bauch damit.

Ja, wie ich nach Jericho zog, füllten sie die Straßen. Zu Jerusalem schliefen sie nachts in der Kirche, warfen dem Pfaffen lebenslänglich Gespartes in die Kralle: dafür eingetragen zu sein in ein Buch, empfohlen der Huld besonderer Kräfte. Das Heilige Land stank nach ihnen. Den Wilden.

XLIV.

Um dies Heilige Grab (wo er nicht liegt) haben Kreuzfahrer, das ist: fromme Bemänteler der schäbigsten Raubgier, ganze Blutflüsse rinnen lassen. Schlächtereien getätigt — jahrhundertelang. (Die Juden erläuterten mittlerweil und begründeten das Sittengesetz; förderten mit edel-spitzester Gymnastik den Geist; trieben Verkehr mit Gütern immerhin — statt plumpster Menschenschlachtung. Abseitiges Adelsvolk.)

Teile der mit Blut vermolochten Schwindelkirche gehören den Papstgläubigen, Teile den Griechischkatholischen, Teile den Armeniern. Teile den Kopten. Die Lampen, die Galerien — alles genau als Eigentum verteilt. Manches durch Raub erlangt; manches durch Abkauf. (Durch Abkauf!)

XLV.

. . . .

Der Tempelplatz, arabisch Harem esch Scherîf, ist nicht nur an Jerusalem das Größte.

Sondern vermutlich der heiterste, lichtherrlichste, mit Kuppeln zauberisch-feierlichste Platz dieses Erdballs.

Nicht so sehr erhaben. Sondern großmütig und lieblich und sonnenvoll ... und doch erhaben.

Einen Altar hat hier jemand, namens David, einstens errichtet ...; einen Tempel und Palast Herr Salomo — (welcher Schelómoh hieß).

Es ist noch der alte Platz. Des Allerheiligsten. Auch des Holdest-Hellen.

Strahl der Frühlandes!

Gänge führten einst aus dem Tempelraum zum Schloß. Christus ist hier gewandelt. Es reckt sich der Felsendom unsterblich-ernst in blaue Südluft — mit jenem Fels mitten drin, worauf der »schem« nicht lesbar geschrieben steht: Gottes unaussprechlicher Name.

(Die Juden glauben es schwerlich; aber die guten Moslim.)

Der Stein selbst aber ist noch aus den Tagen des Harfenspieler-Königs; der Opferstein. Das Morgenland hält solche Urstätten zähe fest. Es ist offenbar wirklich der Stein Davids.

Innen arabische Traumfenster, dem Blick ein Eden.

XLVI.

Teile von Schelómohs Burg. Säulen. Wölbungen. Hier lagen seine Ställe. Andenken an Leuchter.

O Tempelstatt. O himmlische Omarmoschee. Daneben die kleinere El Aksa.

Doch der Platz ist das Schönste. Mit unterirdischen Brunnen. Mit Brunnen und Becken im Licht. Mit grünen und schwarzen Bäumen dazwischen auf weißem Grund. Über allem Sonne. Blau. Goldluft. Morgenreiche Schönheit.

XLVII.

Platz des Allerheiligsten. Platz des Allerholdesten. Platz der Menschenrast.

XLVIII.

Bin heute zu den Königsgräbern geritten. Die Frau des moslimischen Wächters kriecht mit mir unten hinein. Eine Frau? Ist recht. Hier schläft ja auch eine Frau; eine Königin, eine syrische. War zum Judentum übergetreten mit dem Sohn. Hatte zu Jerusalem eine Zeitlang ihr Palais. Helena von Adiabene hieß sie — und war, diese Helena, gewiß inniger und inhaltsvoller als die Kuh, welche der Paris entführt hat.

XLIX.

Ein Blinder in Lumpen ging durch die Gassen zuvor und tastete mit dem Stecken seinen Weg.

— — — — — — — — — — — — — — — — —

L.

Drunten liegt das Tal Josaphat. Besät, die bescheidenen Höhen und Tiefen, mit Judengräbern. Gegenüber mohammedanische Gräber.

Drunten liegt das Tal Josaphat ... Stätte des Weltgerichts. Die Posaune wird schallen. Jesus wird hier sitzen, auf der andern Seite Mohammed — für die Toten, je nach der Konfession; denn a Ordnung muß sein.

Die Toten stehn auf; müssen über ein Seil gehn. Die Frommen von Engeln beschirmt, die Sünder purzeln in den Weltenabtritt. (Ich würde balancieren; wird schon gehn.)

LI.

Moslimgräber; Judengräber; den Hügel hinab.

Jenseits der Glaubens-Enge haben sie was Über-Einigendes gefunden. Katholiken und Protestanten würden das nie.

LII.

Ja, Israels Kinder schlafen hier. Mancher hat sich für das wandersatte Herz einen Friedensort erwählt:

Jeruschalajim, Jeruschalajim.

LIII.

Fuhr heute nach Bethlehem. Mit einem freundlichen baltischen Pastor, Herrn Hansen, aus der Nähe von Riga.

Die Mädchen und Frauen in Bethlehem sind schön. Sehr marielich.

Entzückender Gottesdienst päpstlicher Lateiner mit italienischer Opernmusik. Unvergeßbar: ein halbes Hundert kleiner Himmelsbräute. Mädelchen von elf und zwölf Jahren, wie Hochzeiterinnen mit Schleier und festlichem Gewand. Schwarzäugige, süße, stille Bälger. Fromm in der Haltung italienischer Kindernönnchen; ohne Tücke; ohne Schulmädelspott; junge Katholikinnen: so stehn sie weiß-schleirig in der betagten Kirche.

Sonst zu Bethlehem wieder der gleiche Betrug. Die Geburtskapelle mit Lampen im Keller. Es heißt amtlich:

»Die Römischkatholischen *konnten sich durch Intervention* Napoleons III. ...« Dann: »Die Griechischkatholischen *verstanden* es bei Anlaß einer Restauration, sich in *den Besitz* der Kirche zu setzen.«

Die Sakristei römisch-katholisch; das Taufbecken griechisch-katholisch; der Altar armenisch-katholisch. Von den Lampen der (falschen) Geburtsgrotte gehören vier den römischen Katholiken, sechs den griechischen, fünf den Armeniern. Christen.

... Aber die Himmelsbräute waren unauslöschbar, da sie, einen Meter hoch, in langen Schleiergewändern sangen.

LIV.

Der Bethlehemwein ist zehrender, bezaubernder, sonnenvoller als Jerusalems Trauben.

LV.

»Rahel war hübsch und schön«, sagt das Alte Testament. Rahel ist Schönheit.

Ich sah nicht weit von dem Orte Bethlehem das Grab der Rahel. Zweifelhaft, ob sie eben auf diesem Fleck bestattet wurde; wahrscheinlich nicht. Aber das Land ist ... Rahelsland. Ihre Stätte liegt am Straßenweg, rechts. Wird von Juden, Arabern, Christen gleich geliebt. Man erfährt, daß die Beduinen ihre Toten dorthin bringen — zu Rahels Grab.

Die Moslim haben eine kleine Kuppel erbaut. Auf der andren Seite des Wegs ist ein Brunnen. Die Kamele ziehen zwischendurch, zwischen Brunnen und Grab. Am Grab ein paar Bäume ... Urbäume.

Hier schied Rahel von der Erde; bei der Geburt des Kindes Benjamin. Hier nahm die Schönheit Abschied. Hier wurde sie eingescharrt.

Und von hier, im Tod, übt sie die holdeste Weltherrschaft, nun seit drei Jahrtausenden.

LVI.

. . . .

Heut in der Frühe nach Jericho. Mit dem livländischen Pastor Hansen. (Ein guter Kamerad — aber: ich war nicht allein.)

Über das Hochland von Judaea. Unerhörtes! Auf dem judäischen Hochland bohren sich Trichter, entsetzlich verlassene Steintrichter in die Tiefe. Schauerlich. Ein Bluthügel mit rotem Gestein zuvor. Einsame Starrheit. Wildes Schweigen. Hünenhafte Stein-Öde. Verstummte Schluchtwüste.

Haben wirklich den Elias hier die Raben gefüttert?

Mitten in der Trichterwand eine Höhle des Grauens. In der Höhle liegt ein Kloster. Sie nennen das, die Wilden, Strafkloster. (Ein Begriff: wenn ein Priesterling was ausgefressen hat, muß er seine Frömmigkeit zwangsweise in diese heilige Gegend pflanzen.)

Der furchtbare, das Blut verscheuchende Trichter heißt Wâdi el-Kelt.

Alles menschenleer. Das Land der Juden ist hier finster und übergewaltig. Hat Reb Jochanaan, der Täufer, von wildem Honig in dieser Stein-Wüstenei und von Heuschrecken in der brennenden Fels-Ödnis gelebt? Bevor er zum Palaste des Herodes ging — dessen Schloß hier weiter abwärts gestanden hat nach dem Paradies der Ebene hin?

(Damals war es ein Paradies; mit Balsamgärten und Palmen. Christus brach von hier auf, das letzte Mal vielleicht erquickt, zu dem letzten, dem endgiltigen, dem tödlichen Gastspiel in Jerusalem.)

LVII.

Heut wächst hier unten in des Jordans Ebene nur der Balsambaum von Gilead. Es wächst in diesem Ebenental, das einvierteltausend Meter unter dem Mittelmeer glüht (und Jerusalem, wißt Ihr noch, schwebt in Brockens Höhe darüber) — es wächst hier furchtbares Dorngesträuch; schauerlich: ganze Dornbäume.

Daneben freilich duftet süßer, schwerer als hunderttausend Veilchenwiesen ein fremder, behexter, trunkenmachender Akanthus; umwerfend. Von tollem Ruch, von afrikanischer Holdheit. Ein Quell rinnt. Seltsame Vögel jüdeln im Abendgesträuch.

Tagsüber Dörrbrand. Der Wein in den Flaschen staut sich, scheint zu verdicken.

Störche. Schakale. Sykomoren. Bananen.

LVIII.

— — — — — — — — — — — — — — — — — —

Ich schwamm im Toten Meer.

Bin vormals in der Griechensee geschwommen. Manchen schönsten Julitag im Nordersalz flüsternder Friesen. Im Atlantischen Wasser ... Doch dieses Meer gibt es nur einmal.

Wer nicht schwimmen könnte, muß doch hier schwimmen. Nichts und niemand vermag leicht unterzutauchen. Öldicke Flut. Wenn man herauskommt, sitzt sie noch am Körper. Die befühlende Hand stockt und haftet. Niemand und nichts kann plätschernd-rasch unter die Fläche des Rätsels dringen. Dieses Meer gibt es nur einmal.

Salzmeer nannten es meine Väter. Zusammengedrängtes Salz. Tief unter dem Mittelmeer sinnt es. In sich gerichtetes Meer. Es braucht keinen Fisch.

Das gibt es nur einmal.

LIX.

Der Jordan ist wie die Spree bei Treptow. Bloß gelber, trüber, schmaler. Eindruckslos. Dazu durch das fromme Ge-
bade der Moskowiter verdreckt.

LX.

. . . .

Als über Jericho die Nacht gesunken ist, sitz' ich mit meinem guten Reisekameraden für heut, dem baltischen Pastor,
unter der Sykomore. Sie ist hochmächtig; alt. Wir strecken
uns. Er spricht von seinem Wochentag in Livland. Erzählt
langsam; geht gemächlich ins Einzelne. Er möchte nicht ins
Deutsche Räich übersiedeln: weil man im Baltenland ein so
bräites Leben führen kann. Anheimelnd-behaglicher Gesell.
Der deutsche Käiser Wilhelm der Zwäite, ist ihm zu äitel.
Der Pastor beschräibt seiner Mutter diese Räise brieflich.

Ein guter Kumpan.

Die Sterne sind über dem Sykomorenbaum. Um Jericho
wachen die Judäerberge. Von ihnen kommt jetzt knochen-
kühlender Tau.

Ein Schakal heult. Wir sprechen und schweigen. Wir sprechen von Deutschland.

Ein lang im Erinnern haftender Abend.

LXI.

Nebenan (ist es die Wohnstatt eines Schmieds? eines Och-
sentreibers?) eine seltsame Beleuchtung wie in einer Krippe.
Hell und Dunkel auf unvollständig sichtbaren Gestalten.

Eine ganze »Heilige Familie«. Man sieht sie bloß reden.
Einer hält im Halb-Lichtschein einen Hammel an den Beinen. Gebell ferner Hunde.

Vom Garten strömt es durch die Luft: Akanthus vom Nil;
das duftet nicht mehr wie eine gelbe Blüte; sondern wie eine
hold besprengte Frau in Frankreich; listigste, betäubendste
Mischung.

Verschwendung an Oleandergebüsch. Sternblinken.

Kinderstimmig heulen fern die Schakale.

Bis in die Nacht sitzen wir; gehn dann halb abwesend zu Bett.

LXII.

. . . .

In der Frühe leuchten rötlich die Berge Judaeas. Der Karantelberg, wo der Versucher dem Reb Joschua genaht sein soll, trägt oben eine Mauer; ein griechisches Kloster drangeklebt. Einsamkeit. Morgenlicht.

Frisches Gold.

LXIII.

In Jerusalem wieder und wieder auf den Tempelplatz mit dem Kawassen. Herrlichstes und Höchstes. (Nein, das Höchste dieses Landes ist ja nicht sein sichtbar Herrliches.)

Oftmals durch die Stadt gegangen. Wanderungen in der Nähe. Wieder durch das Josaphattal. Zu Absaloms Grab. Ölberg. Prophetengräber; dort herumgekrochen. Zurück um die ganze Stadtmauer, am Hinnom-Tal vorbei, bis zum Jaffa-Tor. Täglich lange Wanderungen.

LXIV.

— — — — — — — — — — — — — — — — — — —

Zu Pferde, früh um sechs, nach en-Nebi Samwil, allein mit einem arabischen Pferdeknecht. Das Grab Samuels.

Gilt Juden, Christen, Moslim heilig.

Auf Höhenrücken sind einsam Dromedare. Der Weg steigt. Dies ist die hohe Warte Mizpa. Ich sehe von dort ins Land. Jeruschalajim; die blauen Berge hinter dem Jordan. Ich sehe bis zum Mittelmeer.

Unten schläft der Königsmacher. Der Königskritiker ... »Samuel sprach zu Saul: Du hast des Herrn Wort verworfen, und der Herr hat Dich auch verworfen, daß Du nicht König seiest über Israel.« Abgesetzt.

Einmal muß er selber dran glauben: »Und Samuel starb ...« Da heißt es: »Und das ganze Israel versammelte sich, und trugen Leids um ihn ...«

LXV.

Arabische Kinder hielten den Steigbügel, als ich wieder aufsaß. Herrlich über Geröll geritten. Die Quelle Ain Karim; Oliven, Zypressen, Wein.

Holdes, ernstes, anmutstiefes, rührend großes Land.

Nach heißem Ritt wieder in Jerusalem. Zum wievielten Mal auf den Klageplatz! In die Aschkenasimsynagoge von einem Sephardimknaben geführt. Er spricht französisch — kann sich zu einem Aschkenasimjüngling, als ich ihn bitte, nicht hebräisch ausdrücken.

Alle Juden wirken hier still und geweiht. Nicht so orientalisch wie die Orientchristen. Sie machen einen innerlichen, ernsten Eindruck.

Sie wollen, wie ich höre, den Boden beackern — weil es dieser, dieser, dieser Boden ihrer Sehnsucht ist, und fleißig sein.

LXVI.

Sie haben etwas an die Seele Packendes in ihrer letzten Heiligung. Ich möchte sie segnen, wenn ich das könnte. Doch ich habe nichts, nichts, nichts mit ihnen gemein.

Ich liebe die starken Juden — nicht die frommen.

LXVII.

Nicht Landleute — sondern Vorwärtswuchter.

LXVIII.

Nachts Fieber — vielleicht weil das Wasser auf dem heißen Ritt nicht ordentlich abgekocht war. Vielleicht zu viel Palästinawein getrunken.

Der Gedanke an Typhus und Tod, hier, ist schrecklich. Ich will (in allen meinen Nachtphantasien, während ich kotze wie ein Waldesel) — ich will nicht hier sterben.

Feststellen, was ist!

Ich möchte (so war mir in dieser Nacht zu Mut) lieber in Deutschland bestattet sein, lieber in Frankreichs Luft schlafen bei Paris als, wenn ich ehrlich sein will, im Tale Josaphat.

LXIX.

Als ich zum ersten Mal einstens aus Frankreich heimkam, ging ich, am Abend war es, ans Klavier; spielte Schumann (aus Zwickau); spielte Beethoven; Akkorde, Pausen, Schweigungen, Stillen, Fragen, Rufe dieses L. van Beethoven — und wußte, daß ich ein Deutscher bin.

Ich hab' auch in Jeruschalajim gewußt: daß ich ein Deutscher bin. Und daß wunderbar das Schicksal mit mir spielt, weil es, nach drei Jahrtausenden, vom Davidsschloß mich hinübertrug in ein Klängereich, ein mittelsommerliches; aus der tiefsten Urglut unsres Sterns zu einem nördlichen Edelvolk mit versponnener Musik; in das unsterblich dahinklingende, jetzo von mir geliebte Deutschland.

LXX.

(Trotzdem soll jeder feige Vertusch-, Verkriech-, Versteck-jude die Gicht kriegen, Knollen im Popo, und zerspringen.)

LXXI.

... Noch einmal sah ich, voll innerster Zuneigung, über den vom Schicksal geweihten fernen Erdfleck, auf den ich in der Mitte des Lebens gekommen war: Josaphat.

Im Letzten erschüttert bleibt man hier.

Verborgener Friedglanz der Seligen.

Sie ruhten aus, gen Morgen ihr Blick. In ruhereichem Ernst lagen die Gräber verstummter, doch ragender Jisroel-söhne.

Scholem aleechum. Friede sei mit Euch.

Ich gedachte noch einmal ihrer hohen Art; ihrer von Bestien verleumdeten Menschlichkeit; ihrer adlig-wehrhaften Inbrunst. Verbrannt, erschlagen — ewig untötbar.

Und mein Herz kniete nieder.

LXXII.

— — — — — — — — — — — — — — — —

Von Jerusalem zurück nach Jaffa. Am nächsten Morgen Ankunft (mit dem russischen Schiff »Korniloff«) in Port Said.

In Port Said früh am Tage Kampf des christlichen Kaffeewirts mit einem Araber; Prügelei; alle schlagen auf den Araber los — nachher kommt der freche Wirt mit einem Beamten auf die Bahn, um von mir in zwei Zeilen ein Zeugnis gegen den Araber zu haben; ich sage voll Empörung, daß der christliche Wirt die ganze Schuld hat, dem Araber sei Unrecht geschehn; ein katholischer Franzose bei mir bestätigt es entrüstet, der Christ zieht mit eingezogenem Schweif ab … Das Zeugnis eines einzigen Europäers genügt hier, einen der Moslim zur Verurteilung zu bringen.

LXXIII.

Warmer Wüstenwind. Heiße Luft, aber bewegt. Es ist wie die Berührung mit einem holden Menschenleib.

Am nächsten Tag wieder in Kairo. Früh auf den Mokkatam geritten. Merkwürdiger Wüstenritt zum versteinerten Wald.

Kairo: eleganteste der von mir kennengelernten Städte. Kutschen, Duftgewänder, Perlen, Fächer. Wimmelnde Üppigkeit um den Esbekijegarten. Fremdentrubel. Kaffeehäuser. Lärm.

LXXIV.

— — — — — — — — — — — — — — — — — —

Abseits liegt, gen Morgen am Meer, fromm-versunken, ein Land. Mit Jeruschalajim, der Bergstadt zwischen Meeren. Heiligstes Land.

Fern verblaßt nun der Körperling und Bauer Simson.

Barkochba jedoch, als welcher um die Freiheit rang, lebt. Rahel, die holde Braut Jakobs lebt. Mirjam lebt, die stille Mutter des Heilandbochers. Wir alle leben.

LXXV.

O Land voll Zitronenduft.

Steinig und strahlend. Furchtbar und lieblich.

… Felsland und Sonnenland. Trotzland und Leuchtland. Wüstenland und Brunnenland. Kämpferland und Rahelsland. Judenland. Seelenland.

II. Reisebücher

Newyork und London
Stätten des Geschicks
★
Zwanzig Kapitel nach dem Weltkrieg

Prolog

I.

Ich war seit Friedensschluß wohl der erste deutsche Schriftsteller, der nach Newyork, nach London ging.

Ich hatte zuvor einmal Amerika, häufiger England besucht ... (und in dem Werke »Die Welt im Licht« gemalt).

Ich zeige jetzt, was ich im Lenz und Sommer des Jahres 1922 dort gesehn, gefühlt, gedacht.

II.

Newyork und London: Stätten des Geschicks — für Europas Fortbestand; nämlich für Deutschlands. Es ist dasselbe.

Der Zeitpunkt war denkwürdig ... Ich sah: England kann nicht mehr, wie es will. Der britische Löwe — den ein Schulkind als was Unerschütterbares gelernt hat — litt an Zahnschmerzen.

(Ich schrieb das nachher in dem englischen »Observer«: — »But now I have seen that lion in a state of perplexity. A lion with tooth-ache.«)

III.

Immerhin ... bloß Zahnschmerzen. Wir selbst haben die Schwindsucht.

Doch wie man im Leichnam des Malers Menzel Spuren der Tuberkulose vernarbt sah, nachdem er schaffensmächtig und patriarchenalt gelebt: so wird unser Gebrest eines Tags vernarbt und gewesen sein.

Schöpfertaten wunderbar liegen auf Deutschlands Marsch — lange noch.

Lange noch.

IV.

Ich sah jenseits des kleinen, jenseits des großen Wassers die Welt ... als Maler.

Ich ging als ein Sohn dieses Sterns in seinen glücklicheren Bezirken herum.

Auch als Relativist. Entschlossen, von den Wirrhandlungen menschlicher Blödiane die karge Frist des Hierseins nicht vergällt zu sehn.

V.

Der Aufenthalt war nicht lang. Was tut es? Eine Mutter hat gesagt: Wenn mein Sohn bis Offenbach reist, sieht er mehr als mancher im fremden Erdteil.

Ich gebe hier, was ich empfing. Beglückungen ... und Erschütterungen. Auch Nachdenklichkeiten.

Vor dem Kriege ließ ich Hymnisches über Newyork drucken — nicht erst jetzt. Mein Gefühl ist kein Irrtum.

(Ich glaube, daß justament, wer in Amerika bloß hineinschneit, den besseren Blick für die Unterschiede hat. Ich glaube, daß er den Giganten-Umriß zu packen geeigneter ist ... als wer, verstimmt von Dauer, zuviel Einzelpunkte kennt. Ich hatte nicht Zeit, mürrisch zu werden.)

VI.

Eine Feststellung nebenbei.

Die »New York Times« erklärten mich für schottischen Ursprungs. Dem ist nicht so — trotzdem ich Kerr heiße. Mein Vater trug den Namen: Kempner.

Wegen der Dichterin Friederike Kempner, welche die schlechtesten je auf diesem Planeten bekanntgewordenen Verse schrieb, beschloß ich die Zusammendrängung; in Kerr. Ich teilte der preußischen Regierung mit: der Name Kempner habe genug für die deutsche Literatur getan.

Herr v. Moltke, Minister des Innern, stimmte zu; mit Stempel und Siegel ... So daß ich nur das Recht habe, mich Kerr zu nennen.

Des andren Namens erinnern sich dann und wann meine, also: Gegner. Sie stören grausam das Grab der Dichterin — ohne Dank, daß ihr Tod sie an weiteren Arbeiten hindert. Ich sang zur Abwehr an die Verstorbene:

Auf dem Friedhof und Gebeinfeld
Weckt dich manchmal Y-a-Schrei'n.
Wenn dem Esel sonst nichts einfällt,
Fällt ihm Friederike ein.

Namentlich die rechtsstehenden Blätter befanden sich oft in dieser patriotischen Lage.

VII.

Soviel über den nichtschottischen Ursprung. Also: geboren in Deutschland, ohne Tropfen britischen Blutes, fuhr ich zu London und Newyork in der seltsamen Beschäftigung fort: das Morgen zu grüßen, das Heut zu genießen.

VIII.

Aus meinem Buche spricht, wie damals, eine Leidenschaft für die Neue Welt. Es wendet sich wider den schwachsinnigen Begriff, den Europa vom »Dollarjäger« hat. Gegen Sätze wie: »Zwar Zivilisation, aber nicht Kultur«. »Zwar Erfolg, aber keine Seele.« Uäh!

Solcher Hokuspokus wird, wie damals, von mir zerpeitscht. Ich glaube, daß Amerikas philanthropischer Zug — nicht er allein — »Kultur« ist. Auch Knappheit ist Kultur. Auch Phantasie ist Seele. Schöpferischer Neusinn ist beides ... Aber muß man das im Ernst sagen?

Ja, Künstlergeist ist Seele. Mein Buch singt: »Sieg der Gerätekraft; der taghellen Einbildung; der Ausgesonnenheiten; des erdachten Gefüges; des praktischen Traums« ... Von Amerika sagt meine Schrift: Wer solche Dinge schuf, »hat mehr Dringlichkeit des Vorstellens, ein schweifenderes Hirn, exaktere Magie — als derlei in verantwortungslos zerrinnenden Balladen für menschliche Kinderhirne steckt ... Die stärkere Dichtung ist hier.«

Ich zeige, worin der Amerikaner eine »Seele«; und worin der Europäer das Bewußtsein einer solchen hat.

IX.

In diesem Punkt bin ich durch keinen Gegensatz von überseeischen Freunden getrennt — ob sie schon Tadler ihrer Heimat sind.

Sie haben recht, erziehend zu wirken. Und ich habe recht, ihr Volk von Europa her zu sehn. (Alles ist Einstein.)

Jenes Buch von dreißig Amerikanern, das die Union kritisch zaust; und mein Buch, das sie bewundert: sind es Gegensätze? Nein; Ergänzungen.

X.

(Bei alledem weiß ich: Newyork bedeutet nicht Amerika. Doch eine Stichprobe ... von einziger Art.)

XI.

Ich liebe somit ein höchstkapitalistisches Land. Glaube jedoch keineswegs, daß der Kapitalismus die Form ist, in welcher die Menschheit künftig ihre Angelegenheiten ordnen wird.

Ich glaube vielmehr das Gegenteil.

Mein Entzücken ist eine Privatsache. Die Wonne jemandes, den strotzende Lebensmacht bezaubert. Der für tatverwegnes Gewühl den Pinsel selig aus dem Kasten reißt ... Nicht Ökonom, sondern Maler.

Zugleich erblickt hier der Maler eine für Europa hilfsfähige Macht.

... Ich weiß trotzdem: daß Amerika nur für den Augenblick helfen kann. Daß jedoch, für die wimmelnden Erdbewohner, dauernde Hilfe sich woanders vorbereitet.

Wo?

XII.

Nein. Auch Moskau ist vermutlich das letzte Tor nicht, wodurch die Welt zu schreiten hat — (Moskau ist nur eins der neuen und wichtigen Tore, durch derengleichen sie unwidersprechlich wandern wird, ... mögt Ihr das Tor Sinai nennen oder Christentum oder Marxismus oder ganz schlicht: Ordnungswille.)

Mit andrem Gleichnis: Moskau bedeutet ein, zum Experiment, gepfropftes Reis am sozialen Baum. Das Reis kann dorren, faulen, fallen — der Baum wächst.

Und es wäre nicht undenkbar, daß eine Menschheitsgruppe mit Amerikas Gärtnerkraft eines Tags diesen Baum (der ihm vorläufig kaum die office verdunkelt!) zu jener Höhe züchtet, woran die übrigen sich stets umsonst versucht.

Nicht heut und morgen . . .

Ja, wenn das scheinbar unsoziale, höchstkapitalistische Yankeevolk (zur Abwechslung einstens umgekehrt) anfängt, nichtkapitalistisch und höchstsozial zu sein: — dann wird es tun, was die andren bloß gewollt; dann wird es können, was die andren bloß geträumt; dann wird es satzen, was die andren bloß ersehnt.

Bis dahin ist gute Weile. Wir schreiben jetzt 1922.

XIII.

Soziale Welt . . . Es kommt nicht drauf an, ob einer das alles liebt oder haßt; billigt oder mißbilligt; lobt oder verwirft; gut oder schädlich findet. Sondern auf das Öffnen der Augen.

Jeder Streik ist halt ein Schritt zur Anteilswirtschaft. Jeder Lohnkampf ist halt ein Beginn der Enteignung. (Man soll den Kopf nicht in den Sand tun und mit dem Popo herumblicken.)

Amerika scheint heute fern von sozialer Zwangsordnung, — aber nicht von Ordnungszwang. (Was nur dem Grade nach Verschiedenes bedeutet . . .)

Dies Volk ist zu allem fähig — selbst zum Sozialen.

XIV.

Ein höchster Reiz war für mich: der Unterschied Newyorks und Londons; zweier so verwandter — und so abweichender Gebilde.

Ich sah (hier im Buch steht es) »nach einem herrlich maßlosen Land . . . das besonnenste. Nach betäubender Jugendwildheit ... strenge Form des Geschäfts. Nach einem Volk ohne Ferien ... ein Volk mit week end«.

Oder: »Newyork ist voll Neu-Gier; London gesetzt. Newyork farbenheiß; London ein Nordplatz.«

Oder: »London das Talent; Newyork das Genie. England hat eine Geschichte; Amerika eine Zukunft.« Beide, zum Donnerwetter, eine Gegenwart!

Endlich: »Vom Krieg ist Amerika kaum berührt. England gestreift. (Frankreich verwundet. Deutschland zerfetzt.)«

XV.

Stätten des Geschicks; Newyork und London.

Mein Herz, mit allem Verwegen-Schweifenden, das ein Mensch liebt, ist bei Amerika.

Doch ein still wohnliches Gedenken geht auch zu der britischen Insel ... nebst einem Gruß alter Freundschaft an Nora, an Lucy, an den »sehnigen Juristen«. An Machthaber, Diplomaten, Kellnerinnen, Stubenmädchen, Politiker, die sorglich-lind zu mir gewesen sind.

Und an Bernard Shaw von Irland.

Grunewald,   *Alfred Kerr*
Dezember 1922.

Newyork

Das Schiff »Resolute«
(Tagebuch der Überfahrt)

I.

Am Abend vor der Abfahrt nach Newyork sah ich von dem steinernen Zimmeraltan im obersten Stock des schönen Gasthofs an der Alster; wo ich manches Mal gehaust, auf Schiffe wartend — als die Welt noch vor dem Kriegsjammer stand ...

Tramdampfer zogen im Abendgold über das Alsterbecken. Die Leute schienen jetzt nach langem Regen beglückt.

Vor dem Schlafengehen saß ich bei Siechen, schräg vom Jungfernstieg. Aß Labskaus, das Schiffergericht; einen Käse zum Schluß ... Und las die frischgekaufte Zeitung »Der Klugschieter« (sie war jedoch mehr Schieter als klug).

Am nächsten Morgen ging es nach Cuxhaven, durch besonntes Gefild.

II.

Im Kriege schien Hamburg zu sterben. Jetzt, Mai 1922, glaubt man wieder, daß es lebt.

In Hamburg erklang 1913 das beseligend stolze Wort: »Das größte Schiff der Welt ist hier auf dem größten Helgen der Welt erbaut — und unter dem größten Kran der Welt vollendet.« Dann kam der blöde Massenmord.

Aber das Denkmal deutschen Kauffahrteiglanzes »Hapag«, die vormals größte Schiffsgesellschaft des Erdballs, ist heute kein verschollener Mythus. Sie mußte zwar den gigantischen »Bismarck« an England geben, als Friedenstribut (»sic vos non vobis!« — ein Zollaufseher sagt mir, in fast lyrisch gehobenem Ausdruck, daß bei der Ablieferung »mancher Mund sich zusammengekrampft« habe).

Doch neues Leben blüht aus der Verbindung mit Amerika; von dort streckten, mit Hilfe des Eisenbahnkönigs Harriman, die »United American Lines« eine Hand aus, die nicht leer war.

Das ist: Wiederbeginn und Zukunft.

Ballins treue Diadochen, Cuno, Huldermann,* Holtzendorff, Warnholz, Ritter, Hopf, arbeiten jetzt mit dem Sohn Harrimans und mit seinem Kanzler W. G. Sickel. Das erste Schiff der Amerikaner, die »Resolute« mit ihren 20 000 tons, trägt mich hinüber.

Was die Deutschen im Schiffsbau geleistet, bleibt unsterblich. Deutsche Hände hämmerten auch dieses amerikanische Fahrzeug fortgeschrittenen Wuchses.

Hamburgs eigne Schiffe großen Umfangs werden bald fertig sein. Geht es wieder los?

. . . Die acht schlimmen Jahre sind vorbei. Der Hafen ist nicht mehr verödet. Und wenn in der Zollstadt, hinter Dovenfleth, wieder das alte Getrieb', das alte Gewimmel einst erwacht: dann wird hier ein Gleichnis dämmern für das Sichaufraffen eines nicht unterzukriegenden Volks.

III.

Drei Gruppen sind auf dem Schiff: Amerikaner, Deutschamerikaner, Deutsche. Die amerikanischen Leiter vorneweg: Sickel — hagerschlank, Fünfziger mit zerdachtem Gesicht. Keine Spur vom sagenhaften Yankee-Manager, sondern Vertrauen weckender Ernst. Sehr anziehend.

Robinson — mit Energie bis zur Bedrohlichkeit geladen, jung bei grauem Haar, guter Tänzer, federnde Kraft.

Deutschamerikaner dann; bei manchem wittert noch der Regimentston durch (wenn er zum Kellner spricht). Untereinander jedoch reden sie Englisch. Erfolgreicher Drang nach mimicry.

---

* Mein Freund Huldermann starb, während ich in Newyork war. Dieses wertvollen, stillen Menschen, der in meinen Büchern öfters aufgetaucht ist, wird in diesem an anderer Stelle noch gedacht. Sein Amt übernahm Dr. Hasselmann. Cuno wurde Reichskanzler.

Amerikanerinnen auf dem Schiff tragen auffallend oft Leopardenpelz (oder ist das Zeugs getuscht?), das Futter blaue Seide, bunt bestickt. Ha, das Aug' eines Ehemanns träumt hier von kommenden kleidsamen Moden ... bei besserer Valuta. Ha, sag' ich nur.

IV.

Ein alter Pfälzer und ein junger Pfälzer. Der alte, rundköpfige, seit vierzig Jahren amerikanisch — doch hängt sein Herz an dem Heimatslaut. (Und an einem besseren Tropfen.) Er sagt: die Zustände drüben seien verändert. Er meint die prohibition bill. Er sagt eines Vormittags düster, wörtlich: »Wo kein Alkohol ist, ist auch keine Freundschaft.« Die saloons drüben seien jetzt öd. »Trinke Sie ä Pilsner Bier mit?« Vergrämt ist er über diesen Zustand in Amerika. Vielleicht hat er deshalb das Geburtsländle besucht ... Haß gegen die Deutschen, meint er sonst, besteht nicht mehr. »Das hat umg'schlage.«

Der jüngere Pfälzer, fünfzehn Jahre lang in Kalifornien, klagt: Mit einem Mädel sei es auch schwer drüben. Er räuspert sich, stockend. Gleichviel ob eine reelle Liebschaft oder was Gewerbsmäßiges — man könne verhaftet und eingesperrt werden.

Der Alte: »Wenn Sie Wein oder Bier im Haus habbe — und setzen dem Nachbar ä Glas vor und der zeigt Sie an ... könne Sie bis zu zehn Jahr' Gefängnis kriege.« Es sei schrecklich.

»Also trinke Sie ä Pilsner Bier mit?«

(Auf amerikanischen Schiffen darf man das; was für Cocktails trank ich anno 14 drüben; einen aus Gin, Früchten, Wermut, auf der Basis von deutschem Markobrunner.)

V.

Der jüngere Pfälzer ging zwanzigjährig als Goldschmiedegesell mit dreihundert Mark im Zwischendeck nach Buenos Aires. Wird hernach Dolmetsch auf einem englischen Schiff, weil er ein bissel Französisch in Genf gelernt. Schlief unten mit den Stewards. Verdient so in vier Wochen zweihundertzwanzig Dollars. Kauft hiervon (aus Kalifornien) heimatliche Bijouterieketten nach dem Meter — die er durchschneidet und selber »finiert«, spart also beim Verkauf den Arbeitslohn.

Machte jetzt in der Geburtsstadt eine wohltätige Stiftung beim Bürgermeister. Fährt erster Kajüte.

In Deutschland fand er die Mädels anno 1922 heruntergekommen. Sie laufen einem Mann, ganz junge, gleich zu vieren nach ... meint er mißbilligend, aber mit Glanz in den Augen. Und in Amerika wieder gehn weibliche Spitzel um — die verleiten Männer zum Ansprechе' ... und übergebe' sie dann der Polizei. Von diesem Gedankenkreis kommt er nicht los.

Ein gutartiger Raunzer. Schimpft auf alles: auf Amerika, auf die Japs, auf die Engländer, auf die Judde. Die Amerikaner haben, erklärt er, nur ein großes Maul. Die Japs kontrollieren sehr viel von der kalifornischen Agrikultur! Sie erwerben Land »hinnerum«. Die Amerikaner, behauptet er arglos, tragen schwarze Brillen, um ihr Gesicht zu verbergen. Sämtliche Völker sind für diesen belfernden, doch ganz duldbaren Kerl ... nicht minderwertig (das wären sie für einen Norddeutschen), sondern verdächtig: als betrügerisch, als prahlhaft, als unsolid.

Der Goldarbeiter hat rund dreißigtausend Dollars in fünfzehn Jahren weggelegt; mit diesen zweihundertvierzig Millionen Mark will er sich nach Deutschland zurückziehn ...

VI.

Ich las auf Deck das jüngst erschienene wertvolle Buch des Franzosen Hesnard über Fr. Th. Vischer ... und sah plötzlich Dovers Kreidefelsen. (Zum erstenmal wieder nach dem Krieg.) Das Schiff zog ruhig über den Kanal. Kein Wellenstoß. »Guter Mond, du gehst so stille durch die Paddengasse hin« — dacht' ich.

Vor Southampton ein langer Halt, Öl zu pumpen. Zwischendurch schmissen wir an Bord nach einem senkrechten Pfahl — mit Tauringen (nicht Trauringen, Setzer!).

VII.

Wie behaglich die hellgrüne Heiterkeit Southamptons am Morgen. Allerhand blanke Britenschiffe aalen sich; oben weiß und leuchtgelb. Eine Luft wie von William Turner. Der Buchtrand niederhüglig, sprießend, bebaumt.

Reede von Southampton und Wight! nun satt opalisierend, mit fern schwindenden bläulichen Berglein.

Mit Kulissen, Böschungen, Buschungen — mit Schloßhäusern im Grün. Mit roten Streifen, Burghausungen, Halden ... wo der Golfstrom ein Nebel-Eiland begönnert.

(Deutsche Schiffe dürfen bei Southampton und Cherbourg noch nicht ankern ... Unaussprechliche Blödheit.)

VIII.

Ein Kind wurde heut unterwegs geboren. Deutsches Mädelchen.

Wieviel Schicksal herbergt so ein Schiff.

Ja, Menschen ziehn hinüber und herüber — die mit einer Wunde, die mit einer Zuversicht. Alle hinter etwas Glück her.

Im schwimmenden Stahlhaus ist Rast zum Bedenken ...

Eine Irin, nach Mecklenburg verpflanzt. Ein Moselkind, in Long Island zu Haus; ihre zwei Männer tot, der Bub tot; sie war in Deutschland, den Jugendgeliebten zu sehn — der indes Generalmajor geworden ist ... Ein gütiges, ruheloses Herz. Die andre wieder, von Jersey, verlor unterwegs den Mann an Blutvergiftung. Eine von Salzburg entwirft Kleider in Newyork, um ein Häusel am Mönchsberg einst zu kaufen. Ein junges Paar in Wonne, sie hold aus Ungarn, er von der Spree. Ein Potsdamer Offiziersmädel, hell und entkastet. Ein feiner, fast zarter Großkaufmann aus Hamburg und sein munterer Jurist. Heinrich Hagenbeck, der Sohn; versorgt wieder zoologische Gärten in Cincinnati, in St. Louis; erwartet sechzehn Elefanten und einen Zebratrupp. Ein Bleistift-Faber, schon in Amerika geboren, Fünfziger; spricht noch Deutsch und spielt mit Kindern.

Die schweizerische Gattin eines kalifornischen Farmers predigt am Sonntag hinter ihrem Tisch mit weißrotem Tuch die neue »Universal-Welt-Religion« des Persers Bahdollah. Eine Morgenlandslehre für alle Rassen. Sehr eifernd. Jemand sagt nachher: »She went too far« — sie ging zu weit.

Aber man lachte nicht über sie.

IX.

Hinter Cherbourg schnob der Sturm. Wieviel Ungewitter brachen los ...

Dem Schiff taten sie nichts — mit seinem Blumenladen, Buchladen, Friseurladen, seinem Lift, seinem Wintergarten, seinem Turnsaal, seinen weißen Badezimmern, seinem Schwimmbecken, seiner drahtlosen Zeitung, seinem Orchesterle mit Traviataweisen und Solveigs Lied.

Am Eingang zum Wintergarten singen zwei Harzer Roller. (Einen, der bloß kein Roller war, hatt' ich am Abend vor der Abfahrt bei Siechen gespeist; vgl. oben.)

Was ich sagen wollte: der Kapitän, D. Malman, fuhr wacker durch die Dünung. Dies Wetter bedingt ein tagelanges Verzögern. (Die Nachricht von den Stürmen jener Woche ging damals durch die Zeitungen.)

Das Meer grau, mit hellgrünen Lichtflecken. Am Hinterschiff zerdröhnende Berge. Ganz abseits ein Regenbogen. So fing es an.

Dann vorn, über der wildschwarzen See, eine regenziehende Sonne mit blödsinnig blendendem, fast silbernem Glanz.

X.

In der Nacht ... Das Sofa reitet durch mein Kabinenzimmer bis ans Bett. Der umgestürzte Tisch trabt, galoppt. Und (phantastisch!) Schränke springen auf — innen erleuchtet. Denn weil beim Öffnen eine witzige Vorrichtung Licht erglühen läßt, auf daß man drin ordentlich sehn kann: so ergeistert in finstrer Nacht jäh aufspringend ein Leuchtschrank. Strindbergisch-vampirisch (möcht' man sprechen). Draußen donnert wildes Wasser.

Ich muß beim Durchschreiten des Zimmers schräg hinaufklettern ... oder hinabrutschen. Im Bett kugelt man. Durch mein schönes Zimmerle kollern Frackhemden, Stiefel, Hüte.

Rasierzeug segelt unter den Schreibtisch. Der Koffer kommt gewackelt, gewackelt.

Als der Morgen dämmert, wird es manchmal jählings wieder dunkel, weil schwarze Wellen übers Fenster gehn. Ein Posaunengeriesel; ein Schlag.

XI.

Ich bin bei alledem nie seekrank. Dies Rollen im Bett schafft eine spaßige Körpermüdheit (von den Gehirnschwankungen?); man fläzt sich aus — in einem zuletzt lullenden Hochgehn und Sinken.

XII.

Beim Frühstück wandeln die Stewards nun schräg auf der wechselnden Gleitbahn. Was gab es noch gestern, was jeden Tag zu schmausen! Languste, Poularden, Wachteln auf Ananas, Hummern für Amerikaner warmgebräunt, Kaviar, Artischocken, britische Austern, Birnen aus Florida, Eisfrüchte, nicht zuletzt jene saftquellende grape fruit aus Kalifornien: Zitrone vom Umfang eines Kinderkopfes ... und schmeckt orangenherb.

XIII.

Am späten Morgen: silbernd bläulicher Himmel über der fauchenden Sturmsee.

Das Schiff ist meistens gewissermaßen im Kessel. Das Ende des heulsingenden Wasserkreises liegt ganz hoch, das Schiff tief in der Mitte. Malman fährt wacker durch.

Die Flut ist jetzt am Vormittag schwarzgolden ... und auf schwindenden Strecken hin gletscherweiß. Ein steigendes Gletschermeer.

XIV.

Alles legt sich. Ruhe kommt. Menschen gucken wieder vor. — Der Palmstamm im Blumensaal ist ramponiert an eine Säule gebunden. Von den zwei Karnalljenvögeln fehlt einer ... der andre zühkt betreten. Dann rollt er.

Neben ihn hat ein Amerikaner seinen ausgestopften Kanari gestellt; der singt genau so schön ... Grammophonisches Wunderwerk.

Am Abend wieder Tanz. »Salomé«. Fox. Destinée-Walzer ...

Am nächsten Morgen fährt man in kompletter Himmelswonne, Himmelssonne still wie auf dem blauen Mittelmeer.

(Der Golfstrom hat mit der Pupille geblinkt.)

XV.

... Tage vergehn. Amerika rückt heran. Die Luft ist klar und kalt geworden.

XVI.

Adieu, »Resolute«. (Du warst »homelike« — wie eine Yankeefrau sagte.)

Jetzt wird es kenntlich, das Standbild der Freiheit — über dem Wasser in Salzduft.

Hier dehnt sich die seltsamste Siedelung dieses Sterns ... wo unter Manhattans Himmelsriesen eine kopfscheu gewordene Menschheit neue Hoffnung sucht.

XVII.

Dies Volk hat gekonnt, was Europa nicht konnte. Dies Volk hat den Nordpol entdeckt. Dies Volk hat das Flugzeug erdacht. Dies Volk hat den Krieg der Erde gestoppt ...

Kommt eines Tages von hier das Heil für die Welt?

Titanenkirmes

I.

Der Mensch fühlt ein wunderbares Erschüttertsein, wenn er nach dem Weltunglück aus einem verzwisteten, siechen Europa hier landet. Acht Jahre verflossen seit dem vorigen Besuch.

Der Sohn des alten Erdteils hinkt und schnauft um das bißchen Atem. Hier aber sinnt ein strotzender Kerl voll Überfluß und Überschwang und Übermut, was für neue Sprünge sich machen ließen. Was für Hopser von nie gekannt verwegener Art.

(Es ist ein Unterschied.)

II.

Alles hier fluscht in Sturzbächen. Alles um das Vielfache reicher und gewaltiger als vor dem Krieg ... Trotz vorübergehendem Arbeitsmangel; trotz der Trinkbeschränkung.

Ein gigantisches Zuviel. Verschwendung an Rohstoff, mit dem unbekümmerten Zug — im sommerlich glückhaften Bewußtsein wilden Reichtums. Dabei kein Raubbau: weil alles in schier aufdringlicher Menge da ist. Jeder Versuch bleibt aus dem Vollen unternehmbar ... gleichviel was dabei an dicken, sehr ausnutzbaren Spänen seitwärts schnellt und liegen bleibt.

Blüte des Kapitalismus.

III.

Für alles, alles, alles ist hier Geld zu haben. Aktiengesellschaften? Im Nu ... Ein Schweizer, den ich kennenlernte, mit gutem, aber nicht ungewöhnlichem Kehlkopf, hat eine Gesellschaft mit vierundsechzig Millionen Mark für seine Stimme gegründet. Übersteigen die Konzerteinnahmen den verbürgten Mindestsatz, so fällt der Überschuß an die Aktionäre.

Rings Wagemut; leichte Hand; Erfolgsglaube; Vergeudung; Unternehmertrieb.

Ein Bankherr aus der feinen, reichen Park-Avenue sagt mir: »Das Geld liegt in Newyork auf der Straße.« Heut noch? Heut erst recht.

Dabei ist alles teurer geworden. Amerika durchlebt »schlechte Zeiten« ...

IV.

Ein heller Ingenieur, der mal in Bergedorf eine Separatorenfabrik hatte, geht vor dreieinhalb Jahren fast mit nichts nach Newyork; von da, weil ihm der Boden im Kriege zu heiß wird, nach Florida; macht am Mexikanergolf Land urbar: baut ein Wohnhaus für Weib und Kind; pflanzt dreißigtausend Feigenbäume; brütet fünftausend Hühner aus (hätt' ich fast gesagt); schafft Gehäuse für allerhand Viehzeug; setzt zwei Hotels hin; legt Schienen; kurz: zeitigt Farmanlagen, die einer Stadt ähneln ... und heut ist alles im Besitz einer Aktiengesellschaft mit achtzig Milliarden Mark (zehn Millionen Dollars) — nach dreieinhalb Jahren.

(Der Hauptaktionär, Mr. Minor Keith, kontrolliert beiläufig fast jede Banane, die auf dieser Erdkugel, überzuckert oder gebraten oder frisch, in einen Mund kommt.)

Blüte des Kapitalismus.

V.

Wer lange hier lebt, sieht auch Schattenseiten. Wem sagt man das?

Doch eben wer hineinschneit; wer die Zeit nicht abwartet, bis erste Rieseneindrücke sich stumpfen und schwächen: der hat den unterschiedlichen Blick ... oder den Blick für das Unterschiedliche.

Einzelheiten verdunkeln! Auf den großen Umriß kommt es an. Der ist erschütternd — es gibt kein andres Wort.

VI.

Denkbar, daß ein gewisses Wanken des Kapitalismus, wie das Europa jetzt erlebt (mit Streiks, Verbänden, kurz: Anfangsschritten der Enteignung) ... denkbar, daß ein solcher

Bröckelstoß des Kapitalismus auch den Hudsonufern einst naht. Denkbar? Todgewiß.

Aber spät. Noch blinkt und sproßt und grünt in aller Strahlsonne der starke Saftstrauch kühnster Geldunternehmungen.

Mit wieder andrem Gleichnis: es waltet hier das Hirngenie eines machtvollen Kindes. Eines (sehr arglosen und sehr gerissenen) Wunderkindes von einziger, täglich wachsender Kraft. Kummerlos, nur triebstark.

Und heiter! denn dieser Erdteil ist sozusagen blitzblank, aus festem Rohgut.

Von dem, was Amerika wegwirft, kann ein Kontinent leben.

Blüte des Kapitalismus.

VII.

Meine Seele denkt an die Pyramiden, in einem seltsamen Zusammenhang.

Ich hatte, wenn ich in Deutschland war, stets ein soziales Gewissen. Ich hab' es auch heut ... und sterbe damit. Hier liegt ja die Zukunft.

Amerika scheint auf diesem Feld — nicht unmoralisch (es ist mehr philanthropisch, als Europäer wissen). Aber mit Rücksicht weniger durchsetzt als wir. Die Pyramiden, die mein verblüfftes Auge vor dem Wüstenmund einst sah, sind von Sklaven erbaut. Menschenmillionen schmachteten — damit ein Gedenkmal voll Zauberkraft möglich sei ... Sklaven gibt es in Amerika nicht; es hat ja die Sklaven befreit. Immerhin; mit Altersversorgung, verbotener Nachtarbeit und Stundenbeschränkung war die Gigantik Newyorks nicht zu machen.

Ich glaube nach wie vor an den Weg des Menschenschonens: er scheint nicht nur sittlicher, auch rentabler ...

Doch jenseits vom Sittlichen wie vom Rentablen sieht man hier die Leistung, die Leistung, die Leistung.

Und ist erschüttert.

— — — — — — — — — — — — — — — — — —

VIII.

Kann jemand vom Anblick einer Untergrundbahn fast religiös erschüttert sein? Kann jemand, wenn in den Gleitschacht des ungeheuren Pennsylvania-Bahnhofs die Autos rollen, fliegenklein und massenhaft — kann jemand hiervon erschüttert sein? Kann jemand, wenn er hoch in einem Gigantenhaus wohnt, und der Sturm Zaubermusiken heult, abermals in der Seele tief erzittern ... und die Hände hinstrecken?

Kann er, wenn aufflammendes Licht am jungen Abend hunderttausendfach über die Dächer Newyorks hinglüht, in beinah erfüllter Sehnsucht eines zum Ziel Gekommenen, der eine neue Schönheit sah, tiefste Rührung empfinden? Ist das möglich?

Es ist unabwendbar.

IX.

Das Gewimmel hat sich nach dem Kriege namenlos gesteigert. Verkehr im Kubik. Gasthöfe, himmelhoch, wurden fertig. Bahnhöfe kamen jetzt voll in Gang. Die Straße scheint ein Jahrmarkt für Zyklopen. (Aber mit hundertfach geschmeidigter Zwischengliederung.)

Newyork ist die großartigste Stadt der Welt.

Alles das hat — in wechselnder, dabei halb gleichartiger Phantastik — mehr Ähnlichkeit mit einem halbsüdlichen Städtetraum als mit irgendwas Mitteleuropäischem. Bric à brac; pittoresk; hinreißend.

Ein Gigantenprater. Eine Simsons-Schau.

Newyork ist nicht, wie Paris, der künstlerisch-heiterste, der sehnsüchtigste Eindruck manches Daseins (vergleiche Hebbels Tagebuch) — doch der wachste, der umwerfendste. Die wahrhaft neueste Welt.

Man verstummt vor diesem nun ganz fertigen Pennsylvania-Bahnhof ... aus Gestein. Oben verästeltes Eisen, wie Laubenrankenwerk. Lichtfreundliche Dome von gebändigtem Fels und Stahl. Von Alabaster und Marmor. Neue Peterskirchen am Schienenbeginn. Schmauspaläste dabei.

Jenes packende Gefäll! In der Unterwelt sind Feen-Schaufenster. Wenn Elektrodroschken tief hinabgerollt sind, wölben sich Kirchenschiffe, Kathedralhöhen. Noch tiefer von hier unter die Erde! Neue Läden, unterirdisch mit Früchten, Drogen, Tabaken, Kodaks, Hüten, Koffern, Büchern ... und neue Eingänge zu noch tiefer gelegenen, taghell gleißenden Unter-Erd-Rasezügen durch die Stadt.

Das sind Erschütterungen ... der Seele.

Oder: die schon vor dem Krieg fertige, heut gewaltig belebte Grand Central Station. Wieder keine Zweckscheune. Sondern ein marmornes Monument und ein Mirakel. Doch ohne Aufhebens mitten in die Hausreihe der Straßen gegliedert.

(Also nicht ein großer Platz mit Anlauf davor — und wenig dahinter) ...

Das sind die neuen Dome — der hastenden Glücksucher; der reisenden Menschen, umgewirbelt für kurze Erdenzeit.

X.

Die Treppen und Säulen eines Posthauses ... mammutgrandios und einfach.

In der neuen Architektur ist nicht Woolworth Building (der höchste Wolkenkratzer, wo ich vor acht Jahren im vierundfünfzigsten Stockwerk stand) das Wesentliche — nur das Höchste. Gleicht zu sehr einer Kitschkirche.

Doch neugeartet, mit jetzt geborenem Stil, sind rechteckige Massivgoliaths aus Stein, verhältnismäßig schlank bei unendlicher Gedrungenheit: von muskel-edler Wucht ...

Wer niemals die neue Architektur auf Avenuen und Straßen Manhattans erblickt hat: dem bleiben die letzten Wonnen der Baukunst versperrt.

Auch neue Hotels in Newyork haben den eigenen Baustil. Was bietet so ein Hünengasthof dem Blick?

Rechteckiger Grundbau, vielfenstrig und vieltürig und schon sehr hoch. Hierauf erwachsen in Himmelshöhe, auf seinem tragfähigen Buckel gewissermaßen, vier hohe, helle, rechteckige Schornsteine, flachgepreßt, mit unermeßlicher

Fensterschar. Diese heiter leuchtenden, senkrechten Flach-
riesen mit vielem Glas und immer Glas und wieder Glas steigen in den Äther.

Um einen volkstümlichen Begriff zu geben: auf einer ge-
meißelten Zigarrenschachtel ragen vier Zigarettenschachteln
quergestellt, auf ihre schmale Seite gestellt; sie schießen
parallel mit Tausenden von Glasfenstern luftwärts.

Dort wohnen, abermals, bis hinauf, Erdsöhne, herumwir-
belnde, witternde, reisende, schaffende, suchende.

XI.

Die Säulen der Amerikaner setzen Antikes fort. Man lacht
in Europa, wenn ein Stadtname dort »Memphis« heißt — in
Newyork hört so ein Lachen auf, denn das Gefühl kommt:
Rhamses kann sich begraben lassen.

Auf der Brücke von Brooklyn stand ich zum zweitenmal
im Leben. Ein Wort Napoleons, das auf den Denkstein in
Cherbourg geschrieben ist, ging mir durch den Kopf. »Je
veux renouveler les merveilles de l'Egypte.« Armer Pro-
vinzler!

In der Schwebebucht so eines Brückenbaues, auf dem Rie-
senpfad über rollenden Riesenwässern, ist Altertum und
Neuzeit überwunden.

Großartigste Stadt der Welt.

XII.

Am Abend ... Nach dem Krieg hat sich auf dem Broadway der Lichterglanz verhunderttausendfacht. Broadway —
das ist eine Straße, vier deutsche Meilen lang. Dreißig Kilometer. Wie vom Dönhoffplatz bis Potsdam ... innerhalb eines Teils von Newyork. Das gibt es.

Am Abend jetzt eine millionenfache Lockung von Glüh-
farben.

Rotes, Silberndes, Blitzblaues schreit, kreischt, rast, winkt,
zuckt, lacht, symphont, sprießt, stirbt, flimmert, neckt (alle
Gleichnisse gehen hier durcheinander), schielt, blinkt, funkt,
blitzt, stockt, braust, züngelt, pfeift. Licht kann trillern ...

Eine Blendflut mit Crescendosternen, Leuchtmagien, Strahlwundern, Wolkenfeuern.
(Wo nehmen sie das Geld her!)

XIII.

Am Times Building, dem schmalen Himmelsbau der Zeitung »Times« von Newyork, geistern Lichterzuckträume den Broadway hinab und hinauf.

Am Broadway — diese Eßstuben alle! Das Gewimmel um elf Uhr nachts. Diese Schaufenster. Diese Ströme von verzuckerten Früchten im weißrötlich-violetten Schein; von parfümierten Zuckerln, durchmandelten Schokoladeklümpchen, Karamellpaarungen, Duftbonbons. Schlaraffenland! Diese Fenster alle mit Torten, Hummern, Hühnern, Kompottgläsern, Biskuitstapeln, Ananashäuptern. Diese Fenster, wo bei grape fruits tausend süße Cremekuchen liegen und Spargelbünde und Austern und clams. Diese Fenster mit Heuwagen von Zigaretten, Tabakbüchsen, Havannastielen. Diese leuchtenden Mitternachtfenster mit rohen Fischen, Erdbeerbergen, schwärzlichen Langusten, Poularden, Konditorfelsen. Fenster mit Hüten, Seidenhemden, Lackschuhen, Florkleidern. Hinter Schaufenstern sieht man die Leute vor Mitternacht schmausen. Und alles in Bewegung. Auf dem Damm zehntausend apfelsinenfarbene kurze Autos — die mit Insektenflinkheit surren, auf den Wink stehn, fortschießen, tänzeln, stoppen, flitzen, wenden, mit den Vorderrädern gleichsam in die Luft langen. Und es nimmt kein Ende.

Rasende Lebenspracht. Eine Titanenkirmes.
Eine Ewigkeitskirmes.

XIV.

Und nebenher gibt es noch Italienerstädte, Chinastädte, Negerstädte, Polenstädte, Deutschenstädte, Judenstädte, Franzosenstädte, Sozialistenstädte.

Und wenn die Menschen so einer durchtrödelten Straße tagsüber geschachert und geschuftet und gewerkt und gekauft und geräumt und geschafft und geschrien, somit (halb analphabetisch) die dringendste Notdurft verdient haben, das Essen und die Bleibe: dann stehn Abendschulen offen für sie; für alle, kostenlos, faxenlos, frei von Ballast, bar von Hokuspokus ... und von hier kann der Lump, der Bettler, der Paria mit dem Funken im Hirn ein Anwalt werden oder ein Arzt oder ein Bauherr — oder ein Präsident.

Am Spätabend kehrt er ein mit seiner Mappe ... und man nennt das high school.

Und wer diesem amerikanischen Volk, diesem herrlichen Jugendvolk nur die sogenannte Zivilisation zubilligt, aber nicht Kultur: der ist mit unheilbarer Kurzsicht geschlagen.

Die Kraft fehlt ihm, statt der Einzelheiten den Umriß zu sehn.

Wall Street

I.

Ungeheurer Kapitalismus — in Wall Street schlägt sein Herz. Hier empfängt ein irdischer Wandersmann, wenn er ein Maler ist, rätselhafte Wirkungen. Schwer vergeßbar.

Die Straße! die Straße von Newyork! Ich spreche zunächst nicht von Wall Street. Die Straße ... an allen Stadtenden fährt sie fort, aufreizend und beglückend zu sein. Man lacht mitunter — ich merke jedoch im Kern, daß kein Grund zum Lachen besteht; weil dies Werben und Anpreisen (was man also Reklame nennt) ja eine Form größerer Offenheit ist. Nämlich das Eingeständnis (nicht das Vertuschen), daß jemand Geld verdienen will ...

Auch Zurückhaltung, meine Lieben, ist eine Form der Reklame; die minder aufrichtige. Vom Brauch erzwungen. Ein Feingefühl, das halb Angst ist. (Und häufig den Inhaber wurmt). Seid's ehrlich ... Hier aber werden Umschweife mißachtet.

II.

Ich gehe (meilenfern von Wall Street) durch die Siebente Avenue. Zwecklos; was der beste Teil des Reisens ist ..., »und nichts zu suchen, das war mein Sinn«. Und alles, alles, alles zu suchen — das war mein Sinn. Am Tag wie am Abend.

In einem Geschäft sind Leutehaufen. Durch das Fenster sieht man auf dem Ladentisch einen winzigen Zug über Schienengleis rollen; Elektrosignale, winzigklein, blitzen. Ein Mann erklärt es. Draußen Inschrift: »Treten Sie näher! Auch Ladies willkommen. Freie Vorführung.«

Vorgeführt wird ein jetzt erfundenes Mittel, Bahnunglück zu hindern. Auf Aktien. Train controller. Wer in den Laden tritt, wird angeregt eine Aktie zu kaufen — sofort. Gedruckter Nachweis, gesprochener Nachweis: daß neulich bei dem X-Unternehmen an je fünfhundert Dollars je eine Viertelmillion verdient wurde ... Die Bähnchesbahn rennt, die Lichtlein blitzen.

Oder: in einem Laden liegt das Schaufenster voll Geröll. Innen wird gezeigt, wie Öl daraus zu holen ist. Aktienverkauf sofort.

Nachts um elf bin ich am Columbus Circle. Ein Schnellmaler sitzt hinter Schaufensterglas — damit man zugleich Mitchells Motore sehn muß, die sich im Schaufenster bewegen.

III.

Die Straße lockt, mit ihrer staunenswerten Ordnung im Getümmel — ob man zwischen den ruhigeren Steinpalästen der Fünften Avenue wandelt, ob man zur Tiefbahn am unscheinbarsten Häusereck steigt. (Dazu Gelegenheit gibt es immerfort. Nicht umständlich-festlich mitten auf dem Damm.)

Diese subway ist ein neues Wunder. (Gleich den Lifts, die immer gehn — nicht manchmal aus Gefälligkeit. Gleich dem Telephon, das immer klappt — nicht manchmal nach zwei Minuten. Der Kürze halber heißt es nur »Phone«.)

IV.

Nach Wall Street fahr' ich mit irgendeinem Expreß unterirdisch — der also nicht überall hält. Bin ich in der Nähe, mit einem local train — der überall hält. Die subway umfaßt nicht nur ein paar saubere Puppenwagen . . . Endlose Donnerzüge. Alle Türen springen am Halt gleichzeitig von selber auf. Keine verschiedenen Klassen. Ein Preis, ob Rasezug, ob gewöhnlicher Zug. Wer einmal unten ist, kann fahren, soviel er will. (Ich spreche von diesen Dingen con amore — *denn es ist unwahr, daß nur »Zivilisation« dahintersteckt! Wahr ist, daß auch da Kultur und Phantasie herausgucken. Ein Fressen für den Künstler. Und für den Denker: weil Gerätekraft Menschenkraft ersetzt.)*

Untergrundhöfe — kaum übersehbar lang. Alles geht im Sturm. Am Eingang wirft man einen Nickel in den Trichter, da öffnet sich (von selbst) die eiserne Kreuzbarre, die den Werfer durchläßt. Nachher wird niemand mehr belästigt . . . auch am Schluß nicht, wenn er hinauswill. Denn am Ausgang wird nichts abgefordert; also kein Verzögern . . . Hier, die Ausgangsbarre bewegt sich ohne Nickelwurf . . . Überall sinnreiches Uhrwerk! Statt Menschenkraft: Gerätekraft.

Nur ein Geldwechsler, manchmal ein negro zum Überwachen. Doppelter Vorteil: Ersparnis an Knipsern, Ersparnis an Behelligung.

V.

Eine ganze Stadt unter der Stadt. Macht man einen Übergang zu Fuß zwischen zwei Linien desselben Riesenbahnhofs, mit Treppen, Gängen, Unendlichkeitshallen: so gibt es nicht Wandschriften, phantasielos, halb theoretisch, etwa des Inhalts: »Der Übergang vom X-Zug zum Y-Zug befindet sich in südwestlicher Richtung halbrechts« usw. . . . sondern oben von der Decke hängen fortlaufend (waagrecht) grüne, schwarze, rote Zeigebalken durch das Gewimmel, handgreifdeutlich, die noch den Stupidesten mit stets wiederholter Aufschrift zu seinem Punkt inmitten der Wirrnis führen. Klarheit und Knappheit . . . *(Klarheit ist Phantasie; Knappheit ist Kultur.)*

VI.

Übrigens bleibt es eine Legende, daß in Amerika alle Herren für Damen aufstehen. Ich sah dies ein einziges Mal ... Und das war ich.

Aber sehr gern — Frauen und kleine Mädels von Newyork! Mit euren kurzen Burnusmänteln und angemalten Backen. Ja, zierlich und angemalt. Newyorkerinnen sind sozusagen bloß ein »Herz« (oder was Ähnliches) auf zwei zarten Beinen ...

Zwischendurch schwarze Frauvölker, weich, blühfrisch, seidig — und halbschwarze, bemoost, schrumplig, mit Messingbrillen. (Eine alte, sorgliche Negerin hat was Ergreifendes.)

VII.

— — — — — — — — — — — — — — — — —

Genuas Paläste welken vor Wall Streets verwegenen Steinhäusern. Wer Newyork nicht sah, kommt um die letzten architektonischen Wonnen.

Stellt euch an die Ecke zwischen Wall Street und William Street; guckt in diesem Viertel durch Nassau Street, Cedar Street, Broad Street, Fulton Street, Hannover Street, Pine Street. Es ist ein Gipfel — für den Maler. Auch ohne Kenntnis, daß hier das Geldhirn der Menschheit schwitzt.

William Street ist schmal, riesenhoch. Eine wundervolle Sachlichkeit. Ersten Ranges. Ich dachte zurück ... in Deutschland war mir in einer verhältnismäßig kleinen Stadt Verwandtes begegnet: in Essen. Die Hauptstraße von Essen wirkt amerikanisch; wenn auch in puppigem Umfang.

Wall Street ist breiter als der enge, schöne, grandiose Tiefpaß William Street ... Schrägüber, wie ein Beet im Schacht, die alte schwarzsteinerne Kirche mit ihrem Friedhofszaun, vergessen aus entflossener Zeit. Trinity Church. Stumme Gräber zwischen grellen Giganten ... Abermals erscheint Newyork als die Stadt der höchsten Wunder, die einem Erdensohn gewissermaßen vor den Schießlauf des Auges und der schreibenden Hand kommen kann. Ein Fressen für den Künstler.

VIII.

Das Wirtshaus Savarin — im Keller sitzen hier Hunderte von Bankmenschen, auf Böcken, am Bartisch; sie lunchen hastig. Hunderte; jetzt hundert neue.

George Washington starrt in diesem Viertel irgendwo steinern in den Aufruhr der Geldmächte.

Nicht eine Börse besteht ... sondern vier Börsen. Für Bonds. Für Waren. Für Baumwolle. Und für Papierchen. Die letzte: Stock Exchange — das Auge, das Herz, der Magen des Erdkapitalismus.

Stock Exchange: klassische Säulen; drunter hübsche Altanerl'n aus Gestein; drüber ein Höchstrelief; noch drüber eine Balustrade von behauenem Fels, zwei Wolkenhäuser verbindend ... Innen steigt und fällt allerhand. Jedes deutsche Pfund Butter richtet sich danach.

IX.

Ich spreche mit »Otto Eetsch«. (Nämlich »Otto H.«) Vertrauliche Abkürzung für einen der Lenker von Wall Street. Die Familie süddeutschen Ursprungs. Jeder hier, dem sein wirtschaftliches Werk bekannt ist, sagt: »Ein großer Mann!«

Er ist grauhaarig; schöne dunkle Augen; im Knopfloch eine Blume; der Europa-Schnurrbart nicht gekappt. Die Muttersprache nicht veryankeet. Er spricht manchmal wie der Schauspieler Bassermann — zum Verwechseln.

Holztafelgemächer. Rings in der Luft sozusagen irgendwas Künstlerisches. Gute Stiche. Hie und da Newyorker Ansichten aus vergangener Zeit. Dann große Bildnisse von Begründern, von Mitinhabern, von Vorgängern, oder so ... Nebenan mit Lampen ein feiner, gedehnter Raum. Wie ein sehr langes, erlesenes Schreibzimmer für Damen. (Doch sitzt nur eine drin. Ich gucke nach der lockenden, dunklen Person mit oliviger Gesichtshaut.)

Wir sprechen über die Stellung Amerikas zu Deutschland. Die Gebärde dieses wichtigen Wallstreeters ist nicht steif oder kalt. Ernste Gutwilligkeit. Der Haß gegen Deutschland schwillt ab, findet er. Ja, es habe niemals Haß gegen das deutsche Volk bestanden — bloß gegen Junker und Kriegsführer. Das begründet auch die politische Haltung des Sprechers im Krieg. Sein Bankhaus lieh seitdem verschiedene Milliarden, heißt es, an Deutschland.

Jetzt, erzählt er, ist Richard Wagner wieder obenauf; nach dem Krieg die große Mode Newyorks. Das Gespräch haftet an der Kunst. Er spricht von allem, was die Bühne der neuen Welt zeitigt. Er hofft, Eugene O'Neill (das ist Amerikas junger Dramatiker) könne sich in kommenden Stücken klären; die Begabung sei groß. Er spricht von Richard Strauss, den er kürzlich gesehn. Er findet sein Wesen »milder geworden«.

Ja, ein dauernder Magnet für diesen Mitbestimmer der Weltfinanz ist: Musik.

In die Lampenerleuchtung des Raums dringt, halb abgeblendet, der Mittagsschein des Billionenviertels.

X.

Ich hole mir Dollars, in einer andren Bank.

Marmornes Pantheon, Marmorboden, Marmorsäulen — mit marmornen Sakramentsschränken, diese dick vergittert ... es sind die Kassen.

Wächter, große Kerle, gehn rum.

Ich sitze dann in einem abgetrennten Teil, auf die Scheine zu warten. (Doch Abtrennung in Amerika erfolgt nicht gern durch Wände, lieber durch Schranken; stets viel verschiedene Tätigkeit in einem Raum.) Auf dem Tisch, an dem der Geldempfänger wartet, liegen (keine Gelegenheit auslassen!) Empfehlungen für Reiseschecks dieser Bank. Abstecher zur Sommerzeit nach Alaska. Ein trip nach Havanna. Nach Mexiko ... Noch auf dem Löschblatt empfiehlt die Bank ihr Stahlfach für den letzten Willen. Mit dieser Begründung: »Sie könnten Ihr Testament verlegen. Oder Unbefugte könnten es erblicken. Geben Sie das Schriftstück in eine sichere Box. Die Kosten sind lächerlich (The cost is trivial).«

Man kriegt förmlich Lust, Kodizille zu machen.

XI.

Noch ein Bankhaus. In einer Halle des zweiten Stocks ...
was ist das für ein großes Ding seitwärts? Es deckt eine ganze
Wand. Leute sitzen davor — um die Mittagszeit.

Das ist ein fortlaufend bewegtes Börsenabbild, vier Meter
hoch, die Mauer entlang.

Buchstabenabkürzung für Eisenbahnwerte, für die wichtigen Papiere sonst. Oberhalb dieser Metallbuchstaben stehn
die (fortlaufenden) Kurse von gestern, in senkrechter Folge.
Unterhalb der Metallbuchstaben die heutigen Kurse, fortlaufend, seit zehn Uhr. Mehrere Ferndrucker (Ferndrucker
gibt es überall, mit kilometerlangen Papierstreifen, die sich
rollen, in einen offenen Korb hineinsinken, wo man beliebig
Langes herausholen kann) ... wollte sagen: Ferndrucker zeigen die Kurse dauernd an. Boys schieben die Zahlen-Täflein
sogleich unter die passenden Buchstaben aus dem Wand-
Abbild.

Also man sieht einen Extrakt der Börse mit ihren Schwan-
kungen — ohne doch an der Börse zu sein ... Davor sitzen
auf Sesselreihen die Kunden.

XII.

Ferndrucker überall. In einem Nebengemach arbeiten im
Treffpunkt unendlicher Geräusche Männer rundum. Hier
münden eigne Telegraphendrähte von San Francisco, Chi-
cago, Cincinnati, Cleveland. Es kommen fortwährend Mit-
teilungen, Aufträge ... Daneben sprechen mehrere operators
mit direktem Draht zur Börse.

Die Streifen quellen und winden sich. Die Ticker knacken.
Das »Phone« fragt. Tippende heischen Auskunft ... Alle halbrund um ein Hufeisen. Die verschiedenen Lärmlaute mit
Windsbrautwirbel durcheinander. Es ist ein Märchen aus
dem Jahre 3000 — während Europa noch im Jahre 1922 ...
nicht lebt, sondern vor dem Kriege gelebt hat.

Mein freundlicher und kluger Führer, der vorhin, als ein
Kunde gemeldet war, bloß rief: »Put him in the next room!«
»Nebenan stupsen!« — der Bankherr sagt mir, daß in London

tausend Beamte für so einen Betrieb nötig wären, hier hundertdreißig ... weil Gerätekraft Menschenkraft ersetzt.

XIII.

Ich nehme das Mittagsfrühstück hoch oben, im bankers club. Ich sitze mit jemandem in der endlos langen Reihe der schweren Wandsessel. Wir trinken den Kaffee. Alles ist hier mammutlang. Der Klub liegt im vierzigsten Stock. Säle mit riesenhaft rechteckigen Säulen. Raumluxus. Der Eichensaal am mächtigsten. Was Elchhaftes ... Beim Essen hat man den Blick über die Stadt mit Luftkratzern und Hafen. Alles zugleich ruhend und wild-phantastisch. Die Freiheit, das Erzbild, hebt sich tief unten grün und fern durch den Dampf der Schiffe.

Brausen über der Stadt. Mittagslicht in der hohen Luft. Seltsame Lebensstimmung ...

Auch hier (man sieht es im Vorbeigehen, wenn man den Hut nimmt) quellen Streifen mit neuem Inhalt in den Korb.

XIV.

Im Wallstreetviertel unten — ein Menschengestapf. Ein Füßegeström. Ein Gehaste.

Zwischen den Ätherkolossen.

Im Wallstreetviertel, im Schacht zwischen Enaksmauern, liegt jenes Kirchlein.

Ich sitze hier im Friedhofsgarten. Eine Rast im Rasestrom.

Betagtere Grabsteine. Viel kleine Mittagsmädel hocken zwischen hundert Jahr' alten Gräbern, auf Stufen, auf Bänken, und essen ihr Frühstück. Umtost vom Dröhngesumm des Geldblocks. Von der Wildheit nah hinschießenden Getümmels. Vom Gefauch einer schulterhoch ratternden Eisenbahn. In Brunnentiefe gleichsam, zwischen den Goliathsbauten. Und auf der niedrigsten Seite, hinter dem Bahngerüst, guckt eine Universität auf den Friedhof; auch eine Warenbörse: der Curb Market.

Jedoch ein Stockwerk tiefer, unter der schulterhohen Eisenbahn, stehn in dem unteren Straßenzug Autos; Menschen eilen, Trams rollen. (Alles unterhalb — denn der Kirchgarten liegt in der Höhe des ersten Stocks.)

XV.

Die Mädels essen ihr Mittagsfrühstück zwischen den Grabsteinen.

Ich lese: »Hier liegt der Leichnam von Jonathan, dem Sohn von Jonathan und Ann Woodruff. Starb am 3. August 1748; acht Monat' und sechzehn Tage alt.« Kerlchen! vieles blieb dir vorenthalten. Mein kleiner Michael ist schon älter als acht Monat'.

— »Hier liegt der Leichnam von Mrs. Hester Weyman, Gattin von Mr. William Weyman; die ihr Leben verlor am 4. Oktober 1760« ... Sie schläft gut.

— »Dies Grab ist dem Andenken von Charles Stewart geweiht, der sein Leben ließ am 8. Mai 1819. Vierunddreißig Jahr' alt.« Armer Bursche, was war schon 1819 los?! — Ich bin immerhin älter geworden. Möchte gern erst anno 5922 sterben.

Am Zaun des Totengartens strömen schwarze Wogen von Menschen, dunkle Meere von Menschen vorüber, vorüber, vorüber.

XVI.

Vorüber ...

Harriman

I.

Ich sprach mit Mr. Harriman, dem Unternehmermagnaten. Er ist als Nachfolger und Erbe des Eisenbahnkönigs eine Wirtschaftsmacht. Sein Vater schuf den Stahlweg zum Stillen Meer. Gigantenwerk — bei Überwindung toller Abstände. Phantastisch alles.

Die letzte Wirkung davon erleben nicht wir, die wir heut atmen.

Wenn unser Flockenrest in der Urne träumt, dann schlägt vielleicht an der größten See dieses Erdballs, an der pazifischen, das Herz der Welt.

Ist es ein Traum?

Viele, nicht nur Kalifornier, glauben: daß der Schwerpunkt menschlichen Einflusses und irdischer Kraft einst von der Ostküste, wo Newyork ragt, hier hinübergleitet.

Paradiese winken da; doch nicht voll Sonnenfaulheit: sondern zum Platzen gefüllt mit Unternehmerkraft.

Dort lebt straffste Gier nach Neuschöpfung unter einem vergeuderisch übermütigen Himmel. Ein gar nicht absehbares Kompaniegeschäft von Wucherwuchs und Hirn.

Neue Male südlicher Schönheit und ausgeruhter Nordkraft können hier einst planetenbeherrschend leuchten.

Newyork, also die Gegenwart, ist für den Westen die Vorstufe. Phantasterei?

Das Erdzentrum wandert!

Harriman war ein Pionier für den Weg.

II.

Der Erbe steht im dreißigsten Jahr. Er ist es, welcher die bis jetzt greifbarste Beziehung zu Deutschland auf wirtschaftlichem Felde schlug. Unweit vom Hafen, wo das Zollhaus steht, wo der Broadway endet oder anfängt, dehnen sich seine Räume. Dort, in einer Schreibstube wirkt er — nicht wie ein Gott mit feierlichem Zugang in gemessener Höhe; sondern ziviler; ohne Fisimatenten.

Europäisches Magnatentum, das immer fürchtet, sich Verzierungen abzustoßen, hat in Amerika nicht Platz. Harriman, ein gewinnender, schlichter Mensch, zeigt nichts, was an ein Monokel erinnert ...

Seine Menschenschiffe und Frachtschiffe laufen heut vom Hudson zur Elbe. Der Sohn vervollständigt also den Weg zum Stillen Ozean — vom Sitz der alten, jetzt auf der Kippe stehenden Welt.

III.

Harriman hofft von der Verbindung mit Deutschland Gutes für beide Teile. Handelsbeziehungen! Harriman weiß: in seinem reichen Land herrscht so viel Überschuß, ja Verschwendung, daß ein Ablenken und Verwerten zum Aufbau Europas das Gegebene wird.

Die kleine Krisis Amerikas, Arbeitsmangel, kann sich verringern, wenn die Brücke zu Ländern geschlagen wird — die darauf warten. Er hat einen der Anfänge gemacht.

Es kostet Mut ... noch in diesem Zeitpunkt. Ich sagte zwar, daß die Stimmung für Deutschland günstiger geworden ist (viele schimpfen hier auf die Politik Frankreichs) — aber die Annäherung braucht ein gewisses Maß von Willenskraft ...

IV.

Wiederum sah ich in einem Wirtschaftsherrscher keinen Fachmenschen. Das bartlose, dunkeläugige Gesicht über dem blauen Anzug, mit einem sinnenden, fast schüchternen Zug, gehörte nicht einem Berufsfanatiker.

In diesem Lande, wo alles rapid geht, haben die maßgebenden Leute fast immer Zeit zu geschäftsfernem, ruhigem, unnervösem Plaudern.

Daß mich das Neue der Neuen Welt anzieht ... darüber wundert sich Mr. Harriman mit einem fast sehnsüchtigen Ausdruck. Ganz leuchtet ihm das nicht ein, weil er an Europa wohl justament vom Alten, Moosbewachsenen, Patinierten gelockt wird; von der länger durchwitterten Vergangenheit.

Er kennt Berlin. Reist gern. Lebt am liebsten auf seinem Landsitz. Es wird einem jetzt nur so schwer gemacht, findet er, hinauszukommen. Steigerung des Getümmels! Manhattan ist ja ein Eiland. Der Raum wächst also nicht — aber die Bevölkerung.

(Bekannte Tatsache, daß die reichsten Leute Newyorks jetzt mit der subway fahren, weil die Fülle der Autos den Weg sperrt ...)

Es entstehen pro Jahr hier eine Million Automobile. Bei Herrn Ford wird — man lache nicht — alle vier Minuten ein

Auto fertig. Der gebrauchte Ford-Wagen kostet hundertundfünfzig Dollars ... also nach Friedensrechnung sechshundert Mark. Ein Nichts.

Ich dachte: bald hat ein Newyorker, wie er heut Stiefel besitzt, als einfachste Grundlage der Bewegung sein Flugzeug ...

V.

Harriman sprach zu mir von Dingen der Kunst. Das tun sie drüben gern. Er liebt Newyorks Architektur der letzten fünfzehn Jahre. Vorher Geschaffenes lehnt er sensitiv ab. Mit Recht.

Auch in der Fünften Avenue sondert sein Empfinden wählerisch das Edle vom fast Echten.

Ein feiner Mensch unsres Schlages. Europäer haben von Amerikas Häuptlingen einen grundfalschen Begriff. Zwar Pierpont Morgan war stiernackig, dickschrötig, brutal in der äußeren Wesenheit. Heut aber wächst in Newyork ein Nervengeschlecht heran; unsre Vettern. Dabei voll physiologischer Frische.

Ja, und immer haben diese Menschen, durch deren Hirn tausend hastende Pläne ziehn, zwischendurch Zeit zum Unterhalten. Das Tempo der Stadt ist märchenflink — aber die Beschäftigtsten, Wichtigsten, Einflußreichsten reden lächelnd und still von ganz Entlegenem: als ruhte die Welt. Als ginge nichts außer diesem Gespräch sie an.

Dahinter steckt oft ein Wunsch: eine Zugvogelstimmung; ein Idealismus.

Die Prominentesten hier sind allemal das Gegenteil von dem, was man sich unter business-man vorstellt.

VI.

Harriman hat in dem Deutschböhmen Lederer, dem alten Freund Ballins, einen wertvollen Mitarbeiter. Der seit früher Jugend amerikanisierte Lederer (weitläufig verwandt mit dem prachtvollen Hugo, welcher das Bismarck-Denkmal für Hamburg schuf) ist in zwei Welten zu Haus, zwischen beiden der Verbindungsoffizier und ein glänzender Organisator.

... Mit wem einer auch in Newyork redet: alle hier sagen, daß der Ausweg aus dem deutschen Übel nicht politisch, sondern wirtschaftlich zu finden ist.

Darüber spricht bei ganz andrer Gelegenheit der Premierminister des Eisenbahnkönigs, schon Großwesir des alten Harriman, lange mit mir — Mr. Sickel. Welches sind heute die Möglichkeiten der Annäherung?

Sickel sieht ähnlich aus wie Wilson. Ein Fünfziger, hoch und schlank. Mildes Denkergesicht.

Der Sachwalter ungeheurer Dinge hat den Ausdruck eines Gelehrten.

Mir war es eine Freude zu sehn, wie seine Frau und er gefühlsmäßig für Deutschland eintraten. Im Gespräch mit dem Präsidenten der Technischen Hochschule von Pittsburg, welcher den deutschen Namen Mr. Hammerschlag führt, aber die schlimmsten Torheiten der französischen Politik billigt, kam es zwischen den beiden Damen zu einem dramatischen Auftritt, hart gegen hart. Mir wurde bei dem siegreichen Eifer der Ministergattin ganz warm ums Herz.

VII.

Auch Sickel ist gewiß, daß jetzt kein Haß gegen uns mehr besteht. Aber doppelt und dreifach tut eines not: Geduld. Nichts überstürzen! die Dinge nicht puffen! nicht ein langsam von Tau und Regen sich sammelndes Wasser verschütten! Nur das nicht.

Was heut in Amerika fühlbar wird, ist ja bloß ein Aufhören der Feindschaft. Nicht geweckt ist eine Stimmung, die sich zur Hilfstat entschließt.

Amerika, sagt er, beobachtet die deutschen Zustände genauer, als wir meinen — an eine deutsche Bolschewistengefahr glaubt man drüben nicht mehr.

Deutschland sei jedoch in gefährlicher Lage, da jeder Kurs hochklettert, und ein Krach möglich ist ...

Die Bedingungen für Deutschland können besser werden, weil der gallische Gegner sich selbst isoliert ...

Houghton, der neue Botschafter, sei verständnisvoll und willig. Der denkbar beste Mann für diesen Platz. An ihm werde nichts scheitern. (Mr. Houghton, der Glasfabrikant, hat in Wahrheit schon wegen seines freundschaftlichen Verhältnisses zur thüringischen Industrie gewiß nichts gegen uns.)

Kurz: alles hänge heut an zwei Punkten. Erstens: understanding in Amerika. Zweitens: Geduld in Deutschland.

Das Grundverhältnis der zwei Länder sei zukunftsvoll.

Ich war ihm dankbar — und doch nicht getröstet.

VIII.

Ich sprach mit einem Großindustriellen aus Cleveland, der jetzt in Atlantic City haust. Ein gesättigt zurückgezogener, idealistischer Mann; abermals vom Gelehrtentyp. Seine volkswirtschaftlichen Bemühungen haben diesem reichen Praktiker einen Namen gemacht. Der Vater des Mr. Wuest kam 1832 aus Deutschland. Er selbst, Mitte der Sechzig, Großingenieur, vormals mit Fabrikwerken in Cincinnati und Cleveland, hat, als er genug besaß, gleich dem Dichter Walt Whitman »seinen Stuhl vor die Tür gerückt, nun die Leute zu betrachten«.

... Ich bekam von dem eisgrauen Mann mit dem mächtigen Kopf und einem machtlosen, durch Schlaganfall gelähmten Bein einen menschlich sehr starken Eindruck.

Auch er widerspricht in jedem Punkte dem blödsinnigen Bild, das viele sich vom »Dollarjäger« machen.

Ach, vielleicht ist man drüben philanthropischer als bei uns.

Mr. Wuest gab für eine ökonomische Zeitschrift mit seinen Besserungsvorschlägen jedes Jahr zweiunddreißig Millionen Mark her. Am Lebensabend hat er aus Gefühlsgründen (»sentimental reasons«) jene Ländereien gekauft, in deren Umkreis er die Kindheit verbrachte — nur um sie vor Ausschlachtung zu schützen. Eine alte Dame bewarb sich um dies Gelände für den Bau von Arbeiterheimstätten. Er gab's ihr ... mit einer Klausel gegen Verschacherung. Sie verbaute bis jetzt für Wohlfahrtszwecke dort dreißig Millionen Dollars. Also zweihundertvierzig Milliarden Mark; sie besitzt vierhundertachtzig. Die Frau ist alt — und opfert die Hälfte ihres Vermögens.

(Ja, wir haben den Witzblattstandpunkt gegen einen von Europäern erdichteten Yankee; das »understanding« muß auch bei uns beginnen.)

IX.

Mr. Rob. Wuest hat vor dem Hilfsplan des Bankiers Vanderlip hohe Achtung. Frank Vanderlip sei ein ernster, tüchtiger, ja hervorragender und (hier das Entscheidende!) nicht selbstsüchtiger Helfer.

Er könne großen Anhang in Amerika finden. Dort sei »mancher Otto H. Kahn« gewillt, Millionen Dollars herzuleihen. Fehlt nur ein Sammelpunkt für gemeinsames Handeln.

Es geht von diesem alten Mann, dem alle bloßen Schieber und Geldhyänen ein Greuel sind, etwas Gütiges, Überzeugendes aus. Einer von denen ist er, welchen die Kraft innewohnt, hinauszudenken über das bißchen Selbst. Sie wollen die Erde nicht verlassen ohne das aufrichtende Gefühl erfüllter Menschenpflicht — im schwersten Zeitpunkt.

X.

Den eignen Plan, an dem er arbeitet, in der Wirkung zu übersehen, vermag ich nicht. Er beruht auf der Gewißheit, daß weit mehr deutsches Geld in den Vereinigten Staaten ist, als angenommen wird. Mr. Wuest schätzt es auf zwischen fünfzig und hundert Millionen Dollars. (Auch in andren Ländern sei noch viel deutsches Geld.)

Kern seines Vorschlags ist also: die deutsche Regierung solle jeden Tausendmarkschein stempeln — mit der Verfügung, daß er fortab sehr viel weniger gilt ...

Von innen leuchtend, das gelähmte Bein lang ausgestreckt, sprach er zu mir, der ihn nie gekannt hatte, mit einer Hingebung, als stünde sein Eigenstes auf dem Spiel.

Auch er ist ein Vertreter dieses Lands. Amerika hat Herzen und Köpfe solcher Art, von denen wir nicht genug wissen.

XI.

Als der deutsche Konsul Kraßke mich zum Frühstück einlud (wir schmausten köstlich in einer fast hanseatischen Kneipe des Schifferviertels), hat er mir in jedem Fall bestätigt, daß eine Lawine von Handelsverbindungen jetzt, nach dem Friedensschluß, das Konsulat überdonnert. Alles hat sich lange gestaut. Monatlich fünftausend Briefe — bei einem Stab von achtundzwanzig Beamten; daß D'a Fraid' hast! ...

XII.

Also deutschfeindlich ist hier die Stimmung nicht mehr. (Der Marschall Joffre kam jetzt an, wurde mit einem Festmahl in meinem Hotel gefeiert, Wall Street hat viele Trikoloren gehißt — jedoch der Bürgermeister Hylan gab ihm einen Rüffel. Nahm kein Blatt vor den Mund ... wider Frankreichs friedenstörende Haltung.)

Ich bin heute noch voll Zuversicht.

Ich glaube nach wie vor an Amerika. Nur, nur, nur an Amerika.

XIII.

Die Nordpolentdecker, die Flugzeugerfinder, die Kriegsstopper müssen uns helfen — aus einer sehr irdischen ... und aus einer himmlischen Ursache.

Aus dem nüchternen Grund ihres Geschäftsmangels. Zweitens aber (das unterschätzt nicht länger!) aus Gründen eines moralischen, kategorischen Imperativs.

Man läßt ein hochstehendes, unersetzbares Volk, man läßt einen Erdteil nicht verfaulen.

Ich hoffe. Ich glaube. Ich weiß.

Amerika-Deutschtum

I.

Die Professoren der Sektion für deutsche Literatur an der Columbia-Universität haben mich durch eine Einladung tief erfreut und geehrt. Es war ein Essen im Faculty Club auf dem umwehten Hochschulhügel. Nach dem heißen Tag hauchte vom Hudson frischere Luft.

Ich stieg den »campus« der Universität hinan; danach die paar Freistufen eines Backsteinbaues. Hier standen in der Kühle des großen, fast klösterlich zurückgezogenen, vielfältigen Anwesens wertvolle, mir damals noch unbekannte Menschen.

Der Abend bleibt mir eingedenk. Es war ein herrliches, herzliches Beisammensein.

II.

Professor Dr. Fife, Amerikaner aus Virginia, der Deutsch vollendet spricht, steht an der Spitze dieser Abteilung. Neben ihm wirkt Professor Heuser, der als Kind aus Deutschland kam. Ich nenne von denen, die am Tisch saßen, Professor Braun, Professor Schuster (nicht nur durch seine Indianerforschungen berühmt, sondern wegen des großen Hilfswerks für Deutschland verehrungswürdig) Professor Boas; aus Westfalen.

Wenige Tage zuvor hatte Professor v. Klenze mir erzählt, daß (o Balsam für einen Schriftsteller!) am Newyorker City College die sieben Bände meines Werks »Die Welt im Drama« und »Die Welt im Licht« für die Studenten eingeführt seien.

Ich spreche von alledem … Erstens, weil es mich beglückt hat (»o laßt uns wahr sein, vielgeliebte Freunde!« sagt Grillparzer). Zweitens, weil nicht ein zufälliges Ich, sondern überhaupt etwas Deutsches hier Gegenstand ist.

Drittens: weil aus der Berührung manches über das Amerika-Deutschtum zu erkennen blieb.

III.

Von jener strotzenden Fülle der Studiosenschaft, die sich vor 1914 im »Department of Germanic Languages« um deutsche Werte bemüht, ist nur ein trüber Rest geblieben. Auch hier hat der Krieg fast alles zerstört.

Wie war das möglich? Bis zur Lusitaniaversenkung, bis 1917 ging es. In Provinzschulen war Deutsch Unterrichtsfach. Jetzt reisen aber, von einem Newyorker Bund betraut, Sendlinge herum, auch Frauensbilder — und forderten Abstellung. Von einem Tag zum andern hörte der Unterricht im Deutschen auf. (Dafür wird heute Spanisch gelehrt ... Vorbei!)

Was im Krieg mancher geistig hochstehende Deutschamerikaner gelitten hat; von welcher seelischen Drangsal sie gepeinigt wurden: davon wissen wir nicht genug. Schon vorher, ja seit zwanzig Jahren haben England und Frankreich gegen die Deutschen Amerikas dort Propaganda gemacht.

»Der Wagen brauchte nur glatt einzurollen — die Tür stand auf«, sagte mir (prachtvoll, klug, frisch) Frau v. Klenze.

Wir selber taten, was wir zu oft getan: schlummerten ... oder begingen Taktfehler. (Parole: »Zu lau — oder zu laut«.)

Heute läßt sich das Rad nicht wenden.

IV.

Der Amerikaner Dr. Henderson hat eine zweibändige Geschichte Deutschlands verfaßt. Sie ging bis 1914. Er schreibt jetzt, auf Ersuchen, die Fortsetzung. Seine Frau (seit einem Menschenalter lebt sie drüben, ihre Schwester ist Marie v. Bunsen) erzählt mir, daß Deutsche sich im Krieg plötzlich als Schweizer oder Skandinavier ausgaben. Es war eine Brotfrage — denn Diener, Gärtner bekamen als Deutsche nicht Stellung. (Andren ging es durchaus leidlich ... wie mir ein schlauer Steward erzählt, welcher bei Kriegsausbruch drüben — das ist sein Wort — »strandete«. Dieser Mann aus Hamburg fuhr in die Mittelstaaten, trat fix in eine Freimaurerloge, hielt sich zur Bruderschaft ... und blieb, bis auf Daumenabdruck und Lichtbild, ganz unbehelligt. Nicht nur er.)

Die feine Enkelin des verblichenen Josias v. Bunsen weiß, daß bis zum Lusitania-Jahr die Stimmung erträglich stand. Da erst brach es los ... Heut ist zwar der Groll ruhig — doch leben die Deutschen Amerikas, meint sie, »wie auf einer Insel« ... Die Kinder fühlen rein amerikanisch. Und die Enkel erst! »Man kann ihnen da nicht dreinreden.«

Sie kamen ja schon drüben zur Welt.

V.

Innerhalb amerikanischer Familien gab es Zwiespalt. Mr. Dresel, bis vor kurzem Geschäftsträger in Berlin, löste den gemeinsamen Haushalt mit seiner Schwester... denn der Bruder war englisch gesinnt, die Schwester mehr deutsch. Es litt sie nicht zusammen. Dresel, der in Berlin bei Tisch manches Mal neben mir saß, spricht Deutsch wie ein Deutscher — und stand sogar zu vielen amerikanischen Kulturerscheinungen sehr kritisch ... Über den furchtbaren Gerard, vormals Botschafter an der Spree, ist kein Wort zu verlieren. Aber auch Hill, einer von seinen Vorgängern — ich rühmte sein Buch (im »Pan«), das Übereinstimmung der politischen Moral mit der Moral jedes Privatmannes fordert — auch Hill war der deutschen Sache nicht wohlgesinnt. Wer war es nach 1917?

Pfälzer aus Kalifornien, Holsteiner aus Long Island erzählen mir von den Schrecknissen, die man bei dem Tun der Papen, Boy-Ed, Dr. Albert durchgemacht. Hier empfing das Deutschtum, sagen sie, die stärkste Schädigung — für immer.

VI.

Also die Qual für manchen Deutschen lag nicht in äußerer Gewalt. Nicht im Einsperren oder Bewachen. (Überwachung war ja auch bei uns; kerndeutsche Berlinerinnen, die Engländer geheiratet hatten, in Schwalbach vom Krieg überrascht wurden, sogar für unser Rotes Kreuz arbeiteten — die mußten in Berlin zweimal wöchentlich auf die Polizei; Krieg ist Krieg!)

Die Qual steckte tiefer. Eingewanderte, prodeutsch in Wort und Schrift wirkend, sahen ihre Söhne sich als Kämpfer freiwillig wider Deutschland melden. Mißbilligen konnten sie's nicht — nach dem verworrenen, unsren Erdball noch beherrschenden Wildenbrauch: Krieg ist Krieg.

VII.

Heut ist in Amerika die Lage so: Die reichen, gebildeten, ehrgeizigen Familien gleiten vom Deutschtum ab. Also die einflußstärksten. Ihre Söhne sind in scharfbeachteten Stellungen, ihre Töchter oft mit Amerikanern verheiratet. Wer als Deutscher gesellschaftlich strebt, hält seine Kinder nicht mehr ab, stockamerikanisch zu sein. Und die Deutschen hier verdenken's ihnen kaum.

Ein deutscher Gastwirt aus Los Angeles, geborener Berliner, sagt mir: »Keiner will bei uns Deutscher sein. Vorher — na!«

Es will auch keiner zurück. Warum? Der Bergedorfer, in Florida seßhaft, ehemals Korpsstudent, sagt mir: »Die Deutschen bei uns haben das Assessorentum satt — ihnen graut vor Beamten, die oft gut aussehen und fesch sind und distant, aber nicht fähig. Wo also der Norddeutsche höhnisch denkt: Ecken vergolden!«

Keiner läßt sich das gefallen, der einmal drüben war.

Keiner will zurück — schon aus wirtschaftlichem Grunde. Der Webereiarbeiter (das sagt mir ein gebildeter manufacturer aus Philadelphia, hessischen Ursprungs) — der gute Webereiarbeiter verdient wöchentlich bis hundertfünfundzwanzig Dollars; freilich nur in Ausnahmefällen. Das sind pro Jahr achtundvierzig Millionen Mark ...

Denkt er an die Heimkehr?

VIII.

Von hundert Amerikadeutschen sind fünfundachtzig aus der schlichtesten Klasse. Von diesen kleinen Leuten ist vorläufig nur ein geringer Satz bewußt sozialistisch. Der größere Teil ist ... rührend erfüllt von gewissen Erinnerungen an die Heimat — und um zehn Jahre hinter der Gegenwart zurück. Monarchentreu in dem Sinn, daß Familienfeste deutscher Fürsten etwas fürs Gemüt sind ... Ein Schwarm, der halt ohne viel Begründung am Gewohnten hängt. Oft liebe Menschen.

Einheitlichkeit (darin sind sie deutsche Politiker) ist nicht ihre Tugend. Zum Exempel: Deutschamerikaner haben die »Steuben-Society« zur Förderung des Deutschtums gegründet. Eine Abordnung begibt sich zum Präsidenten Harding und empfiehlt für ein diplomatisches Amt Herrn Pontius. Schön. Der Präsident staunt, als kurz danach eine andre Abordnung derselben Steuben-Society Herrn Pilatus empfiehlt ... Einigkeit macht stark. Sinnbild deutscher Politik.

Trotzdem ist Hoffnung, daß ein deutscher Zusammenschluß drüben in gewissem Grade Gutes wirkt. Allerdings wurden bei Gustav Frenssens Vortrag in Newyork bloß vierhundert Plätze (von siebenhundert) verkauft. Peinliches Verhältnis zur Kopfzahl.

Wie trüb es heute mit Geldsammlungen aussieht, hat wahrheitsgemäß Herr Miller, Redakteur der »Newyorker Staatszeitung«, sogar in einem rechtsstehenden deutschen Blatt mitgeteilt ... Ist es zu verwundern? Die Amerikadeutschen selbst wehren sich langsam gegen die würdelos gewordene, von Deutschland aus betriebene Bettelei. Es geht in die Puppen — ohne Geschmack noch Selbstachtung.

Man hätte dort mehr für uns übrig, wenn wir stolzer wären.

IX.

Der Krieg hat aus zwei deutschen Blättern Newyorks, »Staatszeitung« und »Herold«, eines gemacht; sie sind verschmolzen. Ihre Auflage beträgt hundertzwanzigtausend; die Auflage des deutsch-sozialistischen Blattes achtzehntausend.

Die zwei vereinten Blätter halten den Sinn für das entschwundene Vaterland wach. Ihre alten und neuen Freunde — Hirsch, Weil, Miller, Schmitz — hatten kein leichtes Amt.

Die eng zugehörige Familie Ridder, jetzt mit dem Organisator Arnold verbündet, wirkt seit Geschlechtern drüben für alles, was deutsch ist. Bernhard Ridder schrieb in der Kampfzeit Aufsätze zur Verständigung. Der jüngste Bruder, Viktor Ridder, ist mit Hingebung ein Helfer für den deutschen Gedanken; unter ihm arbeitet ein ganzer Ausschuß.

Was der begabte Poet G. S. Viereck für das Deutschtum getan hat, war nicht fördersam. Sein Ton hat Feindseligkeit erzielt. Aus allen Verbänden amerikanischer Blätter flog er hinaus ... Er wird's tragen.

Unter diesen angloamerikanischen Zeitungen sind (um nur einige zu nennen) die Hearstschen Blätter uns nicht abgünstig. Auch der »Newyork Herald« heute nicht. Von Wochenschriften vollends die (liberale) »Nation«. Diese gibt Herr Villard ganz uneigennützig heraus, der Sohn des Eisenbahngründers aus Worms. Villard hat die (literarisch wichtige) »Evening Post« veräußert — weil sie ihm zu konservativ geworden ist.

X.

Kritiker der »Nation« und einer der angesehensten Kritiker Amerikas ist der Übersetzer von Gerhart Hauptmanns Werken, Professor Dr. Ludwig Lewisohn.

Dieser Mann — den man hier Loïson ausspricht — bleibt neben dem prachtvollen Henry Louis Mencken (dessen Großvater aus Leipzig nach Baltimore zog) ein rabiatester Kämpfer für das Deutschtum.

Ludwig Lewisohn war Professor an einem College der Mittelstaaten — und mußte wegen seiner stramm deutschfreundlichen Haltung aus dem Amt. Es gab ein Verhör ... zumal als er den Satz drucken ließ, Nietzsche sei doch einer der größten Prosaiker.

Der Professor kam als Kind aus Deutschland mit den Eltern in die Südstaaten. Dieser Jude vergöttert die Dichtung seiner dämmrig verlorenen Heimat.

Er saß dann im sogenannten Mittelwesten.

Der Schrei gegen die »huns« wird ihm widerlich. Ein ehrlicher Geist bellt und rebellt. Der Propagandafilm »The beast

of Berlin« ekelt ihn an. Er gewahrt, parteilos, die Kriegser-
bärmlichkeit bei allen. Auch in der Hungerblockade.

Kurz: als er den einseitig-ungerechten Hexensabbat gegen
Deutschland nicht mitmachen will, muß er weg. (Sein deutscher Universitätsgenosse war eben mit einer kranken Frau
und drei Kindern auf die Straße geflogen, ging nach Mexiko,
starb dort im Elend.)

XI.

Das jetzt erschienene Buch »Up stream«, worin der
Hauptmann-Übersetzer mitteilt, was er als Deutscher und
als Jude wechselweis erleben durfte, hat nicht bloß die
Deutschamerikaner nachdenklich gestimmt. Ludwig Lewisohn weist hier schäumend auf »the Judas trick of Versailles«.

Er kämpft auch gegen den neuen Nationwillen — Amerikas. Und gegen einen Puritanismus, der hintenrum zu Ne-
gerhuren schleicht. Und gegen Jazz. Und, offenbar weil
seine Väter in Deutschland saßen, gegen das Trinkverbot.

Ich denke von den Amerikanern anders — er haust ihnen
zu nah; er sieht zuviel Einzelheiten statt des grandiosen Um-
risses ...

Was tut's? Man fühlt einen ernsten, hochstehenden Menschen, der taktische Fehler vielleicht begeht — aber nicht
druckt.

(Menckens erfrischende Kulturabeit wird noch betrachtet.)

XII.

Ein innerer Umschwung vollzieht sich. Amerika war vor
dem Kriege nur ein Land ... und ist infolge des Kriegs eine
Nation.

Der treffliche Professor Frank Mankiewicz, Lehrer an der
High School, ein Deutscher, der bald vier Jahrzehnte dort
lebt, klagt mir über die Veränderung: seit Amerika durchaus
Nation werden will.

Vormals konnte dort jeder sein, was er war; auch Deutscher; heut muß er seelisch die Uniform tragen. Die Folge

sind komische Mimicry-Versuche von Deutschen. Haltlos und haltungslos.

Mancher hat mir Ähnliches gesagt.

XIII.

Die Stimmung in Amerika ist heut ohne Haß. Der neue Beginn bessert einzelnes. Doch er kann (nach allem, was vertan ist) für uns die alte Lage nicht wiederbringen.

Es war einmal ... Und es fragt sich, ob diese Entwicklung zu verwundern ist.

Denn auf andrem Blatte steht: ob die Amerikaner nicht berechtigt sind, von Eingewanderten das zu fordern, was wir von Polen, Dänen, Lothringern stets gefordert haben. (Oder, je nachdem: ob wir berechtigt waren, es zu fordern.)

XIV.

Auf andrem Blatte wieder steht: ob die wahrhaft großen Verdienste deutscher Mitarbeit in Amerika stärker hervorzuheben sind, als wir den Einschlag fremden Blutes in unsrer Kultur hervorheben — in dem slawisch durchspickten, gallisch beeinflußten Norddeutschland, wo noch eine Königin Luise Französisch an Deutsche schreibt. Dürers Familie kam aus Ungarn, Kants aus Schottland, Beethovens aus Belgien, und Goethes Haar war nicht blond ... Betonen wir das? O Menschen! Menschen!

XV.

Gleichviel. Dies mag ein »zu weites Feld« sein. Auch mag unsre Landsmannschaft jenseits des Meeres vorübergehend sich sammeln, sich raffen — und hunderttausend gute Wünsche fliegen aus vollem Herzen ihr zu. Der offenmütige Betrachter langer Zeiträume macht sich dennoch nichts vor.

Sicher ist bei alledem eins: der infame, schicksalsverdammte, »frisch-fröhliche« Weltkrieg brach — neben allem, was er sonst verschuldet — auch dem Deutschtum in Amerika das Genick.

★ ★ ★

Nachschrift. Als dieser Essay zuerst erschienen war, knüpfte daran die »New York Tribune« (3. Juli 1922, Beitrag von Maerker-Branden) zutreffende Fragen und Betrachtungen. Ich möchte nicht zweifelhaft lassen, welche Möglichkeiten für die Amerikadeutschen ich als ehrlicher Mensch erblickte:

Sie können dort keinen Staat im Staate bilden. Sie selber werden das nicht wollen. Sie werden, selbstverständlich, Amerikaner sein.

Aber sie können die Erinnerung an die alte Heimat hochhalten. (Wie die französischen Kolonisten in Berlin.) Sie können das stolze Wort beherzigen: »Wohl dem, der seiner Väter gern gedenkt«. Und sie können das Verhältnis zwischen Deutschland und Amerika bessern helfen. Das ist es.

Sie müssen klar die Scheidung machen: zwischen dem hohen Werte des deutschen Volks ... und dem geringen Wert seiner vormaligen Führer.

Deren Fehler brauchen sie nicht zu verteidigen — oder gar zu verantworten. Vollends den »Kaiserismus« müssen sie endlich zum Schutt werfen. Sie sind zu gut dafür.

Adolph S. Ochs
(Die Zeitung)

I.

Gestern sprach ich stundenlang mit einem Manne, dessen Stellung hier so einzig geartet ist wie seine Laufbahn.

Und obgleich er vormals ein politischer Gegner war, brachte mir das Zusammensein menschlich ein Entzücken.

II.

Newyork ist nicht Amerika — doch seine wichtigste Stadt. Die »New York Times« ist eine der wichtigsten Zeitungen dieser Stadt. Adolph S. Ochs ist ... die »New York Times«.

Das Magnetische des vierundsechzigjährigen Mannes liegt nicht in der Tatsache selbst. Sondern in der Art, wie er dazu gekommen ist.

Ein phantastischer Aufstieg. Spät und rasch. Hier hat kein Zärtling seine Stellung empfangen — sondern ein Willensmensch (mit dem Funken im Hirn) sie gemacht. Dabei vor allem ein anmutiger Mensch; der reizendste ältere Herr, den ich kenne.

III.

Mit elf Jahren Zeitungsausträger in einer Kleinstadt des Südens: Chattanooga. Dann Setzerbursche. Mit zwanzig Jahren Inhaber des Käseblatts »The Chattanooga Times« — das er mit gepumpten zweihundertfünfzig Dollars erstand, bei Übernahme von fünfzehnhundert Dollars Schulden.

Wer an Persönlichkeiten in das Nest kam, war sein Gast. Er galt in der mittelsüdlichen Gegend als hellster Mann. Selbst Bischöfe schwärmten für ihn. (Es lebt halt in Amerika viel gradherzige Neigung, Tüchtiges anzuerkennen — auch der Haß ist bei diesem genialen Jugendvolk noch nicht so hintersinnig wie bei durchgereiften Kulturvölkern …)

Der Präsident in Washington selber wünschte für den Besitzer des Blattl's ein weiteres Feld als Chattanooga-Krähwinkel. (Flaubert verlangt für solche Könner, wie er's nennt, »une cage plus vaste«.) Adolph ging bald auf die Vierzig, als man ihn nach Newyork holte. Denn die große Newyorker »Times« pfiff auf dem letzten Loch.

Der Mann aus Chattanooga besaß mehr Tüchtigkeit als Geld. Andre brachten es auf. Er selber kratzte für sich fünfundsiebzigtausend meist geborgte Dollars zusammen. Mit diesem bescheidenen Anteilspfennig war er doch unumschränkt in der Leitung des zusammengebrochenen Blattes.

Acht Jahre nach seinem Eintritt mußte man einen Wolkenkratzer dafür bauen … (Das »Times Building«.)

IV.

Ochs ist heut Oberherr der »Times«; das »Times Building« ein nicht wegzudenkendes Merkzeichen Newyorks. Kurzerhand übertrug man hier Giottos Florentiner Glockenturm in den Stil der neuen Welt: schmal, steil, riesenhoch …

Nicht nur ein ausschweifend ragendes, sondern ein gestuftes und feineres Denkmal der wichtigen Tagschreiberei hob sich. Der »Times Square« trägt nach ihm den Namen. Eine zuvor belanglose Stelle des Broadway wurde geschichtlich. Ein Symbol stand.

Aber der Turm war zu klein. Schrägüber das Massiv mit einem Dutzend Stockwerken kam dazu — »The Times Annex«.

V.

Als Mr. Ochs mit mir durch Tiefen und Höhen seines Gebiets ging und fuhr, gestand er mit einer gewinnend offenmütigen Art, aber mit ernstem Blick, wie »fascinating« für ihn dieses ganze Werk sei. Er ist hier täglich seit einem Vierteljahrhundert — wenn er nicht zum Luftschöpfen reist. (Zuletzt nach Ägypten; nach dem Heiligen Land; nach Paris, wo er seinen alten Spezi Clemenceau traf ... und sich über die Veränderung der Stadt wunderte.)

Wir fuhren in den tiefsten Keller und in den obersten Lichtraum. Dieser Annex hegt zyklopische Dinge. Alles scheint hier vervielfacht. Grüngleißender, fast schmerzender Blendglanz ... zwischen Eisenrädern, Walzen, Blitzübertragungen. Über breit-endlosen Papierschlangen — die propellerflink hinflitzen. Wie Schwärme von Ventilatoren schwirrt es. Gefaltete Nummern klettern durch ganze Stockwerke fertig empor, an einer schrägen, fast senkrechten Drahtgitterbahn ... hinauf, durch die Decke, wieder durch die Decken. Jedes fertige Stück liegt auf dem vorigen halbschräg, eins etwas höher als das andre; jedes soundsovielte liegt mehr seitlich, wegen der Abzählung. Sie steigen, steigen, steigen ...

Maschinenmirakel in andren Räumen. Taifun-Gebraus. Das ganze, tolle, verschmitzte, systemstarke Tohuwabohu wird magisch hinreißend.

VI.

Er fuhr mit mir in die Klüfte des Hauses; wieder empor in einen leeren Mammutsaal: social room; groß wie eine Kai-

serpfalz in Goslar. Zwischendurch vorbei an tobenden Falt-
maschinen. Ich sah Rotogravür-Ungeheuer in flimmernder
Hast. (So eine Tiefdruckpresse für Bilder war zuerst in
Deutschland gebaut; jetzt macht man sie drüben.)

Märchenmänner in verhexten Sälen, hastend, wischend,
greifend, lenkend, richtend. Maschinen, wieder Maschinen,
kaum noch übersehbar. Sausendschwindlige Rapidheit.

Ochs hat in seinem Haus Geräte, die binnen Stundenfrist
dreihundertfünfzigtausend dicke Nummern aus der Pistole
schießen — in einer Stunde. Wochentags an mancher vielsei-
tigen Ausgabe hat man zu schleppen.

Was enthält sie? (Im Querschnitt.)

VII.

Vierzig Goliathseiten. Seite eins (nur das Technische be-
trachtet): ein Kabel aus Irland. (Die Nachrichten mit »copy-
right«.) Gerichtsverhandlungen; Scheidungen aus Amerika.
— Tödlicher Unfall aus der Gesellschaft. — Selbstmord eines
Amerikaners in Paris. — Streiks. — Neue Sowjetverträge. —
Endlose Kabelspalten. — Kein Inserat.

Seite zwei: Riesenkabel aus Frankreich; politisch. —
Schiffsrekorde, drahtlos aus London. — Scheidung, aus Baltimore. — Amerika-Politik. — Ein Schuß. (Wenig Inserate.)

Seite drei: Blitzmeldungen aus Tientsin. Aus Peking. —
Kansas. — Boston. — Kabel: ein Amerikaner in Mainz ver-
wundet. — Gewerkschaften. — (Mehr Inserate, neben dem
Text.)

Seite vier: immer mehr Inserate. Politik aus Amerika …
Seite fünf: Erregendes aus dem Alltag; sechs Spalten Inserate
— nur zwei Spalten Text … Seite sechs: Ansprache des
Bankiers Otto H. Kahn im Konzert; (sechs Spalten Inse-
rate) … Seite sieben: Rede eines Achtzigjährigen über die
Zunahme der Verbrechen seit dem Krieg; (sechs Spalten
Inserate) … Seite acht: Steuern; Sterbefälle; Prozesse; (sechs
Spalten Inserate) … Seite neun: bloß eine Spalte Text;
acht Spalten Inserate. Feuer; Einbruch. Seite 10, 11, 12: So-
ziales; fast nur Inserate … Seite dreizehn: bloß Inserate.

Vierzehn bis siebzehn: Sport; eine Zeile Text; fast nur Inserate.

Jetzt, auf Seite achtzehn, beginnt — statt der Nachrichten — allerhand Betrachtendes über sie... Seite neunzehn: Todesanzeigen; Soziales, Inserate ... Seite zwanzig: Verlorenes, Gefundenes; Inserate, Inserate.

Doch Seite einundzwanzig, also neues Deckblatt der Vierzigseitennummer: kein Inserat. Erst auf Seite zweiundzwanzig beginnt ... die Theaterkritik — (und Inserate, Inserate).

Zehn Riesenseiten Handelsteil; Baumarkt; Rieseninserate — bis Seite vierzig; über Schiffsnachrichten weg, lauter Inserate, Inserate, Inserate.

(Sonntags prachtvolle Beilagen. Künstlerisch-ernsthaft; literarisch, mit Bildern. Kostbar ausgestattet. Pfundschwer. Technisch grandios ...)

VIII.

Der grauhaarige Jüngling mit amerikanisch dicken Brauen, zurückgekämmtem Haar, glattrasiertem und großlinigem Antlitz fährt und steigt mit mir durch den Annex. Nigger, weiße Mädel, verschmierte Giganten trifft man. Zuweilen schüttelt ein schwarzölrußiger Kerl ihm die Hand; sie kennen sich seit Jahrzehnten. (Das ist Amerika: vertrauliche Wucht, fern von Anbiederung.)

Nette Schreibmädel, kleine Buchhalterinnen kreuzen flink die Flure. Die eine, so sagt er fast väterlich lächelnd, ist Braut. Ich: »I congratulate you.« Wir lachen; sie ist reizend. Alle sind wohlgemut, ihn zu treffen. Manche des Riesenschwarms erkennen ihn spät — und strahlen ihn an.

Die Küche des Zeitungsbaues ist blinkweiß. Ein Restaurant für die Angestellten. Räumig, lecker — in einem höheren Stockwerk. Mr. Ochs unterhält auch ein eignes Hospital. Alles bildsauber. Die Tragbahren, die Betten, die Bäder, die Medizinschränke. Mit zwei Samariterinnen sprechen wir. Mr. Ochs ist nicht »Chef« — sondern »ein Bekannter«. Sie freuen sich; das Wort des ersten Friedrich Wilhelm von Preußen, als man vor ihm Furcht hatte: »Lieben sollt ihr mich, ihr Luders!« scheint in der Neuen Welt erfüllbar.

IX.

Wir waren in den Stempelraum gekommen. Hier sitzen Beamtinnen, die, um Briefe freizumachen, eine namenlose Fülle mit Maschinen stempeln.

Buchhalterinnen, ungeheuer. Wie durch ein Fernglas gesehn. Alles von betäubender Großartigkeit. Nicht zuletzt (ein Ärger für Ferdinand Lassalle) das advertising department — der Inseratenteil. Blüte des Kapitalismus. Kinder, Kinder! ... Der Ferdinand wollte den Blättern die Inserate verbieten; sein Irrtum ist in Ländern erprobt, wo es nicht Inserate gibt, sondern, na, Nebeneinnahmen.

X.

Wie der heimgegangene Vergil mit Dante, so fuhren wir vom Inferno durch das Purgatorio zum Paradiso. Immer kreuz und quer ... Das Archiv ist ein Teil des Blattes, wo in Kartotheken oder Zettelkästen alles nachzuschlagen bleibt, was jemand wissen will. Brockhaus ist hiergegen eine Waise. Mr. Ochs bittet lächelnd einen clerk, aus der Kästenfülle den Namen eines wirkenden deutschen Staatsmannes zu ziehen. Auf der Karte steht, wann dessen Vater gestorben ist, wie lang er gelebt hat, was der Inhalt seines Daseins war. Dann kommt, mit verblüffend klappenden Einzelheiten, der Sohn ...

Jedes Kärtchen, voll notwendiger Lebensdaten, weist auf einen Platz des Archivs, wo Langes, Genaues zu holen ist ... In größtem Stil. Der Umfang amerikanisch. Durchdachtes Gefüge. Fast ein Versuch, das Hirn durch Gerätekraft zu ersetzen.

XI.

Herr Ochs, wenn man mit ihm diskutiert, ist schlicht und klar; er blickt grade vor sich. Unter den Wimpern hat er einen intensiven, über den Augenblick hinausgehenden, fast verträumten Zug.

Als ich frage, warum er gar so englandfreundlich gewesen sei, meint er lachend, ihm sei schon nahegelegt worden, den Namen »Ochs« in »John Bull« zu ändern ...

»Warum?« — Gegen Überzeugungen läßt sich nicht kämpfen. Gegen Empfindungen auch nicht.

Wenn er von Deutschland spricht, wird er fast lyrisch. Er liebt aber, wie Amerikaner so oft (und wie oft haben sie's mir gesagt), nur das Land ... und scheidet sehr die Führer von dem Land. (Die vormaligen Führer.)

Sein Vater kam, erzählt er mir, als Jüngling aus Fürth nach Amerika. War verwandt mit der Familie van Geldern, also mit Heines Mutter. Der Vater mußte weg aus Deutschland, weil er damals — erzählt Mr. Ochs — bei jedem Versuch, sich zu regen, auf Hinderungen durch Rassenschikane traf. (Die Judenfurcht, heut ein Besitz der Schwächerbegabten, war ja damals ein Regierungsbestandteil.) Alles verbarrikadiert. Da ging er jung über See.

Mr. Ochs erzählt, er selber habe schon an Dernburg, auf die Frage nach seiner nicht prodeutschen Politik, die Gegenfrage gerichtet, weshalb man von ihm, der in Amerika geboren ist, eine andre als amerikanische Politik erwarte ... Erwarten die Deutschen von einem Stuttgarter, weil sein Vater als Jüngling etwa Dänemark verlassen hat, eine dänische Politik? nicht eine deutsche?

Mr. Ochs bedauert, was dieses wertvolle deutsche Volk an Sünden der Führer zu büßen hat; er liebt ja Deutschland — glaubt aber, daß wir zahlen müssen ... und daß jeder Mensch freiwillig ungern zahlt.

Immer kommt eine (apolitische) Liebe zu Deutschland durch. Fast eine Schwärmerei für Berlin. Auch der zögernde Wunsch, wieder mal in dies Land zu reisen — obschon er keine Verwandten hier besitzt und kaum Deutsch kann.

XII.

Er hatte mich zum lunch gebeten. Im Gebäude der »Times« ist ein Eßzimmer für ihn und seine Freunde. Die Speisen kommen aus jenem Hausrestaurant.

Der Mann seines einzigen, bildhübschen Kindes, Mr. Sulzberger, ein sehr frischer jüngerer Herr, saß mir gegenüber. Daneben Mr. Rollo Odgen, ein führender Vertrauensmann. Auch sein alter Freund Mr. Kohlsaat — auf dessen deutschen Namen Mr. Ochs mich lächelnd hinwies.

Als er, halb scherzend, halb ernst, fragte: »Wieviel glauben Sie, kann Deutschland zahlen?«, sprach ich: »Keine Ahnung; aber viel weniger!«

XIII.

In jedem Augenblick tat es mir leid, daß ein Mann dieses Könnens und Einflusses nicht bei uns zu stehn vermocht hat. Im Beginn des Krieges, gleich im Dezember 1914, schrieb sein Blatt mit leider wahrem Prophetismus: Deutschland sei mit dem alten Österreich und der Türkei verbündet, zwei im Grunde rückständigen, fast sterbenden Völkern; der Kampf sei hoffnungslos. Ob die Deutschen, entgegen aller Bismarckschen Klugheit, in ihr Unglück rennen wollten? ... In dieser Art (Dezember 1914!)

Das alles war vorbei. Rückgängig ist nichts zu machen. Wir schauen, wenn wir klug sind, heut auf Kommendes.

... Stundenlang hatten wir gesprochen. An meiner Seite schritt und stand und saß ein menschlich bestrickender, humorsamer, fabelhaft tüchtiger Mann — politisch anders gestellt. Ich sah sein Lebenswerk. Und, jenseits von geschiedenen Standpunkten, die staunenswürdige Leistung.

Mr. Ochs hat ein Recht, wenn er sein Gebiet durchstreift, so zu leuchten, wie er leuchtet. Die Welt hat er irgendwie vorwärts gebracht. Schade, daß es nicht unsre Welt war.

Das Hotel

I.

Als ich das erstemal in Amerika war, vor dem Krieg, machte besonders ein Glaskästchen im Hotelzimmer Eindruck, während ich auf dem Diwan lag — es leuchteten da plötzlich Buchstaben auf mit der Inschrift: »Post für Sie angekommen«; »mail in office for you«. Im Zimmer war auch ein Spalt für abzusendende Briefe — die beim Pförtner in den Kasten glitten. Und so.

Seit dem Krieg ist Neues entstanden ... Mit neuem Stil.
Ich sagte schon, wie auf dem Buckel eines rechteckigen
Grundbaues vier heitere, helle flachgepreßte Schornstein-
türme leuchtend mit unzählbaren Fenstern in den Himmel
ragen.

II.

In diesem absonderlichen und wunderbaren Rasthaus,
dem größten der Welt, mit zweitausendzweihundert Zimmern samt zweitausendzweihundert Bädern, ist alles von
langer Hand grüblerisch auserdacht. Mit einem ans Ende
dringenden, vor nichts nachgebenden, klammernd-wuch-
tigen Scharfsinn. Ein Hotel, das aus Tricks besteht.

Bloß eine starke Phantasie bringt solcherlei zustande. Bloß
wer hellste Tagmärchen träumt ... und sie ohne Rücksicht
auf Üblichkeiten tapfer ins Werk setzt. Es gibt da keinen, der
träg und gewohnheitsfeig und überlieferungshörig immer
einwendet: »Das geht denn doch nicht; es widerspricht allem
Herkommen«.

(Uäh! ...)

Der Menschenschlag hier sagt nicht: »Ja, aber ...«, sondern: »Ja, also ...«

Darin ruht für mein Gefühl der ungeheure Reiz. In jenem
Neusinn, der nicht Überlieferungen anglotzt, sondern
Überlieferungen schafft.   ·

(Das »Ja, also ...« ist der Hebel zum Aufstieg.)

III.

Ein Franzose schrieb vor hundert Jahren die Schrift:
»Voyage autour de ma chambre«. Man könnte das heut wieder schreiben. Jedoch die »Reise rings im Haus« kriegt nun
ein ganz andres Gesicht.

In meinem Stockwerk, ich hause ziemlich hoch, sind zwölf
Lifts nebeneinander. Genau: je sechs beisammen. Auf der einen Flurseite sechs Expreßlifts; die halten bloß in jedem
soundsovielten Stock. Gegenüber sechs lokale Lifts: die halten überall.

Solche zwölf Lifts hat auf allen Fluren jeder von den vier Wolkentürmen über dem gemeinsamen Grundbau. In jedem Stockwerk, bis zum Äther, sitzt in ihrer Koje, mit bezifferten Fachkästchen und einem Ferndrucker, wie aus dem Ei gepellt, je eine Pförtnerlady. Sie hat alle Schlüssel dieses Flurs; hegt angekommene, sofort nach oben verteilte Briefschaften, und bewahrt jede Meldung vom Erdgeschoß, die mit dem Ferndrucker von unten einläuft.

Über achtzig Pförtnerdamen in über achtzig Stockwerken — außer der Zentralpförtnerschaft unten.

IV.

Irgend jemand ruft an, während ich weg bin. Der Ferndrucker meldet sogleich auf schmal quellenden Streifen hinauf: »Mr. X. will see you at 12.30 p. m. to-morrow«; dabei Stunde samt Minutenzeit der Meldungsaufnahme.

Oder der Ferndrucker spricht: »Mrs. Y. wird Sie morgen vormittag 9.30 anrufen«. Oder: »Mr. Z., publicity manager, bat um ein Interview heut um fünf«. Oder: »Mr. Soundso fragte 6.20 vergebens; kommt morgen 9.15 wieder«.

Das Ende des Druckstreifens ist auf eine Karte geklebt; auf ihr haften Stempel der verantwortlichen, weiterleitenden Stellen des Hotels. Alles kontrollierbar.

V.

Im Hotel ist eine Untergrundstation. Auch wer mit gewissen Fernzügen abfährt, kann direkt zu den Waggons. Dahin führt ein Lift und ein Sonderweg; unterirdisch.

Das Hotel hat im Erdgeschoß sieben Restaurants mit verschiedener Aufmachung — vom »Springbrunn-Raum«, wo man morgens ein »leichtes Klubfrühstück« haben kann, bis zum dining-room, bis zum Teeraum, bis zum Grillraum, bis zum »Café«, bis zum gläsernen Schmetterlingsraum, bis zum Dachgarten über dem zweiundzwanzigsten Stock, bis zum Ein-Uhr-Frühstücksraum im Keller.

Das Hotel gibt eine Zeitung heraus — mit Artikeln über prominente Gäste.

VI.

Wer von der See hier ankommt, frisch aus dem Auto geladen, und in einer teppichbelegten, titanischen, blumendurchdufteten, stimmdurchtobten Halle (es ist aber keine Halle, sondern ein reicher, kostbar-wohnlicher, ernster Sammelraum für viele Menschen — mit Sesseln, Tischen, Ledersofas, mit Marmorgalerien im ersten Stock, wo abermals Leute wie im Rang eines Theaters dahindämmern; ein eckigheiterer Tempel mit vielen Schaltern, hier für Auskunft, dort für Bestellung, dort für Post, dort für Billets ... dieser Satz kommt nie zu Ende) — wer nach den Stürmen der See diese nicht überschaubare Menschenversammlung erblickt, wie sie alle sitzen, rauchen, herumstehn, querhasten, plaudern, lesen, Genüsse verabreden, Bekannte sehn, Fragen stellen oder in Sesseln ruhen, ruhen, ruhen (denn der Raum ist von einschmeichelnd koloßhafter Wohnlichkeit) — der faßt sich in diesem verhexten Leviathansheim an die Stirn ... und beginnt zu träumen.

Etwas Verwunschenes. Das sind schon Menschen von einem andren Stern.

Ein Weltmeer mußte zwischen so einer schweren, gestuften, überwimmelten Großartigkeit liegen — und dem freundlichen Idyll unsres schleichenden Lebens im gealterten Erdteil.

... Ja, der Anblick des durchsummten endlosen Atriums gleicht einer Sinnestäuschung.

Ein Fabelschloß der Künftigen. Ein Elektro-Sesam.

Das Herz geht schneller.

VII.

Die Tür im Zimmer oben ist eine gekrümmte Metallhöhlung. Mit Querbrettern. Dies neue Gerät heißt »servidor«. Hier hinein setzen Diener alles auch an Speisen Bestellte; man muß also die Diener nicht sehen; und sie sehen einen selber nicht. Gar keine Behelligung ... Ein Druck auf den Knopf daneben, und Luft strömt ins Zimmer.

Unter dem servidor wird früh tagtäglich die »New York Times« hineingeschoben. Obenauf ein farbiger Druckzettel: »Guten Morgen! dies ist Ihre Zeitung — mit Grüßen vom Hotel«. Darunter stehn (aber jeden Tag mit andrem Wortlaut; nichts eintönig werden lassen!) allerhand Hinweise. Möglichkeiten für das erste Frühstück, wenn man's hier nehmen will. Die Restaurants im Hotel werden aufgezählt, der main dining room, der fountain room und die übrigen — mit Preis.

Darunter steht an jedem Morgen was andres, immer farbig auf die »Times« geklebt. Ein Rat: »Kommen Sie ihr mit Süßigkeiten! Delicious candies, chocolates, nut candies ...; der Candy-Stand ist im Hotel«. »Nahen Sie ihr mit Blumen; lieblichste Blüten ...« — mit dem Zusatz: »Sie sei Schatz, Weib oder Mutter; der florist befindet sich innerhalb des Hotels«.

Oder: »mit einem Lieblingsparfüm! aus dem drug-store des Hotels«. Oder: »Kommen Sie mit Ihrem Bild; das Studio des Photographen ist im Halbstock«.

VIII.

Am folgenden Tag steht auf der hineingeschobenen »Times« wieder: »Guten Morgen! dies ist Ihre Zeitung — mit Grüßen vom Hotel«. Darunter: »Was das Herz einer Frau wünschen kann! Schönheitsanstalt. Skalpbehandlung. Hautbehandlung. Türkische Bäder mit Linienpflege. Der Chiropodist! Innerhalb des Hotels die feinste Kleidung, die feinste Wäsche ...«

Am nächsten Tag: »Guten Morgen! usw.« Mittel zur stattlichen Erscheinung für Männer — innerhalb des Hotels ...

Am nächsten Tage klebt auf der »Times« nicht ein blauer, nicht ein hellgrauer, sondern ein rosa Zettel: »Guten Morgen — dies ist Ihre Zeitung usw. Billets für Ozeanreisen! Für Pullman-Wagen! Für Theater! Paßangelegenheiten — innerhalb des Hotels« ... In dieser Art; jeden Morgen anders. Nur die »Times« bleibt immer; — »dies ist Ihr Blatt«.

IX.

Ich glaube nicht, daß in solchen Dingen nur »Zivilisation«
steckt. Phantasie bedeutet für mich: Kultur. Es ist Kunst ...
Weiter.

Der Nachttisch birgt kein Gefäß (entschuldigen!); dafür ist
der Baderaum.

Auf einem leichten Tischlein am Bett liegt das Telephonbuch und die Bibel. Daneben ein Branchentelephonbuch.

Im Zimmer findet sich ein steifes Plakaterl mit Schnur, an
der Außentür zu befestigen. Inschrift: »Jetzt keine Störung!«
(Please do not disturb occupant of this room.)

Am Telephon erscheint vor der Abreise die Inschrift:
»Don't miss your train«; versäumen Sie Ihren Zug nicht —
mit Anweisungen.

X.

Drei Wasserarten im Zimmer. Heiß; kalt; der dritte Hahn
für das Nationalgetränk: Eiswasser.

Im Baderaum hängt ein hübscher gelber Schuhputzfleck
... als Überraschung, zum Mitnehmen; »with the compli-
ments of the hotel«.

Was im Badezimmer sonst noch ist (Luther nennt so was
»das heimlich' Gemach«), umfaßt alle Durchtriebenheiten
der Technik zum Bewahren reiner Luft. (Entschuldigen!)

Die Tür des Baderaums ist ein einziger Spiegel, der im ge-
genüberliegenden Spiegel des Kachelwaschtisches neben
dem Kachelbad eine Rückspiegelung des Körpers bezweckt.
Zwei Stück neue Seife täglich in Papier — für Bad und
Waschtisch. Das Bett jeden Abend neu bezogen.

Ein beweglicher Vorhang an der Kachelwanne, falls die
Brause benutzt wird; damit der Fußboden nach dem Aussteigen nicht naß ist!

Im Zimmer kein Schrank. Sondern eine Gewandkammer
mit elektrischem Licht.

Und Kissen mit Zwirn, mit Knöpfen, mit Nadeln.

Sonst (außer dem einsteckbaren Stadtplan mit subway-
Linien) ein Angebot vom Hotel: — falls jemand ein Zimmer

in St. Louis, in Cleveland, in Detroit, in Buffalo mit erleichterten Bedingungen von hier bestellen will ...
(Voyage autour de ma chambre.)

XI.

Das Ganze jedoch ist nicht üppig — sondern handfest; abgestuft; gesundheitsfördernd; bequem. Alles, in dem blitzhaften Enaksbetrieb, mit zwei Grundsätzen. Erste Losung: Sofort! Zweite Losung: Nie stören!

Alles fern von Verweichlichung. Nicht nur das Gerissenste vom Gerissenen. Sondern auch das Gediegenste vom Gediegenen ...

Sieg der Gerätekraft; der taghellen Einbildung; der Ausgesonnenheiten; des erdachten Gefüges; des praktischen Traums.

Ja, wer das größte Hotel dieses Sterns ersann, hat mehr Dringlichkeit im Vorstellen, ein schweifenderes Hirn, exaktere Magie — als derlei in verantwortungslos zerrinnenden Balladen für menschliche Kinderhirne steckt.

Die stärkere Dichtung ist hier. Denn sie wurde leibhaft.

»Sofort.« Und »Nie stören« ... Lautlos rasen Lifts. Flammtäfelchen funkeln auf, grüngleißend, rotgleißend; für den neunten, für den siebzehnten Stock. Bei allen Liftführern leuchtet's. In zweitausendzweihundert knackfrischen Hausungen leben Leute nach ihrer Lust — unbeschnuppert; ungesehn; von Tischlein-deck-dichs bedient.

XII.

Eine Himmelsnähe, mit Teppichen.

Geborgenheit.

Die Rast im Rasthaus. Ruhe in Ruhetürmen — blütenrein, gesund, lebensleuchtend.

Ein Obdach ... im herrlichen Orkan.

Unten braust und dröhnt und rollt und rauscht und klirrt und saust und schwirrt und summt und harft und schreit und singt die großartigste der Städte.

Theater

Newyorks Theater ist im Aufstieg. Ein Irrtum des Durchschnittseuropäers, zu denken, daß auf der Bühne hier Bumswirkung, Sensation, Knallerbse, Spannungsreiz herrschen ... Blind, wer das glaubt. Newyork ist eine europäische Theaterstadt.

Freilich, im Werden.

Wenn ich nach dem Gefühl schätzen soll: drei Viertel der alten Tricks — und ein Viertel der neuen Kunst. (Aber dies eine Viertel macht heut stärkeren Eindruck drüben als die andern drei.)

Wir in Deutschland sind ja weiter. Berlin ist immer noch die erste Theaterstadt der Welt. Aber in dem neuen Land beginnt etwas zu sprossen.

Dabei lebt, in der Regie, jenes Merkmal, das wir »amerikanisch« nennen. Hierin steckt Zukunft.

Es ist ... das Schlagend-Sichere.

II.

Der neue Dramatiker drüben heißt Eugene O'Neill. Sein starker Erfolg jetzt: »The Hairy Ape« — also: »Der Waldmensch«. Wortgetreu: »Der haarige Affe«. Wer ist das?

Entweder die komitragische Hauptgestalt: ein Schiffsheizer, dumpf und schwer. Oder: der Gorilla, der ihn am Schluß mordet. Beide sind Vettern.

Der Heizer wird kopfscheu beim Anblick der überfeinen Schlemmerwelt. Wenn ein Fräulein der ersten Kajüte zu ihm hinunter in den Heizraum guckt. Wenn er Schaufenster der Fünften Avenue mit Pelzwerk und Diamanten sieht, zierlaffige Luxusmenschen davor. (Paare trippeln fühllosgeckisch — nebenan läutet fromm die presbyterianische Glocke.)

Das ist also die Oberwelt? Der Tropf irrt in ihr herum ... wie beim Verlaine der arme Kaspar Hauser. Manches versucht er umsonst. Auch die Bolschewikenschar will nichts von ihm wissen — »ils n'ont pas voulu de moi«, klagt Kaspar; doch so heißt er nicht bei O'Neill.

Am Schlusse steht er vor dem Gitter des Gorilla (vielleicht im Bronx-Park bei Newyork). Begreift ihn der? Kaspar öffnet ihm die Pforte; bietet dem Gefangenen shake hand. Doch anders als der Löwe des Androklos bei Shaw, ist hier ein verständnisloses Vieh. Es umarmt den Bruder; zerdrückt ihm den Brustkorb; schmeißt ihn still in den Käfig; tappst, tappst, tappst von hinnen.

III.

O'Neill ist Mitte Dreißig. Von irischem Stamm — was kaum zu sagen not tut. Zuvor schrieb er die Tragik eines tollen Niggers: »Emperor Jones«. Dann das Seestück »Anna Christie« — mit einem verworfenen Vater, seinem entjungferten Kind ... und jenem Fremden, der schließlich »darüber weg kann«. Also Menschentum — statt Puritanertum.

O'Neills letztes Werk ist expressionistisch. Nicht aus erster Hand. Er kennt Strindbergs »Traumspiel« reichlich ... mit seinen losen Szenen. Und wir kennen den Gegensatz reichlich zwischen: »Hie Tiefenmensch — dort Luxuswelt«. Zwischen: »Hie Heizraum — dort Verdeck«. Man kennt auch die Weber in Dreißigers Wohnung. Auch die zwei Stockwerke von Björnsons »Über unsere Kraft« im Schlußteil — unten Arbeiter, oben Unternehmer. Auch reichlich Vorderhaus und Hinterhaus.

Was tut es? Ein Dichter schlägt hier Öffnungen in die starr goldene Mauer des Kapitalbergs. Das Zeitgewissen ruft aus ihm. Er faßt irgendwie dem Hörer ans Herz — der über Talmihaftes hin eine Kraft sieht.

IV.

R. E. Jones, dafür Spielordner und Bildzeichner, sah Tollers »Masse Mensch« eingestandenermaßen in Berlin. Jeßners Jünger Fehling hat es hergerichtet. Jones hat verstärkt, was er sah.

Die Menschendarstellung ist zureichend; mehr als zureichend alles rein Szenische.

Ersten Ranges die Kette von Heizern — mit expressionistischem Drill schaufelnd ... vor Feuerlöchern. Das Rollen des Schiffs; die Töne der Fahrt. Glänzend.

Schwerer wiegt am Schlusse: daß der Gorilla nicht komisch wird. Daß man erschauert — wenn er abtrottet ... und ein Leben zu Ende kam.

V.

Im wunderbar Klappenden steckt jene Zukunft. Das Ganze »steht«. Vielleicht ergötzt vorläufig der Bildwechsel die flacheren Beschauer — das Viertel der andren geht auf den Kern.

Dies Stück wird jeden Abend gespielt. Ständige Theater gibt es nicht; die Häuser sind an Truppen vermietet. Was Erfolg hat, mimt man auch nachmittags dreimal in der Woche.

... Shaws Methusalem-Stück hat solchen Erfolg. Drei Abende fordert es — wegen der Ausdehnung in drei Teile geteilt. Newyork läuft in alle drei.

Sie achten auf jede Stufung des phantastisch-witzigen Trauerspiels. Shaw gibt in »Back to Methuselah« seinen Faust. Das Abschiedswerk eines Erkennenden, bei dem noch das Röcheln ... ein Lächeln ist.

Erkalten der Erde; Schweigen des Getriebs; Schlaf nach dem Gewimmel: — das hat mich, beim Schlußteil, zu Tränen inmitten der diesseitigsten aller Städte gebracht.

In fremder Sprache folgt man kaum wie in der eignen. Ich bliebe sonst kälter; zweifelnder; umschränkender. Wer aber durch Nebel und Wirrnis nichtheimatlichen Lauts jemanden so bewegt: der muß ein Dichter sein. (Nicht nur, was die Trottel einen Schriftsteller nennen — es ist ja das gleiche; kommt bloß drauf an!)

Auf den Parkettsesseln in der Umgebung spürt man, ob Leute hier mit Verwunderung hinsehen ... oder ob innen was mitklingt in einem, ob was zerreißt — und noch erbebt, wenn er lacht.

Auch die Hörer von Newyork sind zukunftsvoll ... zu einem Viertel.

VI.

Alles, was amerikanisch ernst ist, haben zwei Gesellschaften dort ans Licht gebracht: die »Theatergilde« — und die »Provinzspieler«. (»The Theatre Guild« und »The Provincetown Players«.)

Die zweite Gesellschaft hat ein eignes Haus ... vielmehr eine eigne Scheune. Fast eine bewußte Scheune — möcht' man sprechen.

Ich saß dort. Ich sah bei Gebälk und getünchter Wand in dem früheren Kramladen ein leider schwaches Stück — von Susan Glaspell, der jungen, als wertvoll gehißten Dramatikerin. (Es ging um »birth control«; also Verhinderung der Empfängnis.)

Freiwillige spielen hier. Jeden Abend. Aus Liebe zur Sache. Menschen, die tagsüber geschuftet.

Das Spiel ist oft laienhaft — vor den Holzbänken ohne Nummern. Doch alles Versprechende kam halt von hier; auch der »Hairy Ape«. Feine Leute sitzen sich das Gesäß mürbe; Mal-Zigeuner; Schreib-Zigeuner daneben. Ein lateinisches Viertel — also die Hoffnung.

Warum macht Ihr Ähnliches nicht in Berlin? Statt vor Protzen zu Protzenpreis Protzenstücke zu spielen? Hier winkt eine Versuchsbühne spesenlos. Auf, in die Brunnenstraße.

VII.

Dies wäre der vierte Teil amerikanischer Bühnenkunst. (Amerikanischer — denn von Newyork ziehn die Truppen rings durch das Land.)

Und die andren drei Viertel? Nur Stichproben sind möglich ... Ich sah das Zugstück »The Cat and the Canary«. Halb ein Gespensterwerk, halb eine Posse. Einsames Spukhaus am Hudson, Geheimtür in die Bibliothek. Testamentsverlesung. Und so.

Angelpunkt, daß ein Mensch durch die Bücher hindurch verschwindet ... Sherlock Holmes plus Barrie. Oder: Poe plus Fulda.

207

Die Spukregie meisterhaft: mit Geklopf; mit blauen Beleuchtungstupfen; mit verdächtiger Luft. Alles klappt schlagend-sicher — wenn Spuk und Verbrechen immer von Komik abgelöst wird. (Bis zur Verlobung.)

Dabei die Sinnlichkeit zart verzapft; wenn sich ein Fräulein bloß ganz wenig ausgezogen ins Bett legt. Sehr geziemend. Dieser Anstand wirkt ja sinnlicher als ein schwach bekleidetes Bühnenfrauenzimmer mit dem Steißwurf des Röckchens.

. . . Gruselig und komisch. Die Zuschauer schlemmen. Backfische mit abgeschnittenem Haar und schwarzrändiger Brille (die Modetracht) sitzen bei den Eltern — am schönsten Abend ihres Lebens.

Lachgekreisch . . . und Angstgeraun.

VIII.

Die dürfen auch in die »Czarina« von Lengyel gehn — wo die kalte Macherin Doris Keane bei kostbarster Ausstattung ein paar Fertigkeiten hinlegt. In dieser Pracht erholt sich abends der Kaufmann.

Die Damen halten den Hut im Schoß, das Überkleid ruht hinten auf der Lehne. Hut und Mantel nehmen auch die Herren mit. Nur etliche tragen das schwarze dinner jacket.

Die Theater sind klein. Wie Kinohäuserchen. Parkett, ein Rang: das ist oft alles. Elf Reihen manchmal.

Bei dem Spukstück sitzt ein schönes brandrotes Mädel vor mir . . . Man sieht oft feine, noch nicht zerseelte Züge . . . Bei Shaw im Vorraum: schlankperverse, bildhübsche Kröten.

Auf kleinem Raum Abendkleider massenhaft; rückenlos. Manche hat hinter sich einen Scharfrichter-Burnus liegen, wie aus Blut. Manche den Leopardenpelz. Manche trägt um ihr kurzes schwarzes Florkleid den grellsten Silbergürtel. Andre Gürtel sind öfter als bei uns durchbrochen: immer nur ein Zoll Leder, dann ein großes Loch, vom Ring überbrückt, so fort, immer ein Zoll Leder, ein Zoll Ring, vom Magen bis zurück . . . Es ist ein Reiz.

Viel Gesichtsmalerei. Autos vor der Tür, mit Blumen.
Der Zettel des Spukstücks zeigt eine gedruckte Bitte, selt-
sam arglos: »Wenn das Stück Ihnen gefällt, sagen Sie es Ihren
Bekannten — aber sagen Sie nicht den Schluß!«
(Dies Gruselwerk bringt in einer Woche mehr als hundert-
vierundvierzig Millionen Mark. Achtzehntausend Dollars.
In ei-ner Wo-che!)

IX.

. . . Die Metropolitan-Oper, mit rotem Grundton und
vielen Logen, erinnert irgendwie doch an was Maschinenar-
tiges — im Vergleich zu Wiens Oper mit ebensoviel Logen.

Hier tanzte die Pawlowa. Nach einem Jahrzehnt sah ich sie
wieder zum erstenmal. Sie tanzt heute noch flockenzarter,
noch verschwebter, noch kreiselhafter als zuvor.

Lenin und Trotzki hätten ihr täglich Kaviar beschafft, wie
dem Sänger Schaljapin — wäre sie in Rußland geblieben.

(Sie blieb aber nicht.)

X.

Was noch alles hab' ich gesehn! Die Kritiker Newyorks luden mich in eine geschlossene Gesellschaft. Sie spielten im
Theater der Neunundvierzigsten Straße selbst auf den Planken — fast wie bei Shaw in »Fannys erstem Stück« die Kritiker auftreten.

Es war köstlich. Parodien. Gesiebte Hörerschaft. Alles von
der Kunst war oben oder unten. Oben Mimen und Miminn-
nen in der kleinsten Rolle. Musiker hinter den Kulissen zur
Handreichung. Chorus girls. Vortragsredner . . . Und die
nichtspielenden Kritiker; Literaten; Frau W. Vanderbilt; Zei-
tungsbesitzer.

Das Ganze war nicht bloß ein Scherz: auch ein Merkmal
für den Regiegeist Amerikas. Ich sah mit Lust, wie
klappend-schlagend Kritiker (so Alexander Woollcot, Marc
Conelly, George S. Kaufman) spielten. Alles fertig, bis aufs
i-Tüpfelchen. Im Hörer nicht Augenblicke der Angst vor
einem Laienversuch. Aus der Pistole geschossen.

Die Luft des »Hôtel Algonquin« (das Newyorker Hotel der Literaten) schwebte darüber.

Man lachte sich krank. Witz — und Regie, Regie, Regie. Nicht guter Wille ... sondern Können. Ausgeprobtheit. (Technik Ehrensache!)

Darin sind sie uns voraus.

XI.

Eines Abends ging ich zu den Negern. Sie spielen, in der Dreiundsechzigsten Straße, bei großem Zulauf ein Sing-, Sprech- und Tanzstück »Shuffle along«. Es war mein stärkster Theaterabend in Amerika.

Fünfmal könnt' ich das hintereinander hören und sehn.

... Die Neger sitzen auf der Galerie; die Weißen im Parkett. (Weiße sitzen auch oben; doch Neger nicht unten ...)

Das Stück spielt im Grünkram zweier Schwarzer. Zwischen Schwank und Zirkus. Boxkampfparodie — mit einem schmächtigen Kerl im roten Sweater. Manchmal ein Patsch auf den Kopf. Ganz ruhig.

Die zwo Kerls im Laden sind schwärzer geschminkt als von Natur. Sie stibitzen. Verspotten die eigne drollige Faulheit. Ihre Komik ist langsam; unaufheblich. Man liegt unter dem Stuhl.

Sie mogeln gegeneinander. Mit einer Registrierkasse. Mit Griffen und Kniffen. Bezahlen will keiner ... Ihr Spiel ist ganz unbefangen — als ob sie den Zeitbegriff nicht kennten.

Himmlische Tänze kommen hernach: mit Fußtrillern auf einem Fleck. Mit Knöchelorgien. Ein Taumel, toll und kunstreich. Als ob nur Neger tanzen könnten ...

Ein schwarzer Policeman cakewalkt. Ein Sohlengenie. Ein Ballenwunder. Ein Zehentraum. Ein Taktmirakel. Ein Rhythmenzauber.

Und in der Regie kein toter Punkt. (Hübsche Mädel singen zwischendurch vor einer goldenen Gardine. Weiße Negerinnen spielen mit.) Alles vollendet. Ins Letzte bombensicher gestuft.

Amerikas Leitung ...

XII.

Aber dann singen die Neger. Unsterblich. Die vier »Harmony Kings« brummen und summen. Das Herz schlägt einem Menschen jetzt im Ohr.

Das ist mit Europäischem nicht vergleichbar! Töne gleitend, eine halbe Oktave ... als wär's ein einziger Ton. Gleitend. Aus nicht gekannter Ferne.

Ein breiter Negeronkel singt Baßpiano. Unsterblich. Ja, wunderbarer als Mailands Cantilenen. Sie schmeichelschmalzen alle vier, a capella, ohne Begleitung. Ich habe so herrlichen Männerchorsang nie gehört. Das Pianogesumm! Fremd und erschütternd. Klagedämmrig. Oft sonor. Mitunter fast wie ein aufschießendes Gejodel; ein Dschungel-Juhuu. Der Wald ist darin. Die verlorene Heimat.

Halb melancholisch — nicht rührsam. Fremd. Gütig. Fragende Schwermut.

Afrika! Afrika! ...

XIII.

Ich vergesse das nie. Beide Strömungen können sich in solcher Musik treffen: das eine Viertel — und die andren drei.

Denn hier ist zugleich Schlagendes ... und Inniges. Zugleich Unterhaltendes ... und Herztiefes.

— — — — — — — — — — — — — — — — —

Ein Symbol für die Zukunft?

Die Seele von Amerika

I.

Das Erzbild der Freiheit wurde puppig, schmächtig, winzig im Salzduft. Die Wolkenhäuser verschwebten. Ich stand auf demselben wunderschönen Fahrzeug, auf dem ich gekommen war. Auf dem Schiff »Resolute«. Es war der Abschied.

Das Schiff ging durch den Mai glatt und friedfertig. Die Menschen darauf machten in dem Brio-Satz des Lebens eine

Fermate. Das Unterbrechen der Hast — in schwelgerischer Einsamkeit auf der grünen Weltsee.

(Hier traf ich Fritz Kreisler unterwegs; er zog, auf immer, nach Deutschland. Für eine Woche sank ihm die Last von den Schultern, der Erste seines Feldes zu sein ... Es ist eine Last.)

II.

Menschen wimmelten, schrieben Briefe, schmausten, tanzten, lachten, erörterten, aalten sich. Meist Amerikaner. Auch Kinder und Alte.

Oft im Sonnenrot scholl am frühen Abend holder, vorsommerlicher Lärm des Schiffes.

Alles das war beglückend und rätselhaft.

III.

Newyork schwand. Ein Erdteil schwand — welcher die Ablösung vollziehn wird. Ein Rudel von tief aufreizenden Tagen schwand. Ein Gipfel des Hierseins schwand.

Der Rest war Staunen.

Und ein neues Lebensgefühl.

IV.

Was auf dem Schiff beim Einschlafen dämmert ... ist es das Erinnern an ein Land »ohne Seele«? Seid still — das bleibt ein altes Unrecht; ein alter Unsinn; ein altes Nachsprechen; ein alter Hochmut. Die abgeleierte Walze: »Zivilisation ... aber nicht Kultur«.

Als ich zum erstenmal hinüberging, war mein Eindruck: »Sie werden nicht eine Kultur kriegen, sondern eine noch größere Kultur kriegen«. Das wurde nun doppelt klar.

Ich weiß, was auszusetzen ist. Und wenn man es nicht wüßte — Amerikaner hätten's gesagt. Grenzenlos überwiegt aber Starkes, Niegesehenes, Einmaliges, Geniehaftes.

Lest so ein Buch, jetzt veröffentlicht, worin dreißig von drüben kein gutes Haar an ihrem Land lassen. Sechshundert Seiten — und kein gutes Haar. »Civilization in the United

States«. Junge, tapfere Köpfe darunter. Auch Henry Louis Mencken aus Baltimore, deutschen Stammes; der Großvater kam von Leipzig. Sein Genosse George Jean Nathan, in Fort Wayne geboren, Sohn eines Elsässers. In ihrer Zeitschrift »The Smart Set« durchlichten sie manches Grau.

Ich sehe die zwei noch in meinem Hotelzimmer. Mencken, ein flausenloser Mensch, fast eine Pflanzergestalt, unbekümmert, erquickend. Nathan, ein hübscher, kluger Kerl mit dunkel-gutherzigen Augen in dem wohlgeschnittenen Rundkopf. Die zwei wackren Wahrheitssager sind nicht unbeliebt, sondern beide geachtet — aber nicht volkstümlich.

V.

Ich sage zu Mencken lachend: »Sie sind in Amerika das enfant terrible.« Er sprach in gebrochenem Deutsch: »Fast schon der Greis terrible!« Er ist nur zweiundvierzig. Sein etwas jüngerer Gefährte macht in Newyork peitschende Theaterkritik — er sieht anders als die Eingeborenen. Mencken schrieb ein Buch über Nietzsche, eins über die Sprache der Amerikaner ... und manches Tausend Sätze gegen herrschsüchtige Beschränktheit. Daneben der schon genannte Ludwig Lewisohn. Ihr Mittel zur Besserung ist: Schwaches beim Namen zu nennen.

(Mencken hofft auf das Anwachsen einer amerikanischen Geistesaristokratie — zwischen dem Schriftsteller und der Masse. Ludwig Lewisohn verwirft »the brutal romanticism of success«. Er urteilt hart über »eine Gesellschaft, die Edison stärker verehrt als Emerson«. Entschuldigen! Wenn ich die Wahl habe, ob es kein Telephon geben soll oder kein Buch von Emerson — ich streiche den Emerson. Der Kerl ist mir überhaupt zu salbig.)

Wollte sagen: diese drei wertvollen Vorreiter, jene Dreißig mitgezählt, haben recht — aber sie hausen den Dingen zu nah. Der neue Umriß in seiner Geniemacht entgeht ihnen. ... Das beweist nichts wider sie. Noch beweist es etwas für mich — wenn ich's besser sehe.

Denn alles ist relativ. Sie, als Amerikaner, tun gut, ihre Landsleute mit Schlägen zu fördern. Ich, als Europamensch, tue gut, meine Landsleute mit Hinweisen zu fördern.

Mein Vorteil ist, daß ich von anderswoher komme. Mit ausgeruhtem Blick für Unterschiede ... Die Einzelheiten trüben jedes Bild. Ich hatte nicht Zeit, ärgerlich zu werden. Amerika ist für mich eine Leidenschaft.

Ergo: Ich betone, rechtens, die Wunder eines, zum Glück, noch jungen Erdteils. Sie betonen, rechtens, die Mängel eines, leider, noch jungen Erdteils.

Wir sind Freunde.

VI.

Was reden die meisten in Europa? »Land ohne Seele?«

Soll ein Land ohne Seele sein, das Deutsche, Kelten, russische Juden, Lateiner, Slawen umschlingt — somit Europäer; Ostasiens Geblüte nebenbei?

»Ohne Seele!«

Der lebensgefährliche Schwachsinn des in Bausch und Bogen arbeitenden Schmuses, des Rassen- oder Hexenglaubens zeigt sich noch einmal hier in allem Jammer ... wider den zukunftsvollsten Erdteil.

Es bleibt ein Hokuspokus von Schwindlern. Von Hassern aus Unterlegenheit.

Hat ein Volk, das die Sehnsucht nach einer Seele spürt, nicht eine Seele? Merkt ihr sie nicht bei jeder Begegnung hier hundertmal, in hundert Augen? Fühlt ihr sie nicht im Herzschlag dieser einzigen Stadt? Nicht in ihrer Hilfsfreude? Spricht Seele nicht in dem furchtlosen Handgriff, der für die Ärmsten das Tor zum Aufstieg öffnet? Spricht Seele nicht aus einer neuen Schönheit, hier in die Welt gesetzt? Aus einer neuen Art von Lachen und Wucht? Aus dem nie beirrten Mut zum Ungewohnten? Liegt nicht Seelenkultur in der schlagenden Kürze des Ausdrucks? Ist es nicht Seele, gegen Frauen lind zu sein, dennoch fern von Laffentum und Affentum? Ist eine Musikstadt hohen Ranges wie heute Newyork denkbar, wo Seele nicht herrscht? Begreift ihr denn Werdendes nicht — nur Glatt-Fertiges? Ist jene Mischung von Gefühl und Technik, welche dort sogar auf den Brettern winkt, nicht Seele? Ist es nicht Seele, wenn das Theater vom Effekt zur Echtheit geht? ... Ein Bankrotteur, gleich Wilson, ist in Amerika unten durch. Wenn ein deutscher Bankrotteur weiterhin das große Maul haben darf — das ist Seele.

Wenn Raubtierstaaten Europas ein edles Land wie Deutschland im Frieden erdrosseln — das ist Seele.

VII.

Amerikas Menschen sind Kinder. Im großen und ganzen: offenmütige Kinder. Ein Schriftsteller sagte mir drüben: »Ich zwang die amerikanische Zeitungswelt, mein Buch zu besprechen ... denn ich schrieb in der Vorrede: Amerika wird es totschweigen.«

Ich sprach: »Bei uns, lieber Herr, würde das Buch trotzdem verschwiegen; — Ihr befindet Euch noch im Anfang!«

Kinder sind sie; haben alle Hände voll zu tun, um z'erscht amal den Reichtum des Landes irgend unterzubringen. Das andre kommt.

Kinder; heute noch adelshungrig, kastenlüstern — jawohl. Aber sonst? Zur Tat entschlossen; voll sommerlichen Übermuts; folgerecht; mitten im Aufstieg. Mitten im Glanz.

VIII.

Ein Amerikaner lobt mir die Vortrefflichkeiten der deutschen Stewards. »Denn«, spricht er, »wenn ein Amerikaner Steward ist, will er gleich Obersteward werden; und ist er Obersteward, will er ein Hotel aufmachen. Die Deutschen aber, wenn die einmal Steward sind, bleiben sie Stewards — und sind vorzügliche Stewards« ... So dieser. (Ich weiß nicht, ob es stimmt.)

Lange Zeit in einer Stellung verharren, gilt dort kaum als Ehre. Nach dem Gesichtspunkt: was kann an dem Kerl schon dran sein; immer in derselben Stellung! ...

Der Organisator eines großen Blatts drüben war die längste Frist seines Lebens in der Standard Oil Company.

IX.

Kinder, denen es gut geht. Morgens gibt es für einen geringen Preis (denn was sind ihnen sechzig cents) folgendes Frühstück: grape fruit — Saftkreuzung der Zitronenorange; Weizencream mit fettem Rahm; Eier auf Schinken; schwere Milch. Auch das Essen wirkt auf die Seele ...

Schwammigwerden droht aber nicht. Die Hast hindert die Mast.

Oder: um einen Dollar und fünfundzwanzig cents, also fünf Mark für sie, kriegt man folgenden Abendschmaus: Austerncocktail, dann frische Bohnen, dann wieder gebackene Austern, dann französisches Roastbeef, Spaghetti, Weinkraut, Erdbeeren mit Schlagsahne — hinterdrein schwere Milch.

In manchem Gasthaus fand ich bei jedem Gericht die Zahl der Kalorien vermerkt.

Item, die Seele festigt sich, wo Austern Volksnahrung sind ...

Nach einer Automobilfahrt am Hudson aß ich mit dem lieben Mr. Wardlow und seiner lichten Frau in einem fast altfränkischen Hotel, ältlich, behaglich, am Park — alles gestuft, von den clams an, also Muschelaustern, klein wie ein Markstück, bis zum Schluß mit dem whipped cream. Gestuft; nicht fresserisch-kulturlos. Verachtet mir die Atzung nicht ...

(Sonst freilich ist in Amerika der Eßstoff ersten Ranges; die Zubereitung aber mittel. Sie haben halt keine Zeit; Tempo, Tempo! ... Wird noch.)

Das Trinkverbot steht auf dem Papier. In Gesellschaften bekam ich cocktails auf der Grundlage von Whisky, Gin, Rotwein, Wermut, Ananas. Mancher läßt sich von seinem Gärtner das Bier brauen.

Amerika ist also mitnichten »dry«. Immerhin: schon der Versuch zur Trockenlegung eines Hundertmillionenvolks zeigt Entschlußkraft stärksten Grads. (Grillparzer: »Das Unkraut, merk' ich, rottet man nicht aus — Glück zu, wächst nur der Weizen etwas drüber.«)

X.

Und die Presse? — In Deutschland ist mein Standpunkt so:

Die Ankläger der Zeitungswelt sind mir ein dümmeres Ärgernis als die Ärgernisse der Zeitungswelt . . .

Weil das Gute doch weit überwiegt.

Schafsdumm, wenn jemand Eisenbahnunfälle triumphierend aufpickt — um zu rufen: »Ich bin gegen die Eisenbahn!« Das gibt es.

Was an Amerikas Presse zu tadeln ist, haben die Dreißig getadelt.

XI.

Die Fahrt blieb still.

Alle Gier, sich zu betätigen, von dieser Stadt geweckt, schwang nach. Manchmal im Einschlummern, wenn das Geräusch durchfurchten Wassers mit einer gewissen Schwebelust Hochzeit hielt, dacht' ich an tausend Unvergeßlichkeiten. Etwas fiel mir auf.

Ich mußte lachen. Ich weiß exempelshalber, daß Geschäfte dort endlos offen sind; daß Lohnarbeiter kaum Urlaub kriegen . . . und dies und das. Ich zeigte schon, wie der Kapitalismus hier zum Gipfel klimmt. War alles in mir von Tatsachen und Leistungen übertäubt?

Nein.

Aber was ging innerlich vor? — Dies:

Ich sah Bäume mit ungeheuren Wipfeln . . . man denkt (in solchem Augenblick des Staunens) nicht daran, daß ihr Laub Gräsern die Sonne sperrt.

Ecco.

Ich sah die Dinge (nur in diesem Fall!) nicht als Ethiker. Sondern als Maler.

Seltsam. Oft wenn unsereins über den Rasen schreitet, dauern ihn die Halme. (Man fühlt Schmerz, daß man dabei Seligkeit fühlen kann.) Vergaß ich das?

Ein Vers, in der Schulzeit gedichtet, ging mir durch den Kopf; knabenhaft, grammatisch anfechtbar . . . doch voll innersten Ernstes:

Ich bin ein Mensch, der, wenn ich ruhevoll
Und froh zurückgelehnt im Wagen sitze,
Noch an den Schimmel denke, der ihn zieht.

War das weg? — Nein ...
Es sprach leiser.

XII.

Warum?

Weil auch die Ärmsten dort stark und hoffend sind. Weil
ihr Herz nicht erwartungsfern ist. Weil sie zwar im Schmutz
wohnen, aber nicht im Unglück. Weil Aufstieg vor ihnen
dämmert. Weil noch im Dreck der Bowery das Bewußtsein
fluschend-reicher Fülle dort ein Trost wird. Weil mancher
seinen Teil davon morgen bezähmen kann.

Ich glaube: die Summe der Qual ist in Deutschland größer
für den einzelnen. Sie war es vor dem Krieg. Es gab in
Deutschland (bei mehr Staatsfürsorge) mehr Demütigung.

Ich glaube: der Pennylose drüben atmet herzhafter als der
Kleinbürger bei uns.

XIII.

In Cuxhaven erfuhr ich von Huldermanns Tod. Undenkbar! ... Wir hatten vor der Abfahrt zuversichtlich geredet —
im Hapag-Bau (von dessen Stirnseite der Spruch: »Mein
Feld ist die Welt« nur vorübergehend geschwunden ist).

Da starb ein schweigsamer, prachtvoller Mensch, mir
freundschaftlich seit einem Jahrzehnt verknüpft. Zwischendurch schrieb er mir von Plänen für die Zukunft. Einmal, als
er in London, umschwirrt von Arbeit, zu William Turners
Bildern schlich, kam er mir doppelt nah.

Derweil ich Lebensvollstes drüben erfuhr, ging unter dem
Messer des Arztes sein Leben zu Ende.

Sie haben einen guten Mann begraben.

XIV.

Jetzt, als das Schiff am Pier lag, fiel mir zum erstenmal auf,
daß unsre Küste nicht aus Fels besteht ...
Alles hier — war mehr traut. Hm.

218

Um Harburg lag die Heide fern im Frühlingslicht. Ich dachte traumdösig an Heideflecken, an Fallingbostel, Walsrode, Soltau — wo wir vor zwei Sommern (weißt du noch?), von der Nordsee kaum getrocknet, uns in der dünnen Sonne gefläzt ...

Ich fuhr nach Hause.

XV.

— — — — — — — — — — — — — — — — —

Noch einmal zog Entferntes herauf — das Gewimmel, die Dämmerung über Dächern, der Lichtrausch millionenfähig, die donnernd durchraste Stadt unter der Stadt, die Berge von Früchten und Waren, die tickenden Ferndrucker, die Mammuthallen von Wolkenhotels, die Schreibzimmer der Schiffsmagnaten, Börsenschaubilder mit Menschen davor, Eisenbahndome, jagend aufblitzende Lifts, marmorne Schächte des Billionenviertels sausend schwindlige Rapidheit von Zeitungsmaschinen in bläulichem Glanz, Heere von Autos, Mimen auf Brettern, Frauen in Duftkleidern, der stille campus einer Universität, der Friedhof — über allem ein schmeichelndes, klangtiefes, fast klagevolles Negergesumm.

XVI.

Deutschland ist ein romantisches Land. Und Berlin (ich hatte das im Mai 1914 gespürt, wie jetzt) — Berlin ist ein Kurort. Ein lauschiges Plätzchen.

Wirkt bei uns das Dasein heute schleichend und klein: so liegt wenig daran, das zu buchen; und viel, es zu ändern — mit aller Kraft.

Glücklichere Tage werden kommen. Wir erleben sie noch.

XVII.

Mittlerweile verlangt man aus diesem Gefängnis, das dem Herzen teuer ist, abermals hinaus — in windumwehte Striche, wo der Krieg nichts zertrampelt, der Friede nichts verrottet hat.

Adieu, Newyork.

★ ★ ★

Amerika-Postskriptum

Im Jahr 1914, beim ersten Besuch Newyorks, schrieb ich ...
Hymnisches.

Für meinen Erdengang war das alles damals, ja, nicht nur
ein Eindruck: sondern ein Einschnitt — auf dem Grund einer
neuen Entflammtheit oder Verzauberung.

Das damals Geschriebene steht in meinem Werk »Die Welt
im Licht«.

Ich setze davon bloß etliche Stellen her.

Das Mal

Beim Hotel sah ich zuerst ein Wolkenhaus in der Nähe.
Nur ein älteres.

Plötzlich stand es da. Ein Beben in den Hirngängen. Sehe
dann das »Plätteisen«; Flat Iron. Beide sind nicht die höchsten (Woolworth Building, das höchste, hat sechzig Stockwerke).

Eine neue Art von Schönheit; nicht bloß Zweckbauten mit
Geprotz und Gehäuf und Massung, sondern: eine neue Art
von Schönheit.

Ja, es gibt kein milderes Wort als das Wort Erschauern für
diesen Eindruck. Habe vieles in der Alten Welt gesehn: nie so
umkrempelnd war das Gefühl wie vor dem frechen Werk
dieser Menschen.

Die Hagia Sophia in Ehren; Rom und Florenz in Ehren; die
Pyramiden in Ehren; sie entdämmern ... Ein Dreiecksbau,
mit einem Fenster Front, schmal ins Unendliche wachsend;
steilster Mangel an Ehrfurcht. Wie hingefetzt. Ein Stein-
schnitt, riesengroß.

Schwindel ist es, daß hier Emporkömmlinge prunken.
Emporkommende setzen ein Muster.

Klassiker ohne es zu ahnen.

Flat Iron; Himmels-Triangel mit gerundeter Ecke. Steile
Vermählung des Schlanksten mit unverrückbarer Kraft. Und
hold in dieser Größe, daß man es in die Hand nehmen will.
Spielen damit.

Lauter Schreibstuben. Ein Pronunciamento gegen Barbarenschaft. Ein steinernes Mal des »Ja-also!«
Schönheit! Schönheit! Schönheit!
Eine neue Liebe lebt in meinem Herzen; sie heißt: Newyork.

Broadway

Die Straße Broadway ist vier deutsche Meilen lang. Dreißig Kilometer.

Ich kenne den »Strand« von London; beging die Boulevards; zog in Kairo durch die Muski; träumte von Babylon: sie entdämmern. Das war eine Zierlichkeit. Hier kommt ein andrer Rhythmus.

Da ist es ja, endlich. Was man immer sah — und nie gesehn hat. Guten Tag!

Oben, unten, in der Mitte ... ein gemeistertes Verkehrsrasen. Eine Genugtuung. Etwas Fliegendes, nicht Schwitzendes. Drei Bahnen übereinander in ewigem Bewerb; unter dem Boden, auf dem Boden, in der Luft. Die luftige gab es schon anno ... 1873. Als müde Pferdchen bei uns trabschlichen. Und so lang ist die Straße, daß mir einer sagt: »Wenn ich von Ihrem Hotel zu meiner office rasch gehn soll, ist viereinehalbe Stunde nötig — beides liegt am Broadway.«

Die Mittel von Berlin wirken dermaßen langweilig ... daß man zur Ruhe nicht kommt. Ruhe fand ich hier: weil es rasend geht.

Wir Deutschen sind in der Mitte zwischen Orient und Amerika. Bei den Arabern spielt Zeit keine Rolle. Amerika lebt mit der Uhr in der Hand ... Wir in der Mitte.

Will man unter der Straße Broadway dahinfahren, so steigt man, soll es eine kurze Strecke werden, in den Lokalzug. Eine große: in den Expreß.

Expreßzüge gibt es auch senkrecht in die Höhe dort, in den Wolkenhäusern. Expreßzug ist Ruhezug.

Expreß ist: ruhig. Ich öffne den Hahn meiner Wanne bei uns — einmal wird sie voll. Ich öffne den Hahn im Hotel am

Broadway — es gibt keine Unruhe, denn sie hat sich schon gefüllt.

Ich komme bei uns in ein Haus. Der Pförtner kriecht zagend, behäbig heran, zweifelt, ob er wirklich soll, öffnet schließlich den Schacht mit Gründlichkeit ... und einmal fahren wir hinauf. Dort aber flog ich im Eil-Lift zum vierundfünfzigsten Stockwerk eines Hauses. O wundersame Ruhe. O Erwartetes! Ich sage nicht: »So steigst du denn ... schönste Tochter des größten Vaters ... und so ... endlich zu mir nieder ...« Nicht jambisch.

Aber ich liebe Bahnen, die eilen; Wannen, die sich füllen; und Lifts, die gehn.

Oben

Stand oben im größten Haus der Welt, zu dem das größte Schiff der Welt mich getragen.

Es ist Mai 1914, dacht' ich.

Sah hinab auf die Straße Broadway; sah auf die Bucht. Sah auf nie gesehne Brücken, welche zur Insel Manhattan Festland gliedern. Sah auf den Wirbelfluß mit schwimmenden Bahnzügen, auf tausend lange Dockschachteln, auf andre Wolkenhäuser, auf Rauch, Eisen, Gekribbel, auf Sommerglut, schattige Zyklopenstraßen, verdunstende Fernen. Sah Oien und Seeluft.

Es war im Mai 1914.

Sah Gold und Gestein im Hause selber; denn aus Gold und Gestein und Glück ist es erbaut. Überladen. Ein Kitsch. In der äußeren Gestalt schlimm, weil es Mailänder Dom spielt. Nichts von der geniehaften Sachschärfe des Flat Iron.

Das größte Haus der Welt ist nicht das beste Haus Amerikas. Doch ein zuversichtlicher Schein umfing es. Ein guter Schatten floß hinunter. Die Mittagsluft erklang.

(Es war im Mai 1914.)

Nähe

Was für ein Gefühl ist es, das in den Straßen flattert? Nicht zuvor empfunden ...

Womit verbring' ich meine Zeit? Habe die besten Kritiken dieser Läufte gedichtet. Gab Möglichkeiten des Ausdrucks in einer schlafferen Menschheit. Habe für ein bestimmtes Gehölz gebaut, was keiner vor mir. Habe, die Zukunft im Geblüt, Extrakt aus Wassern geholt. Erglühungen geschenkt statt Bürgerlaternen.

Ein Quark ist es.

Man möchte hier einen Laden aufmachen — (weiß nicht, was für einen). Ich will am Broadway die Fron eines Geschäftsmannes ohne Scham ... nicht auf mich nehmen, sondern schlucken, schlecken, saufen. Ich will kundmachen — einmal mehr —: daß Scham gleich ist mit Unkraft. Daß Takt gleich ist mit spanischer Blödheit. Daß verecundia gleich ist mit Furchtlüge, mit künstlicher Haltung, mit Vertuschen.

Ich gab Extrakt ... und ihr gebt Extrakt.

Ich bin aufrichtig gewesen ... und ihr tut euch keinen Zwang an.

Ich habe die Umschweife gehaßt ... und ihr seid kurz.

Ich habe mit andrem Stoff gearbeitet: doch ich war Euer.

Ich möchte hier einen Laden aufmachen (weiß noch nicht welchen) — gebt mir die Hand.

Cocktails

In einem Zimmer, über dessen Glasdecke Menschen der Straße gehn. Einmal auch draußen am Fluß bei Ben Rileyé, wo ein betagter französischer Kellner im Exil haust.

Cocktail: immerhin eine Zusammendrängung. Keine Lorke. In einem folgendermaßen der Inhalt festgestellt: Gin, Orangensaft, Zitronensaft, französischer Wermut, italienischer Wermut, Eis.

Romantik

Schichten; Gewimmel — wo sind Menschentiere so beieinander; so viel Arten aus Käfigen? Was für Pirschzüge könnte man tun. Wieviel Wechsel zwischen Irinnen, Asiatinnen, Sizilianerinnen, Schwedinnen, slawischen Töchtern,

Griechinnen, Negerinnen … ich vergaß die dazugehörigen Männer. Also die auch.

Fahret mittags durch die Bowery — das möchte man halten! Das Dunkle, noch schmutzig Geheimnisvolle derer, die morgen Amerikaner sein wollen, in drei Geschlechtern vielleicht Weltherrscher sind mit Öl, Kohle, Druck, Stahl. Durch solche Quartiere saust man, hinter Tünchwänden mögen sie noch hocken, junge Ahnherren, junge Ahnmädel, im Dreck, versonnen in der Windel-Epoche, in der klebrigen Umschicht heut Namenloser. Man saust hindurch — verweile doch, du bist so häßlich!

Nicht Chinatown, das ist für Fremde (wie Montmartre, wie der Canalazzo): sondern die urneue Romantik einer jungen Stadt mit ihrem Haufen der Gattungen und Stämme von aller Zeit. Nicht Romantik aus dort heimischer Geschichte, nicht schmales Erinnern an holländische Familien. Sondern an das, was gestern erst von andern Sonnen her, vom Nichts kam, Abtrünnige der Heimaten, Hoffende, die einen Strich unter etwas gemacht, Neu-Seßhafte, Wohlige, Willensschwimmer ohne die bleiernen Stiefel des Zerdenkens …

Unzermalmte, welche die Stoßkraft hinübergerettet.

— — — — — — — — — — — — — — — — — —

Wollte sagen: diese Romantiken zu verkosten, von ihrem Werdefieber gestreift zu sein, von ihrem Stank beglückt — das möchte man; und als der verlorenste Lump ein Leben beginnen, auch hier einmal. Einen Streit auftun; einen Kamm wiederum erklettern … unter einem andren Mond, an einem andren Meer, mit andrer Menschheit. Von vorn — das Endgiltige vorbereiten.

Erst noch ein Lebewohl sprechen. Einen Trank trinken. Einen Quell fühlen. Dann die Stirn wenden. Alles noch einmal.

— — — — — — — — — — — — — — — — — —

Meinen Samen in diese Furche.

Das Auge

Jaget über die Williamsboroughbrücke, nachts. Schlürfet Lichter, Tempo, diese Tausendfaltigkeit, diese Flut, diesen

Wildnisgesang, diesen Stahl, diese Viertelsnester oben, unten, jenseits; diesen Chor einer Siedelung in Erde, Wasser, Himmel — schlürft es; mit allen Strahlwerfern, mit allen Toren und Gerüsten, mit allem Gestein erleuchteter Senkrechten, mit allen Sternen darüber, mit allen Seelen dahinter, mit allem Salzduft dazwischen: Magischeres gibt es auf der Erde nicht: Kunsthafteres nicht; Musikmächtigeres, Phantastischeres nicht: als diese Kaufgeniestadt ohne Vorväter, ohne Szepterschauten, ohne Greuel, ohne Kostüm, ohne Kratzfuß.

Im Nüchternsten steckt alle Romantik.

Ein Lunapark ... Dieser Lunapark ist aber eine Stadt, liegt so fern wie Oranienburg von Berlin, heißt Coney Island. Lichtstadt; durch eine Titanenallee tost man vorher, die niemals endet. Weit am Himmel, kilometerfern, taumeln und glühen alle Strahlwunder, schwebend, witternd, funkend, ah, schon schreiend, schmelzend, surrend, fliegend, äugend.

Eine Traumkraft gewordene Vogelwiese.

Coney Island: Rummelmagie mit der Mammutkrone von Wolkenfeuer.

Niagara

Man spürt zwar, wie jämmerlich die Landschaft verhunzt ist. Irgendwo Fabriken hingesetzt, Turbinen, schnöde Nutzgerüste, knotige Zweckbrücken.

Verhunzt. Der Sinn für Landschaft geht ihnen kaum, die Zeit hierfür geht ihnen ab.

... Es ist ein Halbkreis von Fällen ... Einmal steigt man in die Tiefe. Derart, daß man im Hohlraum unter, unter, unter den Fällen steht ... Die Wasser donnern über einen hinweg. Und das ist ...

Das ist von allem, was einer hier an Schauern und Gewalt und Glück und Furcht erleben kann, das Stärkste mit. Tief unten stehn, den Hufeisenfall über sich wegrauschen lassen: das ist es. Ölstiefel an, Ölhosen an, Ölhut auf, Ölmantel an. Der Fall stürzt tiefer, als mein Standpunkt ist. Verwehter Feinregen immerfort angepeitscht. Zwei Schritte nach vorn, das ist der Tod. Über mich schräg, rundlich, hohl, ein Weltwesen, eine geschossene Kraft. Und wenn sie allein wäre. Doch sie kreuzt sich unten in breiten, offenen, flachen Schlünden mit andren rasenden Ewigkeitstieren, weißlich, donnernd — oben massig, unten tobsüchtig, sie gurgeln, peitschen, fetzen in einen Schlund, dieser Schlund ist wiederum Wasser, Felsgebirge zermürbt daraus hervorächzend. Vom Hufeisen oben stürzen sie alle trennungslos herab und zerfleischen sich dann, zerreißen sich, erbrüllen sich — unter ihnen abermals Wasser. Eine nie gesehene Schlacht. Seit Jahrmillionen dies Gepeitsch. Dies Gesprüh'. Ohne Pause. Ohne Nachlassen. Dies Gebrüll. Dies Gekreisch. Dies Gepfeif. Dies Heulgezisch. Dieser wandergepustete Dunst. Seit Jahrmillionen dieser fegende Schaum. Dieser Rasetod. Dieser Kochwirbel. Es ist die Hölle.

Die nasse Hölle. (Die andre sah ich, als meine Augen in den Vesuvkrater blickten.)

— — — — — — — — — — — — — — — —

»Kultur«

Um den Dreißigjährigen Krieg hat ein Franzmann die dumme Frage drucken lassen: »Kann ein Deutscher ein Schöngeist sein?« Mit gleicher Dummheit fragen jetzt in Europa viele: »Kann Amerika — nicht nur eine Zivilisation haben, sondern eine Kultur?«

. . . Ließen sich die Menschen so gern verarbeiten von dieser werdenden Gewalt, hätte sie keine Seele? Seid ihr bei Trost?

Kürze zu haben im Ausdruck — ist es nicht Kultur? Begriffssparsam sein in allen Bekundungen des Lebens; als Entsender sich die Psyche des Aufnehmenden klar vorzustellen — ist das keine Kultur? Ein Inserat abzufassen wie ein Drama? Neue Schönheiten in die Welt gesetzt haben, neue Male der Wucht und Knappheit, neue Muster physiologisch guten Aussehens und der Freude und der trocken-spaßigen Zuversicht (allerdings neben Sektenschund), ein neues Glück in der Ehrlichkeit zu schaffen, womit endlich einer zugibt, Geld verdienen zu wollen . . . ist das nicht Kultur?

226

Sie sind keine plumpen Riesen. Sondern flinke Riesen. Sie sind vollends zarte Riesen — halten es für eine Schande, roh zu sein. Halten es für lächerlich, Soldatenschnauzton, Affenflitter, Livreeprunk auszuhängen. Hoch blüht ... schwerlich die Vergötterung der Frau, doch Schutz der Frau.

Wer »Ja-also!« sagen kann, der hat Kultur.

Schönheit der Frauen; dies freundliche Bestecken eines werten Geschöpfs mit allem, was gut ist. Fünf Kinder zu machen und für sie zu schuften. Auch wenn Millionen gehäuft sind, den Sproß zu enterben, der sich drohnenhaft zeigt ... Seid unbesorgt, das ist Kultur.

In den öffentlichen Blättern wird allerdings das geheime Leben des einzelnen nicht geschont; dafür ist bei uns geheimer Verleumdungsklatsch — ohne Erörterungsmöglichkeit. Niemand kann ihn fassen.

Beginner sind sie. Noch dabei, ihr Haus zu decken. Sie werden ... nicht eine Kultur kriegen, sondern eine noch größere Kultur kriegen.

Sie haben den Niagara verhunzt.

Doch wenn sie einmal anfangen, sich auf das Hätscheln der Geographie zu werfen: dann leisten sie Mammutwunder nie gekannter Art.

Dann wird ihre Naturpflege vergaurisankart sein — und sie werden viel zu pflegen haben.

»Können Amerikaner Kultur bekommen?« — Habt ihr eine?

Dank

Rousseau warf das Tiefste seines Inneren auf ein Jungfräuliches, Leeres, Vorgeschichtliches. Ich warf es auf ein Jungfräuliches, im Umriß Erfülltes, Kommendes.

Herrlich in der Ungewordenheit; heilig im Geahnten.

Eine neue Liebe lebt in meinem Herzen.

Danke dir, Eli, Eli, daß ich dieses Land gesehen, bevor mich ein Ziegelstein traf.

(So geschrieben und zuerst gedruckt am 1. Juli 1914.)

Londons Eiland

Wiedersehn mit Shaw

I.

Die Lust, aus Deutschland herauszukommen, war groß. Nur kämpfte sie mit dem entgegengesetzten Drang: dazubleiben; in der mörderischen Wirrnis des Geburtslandes irgendwie zu handeln und zu helfen.

Die Abreise war für Sonnabend festgesetzt. Am Vormittag fiel Walther Rathenau — der Nachbar im Grunewald. Eine Stunde vor Mitternacht mußte man dennoch weg. Mit allerschwerstem Herzen.

II.

Am nächsten Tag an der Grenze von Holland lenken die Mißstände der Fahrt zeitweilig den Druck ab. Der deutsche Zöllner in Goch sagt: »Das Gepäck ist nicht da; Schuld der Beamten in Berlin — die senden es über eine andre Strecke.«

Himmelbombendonnerkreuzwettersakrafuffzigeinhalbno amal!!!

Also: entweder vierundzwanzig Stunden in dem Nest Goch bleiben — oder (sagt er) die Schlüssel dalassen ... der Koffer werde dann (wohlgemerkt, wenn er aufsichtslos durchwühlt ist) mit dem Schlüssel gen England nachgesandt ... Merkwürdig.

Man wiederholt fünfmal hintereinander das obengenannte Wort.

(Der Koffer ist nachher frech beraubt worden. So sind die Zeitläufte.)

III.

Als ich bei Shaw in London saß, erinnerten wir uns an das letzte Zusammensein. Neun Jahre her. Ein Jahr vor dem Krieg — im selben Zimmer.

Er wohnt, wie damals, in dem ältlich feinen, von Adams erbauten Häuschen mit dem Blick auf die Themse — still, obwohl nur einen Schritt abseits vom Lärm der Läden und Hotels im Fremdenviertel.

Die längliche Gestalt: das länglich-weißbärtige Gesicht mit rötlichen Farben und wasserblauem Augenpaar: alles keine Spur gealtert.

Er ist von ruhiger Geklärtheit. War früher allenfalls mehr lächelnd; mehr mild.

Der Mann gleicht einem Schriftsteller in keinem Punkt. Sondern einem Oberförster.

(Fast einem Schwimmlehrer.)

IV.

Shaw war vom Lande zur Stadt gekommen. Wir sprachen von Walther Rathenau. Noch kürzlich hatte Rathenau mir seinen Besuch bei Shaw erzählt — wie er (mitten in amtlicher Hast) bei ihm gewesen war.

Shaw sprach über den Mord mit bewegter Nachdenklichkeit. Diese Stimmung bei Skeptikern macht einen ungewöhnlichen Eindruck.

Er pries den menschlichen Zauber des Toten.

»Rathenau war von suggestiver Kraft, auf die Gegenpartei zu wirken. Das tut heute not. Ein schwerer Schaden für die Beruhigung oder Herstellung Europas, wenn man die Geeignetsten wegschießt ... Bei Kriegsbeginn traf es den Jaurès — jetzt abermals den Tauglichsten für die Verhütung weiteren Unglücks ... Auch Jaurès war fähig, praktische Politik zu treiben, nicht nur Ideale zu haben ...«

Shaw sah ohne Empfindsamkeit vor sich hin; sachlich. Er fuhr fort:

»Rathenau wußte Menschen zu nehmen. (Er sprach mit meiner Frau und mir, als ob er uns seit zehn Jahren gekannt hätte) ... Seltsam; seine Bestimmung war irgendwie verwandt mit — bei aller Verschiedenheit eines weltmännischen Denkers von einem Feuerkopf — ... mit der Bestimmung Mirabeaus: verzweifelte, verworrene Dinge durch persönliches Fluidum entscheidend zu wenden ... Er hatte das Zeug dazu. Unendlich schade!«

Shaw saß zurückgelehnt im Armsessel. Vom Fluß kam das Licht — das der andre nicht mehr sah. Die Welt lag irgendwo ... mit ihrem Schwachsinn und ihrer Roheit. —

Wir sprachen dann von Lloyd George. Wie zwei Menschen, die letzten Endes wenig für Propaganda, mehr für Erkenntnis übrighaben ...

(Fast mit einem Gefühl der Befremdung vor Agitatoren — bei allem Bewußtsein ihrer Unentbehrlichkeit.)

V.

Shaw hatte gestern Lloyd George zum allerersten Male sprechen gehört. Er war entsetzt.

»Bei welchem Anlaß?«

»Bei einem Erinnerungsfest für Meseinei.« — »Für wen?« — »Für den Italiener Meseinei.« — Ich wußte nicht Bescheid. Shaw nahm ein Blatt, schrieb das Wort auf. Es hieß »Mazzini«. Ach so.

Nach Shaws Ansicht war Mazzini beinahe Sozialist. »Aber dieser Lloyd George«, sprach er, »hatte die Frechheit (the audacity) zu erklären, daß die Landkarte von Europa heut ungefähr so aussieht, wie der Italiener es gewünscht ... Ach, und diese Klischee-Plattheit eines Advokaten!« (sprach Shaw) — »solche billigen Aussprüche wie: Bisher dachten wir an den Schutz vor unsren Feinden, jetzt denken wir an den Schutz unsrer Feinde ... Gräßlich ... Lloyd George war immer ein Rhetor, vielleicht ein Taktiker, nie ein Staatsmann.«

(Ich berichte nur Shaws Meinungen.)

Er fuhr fort: »Lloyd George ist eine Parlamentspflanze; mit allen Salben geschmiert — aber darum lange kein Politiker von schöpferischem Inhalt ... Er kam im Grunde hoch, nicht indem er die Kaste der Herrschenden bekämpfte, sondern ihr diente ... Lloyd George hat vor Jahr und Tag die englischen Junker (Shaw sprach dieses Wort auf deutsch) angegriffen — aber seine Laufbahn hat er nicht gegen sie, sondern mit ihnen gemacht ...«

»Haßt ihn die Rechte nicht?«

»Nein. Bloß Northcliffe; aus persönlicher Abneigung ...
Dieser Northcliffe ist übrigens heute fast geisteskrank und
totgezeichnet.« (Anmerkung: er ist seitdem gestorben.)

VI.

Shaw sprach das alles nicht mit Leidenschaft; sondern mit
unscheinbarer Festigkeit ... obschon er hier als ein »fanatic«
gilt.

Da ich Lloyd George ambivalent nannte, zog Shaw für ihn
das Wort »ambiguous« vor — also »zweideutig«. (Andre
glauben, daß Lloyd George zum eignen Schmerz einem
Zwang unterliegt, als Koalitionsminister ...)

»Es ist«, sprach Shaw, »kein Kunststück, es ist sogar das
allerleichteste, während eines Kriegs zu regieren; das kann
schließlich sogar ein Hindenburg« (ich wiederhole nur
Shaws Worte) — »wenn das Gesetz halb aufgehoben ist und
immer bloß derselbe Punkt betont wird: Krieg fortsetzen,
Krieg fortsetzen ... Aber damit ist der Welt nicht genützt.
Lloyd George hat in solcher Art regiert. Männer wie ihn und
Clemenceau sollte man gleich nach dem Krieg auf ein Sankt
Helena schicken.«

(Ich wandte mich komisch-beschwörend gegen die Wahl
dieser Örtlichkeit — er lachte.)

Die großen Photos wertvoller Leute, nämlich Rodins und
Einsteins, guckten vom Bücherbrett über das vormittägliche
Zimmer — wie eine Tröstung.

Shaw setzte sich im Lehnstuhl etwas nach vorn ... und
nahm weiter Lloyd George auseinander. Er sprach unerregt
— nur wie ein Mensch, der gewisse Realwelten verachtet.

VII.

Shaw sagte: »Was mit Versailles zusammenhängt, ist eine
einzige Lächerlichkeit ... Zwei Dinge verlangte man im kri-
tischen Augenblick von Lloyd George. Erstens: den Kaiser
zu hängen. Zweitens: Deutschland zahlen zu lassen. Er sah
sich also vor zwei Aufgaben gestellt ... Das erste ging nicht.
Und das zweite? ... Womit zahlen? — — Anfangs hieß es:

Deutschland soll Schiffe für England bauen. Da tobten«
(sprach Shaw lächelnd) »die britischen Schiffbauer ... Folg-
lich sah Lloyd George davon ab.«

(Shaw habe sich auf einer Reise durch die Nordstädte
selbst überzeugt: Schiffsingenieure, Besitzer, Arbeiter fürchteten ausgeschaltet zu werden.)

»Womit also zahlen? ... Jetzt hieß es: mit deutschem Stahl.
Da tobten Englands Stahlfabrikanten. Lloyd George sah
wieder davon ab ... Aber womit? — Jetzt sollte Deutschland
Kohlen an Frankreich liefern. Da tobten die Gruben in Wales
... und Lloyd George sah wieder davon ab. — Schließlich
sagten seine Sachverständigen, es bleibe nur etwas übrig:
Deutschland muß mit Pottasche zahlen!« (Shaw lachte mit
dem ganzen, langen, wie frischgescheuerten Gesicht.)

Er sah Verfahrenheit, Wahn, Wirrnis ... übelster Sorte.

»Frankreich«, sprach er, »macht Erpressungen (black
mail); Frankreich weiß, daß der Vertrag unerfüllbar ist ...
Lloyd George wieder weiß, daß Frankreich weiß, daß der
Vertrag unerfüllbar ist ... Alles ein grauenhafter Unsinn. So
wird heute die Welt eingerenkt.«

VIII.

Er sprach nicht wie ein Mensch, der es heiter findet. Sondern dem die Seelenart der Zeitgenossen unfaßbar und uner-
duldbar wird.

Ist er ein »fanatic«? Nur ein Träger hellen Verstandes ...
und des Willens zum Recht.

Er sagte, weit mehr grüblerisch als belustigt, und mit etwas stillerer Stimme: »Das feeling der Engländer, ihr Empfinden gegen das treu verbündete Frankreich ist in Wirklichkeit heute schlimmer als bei Waterloo ...«

IX.

Frau Shaw trat ins Zimmer. Still; bürgerlich; schmucklos.
Sie fragte, mit fast mütterlicher Besorgtheit, wie um dem
Gast ihr Beileid zu bieten: ob monarchistische Schlächte-
reien die Deutsche Republik erschüttern würden.

Alle drücken ja hier einem Deutschen etwas wie Beileid aus — zu dem dunklen Rückschlag, den Deutschland von den eignen Landsleuten erfährt.

Haß gegen uns ist nirgends mehr zu spüren. Bei dem ungeheuren Arbeitsmangel erkennt man auch, daß Deutschlands Emporkommen wichtig für England ist.

(Abgeordnete der Lloyd-George-Partei haben es mir dann bestritten. Davon später.)

X.

Einmal sprachen wir über die Sowjets. Shaw redet von diesen Russen mit ernster, nicht kritikloser Zuneigung.

Er sagt: »Sie waren ja zunächst Studenten, Idealisten, Nichtpolitiker — sie hatten sich erst einzuarbeiten; verlangt nicht gleich Unmögliches; ihr Werk war übermenschlich schwer, und noch ist nicht aller Tage Abend ... Eines muß man lieben: sie sind keine bloßen Taktiker — sondern wollen bis ans Ende gehn.«

Wir sprachen von Strindberg; Shaw erzählt mir ein komisches Zusammensein mit ihm. (In Stockholm.) Vorausgegangen war ein Brief Strindbergs — englisch, deutsch, französisch, durcheinander. Strindberg zeigte sich dann überaus scheu; was ein Näherkommen hinderte. Plötzlich sprach der Schwede, mit einem Blick auf die Uhr, den auffallenden deutschen Satz (Shaw wiederholte den Satz auf deutsch): »Um ... zwei ... Uhr ... werde ... ich ... krank ... sein« ... So gingen sie auseinander.

Von Hauptmann verehrt Shaw sonderlich die »Weber«, das »Friedensfest«, die Werke der ersten Zeit. Auch mit ihm ist er zusammengetroffen — und empfing einen wundervollen menschlichen Eindruck.

XI.

Wovon wir auch redeten — triebmäßig kam Shaw auf Walther Rathenau zurück. Mit einem Ton, ernster als der kühle Klang seiner Schriften.

Er brauchte für den Gefallenen das Wort: charming.

(Ich erfuhr nachher in England, welche Wirkung selbst auf die Widerhaarigen im Parlament Rathenau geübt hat.)

Zwischen Shaw und mir wich das Gespräch zeitweilig einem gewissern Dämmern.

Zuvor auf der Straße war zweierlei Nachdenkliches aufgefallen. An den Mauern hafteten große Druckblätter mit der Inschrift: »Das englische Pfund ist nur noch elf Schillinge wert«. Und Zeitungshändler riefen: »Bürgerkrieg in Irland« ...

XII.

Noch in Bernard Shaws gefriedeter Wohnung, zwischen Büchern, Bauerntellern, Töpfereien, Bildnissen, spürte man, daß eine Welt (die Welt, in der ein Heutiger die kurze Frist des Hierseins zu verbringen hat) auf der Kippe steht.

— — — — — — — — — — — — — — — — —

Dennoch blüht hier ein verhältnismäßig glückliches Land.

Ich will fernerhin schildern, was auf dieser Insel heute vorgeht — auch ihre Heiterkeiten, ihre Pracht ... und ihr unentwegt kräftiges Essen.

London nach dem Kampf

I.

Ich kam aus Amerika — und ging nach England. Wieder eine angelsächsische Welt? Sind London und Newyork nicht sehr ähnlich?

Die stärksten Gegensätze.

Nach einem herrlich maßlosen Land ... das besonnenste. Nach betäubender Jugendwildheit ... strenge Form des Geschäfts. Nach dem Volk ohne Ferien ... ein Volk mit week end.

Newyork ist voll Neu-Gier ... London gesetzt.

Newyork ist farbenheiß ... London ein Nordplatz.

Newyork ist nebenher die Stadt der vielen Autos; London die Stadt der vielen Busse ... Londons Börsenviertel zeigt Andrang — doch nicht blutaufreizendes Rasegewimmel wie Wall Street und Broadway.

... London: das Talent. Newyork: das Genie.

England hat eine Geschichte; Amerika eine Zukunft.

Vom Krieg ist Amerika kaum berührt. England gestreift. Frankreich verwundet. Deutschland zerfetzt.

II.

London riecht, immer noch, nach drei Dingen: nach opiumsüßen Tobacco; nach Eiern auf Bratspeck; nach Lamm. (Während Frankreich stets nach petit caporal roch und nach Anis — vom Absinth.)

Immer noch hat London seine herrlichen Häuser aus dunkelndem Gestein ... worüber was Weißes hinabrann. Wetterfest; gebändigt; erdüsternd. In Park Lane hinreißend. (Architektur der Geborgenheit.)

Fern hiervon die Häuserchen von Hampstead, aus dem Ei gepellt ... alle fast aus demselben Ei. Fern wiederum davon Whitechapel.

... Abends Piccadilly, Coventry, Haymarket — gedrängter Glanz. Gesicherter Glanz.

Immer noch die zottigen Löwen unter Nelson. Immer noch die Wallwände der Towerburg, gruselig senkrecht — mit dem Schafottplatz, wo Ann' Boleyn ihre abgebrauchten Lippen samt Umgebung verlor.

Unter dem Harnisch des Gemahls hängt aus Eisendraht sein Jumper.

Der Wärterich in roter Maskentracht sagt, mit einer Pupille nach den Eintrittskarten, immer noch: — »'kyou«; nämlich »thank you«.

III.

Das cab starb aus — der zweirädrige Wagen, wo der Kutscher hinten und hoch saß.

Neue Denkmäler ... War Wilhelms Onkel, Edward der Siebente, schon vor dem Krieg errichtet? Jetzt reitet er zu Roß durch die Jahrhunderte — gleich bei der deutschen Botschaft.

Vor Exchange die Säule für die Gefallenen. Zwei Krieger lebensschlicht, mit Gewehr und Wickelstutzen. Nichts

Hochtrabendes. Nur zum Erinnern. (Oben ein bescheidenes Löwchen mit etwas gesträubtem Schwanz — als wollte man von diesem traurigen Ruhm kein Aufhebens machen.)

Alles das zwischen Börse, Wellington, Bank von England. Geschäftsgegend gilt ja hier nicht als unheilig.

Für die Gefallenen setzt manche liebende Hand einen Blumentopf an den Fuß des nirgend umzäunten Sockels. Oft einen Feldstrauß. Immer stehn Leute davor. Sehr still. Meist Frauen ...

IV.

Hinter Trafalgar hebt sich, gemeißelt, eine Pflegerinnengestalt. Mit ruhigem Ausdruck in ihrem Schwesternkleid. Das ist Edith Cavell. Erschossen von der Leitung des deutschen Heers. Das Datum ihres Todes ist in die Säule gemetzt.

In Westminster, wo neben Dichtern und Maria Stuart und Darwin der Kopf des uns nicht freundlichen Joseph Chamberlain aus der Wand guckt — in Westminster liegt heute der Grabstein des »unbekannten Kriegers« aus England: »unknown by name or rank«.

Mit der ewig penetranten Jahreszahl: 1914-1918.

V.

Das Gewimmel ist stärker als vor dem Krieg. Theater, Brettl in der season für Wochen ausverkauft. Menschenschlangen vor den Kinos ... Dabei viel Arbeitslosigkeit; sie kostet Geld. Sehr, sehr hohe Steuern. Ich nannte schon die Straßeninschrift: »Das englische Pfund ist nur noch elf Schillinge wert.« In Rotton Row reiten ein paar Leute weniger. Wer früher acht Dienstboten hielt, hat jetzt fünf. Weil die Zeiten schlecht sind ... bloß fünf.

Was man Gesellschaftsleben nennt, ging zurück. Es schlüpft in Wohltätigkeitsfeste. Mancher schafft sein Auto ab — somit ein Zeichen sozialen Elends ... Vieles kostet noch um die Hälfte mehr; vieles schon den alten Preis. O hätten wir diese Not in Deutschland.

Seidne Hemden für Herren zwölf Schillinge. Seidne Schlafanzüge siebzehn (orangefarb und modegelb gemischt) ... Mit einem Wort: Not.

Aber die Lebensmittel stehn hoch im Preis — ein Ei kostet in London zwei Kupfermünzen. Hätten wir um zwei Kupfermünzen ein Ei ... statt einer Politik, die nicht zwei Kupfermünzen wert war.

VI.

Frauenkleider in Gesellschaften sind manchmal entzükkend schwarz. Tief ausgeschnitten (das Kleid ist eigentlich ein Schulterbandl) — mit schwarzem Umnehmetuch. In Paris gemacht.

Aber das bleibt ein besonderes Kapitel, für Maler.

Um etliche Schillinge gibt es folgendes Mittagsfrühstück: gebacknen Hummer mit Reis und indischer Sauce; dann Roastbeef; frisches Gemüse, junge Kartoffeln, samt pie oder Blätterteig; dann »Erdbeer-Montblanc« mit Eis und Sahne. So täglich. (Hummer ist der beste Koch) ...

Stout, der schwere schwarze Trank, schmeckt nun etwas leichter. Immerhin geht er in die Füße.

VII.

Was ist der Kern? Zwar mißlichere Zeit ... aber ein Land ohne Schuldknechtung. Der insulare Magen behielt den großen Zug.

Die Landschaft ist glücklich — wie zuvor. England bleibt nach dem Weltkampf der gleiche grüne, väterisch-herrliche Garten. Voll laubdicht schwerer Bäume, mit Saftästen, die fast wollpelzig sind. (Das macht die grüne See.) England ist eine einzige, zaubervolle Trift, immer noch. Nicht für Kartoffelbau ... sondern für Schönheit. Nicht ein Zweck ... sondern ein Anblick. Mit kennenswertem Getier.

Alles im Grunde wohlhabend und heimisch. Immer noch gibt es in England »nur Qualität« (wie der Neu-Märker sagt). Kein Geprotz.

Der Kirchenbesuch soll heut in London schwächer sein als vor dem Krieg. (Das wäre! ...) Sonst alter Glanz der Hauptstadt. Flugdauer nach Paris: zwei Stunden. Mit einem Worte: Not.

VIII.

Als Maler setz' ich noch ein paar Züge her.

Nach Tisch bei Gesellschaften (aber getanzt wird bloß noch öffentlich oder in Klubs) — nach Tisch sondert sich die Damenschaft von den Männern, geht hinauf, über Kleider, Sammlungen, Jungfern, Sport zu sprechen ... der Hausherr aber sagt zum Gast: »Rücken Sie näher«. Die Männer bleiben, reden, rauchen.

Immer noch entzückende Häuser für Gäste; zumal am Hyde-Park-Corner. Von unten bis oben mit leisem Geschmack betreut. Alles wohnlecker; unauffällig. Zwischendurch manches gute Stück ernsten Gedenkens. Die Damen sind ohne Alter — sie bleiben in der Zeit stehn: seltsam veränderungslos.

Es gibt in London kein häßliches Frauensbild — bei meinem Eid. (Oder doch: die dürre Provinzkreatur mit schmalknochiger Nase; hinwäch!)

Wer Glück hat, trifft in Abendgesellschaften irgendeine noch junge Gouverneursfrau ... von angelisch-komfortablem Reiz.

IX.

Das Zeremoniell ist nach dem Krieg verringert. Viel weniger Förmlichkeit. Aber Dienstboten eines Hauses, auch ohne butler, verlangen für ihren Eßtisch besondere Blumen.

Der Zylinder schwand ... Am Schluß eines dinners gibt es (ernste Sorgen!) statt des Käses heute Röstbrot mit zerschnitzeltem Räucherfisch. »A la Blenheim.« Oder mit gekräuseltem Lachs. Der Portwein wird am Schluß des Mahles gereicht. (Wundervoll war er beim deutschen Botschafter.)

Darin liegen von den englischen Umwälzungen die sichtbarsten; sie sind mit ehernem Griffel hier verzeichnet.

X.

Vordem krochen Londons Männer aus der Tiefbahn, aus den Kutschen der city, und rannten dahin, oben schwarzglänzend, einer wie der andre. Wie Expressionismen, puppenhaft.

Solcherlei Uniformität ist nun weg — weil der Zylinder schwand. Mancher im blauen Jackenanzug trägt allenfalls diesen top-hat, mehr nach hinten. Wohlhabende kaum. Selbst abendliche Londoner im Frack hissen die Melone. Betagte Herren zwar noch den Seidenhut. Der graue Zylinder, mit schwarzem Streifen, blinkt nur manchmal im Parlament. Häufiger auf Sportgästen ... Alter Bestand. Gewesen. Vorbei. Um.

(Was vergangen, kehrt nicht wieder, aber ging es leuchtend nieder, leuchtet's lange noch zurück. Das Alte stürzt, es ändert sich die Zeit, und die Melone blüht aus den Ruinen. Selbst weichgekniffter Filz — das Schicksal will's.)

XI.

Ein Künstler, der hier herumäugt, findet folgendes:

Die Londonerin ist heute nicht so angemalt wie vor dem Krieg. (Nur Gesichtscreme.) Das Haar trägt sie jetzt über die Ohren ... Ganz junge kleinbürgerliche Bälger in schlichter Stadtgegend, siebzehn Jahre, haben kurze Kleidchen, kaum über den Popo.

Kellnerinnen im guten Gasthaus blicken wie Pflegerinnen. Weiße Stirnbinde; mittendrauf ein schwarzer Streif. Schwarze Gewandeln, weißer Schurz. Sind halt hübsche Menschen.

Wichtige Neuerung notleidender Völker: die Ladies haben ein cape genau von der Farbe des Kleides. (Das muß sehr kostspielig sein ... Sehr kostspielig muß das sein.)

XII.

Vorwärts Maler! ...

Regent Street. Was du willst. Zweigstellen vom Louvre. Auch Galeries Lafayette. Unweit: Peter Robinson. Dents Handschuhe. Liberty. Alles da.

Abends üppiger Geschmack. Manilatücher. Gelbe Spitzen ... Violettes Kleid — mit ebenso violettem Mantel von Samt.

Karminkleid ... mit Karminmantel. Pelze! Zobel! Der Schuhabsatz aus nachgemachten Brillanten.

Spinnwebige Schals. Scharlachne Duftmäntel. Scarves für Weiber (das ist die Mehrzahl von scarf).

Und irgendwo Sommerhüte, violett, rosa, geschweift, nicht niedrige Form (o Zeitgenossen) mit tücherartiger Umwindung, stumpfbunt. Auferstandener Gainsborough? Solche Hüte zu vierzehn Schilling. Blaue, ganz durchbrochen, ohne Band, vastehste, sieben Schilling.

Ha, Brokathüte, rotgoldviolett, alles zackigstreifig durcheinanderschießend ...

Ein Gewand von blaß-erdbeernem Seidenkrepp. Trug so was Ernest Cassels Enkelkind, Lady Mountbatten? jetzt mit dem Vetter des Königs getraut — und »Queen kisses the bride« schrieben dick die taktvollen Blätter; »Königin küßt die Braut« ... »Richest girls wedding«.

XIII.

»Schließt, Augen, euch« ... Umhänge von fellartig bunter Seide, flausch-locker bestickt, rosagoldviolettgrün durcheinander; himmlisch. (Notstand) ...

Und ein braunes Schleierkleid mit weich-metalligen Fäden in Gold-Grün-Brennendrot, diese Farben auf dem zarten Braun wie Flammen erglühend; ausgreifend; leuchtlodernd. Die Netzhaut singt.

Musik für Künstler.

Das hellgrüne Wams dort, mit Schmalgürtel, und vorn hängt einfach was breit runter, ein grüner Samtfleck — huch! ...

Lichtblau, handbemalt ... Und hier (o Whistler!) ein still Ersterbendes in adligem Grau. Matte Silberspitzen ...

Dann, hinwiederum, herzhafte Kimonos; kiek! Und Chinesenschals; exempelshalber der ganz schwarze, der stumpf-schwarze, bedeckt mit seidnen, seidnen, seidnen Apfelblüten ... Fest haltet's mich!

XIV.

Die High Street von Whitechapel hat stärkeren Betrieb als vormals. Auch Cambridge Road, nebenan. Oder Houndsditch, wo Bolschewistenvorläufer sich einst verschanzten ... Whitechapel ist nun gradenwegs eine breit-helle Schmuckstraße. Mit frischer Luft; mit frischem Leben. Und halb so schlimm wie sein Ruf. (Bin früher manchmal im Abendanzug heil hindurchgegangen.)

In Whitechapel fand ich die englischen minstrels von ehedem wieder: Straßensänger — mit rotbemalten Nasen und Backen. Tanzen, singen zur Gitarre, zur Trompete.

XV.

In Whitechapel geht das Blatt »The Communist« um. Hoffnung für die Arbeiter in der Dritten Internationale. Sie lachen, weil alles auf Geld hinauskommt ... Bilder gibt's hier, wo der Bergmann vom Sozialisten verlockt wird, dem Unternehmer »die Hand zu reichen« — bis der ihm Hand und Arm ausreißt.

In Whitechapel schmettern die economic slaves, Wirtschaftssklaven, ihr eignes höhnisches Lied, mit dem spottenden Schluß: »God save the king«.

Mittendrin eine Methodistenmission. Unweit Schauspielhäuser mit jüdischem Theaterzettel.

Namen: Silberstone; Deitsch; Freedman. (Gleich dem Müller, der sich sofort Miller; gleich dem Schmidt, der sich sofort Smith nennt.) Viel hebräische Schilder. Vor einer Brauerei die lange Tafel der Gefallenen. Wieder die Zahl: 1914-1918; uäh!

XVI.

Marktgewühl ... In Whitechapel wird besseres Gemüse, mehr Fischkreatur, mehr schieres Fleisch verkauft als auf dem Bauernmarkt von Halensee.

In Whitechapel sieht man zerdachte Gesichter. Auch grimm-energische; lebensvoll; mit ungeschwächtem Trieb; noch nicht vertreibhaust ... Bildschöne Frauen darunter; blühgesund; schwerwandelnd.

Aber die jungen Mädels, die lachen. Manche mit kostbarem Antlitz über dem Umschlagetuch.

Kleine Kalle! Schicksel, holdes! die Königin wird dich küssen — wenn du viel Geld hast.

Polo; punt; Posse

I.

Dankbar bin ich englischen Freunden für die Einführung in den Ranelagh-Club — der bei London Sportgründe seltener Art besitzt.

Vor Mitgliedern und Eingeführten (es waren eine ganze Menge) focht hier der Prinz von Wales einen Polokampf; auf der Seite von drei Oberhausherren wider vier Unterhausherren.

Der Herzog von Westminster stritt bei ihm; auf der Gegenseite Sir Philipp Sassoon, welcher gewissermaßen der andre Rothschild ist; und im Hintertreffen Winston Churchill; von bekannteren Namen.

II.

Das Spiel selber, Fußball zu Pferde, verblaßt gegen das Drumunddran. Das Nebenher wird ja Hauptpunkt — wie auf jeder Jagd. Ich weiß es von allen Seehundsfahrten. (Vollends vom Stierkampf! Eine Französin war im Recht, wenn sie nach dieser blutigen Schweinerei zu mir in Sevilla sprach: »Mais c'est beau comme couleur.« — »... Aber hübsch als Farbe.«)

Polo ist hübscher: weil kein Ekel über Grausamkeit herrscht. Weil die Pferdchen fast vermenscht sind; sie spielen aus Leidenschaft mit; sie zeigen die Gier, zu gewinnen; die Pferdeln haben gewiß ihren eigenen Polo-Club.

(Ich denke mir die übrigen Ponies in Zeitungen blätternd: welche Mitrösser gestern gesiegt.)

III.

Bezaubernd, wie ein leidenschaftliches Scheckerl aus-
greift. Ist es ein Gaul oder eine Katze? Sie stürzen auf die
weiße Kugel — die von den Reitern mit Harken gejagt wird.

Es scheint: die Pferdchen gucken rascher als die Herren.
(Ihr Volksstamm sieht ja Kleinstes an Bewegungen — wofür
wir zu dumm sind.)

Die Teilung der Tätigkeit ist wohl so: daß die Reiter mit der
Harke, die Ponies mit dem Intellekt arbeiten.

IV.

Ernst oder Spaß — das Bild erinnert irgendworan ... Ja: an
die »fantasia« der Araber. Auch hier so ein blitzschnelles Aus-
schwärmen. Wegfliegen, Hinrasen, Wenden zu Pferd. So ein
Rudelreiten, Sichlösen, Zerstieben, Sammeln, Knäueln, Ent-
wirren, Auseinanderflitzen — bis die weiße Kugel durch das
Tor ist.

Beglückender Augenreiz. (»C'est beau comme couleur.«)

V.

— — — — — — — — — — — — — — — —

In dem zaubervollen Club Ranelagh scheint jeder Farb-
strahl sozusagen lovelich gedämpft, abgepaßt, zartge-
stumpft. Alles auf dem kurzen, juchzgrünen Rasen ist weiß
und rot. Rings Weiß und Rot. Der eine Reiterschwarm weiß,
der andre rot — auf dem Grün des Lichtgrases.

Noch die Schwärme von Wärtern und Gärtnern sind oben
rot, unten weiß ... Vor dem Clubhaus rote Geranien, weiße
Lilien. Jeder Pfahl: halb weiß, halb rot — auf dem grünen
Grund.

VI.

Ein Duft von frischgeschnittnem Gras und edlen Blumen.
Alles voll Ruch und Umwehtheit. Fernbegrenzte Wiesenflä-
chen. Teiche mit weißen Seerosen. Inselchen mit einem Ur-
baum drauf. Rotbuchen auf der Trift. Lichthalden. Rosenbe-
kletterte Gänge.

Wunderbar.
(Nebenbei rote Brücklein; braune Brücklein; Tempelchen; grünverschollne Standbilder; Säulen mit Köpfen. Ein sandsteinalter Pelikan irgend in einer Flut ... Flauschiges Moos, Farren, Hügel. Porig alte Grotten über dem Wasser dachen ein Bootshaus. In vergessen-steinernen Körben bröckeln versteinte Sträuße. Rauschendes Quellgelall. Und Baumschlag — aus Bilderbüchern ... Ecco.)

VII.

Das hört nicht auf ... Das hört nicht auf.

Taxusschnitt. Blau-dichte Lebzäune. Leuchtgelb schnurgrade Hecken. Seltsam gelbe Baumsiedlungen. Rittersporn! Efeu! Ketten von goldnem Blattgesträuch, dazwischen Flammenbeete.

Wonnen — aus verwöhnter, stammgesessener, behagensvoll eingewohnter Zeit.

(Mittendrin Plätze für Tennis und Crocket. Sie spielen Crocket mit spaßig langen Hämmern am Stiel. Statt seitwärts zu schlagen, schieben sie — seh einer an! Kochen auch mit Wasser. Jeder Schub wichtig; fast in brütendem Ernst.)

VIII.

Clubpavillon mit indischen Teppichen, verjährten Stichen, exotisch feinem Duft. Gewählt ... und wie zu Hause. Zimmer eines verschollen reichen Kurorts — mit anheimlichen Möbeln, Vasen, leis parfümierten Teppichdecken. Die Teeterrasse davor. Durch die Clubstuben mit offener Gartentür gehn Damen und Herren; oder sie hocken und lesen.

Sealpelze. Parfüms. Der Springbrunn draußen rinnt.

... Und an alledem fließt die Themse vorbei.

IX.

— — — — — — — — — — — — — — — —

Die Zuschauer des Polokampfes waren, obschon ganz heiter und frisch, nur von der gemäßigten Aufregung erzogener Menschen.

Erzogener Menschen — die man auf diesem sittigenden und anständigen Eiland mit ernster Dankbarkeit so häufig trifft.

Die roten Bedieneriche gaben den Tee. Weißbrotscheiben fesseln mich kaum — doch der englische Kuchen, mit Ingwer und Cardemom und sonstwas. (Wie das Ingwerbier, ginger ale, zur Sommerzeit ... in Suffolk. Schön war das damals. Eoh!)

X.

Der Prinz von Wales, dieser Behang für den Mittelständer eines Weltreichs, ist achtundzwanzig Jahre; sieht jünger aus; fast weiblich, mit unbeschriebenem Antlitz.

Mädelhaft schlenkrig ritt er, doch voll guten Willens — und schlug mit der Harke fast immer fehl. Dann hilflos neben den Reitern. Aus des »Knaben Wunderhorn« klagt es:

> Wo soll ich mich hinkehren,
> Ich armes Brüderlein?

Jedoch war er ganz gewinnend in solcher gutartigen Kümmernis ... Die Mitspieler jagten die weiße Kugel durchs Tor. Schluß des Kampfes.

Die Prinzessin Arthur von Connaught übergab dem Prinzen den silbernen Preis. Er hatte gesiegt.

XI.

— — — — — — — — — — — — — — — — —

... Kein Club, sondern volkstümlich ist Henley. Von London eine Stunde. Massenziel, bei der viertägigen Regatta.

O heilsame Themselandschaft. Hügelbuschungen in der Gegend von Reading ...

Reading? War es dort, wo Oscar im Zuchthaus gesessen hat?

Er schritt wohl in der Sträflingsschar,
Im Anzug grau und schlicht,
Mit leichtem Schritt, ein Käppchen nur
Beschützte sein Gesicht,
Doch nimmer sah so sehnsuchtsvoll
Ein Auge in das Licht.

Die Zuchthausballade ... Vorbei. Bloß den Hut ab.

XII.

Wiesen! Kleine grüne Wände seitwärts — und ein gekringelter Fluß.

Am Ufer redet ein Bootsmann zu mir ... es klingt ungefähr so: »Du ju leik ä Panzer?« Was bietet er mir an — ein Panzerboot? Er meinte jedoch: »Do you like a punt, sir?« Dies punt ist ein langschmales Fahrzeug, das man hinten stakt.

XIII.

Gleißende Luftballons an Schnüren in Menge. Manche riesenhaft. Weißblau, gelb, grün. Dazwischen phallisch langgestreckte ... Sie strahlen Farbtupfen in die Natur.

Gedrängte Bootmassen, prachtvoll in Selbstzucht. Durch eine Leiste bezirkt. Man sieht vom Sattelplatz lauter wippende, schwebende Ballons auf dem Wasser.

Männer mit Jockeymützen, gelbe Borten auf blauer Jacke — sie schreiten am Ufer hin. Die rote Fahne der Strompolizei. Farben, Farben, Farben. Ein lila Ballon schwimmt als Boje.

(Das Volk — mit braungedeckelten Eßkörben, Thermosflaschen ... Die feine Menschheit schmaust im blumenleuchtenden Frühstückszelt.)

XIV.

Herren mit rosa Strümpfen, rosa Kappen, weißen Hosen, blauen Jacken.

Immer Farbflecke: das sind Frauen, rings im Bootgewühl. Orangenhüte. Bluthüte. Gelbe Sweater. Veilchenfarbene

Burnusse . . . Lichtgrüne Segel zusammengedreht, als Torbogen gespannt. Tribünen; Farben der Leuchtballons; zitterndes Wasser. Ha! Hermelinjacke, bei sahnenfarbigem Rock. Dort Hüte wie ausgekrochener Kanari. Weibliche Gummimäntel aus grünem Glas . . . Farben, Farben. Alles in einer gedämpften, behaglichgrünen Landschaft.

XV.

Los! Ein Kahn flitzt voran — wie er will.

Bravo . . . Wie lange geht es weiter? Pausen. Vorstöße.

Halt — jetzt eine Wandlung: Regen fällt . . . Auf allen Booten wachsen Schirme. Schirme. Gibt es in einer Stadt so viel Schirme? . . . Doch die bunten Farben sind im Grau des Himmels köstlicher; will sagen: noch stumpfer.

Es gießt. Es pladdert. Es preescht. Es plumpst. Es knallt . . .

Es regnet Bindfaden; Stricke; Taue; Säulen . . .

Der lila Ballon wogt im Tropfenfall auf dem Wasser.

XVI.

Unterdes fragt etwas im Innern: Ist Sport ein Gegensatz zur ernsten Kunst? (Wie der bekannte Gegensatz zwischen Muskelmensch und Hirnmensch?)

In Hellas, lernt man, hat beides nebeneinander geblüht. Aber wohl nicht im selben Leib . . . Nebeneinander? ja. Mitsammen? kaum. Hat der Läufer von Marathon gedichtet? (Vielleicht ein Expressionistendrama — indem es Berührung mit Turnkunst zeigt.)

Auf den Niedergang wirkt andres. Der wackre Arthur Collins in London, welcher die Ausstattungsbretter von Drury Lane seit einem Vierteljahrhundert betreut (er spielt jetzt ein farbenreiches Kreuzfahrerstück . . .), sagt mir: »Ernste Kunst ist unmöglich — nach dem Krieg.«

Englands große Schauspieler sind tot; die Zuschauer haben kein Geld . . . oder sind auch tot. Die Leute kommen um neun ins Theater; klappen mit den Sitzen . . . Das Schreiendste zieht.

Ein Geschlecht ist auch hier durch die große Zeit verkaffert.

(Collins schwärmt von der Djuus, nämlich Duse — und weist mir an seinem Finger den Ring der Ristori. Er borgt jetzt aus Deutschland die phantastisch zukunftsvolle Kreisler-Bühne.)

XVII.

Die Tragödin Sybil Thorndike spielt in einem Bums die Tosca. Nur Haltungen. Sprachlich ohne Schimmer. Im selben »Coliseum« wirkt aber Grock, musikalischer Clown, der für mich ein großer Schauspieler ist ... in der Art von Pallenberg. Ein entzückendes Männdel — so dümmlich, ärmlich, lieblich. Dabei höllisch verschmitzt. Das Haus rast.

... Englands Mimen sind zugleich Sprecher, Sänger, Akrobaten. Auch der (sonst mäßige) Robey im Hippodrome — wo Phileas Fogg wieder in fünfzig Tagen um die Welt reist ... aber es ist ganz eine neue Reise. Mit Film, Autos, hohen Schiffsseiten, Schiffbrüchen, Rührsamkeit, Farbtaumel, Komik; fast großartig durch Überfülle. Von einem Reichtum des Glanzes und des Klappenden — erschlagen wird man.

Wenn dort ein Schwarm von Likörgeistern im Farbdämmer singt, nähert sich der Kitsch dem Edgar Allan Poe. Stärkere Romantik als je bei Max Reinhardt. Es ist altüberliefertes Könnertum.

Zwischendurch singt Sophie Tucker; mit ihrem Baß derb und seltsam ans Herz packend ...

Londons Drama heißt: Hochzeit von Operette, Purzelbaum, gesprochenem Witz, Prunk, Phantastik.

Die Gattung ist vorletzten, die Handhabung ersten Ranges.

XVIII.

Shaw riet mir, Gladys Cooper zu sehn. Im »Playhouse« gibt sie, ogottogott, die »Zweite Mrs. Tankeray«, von Pinero.

Shaw sprach ganz ernst von dem Stück, auch von Barries Stücken. (Nicht aus Taktik. Sondern — das ist mir seelisch fesselnd — wohl in jenem zeitweiligen Verdämmern des Selbstbewußtseins, das ein starker Eigenwuchs mitunter hat. Eine Art Ermüdung, es im Alltag sehn zu lassen. Oder ein Entgegenkommen? Ein Sichtiefschrauben ... als dargebotene Sühne für den wirklichen Hochstand. Kurz: der Gewaltstupps zur Kollegialität; exempelshalber Dostojewski galt als kollegial.)

Also Shaw sprach ganz ernst von Pinero und Barrie — mit dem Beisatz: die Mrs. Tankeray sei vormals von der Patrick-Campbell gespielt worden (die er selbst in Liebesbriefen einst vergöttert hat).

Doch Miß Gladys Cooper ist in Wirklichkeit nur ein blondes, gelenkiges Fleisch. Eine Gallokopistin — ohne was in der (sonst einwandfreien) Brust ...

Ich floh.

Galsworthys Drama »Loyalties« entging mir.

XIX.

Technik ist Englands Bühnenkunst. Auch im Film — in dem himmlischen Spaß »Robinson Crusoe Ltd.« Oder in dem Verbrecherfilm aus Alaska: »The Girl from outside«. Jeder Zug von geprüfter Schlagkraft. Jedes Tüpfelchen sitzt auf jedem i.

Doch im seelisch Ernsten, so in dem Byron-Film (»A Prince of Lovers«), der jämmerlichste Tiefstand.

XX.

Für Shaw ist heut kein Raum auf Londons Bühnen. Um Oscar Wilde keine Nachfrage. Vollends der Hahn, der nach Shakespeare kräht, begab sich in eine Geflügelausstellung.

Englands Bühne zeigt in der Unkultur eine Hochkultur. Im Schmarren ehrwürdige Meisterschaft. Wie kommt das? —

Die sogenannte ernste Kunst entfließt, wo nicht alles täuscht, gewissermaßen sozusagen einer bewegten Seele. Dagegen spricht hier vieles. Erstens: Körperlust im Freien. Dann: Wohnlichkeit, Geborgenheit, Feuerstatt, porridge, Rock und Mütze von gleichem Stoff.

Woher Leidenschaft — wenn sie auf Muskeln und auf Besitz wegging?

Vorbildliches Getier ... und noch leise Kunst? Zuviel verlangt.

XXI.

Immerhin. Auf dieser Insel wohnt ein hochstehendes, werthaltiges, taktvolles, gesittetes, kluges, wenn auch vielleicht unpoetisches Volk.

(Aber laßt's mich aus mit der Poesie. Für die nächsten zwölf Jahre.)

Die Haltung zu Deutschland

I.

Ein Deutscher, der jetzt nach England geht, stößt nirgends auf Unfreundlichkeit.

Ein Franzose, kaum auf bessere Freundlichkeit als wir. Ein Amerikaner vielleicht — aber es ist nicht zu merken ... Denn der Engländer bleibt groß im Verkneifen der Gefühle. Sachlich sein.

Ist er sachlich: so ist er doch nicht starr. Ihn dafür auszugeben, bildet ein Unrecht. In Wahrheit ist er ... nicht liebreich — aber hilfreich. Nicht zutraulich — aber schaffensrasch.

An den Mauern las ich ein Wort (für Geldsammlungen): »Help is better than sympathy«. Der Schlüssel zu seinem Wesen.

(Außerhalb der Politik.)

II.

Also der Deutsche findet hier keine Spur von Feindschaft. Was denn? Freundschaft? wer erwartet sie! Doch willigstes Entgegenkommen.

Je toller Frankreich Amok läuft, je fester. Was zwischen Engländern und Deutschen jetzt besteht, ist ... nicht ein unterirdisches Verbundensein (das wäre viel zu viel). Nicht mal ein halb freimaurerisches Einverständnis; das wäre noch viel zu viel. Aber hie und da was Ähnliches ...

Hassen die Engländer Frankreich? — Sie würden, wenn sie sich überhaupt äußerten, die sachliche Abweichung von ihrem Waffenfreund buchen. Sie sagen also das Gegenteil, weil sie Politiker sind.

So ist, nach allem, was ich gefühlt und gewittert und gesehn, die Lage.

III.

Ich sprach mit Stützen Lloyd Georges. Erstens mit Parlamentariern. Dann mit seinem engeren Mitarbeiter. Dann mit Abgeordneten der Gegenseite. Hier erstens mit Liberalen; zweitens mit Staatssozialisten; drittens mit Marxisten; viertens mit Arbeitern weiter links ... Ich gebe Proben. Sie sind seelisch fesselnd — über die Politik hinaus.

John Murray, Unterhausmitglied, Partei Lloyd George, vormals Professor in Leeds. Mitte vierzig. Fast seelsorgerisch ernst. Aber nicht salbungsvoll. Wir sprechen im Parlament lange Zeit. (Zwischendurch kommt sein Fraktionsfreund Moreing.)

Murray (nachdem er sich gegen Shaw und englische Sozialisten erklärt hat): »Wer Ihnen hier sagt, er sei prodeutsch, oder wer prodeutsch ist, hat politisch nicht den geringsten Einfluß ...« Er spricht (in dem einen Punkt) sehr offen. Sonst manchmal taktisch.

Murray zeigt sich, wie Moreing, überaus freundgewillt. Sendet mir, ohne daß ich darum bat, Empfehlungsbriefe nach andren Städten. Schickt auch, da er in Deutschland gewesen ist, Abzüge seiner jetzt erscheinenden Artikel über unsere Lage. Dann sein frisch erschienenes Buch: »The Truth about Germany«. Darin schildert er Deutschlands nicht erschwindelte, sondern echte Not. Dennoch im Gespräch nicht das geringste Zugeständnis ... Britisch.

Er sagt: »Rein sachlich gesprochen: für England ist Deutschlands Aufbau nur bis zu einem gewissen Punkt wichtig.« (Er fürchtet, wir könnten den Grad von Englands Abhängigkeit überschätzen.)

Späterhin: »Englands Haltung ist heute die eines Sportsmanns, der seinen Gegner geschlagen hat — er besitzt keinen

Grund mehr zur Feindschaft.« (Dauernd zeigt er einen innerlichen Anteil für Deutschland — während er Englands Ver-
pflichtungen eingrenzt ...)

Ich sage: »Sentimentalität erwarten wir nicht — aber eu-
rem Handel muß an Deutschlands Auferstehung liegen.«

Er (taktisch): »Deutschlands und Rußlands Kundschaft zusammen beträgt noch nicht ein Fünftel des englischen Handels.« — Ich: »But a fifth!« Aber doch ein Fünftel!

Er schweigt. Dann sagt er: »Für die Beziehungen der zwei
Völker ist es wichtig, daß Deutschland ein starkes govern-
ment hat — Rathenaus Ermordung schuf leider Schwächung,
Unsicherheit« ... Rathenau ist ihm die schöpferische Gestalt,
welche Deutschland seit dem Krieg hervorgebracht.

Seltsam und sehr englisch: Moreing, als er eine Stunde mit
mir spricht, braucht wieder den Sportvergleich. »Deutschland war ein guter Verlierer« (a good loser.) England sei bereit, ihm zu helfen — aber langsam.

Das betonten hier alle: nur langsam. Ich: »Warten heißt
sinnlose Verzehnfachung der Aufgabe!«

Alle wiederholen: Es geht nur langsam.

IV.

Wer zu Lloyd George hält, versichert (es ist nicht nur Ma-
növer): »Auf eine Trennung zwischen England und Frankreich zu hoffen, wäre der stärkste deutsche Irrtum.« Moreing
war kürzlich in Deutschland; in Oberschlesien; in Breslau.
Er kennt unsre Not. Englands Politik ist aber durch Frankreich gebunden ... Deutschland könne trotzdem hoffnungsvoll sein.

Diese Lloyd-George-Männer haben in ihrer Haltung etwas von — scheinbaren Gegnern, die bedauern, vor der
Hand nicht anders sprechen zu dürfen.

Über die, von mir eingeworfene, Fülle der Arbeitslosen in
England gleiten sie weg ...

V.

Downing Street. Sir Edward Grigg, Lloyd Georges rechte
Hand.

Diese office Lloyd Georges liegt gegenüber vom Haupt-
gebäude, über die Straße weg, in der kleinen Nr. 10.

Schmucklos: verbrauchte Stuben, mehr als einfach. Wie
bei einem bescheidenen Rechtsanwalt. So dürftig-kahl sieht
also der Ort aus, wo über die Zukunft des Kontinents ...
nicht entschieden (entschieden wird sie wohl in Washington), aber mitentschieden wird.

Grigg ist ein einnehmender, ziemlich großgewachsener
Mann, Ende Dreißig. Mit Merkmalen der Innerlichkeit. Ein
ehrlich Ringender — auf dem allerhand Zwiespältiges der
englischen Lage wuchtet: die heikle Pflicht, Auswege zu finden zwischen einem bedrohsam irrsinnig gewordenen
Freund ... und einer bedrohten Menschengruppe.

»Ihr Briten seid unsre Gläubiger — es muß euch also dran
liegen, daß wir nicht untergehn.«

Er: »Wir sind die Gläubiger fast jeden Volks« ... (Aber wir
sind nicht jedes Volk.)

Er sagt: »Die Stimmung in England gegen Deutschland ist
vorläufig nur negativ auszudrücken: Schwund des Hasses.
Wir wollen kein zweites Österreich — aber was sollen wir
tun?!«

Man bekommt hier immer den Eindruck: England selber
ist in einer Zwangslage. Es klingt nicht hochmütig, wenn er
versichert: »Wir müssen ja nicht nur Deutschland beistehn,
sondern allen Völkern.«

VI.

»Erscheint euch die französische Macht nicht zu groß?« —
No, Frankreich sei keineswegs übermächtig ... (Kein Wort
ist wahr.)

Ich: »Frankreich hat zu viel Furcht vor Deutschland — und
England zu wenig Furcht vor Frankreich.«

Er schiebt das Ausbleiben eines britischen Eingriffs auf die
public opinion. (Er kann ja nicht von Lloyd Georges doppelter Gebundenheit sprechen.) Englands öffentliche Meinung
sei zu schlecht über Deutschland unterrichtet.

Die Presse dort sei zum Teil misrepresenting, gibt falsche
Darstellungen der politischen Wirklichkeit. »Die Northcliffe-

Presse«, sagt er, »ist weder ein Ausdruck der Regierung noch
der öffentlichen Meinung.« Ich: »Warum wird sie dann so
viel gelesen?« — Er: »Nicht wegen Politik.«

(Darin hat er recht; die »Times« hat sich heut aus ihrer
Starrheit fast in ein volkstümliches Unterhaltungsblatt ge-
mausert; sich durch Herablassung vor dem Eingehen bewahrt. Sie wirkt immer noch stark.)

VII.

Auch an Grigg läßt sich unterirdisch folgendes beobachten: das Gefühl gegen die Deutschen, welches nur ein
Mangel an Abneigung sein will, ist zwar ... noch längst
kein Überfluß an Zuneigung. Jedoch er weiß, daß uns
Unrecht geschieht. Er leugnet es nicht — aber gibt es ebenso-
wenig zu ... Alles das bleibt mit den Fingerspitzen anzu-
fassen.

Er sagt, indem er sich innerlich windet: für das englische
Volk sei die Losung heut nicht »peace«, sondern »justice«;
nicht »Friede«, sondern »Gerechtigkeit«. Er gibt leider keine
Auskunft, als ich sagte: »Justice? Ihr scheidet ja nicht zwischen dem Deutschland, das den penetranten Krieg gewollt,
und dem andren, das ihn verflucht.«

Das Gespräch geht eine Stunde lang mit Heftigkeit. Grigg
ist kein Engländer nach dem Fibelbuch, denn er kann warm
werden. Er sieht unsre Lage durchaus nicht hoffnungslos.
Er sagt, während er meine Hand hält, Deutschland solle
(wie oft noch!) Geduld haben.

Ich: »It will be too late« ...

Ja, der Eindruck dieser fast stürmischen Auseinanderset-
zung ist: Ratlosigkeit auch in England. Im Grunde wissen sie
nicht, wo ihnen der Kopf steht. Ein fast sehnsüchtiger Wille,
die Sorgen der Welt (sprich: Deutschland) zu lösen. Und jenes entsetzliche Motto: Geduld!

VIII.

Kenworthy ist der Schrecken des Unterhauses. Wider-
sacher Lloyd Georges; unabhängig-liberal. Ein früherer See-

offizier. Deutschfreundlich. Er hat etwas Verträumt-Willensstarkes.

Kenworthy spricht (wie alle hier) von Rathenaus Tod als einer schwachköpfigen Schädigung des eignen Landes. Daraus gezogener Schluß: »Die Junker-Monarchisten sind also noch so stark, daß mit Deutschland schwer zu arbeiten ist.«

Jean-Paulsches »Extrablättchen«: Lange vor dem Mord, beim Aufenthalt in Amerika, bat mich die »Newyorker Staatszeitung« um eine Charakteristik des jetzigen Deutschlands; ich schrieb dort, in einem Umriß Eberts, Wirths, Rathenaus: »Er (Rathenau) trat in die Bresche, wenngleich er das Bewußtsein hat, eines Tages möglicherweise wie Erzberger zu enden.« (So am 30. April, »Newyorker Staatszeitung«.) Die duftende »Deutsche Zeitung« leerte gegen diese Wahrheit mehrere Kübel ... und schrieb wörtlich:

»Der Abgeordnete Erzberger ist ermordet worden. Von wem und aus welchen Gründen, weiß bisher außer den Tätern niemand. Wie kann unter diesen Umständen Dr. Rathenau, dem kein Mensch in Deutschland je ein Haar gekrümmt hat, das Bewußtsein haben, möglicherweise wie Erzberger zu enden? Weil irgendein Politiker von Unbekannten aus unbekannten Gründen (!) erschossen wird, hat ein anderer das ›Bewußtsein‹, ebenfalls so umzukommen? Das wäre doch reiner Verfolgungswahnsinn« ...

(»Deutsche Zeitung« vom 23. Mai. Nach vier Wochen war er tot.)

IX.

— — — — — — — — — — — — — — —

Der Saal des Unterhauses bleibt mit dem altväterischen Wort »Landstube« besser zu bezeichnen. Wirklich nur eine große, viereckige Stube — mit aufsteigenden vier Sesselreihen rechts und links. Für die Einführung war ich dankbar.

Mit schriftlich niedergelegten Fragen bereitet der lieutenant-commander Kenworthy der Regierung Lloyd Georges öfters Annehmlichkeiten ... Eine große Partei steht vorläufig nicht hinter ihm; er geht allein aufs Ganze. In dem für das Unterhaus jener Tage gedruckten »order book« zeigt er Neugier wegen gewisser Abmachungen mit Poincaré … Dann stellt er offen den Antrag: daß der Pakt von Versailles als unausführbar und schädlich geändert werde.

Das Zusammensein mit diesem Mann gibt Erfrischendes und Tröstliches. Manche schimpfen auf ihn. Wackrer Kenworthy! Er hat eine Zukunft, sagen andre. Dann hat die Vernunft eine.

(Mehrfach war er in Deutschland. Sieht aus wie Anfang Vierzig. Ein starknackiger Mensch von gewinnendem Trotz. Kenworthy, feste!)

X.

Im Parlament sprach ich mit Sozialisten. Die Lloyd George-Gruppe schilt sie »uneducated« und erfahrungslos. Mit einem Wort: sie vertreten gleichfalls die Vernunft.

Der ehrliche Mr. Spender von der »Westminster-Gazette« gibt offen zu, was Zunftpolitiker nutzlos leugnen …

Auch Mrs. Snowden ist eine Hoffnung auf dem guten Weg. Neununddreißig Jahre. Bildhübsch. Jedes Jahr hält sie über hundert Reden. Sie nennt sich »Sozialistin, aber nicht Marxistin«. Sie sagt: »In Deutschland würde man mich nicht Sozialistin heißen.« Allerdings nicht …

Und nun kommt das scheinbar Erstaunliche: sie hält zu Lloyd George. Immerhin in einem verschmitzteren Zusammenhang.

Sie sagt: »Ich weiß, daß er im Herzen radikal ist — nur gebunden durch seine pledges an Frankreich … In spätestens einem Jahr geben Neuwahlen den Ruck nach links — dann führt Lloyd George eine ganz andre Koalition (ohne die Konservativen). Mit Liberalen, Labour Party (hierzu gehört die holde Snowden) und Marxisten« … In einem Jahr? — Zu lange für uns.

Lloyd Georges Adlatus Sir Edward Grigg sei gegen Deutschland nicht kühl. »Ich sprach ihn gestern — er scheint nur kühl gegen Deutschland, ist aber heiß gegen Frankreich! nämlich furious gegen Poincaré.«

Lloyd George selber hat ihr seinen radikalen Willen versichert — er werde letzten Endes doch gegen den Chauvinismus jedes Volkes kämpfen … Sie sagt: »Frankreichs Luftdienst ist viel stärker als Englands — das bleibt der springende Punkt!« (Sie hat recht. In dieser Woche gab es eine Schaustellung des englischen Luftdienstes — als Wink nach Paris.)

Frau Snowden hat ein kluges, in der Denkart reines Buch verfaßt: »A political Pilgrim in Europe«. Vorn ist ihr Bild.

Man fände die Frau reizend, auch wenn sie politisch Falsches äußerte. Wie reizend muß man sie erst finden, da sie zufällig auch noch Richtiges äußert. (Lloyd George ist indes unterlegen.)

XI.

Nach dem Helfer Lloyd Georges; nach seinem Parlamentsanhang; nach der Opposition; nach vernünftigen Schriftstellern: nach alledem griff mir etwas ans Herz, was Wochen darauf ein Arbeiter in Edinburgh sprach.

Am Abend; die Spaziergänger der berühmten Princes Street sammelten sich um einen sechzigjährigen, stoppligen Mechaniker (das war er wohl) mit Stahlbrille — der eine Rede hielt. Es war noch hell; um elf liest man dort im Freien.

Der breite Mann, unter Mittelgröße, von ruhigem Ernst, ohne Furcht vor Lächerlichkeit (auch ohne hier diese Furcht haben zu müssen), stand auf Schritt vor seiner Mütze, die er auf den Boden geschleudert, holte beim Sprechen mit den Armen aus, rang um Worte mit knackender Gehirnarbeit — und fand Bezeichnungen für etwas, das offenkundig sein ganzes Dasein bestimmte.

Er sprach von der Torheit dieser Politik wider Germany and Prussia. (In Edinburgh! Abends! Auf der Straße!) Er sah darin bloß einen Teil des allgemeinen Irrens. Er sprach von dem Weltwahnsinn — und rief: nur der Zusammenschluß der Arbeiter könne noch Rettung bringen … Das kam aber nicht wie Nachgesprochenes heraus, vielmehr wie etwas in schwerer Kümmernis Errungenes. Ihm waren die Rückwirkungen auf das Los der workers zwischen Glasgow und Edinburgh bewußt. Sie, sprach er, haben es zu spüren.

Wohlhabende standen in guten Überziehern herum. Er ging zwischendurch zum Wasserquell, der aus einem Denkstein lief, trank (dort standen seine paar Gefährten), trat wieder in den Kreis und sprach fort.

XII.

Ich ging zu ihm, als er fertig war. Er versicherte: die schottischen Zustände seien hart wegen der infamen Friedenspolitik. In der unblutigen Revolution liege die Zukunft. Leider seien Schottlands Arbeiter sektiererisch gespalten.

Eine Weile schwatzten wir ... in dem seltsam schwindenden Licht jenes Nordlandes, wo um halb elf die Sonne untergeht. Es war im Juli.

In der späten Dämmerung sprach er zuletzt: »Now I'll go home — good night.« Er drückte mir die Hand und ging mit seinen Kameraden wie bekümmert davon; die Zuhörer waren schon weg.

XIII.

Auf dem Fels verschwammen die Säulen. Es wurde dunkel. Und ein Erdteil harrte seines Schicksals.

Oxford

I.

Oxford ist etwas Einziges in Nordeuropa. Warum hat es niemand gesagt?

Zahn der Zeit ... und Blumen. Ich dachte ganz falsch, Oxford sei so eine Stadt voll Drill, Sport, Lernherden, Abzirkung. Ah, was! es ist ein Traumgarten. Eine Seelenrast. Ein Dichterschlupf. Ein Grübelnest. Ein Duftglück — mit ergrauten Klösterlichkeiten.

Man denkt vergebens an Brügge ... nein, ich sah nie eine Stadt so altertumsreich und altertumshold, nördlich der Alpen, wie Oxford.

Heidelberg (der Brite Turner hat es ja auch gemalt) schwebt herrlich; hält aber keinen Vergleich innendrin. Rothenburg ... Rothenburg ist voll schöner, doch leichter Altbauten gegen dies köstlich schwere Landstädtel mit lieblichster, steinernbemooster Fülle. Durch die Luft wird man getragen — in das Einst.

Brügge! Heidelberg! Münster! Dinan! ... Oxford ist ein Perlenhaufen.

... Freundlich umwucherter Weisheitsglanz. Sehr alte Kultur eines milden Machtvolkes. (Wer dächte, daß es noch Muße fand, die Welt zu stehlen? — wollte sagen: zu kolonisieren.)

Sehnsuchtswinkel. Einkehrstatt. Zahn der Zeit ... und Blumen.

II.

Was ist ein »college«? Ein Lehrkloster. Viele Lehrklöster gibt es in dem einen Ort. Zweiundzwanzig. Zwei-und-zwanzig. (Auch nicht gewußt.)

Im Christ Church College, dem umfänglichsten, ist sehr britisch der begrünte Hof, mit viereckigen Zinnen. Immer neue Höfe, grausteinern umzirkt. Eine Klosterfestung. In der hall Bildnisse, darunter Heinrich VIII. ... von Holbein. Kurzweg.

Gemalt an der Wand hängen viele heimgegangene Perücken unbekannten Werts — aus gottkundiger, scholastischer Zeit. In Öl. Die Büste der dicken Victoria beherrscht alles. (Auch Gladstone und Rosebery haben hier gelernt — an der Wand verdämmern ihre Züge.) ... Glasfenster. Bischöfe. Dreizehntes Jahrhundert. Kardinal Wolsey. Und so.

III.

Gesang von Knaben aus einer Klosterstube. Dann kommen sie lang — mit Umhängen, mittelalterlichen Mützen.

Die Domkapelle (nicht Damenkapelle, Setzer!) dabei. Und wohin führen diese Stufen? Unten in die englische Küche. Hinein! ... Verschwenderisch hoch und räumig; von damals.

Angestammtes Kupfergerät. Der Koch schaltet, und Küchenjungen, wie aus vergangener Zeit. Viel große Stücke Fleisches wurden hier saftgeröstet für manchen gelehrten Schlung — in den Jahrhunderten ...

Mauern, benagt und betagt. Immer in verschieden altem Stil, Rasenhöfe, neue, immer noch. Endet es nie?

IV.

Draußen irgendwo ein Gasthäusle, von verschollener Wesenheit. An der Mauer noch die Klingel — und angeschrieben: »Ostlers bell«. Wirtes Glocke — oder Hausknechts Glocke ...

Und Kastanien. Überwachsenheiten. Und lauter alte Kirchhöfe, mit ehernem Gitterwerk, zerstreut mitten in der Stadt ... in der englischesten.

(Sie geht gewissermaßen-sozusagen ohne Tor ins Land, wo die breite Landstadtstraße halt weg ins Freie fortzieht — in grün altbäumige Wege.

Ecco.)

V.

Vererbte Wissenschaft! Bei uns wird wohl besser gelehrt. Aber diese Häuselchen alten Schlags, efeugeborgen, mit breiten Blättern umpelzt. Und Zweige wieder über Mauern; zwischengeflickte Baumgärtlein.

Gleich wieder bröckelnde Abtstiftungen mit Zinnen, Türmen, Quadrangeln, rechteckigen Hofgärten, Spitztürmen, Wölbehallen, Steinkringeln ... Das zusammen ist überdies altenglisch heiter. Und wo die Stadt ins Land mündet (aber das Land ist ein grüner Inselgarten), da kann am Abend, weiß der Himmel, mein Sir John mit lustigen Weibern unter dem Wiesenbaum tanzen — beim Fluß.

(Ecco. Ecco.)

VI.

Wie heißen die zweiundzwanzig Lehrklöster? ... Geschenkt! Nach Magdalene sind sie benannt und nach Jungfrau Maria und nach Allerseelen und nach der Königin und nach Exeter und nach Allerheiligen und nach Jesus und nach Lady Margaret und nach einem John Balliol, der anno 1263 was gründete. Wie sie sonst alle getauft sind. Zwoundzwanzig ... Ehrenmorsches Graugemäuer; sturmstille Klosterweisheitshallen. Türmlein. Und durch einen Torgang kommt man in den Garten, mit umsponnenen Himmelsstämmen, Rotblumen, Ligustersträuchern, alles pfarrgärtlich durcheinander.

Beglückend.

Und sieh: ein graubemoostes Halbmäuerle, wie eine heimisch alte Brustwehr, von viel hundert Sommern abgebraucht, nebenan versteckt im Winkel ein Gärtnergelaß, und man sieht hinab auf Triften — doch ein hoher gelber Anfang von einem Weizenfeld guckt nur sommersanft unter schlummerschweren, laubig tief hinabgewachsenen Ulmen.

VII.

Und entstanden ist so was leicht anno Zwölfhundertundsoundsoviel — und mit der ältesten Bibliothek in England. (In dieser Art.)

Und ein völlig greiser Turm, erst quadratisch, dann oben spitz, schielt hinein. Ferner, das erwähn' ich gar nicht erst, lauter Bogengänge. Mit Grabtafeln an der Mauer, für längst hingeschiedene sodales ... oder Gefährten.

VIII.

Nein, Oxford ist keine Stadt um Drill, Rudern, Lernherden, gradlinige Zirkung.

Sondern eine Wonne. Ein Dichterspuk. Ein Träumerhort. Ein stehngebliebenes Stück der Zeit. Den Spitzweg hätte vor Jubel der Schlag hier getroffen. (Gut, daß er nicht hinkam.) Warum hat kein Mensch Oxford geschildert?

IX.

— — — — — — — — — — — — — — —

... Falsche Begriffe sind mit Namen verschweißt. Seht, meine Lieben, den Pelikan auf der Säule. Hier die Mitte des

Quadrangelhofs, mit Spitzenbogentor, alt-rostiger Laterne, Steintreppen unter Torböglein; und auf diesem Blumenplatzl sind fünfzehn (fünf-zehn) Pforten. Hab' sie gezählt ... War es das Merton College? Ja.

Nein ..., sondern, am Ende, das Corpus Christi College. Ist Wurst. Manches Lehrkloster blieb eben besser beisammen, nicht so dösig verwittert ... Ach, die wundersamen, himmlischen Shakespeare-Durchblicke; ja, das ist es: wie auf Shakespeare-Abbildungen. Weißt du? Kleine Spitztore, dahinter ein Gäßlein mit 'ner Mauer, und hinter einem Torchen wieder (hört es nie auf?) ein Torlein-Durchblick — und wiederum Gemäuer und Grün und Urfenster.

Ich bin kein Wissenschaftsmensch, sondern ein Malerich, doch diese Fenster nennt man hier »früher als Elisabethan«, nämlich »früher als zur Zeit der Königin Elisabeth« (sprich »elisa-bieß'n«) ...

Jedenfalls: der Wirt ist sogleich zu erwarten, der vor einem hinkenden Königsbruder dienert. Guten Tag, Schurke — sei froh, daß du's Leben hast ... Diese Zeiten damals waren arg, der Mensch wurde kalt gemacht wie nichts; und besaß kaum Rechte ... Heut wird er ja auch kalt gemacht — aber er hat doch Rechte ...

X.

Hier der Garten ist ... mehr gekämmt sozusagen; fast französisch; — nicht nur eine herrliche Verfallenheit.

Aber doch nicht französisch! Bald kommt wieder voll Grün so ein Rasenhof. An der Wand wachsen Feigen; darunter: ein Heliotropfleck ... Und graue Betkapellen immer zwischendurch oben mit der Holzdecke, die erinnern mich allemal an Schifferkirchen. Eine große Verwandtschaft: Halligenkirchen, bretonische Kirchen, und bis hier in Oxford.

Da im Queens College — was für eine kleine Tafel am Gartentor, halbversteckt? Ach so. 1914-1918. Namen eingemeißelt. »Invictis pax«; zu deutsch »Ruhestatt der Unbesiegten«. Hm. Weiter.

Enden die Vorzeitmirakel dieses Nestes nie? Der Mauerweg, schmal, mit Ligusterduft (Ihr kennt ihn: so halbmodrig). Kuppelchen, Geranien. Und hier (ist es St. Magdalen?) steinerne Chimären am Kreuzgang und Ritter; feierlich ergraut. Aber jetzt ...

XI.

Aber jetzt ein Riesengarten mit Toren, einem Wasser und abermals Fenstern — und (guck hin) selig-endlose Wiesengründe hinter dem Gartentor, und hier fließt also der Bach zwischen dem Steinstaden und einem Gegenufer mit Immergrün ... Ach, fernschimmernde Gründe, von Buschbäumen begrenzt ... Und bunteste Blumen ... Dies college ist pikfein; deshalb hat auch der Prinz von Wales hier zwei Jahre studiert. Jawohl, in der Eßhalle sagt nachher ein Pförtnerbold andächtig: »Dort saß er«.

XII.

Jasmin. Jelängerjelieber ... Ein goldener Wetterhahn auf grauem, breitem Wartturm. — Still!

Man muß aufhören. Bloß diese alte Rundbücherei noch, mit Säulen; im Bauch hat so was dreißigtausend Manuskripte; wissen müßt' ich es, das Ganze soll weltbekannt sein ... O wunderbares Oxford.

Du Zeitenstrahl. Du Abendgold. Du Jahre-Fluß. Erinnerung und Gewesenheit ... C-Dur, von Robert Schumann, opus 12. »Fabel.« (Einst.)

Auf andrem Blatte steht: Du Merkmal für leise Gesittung eines milden Machtvolkes — das nebenbei die Welt gestohlen hat.

XIII.

Ein Wanderer aus Amerika trat auf uns zu, blauer Anzug, blaues Hütchen, er war ein Schlankl, ein gerissener Hund, ein Halunke, nicht satt-vornehm; der nur durch Europa stromte, weil er ein bißchen Geld gemacht, aber nicht viel. Sehr ein ulkiger Halunke.

Sprach uns an; fragte was. Im alten Mönchshag am Turm. Wir plauderten. Woher er sei. Leichtfüßig sprach er: »Well, I

live under my hat« — er lebe unter seinem Hut. Ich sprach:
»And under what does your hat live?« Wir lachten. Er
schwand; aus der Klosterwelt; zum nächsten Zug; der nette
Halunke.

XIV.

Und ich kaufte gegen Abend in dieser Stadt eine Kirsch-
baumholzpfeife, zum Rauchen — sehr lang; fast bis auf die
Erde. Riecht herrlich. So schön wie eine, die ich mal in Bonn
(Rhein) gekauft. Sind so Studentenpfeifen. Wie die Schifferkirchen alle mitsammen verwandt.

Stets will ich an Oxford denken, wenn honigsüßer Gold
Flake darin brennt, im Winter.

Und Du, Liebste? Hier in Oxford hast Du studieren sollen? Es ist schon besser so.

Stratford;
Canterbury; Schloß Warwick

I.

Nachdem ich in Beethovens Haus gewesen war, in der
Bonngasse (sprich: Bonnjaß'); in Jean Pauls Örtchen Wun-
siedel; in Hebbels Haus zu Wesselburen; in Flauberts Haus
zu Croisset; in Ibsens Sterbehaus zu Kristiania; in Platens
letztem Haus zu Syrakus: nachdem verschlug mich das Dasein an den Avonfluß; nach Stratford.

Ein Punkt mit blühendem Wallfahrergeschäft. (Mit Läden
für Andenken — wie in Montecarlo, Lourdes oder Bayreuth . . .)

II.

Ich glaube nicht, seit ich zu Garding, der Jugendstadt
Mommsens, alles andre sah, bloß keinen Zug, der hier zu römischen Studien ermuntert — ich glaube nicht, daß die Umschicht enthüllt, wieso einer wurde, was er ward. Shakespeare konnte ganz woanders geboren sein.

Ich will ein Beispiel bilden.

265

X. kommt in kahlem Landstrich zur Welt. Erste literarhistorische Möglichkeit: »Die Kahlheit des Landstrichs erklärt das Farblos-Trockne seiner Dichtungen.« Zweite literarhistorische Möglichkeit: »Die Kahlheit des Landstrichs erklärt jenes Farbig-Sehnsuchtsheiße seiner Dichtungen.« Sie erklärt also das Gegenteil. Dritte literarhistorische Möglichkeit: »Bei der Kahlheit des Landstrichs ist er zwar zu einer mittleren Farbigkeit gekommen, die aber natürlich nicht zu leidenschaftlicher Fülle gedieh.« Selbstbetrug. Hokuspokus ... Vanitas, vanitatum vanitas.

III.

Dennoch. William rückt näher ... Ja, zur stärksten Verwunderung: er wird leiblebendig. Mag er Mime gewesen sein oder auch Poet. Einer beginnt hier zu wandeln.

Warum?

Weil man Gesichte hat. Weil man vor ihm steht, Aug' in Aug'. Das Gewese, die Luftschicht, die Heimwelt, das Landstümliche — alles wächst jählings zum Greifen ... (Wenn man weiß, daß er hier geboren ist.)

Er kann jedoch ganz woanders geboren sein.

IV.

In Stratford bin ich zum erstenmal auf du und du mit seinem Alten: dem angesehenen, verkrachten Landhändler; dann mit dem abenteuernden Jungen, der in der Nachbarschaft ein wohlhabendes Agrarmädel älteren Jahrgangs zur Frau nimmt, ihr ein paar Kinder macht, sie bald sitzen läßt, nach London zwischen die Komödianten gerät. . .

(Auf du und du.)

Wirkung von Stratford: keine Aufhellung seiner Stücke. Doch herzlicher Anteil für William selbst — ob Strohmann, ob Genius.

Schlimmstenfalls für den Strohmann.

V.

Das Geburtshaus ... Vielleicht ist er wirklich in dem niederen Raum beim verzinnten Fensterle geboren. Vielleicht nebenan.

Den Gildenbau hat er gesehn — wo Mimen manchmal aufgetreten sind. Die Kirche hat er gesehn. Ich merke hier ... nicht wie seine Dramen verfaßt wurden, doch wie ein Leben verfloß.

Ja, der Komödiant Shakespeare beginnt zu wandeln; Herr Direktor Shakespeare, Aktieninhaber einer hauptstädtischen Bühne — mit dem Ruhesitz im frühverlassenen Geburtsort; mit der Heimkehr des halbverlorenen Sohns, der nach Abwesenheit von einem Jahrzehnt als junger Dreißiger in der Lebensmitte zurückkommt, wohlhabend geworden ist, ganz kinomäßig den indes verschuldeten Vater rettet, die Seinen im Ansehen der Bürgerlinge herstellt, das größte Haus der Stadt kauft, zur Freude des gerührten Alten sogar den Adelstitel zahlt ... Lebenskino. (Mit alledem hätt' er Shakespeares gesammelte Werke nie zu schreiben brauchen.)

In summa: hier keimt (für eine verschollene Gestalt) ein menschlicher Anteil, nicht ein literarischer.

Dieser Bursche wandelt. Nicht William Shakespeare.

VI.

Stratford hat Häuschen mit Holzgebälk, wie bei uns Braunschweig oder Lüneburg.

Traut und modervoll. Kümmerlich für unsre Vorstellung — wie das Bach-Haus in Eisenach; fürstlich gegen Hebbels Heimat; schäbig gegen den Hirschgraben ... Und der Hirschgraben ist schäbig gegen das »Heim« jedweden Kleinspießers an der Spree. (Es gibt eine Entwicklung.)

VII.

Unten hat nachher ein Schlächter gewohnt.

Der Vater jedoch, Schulz' in dem Nest von fünfzehnhundert Einwohnern (mit dreißig Bierschenken und lauter Misthaufen) — der Vater macht in Leder, Wolle, Korn, Grundstücken. Die Pleite bricht aus. Alles dies zusammen mußte die zirka vierzig Dramen Shakespeares erzeugen.

VIII.

In der Nachbarschaft gab es Passionsspiele, mit saftigem Ulk? Aha! Hunderttausend Landleute, Stadtleute pflegten sie zu sehn — ohne je vierzig Schauspiele zu verfassen ... Kurz: der Mensch ist ein Produkt seiner Umschicht. (Die Umschicht ist ein Produkt des Literarhistorikers.)

IX.

Ich sah den Ort, wo Shakespeares Junge zwölfjährig starb; wo sein Vater starb; wo seine Mutter achtundsechzigjährig starb, als er selbst vierundvierzig war; wo seine Schwester als Weib eines Hutmachers gelebt; wo er, Großvater mit zweiundvierzig Jahren, die Enkeltochter Lizzie geschaukelt; wo er, mit Neunundvierzig, zurückgezogen vom Geschäft rastete; wo er sich mit zwei Freunden zum letztenmal betrank; wo er ganz, ganz fraglos beigesetzt ist ...

Das ist er.

X.

Die Wände des Geburtshauses waren ein Fremdenbuch — bis man ein solches anschaffte. Namen in die Mauer gekritzt. Ich suche den von Byron. Die Pförtnerin reckt auf ihn den Finger.

... Somit sah ich in und bei Stratford folgende vier getrennte Lebensstadien des umdämmerten William. Erstens: das vermutliche Geburtshaus; heut halb ein Museum; mit alten Ausgaben, Briefen, Bildern, Urkunden. Auch Bücher seines Schwiegersohnes, des Arztes Dr. Hall. (Williams Enkelin war schon Lady) ... Soweit Nummer eins.

XI.

Erdstadium Nummer zwei. Die Dorfbesitzung, zwanzig Minuten davon. Hier saß die Bauerndeern', woran er achtzehn-, neunzehnjährig den ersten Durst löschte. William sah, wenn er zu dieser Anna schlich, in der nahen Ferne blaue

Hügel. Ich guckte nach derselben Hügelwand ... Zu ihrem Haus mit dem Strohdach und dem Dorfgärtel kam er. Alles heute noch wie einst. Wie gestern. Der alteichene Hausrat. Ein Sessel für Besucher, am Herd.

Oben: die geschnitzte Bettstatt jener acht Jahr' älteren, nachmals eheverlassenen Anne. Darin immer noch die Schilfmatratze, wo sie von William, dem unbegüterten Stadtjüngling aus leidlich angesehenem Haus, geträumt haben wird ... bis er sie nahm.

Die Hochzeit war eilig. Was flüstert Schiller? Hochzeit — hohe Zeit? Der Wilddieb hat vielleicht bei ihr gewildert? hä?

Lehnstuhl und eichene Lade — nicht wie bei armen Leuten. Noch das Gerät zum Buttern. Das zum Spinnen. Froh findet mein Auge sogar die »Bettpann«: ein Ding, wie es auf den Halligen, in Ostfriesland, im Jeverschen, abends, mit Glühkohlen voll, durch das klamme Bett gezogen wird. So ein Ding hatte Fräulein Hathaway.

Von der Schwester gewobenes Linnen hängt an der niedren Lagerstatt ... Immer noch.

Dies Nummer zwei. (Hier kriegt ein Betrachter am stärksten das Gefühl des Miterlebens; der stehngebliebenen Zeit; des Hinversetztseins — wie in Pompeji.)

XII.

Nummer drei kommt. Nach dem ärmlich gewordnen Jugendhaus; nach dem dörflichen Bräutigamshaus — jetzt: Shakespeares reiches Haus. Das Haus des Rentners ... am stolzesten Punkte des Drecknestes. »New Place« genannt. Pikfein — aber es steht nicht mehr.

Denn ein Pfaffe, der es zum Sommersitz nahm, riß es siebzehnhundertsoundsoviel ab; aus Ärger; der freche Trottel.

Bin wenigstens in den Kellern herumgestiefelt; sie liegen frei — wo heute der Garten strahlt. Ein hübscher Garten. Rosen, Lilien, Rittersporn. Ach, ein farbig wunderschöner Rasengarten. Bald mit violettem Strich; bald mit glockig und mattrosa Blütenstrecken. Mancher hohe, farbig-leckere Blumenstreif ist von der Dichtheit einer Kleiderbürste.

(Damals war der Garten schwerlich so gepflegt. Doch saß er hier und sann . . . und verpustete sich wohl von den Greueln des Literatenlebens.)

William wandelt.

XIII.

Kommt Stadium vier. Die kalt-graue Trinity-Kirche. Sie liegt im Schatten . . . Am Altar ein Marterlvers. Deutsch etwa so:

> O lieber Wandrer, schreite zu
> Und lasse meinen Staub in Ruh'.
> Gesegnet, wer verschont den Stein;
> Verflucht, wer rührt an mein Gebein.

Schwerlich von ihm.

Eine schiefe Grabplatte. Das Gesicht, die Inschrift zum Altar hin . . .

Irgendein Erschüttertsein fühlt man plötzlich. Wider Willen.

XIV.

Sein Weib (er hatte wenig Beziehung zu ihr; vielleicht eine Dorfbisse; mit Recht vergrämt) liegt nebenan. Auch die Tochter Sus'chen; auch der Schwiegersohn Dr. Hall; sogar der erste Gatte der kleinen Lizzie — bevor sie Rittersfrau ward.

. . . Alberne Kirchenbüste (links an der Wand); nach seinem Tode verfertigt von einem »Grabsteinmacher«. Hier zum erstenmal hat er den Gesichtsausdruck eines Engländers. Stupsnase. Pächternase. Vielleicht fiel ein Stück im Lauf der Zeiten ab . . . Auf dem Ölbild, vor dem Tod gemalt, sieht er halb romanisch aus; bei etwas im Bogen geschwungener Nase.

(Auch die Zeitgenossen, so Ben Jonson oder seine Schauspieler, wirken im Bild ganz unenglisch nach heutigem Begriff. Wer weiß, was für Blut zwischen ist . . . Auf den britischen Inseln bleibt Shakespeare nicht das einzige Rätsel. Normannen, Kelten, Sachsen, Picten, am Ende, wer weiß, auch Sumerer aus Babylon, phönizische Wikinger — nur Gott ahnt es und die Universitätswissenschaft.)

XV.

— — — — — — — — — — — — — — — —

Hübsch wird das Land erst weiter weg von Stratford. Wo Schloß Warwick in der Sonne lacht.

Warwick hat Gärten am Avon. Ich sah wieder Häuslein mit Zinnfenstern. Edelwicken, zartbläulich; rot; gefüllte Rosen; Himbeeren; weiße Lilien; Bogengänge mit Kletterblüten, alles wildrankig durcheinander — (Holland ist hiergegen eine Blumenkaserne).

XVI.

Ich schlief in Warwick. Es hat einen Gasthof zum »Grünen Drachen«. (Mit Ale aus dem Nachbarstädtchen Leamington.)

Aber der Kern (und Shakespeare sah es) ist hier das greise Schloß — mit Triften, Duft, Baumwundern. So weit das Auge sieht, gehört alles heute dem Earl of Warwick. Bewaldete Gründe, zaubergrün.

Innen: ganze Mengen van Dycks. Ann' Boleyn, von Holbein dem Jüngeren. Später die Schauspielerin Sara Siddons, von Reynolds. Gibt es Vergleichspunkte ... für einen, der über den Gartengrund geht? Ah, schon. Der Park von Seeseiten am Starnberger See; das Schloß Grätz; die »Phantasie« unfern Bayreuths; Ambras am Inn; Chambord; Langeais an der Loire; die Kynsburg; Schloß Bardo bei Tunis; das Haus des Borromeo im Lago Maggiore; die Pfaueninsel; die Gärten von Heiligenberg am Bodensee ... Wunderbar bleibt Warwick.

Als ich einen venezianischen Mosaiktisch drin sah und vielerlei Zusammengetragenes noch, dacht' ich an die »Pesel« auf den Halligen, wohin die Seebauern allerhand geschleppt, aus manchem Weltteil. (Engländer sind für mein

Gefühl wohlhäbig veredelte, verfeinerte Bauernmenschen, kräftig gefüttert. Ihre Pesel haben großen Umfang.)

XVII.

Shakespeare sah dies graue Schloß. Heut ist der Earl of Warwick ein Husar. Cäsar soll vor ihm dort gewohnt haben. Hinterher kam der Königsmacher Warwick. (Hat nicht Schiller ...? Doch!)

An der Wand hängt sein Streitkolben. Auch Äxte zur Köpfung — und sonst nötiges Hausgerät. Mitunter klafft ein Kerkerloch dickwandig.

Richard der Dritte hat hier gewohnt, stets im August ... vor nur vierhundertfünfzig Jahren. Cromwells Helm an der Wand. In Warwick vollzogen sich mancherlei Todesfälle nicht mit Zustimmung der Betroffenen.

XVIII.

Doch fortschreitende Gesittung und Entwicklung schuf den Triftpark. Die Entwicklung schritt noch weiter — denn jener Husar, der jetzige Warwick, mußte das Schloß an einen Amerikaner vermieten.

Er heißt Mr. March ... Und ist Assekuranzmagnat oder Versicherungsdirektor in Newyork. Einverstanden; einverstanden.

XIX.

In dem Städtchen Warwick ragt ein frisches Gefallenendenkmal; unten schlichte Blumentöpfe; an manchem Topf hängt ein Zettel, mit der Hand beschrieben; auf einem steht in einfacher Schrift (ich las es an einem lichten Vormittag) bloß:

»Dear Charlie!«

Unweit lastet, als öffentliches Denkmal, ein Panzertank von 1918 — »zur dauernden Erinnerung«.

Den Tank hat Shakespeare nicht gesehen. (Dies steht in seiner Lebensgeschichte fest.)

Ich gedachte Williams, als, abermals an einem Vormittag, der Regen floß, ich zu Canterbury herumging, im Dom — und an Heinrichs des Vierten Grabe stand.

»Wie geht's dem König?« — »Ausnehmend gut, sein Sorgen hat ein Ende; nach menschlichem Ermessen ist er tot!« ...

Er schnarcht in Canterbury; weiß nichts von Percy Heißsporn, der, im Aufruhr erstochen, ein Opfer seines Berufs ward; weiß nichts vom fünften Heinrich, welcher im Gegensatz zu Lloyd George die Franzosen unterwarf.

(»Ausnehmend gut, sein Sorgen hat ein Ende.«)

XXI.

Der Dom von Canterbury ist kein Dom: sondern ein Geheimnis. Sondern ein Irrsal. Sondern eine Verschlingung. Sondern ein Perpetuum. Sondern eine Endlosigkeit.

Liegt wohl der Dom in einer Stadt? Oder eine Stadt in dem Dom? ...

Wenn er aufhört, fängt er allemal erst an. Ist er oben fertig, geht er unten fort. Jeder Ausgang war nur ein Eingang. Jedes Schlußtor ein Beginn.

Kurz: mit reichlichem Nebengelaß.

XXII.

Erzbischöfe wurden hier weggeschleppt und erschlagen. Schon in verhältnismäßig früher Zeit gelang dies dem geweckten Verwaltungsrat. Später wurde Thomas Becket im Dom ermordet — von vier bezahlten Offizieren der Organisation Consul. Nachmals ist er heilig gesprochen. Ein gekröntes Frauenbild liegt zwischen ihren zwei Gatten herum, in Bronze. Der schwarze Prinz jedoch ...

XXIII.

Dies alles zu sehn, wurden Schulkinder der Nachbarschaft, eine Klasse, von den Lehrern an jenem Vormittag herumgeführt. Mit Schulkindern hab' ich Glück. Der Küster gab die Erklärung und kopierte den Pastor. Es waren lauter junge angels (sprich: Ehndschels), oder Engel, mit blondem Haar, oft mit grünen Bändern darin. Sie sollten über den Dom einen Aufsatz schreiben; kritzelten allerhand ins Heft. Der Küster, wie er von Wyclif sprach, hieß ihn den »morning star« der Reformation. Die Ehndschels kritzelten es ins Heft … Ich wollte gleichfalls einen Aufsatz schreiben.

XXIV.

Doch den Chaucer, der über Canterbury die »Canterbury Tales« gedichtet hat, durften sie gewiß nicht lesen. Wenn er auch fromme Wallfahrer zum Grabe des heiligen Thomas Becket schildert. Nein, nein. Denn er ist ein Boccaccio-Lehrling. Zwar kernhaft — aber doch auch hinwiederum andrerseits im Grunde sehr schlüpfrig. Das wäre ja noch besser. Nein, nein, nein.

XXV.

Adieu, Ehndschels. Adieu, Assekuranz! Adieu, William! Wappen-William! Aktien-William! Adieu, Umschicht!
Komische Welt.

Wales

I.

Ich will Schottland und Wales in die Hände nehmen; sie eine kurze Frist streicheln; hernach ganz umhüllen — und ihren Herzsaft auspressen.

Bei alledem ihren Duft noch einmal schmecken. Und froh sein, wenn ein andrer ihn schmeckt.

Los.

II.

In Wales beginnen die Orte mit »Ll …«. Oder sie haben mittendrin ein seltsames »w«. Llandudno; Llanrwst; Bettws-y-Coed. (Dies grünsteinerne Waldnest wird »Betsicohd« gesprochen — von der Bevölkerung; von den Lehrbüchern anders.)

Die Sonne brennt abends um dreiviertel acht. Glanz des Westens! Wales, könnte man sagen, ist eine mildere Bretagne. Oder jemand könnte mit Fug äußern: die Seealpen der franco-italischen Azurküste sind hier verniedlicht und vernördlicht ...

III.

Aber auch etwas verschrofft. Bergketten ins Meer sinkend; mitunter felsighart. Dabei linde Luft. (Merkmal für Wales.) Glanz des Westens.

Ein Brockengebirg an der Irischen See. Grünes Gebirg — und Segel auf blauem Wasser ... Ecco.

(In Schleswig ist alles nur Sand; hier Gestein und Höhe.)

IV.

Glückliches Wales. Wälder, Parks, Burgen, Bergbäche, Felsfälle; landeinwärts tirolische Murenzerklüftung.

Ja: Bergland, Meerland, Schloßland.

In heiterer Luft Zinnen und runde Grautürme, Zugbrücken, Spitzbogen — immer bei Fels und See.

Glanz des Westens.

(... Vor dem Gasthof am Swallow-Fall saß ein Harfenspieler; in männlichen Jahren; erblindet. Wie aus alter Zeit.)

V.

Steinerne Brüstungen am Ebbe-Meer; hinter dem alten Ort Chester.

Alles dunkelgrün oben, blau unten. Lieblichkeit. Streichelnde Luft.

Ein Schloß, phantastisch über den Abendgrünhügel schwebend — bei der Irischen See.

Das ist Conway Castle. Etliches Mittelalter fliegt. Irgendwo in der Ferne verdämmert Carnarvon.

Fels und Meer und Westen.

VI.

Dieses Gefels ist zwar an Höhe nur ein Harz; doch an Wesenheit manchmal ein wildes Ötztal.

Steilpässe mit Gießbächen. Felsblockwirrnis. Der Snowdon hat fast Brockenhöhe. Zwei Schritte davon: das blaue Meer.

Die Gegend um Llandudno nennt man »seliges Tal« oder Happy Valley. Nahe liegt Penmaenmawr, schwer von Fuchsien — am steinern stillen Golf. Oder Bangor, Bischofsitz am Salzwasser — und drüben guckt aus der Bucht jenes Eiland Anglesey, wo Walisisch fast Alleinsprache blieb.

VII.

Mensch! hinter dem Walisischen oder Keltischen oder Bretonischen oder Gälischen steckt ... ein Geheimnis. Ich hab's in der Bretagne erlebt: wenn die Eingeborenen statt »oui« das Wort »ya« brauchten — wie wir; sie nennen die Franzosen, ihre französischen Landsleute, »les Gaulois«.

Und ein Schotte, selbst ein nicht gälischer, spricht etwa das Wort »cold« wie wir aus, nämlich: kalt ... Er sagt nicht, wenn er vom Herzen und vom Hochland redet, wie der Engländer: »Mei haart ist inheilländ« — sondern: »Mei hert is in hilland« — wie wir. Dahinter, sag' ich, steckt ... ein Geheimnis.

Das Keltengeheimnis.

VIII.

Die Bretagne ist von Wales verschieden ... Die Bretagne hat kein Gebirge; nur schauerliche Mordfelsen an der See. Düsterer. Entsetzlicher. (Allenfalls auf dem westbretonischen Eiland Belle-Isle-en-mer erinnert eine großmütige Luft an walisische Milde.)

Wales hat Zerrissenheiten, wie den Llanberis-Paß; rankig umdämmerte Tiefen, wie das einsame Bettws-y-Coed, es bedeutet »Kapelle im Wald«; und wieder das »selige Tal« — — am Irischen Meer.

IX.

Llandudno heißt gelegentlich »Neapel des Nordens«. Bitte schön. Es gibt ja (bleibt sitzen) eine »Sächsische Riviera«; ich glaube bei der Lößnitz.

Die Vogelschau vom walisischen Orme-Fels über den blauen Abendgolf, wenn alte Schlösser von fernher durch rosa Luft geistern: das ist schon südhaft ... (Für Augenblicke.)

Glanz des Westens.

X.

Heute gilt Llandudno als üppig; weltlich; fesch. Die Urwohner des wälschen Cymru, ehe das Normannenvolk hinkam, träumten es nicht.

Schöne, blonde, braunbackige Britenkinder sonnen sich im seligen Tal. Auch hier (wie in der Felsbadestadt Folkestone in Südengland, wo man über dem grünen Kanal Blinkfeuer sieht) — auch hier diese bequemen Häuserchen ohne Zwischenraum, reihenlang, am Golf.

XI.

Däumling-Autos, von Jungens durch Treten bewegt. Und Kasperletheater. Und ein Vogelzauberer, mit gedrillten Wellensittichen — am Strand. Mit einem Kanari, der ein Wägelein kutschiert ...

Die Zeitung »Daily Sketch« verteilt Goldstücke, wenn ein Kind sich aus einer Nummer des Blattes phantastisch gewandet. Die Jöhren und Däumlinge haben sich geschmückt, bald mit einem Papierjumper, bald mit einer Zinnenkrone — wo immer vorn draufsteht: »Daily Sketch«.

XII.

Manche Lady schreitet mit blauem Burnus, blauem Stirnband ... Aber nicht aus London. Vielmehr, in der Nähe liegt Liverpool. (Tja, England hat auch eine Provinz ...) An der Themse rief die von Shaw mir empfohlene Schauspielerin sehnsüchtig im Rampenschein: »O London!« Ich rief es jetzt.

Soviel über die Hochzeit von Blausee, Grüngebirg, Westluft; von Segeln, Felsen, Schlössern.

(Wales.)

Schottland
Erster Teil: Edinburgh

I.

In der Gegend von Carlisle (nicht zu verwechseln mit Thomas Carlyle, dem Heldenzeloten aus Schottland) sah ich das erste schottische Mädelchen. Zehn Jahr'; gefaltet schottisches Kurzröckchen; nackte Beine; rotes Haar. Sehr, sehr schottisch.

Das Wappen dieses Landes müßte sein: schottischer Stoff; Dudelsack; rotes Haar; nackte Beine.

Ich kam zuvörderst nach Edinburgh.

II.

Edinburgh ... Kreuzung von Kristiania, Prag, Lissabon. Auch ein bissel Genua. Mit Lissabon und Genua gemein hat es das Übereinandergebautsein der Häuser. Zwischendurch trachtet es (erfolglos) nach Verwandtschaft mit ... mit ... mit Athen.

In die Ecke, Besen, Besen!

Auf der wichtigsten Straße (Princes Street) erblickt man z'erscht amal Denkmäler für Geistliche; für Superintendenten; für reverends. Eoh! eoh! Das liegt mir so wenig wie die, oft spitze, Architektur. (Vieles der Architektur bleibt hier dennoch wunderbar; nämlich ernst und schwarzsteinern. Davon hernach.)

Alles düsterer, als ich geglaubt ... Eine Norderstadt. Das ist es. Eine Norderstadt.

III.

Mit Kristiania verwandt sind Seitenstraßen, die in leere Luft enden. Bei Kristiania auf den Fjord; hier auf den Firth of Forth — (nein, auf Schwebestraßen über ihm).

Die Mädchen gehn, wie zu Kristiania, im hellen Licht über Princes Street. (Wetterbericht: »Heute Sonnenuntergang 10.20«.)

IV.

Es ist was Totes, Verschollenes, Verschlossenes, Hoffnungsloses über der Stadt. Selbst in der Heiterkeit was Spätes und Schlußnahes ... Dabei griechische Säulen auf dem Felshügel? Hach, die Akropolis heißt hier Calton Hill.

Das Griechentum des Hügels wird noch entwest vom Kreuz, das drüber zwischendurch erscheint. Ich war zweimal im wirklichen Griechenland ...

Die Bevölkerung ist nicht so weltlich liebenswert wie unten im Themsereich. Die Schotten wirken bäurischer. Antlitze ländlich-schändlich. Wohl harte Pflichtmenschen; mangelhaft auftauend; reizloser. Ungelenk auch in der Sprache — doch, wie man sagt, herzenstreu. Ein Sohn Londons ist gegen diese Bevölkerung ein Wiener. (Dabei sind mir die Wiener unausstehlich.) Romanischer Einschlag scheint nicht hinaufgelangt. Das wird es sein.

V.

Bei gutem Wetter ist Edinburgh (diese Enttäuschung) leidlich. Aber zu viel Rauch.

Eine fröstelnde Schönheit ... noch im Sonnenglanz. Etwas an der Grenze nach Mitternacht zu. Bleich selbst im Ruß.

Ein Griechenland mit Bahnrauch und John Knox.

VI.

Dazu sieht man Soldaten, nacktbeinig, ballettröckig. Sie sind regnerisch und kalt. Der Mensch friert beim Angucken. Diese Hochlandsschau ..., wollte sagen: Hochlandschotten gehn über Princes Street zwischen öden Bürgern, mißgekleideten Unmädchen — durch das bleiche Licht.

Ecco.

VII.

Walter Scott hat ein Denkmal an der besten Straße. Weil er Heimat beschrieb.

Sein Denkmal ist ... wie eine gotische Kirche, nur wandlos. So oben zusammenlaufende Kringel — mit Parochie-Charakter. Spitzgotischer Zuckerkrimskrams ...

Die Burg steht herrlich-kühn hoch auf dem Fels — aber zwischen dem Fels und der Hauptstraße liegt bauchig-rauchig ein großer Eisenbahngraben. Sehr übel; obschon mit Bauten und allerhand Grün gefüllt. Item, die Akropolis hier starrt an einem ... Nordseearm.

VIII.

Edinburgh, trotz allem luftdurchlässigen Säulengereih', wirkt ja wie ein unterweltlicher Abschied von Hellas. Ein finster-spärliches Gegenhellas. Ein Vorhof der Mitter-nachtssonne. Beginn des Aufhörens. Anfang der Verlas-senheit. Es liegt Verkniffenes, Letztes, Einsames in allem Gewimmel von Häusern, Kirchen, Burgmauern, Trotzwäl-len, Wuchtzinnen, Luftsäulen auf dem Fels. Nicht meine Stadt.

Was Fahleres-Kahleres.

Herrlich und kennenswert und nennenswert — aber nicht meine Stadt.

IX.

Die schottischen Kirchen sind schön. Der durchbrochene Kronenturm wie eine steinern-luftige Bischofsmütze — auf St. Giles. (Auf manchem Kirchel noch im Hochland.)

Wunderbar, wenn sich in Edinburgh der steingraue Häu-serzug von abendlichen Bergzügen abhebt ...

Nur Alt-Edinburgh hat seinen Zauber. Mit phantastischen Durchgängen, Torwegen, gepflasterten Steilpfaden, Eng-pässen, Treppengäßlein, Talwinkeln, Gangsteigen.

Es wirkt an einem Punkte wie Innsbruck, gegenüber von der Frau Hitt.

Hier steht ein Tempel für Robert Burns (gesprochen: Rabby Barns). Ihn selber sah ich nicht. Er wurde gereinigt, vom Bahnqualm ... Doch er guckt, wenn er sauber ist, auf Bergwände, weg über Edinburgh (nebst Eisenbahn).

Hier war ich nachts um elf, als die noch helle Bergstadt und Meerstadt (und Eisenbahnstadt) zu versinken begann.

X.

Edinburgh ist im früheren Teil ... ja, eine Ballade. Die High Street in der Altstadt; steil, mit schwarzgeschnittenen Kirchen. Die Straße düster, unbreit, steinern ansteigend — oben das Königsschloß der Schotten. (In dieser, wie auf Stichen verschollenen, schweren, steilen, dunkelnden Nordstraße liegt jener Dom, St. Giles, mit der durchbrochenen Wipfelkrone.)

Zwei Schlösser: eins oben auf dem Straßenberg; eins tief im Gassental. Oben hauste Mary, Queen of Scotts; sonst Maria Stuart genannt. Ihre Schlafkammer ist erstaunlich klein — im Verhältnis zum Nachdruck ihres Wirkens.

XI.

Ein Feldwebel-Falstaff führt mich. Blaurot. Jede Sekunde kann ein Schlag ihn treffen. Scotch whisky ... Erzählt von einem Besucher vor dem Krieg, der sich deutschfeindliche Worte verbat. Es war (schwindelt er) Bethmann Hollweg. Nach einem Bild hat er ihn erkannt. Scotch whisky ...

Platzt er jetzt? Hei lewet noch! Blaurot.

XII.

Mary, Queen of Scotts, ließ vom Schlafzimmer (das erklärt ein andrer Wärterich) ihr Kind nächtens an einer Schnur herab — damit es ja römisch-katholisch getauft werde ...

Nein, über die verschiedenen Sorgen der Bevölkerungen! (Weltgeschichte.)

Maria Stuart sieht auf einem gedunkelten Bildnis, mit stumpfgerundeter Nase, hübsch und lecker aus. Immerhin: der Tod für sie bleibt ein mir unfaßbares Vergnügen. Das gibt's in jedem Nest von Österreich. Allerdings nicht mit der schottischen Krone ... Aha!

Der Blick vom Schottenschloß erinnert an ein steinern-machtvolleres Prag — das über dem Meeresarm läge; Hochland dahinter. So das Oberschloß.

XIII.

Das Unterschloß aber, am Schluß der Steilgasse, heißt Holyrood Palace ... Ihr italienischer Privatsekretär, Signor David Rizzio, wurde hier abgekehlt. Sie kam von Frankreich als junge Witwe; hoffnungsvoll. Die Mörder drangen in das Eßzimmerle, wo sie mit ihm saß (und mit der Herzogin von Argyll, aus Anstand). Sie schubsten ihn zum Treppenflur, zerdolchten seine Bronchien, er brüllte gewiß: »Dio mio! che vuole?! Santa Madonna!« ...

Mary, welche das Heiraten nicht lassen konnte, nahm darauf den Darnley, den Bothwell — sie ähnelte der früheren Königin von Sachsen. Gerhart Hauptmann sagt: »Amal will jedes ... auch de Frau.« Aber diese Frau wollte zu oft.

(Der Geschichtsschreiber soll die Anziehung nicht in ihrem Gesicht oder sonstwo suchen; sondern in der für Offiziere lockenden Einkunft.)

Das Kätzchen kam hernach in die Krallen der königlichen Tugendkatze — die als Jungfrau, mit einem Mann für jede Woche, von Bürgern verehrt, in die Weltgeschichte hinüberstarb.

Mary, Queen of Scotts, verlor nun ihre zwei Schlösser, das obere wie das untere.

XIV.

Am Schlusse jedes Mahls, das ich in Edinburgh schluckte, gab es, weil die Entwicklung friedlich geworden ist, »croûte Norvège«; ein buttergebratnes Brot mit Spänen oder Mus von geräuchertem Fisch drauf. Statt des Käses. Für dieses Land gewiß eine Verworfenheit.

Oft in Edinburgh erblickt man (Geschichte hin, Geschichte her) himmlisches Kupferhaar. Auch leuchtend goldloderndes Brandhaar.

Und im Hafen Leith wittert nochmals ein seltsames Prag dahin, über ein nordisches Meer. Unweit von jener Stahlbrücke, gigantisch über den Firth of Forth gereckt. (Gigantisch? Wer am Hudson und auf Manhattan war, findet sie ... immerhin sehenswert.)

Um jedoch der Architektur ein gerechtes Wort nachzurufen: sie ist stark auf der ganzen Insel. Gewuchtet-ruhig. Großgeartet. Stumm. Fern von Aufdringlichkeit ... Auch fern von Begeisterndem.

XV.

(Was jetzt kommt, ist — noch nicht Schottland. Ob es gleich in Schottland liegt: die Trossachs. Gewissermaßen Vor-Schottland. Die lochs oder Bergseen bei Glasgow und Edinburgh.

Hier muß ein neues Blatt beginnen — bis der Herzsaft quillt.)

Zweiter Teil: Hochlande

I.

Also dies Waldtal, die Trossachs, mit Loch Lomond und Loch Katrine und Inversnaid und Stronachlacher, unfern Glasgows und Edinburghs — das alles ist, ob es schon in Schottland liegt, nicht Schottland. Reizend ... aber noch nicht Schottland.

Gewiß — Fingerhut, Margeriten, Baumschlag, Butterblumen, Farrenkräuter, Mohn, Lärchenwipfel ... Auch Getier mit prachtvoll verschlungenem Hörnergewind; jawohl.

Triften und Ufergerank und Altbäume. (Die Einsamkeit gemildert von Cook.) Zugegeben.

Der Loch Katrine ist gewiß ein felsiger See; der Himmel darüber gewiß lichtblau; einverstanden; der Wind gewiß frisch. Über den Sattel weg sieht man einen andren loch. Gewiß; gewiß.

Aber das braucht nicht in Schottland zu liegen.

II.

Zwischen zwei Seen in der coach galoppiert man mit vier Gäulen; hoch der Kutscher, rotröckig, mit grauem Zylinderhut.

Alles das ist einschmeichelnd, überraschend — aber fast wie bei Stockholm der nahe Fjord kleinen Wuchses. Immer noch nicht ...

Die Seen von Edinburgh und Glasgow sind nur ein Gatter zu Schottland.

Das letzte Schottland liegt: in Nordschottland.

III.

Erst wenn der Mensch gen Aviemore strebt, auf Mitternacht zu, nicht weit von Inverneß — da fängt es an.

Waldungen, Hänge mit Buschbäumen ... zu Beginn lieblich, nur wie von Hans Thoma. Dann schroffer.

(Vorderhand noch Waldgründe; Steinflüsse breitbettig. Härteres.) Aber jetzt ...

IV.

Aber jetzt. Bergflächen rotblau beheidet. Mit einem Schlag zaubervoll.

Unnennbares Ineinander von Heideflieder, Heidekraut, Ginster, Moor, Möwen. Das ist es. Reglos; menschenscheu; beglückend.

Guck, den übergrünten Karst. Schimmerblau dunkle Rücken, blassere Steinzüge. Ja, zaubervoll! ... Bergheide, flach anklimmend. Beharrsam verwurzelt. Ehern-fest. In sich gesondert; lärmvergessen. Darin manchmal dieser brennend gelbe Ginster!

V.

Hochflächen mit lichtem Grün, schwarzem Grün, knorrdicht, voll Pelz und bockigem Niedergebüsch.

Was für Farben! Blaurot und Grünfinster. Wieviel getrennter Stumpfglanz! Das Starrgrün und das Lichtbetupfte, beim felsigen Rot des Grundes, beim Grau des Steins. Jung umleuchtet und umfrischt.

Ah — gewellter Dunkelteppich, wieder lachend mit Getupf. Wieder pelzdicht aufwärtsgereckt. Und alles, man wittert es, zwischen zwei Meerarmen.

VI.

(Dieser Ginster-Gelbbrand wird ganz toll.) ...

Dennoch: wo die Felsheide nur grün ist, bleibt sie für mich am schönsten.

Atmend-stumme, pelzige, klimmende, schleirige Welt. Einsamkeit.

VII.

Hier liegt Schottland.

Kuppen und Ketten und Lämmer. Ernst-lieblich. Kesselheide, fernhin. Etwas Großartig-Verschwiegenes, Schweres, Ruhendes ... und Holdes.

Eigenständiger als irgend etwas. Das gibt es zum zweiten Male nicht.

VIII.

Widder mit schwarzem Kopf, doch gelbhell leuchtendem Schwerbehang. (Bei so einem Schottenhammel denk' ich, komisch, an den Münchener Gasthof zum Schottenhamel, mit einem »m« — wo ich so oft gewohnt; unten gibt es Franziskaner.)

... Geröll; niedere Steinmauern endlos; vergessene Markungen. Fichten, Schroffen — am Heideteller; Seevögel drüberhin; schwarzköpfig auch sie, der Leib weiß; Möwen.

Verschollen ein Heideschloß, irgendwo. Langhin, irgendwo, dunkles Bergluchwasser; loch geheißen. Loch, lake, lac, Luch, Lache — ist es verwandt? Eine Pfütze nennt man in Schlesien heut noch »Luusche«, das »sch« weich gesprochen. Volkskinder verlangen ein Bier im Schweidnitzer Keller spaßhaft: »Noch ane Luusche!« (Man sagt, es komme vom polnischen »kaluza«, gleich »Pfütze«, nicht von »loch« — aber woher kommt kaluza?)

IX.

Die lochs in der grünen Felssteppe sind großlinig von Blauhöhen eingekränzt.

Jäher Wechsel: pudelköpfige Birken; Fettgras; Lichtes; Laubiges; Wipfelungen — dann geholzter Schwarzwald. Die Stille wie geladen.

Verwehter Ginster. Verlorene Bergflüsse. Herbe Seligkeiten. Ab von der Welt.
(Schottland.)

X.

— — — — — — — — — — — — — — — —

Ich komme nach Aviemore ...
Bei Aviemore ist's nördlich — noch nicht nordisch. Hier entfaltet sich das Genie der Sprödheit ... am hinreißendsten; von allem, was ich sah. Man spürt's in Fingerspitzen und Nerven.
Braunviolett neben dem Grün. Heideglocken. Seevögel über dem Binnenland hausend, nistend, auf Pflöcken hockend ... Schwalbenschrei, Möwenruf, Kleinvogelgepieps — alles am langgestreckten, dunklen Heidebergsee.
... Ein Haus, von Höhen umeinsamt.

XI.

Schottland ist die Verzehnfachung der deutschen fast ebenen Heide. Warum?
Der Mensch empfindet hier fern das Meer und nah die schweigenden Ketten.
Himmlisch, in der Luft, in dieser Wildfrische sich selber ganz still zu fühlen.
Alles ist starr — doch voll saftscharfer Lieblichkeit. Waldig-allein; mit vereinzelten Lärchen, Birken, Meervögeln. Oft wie verstorben-windruhig; gläsern. Die fliegenden Schreie weit von oben. Am Moor dunklere Wasservögel. Und hier ...

XII.

Wie schwarzschillernde Tinte blickt heut, am Morgen, der Heidebergsee. Ein lichtlos verbleichendes Vormittagsdüster auf bebuschtem Bergrand.
Wo sonst Schwarzgrün ist und Braunrot — da herrscht ... Schwarz. Die Erde hält den Atem zurück.
Am Bug der Bergheide wittert was Dräuendes.

Schlafstille — bis auf etliches Einzelgeflöt . . . und ein fernes Hundchen.

XIII.

Ja, alles wie verbleit. Benachtet. Schattenstreng.

Dabei frische Weichheit in der Luft. Am Wasserrand wilde Rosen.

(Abermals einsame Widder, schwarzköpfig, schwarzfüßig . . . doch leuchtgelb schwerbehängt — mit Fransen bis auf die Erde.)

XIV.

Was ist Schottland?

Schottland ist ein grübelnder Garten. Von lautlos geheimer Fülle. Verborgene Wildnis, Einsiedelung, in sich versenkt. Was Verstocktes, Blinzelndes — Einziges.

Glanzlos, abgeschieden — mit Krumenhauch und Salz-Ahnung. Nicht barsch . . . nur verschlossen. Mit Purpurschimmer. Mit Gesträuchen voll Minzeduft. Mit hängendem Reichtum. Das Wundersamste nach dem Meer.

Der Mensch kommt hier zur Rast . . . mit seinem Rätsel.

(Das ist Schottland.)

XV.

— — — — — — — — — — — — — — — —

Nicht weit von Aviemore ist Allt-na-Criche. (Die Schotten sprechen das »ch« wie wir.) . . . Dort liegt, im herbholdesten Teil des Hochlands, das abseitige Besitztum eines in Deutschland Geborenen — der siebenundzwanzigjährig nach England verpflanzt ward . . . und heut im dreiundsiebzigsten Jahre steht.

Sir George Henschel. Mit Brahms in lebenslanger Genossenschaft und Freundschaft verbunden. Der Sänger Georg Henschel haftet im deutschen Gedächtnis — mit seiner edlen, herrlich-dunklen Stimme. Mit gemeisterter Kunst.

Von Klara Schumann oft in Konzerten zu Schumanns Liedern begleitet. Mit ihm sang Amalie Joachim — in meiner

Kinderzeit, als der Vetter was Sagenhaftes, jedoch sein Pudel Sever eine Bübchenwonne war.

Ja, in dem »dear, old picturesque Breslau« — wie der Siebziger nach einem glückreichen Leben in dem Buch »Musings and Memories of a Musician« es lächelnd nennt.

XVI.

(Er schildert nachdenklich den Engländern die alte Schuhbrücke, wo er schräg von unsrem Wohnhaus zur Welt kam.

Ich weiß noch: seine Schwester Hedwig war damals ein schönes, lindes Fräulein mit besänftigenden Augen. Er selbst ein fortreißender, mannsschöner Künstlermensch. So hat ihn Sargent gemalt; und in Lenbachs Bild von seiner Tochter, heut Frau Helen Claughton, gewahrt man die Züge dieser schönen Menschen wieder.)

Die schlesisch alte Singakademie steigt auf ... Mit achtzehn Jahren singt er vor Konzerthörern in Leipzig bei Riedel den Hans Sachs, mit seiner adligen, tiefen Baritonstimme.

Wer ihn irgendwann mit seiner verstorbenen ersten Frau, der großen, zarten Künstlerin Lilian Henschel, einst Fräulein Bailey aus Boston, mit Entzücken gehört hat, der begreift, weshalb ihn die Briten zum Nachfolger der Jenny Lind am Londoner Royal College of Music ernannten ... Die Briefe, die Brahms an ihn gerichtet, wurden früher schon deutsch veröffentlicht.

XVII.

Ein begnadeter Mensch — auch wenn er nie ein Sänger von solcher maëstria gewesen wäre.

Drei Jahre lang hat er das berühmte, von ihm geschaffene Symphonieorchester in Boston geleitet, ging zurück nach England, war ein Freund von Whistler, der Alice von Hessen, Hans von Bülows. Fast mythisch: oft bat ihn Robert Browning, Händel zu singen ... Edward VII. hat ihn verwöhnt; die alte Victoria ihn zum »Sir« gemacht. Burne-Jones war sein Freund. Und in die Frühzeit bis in den Abschnitt, wo er als Dirigent London für deutsche Musik reifer machte, blickt immer Johannes Brahms ... ein Leben hindurch.

XVIII.

In dem Dorfgasthof von Lynwilg am Loch Alvie nahm ich einen Wagen, fuhr durch einsame Schmalwege mit Hecken, rechts von dem Luchwasser, an Moor und Trift, im Abendschatten der Bergzüge, bis an sein Haus — und trat unangemeldet ein.

Das erste war eine nurse. Dann Helen Claughton, mir unbekannt; nie erblickt. Das Haus liegt in einer Fülle von Hochlandsschönheit. Ein ganzes Anwesen. Im Freien ist ein »Beethoven-seat«; eine Beethoven-Bank vor den Bergen.

XIX.

Georg saß, als wir hereinschneiten, am Flügel in seinem Studio, einem besondern Bau. Er spielte seiner kleinen Tochter (von der zweiten, sympathisch-sorglichen Frau, das Kind ist zwölf Jahr) eine Sonate von Beethoven. Ich kann alles das kaum beschreiben.

Vor dreißig Jahren waren wir uns zuletzt einmal begegnet. Nichts mehr gehört. Alle Zwischenglieder längst verstorben ... Ich sah nun einen Siebziger, mit dem alten, lockig-buschigen Haar. Aus ihm blickten verschollene Familienbilder — und er schien wahrhaftig nicht älter als wenige Vierzig; ganz noch in seiner gebändigt feurigen Kraft.

... Er sprach: »You look like your mother.«

XX.

In diesem Raum, wo der Flügel stand (und Höhen hineinblickten), waren auf großen Gemälden Phantasiegestalten mit Goldgrund. Rings eitel Schönheit.

In andren Räumen hingen Bilder, die Brahms, als er noch keinen Vollbart trug, ihm gesandt; ein den Heutigen fremdes Gesicht.

Andenken sonst — aus einem sonnenträchtigen Dasein.

Am nächsten Tag ... Ist es möglich? Als er am Flügel saß; als die macht- und zaubervolle Stimme, die man dreißig Jahre lang im Gedächtnis behalten, wieder in jener tiefen

Herrlichkeit erbrauste; wie aus entrückter Zeit; und wieder in die Seele drang … da kam einer der Augenblicke, wo man den Kopf senkt.

Ein Künstler bis in die Fingerspitzen saß hier — ungealtert. Ich werde das nie vergessen. Das Bewußtsein des Vergänglichen war wie ein süßer Schmerz.

XXI.

Schön wie Gesang ist solche Lebenskraft … Auch Helen scheint vom gleichen Blut — Tochter dieses Vaters und ihrer unvergeßlichen Mutter.

Sie sang Debussy. Mit leuchtend-beherzter, glückjauchzender Kraft. Sie steht in den Dreißig. Ihr Schwiegervater ist der anglikanische Bischof Claughton.

XXII.

Wir schritten durch die Zimmer. An der Wand hing der verjährte Stahlstich eines älteren Mannes … aus dem Zeitalter, wo es noch keine Photographie gab. Dies selbe Bild hängt bei mir im Grunewald: das lächelnd innige Gesicht im väterischen Graurock, der Kopf voll dichter Locken. Das Bild seines Großvaters — der mein Urgroßvater war; aus der Zeit um 1820.

Seltsam. Ich hatte von dieser britischen Reise manches erwartet, aber nicht, meinen Urgroßvater auf der Hochheide wiederzufinden.

Noch weniger die durch nichts zu erschütternde Tatsache: daß ein Bischof mein Kusäng geworden war.

Die Welt hat für mich keine Wunder mehr.

XXIII.

(Der Bischof wird es überstehn … Aber ich? -?)

Birmingham

I.

England ist ein Garten — zwischendurch rauchschwarze Flecke.

(Das Gartengrün zu halten, kostet Geld. Der schwarze Rauch beschafft es) ...

II.

Um die Fabrikstadt Glasgow (mit Paisley!) ist immer noch reinere Luft als um Birmingham.

Rußnebel. Kohlentrübheit. Wolkenschmutz. Luftkot. Staubdunst. Aschenbrodem. Und Krane, Krane, Krane — samt Schloten, Öltanks, Abdichtungen, Bretthaufen, Feuerungen, Schlackenhügeln.

Der Mensch hier atmet Unflat ... und scheint mißlaunig.

III.

Birmingham teilt sich in die Oberwelt und in die Unterwelt. In einen Olymp (es ist kein echter Olymp). Und in einen Hades (es ist ein echter Hades).

Wie bei uns in Essen, gehen die Straßenzüge bergig. Doch Essen hat im Grund nur eine Hauptstraße. Essen wirkt zweckhaft. Und kernsachlich. Es macht erst keinen Versuch, Berlin zu werden.

Birmingham aber träumt von London.

IV.

Das Olympviertel dort schmückt sich mit klassischer Zier, mit korinthischem Säulenglanz, mit einem Jupitertempel; das ist an hundert Jahr' alt ... und nennt sich Town Hall.

Oder mit einem Beratungshaus, wieder säulenreich, steinern, großartig.

(Mensch, in diesem schwarzen Dachgemäuer ist ein Venezianermosaik von Salviati; schön zwar nicht — aber es weht ein Gedenken der Gondelstadt zu dem Wanderer, im Kohlendunst ...)

V.

Das Forum. Die Freiluft-Walhalla. Da steht Edward VII., mit jenem putzigen Taktstock, den man Szepter nennt. Daneben seine Mutter.

Vor beiden Peel, der Staatsmann — und das ist ein Spaß. Denn Peel setzte ja den Freihandel durch ... während justament Birminghams Abgott, Joseph Chamberlain, Handelszöllner blieb — dieser dunkle Deutschenfeind aus dem Stahlgeschäft.

Er verdient kein Denkmal (in dem Orte, wo Watt und Priestley gelebt); doch er hat's. Zum Glück einen gräßlichen Brunnen.

(Beschmutztes Papier und Fahrscheine schwammen im Becken herum — eetsch!)

VI.

Großartig im Stil bleibt jenes Pantheonviertel der Hochstadt. Und Bibliotheken, Galerien, Sonderschulen! Alles voll Mächtigkeit.

Sonst ... ein Getrieb ohne Charakter. Keine angenehme Stadt.

Die Menschen lieblos gekleidet (»O London!« rief sehnsüchtig die Schauspielerin Gladys Cooper — wie gesagt) ... Lärm, Schönheitsmangel, Staub. Kein gepflegtes Antlitz.

Welches Wunder, daß Burne-Jones, der Präraffaelit, hier zur Welt kam. (Ein Irrtum, über den er so erschrocken ist, daß er schon fünfundsechzig Jahre darauf starb.)

VII.

Im Hadesviertel paffen Schornsteine. Hinab stieg ich in den Teil, welchen man Handsworth heißt.

Trostlos häßlich. Schlote, jeder dick wie ein Wasserturm. Dazu hoch ...

Die Feuerzauberer dort in Hammerwerken züchten gräßlich-grausliche Stahlgebilde. Glutschöpfungen im Dampfhauch. Millionen Kriegsgewehre; (uäh!) Milliarden Schreibfedern; (immerhin!).

Der kritische Mord mittels Schreibfedern ist halt nicht so vorzeitplump, nicht so unappetitlich, nicht so bestienblöd.

VIII.

Beiläufig waren, als ich in Birmingham herumging, an hunderttausend workers beschäftigungslos.

Eingeborene Leute, nämlich Arbeitsmänner wie Geldmänner, guckten unfroh.

Was erzählten sie mir? Schlechte Zeiten! Arbeitsmangel! Und Deutschland? Ach, aus Deutschland bezog Birmingham früher Kameras zu sechs Pfund Sterling — wenn sie dort zwölf kosteten. (Wehmut.) ... Hoch klang sogar das Lied der deutschen Lokomotive.

IX.

Einer, der vom »great war« oder Weltkrieg sprach, äußerte mir freimütig und sonst freundgesinnt, die Deutschen seien ... (Bewegung an die Stirn). Er umschränkte den Sinn dieses Griffs, indem er ihn genauer auf eine (hier nicht zu nennende) Kastenschicht bezog — und auf eine (hier durchaus nicht zu nennende) Person, die seit längerer Zeit, als Deserteur, in Holland auf prallem Geldsack sitzt ... was der Rest von sechzig Millionen kaum sagen kann.

X.

— — — — — — — — — — — — — — — — — —

Während ich Birmingham abends und vormittags mit dem Dauerschrei: »O, London!« durcheilte, bot eine Ankündigung von fünf in derselben Woche gespielten Dramen Bernard Shaws halb und halb die Brücke zur Versöhnung mit dieser Ortschaft.

Wollen's hingehn lassen. Schon gut. Hab' mich lieb, Forum. Ein Handwink an den verirrten Venezianer-Brocken. Für die Schornsteine mein Kompliment.

Und fort.

XI.

Jetzt, wenn man draußen ist, hört Birmingham endlich ... nein, es hört immer noch nicht auf.

Reise, Mitmensch, in einem Schnellzug davon; hernach, wenn du schon Wolverhampton hinter dir hast, erfreuen dich abermals Schlackenberge, Bretthügel, Krane, Rußwolken, Himmelsdreck, Aschenhauch, Kohlendunst.

Blähungen der schwarzen Stadt.

(Bis man gen Westen biegt ... wo blau und felsgrün und rein Wales dämmert.)

XII.

Doch wäge bei alledem dein Gefühl. Mancher hochstehende Kopf und Zeitgenosse raunzt wider »industrielle Scheußlichkeit«. Das ist ... wie wenn jemand bloß essen will — aber keine Küche wünscht.

Ein Mangel an gerechtem Sinn.

XIII.

Ich selber hasse trotzdem Küchenduft ... (Was ist der Mensch! O Gott, hol's der Teufel!)

Englands neue Seele

I.

England ist ein Triftenland; ein Grünland; ein Buschbaumland; ein Heckenland; ein wohnliches Land. (Mit rußigen Strichen) ... Was für eine Menschenart haust hier?

II.

Ich zeigte: welcher Art sie nach dem Krieg leben. Was für Kleider sie heute tragen; was für Denkmäler sie setzen; was sie kauen; wann sie trinken; was auf Märkten knackfrisch, noch in Whitechapel, prangt. Ich zeigte sie beim Polo. Bei Regatten. Im Theater. Ich zeigte sie dann in Oxford. In Schlössern. In Domen. In Shakespeares Gau. Ich zeigte sie am linden Seegebirg und im Hochland. In Hammerwerken. Ich zeigte die Gesinnung: wie sie nichts mehr gegen uns haben ... aber noch nichts für uns. Ich zeigte den Seelenbau von englischen Politikern. Zuvor die Abweichung des herdenlos denkenden Shaw (oder doch mit der künftigen, also besseren Herde denkend).

Und ich fragte: Was für eine Menschenart haust hier?

III.

Doppelt rätselhafte Blutmischung. (Denn alle Blutmischungen sind rätselhaft.) Ich grüble; schürfe; folgere ...

Seltsam diese Hochzeit von altem Kulturblut mit jüngerem Rohlingsblut.

Von Besonnenheit mit rüder Frische. Von vornehmer Art und Raffgier. Von Hilfswillen und Protzenschaft. Von Weltbändigung und Läpperspiel. Von Freundlichkeit und Gewalt. Von Takt und Dünkel ... Von Räubertum und Wohnlichem. Von Selbstsucht und Erziehersinn. Von Bequemheit und Kriegskraft.

Was für eine Menschenart haust hier?

IV.

Manches wirkt spaßig auf uns. Ich denke mir: vielleicht stammt aus der Mischung von normannischer, also französischer Ziergeckerei mit bäurischer Sachsenschwere jener Zug von begütertem Narrentum: im geckfeierlichen Wichtignehmen jeder Sportwinzigkeit — bei stilleforderndem Ernst ... Die andächtige Vorschrift für eine Reithose. Kurz: das Emporkömmliche ... (Was romanische Völker nicht haben.)

Ich wittere da den inneren Ringkampf zwischen dem lässigen Franzosenkavalier ... und dem klobigreichen Schiffer.

Kreuzung von Höfling und Dörfling.

(Ein oft kindisches Formdasein. Vorgeschrieben-Äußerliches. Erfindung willkürlicher Umgangsregeln. Erfindung einer strengstens vorgeschriebenen Mahlzeittracht. Albernernste Freuden eines zu Wohlstand Gekommenen ... Ja, ich denke mir: das stammt aus jener Mischung von zierhaftem Blut mit dickem Blut.)

V.

Das Bild der alten Sachsen (bloß nach germanokeltischem Urteil) ist fürchterlich. Ich teile die Bewunderung für Völkerwanderungsmenschen keineswegs. Sicherlich lieferten sie frisches Blut. Bleibt jedoch fraglich, ob sie damals mehr neuen Wert gebracht ... oder mehr alten Wert zertrampelt haben. Die Entwicklung scheint mir zurückgeschubst.

Weltgeschichte soll einer nicht als Schmeichler der Gegenwart sehn.

Wie schildert sie das Zeugnis der Ihren? — Freundlich so: als Gierschlünge, Menschenjäger, Fleischerhunde, Blutbestien, grausam-heitere Sadisten, Mordlächler, Plünderer ... Sie gelten ihrer Zeit als widerliches Schrecknis für die vergewaltigte Welt höherer (oft klerikaler) Sassen — so viel Jahrhunderte nach einer menschlicheren Ethik. So viel Jahrhunderte nach gestuferen Geistern, wie Hamurabi, Mose, Platon. (Zu schweigen von jenem Josua aus Nazareth, den sie bald für ihre Schlächterei mit ungeschickter Lüge blutroh nutzten.)

Ihr Volk schildert sie als Verräter gegen die Eignen. Als Meuchelgeier — sie schlachten sich untereinander ab. Als gierige Sklavenhändler: sie verkaufen ihre Kinder für Geld ...

Aber dann wieder sind sie keusch, tapfer, gefolgstreu, nicht nur hart gegen sich, sondern frauenfromm — also was man aus dem Tacitus weiß.

VI.

Diese Wölfe wurden in England Haushunde? ...

Ich sehe fast, wie. Mit wem paarten sie sich? Die Ureinwohner denk' ich mir, müssen schwach gewesen sein — denn sie holten gegen heimische Bedränger ... auswärtige Bedränger zu Hilfe: die sächsischen Wanderratten. Schön.

Aber zuvor? Zuvor hatten die Britannier doch vierhundert Jahre lang Römer bei sich; also muß lateinisches Blut in die Kelten geträufelt sein — oder was sie sonst waren. Und dann?

Dann jene kelto-lateinische Mischung plus Mischung der sächsisch-raubsüchtigen »Helfer« mit Franzosen, lies: französierten Normannen. Es ist nur achthundert Jahre her.

Hier also steckt zum zweiten Male die Hochzeit mit lateinischem Zähmungsblut.

Das wird es sein.

VII.

Diese Mischung hat (wenn man das stark angelsächsische Amerika hinzunimmt) in den letzten Erdkrämpfen mehr Endkraft gezeigt als die deutschredende Slawenmischung, die uns umgibt.

Gezähmteres Blut scheint also die Vorhand zu haben? Nein; bloß politisch! Dies ist ja das Merkwürdigste . . . Denn unabhängig von der Politik blüht in Deutschland eine weit höhere Geisteswelt; weit gestuftere Zwischenformen des Gefühls; weit losere Schwingungen der Seele. Nicht nur allerhand Musikgenie . . . Der einzelne bei uns, mag er politisch wirr sein, hat ein minderes Maß britischen, bloß tatbereiten Engsinns.

Der wahre Historiker muß ohne Rücksicht sprechen. Darauf kommt es an.

(Am Schlusse steht er dennoch vor einem halbdunklen Tor.)

VIII.

Mir dämmern die Windungen der englischen Seele.

Sie treiben Sport nicht nur, weil sie wollen: sondern weil sie müssen — wegen des Klimas.

Zweckmenschen. Bloß in einem Punkt Verstiegenheitsmenschen: sie halten sich für das auserwählte Volk.

Sie denken arglos etwa so: »Wir Engländer haben die besten Pferde, die besten Hunde, haben vieles als erste sonst gezüchtet — warum sollten wir nicht auch der beste Schlag selber sein?!« Mit dem stillen Beigedanken: »Alle Völker kommen ja zu uns, haben uns was nachgemacht, die Neue Welt sogar stammt von dieser Insel, wir sind Vorbild, Regulator — well, da stecken Merkmale für ein auserwähltes Volk.«

(Sie könnten zufügen: »Unsre Herrschaft über die Welt währt bekanntlich so lange, wie kein Rom es je vermocht.«)

IX.

Sie horsten auf dem Fels des Rohstoffs. Baumwolle; Gold; was du willst.

Sie lassen die Leine locker, wo sie Gewalt üben. Nie verrannt.

Haben wenig zersetzende Elemente ... Will sagen: keine schwachsinnig wütenden Schädlinge, die ihr Vaterland mit zweckleerem Schneid und brutalem Mord ochsendumm in den Schmutz wirtschaften.

(Zersetzung stammt ja von solchen, die eifernd starr, aber wenig klug sind.)

X.

England ist eine Republik mit dem König an der Spitze. Heut erst recht ... Sehr spaßhaft ihre Stellung zum Herrscherhaus — nein, zum Königshaus. (Nicht dasselbe!) Wie erklärt sie sich?

Weil England auswärtige Filialen hat, könnte leicht eines üblen Tags jemand aus Kanada Präsident sein wollen — falls auch amtlich das Ding Republik hieße. Das darf nicht geschehn ... Darum halten sie sich, heute noch, einen Monarchen.

Dieser Behang für einen Mittelpunkt (ich wechsle die Gleichnisse fortwährend) wird nach dem Krieg doppelt gut behandelt. Georg ist ... ein lieber Gast. Sie hätscheln das gesamte Haus. Schanzen ihm allerhand Eigenschaften (sogar Taten!) zu, die nicht Wirklichkeit sind. Sie erlauben ihm sonst allerdings nichts. Sie schaffen halt ein liebes Zentrum — das sie verwöhnen, aber an Betätigung hindern.

Der Kanari im Königsbauer ist wiederum sehr nett zu ihnen. Keine Kafferndistanz! Hausgenosse! Sie freuen sich, wenn er zufrieden piepst.

XI.

Jedes Tingeltangel in England schließt heute mit »God save the king«; jeder Ball; jeder Kintopp. Nur so, wie wir sagen: »Und jetzt, zum Schluß ...« Oder wie man sagt: »Kehraus!« — so sagen sie: »God save the king.«

Der Kronprinz erscheint in jedem Groschenfilm auf seiner halbgeglückten Indienfahrt. Niemand ulkt ... Sportliebend muß er auch noch sein.

XII.

Daneben ist schwerer Begreifliches in den jetzigen Sitten. Widerspruch zwischen altem Takt ... und neuer Taktschwäche.

Wenn etwa die nationale Schauspielerin Patrick-Campbell heut Liebesbriefe Shaws an sie gegen Honorar veröffentlicht ... Sie hätte bei uns moralisch ausgespielt.

Als ich frage: »Ist sie noch möglich?« bejaht es ein englischer Freund — mit dem Beisatz: »Curious world!«

Dieser Zug ist nach dem Krieg stärker als zuvor. Die Gründe ...

Wirtschaftliche Gründe! Was Frau Asquith an Peinlichem zu Papier bringt, tut sie für Geld. Zeit der schweren Not.

Engländer, im Verkehr so diskret, sind heut in ihren Blättern das Indiskreteste.

Nicht nur wird jedes Hochzeitskleid beschrieben. Schon zuvor wird festgestellt, was eine tragen will.

Der Bürgerling ist an snobbiger Neugier für Geadeltes unüberbietbar.

(Neugier auch sonst — bei Todesfällen wird ja die Hinterlassenschaft selbst mittlerer, wenig bekannter Leute nach Pfund und Schilling in den Blättern mitgeteilt. Nur aus Neugier. Ungefähr wie man bei uns liest: »Der in weiteren Kreisen bekannte Landgerichtsrat Müller beging seine silberne Hochzeit«.)

XIII.

Jeden Tag Notizen über die Aussteuer eines Gesellschaftsmädels, bis auf das Linnen. Sie wird bei der Trauung eine Brüsseler Spitze tragen, so ihr die Großmutter, Lady Stansfeld, pumpt. Das steht jeden Tag drin. Man liest, was der Bräutigam geschenkt ... kriegen wird.

Sind es nicht Bauernzüge? Sind es nicht Sitten historisch Reichgewordener?

Klatsch über Klatsch. In jeder Zeitung stand jetzt, wie Lady Russel ihren Mann, den Sohn des Lord Amphthill, betrog; mit Einzelheiten. So allemal. Der Grund ist simpel.

Was nämlich vor Gericht verhandelt wird, darf in den Blättern erscheinen. Kitzlige Behauptungen würden sonst mit schwerem Geld gebüßt. Also drucken alle newspapers die Scheidungsprozesse haarklein. Gefahrlos; nur mit Stenogrammkosten ... So war es vor dem Krieg. Jetzt ist es doppelt schlimm.

Ein Engländer, den man vormals etwa fragte: »Welchen Beruf üben Sie?« oder: »Haben Sie Kinder?« hätte darin Unzulässiges erblickt. Das gibt es nicht mehr. Zeremoniendämmerung.

Eine bestimmte Form wurde vom Weltkrieg zur Strecke gebracht.

XIV.

Und nach alledem ...

Es ist ein wohnliches Volk. England bedeutet eine Gegend, wo der Mensch gut aufgehoben ist.

Ein sittigendes Volk. Ein pflegliches Volk.

Jeder Aufenthalt in England gab mir den Eindruck einer Reife; einer Anständigkeit; einer Ordnung; einer Sachlichkeit. Bewundernswert.

XV.

Wieder jetzt war ich dankbar und voll Achtung. Wieder findet man Englands Menschen freundlich, vornehm, geschickt, zuchtvoll, ernst. Ohne krähwinklige Spottgier.

Vergaß ich den Mangel an Musik? Diese Tatgehirne schrieben schlechtere Noten; jawohl. Auch Blümlein besangen sie weniger. Doch sie schufen eine Poesie der Hausung ... und machten eine Musik aus ihrer Insel.

(Jenseits von Birmingham.)

XVI.

In Europa sind sie ... kaum das für einen Deutschen benei-
denswerteste Volk. Denn wir haben unsren durch nichts
überstrahlten, hohen, inneren Sonderbesitz.

Aber sie sind das geordnetste Volk. Das komfortabel-
gediegenste. Das altersgefestigtste.

England ist eine Burg der Nützlichkeit — (während »Gott«
die romanischen Völker und mich mehr zu Vergnügungs-
zwecken schuf).

XVII.

Ich sah diese seit Jahrhunderten wesentliche Macht für die
Außengestaltung der Welt jetzt in ihrem Wendepunkt.

Das »Rule, Britannia!« wird heute zweifelhaft.

In Europas Nöten bleibt ja der Unterschied zwischen England und Amerika so: Amerika will (vorläufig) nicht helfen
— England kann's nicht.

Ecco.

XVIII.

Das geordnetste Volk? ... Das zukunftsvollste sitzt nach
wie vor um die Hudsonmündung. Da, da, da geschieht einstens die Nachfolge.

Sie hat in diesem Augenblick begonnen.

XIX.

Doch es ist der Sohn — der die Mutter ablöst.

Epilog eines Deutschen

I.

O Deutschland! du bist schwer gestraft,
    Zu frevelhafter Fron versklavt.
Der Siegerbüttel faßt dich an.
    Es stöhnt dein Stolz.
Du stehst wie Sankt Sebastian
    Am Marterholz.

Die Blödheit und die blinde Wut,
  Die Rachsucht und die Raserei,
Sie krallt dein Herz, sie zapft dein Blut.
  Wer steht dir bei?

Wenn andre Länder blühen,
  Mußt du in Drangsal und im Dreck
Dich für die Fremden mühen.
  Die edlen Führer eilten weg.
    Sie rissen, satt vom Heldenschmaus,
    Nach Holland (und nach Schweden) aus.

II.
  Der Yankee bricht den Bann nicht.
  Der Brite will — und kann nicht.
O bau auf dich und sei nicht bang.
  Du bist nicht reif zum letzten Gang.
  Du wanderst weit — und lebst noch lang.

Der Feind, der plump die Plempe zieht,
  Versehrt sich selbst mit jedem Streich,
Vom Rumpf der Welt sind wir ein Glied,
  Uns rinnt das Blut — doch euch zugleich!

Was sich an Krieg und Rachsucht regt,
  Wird einst vom starken Arbeitsmann
Aus Erdenlanden weggefegt.
  Der fängt das Reinemachen an.
    Einst soll die Welt genesen.
    Durch seinen harten Besen.

Du, liebes Deutschland, sei nicht bang.
  Dein Weh ist nur ein Übergang.
  Du wanderst weit — und lebst noch lang.

O Spanien!

So aber soll der Mensch, wie hier geschaffen ist,
schaffen. Kein Ödfleck. Kein toter Punkt. (Robert
Schumann hat's gewußt, als er sprach: »Schreibe,
daß beim Schreiben jede Note dich packt« ...)

Über die Alhambra. (Seite 332)

Präludium

I.

Im Frühling des Jahres 1923 fuhr ich nach Spanien. Zum vierten Mal. So entstanden diese Blätter.

Daran hängt Seelenluft oder Sinnlichkeit eines kaum halb entdeckten Fabel-Landes. (Und mein Herz.)

II.

Es leben in diesem Buch die Maler, die Dome, die Stiere, die Mauren — und der Wein, der Wein, der Wein.

Ich empfand mit den Stieren: weil man sie quält. Mit den Mauren: weil sie fremd und hochstehend sind. Mit den Kataloniern: weil sie Zukunft bedeuten. Mit allen Spaniern sonst: weil ihr Geheg von Wundern starrt.

Ich schuf ein wahres, nicht ein gelecktes Bild.

III.

In meinem Werk »Die Welt im Licht« sagt ein Satz über irgendwelche schlafenden, herrlichen, betagten Striche Deutschlands:

»Man ist in eine Welt voll Altbewahrtheit versetzt. Ich behaupte nicht, solcher Zustand sei der wünschenswerte: doch für einen Tag ist er wünschenswert.«

Ich war in Spanien einen Tag, einen wunderbaren, meines Lebens.

Ein heutiger Mensch bin ich; und Spanien ist kein heutiges Land: also woher mein Entzücken?

Es gibt offenbar Dinge, die ich nicht vertreten kann — aber deren Dasein mir lieb ist.

(Sie seien sehr voraus. Oder sehr zurück.)

Ein Beispiel. Ich möchte nicht getan haben, was die Bolschewisten tun. Doch ich freue mich, daß jemand es tut.

Umgekehrt: ich bin das klassische Gegenteil eines Katholiken. Doch ich freue mich, daß ein so bauernschönes Gebild wie der Katholizismus (fern von mir) lebt.

Spanien ist mehr als goldleuchtendster Katholizismus. Es hat ein Plus von arabischer Unsterblichkeit.

Letzten Endes ist Spanien mit nichts verwandt. Selbstgenügend. Einsam. Abgedämmt. Fast zeitledig.

Nicht ein Teil, sondern ein Geheimnis Europas.

V.

Und heute will dies Land empor.

Von heute her wird Spanien hier gesehn. Auch in der Beziehung zu Deutschland. Nach dem Weltkrieg.

... Ich schuf ein wahres, nicht ein gelecktes Bild. Sein Grund ist: Schönheit.

Grunewald,   *Alfred Kerr*
im Sommer 1923

Die holde Fahrt

I.

Hugo Lederer (dessen ehernes Heine-Standbild auf den Empfang in Hamburg wartet) erzählte mir einmal: Er hielt, beim Kneten des wunderbaren Bismarck-Rolands, einen lebenden Adler in der Werkstatt. Der war fast eingewohnt.

Als es aber Frühling wurde, stieß er mit Gewalt an die oberen, dicken Lichtfenster — und wollte hinaus.

Dem Menschen geht es nicht anders. Wenn der Frühling kommt, muß, muß, muß er ein Ding drehn. Ohne Literatur.

Die letzte literarische Handlung war: in einem Raume bei S. Fischer das Durchsehn meines frisch gekommenen Buches »Newyork und London«.

Die letzte literarische Belustigung war: vor dem Einsteigen in den Nachtzug bringt man mir lachend ein Zeitungsblatt — ich lese, was ein criticulus, irgendein Spärlich, dessen Kummer die Halbpotenz bleibt, als Quittung für belichteten Talentmangel äußert. (Spärlich!)

Der Zug schiebt los ... von der Literatur.

Guten Abend, gute Nacht. Morgen früh, wenn Gott will, bist du in Stuttgart (Württemberg) erwacht.

II.

Wegen des Franzoseneinbruchs ins deutsche Westland fährt man über Genf nach Spanien.

Die Fahrt ist wie die Liebe — sie höret nimmer auf.

(Aber auch die Gärten des maurischen Schlosses Alcázar, wo diese Zeilen ins Tagebuch kommen, sind wie die Liebe — denn sie hören nimmer auf.

Und die Welt ist ein Garten. Wären die Einwohner bloß nicht so dumm.

Und Spanien steht in vollem Blust und Glanz — während wir uns mit dem Elend balgen. Wann endet es?)

III.

Also vormals brauchte man bis nach Sevilla siebzig Stunden; heut fast eine Woche.

Doch dies Verweilen wird so schön. Frisches, ehrenfestes, immer noch wohlhäbiges Zürich! Zwei Stunden Rast (weil der Genf-Zug nicht wartet). Die Zeit langt kaum, dem schweizerischen Freunde, Hans Trog, einen Gruß zu senden.

Rasch in ein »Metzgerbräu«. Kerniges, entbehrtes Bier; gebackner Kalbskopf — schlllf! (Und »Saaltöchter« bedienen.)

Dann schläft man in Bern. Diese Stadt ist ein Entzücken —
ich seh' sie zum erstenmal. Ein andres Bozen. Morgens der
Markt! Laubengänge. Früchte. Himmlisch ...

Die Bärlein tief im gemauerten Graben. Ihr müßt hier
bleiben, denk' ich — während unsereins gen Süden macht.
Adieu, Bären.

IV.

Mittags leuchtet über Genf eine großmütige Sonne.

Genf — du Tor des Lichts.

In Ferney, wo Voltaire einst saß (der Fleck ist heut französisch), haben sie vor seinem Standbild ein Denkmal für die
Gefallenen von 1914 bis 1918 mit vier eroberten Granaten
umsäumt ... Er schrieb an Friedrich (oder Friedrich an
ihn?): »Ich lasse die Welt so dumm zurück, wie ich sie
vorfand.«

Ganz wahr ist es nicht — aber der Aufstieg währt unangenehm lange.

Frau Lambert, die heut Voltaires Schloß besitzt, hat es für
den Besuch gesperrt. 1911 war es noch möglich ...

Im Garten blüht wild und reich die primula veris.

Eine kommt in dies Tagebuch.

Das Schloß liegt hoch. Frühlingsluft. Die »Piep« singen —
wie mein Söhnchen Michael gern sagt. Um den See Berge
riesenhaft. Die Sonne durchmildet, übermildet, ummildet
alles. »Mon lac est le premier« ... schrieb er.

Ewiges Gedenken. Ewige Hoffnung — nach allem, trotz
allem. Ewig erneute Zuversicht.

Komm, primula veris.

V.

Abendlich-dunkles Genf. (Denn hier muß man wieder
schlafen.)

Ich klimme hinauf in den verjährten Teil. Unfahrbare
Steilstraßen aus alter Zeit. Rousseaus Geburtsviertel.

Diese Nachtgassen über der Stadt Genf — streng, winklig,
spitzwegverschollen. Ernste, hohe Steinhäuser ... am schma-

len Steig. Verstorbne Bürgermeistereien. Torgitter. Ein Blick
hinab — in schläfrig fernes Licht.

Gutnacht, Genf.

VI.

————————————————————————

Ich jage mittags durch die Provence. Zum wievielten Mal
im Leben? ...

Es ist noch alles da! (In Lyon, bei Tisch, gab es wieder den
ersten Graves: den bleichgoldnen, halbsüßen Sonnentrank.
Auf Deutschlands Wohl!)

Provence — die hat kein Krieg verändert. Die bebrannten
Steine; den grauporigen Fels. Die silbrigen Ölbäume,
schwarzen Zypressen — und rosa, weiß, gelbgrünliches
Fruchtgesträuch ... bei Steinhäusern, graugelben, mit matt-
braunem Flachdach.

(Und nahfern, vermilchend, Cevennenzüge. Mehr sag' ich
nicht.)

VII.

Alles noch da! Der Hirt mit Lämmern. Weite Äcker voll
dicker Weinstümpfe; Wein ragt wie schwarzes, kurzes, starkes Hirschgeweih aus braunem Erdreich.

Ölbäume wiederum. Dichtes Frischgrün. Primula veris;
in Sturzbächen blüht sie. (Und mattrosa Rollenziegel über
frohen, bäuerlich-grünen Fensterläden.)

Provence!

Hinter allem, abends ... nicht eine Sonne; vielmehr eine
kugelhafte Rosaglut und strahliges Kupferfeuer: der sin-
kende Schein des nicht mehr fernen Südmeers. (Zuvor, über
dem Ölfels, stand ein Gewitter) ...

Provence! ... Provence!

VIII.

————————————————————————

Ich schlief in Narbonne. In der Zeitung »Le petit Méridio-
nal« stand mit großen Lettern: »Tout le Reich derrière Cuno

pour la résistance à outrance« — das ganze Deutschland hinter dem Kanzler, zum äußersten Widerstand.

Einen Gruß; nach Norden.

Narbonne ...? Mittelalterliches Städtel — voll Pyrenäenluft und schon Seeluft; in der Morgenfrühe ... Ulkig-torkelnder Platanenboulevard. Ein Denkmal für Gambetta.

Viel kosiges Katzengetier. Das Fräulein im Gasthof erzählt: immer seien zehn Katzen mindestens im Haus. Sie mehren sich; man liebt sie. Zehn mindestens.

Ein Kathedralerl, uralt. Wie vergessen und nicht abgeholt.

Ganz durcheinander. Hier gotisch ein Steingebälk, dort romanisch ein dräuendes Rundtürmlein. Alles luftvoll, himmeldurchlässig, offen ... in der Morgenfrühe.

(Und ein südfranzösischer Notar eilt an der verlorenen Mauer hin; zwei Damen gehn zur Andacht.)

IX.

In Perpignan bekam ich einen Eßkorb; einen panierrepas. Die Wirtin (zwei junge Nichten waren angekommen, Küsse, Jubel) schnitt alles mit einer Helferin zurecht, hui, tat in den Korb noch ein Lachen — außerdem war darin Roastbeef, Salami, Paste aus Lemans, Ei, Weißbrot, Camembert, eine Flasche Wein ... Das kostete vormals vier Franken; jetzt neun; hach, der Weltkrieg ...

(Auch lag damals immer ein Korkzieher drin; jetzt nicht mehr; hach, der Weltkrieg!)

X.

In dieser Gegend fängt es an, griechisch auszusehn.

Dann aber: blaue, jetzt braune Kulissen, unbelaubt.

Ist hier Spanien?

Leuchtwonne. Meeresahnung. Blühsträucher.

Plötzlich ein Traumgesicht wie von gelben Zigarrenbändchen am braunen Kistel. Was Brenngelbes bei brauner Erde.

Alles blüht reicher als in der Provence. Lichtgrün. Zartblau. Glyzinen ...

Meerfrühling! Spanien-Frühling! Pyrenäenfrühling!

(O Meerfrühling. O Spanien-Frühling. O Pyrenäenfrühling.)

XI.

Und Fruchtbäume sinken bis an die Seeflut. Bergige
Kegel; ferne Dreieckszacken. Agaven graugrün.
Der Kaktus, ha, mit flacher Stachelscheibe — der Kaktus
drängt sonnenwärts. Wände davon, zwei Meter hoch.
Und zwischen rosa Dächern immer das Meerblau.
Manchmal was Weißes: Wäsche.
Waschende Frauen, an Bächen fern kniend. Braungefels.
Ginstergelb im Klüftgeripp. (Braungefels. Ginstergelb im
Klüftgeripp.)
Und Platanenbäume mit lichtgelblichen Beeren, wie
frisch gesproßt ... indes die dicken braunen Pompons noch
von früher dran sind.
Und der stumpfe, matte Fels wie geschnitten — alles voll
wartenden, wachsenden Weins.
... Und wenn jemand etwa, gottbehüte, kein Dichter ist,
was er jedoch zu sein hat: so könnt' er's hier werden.

XII.

Jetzt aber bricht es aus. Ganze braune bergige Wein-
wüsten. Weinkessel. Weinwelten. An der Blauflut ...
Zwischendurch nur fußhohe Steinmäuerchen — auf
durchsteintem, fast locker würfigem Grunde. Der Wein auf
braunem Fels wächst zum Mittelmeer hinab.
(Einen hunderttausendfachen Schlund müßte der Mensch
haben.)

XIII.

Ist Spanien hier? ... Männer, untersetzt, mit Mützenüber-
hang und breiten Plüschhosen.
Aber nun: diese Ackerer mit rotem Barett (wie Nachtkap-
pen), mit hänfenen Schuhen, mit Lederflaschen — das sind
Katalonier!

Und gelbe Steinstädte mit gelben Steinhäusern samt hoch durchbrochenem, gelbem Steinturm liegen im Braungrün vor den Hängeketten des nun baumlos blauen Steingebirgs.
Ist Spanien hier?

XIV.

Gegenüber sitzt ein Mädelchen, zwei Jahr alt. Mit gläsernschwarzen Augen, ein Murillokind. Das schwarze Glas aus einem, einem, einem Stück. Der Vater sagt schmeichelnd: ».. . bonita!«
Sie steht auf der Bank, halb auf dem Vater. Beweglich und fest. Das entschlossene süße Ding hat einen Hund gesehn. Sie schreit und stampft. »Un perro!«
Von Barcelona wird geredet.
Ich bin in Spanien ... Zum viertenmal in diesem Sein. Nach Bern und Genf und Ferney und Provence und Narbonne.
Endlich.

XV.

Die Luft ist ein Glück. Der Himmel ist ein Reichtum. Die Welt ist ein Garten.
...Duldendes, schlechtbedachtes, unsterblich geliebtes Deutschland — fern im Nord!
Spanien prangt und flimmert.

Sevilla

I.

Elf Uhr abends. Ein Festtag scheint aus ...
Kerzen, leuchtwehend; — Lichter einer letzten langen Heiligentragbühne schwanken durch schwarzgefüllte Gassen; fernhin.
Aus.
Die Menschen gehn in die Häuser — ein bißl zu schlafen. Nur ein bißl.

Gegen drei kommen sie vor. Da sind abermals die Umzüge; die Umzüge.

Die Bruderschaften; die Vermummten; die weißen, dunklen, violetten, grünen Kutten — bloß Löcher für die Augen
in der zugespitzten Hülle; wie Totenköpfe grauerig.

Und einhergetragene Himmelsgestalten überlebensgroß
... Noch sind sie weit.

Überall in der Nacht ist jetzo nur Vollmondlicht... und
Kühle.

II.

Seltsam — in der dritten Stunde hier. Der zuckrigste Mond
um die Giralda, den Glockenturm ... der einst maurisch war;
katholisch werden mußte. Wie der ganze Dom; als welcher
kein Dom ist: sondern was Verrinnendes und Gefesseltes;
was Fliehendes und Beschworenes; was Gleitendes und Ge-
banntes.

Bräunlich-quadrathaft. Breit, voll Flachdächlein, Balustraden, Emporen, Durchlässen, Luftglück.

Eine Magie von Stein ... mit fletschend-erbitterten Toten,
die fortkämpfen, fortkämpfen, fortkämpfen — (während unsereins zu dem Kuppelchen ins Gewölk blickt).

III.

Innen: Gotik, Maurik, Lichtungen, Apfelsinenbäume,
Goldgitter ... und eine Flüster-Ewigkeit.

IV.

Tja — bis zwei Uhr lag die Stadt verlassen ... jetzt sickern,
ah, jetzt strömen sie durch die Gäßlein.

Zehntausend Bürgermädel, bildhübsch (die untersetzt-
kurzen gar nicht gezählt). Spanische Madonnen drunter,
mit Samtaugen unschuldig. Manche fast fünfzehn; von
dunkel-oliviger Innigkeit — mit schwarzstumpfen Busch-
brauen ...

Oder: mit einem Ausdruck wie schöne, zarte Affen ...
Nein: wie längst verschollene Mohrenkinder.

V.

Männer auch. Na, gut ...

Aber die Herren mit rotsamtgefütterten Hängemänteln seh' ich nicht — wie damals, vor achtzehn Jahren. (Solche Mäntel trifft man bloß in Granada noch.)

Zur Sache! der Haarkamm einen Viertelmeter hoch; drüberwallend Spitzen, wie ein Kronenschleier.

Schwarze Tracht — nicht Trauertracht ... Es ist der Süden.

VI.

An der Kette zwischen Kathedralsäulen schwingen bei Mond junge Lümmel. (Halblaute Juchzer.)

Ein Geschwirr. Kerls mit bauchigen Korbflaschen auf dem Buckel. Händler in Weiß, mit grüner Schärpe. Bauern mit Moriskenantlitz — unter breitrandigem Blumentopfzylinder.

Und schwarzer Dutt, und hoher Kamm, und schwarzes Spitzentuch.

(Und schwarzer Dutt, und hoher Kamm, und schwarzes Spitzentuch.)

VII.

————————————————————————

An der Domwand kauern Arme, gehockt, mit Brustkindern. Zwanzigtausend sitzen auf Stühlen. Auf Stühlen schlafen fünfjährige Bürschel.

Amphorenträger. Weinschänker. Zuckerlbäcker ... Doch alles ist kein Geschrei — sondern ein Sang-Hall.

(Laß Madrid, laß Barcelona ... hier ist der Glanz, hier: Zauberei des Alltags; hier: das stehengebliebene Jahrtausend.

Hier trudelt mich die »Zeitmaschine« rückwärts — o Einstein!)

VIII.

Die Kutten; die meterhohen Spitzkappen, mit brennenden Wachsfackeln und Kreuz; die Heiligensänften (gehoben auf unsichtbare Schultern); die langsam schreitenden Lichter, in der Nacht, mit Sterbebrüdern. Mit Begräbnismenschen — in dieser stillen Stadt ruhig-linder Lust. Wie eine Todmahnung.

(Sind die Mädel Griechenmädel? Arabermädel? Mohrenmädel?)

Mit heiligen Standarten. Langsam schreitend.

Lang ... sam schrei ... tend.

IX.

Goya, du Spukmaler, Schattenmaler, Mobmaler — Goya lebt für mich in jeder Nische hier; in jedem Troß. Oh, was auf den Kirchpodesten zusammenklebt. Alle wartend; nicht schlaftrunken, etliche feierverglast — vor der beschienenen Mauer ...

Schattenschreiter (ohne Gesicht) wandern stumm, stokkend, zögernd in die beglänzte Nacht. Kinder, singend.

Goldstumpfe Betgewänder; Goldbahren; mit Enakspuppen, goldbestickt; Kruzifixe; Monstranzen; Silbergestäng; Räucherwerk.

(Und immer der schwebend-schreitende Zug von Kerzen. Und neue Himmelswagen, neue Düfte ... durch die Nacht einer Palmenstadt.)

X.

Auf jeder Trage die Kerzen schlankhoch-dicht wie ein Wald ... unter silbernem Baldachin.

Dies schwere Goldkreuz. Hüte sinken.

Der Nachtwind weht jetzt. Die Hunderttausende drängen sich zusammen. In der vierten Stunde.

XI.

— — — — — — — — — — — — — — — —

Dies ist (bei Tag) die Stadt mit Apfelsinen in den Bäumen. Die Stadt mit den patios: den Marmorhöfen, Holdgitterhöfen, Blumenhöfen samt etwas Rauschwasser. Mit Zerbröckelungen. Die Stadt mit kurzen Balkons. Die Stadt am Fluß Guadalquivir, auf dem die Meerschiffe schwimmen. Die Stadt, wo beim Schloß Alcázar in verborgner Winkligkeit Arabien blinzt. Die Stadt, wo Murillo und Velázquez zur Welt kamen. Die Stadt, wo der ††† Don Juan gehaust.

XII.

Mensch, wer von der Giralda (vormals Minarett!) über die weißen Häuser blickt, ein paar Türme nur wegdenkt: der sieht eine Maurenstadt.

... Auf die Giralda klettern Unteroffiziere mit Zigeunermädeln.

Da draußen die Bewaffneten — warum singen sie nicht? Sind aus der Oper. Die Berittenen, mit roter Ulanenbrust, auf dem Kopf eine verbogene Konfektschachtel, wie 1815 — warum singen sie nicht?

XIII.

Vor achtzehn Jahren war manches einfacher.

Den schönsten Palmenplatz haben sie nun zu grell beleuchtet. Ein Fehler auch, die unsterbliche Schattenkathedrale drin elektro-hell zu machen. Im Dämmer lag ihr Glanz.

Tags hat sie ihn ... Am Abend wird sie obenrum fast evangelisch.

(Nur obenrum.)

XIV.

Alle sitzen am Spätnachmittag wieder auf den Gassen. Straßengevierte voll Sessel. Karamellausrufer, Dütenkrämer, Wasserhändler. »Aaagua! aaagua!« ... Hört es nie auf?

Es hört nie auf zu beginnen.

Jetzt goldgestickte Schilde von Karmesinsamt; mit Schildpatt eingelegte Riesenkreuze; Leuchtschreine; Laternen; Meßgewandung brokatschwer.

Da kommen sie, mit schwarz zusammengebundnen Fahnen, bei Trommelwirbel begräbnisernst; bald bei zerschneidend fremdartiger, zwischen Dur und Moll schwankender, absonderlich herber Totenmusik (hierauf mit Blasgeschmetter polkahaft).

Immer ein Wald von Hochkerzen. Werfen goldnen Schein auf die ungeheure Maria. Sie hat einen Samtmantel mit bestickter Schleppe — die weit nachschwebt auf unsichtbarem Gerüst.

, Davor, zwischen den Maskierten, den Bruderschaften, den Sargboten einsam ein Mönch. (Dahinter Militär, Bauern, ganz vorn Kavallerie.)

Hüte weg ... Die spanische Muttergottes. Neben ihr auf dem Traggestell Johannes Evangelista. Sie: andalusisch dunkle Augen unter der ungeheuren Leuchtstrahlenkrone, bekümmert und naiven Blicks. Er: mit hinabreichend schwarzem Schnurrbart, ein caballero ...

Die andre Muttergottes — im Strahlenschein: ein dickeres Landgesicht aufwärts äugend.

Zaubervoll beide.

XV.

Sieh — unter den Lichtergoldbühnen gucken Träger vor: schwarzbraune Kerle, schweißberonnen, mit Säcken auf dem Kopf ... wenn die schwere Last niedergesetzt wird von Zeit zu Zeit. Aus der Unterwelt lugen sie, in Sklavenstellung, kniend und bäuchlings.

Düstere Trompeten. Die Goldbahre hebt sich mit der Schmerzensmutter. Vorwärts.

Doch ohne Feierlichkeit zwischendurch der Hall: »Aaagua!. ... Aaagua!

Flachkörbe voll Seespinnen, rotgesotten, tellergroß, eßfertig. Vermummte plaudern beim Halt mit ihrer Freundschaft. Däumlingskerlchen brechen das überhängende Kerzenwachs der Gruftbrüder. Blusen öffnen sich für Neugeborene. Dreijährige trotten hinter Familien durchs Getümmel. Auf Altanen in schwarzer Tracht mit schwarzen Spitzen, schwarzem Haar, die Frauensbilder — — Goya, Goya, Goya!

Jetzt —? ...! Eine lebende Himmelsbraut, weißgekleidet, zwischen zwei Spanierpolizisten, wird in die Catedral geführt. Ein Symbol-Akt.

(Dazwischen fernes Ächzquiekrülpsen geiler Esel.)

XVI.

Wann, wann, wann das Ende?

Vorn die Sterbetrommeln, die Wachsfackeln, die Gold-
bühnen ... Noch ist das Licht des späten Nachmittags. Doch
schon im Schwinden. Der Horizont hat was Zweideutiges —
wenn an der bräunlichen Kathedralmoschee, der für mich
eindrucksvollsten Europakirche (was ist der Petersdom!) ...
der Horizont hat was Zwielichtiges, wenn an der Kathedralmoschee Goldschein wehender Riesenkerzen in den noch
hellen Übergangshimmel rinnt.

Haltet's mich! Die Lichter folgen dem Luftzug, die Menge
schattig, die Steinwände braun, die Verhüllten veilchenfarb,
die Klosterstäbe silbernd, der Marienmantel flammsamten,
die Balkons hoch erdüsternd, die Zwieluft goldfahl. Halten
sollt's ihr mich!

XVII.

Und jetzt ... Jetzt endlich ziehn die Spitzkappen, die Ker-
zenträger, die Weihrauchjungen, die Gottesmütter, die
Lichtwälder, die Übergestalt des Gekreuzigten, der sein
Kreuz schleppt, die Engelbübchen (hochschwebend über
Blumenhaufen) ... so ziehn sie ein in den Giganten-Wipfel-
dom.

In die katholisch gewordene Moschee; umsummt von
Lippen, die nicht zählbar sind.

XVIII.

— — — — — — — — — — — — — — — —

Das Dunkel brach herein. Die Menge draußen tastet nur;
festgestaut; es riecht nach Parfüms, spanischen Zigarren,
nach Ölbraterei unter dem Nachthimmel, nach Weihrauch,
nach Orangenblüte, nach gebranntem Holz, nach Kohlen-
becken, nach Anis.

Das Fest geht fort.

XIX.

Bis die letzten goldenen Lichterbahren spät in ihre Sprengel ziehn. Wenn Sevilla müde wird — und auf der Plaza San Fernando jener Vollmond wieder durch die Palmen scheint.

(Oben in der Luft: Silberblau; unten: zerstäubtes letztes Gold; schwindend — ins Dunkel.)

XX.

. . . .

Alles dies ist rätselhaft. Fast ein Jahrtausend war das Land moslimisch; man erwartet somit irgendein verborgenes Aufbäumen.

Nichts. Kein Deut von Nachgroll.

War die Inquisition so gründlich?

Priester und Bewohner sind hier eins wie nirgendwo. Ich fühle, warum: der Priester hat auf Heiligkeit verzichtet.

Weltlicher als deutsche Pfaffen sind italienische. Doch fünfmal weltlicher als italienische die spanischen. Von Kirchenallüren entfernt.

Nur anspruchslose Handlanger für den Verkehr mit Heiligen. Das ist es. (Die Oberen scheinen anders!)

Ein spanischer Freund, vormals Mönch, sagt mir: Andalusier kümmern sich nicht um Gott, nicht um Christus — bloß um die Heiligen. Es ist (sagt er) Fetischdienst.

XXI.

Etwas, glaub' ich, kommt hinzu: Schönheitsdienst.

Schlürfet — ja, schlürfet so ein Hochamt; morgens; in der Araberstadt ...

Der Erzbischof. Er wandelt im Sevilla-Dom. Umringt von Bischöfen, Gottesmänteln, Tiaren, Weihetrachten. (Sahnenfarb und mattgold.) Vor ihm: knicksende Jungpriester. Mancher trägt verschwenderisch die Maria auf das Rückenteil gestickt.

Chorboys. Der schreitende Schwarm huldigt vor den Altären. Verneigung.

Dann ins herrlich durchbrochene Gehäus, in den Mittel-
käfig wundersam. Musik. Gedämpfter Baritontenor. Flüster-
orgel. Rauschorgel. (Fast Note für Note Tristan.) Kinder-
stimmen; ferne Geigen; stillere Chöre sonst.

... Alles dies ist unsterblich. Der Blick auf die haushohen
Goldgitter, die Wölbungen, die Traumpfeiler, die Farblicht-
fenster, die Dämmerung, den spanischen Schwarm; dazu der
Duftnebel. Unsterblich — als Kunst.

XXII.

Er sitzt nun. Von hohen Pfaffen wie ein König bedient; an
den Knien sorglich umhüllt mit durchwirkter Schleppe.

Predigt er? Nein: er spricht.

Gebändigter Weltmannston. Hebungen, fein, in der Mitte
des Satzes.

»El Señor«, sagte er... (Daß Gott auch »Señor« heißt,
überrascht.)

Er spricht. Kein Zeterer: ein Anwalt ...

Schatten über dem Gittergold; verklungenes Wort; Zau-
bergebraus. Alles hier, mit Wispern und Verwehen, mit
stummen Seitenplätzen, mit dem himmelskitschigen Muril-
lobild, wo der kleine Jesus dem Sankt Antonius im Gewölk
erscheint, der »niño dios«, der Kind-Gott ... alles das ist, als
Kunst, unsterblich.

Als Kunst. Als Kunst.

XXIII.

In Sowjetrußland empfand man vor solchen Erscheinun-
gen den hohen Museumswert.

An Moskaus bester Kirche machten die Bolschewiker halt.
Metzten bloß ein ... klärendes Wort in den Stein.

Museumswert. Ganz Andalusien ist ein atmendes
Museum.

XXIV.

————————————————————————

Nach dem Hochamt wird rings geschmaust. Kein Südspa-
nier weiß, wie köstlich — ihm wächst ja alles in den Mund.

Nach dem Speisen: das Blutgefecht zweier Hähne — bis der eine wie ein rohes Stück Fleisch aussieht ... und verröchelt. Es ist grausiger als der Stierkampf — der hernach mit aufgerissenen Pferdebäuchen, blutbeschmierten Menschen, langsam totgemartertem Weidevieh (in zwei Stunden sechsmal hintereinander) vonstatten geht — voll Entladungen der Seligkeit.

XXV.

Dennoch schwebt über dem Ort etwas Tonloses.

Nein: etwas Rieselndes; Rinnendes; Ruhiges.

So ist Sevilla.

Welches Sevilla? Das heilige Sevilla? Das blutige Sevilla? Das maurische Sevilla?

... Das mystische Sevilla.

Stier und Hahn

I.

Zwei Schwarzsamtne grüßen vor dem Königsaltan zu Pferd. Hernach kommen sie — alle.

Lanzenreiter mit weißen Hüten, roten Buscheln galoppieren in den Kampfzirkus.

Die mehrsten jedoch schreiten zu Fuß: farbig, seiden, grüngold, rotgold. (Das Haar in Zöpfen.)

... Wer ist das? Dieser Fußgänger trägt eine seidenblaue Hose, ganz kurz; eine Goldjacke, ganz kurz. — Das ist der Mörder; der espada; der Endschlachter.

II.

Das Tor auf; der Stier. Herein rast er, guckt sich um, geht gleich auf das rote Tuch und —

Und entläuft vor dem roten Tuch. Ja, er flieht ... Sie tänzeln vor ihm; necken und wirren ihn mit dem Tuch, in Kurzwendungen, eilgewandt — bewußte Blitzkerle.

Der Stier denkt: »Es scheint ein Spiel ...« Doch unheimlich ist ihm; guckt herum; weiß nicht recht. Auf der Weide geschah ihm das niemals.

Er tötet, wie nebenbei, einen Schimmel. Fast zerstreut, der ländliche Stier. (Nur mit unaufheblichem Kopfsenken, daß dem Gaul der Bauch platzt, Eingeweid' heraushängt.)

Er selber blutet. Der Lanzenreiter macht sich aus dem Staube — worinnen er lag. Der Stier tötet, weil er nichts zu tun weiß, ohne Überzeugung, beihin, das zweite Pferd; großer Jubel.

Nein, das zweite Pferd ist nur bauchverwundet. (Sein Bauchloch wird mit Stroh zugestopft — daß es nochmals in die Arena gepeitscht werden kann.)

III.

Der Stier blickt erstaunt. Verblüfft. Die Hose des einen Picadors schwimmt in Blut. Das dritte Roß. Arme Pferdeln; bloß halbtot; sagen nichts ...

Der Stier wundert sich. Die banderillas sitzen aber jetzt; grimmscharfe Stahlhaken (ich hab' von früher zwei zu Haus). Und regt er den Kopf, rührt er sich nur, so reißen sie ihm wehe Fleischwunden. Sind mit farbigen Kräuseln schmuck besteckt.

Ich denke: der gute Stier; so schuldlos ... Und die anständigen, schweigsamen Rösser. Betagt; aber sie galoppieren ja scharf. Und im Alter das noch zu erleben.

Der Stier steht ratlos. Er blickt um. Rennt stets wieder auf dies rote Tuch. Das ist ein Zwang; sie wissen es ... Jetzt aber, jetzt geht er rückwärts. Ganz ohne Verstellung. Ohne Hehl. Da kriegt er noch vier banderillas, spitzhakig, zwei hübsche blaue, zwei ziere gelbe, sein Blut strömt; die sitzen.

Beifall für den Stößer. Pfiffe für den (zu zaghaften) Stier.

IV.

Trompeten. Der im Goldjäcklein mit seidenblauer Hose tritt vor. Er wirft die Kappe weg.

Der Stier ist genug ... bespaßt. Die Goldjacke neckt sich ein Weilchen dennoch mit ihm. Nun — Todesstoß?

Nein, der Degen steckt im Rückgrat, aber der Stier läuft weiter mit ihm ... Der Blaugoldne zieht ihm den Degen raus. Dem Stier ist mehr als dumm. Roter Fluß übertrieft ihn. Er wird teilnahmsloser.

Man zieht ihn demnach am Schwanz; ihn, mit der Sterbenswunde. Und immer erst beinah ist er tot.

Nein, jetzt liegt er. — Gepfeif (mehr als Geklatsch; Urteilsverschiedenheiten)... Der bluthalsige Stier wird vom geschmückten Maultiergespann fortgeschürft. Der Torero neigt sich. Ausgepfiffen.

(Die armen, anständigen Pferdeln! Eine Decke warf man über die Kadaver. Waren sie ganz tot?)

Die Pfützen voll Blut werden mit Sand gefüllt.

V.

— — — — — — — — — — — — — — —

Der zweite Stier. Hüüü! Stürmisch, gleich hinter dem Seiden-Rothosigen her — der über die Brüstung planken muß; mit knapper Not. Hastdunichtgesehn.

Dieser Stier ist sehr wild ... Und doch: er möchte weg — obschon er so wild ist. Er läuft zum Tor zurück. Will hinaus. Da macht man ihn irr; alle ... necken ihn: mit roten Tüchern, Wendungen, Wirrsprüngen.

Die Pferde wieder wollen nicht an den Stier; werden mit Rohrstockhieben rangepeitscht. Wie das vor dem Stier zittert. Und er möchte doch auch nicht ...

O Menschen, Menschen!

VI.

Der Stier, hfff, rastet; tut sich um; stellt irgendwie dumpfbetreten Ermittelungen an. Zwei Schimmel. Er sprengt mit ganz geringem Kopfnicken ihren Leib, daß mit herausquillendem Gedärm ein Pferd plötzlich fünf Beine hat. Er trieft selber.

Der Lanzenreiter auch, der abgesunken, dann wieder aufgestanden ist — weil der Bulle durch ein scharlachnes (und grünseidengefüttertes) Tuch spielend wegzulenken ist. Naturzwang?

Wenn eines Tages ein Genie unter den Stieren drauf käme, sich von dem Zwang freizumachen ... Edle Toreros, wo bleibt ihr dann? ...

VII.

Jetzt tröpfelt es. Stiergefecht im Regen. (Die Eintrittskarten für »sombra«, nämlich »Schatten«, kosten mehr — jetzt ist alles »sombra« ...)

Da springen zwei Kerls aus dem Volk, Straßenanzug, von ihrem Platz über die Schranken, dicht vor den Stier; bieten ihm Schach, bloß mit der grauen Jacke. Die Berufskämpfer schreiten ein; das wäre noch schöner; das Publikum aber will's; man soll begnadeten Anfängern freie Bahn lassen; Pfiffgeheul; beide gehn trotzdem ab; die Kampfleitung ... die Direktion ...

Der Espada sticht ihm den Degen jetzt hinein, hinter den Hals, fast ins Kreuz — doch er sitzt nicht.

Der Stier wird noch hilfloser. Man sagt sich: »Gewiß, auch er geht im Freien auf Menschen — aber das hat er nicht verdient.«

Er brüllt. Ich hörte das niemals. Ein ... hoher Ton. So viele gegen einen! Zwanzigtausend wider einen!

Läuft wieder weg. Weg. Weg. Steht. Er schlägt mit dem Schwanz; schlägt mit dem Schwanz ... Böse sieht er nicht aus, nur schnaufend-gehetzt-arglos-verwundert-ländlich.

Vor dem roten Tuch kneift er schaudernd; hat genug. Von der Weide hat man ihn geholt ... Singt »Weide, grüne Weide«. Die Toreros, jene, machen mit dem Tuch wieder Hopser, verschiedne Hopser. (Er denkt: »Wenn das meine Mutter wüßte!« ... Auch Stiere denken das.) Er glotzt.

VIII.

Und jetzt kommt das Furchtbare: er leckt die Lippen, er wendet sich ans Publikum. (Der Stier wendet sich ans Publikum.)

Er dreht den Rücken zur Arena, blickt empor nach den Zuschauern: ob ihm keiner hilft ...

Hilft ihm keiner. Sind alle voll Spannung. Zwanzigtausend Bestien.

IX.

. . . Der Stier wird abermals gestochen, der Degen fällt jedoch heraus. Er wird zum drittenmal erfolglos gestochen, rennt herum, den Degen im Rückgrat, der Degen fackelt und zittert im Lauf. Der Weidestier, toll vor Schmerz, zeigt allen das Hinterteil, geht ab, will, will, will nicht mehr . . .

Da wird er von frischem bespaßt. Ihm ist tod-elend. Zerstreut rennt er wieder mal an. Er steht — blutbedeckt. Sie hauen ihm die Mäntel um die Ohren. Sein Hals ist . . . wie in einem Schlächterladen.

Hier kommt wer. Farbleuchtend. Ein neuer Degen; sitzt bis ans Heft. Der Stier . . . kniet. (Der Stier kniet.)

Allmächtiger . . . Er steht wieder auf. Jubel! Es ist ein Todesaufraffen. Sie schlagen ihm die Mäntel zum zweitenmal um die Ohren, die Tuchnecker. Beleben soll es ihn. Der eine Torero sticht ihn dieserhalb kitzelnd ins Maul . . . sticht, sticht, sticht ins weiche Maul.

Der Stier geht blutig, langsam an der Barriere hin.

. . . Er bricht endlich zusammen.

X.

— — — — — — — — — — — — — — —

Der dritte Stier wirft einen Tuchnecker hin. (Bewegung.) Der bleibt leblos liegen — steht hernach auf; geht davon. — Schade. —

Der Ersatzmann, lichtbunt, empfängt auf Knien den Stier. (Das muß schwer sein. Ich, beispielshalber, hab' es noch nie versucht.)

Wenn der Stier ganz nah ist, wird von dem Knienden die capa, das rote Tuch, rasch seitwärts gedreht, gleich gibt der Stier eine Wendung dahin — während der Mann knien bleibt. Dreimal nimmt er so den Stier an. So neckt er ihn, hält und bewegt eine Weile das rote Tuch kniend.

Beifallsgewitter.

Unterdes zuckt von den daliegenden Pferden sterbend eins immer mit den Hinterbeinen. Der Stier ist wund; voll Blut. Er scharrt mit den Vorderfüßen. Er brüllt; jetzt in einem dunklen Ton.

Als der Degen sitzt, aber nicht tief genug, sucht er im Schmerz über die Schranke zu springen. Er geht nun rückwärts. Rückwärts bewegt er sich. Wie abwesend. Der Gladiator sticht ihn zur Aufmunterung ein bißchen mit dem Stahl wieder ins weiche Maul ... Ich seh' weg ... Nun Genickfang durchs Messer, von einer Art Schlächtergehilfen.

Und — Reflexbewegung? Er steht nochmals auf ... Bald wälzt er sich im Todeskampf. Zweiter Nickstoß. An den Hörnern von Maultieren rausgeschleift. (Ist er ganz alle?)

Zuschauer werfen die Mützen hinab. Der Fechter, beim Siegesrundgang, wirft sie zurück. Sand auf die Lachen. Rufe: »Hay cerveza!« (deutsch: Bier gefällig?).

XI.

. . . .

Die corrida besteht aus sechs Gängen. Achtzehn tote Pferde; sechs tote Stiere. Das Stierfleisch essen die Armen.

Leidenschaftliche Verachtung für dies alte Römerspiel äußern mir ... hochstehende Spanier. Hochgestellte manchmal.

Die Behörde schirmt, der König ehrt solche Belustigung. Zweihundert Stierzirkusbauten sind im Land.

Ein Spanier sagt mir in lächelndem Ekel: »Ich mußte vor Jahren, bevor ich Botschafter wurde, mal amtlich einem Stiergefecht beiwohnen — mit meinem Vorgesetzten, der halb blind war; ich gab für ihn das Zeichen zum Beginn der Phasen, immer falsch, wir wurden schrecklich ausgepfiffen ... Meine Frau lief nach dem ersten Gang davon... Nie wieder!«

Die Sehnsucht nach einer Neugeburt geht heute durch Spanien. Neugeburt hin, Neugeburt her — der Stierkampf bleibt. Andalusien ist sein Mutterschoß.

XII.

Über einen Punkt komm' ich nicht weg: der Stier wird vom Felde durch abgerichtete Ochsen auf den Todespfad gelockt. Eine Verrätergemeinheit... Wie abgerichtete Wildenten in Schleswig-Holstein die Wander-Enten schäbig in das Mordnetz locken. Ihre Schwestern und Brüder!

Der Ochs ist sozusagen ein entfernter Bruder des Stiers. (Und offenbar der Mensch ein naher Verwandter des Ochsen.)

XIII.

In Granada zeigt man Stiere, die gezähmt sind. Ich sah sie. Schwarzweiße Riesengeschöpfe, gleich ägyptischen Gottheiten. Sie treten auf Sockel, rutschen auf Knien, kriechen unter Pferden durch. Ein Mann schwingt die Peitsche.

Dies vollzog sich in einem Sprechtheater, welches nach Cervantes getauft ist. Das Parkett, um ein Uhr nachts, raste Zustimmung.

Also nicht verzweifeln. Selbst Stiere bleiben zähmbar. Kopf hoch — Mitwelt!

XIV.

— — — — — — — — — — — — — — —

Hahnenkämpfe sind in Theatern; auch in Halbspelunken. (Nordspanien hat sie nicht.) Hiergegen ist ein Stiergefecht harmlos.

Dies Hacken, Hacken, Hacken, bis der Partner Hahn an Kopf und Hals rohes Fleisch ist — dies spitze Hacken, Hacken, Hacken, bis etwas freigelegte Gurgel vortritt, wirkt übler als die großen, breiteren, sozusagen gediegneren und bekömmlicheren Verwundungen.

Seltsam der Anfang. Sobald Hähne selbzweit in eine Art Rundbau gelassen sind, sobald ihr erstes Krähen und Blähen getan ist: sobald schieben sie deutlich in Duellhaltung die Schnäbel aneinander — wie Studenten bei dem Ruf: »Bindet die Klingen!«

Messen sie?

Dann fliegen sie an. Sie hacken, hacken, hacken, fetzen mit spitzem Sporn.

XV.

Auch hier will der Sterbende hinaus ... Er hüllt sich dann, der kein Hahn mehr ist, nur das Stück eines Hahns, gekrampft in den beronnenen Federnrest, am Zaun.

Immer noch fliegen Durostücke, fünf Peseten, durch die Luft; es wird auf die Zahl der Wunden gewettet, so bis zum Tod erforderlich sind.

Im alten Asien gab es Krankenhäuser für Tiere.

XVI.

Auch den Sieger schlachtet man hinterher. Sein Blähen frommte nichts.

Vor dem Weltkrieg hieß ein politisches Buch: »The Other Great illusion« — es betraf den großen Irrtum des Siegers ...

XVII.

Hähne; Stiere. Rückständige Zivilisation? — Aber bei uns wurden ja die Menschen geschlachtet.

Spanien zehrt vom Glück, dem größeren Irrsinn ferngeblieben zu sein. Die Sünden der Spanier sind nichtig.

Der HErr belohnte sie: durch eine starke Währung.

Kalifenwunder

I.

Andalusien ist ein Überbein von Afrika... Dieser Gedanke verläßt mich nicht.

Lumpige vier Jahrhunderte nur, seit in Spanien das Maurenreich ein Ende nahm.

Wie lange zuvor hatten die Araber Spanien bewohnt, bebaut, beherrscht? — Fast ein Jahrtausend ... Ist also dies ein Europäerland?

Im Norden schon. Aber noch in Bergkastilien, auf dem Toledofels, hallt etwas dämmrig nach von einer europaver-

lassenen Schwermut ... Ferne Verschollenheiten der Landschaft: wo weiße Hüter, ich seh's, auf der Wacht froren, in
den Burnus gehüllt, wie einbeinig stumme Vögel.

II.

In Andalusien froren sie nicht ... Was für ein Schlag aber
war das?

Ein Stamm von Kriegerkavalieren; Sprachvergötterern;
Dichtungsverehrern. Ihre Bibel ist mit Reimen durchsetzt —
wie eine Weißwurst mit Majoran.

Ihr Mahomet zählt, boshaft, die Dreieinigkeit zur Vielgöt-
terei ...

Er scheint zu schmunzeln; Gott habe keine Familie gezeugt — auch keinen Sohn.

III.

Die Hispano-Mauren sind Urbild für alles Rittertum —
das von Europa dann geäfft; von einem spanischen Genie
durch Lachen zuletzt vernichtet wird.

Die Troubadours: ein maurischer Nachklang. Ihr Vorbild:
maurische Liedform.

Ja, was ein arabischer König von Sevilla leidvoll harft, als
er im Turm sitzt, davon schweift ein süßes Echo bis zu den
Alpen.

IV.

Dies Arabervolk (auf unendlich höherer Geistesstufe gelagert als etwa die Normannen Siziliens) baut niegesehene
Marmorschlösser. Ein Stamm von scharfem Hirn, reif zu lo-
gischer Turnkunst. Griechenschüler. Freie Denker. Skepti-
ker. Satiriker. Astronomen, Ärzte, Mathematiker. In ihrer
Sonne war gut hausen.

(Sie hätten den Giordano Bruno nicht verbrannt.)

Mauren sind im trostlosen Dschungel des Mittelalters die
Lichtung. Hort eines vorgeschrittneren Menschtums. Spit-
zenreiter.

Sie haben eine Art Bolschewikenreligion, will sagen: eine mit Vorstoß, mit Gewaltwerbung — und stiften ihre Gotteslehre mit ungeheurem Erfolg. (Trotz dem herben Grundsatz: Knäblein erst im siebenten Jahr zu beschneiden.)

... Sie hätten den Giordano Bruno nicht verbrannt.

V.

Ferdinand und Isabella wurden die »reyes catolicos«. Mordeten die Mauren; jagten die Juden; pflanzten die Inquisition.

Das Holz ward knapp — für fromme Scheiterhaufen. Das Eisen knapp — für die Folter.

Im Dom zu Granada sieht man das Relief, am großen Hauptaltar: »Zwangstaufe der Mauren durch die Mönche.« (Zwangsreligion; ein geistiger Zustand.)

... Doch die Überwinder waren in die Sternenpracht der Überwundenen verliebt. Sie wiederholten knechtisch ihre Säulchen, ihre Tore, ihre Gärten, ihre Brunnen.

Peter der Grausame schuf so den sevillanischen Alcázar — und hier soffen die Ritter das Badwasser seiner Kebse: der Maria de Padilla. (Dies war mehr, als die Mauren je geleistet.)

VI.

— — — — — — — — — — — — — — —

Cordoba ...

Leuchtend an Bildung. Unter den Mauren war Cordoba die reichste Stadt Europas. Der heilige Ferdinand stürmte sie — gleich kam der Verfall. Dies Wunder ist heut ein Gerümpelhauf; ein Loch; ein Nichts; ein Dreck.

Nur der steingefügte Wunsch, nur was in der ganzen Moslimwelt eines der größten Bethäuser war: nur das ragt aus dem Holpertrödel — als getaufte Moschee. »La mezquita«, sagt richtig heut noch das Volk.

Innen, heißt es, ist sie ein Wald. Ja; guter Vergleich! Säulen, Säulen, Säulen wie Waldstämme dicht. So eng, daß der Mensch sinnen kann; allein; hingestreckt zur Ewigkeitsrast.

VII.

Niedere Säulen ... Doch im arabischen Wald sind Schonungen. Hochblicke. Derlei nannten sie: mihrab (übersetzt wird es mit: Gebetnische. Muß eher heißen: Gebetschacht). Das himmlische Werke von Silberschmiedbaumeistern.

Simse wie Geschmeid. Feierstolze Kleinodranken. Kringelzierat, Sterngewinde. Perlenschimmerarabesken. Spinngeweb von Edelstein. (Unbewußt wird man trochäisch.)

VIII.

Hier ist eine Kunst, wo der Kitsch zum Genie wächst.

Wieviel edleres Juwelierwerk an Mosaik als im venezianischen Markusdom! Fahret mit der Hand hinüber: kein Ritz. (Eine Morgenlandsgeduld, um diese Vollendung zu schaffen.)

Wundertore, Bogen, Türmchen. Brunnen. Apfelsinenhof. Innen: jene Fata morgana. Doch plötzlich ...

Zwischen das Arabische sind fromme Strecken gepatzt — von den christlichen Eroberern. Ein holzgeschnitzt reicher Chor. Mit flinken Prunkhänden eingeschachtelt. Dreiundsechzig Säulen kappten sie — hunnisch.

Oh, Karl der Fünfte schnob mit Recht: »Ihr habt etwas zerstört, was einzig in der Welt war!«

IX.

Trotzdem ... Die Mischung ist fesselnd. Ich sah die Moschee Ibn Tulu im Pyramidenland; sie ist noch größer, gewiß. Doch wer durch ägyptische, numidische, türkische Bethäuser ging; wer das zweitherrlichste vom ganzen Islam geschaut hat, die El Aksa, auf dem Tempelplatz des weiland Königs David, zu Jerusalem: der kennt zwar Moslimbauten voll Einheit — doch Cordoba zieht allerhand Reiz eben aus dem barbarkatholischen Mischmasch; aus dem Wirrwarr; aus der holden Verhunzung ...

Wie Dogenpalast und Markusdom durch die ungleich aufgepappten Anfügsel hold wurden.

(Denn es ist alles Einstein — und nach langem Genuß wohlgliedrigen Gleichmaßes ergötzt halt sein Gegenstück ... Seid's einfach!)

Kurz, die Störung wird zur Lockung. So liegt, für mein Empfinden, der Fall: Cordoba.

X.

. . . .

Laßt aber alles Wägen, alles Deuteln jetzt; hebt eure Wimper — wenn ihr einzieht in das Kalifenschloß... oberhalb Granadas: in die »Rote Stadt« oder Al-hambrâ.

Etwas Gewesenes: — und ein Denkmal der Träume für immer.

Seid nicht fachstolz; nicht literarig; indem ihr sie »ablehnt«. Sondern vergleitet, bis an die Brust, bis an die Augen. Und bekennt abermals: das Kitsch zum Genie werden kann.

(Europas Burgschlösser sind hiergegen doch eine gerupfte Kahlheit — alle.)

XI.

Schnee; Zypressen; Feigenbäume. Blauer Horizont.

Zinnen. Rosa Mauern. Unten die Stadt... Jenseits: die Berg-Au, durchgrünt, übergrünt. Violette Blumenströme.

Zehntausendfaches Sprossen unter dem Südhimmel mit Schnee. Palmen über Mauern.

XII.

Wie heißt das? Gesandtensaal? ... Irgendwo dann guckst du auf Rauschwasser. Auf arabische Turmsöllerchen. Auf steinerne Spitzenkunst. Kringelmärchen; Funkelwonnen; Brennblüten; Leuchtschleifen; Sternparadiese.

Aus dem Halbdunkel, durch kühlende Rundbogen, sommer-offen, ohne Glas, hundert Blickseligkeiten ins Talgrün, unsterblich, aufs Gebirg, mit zum Greifen fernen Häuseln.

Innen: Edelstes; Begnadetes. In jedem Teil vollendet.

Nach der unbewußten Losung: »Rosinen!« Kein Teig — bloß Rosinen.

Darunter hier dicht, wie hangend angeheftet, ein Zypres-
senhöfle. Gangbrüstungen oben. Andre, vergittert.
Wachskerzendünne Säulchen. Letzte Lieblichkeit. Nicht
Wucht — ein Schweben.
O taumelschönes Wirrsal — mit manchem Durchguck.
Pfadgassen fern in recht verschiedener Höhe. Gärtchen
hoch und Gärtchen tief — immer das Schneegebirg licht über
Zypressen. Über steilsten Turmquadrateln.
Diese schlank behelmt mit einem Dächlein.
(Keine Wucht. Ein Schweben.)

XIII.

Im Löwenhof Dunstbilder, zauberisch. Mondgezelte von
Stein. Witterndes Wüstengetier. Lufthimmel. (Und immer
die Sehnsuchtszelte — brennend-hold gemetzt.)
Rauschgerinnsel. Tropfsteinfeierglanz. Leuchtbilder. Tem-
pelruhe. Wisperwinkel. Vergessensblick... Im farbigen
Dämmer.
Wieder was Schwebend-Ummauertes? Ja: mit Wasser-
becken, Orangenbaum, Vogelstimmen.
Über linden Bogen Gaukelgitter.
Herrlichkeiten wie Sand am Meer.
Stille; Duft; Bergeshöh'. Tausendundein Tag.

XIV.

Dieser Badvorraum... Ein Farbenschloß. Lauschig-Träges
— wo sie lagen, auf der buntkühlen, niederen Statt von Edel-
kacheln. Vierzig Fatmas und Aischas. Haaa!
Von Feenlichtern überwölbt, wie beträuft. Sacht, zart,
schimmerbunt. Auch ein Brünnle. Und Pfeiler... Gold,
Violett, Rosa. Jetzt funkelrot. Und Bläulich-Vorblühendes,
wie Flammenfrüchte. Nochmals eine blasse Kerzenschar aus
Alabaster, aus Marmor; trägt Wirrherrlichkeiten. Dazu offner Himmel. Ein Sommertraum.

XV.

So aber soll der Mensch, wie hier geschaffen ist, schaffen.
Kein Ödfleck. Kein toter Punkt. (Robert Schumann hat's gewußt, als er sprach: »Schreibe, daß beim Schreiben jede Note
dich packt« — und war voll Seele.)

XVI.

. . . .
Adlig gestuft fühlten diese Korankinder — mit ih-
ren Gittern, Sternen, Labyrinthmustern, Schriftmalereien,
Farbhauchen, Schimmerflügen. Mit Schattenstille, Sonnen-
höfen, Träufegärten, Einsamkeiten. Mit Kauerstufen, Flü-
sterkojen.
Mit Lauschräumen und Rauschbäumen.

XVII.

Die Alhambra war das Winterschloß. Das Sommerschloß
heißt: Generalife.
Nun erst ein Bündel von Hängegärten. Welcher Weg! dieser hingedehnte, ganz schmal, von Enakszypressen gesäumt.
Mit Zuckerrohr, beim Ton des Rauschebachs. (In den Gang
blickt wieder Blauhimmel und Zuckerschnee.)
Auf Weiches lugt man — und auf Starkes. Kegelberge, sanft
verglommen; auf sie fallen weiche Schatten, im Südbrand.
Und hier? Eine Steinallee, voll dünner Wasserstrahlen.
Fließt alles in ein Rausche-Rinnbecken. Wieder Apfelsinen-
bäume goldfruchtdicht an der Wand — und Rosen. Dies alles
schwebt in der Luft. Im Gebirg. Unten die Stadt. Das Au-
Grün: die Vega. Man ist höher hier als das Alhambraschloß.
Du blickst hinab-hinüber. Es riecht nach Buchs. Nach was
nicht!
Jenseits, den Berg hinauf wachsen, wimmeln, wuchern
Berberkakteen. Kein Ende. Das rauscht und raunt und rinnt.
Burgen, Palmen, Türme, Zypressen. Ein Südgarten auf dem
Gebirg.
…Es war dem Boabdil entsetzlich schwer, Granada zu
verlassen.

XVIII.

(Es war dem Boabdil entsetzlich schwer, Granada zu verlassen.)

XIX.

Der Generalife bleibt ein Himmelshag. Nichts kommt ihm gleich an luftvoller Kraftherrlichkeit. Oder doch? ...

Vom Velabau der gefriedete Blick auf den scheidend grünen Tag? Hier klebt, unweit, ein letzter Schwebgarten schmal über dem linden Abgrund.

Mit Rot, Gelb, Weiß, Blau, Grün. Mit einem Tor aus Rosen, mit blauer Iris, weißer Kalla. Mit Lorbeer, Palmen, Orangenblütenduft.

Unter dem Vorabendhimmel — bei der weißen, weißen, weißen Sierra Nevada.

XX.

— — — — — — — — — — — — — — — — — —

Ich ging auf den Albaicin. Höhlenzigeuner sind hier nicht — (sondern am sacro monte). Häuserchen den Berg hinan. Steile Schmalgassen. Weinschenken. Baumgänge hinter Mauern. Stiftungen. Gottesanwesen, halb versteckt.

Oben vor dem Kirchel (auf maurischem Grundgewölb) ein Tafelplatz, über dem Tal. Man blickt hinüber; noch einmal; auf die Alhambrastadt ... Es ist eine Stadt.

Die Vega, die Schneekette, der Abendhimmel, die nahen Dunkelberge — dies wird etwas Namenloses.

XXI.

Kinder umtänzeln, bezupfen uns, betteln um einen centimo, mutwillig, nicht aus Not. Sie balgen sich — auf dem Wege.

Jetzt, oben, auf dem hängenden Platz, mit niederer Steinbrüstung, hoch über Granada, sind andre Mädelchen, Bengels; umringen unsere Bank, betasten meinen Stock (»Es ist ein Schirm drin!!«), drängen schwalbenschwätzig an uns — betteln wieder neckend um einen centimo, einen »kleinen Hund«, wie das heißt — perro chico.

Ich sage scheinbar ernst, mit umgedrehtem Spieß und bettelnd vorgestreckter Hand (bei zusammengerafftem Spanisch): »Schenkt mir bitte ein Fünferl — pobre de mi, ich Armer komme aus dem Irrenhaus« ... sie wälzen sich vor Lachen über den Spaß.

Ein älteres Mädel, sechzehn, schwarz und hübsch, guckt etwas verschämt über die Unart zu.

Der Abend steigt vor dem wunderbaren Fleck hinab in das Tal.

XXII.

Auch wir gehn hinab — durch Steilgäßlein, winklig, holprig, wirr, mit blauem Gehäng überwachsen, es dunkelt jetzt, man sieht öfters die Alhambra durch, immer die Berg-Au.

Du bist beglückt und ernst; dann, als alle Lichter unten angesteckt sind, kommt man endlich nach Granada hinab, auf die breiteren Straßen; in den Trubel; alles schleicht spazieren, so um acht; viele zerlumpt; bauernderb; zigeunerig; halten mit einem Wolltuch den Mund zu — wegen der Angina, die man erwischen kann. Oben liegt Finsternis. Der Islam schläft. Und dies war mein letzter Abend in Granada.

(Der letzte vielleicht für dieses Leben. Denn heute? wer weiß, was ein Deutscher noch wiedersieht.)

XXIII.

. . . .

Der Islam schläft. Ihn drückt in Indien wie Nordafrika sozusagen eine dauernde Ruhrbesetzung. Jahrhundertlange Ruhrbesetzung ...

Und weil England Furcht vor ihrem Ende hat; somit Furcht vor Frankreich im Osten: darum hilft es uns nicht in der schändlichsten Qual. (Wir hängen ein bißl von Mohammed ab.)

Der Islam schläft. Spanische Sarazenenenkel (die nicht wissen, daß sie's sind) kämpfen in Marokko gegen ihre Blutsbrüder.

Der Islam schläft aber nur. Ist längst nicht tot. Nicht in Tanger, nicht in Delhi. Nicht mal in Kleinasien.

Als Japan den russischen Nikolaus besiegt hatte, sprach zu mir in Algier ein Muselman: »Europäer sind nicht unverwundbar — wir Mohammedaner wissen das jetzt; eines Tages handeln wir danach!«

Neue Kalifen kann die Welt sehn ... (Oder Präsidenten im Turban?)

XXIV.
Keiner wird so angenehm wohnen wie einstens Boabdil.

Zwischenspiel: Wein und Sierra Morena

I.
Niederträchtig wär' es, über den Wein dieses Landes kein Wort zu äußern. Ich trank mich durch ganz Spanien.

Aus Pflichtgefühl. Nun: Rechenschaft!

Da wäre, sagen wir mal, Riojawein. Wächst im Norden. Ebrogefild ... Weißer Rioja schmeckt noch leichter als der südfranzösische Graves, im Durchschnitt. Öfters ähnelt Rioja blanco dem Sauternes. In Spanien müßte man hausen — schon seinethalb. (Der Rioja, weiß und rot, ist hiermit nicht erschöpft; man hat auf ihn zurückzukommen.)

II.
Südlicher, doch in Kastilien, schwillt der Valdepeñas; ich trank davon blanco superior. Herb — nicht streng. Wie ein sehr gezehrter Ungarwein. Man könnte sagen: beinah tonlos. Ohne Zugeständnis. Aber gehaltvoll ... Es ist ein Wein.

Auf den Rioja nun zurückzukommen: so gibt es einen mit dem Beiwort Ollauri, dazu die erstaunliche Marke: Cepa Chablis. Also die Chablis-Rebe wird in spanischen Boden gesetzt. Es gibt auch Rioja mit dem Beiwort: cepa Rhin. Also die Rheinrebe verpflanzt!

Aber nur bei der ersten Ernte haben diese Wanderweine noch den alten Geschmack — nach der zweiten schmecken sie schon spanisch.

Demnach: nicht die Rebe macht den Geschmack, sondern der Boden. (Zu schweigen von der Sonne) ... Ein sehr nachdenklicher Vorgang; den Rassenforschern ans Herz gelegt.

III.

Ganz heimatlich deutsch war jedoch der Wein beim Botschafter in Madrid: in dem an Bücherschätzen und Kunst glücklichen Haus. Unverpflanzt; aus dem Rheingau — wo der vom Schicksal begnadete Freiherr Langwerth v. Simmern den zweitgrößten Rebenbesitz hat. (Heut, im Frühling 1923, wird alles von den Franzosen gesperrt. Es ist infam.)

IV.

In Cadiz trinkt man den Nachbarwein aus Jerez — von den Briten Sherry genannt.

Ahoma. Amontillado fino. Der ist stark. Duftet aber spritig; das bleibt ein Mangel. Dagegen Manzanilla ...

Der Manzanilla hat mir am besten geschmeckt. Aus demselben Winkel. »Clasica«; Florido Hermanos. Dieser Manzanilla ist stark und schwer. Ganz dicht-gehaltvoll. Fast grüngelb. Wunderbar. (Nicht spritig wie der Sherry!)

V.

Verachtet mir den weißen Diamante nicht — aus der Weinstadt Logroño. Das ist abermals Norden. Wie weißer Bordeaux.

In jedem Fall trank ich einen Ollauri (Paternina) von der Burgunderrebe, »Cepa Borgoña« — der hatte längst Spanisch gelernt ... War prachtvoll.

In Deutschland versteht man unter spanischem Wein irrig allemal Frühstückswein. Spanischen Tischwein kennen wir kaum. Aber just in den verschießt man sich dort.

Ein Gewöhnlichster, ein Roter, vino corriente, Landwein — und das Paradies geht auf ... Die Farbe zwielichtig (fast wie bei dem »vin gris« von Lothringen; oder beim schillerigen Bodenseewein). Solcher corriente wirkt edel-füllig.

Nicht leicht. Fässer möcht' man mitnehmen. Den trank ich in Avila.

VI.

Später, in Burgos, muß einer genannt sein: aus dem südlichen Dorf Palomar. Wieder ein corriente, durchsichtig-rot, feuriger Innenwert ... und floß wie Wasser.

Ja, voll Gehalt scheint alles, was hier wächst. (Das in Spanien gebraute Bier sogar, zuweilen mit einem Geschmack wie Grätzer, ist berauschend — und seltsam schwer.)

VII.

——— ——— ——— ——— ——— ——— ——— ——— ———

Der andre Teil des Zwischenspiels: Sierra Morena.

Spanien ist heut im Aufstieg. Voller Hoffnung. Selbst in der Eisenbahn haben sie schon Fortschritte gemacht. Ein schneller tren de lujo ist heut ganz ausgezeichnet. Wann bessern sich auch die ... vorsichtigen »correo«-Züge? (Mancher hält länger, als er fährt.)

VIII.

Frühmorgens im »Luxuszug«. Alle sind schon auf ... Ich sehe Felsen — wie ein vormaliges Strombett. (Gleich den ausgewaschenen barancos auf den Kanarischen Inseln.)

Der Tag erwacht. Herren spucken auf den Läuferteppich. Kuiiik — quorax. Zwei Spanierinnen ziehn, weltlich, lässig, den Stift bei offner Tür über die Lippe, die Braue.

IX.

Vor dem »lavabo« steh' ich mit dem Waschzeug. Ein junges Fräulein, Familientochter, siebzehn, reizend, Augen schwarz bei lichterem Haar, langer Mozartzopf, kommt, ohne Waschzeug, und fragt mich frankmütig, unschuldsvoll: ob es »ocupado« sei. Ja ...

Wir sprechen. Sie reist mit Vati und Mutti. Sie dankt naturhaft, daß ich ihr den Vortritt zusage. (Sie trägt kein Waschzeug.) Sehr liebenswürdig. Und, mit einem Blick auf die Armbanduhr, um zu zeigen, daß sie auch Französisch kann (langsam, wie in der Schule): »Sept ... heures ... vingt!« Reizend. Sieben Uhr zwanzig auch bei mir. Tjaaa ... Als endlich die Tür geht, macht sie einladend einen Gestus. Ich, noch einladender. Sie dankt mit naturhafter Herzinnigkeit, kommt nach zwei Sekunden heraus und grüßt glücklich lachend.

(O Erdwuchskraft, o Allnähe des spanischen Volkes! Nordische Mädchen sind schämiger ... und gerissener.)

X.

Doch furchtbar wird die Erdwuchskraft, wenn sie dem Rachen sich entrafft, im Frührot rülpseröchelschluckt — und Austern auf den Teppich spuckt. Cervantes, du hast ungehemmtere Spanier, selbst Spitzbuben und Ludewigs gemalt, in zu wenig gekannten Werken — und, siehe, hier kommt Alcala, deine Geburtsstadt ... Zuvor schon hält aber der Zug. Auf! ... Hut ab! ...

Ich trete zum Fenster.

Ein wartendes, einsames, gutes Maultier guckt sich still nach mir um.

Du warst, himmlischer Freund, ein Zerstörer des Heldenbegriffs; auch Du. Ave! ... Der Tag erwacht.

Quorax, kuiiik.

XI.

Später komm' ich durch deine Steppe, die magre Mancha. Sehe noch die Windmühlen der komisch berüchtigten Gegend; — die sind heute wie damals. Hier ändert sich nichts. Das Dorf Toboso, wo die Dulcinea saß, liegt unfern. Bin glücklich, dies alles zu sehn.

Danke dir tausendmal, Spanien, daß du in einem Punkt über den Völkern stehst: ein Humorkünstler wurde Nationalheros.

Ja — »es bleibt mir ein Merkmal des Banausentums der Welt, daß zu ganz wenigen Malen ein Humorkünstler Nationalheros geworden ist ... Grund ist menschliches Hineinfallen auf ›Würde‹. Die Schätzung des ›Ernstes‹. Der allen Unsicheren einwohnende Drang: Humor nur eben zu dulden mit einer dankbaren Geste des Verzeihens; statt ihn mit kühnem Zupacken an die Spitze zu reißen, als unwiderlegbaren Einspruch, als Flamme der sichersten Lebenskraft . . .« So steht es in der »Welt im Drama«, meinem Hauptwerk.

Danke dir, Spanien — tausend-tausendmal.

XII.

Über die Sierra Morena führt heute der Weg. Was Braunwildes, Nacktes.

Maultiere mit Doppelsatteln aus Hanf . . . wie eine Waage mit zwo tiefen Waagschalen.

Töricht ist es, Landschaften immer weiter, immer weiter seßhaft zu schildern . . . Aufblitzen muß was von ihrer Wesenheit.

Fünf Maultiere hintereinander, vor dem zweirädrigen Zeltkarren mit brauner Leinwand. Bergluft und Glutsonne.

Manchmal im Gebirg ein Mensch, einsam und langsam reitend.

Wer bist du?

Reden wir nicht zwei Sprachen — auch wenn wir nicht zwei Sprachen redeten?

Zwischendurch Ölwälder, Kuhglocken.

Stillste Bergteiche; — bloß bachbreit.

XIII.

Jetzt hört aber die Beschreibung auf. Im Saftgelbgrün grasen rastende Tragesel. (Die Esel hier — bildhübsch, weiß, hoch, mit weißen, lieben Gesichtern!) Beginnt schon Andalusien?

Nur dies noch: Letzte Klotzmauer mit Scheibenschichten. Die Risse wie mathematisch geregelt. Seltsam.

XIV.

Einmal guck' ich empor zu dem Steingau — wo die Sierra . . .

Wo die Sierra, nackt-gezackt, pomphaft die Pupille packt. Oben, ohne Schutz und Schirm, brütet eine breite, brave, gottgeduldige Agave, mitten auf dem Felsgetürm. Die Agave harrt und starrt, fern von jeder Gegenwart, ohne Inhalt, ohne Ziel — wie ein schlafender Schlehmihl. Von der Sonne heißgekocht, fristet sie ihr Leben focht, Sommer, Winter, Herbst und Lenz ... ist das eine Existenz? — ? — ? —

XV.

Weibsleute mit Augen von Glanzleder — bei tintigem Gefiederhaar. (Bei tintigem Gefiederhaar.)

Kerle mit schwarzen Käpplein (ein abgeschnitten Schwänzchen daran, oben in der Mitte, hinaufstehend, ganz kurz).

Feigenbäume, wild an Hängen — auf andalusischer Halde.

XVI.

Südwärts! Die Sierra Morena (nicht zu verwechseln mit Erna Morena, Filmschauspielerin) liegt oben. Dort ihr Kamm; da ihr Fuß; mittendrin Wildromantisches.

Südwärts! Hallooo! Das grüne Glück, von bläulichen Bergen umwacht. Die Berge sind hier manchmal wie Kissen mit weichem Wangeneindruck.

(Ähnlich wie das Atlasgebirg Nordafrikas — das ich öfters, auch von der Seeseite, geschaut ... und einmal von oben.)

XVII.

Mitunter was Braunhäutiges. Rosa Jacke, Nelken hinten im Haar, ein ganzer Strauß, rot und weiß.

O Fernen edelträchtig! o grünes Land voll Öls — und wie der Wein hier wild wird, sproßt, treibt. (B-Dur, Vierviertel-takt: »Waan! Waan! überall Waan!«)

XVIII.

In Villa del Rio der erste Bursche vom Land mit jenem breitrandig-steifen, hellgrauen Zylinder — dessen Mittelrund ein Blumentopf ist.

Spät beschienener Fels. Und jetzt, in drei Teufels Namen, sakrafuffzigeinhalbnochmal, Apfelsinensonne prall auf lila Bergen.

Andaluz! du lilablaues Abendreich, mit lilablauen Farbschatten, Märchenbildern — hinter Schokoladigem und Fruchtgrün. Was ist jetzt aber dies da oben? Das Schatzhaus Peters des Grausamen. Nicht eine Peseta hat er mir vermacht. Der Hund. Vorbei. Oh, wieviel Mannsbilder einsam auf der andalusischen Abendlandstraße ziehn. Sitzen auf dem Esel baumelnd, nicht rittlings. Wie in alter, alter Zeit.

XIX.

Ölwildnis, Wein, weiße Städte — und es riecht vor der Dämmerung ... nicht nach Heu, sondern schon fast nach Anis — (im Frühling).

Andaluz! Andaluz!

XX.

Wer immer von dir Abschied nimmt, ist ein Stück Boabdil. (Wer immer von dir Abschied nimmt, ist ein Stück Boabdil.)

... Dennoch muß man eines Tages nach Madrid. Nordwärts.

Und ich will zeigen, was auf dieser kaum veränderten Halbinsel sich heute doch verändert hat.

(Schluß des Zwischenspiels.)

Die Hoffnung auf Neugeburt

I.

Hat Spanien im Kriege Geld verdient? ... (Nach Kirchenzauber, Hahnenkampf, Stiergefecht, Weinwonne, Bergluft, Maurenglück wird so eine Frage vom Erdenzustand, anno 1923, gefordert.

»Meine Harfe hab' ich gehängt an die Wand.« Kontobücher geistern durch die Luft ...)

II.

Hat Spanien im Kriege Geld verdient? — Massenhaft. Nur ist ein Aber dabei: den Vorteil hatten einzelne ... mehr als das Land.

Ist von dem Gelde noch was da? — Massenhaft. Nur ist ein Aber dabei: es wurden deutsche Mark dafür gekauft.

So liegt, zusammengepackt, fünf Jahr' nach Kriegsende, der ganze Fall.

III.

Aber nur im gröbsten Umriß. Denn auch andres Fremdgeld wurde gekauft; beispielshalber Österreichs Kronen ...

Ein paar wirtschaftliche Tatsachen — die mir aufgefallen sind. Jedes Ding hat eine Plusrechnung und eine Minusrechnung. Auf dem Minusblatt stehn hier: Telephon, Arbeitsgang, Bahntempo.

Das Telephonbuch für ganz Spanien (es gibt ein solches) ist noch nicht so dick wie das von Berlin.

Der Arbeitsschritt (außerhalb Kataloniens) bleibt ... gemächlich. Esel und Maultier befördern oft Müll, Steine, Fässer, Leute, Möbel — alles. Voll Verstand. (Bei uns arbeitet der Mensch wie ein Tier; in Andalusien das Tier wie ein Mensch.)

Nur dreimal wöchentlich fährt von Granada nach Madrid ein Schnellzug — trotz der verbesserten Bahn. Zeitverlust.

IV.

Immerhin ... Bei meinem ersten Besuch, 1905, galt eine Peseta sechzig Pfennig — heute zwölftausend Mark*. Sie war vier Fünftel vom Franzosenfrank — heute bald dreimal ein Franzosenfrank.

Weiter. Blumen- und Gitterhöfe, die patios, kommen ab: weil der Bodenwert kräftig stieg.

Schwindest du, patio?
Quae commutatio!

* Seitdem das Vielfache.

Weiter. Bei Granada gibt es heut acht Zuckerfabriken. (Gleich acht.)

Weiter. Vor Sevillas Toren sind Parks und Paläste fertig; grandios angelegt: für die spanisch-amerikanische Bruderausstellung.

Die ist ... nicht nur eine Schau; vielmehr das Merkmal eines Anfangs.

Südamerika heißt schon »das andre Spanien«.

V.

Madrid ... Die Straße, wo mein Hotel steht, war 1905 noch nicht da. Das ganze Viertel voll von sechsstöckigen Marmorbauten. Gewollt majestätischer Prunk. Nebenan die Banken. Luxushäuser von weißem Stein. Oben eine sieghafte Goldplastik ... In dieser Art.

Die Puerta del Sol, einst berühmter Mittelpunkt, verblaßt vor dem Neuen. (Sie hat nun beinahe was von Alt-Wien — mit ihren verwohnten Kaffeehäusern.)

VI.

Auf dem Plusblatt steht sicher das Essen. Man denkt an die Kost von damals mit Schreck, an die von heut mit Sehnsucht. Was hier wächst, weidet, schwimmt, flattert, ist freilich wunderbar auch ohne Kochkunst.

Wie sehr erst mit! (Die Harfe vom Nagel!) Diese langostinos oder Gigantenkrabben. Schmecken fast wie venezianische scampi. Dies knusperknackende Fischzeug; Meergemüs'; ich möchte sagen: Ozeanklein. Diese percebes, krustige Vielfüßler, wirrsälig-phantastischer als bretonische Seespinnen. Diese cigalas oder Kleinhummern; wie aus rosa Glas, durchsichtig — sehr ein schöner Anblick. Diese Artischocken als Volkskost; manchmal mit Bearner Tunke gefüllt. Diese weißlichfetten Rebhühner, auf Schinken gelegt, ohne Wildgeschmack. Diese verlorenen Eier in einem Bach von warmem Tomatenmus, das fast süß schmeckt, mit einem Brei zerbratener Edelzwiebeln. Dieser

Reis mit Schnecken. Dies Ölgebackene voll bittrer Spargel-
spitzen ...

Grillparzer, mit einem Blick auf Deutschland, schrieb den
Jambus:

»Hier nährt man sich — der Franke nur kann essen!«

Unglücklicher Poet, du kamst nie an den Manzanares.
(Hier, in Deutschland, »nährt man sich« —? Auch das ist nicht
mehr wahr.)

VII.

. . . .

Don Antonio Maura, vormals Ministerpräsident, konservativ, vertritt in den Cortes die Insel Mallorca. Eines
Abends, in seinem Haus, nicht weit vom Prado, saßen wir zu
ebner Erde, unter alten Büchern. Immer andre Zimmer des
räumig-steinernen Baues erwiesen sich als mit verjährten
Bänden gefüllt. Ruhestimmung; müdes Schweigen.

Der Mann selber ist an siebzig. Ein wunderschönes Ge-
sicht. Bezaubernd große Augen voll Dunkelheit. (Was für ein
Frauenbotaniker muß das gewesen sein ... Jetzt aber die
Harfe zurück an die Wand!)

Sein Französisch ist schwach wie das aller Spanier. (Am
besten spricht noch Don Emilio de Torres, der beim König
wohnt; Kabinettschef. Sie sagen den s-Laut so seltsam
scharf, wo er ganz weich sein muß.)

VIII.

Maura hält Eingriffe für nötig. Ist zwar froh, daß Spanien
dem Kriege fernblieb. Doch Italien (glaubt er) hat seit dem
Krieg die Stählung des Willens ... Spanien muß das auch haben. Friedvoll. Durch Umordnung; Auffrischung; Er-
ziehung.

Maura hält Spanien für rückständig. Es lebe noch im
neunzehnten Jahrhundert — aber das ist vorbei. Der Gewinn
vom Krieg halb verausgabt: durch Spekulation! Das Zuge-
flossene steht in keinem Verhältnis zum verteuerten Leben.
Er warnt; nur was man Außeramtliches in Spanien heute

sieht, ist glänzend — nur das. (Ich lasse weg, was er hier vertraulich sprach.)

Bei alledem verwirft er den Gedanken an eine Diktatur. (Die das Zeitbild düster malen, munkeln was von Generalen ...)* Der spanische Mißerfolg in Marokko scheint ihm »nur eine Staatsangelegenheit«; das Volk bleibe davon unberührt. Seltsam.

Wie nebenbei: »Frankreichs Politik (wider Deutschland) wird außerhalb Frankreichs nicht gebilligt.«

IX.

Schwermut liegt über den Räumen; Schwermut über Mauras Wesenheit. Warum? Ich denke: weil er so bildhübsch ist und schon einen weißen Bart hat, noch Lebenskraft birgt ... aber nicht lange Frist vor sich sieht. Das wird es sein.

Dann erst wohl der Zorn über die vermeinte Stauung des Landes — in der Stunde, wo Spanien was erreichen müßte; wo man den »Strom der Geschichte an der Stirnlocke packen soll«, wie sich ein Wippchenkonservativer bei uns ausgedrückt hat ... Den Mussolini lehnt Maura schandenhalber ab — und möcht' ihn heimlich ans Herz drücken.

(Unterirdisch der Nachgroll: nicht mehr an der Macht zu sein.)

X.

Ein schöner, altgewordner, hispano-edler, müder seigneur. Reizend!

(Leute, die Keimvolles verkünden, sind oft gräßlich. Rückständige sind oft reizend ... Reizend? Haben irgendeinen äußeren Vorzug und kamen deshalb nie zu Erwägungen über Ungerechtigkeit.

Wunschbild in mir: ein Begnadeter, der für die Armen eintritt, ohne arm zu sein; für das Volk eintritt — ohne Volk zu sein.)

---

* Diese Worte schrieb ich im April. Fünf Monate darauf hat Primo de Rivera, General, die Diktatur errichtet.

XI.

Abends auf dem Heimweg (die Kälte schnob wie immer mit dem Dunkel über Madrid) fiel mir ein:

War das am Ende der Mann, welcher den tapferen Herold Ferrer hinrichten ließ? Allmächtiger! Bei seinem Sturz, 1909, ließ ich Verse drucken ... Vierzehn Jahre lag das zurück. Ich hätte nicht vermutet, eines Abends in seinem Zimmer zu sein.

Jetzt weiß ich, weshalb er schwermütig ausschaut ...

(Ach, wer weiß etwas!)

XII.

— — — — — — — — — — — — — — — — — — — —

Ortega hat einen Lehrstuhl für »Metaphysik« an der Universität. Er ist, was man einen Bannerträger nennt. Eine gute Nummer, worauf in Spanien gesetzt wird. Er spricht fließend Deutsch — von Marburg her. Wie so viele Spanier.

Ortega (noch jung; weltmännisch; neben der Metaphysik Leiter eines Verlagshauses) empfindet für Spanien optimistisch, für Europa pessimistisch. (Dies Zweite nullt also das Erste.)

Spanien, wünscht er, soll sich europäisieren. Man sucht vergebens, glaubt er, einen ganz großen spanischen Wissenschaftler in den letzten drei Jahrhunderten.

Er hält Spaniens Aufschwung für denkbar. Vor erst zwei Jahrzehnten kam nach Andalusien die erste moderne Landwirtschaftsmaschine. Doch Europas Zustand scheint einer Wiedergeburt nicht günstig. Die spanische Lebenshaltung ist um das Vierfache verteuert. Europa hat bloß ein defensives Ziel. Kein Boden für den Emporstieg! Defensiv? aber Freudigkeit sei Voraussetzung für gutes Schaffen ...

Ich sage: »Auch für schlechtes; ich hörte mal was von einem frisch-fröhlichen Weltkrieg.« Ich erinnere dann, daß Spanien einst waffenstürmisch war wie Schweden; daß beide jetzt ... nicht ausgebrannt, aber stillgeworden sind. Wie die Venezianer einst Feldzüge fern gen Osten gemacht, wüste Moloquadern erbaut ... aber nun still, still, still geworden sind. Und ich frage mich: Kam diese Reihe, still zu werden, jetzt an Deutschland — gestern das Soldatenparadies?

Er hebt und senkt die Achseln.

Der sozialistische Professor de Los Rios von der Universität Granada verläßt uns ... Für Ortega war der Sozialismus als handelnde Macht enttäuschend. (Für manchen mit ihm. Doch was gelingt auf einen Ruck?)

Sein Urteil über Spanien ist, alles in allem, hoffnungsvoll. Dabei skeptisch, mit Seitentüren versehen; klug mit Bedingungen umwallt.

Er wirkt ... in den Äußerungen als ein theoretischer Mensch; im Äußeren als ein Lebensmensch.

(Das Theoretische hat er gewiß von uns.)

Beim Abschied sag' ich ihm: »Sie sind ein spanischer Preuße!« Er antwortet lachend: »Ein Preuße vom Guadarrama-Gebirg.«

XIII.

Ein andrer.

Mitglied des Haager Schiedsgerichts, Präsident des spanisch-amerikanischen Instituts für vergleichendes Recht, Professor für Jus und Geschichte. Don Rafael Altamira y Crevea ... Er blickt auf sein Land heute voll Hoffnung. Er hat einen Abriß der spanischen Zivilisation geschrieben; die pazifistische Literatur geprüft; mit dem Völkerbund sich auseinandergesetzt; auch literar-psychologische Werke veröffentlicht. Am Collège de France, das ihn eingeladen hat, hält er Vorträge, wie schon in Oxford — und er hat für Paris ein gutes Thema gepackt: Spaniens Entwicklung unter dem Gesichtspunkte des Nichtkriegerischen.

Altamira wendet sich gegen den Irrtum, ein Volk für erledigt zu halten, wenn es militärisch erledigt ist. Den Aufschwung Spaniens erklärt er mir: durch den Verlust der Kolonien. Sieh mal an. Ja ... nicht weil das Land an Land ärmer wurde; doch von diesem Schmerz stammt ein Geist der Sammlung; der Arbeit; des Wiederbeginns.

Die Spanier, betont er, arbeiten jetzt mit Macht. Selbst in Andalusien, wo alles dem Menschen in den Mund wächst! Die soziale Agrarkrisis dort ist ihm gradenwegs ein Merkmal für die Arbeit ... Altamira versichert (mit einem Glück, das vom Nationalismus entfernt ist): selbst in Nordamerika seien die unermüdlichsten Arbeiter heut aus dem Pyrenäenland.

(Große Werkbesitzer haben mir das dann bestritten.)

XIV.

Altamira. Ein weißer Bart wiederum ... und schwarzbrennende Augen. Aber nicht müde. Sondern überglänzt von Zuversicht auf Besserung; von der Aussicht auf Möglichkeiten. Der Feurige, Vielbeanspruchte wendet sich gegen den Geist gehässiger, konkurrenzhafter Kritik eines Landes am andren. Gegen das Sichrühmen — statt des Schaffens. Kurz: gegen Kraftvergeudung ...

Sein Wort in Gottes Ohr.

Schade: — dieser Jungmensch, erfreulich federnd, sprach kein Wort über Marokko. Wenngleich Spaniens Mißgeschick dort samt etlichem Groll gegen den König (er wurde just von einem Redner im »Ateneo«-Club angegriffen) — wenngleich Marokko heut für Spanien ein Quell des Unwillens ist.

XV.

Der Berater dieses Königs, Don Emilio de Torres, versichert mir: sein Herr sei liberal — und sehr gütig. Spanien werde verleumdet: als etikettesteif, zeremoniös ... während es heute demokratischer sei als Amerika.

(Luis Araquistain, ein führender jüngerer Schriftsteller, von dem noch zu sprechen ist, sagt mir, daß heute wirklich in Spanien ein Mensch ziemlich tun kann, was er will.)

Don Emilio öffnet mir (der König ist verreist) die Schloß-zimmer. Ah, die Wandteppiche mit Bildern aus dem Don Quixote! Der drugglige Sancho Pansa reitet im Eßsaal an der Mauer hin ...

Mancher schöne Raum. Diese Sèvresvase hat Napoleon geschenkt. (Und hier winkte gewiß Isabella ihren Marfori zum Diwan — so mit gekrümmtem Zeigfinger, bei gespitzter Lippe: »Fuiiit! komm mal längs!« ... Tat sie zuvor einen Blick auf den quadratischen Schloßhof?)

XVI.

Dort unten mit langsam-feierlichem Schritt holt man jetzo die Fahne. Gelbe Reiter, grüne Reiter. Arkaden, Balustraden — ob dem blendend gelbweißen Innenplatz. An seinem Ende beginnt ... Kastilien; Madrid hört auf; plötzlich; mit einem Hieb; mit einem Absturz.

Das Schloß steht am äußersten Rande ...

XVII.

· ·

Wer ist Rektor der Universität Salamanca? Miguel de Unamuno. In Spanien ein Wert, ein Ruhm ... und eine Furcht. Sechzehn Jahre Gefängnis wegen Majestätsbeleidigung. Er hat sie jedoch nicht abgesessen. Vertrug sich mit dem König hernach eine Zeit. Greift ihn jetzt wieder an.

Alle Vorgenannten sind in Spanien bewertet, geschätzt, beachtet — doch bei dem Namen Unamuno regt sich noch andres. Wer ihn hört, sagt (mit verändertem Ausdruck):

»Ah — Unamuno ...!«

XVIII.

Er spricht ebenfalls Deutsch. Hat Ranke durchschaut ... Die Handschrift — in einem Brief, der mir höchst Kennzeichnendes mitteilt — ist in engliniger Sparsamkeit wie hingeschossen, dabei zart. Fast ein arabisches Schriftbild.

Er weiß, daß heute Spanien blüht und strotzt. Nur in der Politik nicht. Es durchlebt, glaubt er, seine ernsteste Stunde. Was da vor sich geht, ist ihm: der Kampf zwischen dem städtisch-republikanischen Geist ... und dem bäuerlich-dynastischen.

Kernpunkt des Kampfes: der Imperialismus — zumal des Königs, »des unseligen Alfons«, so nennt ihn der Brief.

Unamuno spricht über den marokkanischen Feldzug. Er begreift, weshalb Maura pessimistisch denkt — wenn er von einer Zukunft Spaniens in Afrika träumt. Miguel de Unamuno sieht eine weglose Kluft. Drüben sei die Empfindung »territorialistisch«; hüben spiritualistisch. Grundgetrenntes! Kuba, das Spanisch redet, ist ihm weit spanischer ... als das spanische Marokko, welches Arabisch redet oder Berberisch.

XIX.

Der Rektor von Salamanca schreibt mir die seltsam entschiedenen Worte: »Das Spanien der Habsburger und der Bourbonen liegt auf dem Totenbett« (està agonizanda).

Die Monarchie, sagt er, bildet Spaniens Hindernis, europäisch zu werden.

Was den Anschluß an Europa schaffen kann, ist ihm: die Republik.

XX.

Manchmal, in diesen Frühlingswochen, erschien mir Spanien wie ein zauberschönes, hoch beanlagtes Schulkind — das eine Zeit hindurch gleichgiltig war (Gleichgiltigkeit soll ein spanischer Zug sein), aber nun aufwacht... seine Gaben zeigt und frischen Willen.

Männer, derengleichen hier gemalt sind, stehn wie Lehrer vor ihm — schwankend, streitend.

Daß aber der Augenblick fruchtbar ist, wissen sie alle.

XXI.

Vielleicht, wenn mit dem Aufgewachten deutsche Jungens öfter spielen und lernen — vielleicht ist es beiden ein Gewinn. Unsre Schulbänke (gleichnishaft gesprochen) sind höchst fortgeschritten — fehlt nur das Geld, sie zu zimmern ...

XXII.

Du, spanischer Junge, hast, was wir brauchen. Du brauchst, was wir haben.

Also!

Das Verhältnis zu Deutschland

I.

Die Wahrheit sagen. Nicht schönfärben; nicht schwarzsehn.

Zusammengefaßt: das Verhältnis zu Deutschland liegt heut in drei Punkten.

Erstens: der deutsche Militarismus hat Spaniens geistige Schicht uns entfremdet.

Zweitens: seit Versailles kehrte die Neigung wieder.

Drittens: ihr offenes Betätigen wird von Franzosenfurcht etwas gehemmt.

(Man könnte sagen: Franzosenrücksicht. Eine Rücksicht, aus politischem Grund, nicht ganz freiwillig gewährt ... Also die Kernstimmung leider ähnlich wie in England.)

Jenseits davon: Handelsbereitschaft.

II.

Für die ersten zwei Punkte dieses Zustands wird Cossio, der weltberühmte Wecker des toten Greco, zum Paradigma. (Sein grundlegendes Werk über den auferstandenen Maler war übrigens deutsch übersetzt, bis auf die letzten paar Seiten, da kam der Krieg, die große Hirnfermate ... Cossio fragt mich: »Was ist aus dem fast fertigen deutschen Buch geworden?« — Es ... geriet in Verlust; wie so vieles!)

Spanien war im Kriege deutschfreundlich. Ja; doch eine Minderheit wirkte gegen Deutschland: grade die geistige Schicht ... die stets deutsche Bildung eingesaugt und geliebt hatte. Seltsam.

Wer für Deutschland geschlossen auftrat, das war in Spanien: Militär und Klerus. Zu meinem Staunen erzählt Cossio: spanische Priester im Innern des Landes trugen damals neben dem Kreuz das Bild Wilhelms des Zweiten herum — weil sie die Schutzburg für Konservatismus und Reaktion in ihm sahen ... indes die freien Denker eine Verfinsterung und Verengung Europas durch die Mannen des lauten Wilhelm fürchteten.

Aber wer wußte denn, dacht' ich, wieviel wirre Rederei bloß dahinter stand ..., die selber zusammenfuhr, als man sie beim Wort nahm — und sie rings einschloß, und zur »Sühne« (der Anlaß war so günstig) bestahl bis aufs Hemd! — Angenehme Menschheit.

III.

Manuel Cossio, für ganz Spanien ein Begriff der Verehrung, begegnete mir vor zehn Jahren — im Haus meiner liebsten Freunde: bei der adligen und schönen Frau M. Petersen, der wunderbaren Mischung französischen Bluts mit deutschem.

Er hatte damals vom Staatsamt Urlaub. Seine Töchter verlebten einen Winter in Berlin; lernten unsre Sprache rasch. Cossio stand mit aller Herzlichkeit zur deutschen Welt.

Jetzt in Madrid, als wir uns wiedersahen, und ein Krieg dazwischen lag, hat er mir den absonderlichen Verlauf der Stimmung dargelegt. Und ihm ist zu glauben.

IV.

Was hatte denn Altamira gesagt? »Wir sind genährt mit Kant und Krause«, sprach er. Dabei guckten Altamiras feurig-hoffnungsfrische Augen voll Zuversicht. Und für den Widerspruch in Spaniens Haltung zu Deutschland kam dieselbe, scheinbar paradoxe Begründung. Nämlich:

Von allen geistigen Einflüssen auf Spanien war deutscher Einfluß ausschlaggebend. Grade deshalb ergriffen die von deutschem Geist erfüllten spanischen Liberalen Partei gegen, gegen, gegen ... den deutschen Militarismus im Krieg.

Die spanischen Konservativen aber, die niemals von Philosophie was wissen gewollt, auch von deutscher nicht, traten für Deutschland ein ... Komische Welt.

V.

Krause? wer ist Krause? ... Jeder Spanier nennt ihn, sobald er die Einwirkung Deutschlands erwähnt. Die Spanier sprechen von »Krausismus«. (»El krausismo«.) und von »Krausisten«. Allmächtiger, wer ist Krause?

Langsam ging mir auf, daß Krause Philosoph gewesen sein muß. Kaum nach Deutschland zurückgekehrt, stürz' ich an die Bücher mit einem Hechtsprung. Nutzlos! Schwegler, Geschichte der Philosophie — kein Wort von einem Krause. Theobald Ziegler, Die geistigen und sozialen Strömungen im neunzehnten Jahrhundert — kein Krause kommt drin vor. Also jetzt das Konversationslexikon.

Aaaah! Karl Christian Friedrich Krause, gestorben 1832. Der ist es. War ein Schüler von Schelling und Fichte.

Etablierte sich, sobald er Hinreichendes von ihnen abgesehn, auf eigne Faust — selbstverständlich gegen sie.

(Der Schulfall. Das geschieht entweder so, daß einer, wo das beknirschte Vorbild »Schwarz« gesagt hat, »Weiß« sagt; also man plagiiert, indem man das Gegenteil äußert. Oder der Knirschknirps umschreibt, was der andre gesagt hat; möglichst sachte; mit eignem Anstrich; und »weicht« etwas »ab« — das Vorbild wird unmerklich und falsch nachgemacht. Es gibt auch eine Mischung von beiden ... Jeder Initiator hat seinen Krause.)

VI.

Dieser Karl Christian Friedrich Krause, seinerseits, erfand einen Panentheismus. Eine Lehre vom »Absoluten«, das wahrgenommen werden kann. Und so.

Jedenfalls betont (in dem Buche »Psicologia y Literatura«) auch Don Rafael Altamira y Crevea deutschfreundlich den Einfluß der »doctrina de Krause«. Man hat ihn häufig festgestellt. Nicht zu bezweifeln sei »la influencia de la filosofia alemana, en particular la Krausista« ... Krause, der Nachmacher (oder Nebenmacher), half uns im Krieg nicht gegen die intellektuellen Spanier.

VII.

Fesselnder für den heutigen Tag ist ihre herzliche Haltung zu Gerardo Hauptmann.

Über ihn hielt Professor Altamira schon vor zweiundzwanzig Jahren an der Universität Oviedo Vorträge.

Er bewundert »Los Tejedores«, also die »Weber«; auch »La Asunción de Juanita Mattern« — ach, den ganzen dichterischen Menschen. Er nennt ihn »einen der größten Vertreter des Neuidealismus«.

Spaniens geistige Schicht hielt also Hauptmann und Ludendorff auseinander — wendete sich im Krieg aber zwangsmäßig wider beide.

VIII.

Heut ist in Spanien Frankreichs Vorherrschaft nicht verkennbar. Zugleich das (halb unterirdische) Wohlwollen für uns.

Wie sehr Frankreich durch seine Politik sich schadet, entgeht keinem, der ein paar Ecken Europas durchquert. Ein allenthalben schwelender Groll.

In Madrid aber geschieht mittlerweile noch folgendes. Irgendein friedlich deutsches Vorhaben soll ins Werk treten — mit kulturvollem Ziel. Musikalischen Inhalts. Die Schicht, welche der obersten Gesellschaft nahesteht, sagt willig zu ... um dann langsam zurückzuweichen. Bei Frankreich anstoßen möchte sie nicht.

Man wendet sich nun an die Hochschulkreise. Wieder sofort Zustimmung und Zusage. Hernach ein allgemeines ... Verhindertsein.

Frankreichs Pyrenäen sind halt Spaniens Nordgrenze; Frankreichs Marokko die Südgrenze; und sonst ringsum Wasser, Wasser, Wasser ...

IX.

Jemand aus dem südamerikanischen Columbia in Madrid
zu treffen, welcher das Werk eines deutschen Schriftstellers
kennt ... ist für diesen recht angenehm. Mir widerfuhr es mit
Don Sanin Cano, der im europäischen Bruderland publizistisch für Südamerika wirkt. Ein bartlos hochgewachsener
Mann, von floskelfreier Haltung.

Er hat Nietzsche drüben, in Lateinisch-Amerika, bekannt
gemacht, längst bevor er ins Französische übersetzt war. Er
selber lernte Deutsch auf eigentümlichem Weg. Sprach in
Kolumbien, wo er ein Lehramt hatte, mit deutschen Minen-
arbeitern — und legte so den Grund.

In Madrid erzählt er, wird heute von Spaniern mehr
Deutsch gesprochen als Englisch. Deutsch von solchen, die
in Deutschland studiert haben — Englisch nur von solchen,
die mit England Geschäfte machen. Deutsche Geltung nahm
innerlich nach dem Krieg eher zu als ab, meint er.

Im Grunde war zwischen Spanien und Frankreich nie ein
herzliches Verhältnis — wenn auch die Regierungen um den
Anschein bemüht sind ...

Ich finde, daß Frankreichs Vorgehen in Marokko von Spanien kaum verschmerzt sein kann. Nicht mal die napoleoni-
sche Zeit! (Im Prado erinnert noch Goyas Bild, wie der Franzose mit Schwarzen ein Blutbad unter Kastilianern tätigt ...)

Sanin Cano ist keineswegs franzosenfeindlich (ich auch
nicht — nur poincaréfeindlich).

X.

. . . .

Später saßen wir in der gut madrilenischen Kneipe »Viña
P.«, mit uns war Araquistain, und hernach tranken wir zum
Kaffee den einfachen, starken, sehr verbreiteten Branntwein
Anis del mono. Wir sprachen von Kolumbien, von der
menschlichen Zukunft, von den Blödheiten der Politik, die
Welt tanzte hell vor unsren Augen — und solche Stunden
bleiben im Gedächtnis.

Hätten die Leute doch soviel Grips wie wir! Die Leitung der menschlichen Dinge sollte häufiger von Schriftstellern und Zeitungsmännern besorgt werden — als, wie so oft, von dem Idiotenclub, der sich Regierung nennt.

... Mein Freund Julio Alvarez del Vayo hatte die Verbindung mit dem Kolumbier hergestellt — und ich war ihm dankbar dafür.

XI.

In Cadiz treff' ich einen Mann, der uns deutsch reden hört. Er sagt: Zwar sei er in Valencia geboren, aber sechs Jahre lang mit Deutschen wie ein angenommenes Kind gereist, auch in Deutschland.

Als eine deutsche Familie des Hotels von mir erwähnt wird, sagt er lächelnd: »Das sinn' Engländer.«

Ich: »Nein, Deutsche!«

Er: »Ja — die Deutschen, was jetzt nach Cadiz kommt, sprechen immer Englisch; die wollen, daß man sie für Engländer hält. Ist so!«

Ich (unterirdisch): »Der Abgrund soll sie verschlingen — am schönsten Feiertag!«

Er (nach einer Weile): »Übrigens bezahlt mir der Wirt schlecht. Weiß der Herr, was ich täglich bekomme? Eine Peseta. Ist nicht ein Skandal? Vor Ihr Gepäck brauchen nicht mehr zu sorgen, bis Granada! Kann sich auf mir verlassen ...« (Er öffnet die Hand.)

Ich: »Kommen jetzt viele Deutsche her?«

Der Valencianer sagt wörtlich: »Vor dem Krieg und mang dem Krieg sinn' viel gekommen — jetzt wenig. Und was jetzt kommen, die wollen bloß Engländer sein. Vor dem Krieg waren ganz gern Deutsche.«

Ich: »— — am schönsten Feiertag!!«

XII.

Immerhin ...

In Burgos, auf dem Lesetisch des Gasthofs, liegt eine »Revista Siemens«. In Barcelona hängt in allen Kiosken Richard

Strauss. Beim Öffnen eines Blattes in Saragossa: »Läßt Henny Porten sich wirklich scheiden?« Der Herausgeber »klagt« mit dem jetzigen Mann — und »preist den Glücklichen, welcher die sympathische Henny heiratet«. In Valladolid rühmt man den Film »Nathan el sabio«. (Bloß kein Wort vom deutschen Ursprung. Sondern es ist ein großartiges Werk, »welches die Firma M. Diaz de C. unsrem Markte darbietet«.)

In Madrid: die AEG. In Katalonien: die »Victoria«. Das alles wird nur herausgegriffen — aus einer ungeheuren Menge deutscher Beziehungen. Orenstein und Koppel. Irgendwo eine »Casa Metzger«. Deutsche Gastarbeit merkt man sowohl auf Schritt wie auf Tritt ...

Weiter; was mir just auffiel. Das hochgeachtete Bruderpaar Kuno und Julio Kocherthaler ist mit seinem Kunstbesitz aus Madrid nicht wegzudenken. Der Architekt Professor Breslauer baut in Spanien ein Haus, nach spanischen Motiven. In meinem Hotel treff' ich Schröder, den Poeten und Einrichter. Er ist nach Toledo geholt, ein Schloß zu betreuen ... Das alles, wie gesagt, sind nur Griffe.

Der Generalkonsul in Barcelona hat was zu tun.

XIII.

Als ich Peseten hole, sagt mir ein spanischer Bankvorsteher ungefragt: »Frankreichs Politik ist Irrsinn; sie bewirkt Europas Bankrott (la faillite européenne)« ... So sprechen andre Spanier auch.

Privatmeinungen! Schade, daß es auf sie wenig ankommt. Spanien bleibt unser aufrichtiger (platonischer) Freund — und im Handelspunkt läßt sich weit über das Platonische hinausgehn.

Ja, das ist die Sachlage, nach dem Weltunglück.

XIV.

— — — — — — — — — — — — — — — —

Ich wünsche mir manchmal zwischen den Völkern bloß noch Handelsbeziehungen!!!

Nicht idealistische Schwätzerei mit Untergangserfolg. Ich will mich einen Krämer nennen lassen; das Gegenteil eines Feldherrn; ein utilitaristisches Sumpfgeschöpf; in völkischer Hinsicht einen Abschaum; einen materialistischen Bold; eine Kreatur ohne mythischen Zug. Bitte. Gern. Immerzu ... Besser als Schwachkopfidealismus mit schließlicher Notenpresse, Hunger, Sklavenarbeit und Entwicklungssturz.

XV.

»Lever doodt als Sklav!« hat im Gedränge mancher (unter Mißbrauch Liliencrons) gekräht — weilt aber heute noch, mit demselben vaterländisch-edlen Gesicht, unter uns. Jämmerlicher Humor.

Menschen! schafft euch, nach dem Graus, ein andres Ziel: — ein pathosfreies.

Eine himmlische, geniehafte Wochentäglichkeit ... Und (wie ganz in andrem Sinn Goethe schrieb) »jeglichen Schwärmer schlagt mir ans Kreuz im dreißigsten Jahre!«

Die Bretter

I.

Deutsch ist hier unter Gebildeten verbreiteter als Englisch. Gewiß. Doch Französisch verbreiteter als Deutsch.

Als ich eingeladen war, im Ateneo von Madrid zu sprechen, hielt ich den Vortrag in französischer Sprache — mit den Beginnworten: »Employer la langue française n'est point approuver la politique française«.

So ... taktvoll muß man sich heut entschuldigen: in dem neuen Mittelalter, worein die Erde sinkt. Als Zwangsgenosse dieser blöden Zeit.

(Also: statt kurzweg die Sprache, wenn man sie beherrscht, als Verständigungsmittel zu sehn; gleichviel welche; je nach den Umständen, wonach eine geboten ist: statt dessen beteuert man, beim Gebrauch von Verkehrseinrichtungen, seine Unschuld.)

II.

Im Ateneo, der vom Staat betreuten Anstalt mit dreihunderttausend Bänden und mit einem klubartigen Haus ... in diesem geistigen Focus Madrids glomm noch ein glanzvolles Gedenken an Einstein, der vom selben Katheder kürzlich gesprochen hatte.

Mein Thema war: »Los fundamentos de una nueva critica literaria«. Die Zeitungen hatten herzliche Grußworte gebracht.

Und ganz ohne Gezier: die Erinnerung an dies alles bleibt seltsam und wertvoll. Für den Schriftsteller gilt Goethes Wort: »So war mir's, als ich wundersam ... mein Lied in fremder Sprache vernahm.«

III.

— — — — — — — — — — — — — — — — —

Eine Kritik der spanischen Bühne von heut ist hier unmöglich. Wer durchreist, stößt auf Zufälliges.

Ich beurteile nicht, was dort gespielt wird; sondern was ich dort spielen sah.

Junge Spanier seufzten zu mir, daß ihr Land noch keinen Regisseur hat. Zu wenig geprobt wird.

Üblich sind heute zwei Aufführungen desselben Stücks am gleichen Tag: um sechs und um halb elf. Noch bei Tragödien steht auf dem Zettel: »Kinder unter drei Jahren dürfen nicht mitgebracht werden.« (»Queda prohibida la entrada a los niños menores de tres años«.)

Bei fast allen ernsten Stücken, die ich sah, waren kleine Kinder mit.

IV.

Ein Don Enrique Madrazo (der selber Dramen geschrieben hat — ich kenne davon ein effektvoll-pädagogisches, »Nelis«, mit Untergang durch Cognac und mit sozialem Wettergroll) ... Madrazo nennt für die spanische Bühnenebbe drei Ursachen: kirchliche Hemmung; Schlamperei der Truppe; Unsauberkeit der Kritik (die ihre eignen Stücke spielen läßt).

Abseits vom ernsten Schauspiel pendeln heute die Spanier »entre los toros y el cine«, zwischen Stierkampf und Film.

Hierneben blüht aber noch das Singspiel, die zarzuela.

Während meines Aufenthalts gab es nichts von Galdos; nichts von Guimera; nichts von Benavente; nichts von Martinez Sierra; nichts von Marquina.

V.

In die Kritik sucht Manuel Pedroso, ein erfrischend-kluges Geblüt, ernsthaften Zug zu bringen. Ohne Vettermichelei.

Der Widerstand ist groß.

Die Zuschauer von Madrid wollen zwar immer neue Stücke — doch kein neues Theater. Also kein hocheuropäisches mit Hebbel, Ibsen, Maeterlinck, Hauptmann, Shaw, Strindberg, Wedekind, Sternheim, Toller, O'Neill.

Heute, so versichert mir Luis Araquistain, wird selten Calderón gespielt. Nicht Lope; nicht Tirso de Molina. Echegaray kaum noch. Von Shaw so ziemlich nur das Pygmalionstück. Von Ibsen ganz wenig. (Die »Gespenster« besonders.) Araquistain vermißt auch den großen spanischen Schauspieler.

VI.

Über alle diese Zustände sprach ich lang mit Pedroso. Er begleitete mich, nach dem Theater, eines Nachts, in das Hotel, dort war schon fast alles dunkel, aber wir setzten uns noch in den Vorraum und tranken Bier; aus Santander. Name: »Doble bock«; mit etwas bittrem Geschmack ohne Kohlensäure. (Auch solcherlei festzuhalten, gehört zu dem unbestimmbaren Glück des Daseins) ... Wir waren die Letzten.

VII.

Araquistain, Mitte Dreißig, der in der Neuen Welt und in London gelebt hat, versucht im Drama, was Pedroso kritisch versucht: den Stoß vorwärts.

Auf zwei Bühnen hintereinander wurde sein Stück »Remedios heroicos« gespielt. Es ist ein dicht und gut gebautes Werk. Der alte, große Sturmbock aus Norwegen steht Gevatter. Die Hörer haben wenig Sinn dafür.

Ein Sohn leidet unter dem Gedanken an die Tuberkulose des verstorbenen Vaters. Die Mutter löst ihn von der Furcht; nämlich sein Vater war nicht sein Vater ...

Der wirkliche Vater tritt ihm entgegen: gesund — aber niedrig und leer. Alles das entflammt in der jungen Seele zornigen Schmerz. Die Welt geht ihm unter.

VIII.

Man spielt das Stück in dem vornehmen Teatro de la Princesa. (Die Intellektuellen meiden dies aristokratische Haus; die Aristokraten meiden ein intellektuelles Stück. So die äußeren Bedingungen.)

... Der junge Hauptspieler wurde so unerträglich, daß ein Trieb in mir schwoll: hinaufzuklettern. Ihn alle zu machen.

(Bloß: der Paßzwang hätte die Flucht erschwert.)

IX.

Das Buch gibt mehr als die Darstellung. Dann sah ich: »La Seca«; Die Dürre. Ländliches Schauspiel; von Alvarez de Sotomayor. Schollenkitsch. Mit etwas agrarsozialem Geraunz gegen die Pächter. Ein harter Pachtherr bedrängt zugleich die tugendhafteste Dorfbraut. In dieser Art. Der Fluß tritt über: und wer ertrinkt? ... Als gemeldet wurde, daß jenes Pächterscheusal umkam, brüllten die Hörer vor Spott.

Der Poet kroch nur verschüchtert nach vorne.

X.

Hier aber hat Spaniens bester Schauspieler mitgewirkt: Enrique Borras. In Spanien findet man, er habe »zuviel von Zacconi«. Ich finde: nicht genug von Zacconi ...

Borras (er muß hier fortwährend etwas von »Enkeln« äußern, welche »dereinst« ... und so) — Borras ist ein vorzüglicher Sprecher.

Ein Arienbringer, beredsam stufend ... in dem Lande
Calderóns.

XI.

Das war im Teatro Español. Es ist (und ich zog in Gedanken meine Schuh' ab) das umgebaute, längst erneute Haus, in
dem Calderóns Dramen zu seiner Lebzeit gespielt worden
sind.

Auf demselben Platze, wo es stand, reihen sich im Sommer
Tische, daran das Volk trinkt. Mittendrin das Denkmal. Ich
ging hin.

Herr C.! Meine Hochachtung; complimenti; g'schamster
Diener.

XII.

Vorher waren wir, am Nachmittag, über Gänge, Treppen,
Tiefen, Höhen auf eine Bühne gestapft — wo eben geprobt
wurde.

Borras stand im Zwielicht an der Versenkung. Der Poet,
ein junger Spanier in Versen, suchte hier sein erstes Schicksal. Die Probe ward unterbrochen. Man beschnupperte sich.
Stille Bühnenmädel, bürgerlich gekleidet, standen im Soffi-
tendämmer. Balken quietschten anheimelnd. Das Parkett:
ein Vakuum.

Hernach klommen wir empor, in einen hinterseitigen Ru-
heraum — wo Bildnisse, langverjährt, von Dichtern und
Schauspielern an Wänden alterten.

Rings alles verwohnt. Gewesene Welt.

Die Truppe des Borras wollte freundlich den »Alcalden
von Zalamea« für mich an einem besonderen Abend spielen
— doch meines Bleibens war nicht länger.

XIII.

. . . .

Die Dramenform kommt für Madrid heute von Frankreich; der Inhalt nicht.

Im Teatro Lara gibt man »La mala Ley« von Linares Rivas; dies »schlechte Gesetz« ist ein spanisches Gesetz: es zwingt Väter, das Erbteil an großjährige Kinder auszuliefern — auch wenn der Alte dadurch verarmt.

Viel Schluchzen im Sperrsitz. Eine harte Schwiegertochter. Hingegen sehr eine gute Tochter — die zum Vater hält. Alles schnäuzt sich und schnuffelt. Zwischendurch schreien Kinder etwas, was auf Deutsch »Maami!« heißt ... oder: »Ich will aber nicht!!!«

(Susala, dusala ...)

XIV.

Ein Merkmal guten Spiels: daß trotzdem die Ergriffenheit anhält. Das Ineinander ist hier wohlgestuft. Abgestimmt. Alles sitzt.

Ich frage mich: Hat ein Stück solcher Art noch Sinn, wenn das »schlechte« spanische Gesetz beseitigt ist? —

Doch! Die Weinenden wissen ja nicht, daß es besteht ...

XV.

Von den zarzuelas gefiel mir eine sehr. (»La Monteria« nicht. Kulissenbäuerinnen und Ausstattung. Doch selbst in so einer Operette tönt arabisches Moll — neben allerhand Fallotria).

Weit fesselnder war: »El Señor Joaquin«. Irgendeine Durchschnitts-zarzuela. Ganz ortszuständig! Straßenszenen, Ausrufer, Blinde, Musikanten. Bürgerliches Liebespaar. Feinkostgeschäft. Der komische Polizist. Alles ohne die Affigkeiten der Operette.

Ein Lustigmacher verspottet hier, entzückend, spanische Tänzerinnen — man liegt unter dem Stuhl ... Alles jedoch schließt mit einem getragenen Chor und Solo trauervoll; weich; entschwebend.

Südliche Schwermut eines Landes — das am Ende des Erdteils hängt.

Wieder arabisches Moll. (Liebe Mauren, ihr seid nicht tot.)

XVI.

Volkhaftes blüht immer noch im Tanz.

Flamencos auf dem Tisch, wie vor achtzehn Jahren, sah ich nicht mehr.

Isabellita Ruiz? Nur hübschbeinig; hochbeinig. Balletteusengleich; mit Kastagnetten ... die man hernach nicht mehr wegdenken kann.

Doch die Corduanerin Dora, »La Cordobesita« — die hat Rhythmus. Wippende Kraft. Peitschende Kraft. Stoßkunst. Leis andeutende Trittbewegung. Köstlicher Fußtakt. Ein Fingergeschmitz ... auch ohne Kastagnetten.

Langsames Beinheben; Hüftenruck. Dies takthafte Seitwärtsgeschieb. Dies Gangschreiten. Mimik nur wenig, doch sehr schlagend. Manchmal fast Bauchtanz ... Dann ein Prall, ein Hieb — aus! (Mit der Musik zugleich.)

Alles das ist bodenschlächtig. Ein Weibskerl. Keine Schönheit: eine Wucht.

Und auch hier ... das Moll der Mauren. (Ihr seid nicht tot!)

XVII.

— — — — — — — — — — — — — — — —

Alles in allem: Geht es der spanischen Bühne wie der spanischen Weltmacht? Nach starker Leistung tiefes Ruhen?

Was Tirso dem Hennequin gab; Lope dem Beaumarchais; Alarcon dem Molière; Calderón vielleicht dem Corneille: das empfängt Spanien von Frankreich heute sehr verkümmert wieder.

Doch der gallische Krug füllt sich mit spanischem Saft. (Pentameter.)

Etwas langsam ...

Kommt ein Labtrank für Europa noch einmal heraus?

Schwillt jene Traube schon, in Argentinien? —

(Wenn's aber nicht kann sein, füg' ich mich drein. Man überschätze die Notwendigkeit solcher Dinge nuuur nicht. Die Welt ist groß — und herbergt viel.)

XVIII.

. . . .

Einmal, im Teatro Cervantes zu Granada, ist (für drei ge-
zähmte Stiere) mitten ins Parkett eine Arena notbehilflich
eingebaut.

So ein ganz niedres Rundmäuerle, mit rotem Stoff bezogen.

Die Zuschauer sitzen meist auf dem Bühnenpodium.
Kleine Kinder dabei, tief in der Nacht.

Draußen im Gang Elefantenklötze. Schminkspiegel. Ein
rosagekleideter Junge, sieben Jahr', probt auf dem Kopf — an
einem Tischchen.

Der Unternehmer kommt auf das Podium zu mir, als einem vermutlich Fremden. Fragt voll Höflichkeit: »Sie sind
Herr Direktor Fernand aus Brüssel?« — Nach gewissenhaf-
tem Überlegen sprach ich:

». . . Nein.«

XIX.

Die Luftspringerinnen setzen sich, wenn die Arbeit getan
ist, neben die Zuschauer. Bei mir eine Mutter mit vier Töchtern. (Die Mutter sprang nicht mit.)

Alle fünf damenhaft. Angeborene Vornehmheit.

XX.

. . . Nach eins ist es aus. Die Stadt schlummert schon. Es
bläst von der Sierra Nevada. Nur die Schritte der Zuschauer
hallen. Der eine Stier brüllt.

El Greco

I.

Seit ich Bilder sehe, zog mich die spanische Gattung tiefer
an als irgendeine. Wob dahinter ein Traumgemächt — oder
das wirkliche Spanien?

Nachher sah ich das Land. Eine gewisse Dunkelnis, inmitten hellen Gehegs; dieser nur zehrend-lichte, fast grünliche

Ton, in feierlich-schwarzer Umwelt; oft unter schwarzem Haar.

Nicht bloß Kastiliens steiniger Ernst! Vielmehr was Adelsvolles; Großherziges; Verinnigtes. In halber Knabenzeit brauchte man bloß die gemalten schwarzen Brauen, den schwermütigen Dunkelton, die tief saugenden Blicke zu sehen — und war weg.

Dies packte mich, meiner Lebtag, mehr als Italiens Farblerei und Formlerei. Mehr als die Schönseligkeit des fürchterlichen Raffael. (Gnade! Der Mensch soll schreiben, was er fühlt.)

II.

Den wir Greco nennen, hat bloß manchmal hiermit was zu tun. (Nicht in solchen Teilen seines Werks, um derentwillen er heute geschätzt und gehißt wird.)

El Greco; deutsch also: der Grieche. Weil ja Domenikos Theotokopulos aus Kreta war. Von dort über Venedig und Rom kommt er nach Spanien, als ein Mann.

Der Vollblutspanier Cossio findet: vom Greco sei das »Genie der spanischen Rasse« bisher am stärksten ausgedrückt worden. Dieser Satz entschlüpft ihm. Also von dem Fremdling am stärksten. »Cepa Hellas«, dacht' ich — griechische Rebe, verpflanzt in spanisches Erdreich ..., und wird spanischer als die Spanier selbst.

(Aber gewiß; Dürer, welcher die Wesenheit der deutschen Rasse verkörpert, stammt aus Ungarn; Beethoven aus Belgien; und Goethe trug nicht blondes Haar. Waren alles ... Landfremde. Der Greco knapp um ein Grad sichtbarer.)

III.

Was gilt heute, zusammengefaßt, an ihm? — Vor dem Greco malte man mit rotem Farbschimmer; er mit bläulichgrünem. Vor dem Greco malte man mit Goldton; er mit Silberton. Vor dem Greco malte man warm; er kalt.

(Hätte sich das alles umgekehrt vollzogen: das Glück wäre vielleicht ebenso groß ...)

Und was ist Ursache für seine Wendung zum Bläulichen, Kalten, Stumpfen? Erstens: weil schon Tintoretto stumpf gemalt hat. Zweitens: weil die Natur schon Kastiliens Hochebene stumpf gemalt hat.

(Es kann auch völlig, völlig anders gewesen sein ...)

IV.

Weiter. Nicht loslassen.

Mit Blau und Stumpf und Kalt ist es bei dem Greco nicht getan. Hinzu kommt etwa: Lichtjähheiten. Hinzu kommt: ein Zug der Verzückung. (Vom heiligen Franz aus Assisi hat er bloß vierundsechzig Bilder gemacht.)

Hinzu kommt: neben dem Überirdischen das Ganzirdische: Bildnismalerei — voll höchster Treffkraft. Kurz: außer dem Expressionismus letzter Naturalismus.

Seine Wesenheit: verstandesgeschult; klügelnd; künstelnd; zugleich aber voll Kraft im Wurf; zugleich maßlos; zugleich verwegen; zugleich sehr wild. (Die Leute sagen: auffallsüchtig. Die Wahrheit ist wohl: eigenwillig.)

Als Unwirklicher somit: ein Ahnherr der vorletzten (expressionistischen) Gegenwart. Als Wirklicher: ein Ahnherr des Velázquez.

Ecco.

V.

— — — — — — — — — — — — — — — — —

Als ich zuerst in Toledo war, vor achtzehn Jahren, begann Grecos Laufbahn. (Er starb gegen 1614.) Heut spielt er, um ein Haar, die Rolle Shakespeares im achtzehnten Jahrhundert: zwei Verscharrte; zwei Erweckte.

(Auch zwei Vettern an Wert?) —

... Im Äußeren war Theotokopulos eine Rübe mit abstehenden Ohren. Sein Kopf soviel zu länglich, wie öfter seine Gebilde.

Man hielt ihn damals für augenkrank — wohl wegen der pfropfenzieherhaften Höhe mancher Gestalten.

Oder, kurz, für irrsinnig.

VI.

Weil sich Grecos Art mit Neueren manchmal deckt: darum liegt (wegen des Begriffs »Schon damals!«) Überschätzung nahe.

Doch staunende Schätzung ist nicht Überschätzung.

Ich frage mich, unbeirrt, nur auf das Gefühl pochend: Hat er manche der stupsnasigen Übermänner, Überweiber mit Absicht so gemalt — oder weil er's nicht besser konnte? Fast komisch: wie er im Gesichtsausdruck oft ein Gegenteil dessen ausdrückt, was er ausdrücken will. (Exempelshalber bei ... Christus.)

Was besitzt er: Seele? — oder: Kunstsinn?

Er hat kalte Verzückung. Wobei er jedoch ein Genie durch und durch ist. Ein wirkliches Wunder ...

Vielleicht mehr ein Wunder als ein Bruder des Menschen.

(Aber der Franciscus — mit dem auf der Erde sitzenden Mönch, den man bloß von hinten sieht, wie er die Hand lichtbeglänzt hochhebt —, das ist ein Bruderbild. Auch ein Bruderbild!)

Andren Meistern erliegt man rasch. In den Greco muß man ... dringen.

(Weil er zuletzt erschien — für die Kenntnis.)

VII.

Im Prado — wie seltsam der Eindruck: mit so stupsnasigen Gestalten erinnert er fern an Niederländer. Hier in der »Taufe Christi«. Oder: in der »Crucifixion«.

Aber, sofort, wie bannend ist »La Virgen«: die Mutter Gottes mit bohrenden, ja stechenden Augen — als Nonne; blaues Kopftuch; gelblich umleuchtet; schmalgesichtig; indolent; nicht liebenswert; reizlos; mit dünnen Lippen ... Naturalistisches Haupt; von einem Kenner und Wähler wie geschmeckt.

In der »Crucifixion« wird ein Gekreuzigter von offenbar Platt sprechenden Engeln ... und von erwachsenenen Hispano-Holländern, tölpelnasig, umringt.

In dem »Bautismo« guckt Jesus von Bethlehem spießig-
bieder ... Oben jedoch was Gedrängtes, Gestaltenschwan-
geres — (in Verschossen-Bläulich und Gelb).
O seltsamer Kreterich!

VIII.

Hier, ergreifend, wiederum, das nicht umfängliche Bild
von Johannes und Franciscus: der braunkuttige hl. Franz mit
seinen abgezehrt eingetrockneten Raupenfingern... (Im
Frauenhospital zu Cadiz hatt' ich vom Greco schon eine Verzückung des Franz gesehen, zur Abendzeit, was brünstig Se-
hendes, im Dämmer.)
Jetzt, im Prado, die Sacra Familia, karikaturhaft schlecht!
Dort: ganz stupsnas-wurstig, der kreuztragende Christus.
Wer ist, in drei Teufels Namen, dieser Greco —?
Da, in der »Resurreccion«, ein Auferstandener mit sanft-
affigem Gesicht... aber die staunenden Christen im bläu-
lich-gelben Dämmernebel, mit ihrer Raseverzückung — die
sind ja unerhört.
Oder: die Ausgießung des Heiligen Geistes, das Penteko-
stesbild. Die (blau-rosa?) Flämmchen fallen hüpfend, wie
mir scheint, auf zwei Klassen Dargestellter: auf Gekonnte
und auf Nichtgekonnte ... Hier auf ernsthaft Versenkte —
hier auf nur Abgemalte (die den Zuschauer angucken). Und
die Taube ... die Taube hat einen Raubmöwenkopf.
Wer war dieser Greco?
(Farben: stumpf; dreimal vorstechendes Blau; dies Drei-
malige kriegt man satt; oben Gelblichgrün ... Sonderbar.
Sonderbar. Höchst sonderbar.)

IX.

Doch nicht sonderbar, vielmehr einzig und fast ohneglei-
chen ist ein »Unbekannter«; ein Bildnis.
Der Verschollene steckt grauhaarig, mit graudünnem
Spitzbärtchen, in der ansteigenden Halskrause. Oh, welcher
halbbekümmert feine Affenblick; schmal alles an ihm; dazu
das trockne Haar... Ein Wunder; ein Wunder.

(Staunend liest man in griechischen Lettern den Schriftzug: Δομενικος Θεοτοκοπουλος Κρης.)

X.

Noch eine Reihe von Bildnissen: hochnaturalistisch. Aus der Pistole geschossen. Hier mit einem Schlag alles unverkünstelt, unschnörklig, unverkrümmt. Der Kerl hatte zwei Seelen ... (Bloß zwei?)

XI.

Da ist gleich wieder sein Evangelist Johannes an Affektiertheit schon fast pervers. Und eine Trinität, fühllos, wie Zimmerschmuck sozusagen. Jedoch der Antonius ...

Der Antonius mit dem Lilienstengel in der Rechten, dem Buch in der Linken — der ist zwar auch gekünstelt: aber vor allem sehr sinnig, sehr liebenswert. In seinem tiefliegend verhüllten Lächeln — unnennbar fein ... Wer waaar dieser Greco? —

Der gleiche war's, welcher (im schönsten Zimmer der Maria Luisa Kocherthaler zu Madrid) ohne Gekringel, ohne Verblüffsamkeiten die Heilige dort beschworen hat ... mit einem gebreiteten Tuch.

Nicht, weil die Heilige Beziehungen zum Himmel unterhält, ist sie himmlisch... Im letzten Kern eine spanische Dame.

XII.

——————————————————————

Zu Toledo sah ich das Begräbnisbild. Bestattung des Grafen Orgaz. In der Kirche Santo Tomé. Wer das anblickt, verstummt.

Hier leuchtet Grecos Doppelart: die Treffkunst — und die Geheimniskunst. Fast schematisch ... Unten der Bildnismaler, oben der Mystiker. Er macht selber die Trennung, wie ich sie hier mache.

Unten: zwo Heilige, herabgestiegen vom Himmel, welche den Orgaz mild betten — im Kreis von caballeros mit sehr,

sehr vornehm-innigem Anteilsblick ... (Aber die zwo Heiligen sind hier noch Porträt! Was man also beseeltes Gruppenbild nennt.) Scharf hervortretend.

Drüber jedoch, oberhalb vom Naturalismus, geht Phantastik los — in der Farbe verdämmernd; verebbender; das Märchen eines (matten) Himmelstraumes.

Und noch weiter oben, als Abschluß, der Heiland — in verleuchtend stumpfem Glanz ...

XIII.

Abermals hat man das Gefühl: er ist eine Kreuzung von latentem Holland, Italien, kastilischer Farbenstumpfheit, spanischem Hochsinn — und eigner Willkür.

Oft ein Nichtfertigmacher; zum Vergnügen. Verwunderbar jedoch diese Mischung — nämlich: scheinbar ein Stegreifmann ... der aber seine Gestalten und Köpfe sorgsamhäufig wiederholt. Sie kehren stets wieder; fleißig verbessert. Er hat (man merkt es) einmal errungene Rosinen öfters in andren Teig gesteckt ... Ein Rätsel.

(Der phantastische Nichtfertigmaler Theotokopulos scheint mir übrigens ein Vorläufer auch des Phantasto-Huschers Goya. Dies nebenbei.)

XIV.

Doch am stärksten seine Bilder, hier, in der toledanischen Bestattung, stört etwas. Stört? Nein: läßt unerfüllt.

Der Raum zwischen dem Naturalismus und der Verzückung ist ... nicht vorhanden. Das Verzückte nur gleich drübergesetzt. Alles hart angedrängt. Hier das praeterpropter Irdische; dichtbei das Nichtmehrirdische. Es wirkt ... frühstufig.

Der Leser weiß also Bescheid. Über dem Porträtalltag ist, ohne Zwischenluft, eine »Abteilung: jenseitiges Leben« befestigt ... (wo der Murillo gern ein bißl Dampf macht und Wolkenpflanz und Äther, wenn auch süß, meinethalben).

Kurz und gut: so wirkt alles Obere, Paradiesische viel zu eng; zu drangemalt: als hätte der Grieche Schwund an Leinwand befürchtet — und vieles noch rasch hingepreßt. Die Sphären drücken einander ... Das Bild ist wie ein Tennisplatz ohne Auslauf.

(Oder wie jemand am Schluß der Seite beginnen muß zu kritzeln.)

Zweitens: Obschon die Phantasmen ganz nahe sind, malt er sie doch sofort unverhältnismäßig klein. Auch daher quillt mein Mißgefühl.

Trotzdem schuf ein Jahrtausendgenius dieses ... mangelhafte Werk.

XV.

. . . .

Auf dem Mauritiusbild — bei Vormittagslicht im Escorial — ist mehr Luft zwischen dem Naturalismus und dem Phantasma. Das zweitberufenste Werk des Greco.

Sankt Mauritius weigert sich, den Göttern zu opfern (wie ich nachträglich ermittle; kein Atom davon aus dem Bild).

Hier ist vorwiegend, wenn ich offen sein soll, eine Figurenhinstellung. Sehr mit Blau; herrlich-scheußlich; für mich zu grell.

Vorn etwas in Haltungen und Antlitzen wunderbar Hispano-Edles. Dann: gleich hinter diesen paar großen Leibern eine wirrblasse Fülle von Kleingestalten. Von Heerscharen, die sich verkrümeln ...

Es ist etwa: Porträtausstellung samt einem Stück Legende. Mehr nicht. Ich traue meiner Brust.

(Obschon es mir bei der ersten Begegnung mit Velázquez schwer aufs Herz fiel, daß ich aus eigner Kraft niemals ihn als den größten Maler der Welt erkannt hätte. — Ich hätt's und hätt's halt nicht!)

XVI.

Madrid, wo diese Zeilen ins Tagebuch kamen, liegt hinter mir. Auf der Heimfahrt in Stuttgart sonntags in die Galerie.

Regen. Bloß zwei Dutzend Leute, Spießer und Schmecker, verspärlichen sich durch den schlummernden Bau ...

Doch die einen wie die andren bleiben vor zwei Bildern stehn. Behext; angeschluckt; hingebannt.

Sind zwei Grecos.

Die Blicke haften: weil er sie einsaugt. (Auch der Spießer ihre!) Weil er alles totmacht — rings, im größten Radius.

... Spricht es für seinen Wert? — Es spricht, zuvörderst, für seine Unterschiedlichkeit.

XVII.

Velázquez (mit dem man sich in achtzehn Jahren ausgesöhnt hat) ist ein Genie der sicheren, fast reglos-meisterlichen Hand. Domenikos Theotokopulos ist aber: das Schwirrphantasma; locker-flimmernd; voll chaotischen Geleuchts; in erzitternder Farbe. Linien bibbern farbhaft. (Das ist es: Linien bibbern farbhaft.)

Greco wirkt sozusagen dantischer als der Erdmensch Velázquez.

Doch Irdisches ist mir überirdischer als Überirdisches ...

XVIII.

Für die zwei gibt es kein Entweder-Oder. — Nur ein Sowohl-als-auch.

XIX.

Immerhin mit Unterschieden. Hier ist einer.

In der Mitte vom Bredabild des Velázquez findet sich eine weltberühmte Gebärde: die edle Beugung des herzlich vornehmen Siegers zum Besiegten. Und in der Mitte von Grecos Bestattungsbild seh' ich wieder so eine köstlich edle Gebärde: wie gütevoll die heiligen Männer den toten Orgaz halten.

Diese Haltung ist nicht ein körperliches Ding: sondern ein Ethos. Beidemal, auch bei dem Griechen. Die Handhaltung, die Leibesbeugung wirkt menschenaristokratisch. Ja, nicht nur vornehm — sondern innig menschenhaft.

Aber das ist beim Velázquez rein irdisch. Darum höher ...
Indes Greco doch an »Grablegungen« erinnert. An Überliefertes.

Velázquez erschuf. Der Entpupptere, Freiergewordene, der schmuckloser Prometheische bleibt letztens doch Velázquez — auch wenn er nie das erste Fabrikbild, die Hilanderas oder Teppichweberinnen, gemalt hätte. Schlagt mich tot.

XX.

Velázquez malt hier vielleicht nicht »die Arbeit«, sondern die kgl. spanische Manufaktur. Vielleicht auch das hübsche Mädel rechts. Doch er paßt in unser Glück; Greco nur in unser wirres heutiges Unglück.

In gewissen Zeitläufen ist das »Modernere« weniger modern als das Vorletztmoderne. Weil die Zeit unmoderner ist. ... Es geht ja nicht nach der Reihenfolge. Sondern es geht nach dem Gehalt.

Das Hilanderasbild, voll mattfarbig-heiterer Lust, ist ein Neubeginn — voll unsrer, unsrer, unsrer Wesenheit. Nicht ein Sinnbild jenes Ausnahmerückfalls, jener Apokalypse, worin wir jetzo siechen. Velázquez weist vorwärts. Unbewußt; ungewillt.

XXI.

Ja, meine Teuren: »Inhalte« sind nicht wegzudenken ... selbst aus der Malerei.

Das zu glauben war ein (berechtigter) Irrtum — solang man für die Kunst um der Kunst willen kämpfte; für das Erhaschen eines Abbilds ... oder eines Reizes; solang ein gutgemalter Nachttopf gleichviel gelten sollte wie ein gutgemalter Hiob.

Die Zeit ist um!

Fallt nicht auf den Rücken: Es kommt, wenn in zwei Fällen die Malerei vom selben Wert ist, eben doch darauf an, welcher der zwei Stoffe mehr umfaßt.

Vor der Betrachtung der Mittel verlort ihr die Gedanken an den Zweck!

XXII.

(Für den Velázquez und seine spanischen Schwäger beginn' ich ein neues Blatt.)

Prado-Postskriptum

I.

Beim Velázquez ist nur die Mitte seiner Laufbahn umfrö-
stelt. Sein Anfang jedoch und sein Ende sind gar nicht kühl.

Anfang: die Trinker, Spaßkrüppel, Narren.

Ende: (neben den Hilanderas) die rührend ernsten Ur-
greise: Paul und Antonius. Der selig ergreifende Besuch
zweier Grabnahen; unvergeßbar.

Nein, beim Velázquez ist Anfang und Ende trotz allem
»Sachlichen« herzerfüllt. Nur die Mitte war höfisch.

(Auch sie nicht in dem Bredawerk.)

II.

Velázquez, im Besuch des bald hundertjährigen Antonius
bei dem gleichaltrigen Paul; in Mariä Krönung, beides aus
der späten Zeit: Velázquez ist hier fast murillo-lind.

Mit Engelsköpfen, kraftlieblich; — wenn auch so schalkhaft nicht, so fülleselig nicht wie beim Tizian die Kinder.

So genialisch leuchtend nicht im begnadeten Blick, wie
bei Murillo der kleine Johannes ... mit dem schmiegigsten
Lamm.

III.

Ach, fast erschütternd wird im Prado der Gegensatz zwischen Velázquez und Murillo. Fast eine Seelenpein — wenn
man von dem Murillo nicht lassen kann. Wenn man diesen
Thumann-Genius vor kritischem Gepuff schützen möchte.

Murillo, ja, scheint leer gegen den älteren Velázquez; ist
kein ganz großer Maler; schön; — — reißt aber hin mit seinem Ewigkeitskitsch.

Was ist zu tun ... gegen dies Lieblich-Menschlich-Gött-lich-Kindlich-Lämmliche?

Das gibt es auf Leinwänden bloß einmal. Dies in Farben Lämmlich-Kitschig-Unsterbliche. Bloß einmal. Ich weiß einen deutschen Namen dafür:

Franz Schubert.

IV.

— — — — — — — — — — — — — — — —

Geistert nicht — neben dem Gespensterkampf zwischen Greco und Velázquez, neben der andren Schlacht zwischen Velázquez und Murillo ... geistert nicht ein Totenturnier auch zwischen Velázquez und Goya? — Ich seh's.

Waren die Krüppel, Schwachköpfe, Zwerge, Narren des Velázquez, so der kälbernd blöde Nino de Vallecas, der tierisch-lallende Bobo de Coria, der ganze skurrile Rest — waren sie für den Goya vielleicht ein Weckruf?

Dann blieben sie vereinzelt ... gegen die Schwärme von Goyas Ungestalten.

Dann blieben sie hart begrenzt ... gegen Goyas flimmernden Ozean der Mißgetüme.

Dann blieben sie nur ironisch ... gegen Francisco Goyas fauchende Verzweiflungswelt zerschatteter Tausendfratzen.

Dann blieben sie kaum ein Lächeln ... gegen Goyas Raserei.

Dann blieben sie, kurz und gut, ein Gesellschaftsscherz ... gegen Goyas Gesellschaftskampf.

(Nur Beiläufiges waren sie — gegen ein Nachtgeblüt. Anekdotisches — gegen einen Lebenszwang. Weltliches — gegen ein Arm-in-Arm mit dem Acheron.)

Ecco.

V.

Velázquez streift sich sozusagen die Bügelfalten glatt ... in dieser Umgebung; Goya selber ist ein Teil von ihr.

Velázquez malt sie als Wesen außerhalb seines Ichs; Goya malt sich hier mit seinem Troß.

(Hätte Velázquez den Goya porträtiert: es müßte gewiß ein Hexerich- und Kauzgemälde sein. Hätte Goya den Velázquez gemalt — es wäre nur ein ... Bildnis.)

VI.

. . . .

Immer noch gefriert einem das Blut vor Goyas Vampyr-Lemuren — aber das Herz lacht vor seiner andren Wesenheit.

Denn er ist, im Prado, zugleich Sonnenmaler, Sinnenmaler, Andaluzmaler — (nur daß Goyas Sonne verdächtig äugt; nur daß Goyas Weltlust nachtmahrig blinkt).

Der Nachtmahr Goya hat mich damals zuerst gepackt: mit Nebel, Düster, Luftgerinnsel, Spukhauch, mit halbirdischen Furchtbarkeiten, mit Harpyien und Alb-Engeln.

Jetzt war der Lichtmaler tiefer hinreißend.

VII.

Wenn er so, mit Seitenbärtchen der lebfrohen Kerle, mit Lust und Glanz und Pelottspiel, mit Weinernten und festgehaltenen Kutschen, mit Schaukeln, Wäscherinnen, Gitarresängern, mit frierenden Halbafrikanern samt Hund und Maultier, mit dem fröstelnden Zwerglein beim aufrechten Mädel, mit Stelzengängern, altspanisch in roten Kniehosen, weißem Haarnetz, brauner Jacke, mit Tabakwächtern, Tabakschmugglern, mit Siechenträgern, baumkletternden Jungens ... dieser Satz kommt nie zu Ende.

Jedenfalls: ein Kerlchengeck hält, wie zauberhaft, über seine Liebste den Sonnenschirm; bei der Traubenlese scheint ein Bursch was aufzusagen; eine Stanze? ... Heut sind sie alle tot. (Und von hinten im Gefild regt sich noch was, die Winzer.)

Ein Gesamtwerk, voll Seligkeit — und warnend.

Seht einen Hampelmann wiederum, in die Luft geschleudert von vier Jungfern, der Sommer blüht — und sie könnten alle doch höllenverstorben sein.

Jedes dieser Farbgesichte schwebt um Höhen und Tiefen totenhaften Gefilds. Und ob manche gleich so tun, als spielten sie wirklich Blindekuh — —!

Seltsam, diese Bengelchen, spaßend, aus Lederflaschen trinkend, mausend. Zwischen allem ein toter Puthahn; tote Vögel, die Augen gebrochen; vieles ist etwas unterirdischverwest gemalt, ob es schon wie blüher Alltag aussieht. Ja, dem Goya seine Sonnenmenschen grinsen mehr als sie lachen. Oder blinzen — aus Augen, die nicht ganz irdisch sind.

Alle Vergänglichkeiten dieser kennenswürdigen, einzigen, glückhaften Erde dämmern schaurig hinter dem Licht.

VIII.

Jetzt aber, jenseits von Farben, guckt auf seinen Griffel; mit kalter Nadel Geritztes; Widerschein unsterblicher Kupferplatten — oh, wie das alles dämonenflink erpackt, dämonenheiter verzerrt ist ... (Weit mehr fertig gemacht, als man es im Gedächtnis trug.)

Nur Griffe ... So ein verwunderlich fliegender Hund. So weggefegt-gerupfte, klistierte Steißhühnchen — das sind Männerchen, von Kupplerinnen und Frauenzimmern erschöpft, zerpumpt, entwest.

Oder: die klagend-anklagenden, die schneidenden »Desastres de la Guerra«, »Schrecken des Krieges« — wie er sie voll Todhaß höhnt, peitscht, bespuckt.

Eine Menschheit ist entlarvt. Staatsbildende Stützen durchhellt.

Und es heißt unter einem Kriegsbild, schon damals: »Murio la verdad« — »die Wahrheit starb«.

IX.

Dann wieder manches bürgerlich: wunderbar zugegriffen; errafft; hingedrängt. Etwan: ein reiferes Weib, aus Liebe durchs Wasser watend, die Kleider seltsam hoch ... Oder der Mann im Kabinett, mit entblößtem Arsch. Oder ein Frauensbild samt Pferd auf dem Seil; auf dem Seil.

Goya malt Majestätsbeleidigungen ... ins Schloß. Menschenächtungen ... in sein versperrtes Haus.

Von ganzem Herzen dem Sonnenland verhaftet — wie der Unterwelt.

Ist er ein einzelner?

... Francisco Goya y Lucientes ist: Kernsaft von Spanien. Ein Ausbund seiner Wonnen und Abgründe. Sein lockendster und sein drohendster Glanz. Der Janus von Kastilien plus Andaluz.

(Und, bei allem Gehusche, denkwürdig als Techniker.)

X.

— — — — — — — — — — — — — — — — — —

Nochmals, darf man (ich habe solche Furcht) den Murillo schön finden? ... Als ich einstens, 1905, aus Spanien zurückkehrte, klang etwas nach, abends um sechs, noch in der Kurfürstenstraße mittendrin, wie fernbeschwingte Musik. Fliegen wollte man, über jeden Sonnenuntergang fort, einmal noch zu dieser durchmalten Halbinsel. Da hängt und wittert verborgen-bunte Leinwand; Unerforschtes; in Europa vergleichslos.

Es gibt nur *einen* Prado. (Aber nicht nur einen *Prado* gibt es.)

Dies Erinnern zehrt ... anders als Florenz.

XI.

Darf man den Murillo schön finden? Verboten ist es? ... Ihr könnt mich (der Ausdruck sei mir gestattet), ihr könnt mich am sichersten hier vielleicht kunstgeschichtlich widerlegen.

Doch ein Johannesknab mit dem Lamm; doch die Gottesfrau mit dem Wickelband; doch der heilige Felix von Cantalicio mit Maria und dem Christusbüble; doch diese (aber wirklich!) unbefleckte Empfängnis; doch diese fromme Justa und fromme Rufina ...

Entschuldigen, bitte, freundlich. Aber das sind (Thumann völlig in Betracht gezogen) Werte. Du schmeichel-schmiegiges Lamm — du! ...

Wird es erlaubt, Lieblichkeit dargestellter Dinge zu lieben? (Ohne zur Schlichtheit erst auf einem Umweg zu kommen?) Sagt: ja.

Es gilt nicht immer nur: festzustellen, wie »das Grün auf dem Blau sitzt« ... Es kommt nicht bloß auf das (im weitesten Sinn) Herstellerische der Kunst an. Sondern, Verzeihung auch (wenn man's recht betrachtet, von einem gewissen Standpunkt, unter bestimmten Voraussetzungen, genau besehn) gewissermaßen sogar auf den, immerhin bloß durch Kunst zu erzeugenden (sozusagen) Seelenvorgang.

Er war kein allererster Malermeister? Er war... eine Musik.

Begnadigt ihn.

XII.

Ihr verwerft Murillo ... und vergöttert zugleich den Tizian. Warum (wenn ihr je das Glück hattet, nach Madrid zu kommen) liebt ihr da Tizians »Fecundidad«? Es ist eines der Weltwunder. Mein letzter Blick; beim Abschied vom Prado.

Kleinwesen — lieblicher noch als auf Tizians venezianischer Assunta. Massenhaft Kinderle, Kinderle, Kinderle. Der härteste Hagestolz müßte lächeln, stocken, tauen.

XIII.

Allenfalls die Marmorvenus dabei ist von Übel ... wenn sie auch köstlich mit dem Finger — ich weiß nicht wohin an ihrer Gestalt — zeigt ...

Hätte der Prado-Tizian statt solcher Steingestalt was Lebendes hingesetzt — eine junge Mutter! (Keine von Rubens, um Gottes willen.)

Eine helle, heitere, säugende, wache, knackfrische, junge, junge, junge Mutter.

Sie müßte fest an ihrer Brust ein Puppenfräulein halten; so ein Doldenjöhr; so eine kleine Kelchperson, die sauft, sauft, sauft.

Derlei bleibt in der Welt ja doch das Schönste. Das Hoffnungsvollste. In unseligen Zeiten die Seligkeit.

(Ende des Prado-Postskriptums.)

Avila; Burgos; Escorial; Toledo

I.

Dies Tagebuch ist noch nicht leer — doch alles muß ein Ende haben. Vier Orte werden heut gemalt. Zwei andre nächstens. Dann Schluß.

Vor dem Schluß meldet sich ein Schmerzgefühl, wie beim Verlassen des Landes.

Dieses halb unerforschten, für sich atmenden, wunderreich-fremden Bezirks der Sehnsucht.

II.

— — — — — — — — — — — — — — — —

Rauheit, Sprödheit, Wüstheit, Starrheit ... Wälle, Mauern, Tore, Fels.

Steiniges Staubgrün. Graugelb. Mit Abstürzen, Düsternis — marokkanisch. (Das ist: Toledo.)

III.

Trotz der Eroberung durch Alfons den Soundsovielten (er kam in Begleitung des Cid) herrschte noch überlegen hier der Maurengeist. In verfälschter Firma; wie so oft.

Weiter wird Arabisch in Toledo gesprochen ... bis (erst fünfhundert Jahre darauf!) man das erstickt.

Blutig dunkelt hier der Turm spanischer Kirchenmacht.

Galoppierender Verfall. Heut ein Zehntel der Bewohner von einst.

Gewesen; gewesen; gewesen.

IV.

Holpriges Bergnest. Granitbuckel. Felsdorf. Steinerne Zufallshäuser, regellos. Stolpergassen durcheinandergewürfelt.

Ein alter Trödel — zwischendrin Opale, Smaragdhaufen.

Araberstadt! Emirhof! Mit benageltem Tor; Brücken, Zinnen. Mit gemetzten Rundstraßen einer Sarazenenfeste. Mit ... nicht mit Abgründen; sondern Schuttabhängen.

Nicht mit Wänden; sondern Muren ins Wasser. In die Tajoschlucht.

Vormals eine Wacht und eine Macht. Ein Hort und ein Horst ... Heut ein Gerümpelfleck. (Mit Smaragdhaufen.)

V.

Manchmal scheint mir Toledo noch anders:

Wie ein räudiger Adler. Nein, wie das Nest eines solchen — und in der Mitte liegt jener Diamant: Kohinoor.

(Das ist die Kathedrale.)

VI.

Kathedrale!

Kargheit ... bei Farbfenstern, Marmorplatten, Prunksärgen, goldenen Hochgittern, Tausendformen, Seltenheiten.

Mit kostbarem Gestühl von Walnußholz, mit Jaspiszierat und Alabastersäulchen, kunstgegliedert für den Hintern sitzender Bischöfe.

Mit Kapellen, Kapitelsälen, Schatzgewölben voll perlschweren Geschmeids. Mit Heiligenschmuck, für Trillionen.

VII.

Und mit einem Doppelkreuzgang von alter Wuchtmajestät ...

In Gelassen dieser Steingalerie wittern Ungeheuer, für Festzüge, »gigantones«, darunter der Cid, riesengroß, hoffnungslos, mit Stoffkleidung angetan.

Vollends ein Scheusal schießt mit dem Kopf nach vorn; will beißen. (Größer als die Tarasque, die ich zu Tarascon einst sah.) Wenn der verschollene Küstercaballero hinten pufft, beißt sie ...

Wie lieblich fuhrst du zurück — denkst du daran? Es war ein wolkiger Nachmittag.

VIII.

Die Bethäuser Santa Maria Blanca und Del Transito waren einst wunderschöne Synagogen. Hernach: Zwangskirchen; ein Hirnzustand.

Die Sinagoga del Transito hegt heute noch ihr Ornament hebräischer Lettern — das oben an der Wand feiervoll hinläuft. Obschon dort längst Geistliche hantierten, denen bloß das Haar des Hinterkopfes beschnitten war.

Wo die heilige Thora stand, liegen Calatravamitglieder in Särgen. Ihre Parvenüleichname drücken dem toten Rabbi das Herz ab — der vielleicht geröstet worden ist.

Der schöne Tempel selbst war vom Bankier Peters des Grausamen, Don Samuel Levi, gebaut — welchen der Fürst hernach hinrichten ließ.

Ich würde niemals gegen meinen Bankier so grausam sein.

IX.

El Transito bedeutet: das Hinübergehn; den Tod. Könnte jedoch von dem Worte »sic transit« kommen — das auf jeden Wechsel des Irdischen zielt.

. . . Peter der Dumme machte den »transito« schließlich selber durch — nachdem sein Gedenken in aller Eile von dahinsterbenden Geschlechtern etwas vermaledeit worden war.

X.

Ich sah Toledo jetzt bei bedrohlichem Himmel. Da blickt es noch räudiger. Dies Glaubensraubnest.

Fels der Trostlosigkeit; der Skelettqual; des Mangels; — mit Kunstverschwendung.

Trümmerloch — voll dunkelflammender Herrlichkeit.

(Aber dies Karge wirkt auf einen Preußen so hinreißend nicht. Wir kennen das . . . ohne viel herzumachen. Sind aus einer Gegend, wo das erstaunte Wort jener Bayerin haftet: »Da wachst ja nix —!« Preußische Kargheit ist nur sandig — wenn Spaniens Kargland Apfelsinen trägt.)

XI.

Ins Tal ziehn die Frauen heut noch zur Quelle; schöpfen Wasser; wie zweitausend Jahre davor.

Oben, auf dem Granit, hat Greco gehaust. Ich ging durch sein Zimmer — von wo er auf den Moslimweiler (samt der kostbarsten Inquisitionsbaude) geblickt hat ... und mit dem Zukunftspinsel Vergangenheit malte.

XII.

— — — — — — — — — — — — — — — — — — —

Avila, elfhundert Meter hoch, ist ... mehr als ein mauro-kastilisches Rothenburg. (Mehr als ein berberkatholisches Hildesheim.)

Wieder Ausgucke; Kronzinnen; Morgenlandstürme; Wehrgänge; Kampfmauern; Römerbrücken ... Es ist keine Stadt: nur eine Stadtmauer.

Die heiliggesprochene Therese, bildhübsch und rund, Überbürgerin von Avila, wird von Herzen seit ihrem Priorat um 1580 hier verehrt. (Mit Fug — denn sie hatte, wie ich, Ver-zückungen und schrieb fünf Bände.)

Theresienstadt wächst aus dem Fels ... und aus der Vor-zeit.

Traumhaft-Stehngebliebenes. Zeitverlassenes. Ein bewohn-tes Pompeji — elfhundert Meter hoch.

XIII.

Ja, hinter jedem Mauertor, das lichtöffnend nach Avila geht, hat man Durchblicke zu Steingassen, hochbetagt. (Mir dämmert Passau.)

Unten, fern und nah, Klöstereien, Stiftungen, Anwesen. (Karmeliterhaftes.) Glockentürme rings. Ein Bauerndom.

Firnluft ... in Pompeji.

Die letzten Moriscos wurden erst 1610 hier getilgt. Avila »verarmte seitdem gänzlich«. Die heilige Therese konnte nichts tun, obschon diese Doktorin gute Beziehungen zu einflußreichen Stellen des Firmaments hatte.

Für den Ort aber gilt der Kleistvers: »Und ein Gestein sagt dir von ihm: er war.«

XIV.

In Burgos ist der Cid geboren. (Dies Wort kommt vom arabischen Sidi: Herr.)

»Treulos und grausam« blieb der Söldnergraf, nach geschichtlichem Zeugnis. Am Tor hängt er, mit seinem Vollbart. »Pavor Maurorum« — der Maurenschreck. Der Ausrotter.

Burgos ist heut eine gutluftige, reine, sehr bewohnbare Stadt. Mit Fensterglasschränken an den Häusern (wie Cadiz — wovon ich noch sprechen will). Und die Kathedrale ...

XV.

Die Kathedrale wirkt nicht unangenehm gotisch. Nicht spitz. Vielmehr die Türme fast abgestumpft. Vieles durchbrochen. Sehr bekringelt. Schwellend reich.

Die Gotik beginnt, mit einem Wort, juwelierisch zu werden.

Nadelbüchsen aus Elfenbein. Dazu, Gott sei Dank, schiere Quadratmauern wie in Sevilla. (Die Rechtecke versöhnen allemal mit Krimskrams.)

Erträglichste Gotik.

XVI.

Nur von außen kommt hier die Wirkung. Ich will sie malen.

Steingebälk. Totenunholde. Höllenfratzen. Mißgeburten, affig, teuflisch. Fabelgänse. Oben, unten, vorne, hinten: — ein Gewirr. Traufen, steinerne Firste, Heiligensäulen, Kringeltürme, Söller, Standjungfrauen, Kreuze, Querrinnen, Löwen, Zuckergußpfeiler hoch in die Luft, Wappen, Steinbrücken, Nachtvögel, Cherubim — seht ihr die Kirche jetzt?

... mit Buckeldächlein und (insonders herrlich) mit ganz kurzen, rundgebogenen, zwecklos schwindligen Steingelän-

dern, ohne dahinter andres als die steile, stürzende Steinmauer. Seht ihr das? Denn ein Gesamtes (all der Baumku-
chenpyramiden auf je einem Rechteck) wird nirgends erblickt ...

Kurz: gotisch — doch im Süden gemacht. Unterirdische
Neigung zum Rund, zum Quadrat. Haß gegen Stech-
Spitzes.

... Erträglichste Gotik.

XVII.

Ein »Koffer des Cid«, aus Leder und Holz, ist im Kreuzgang an die Wand gekettet. (Für einen Schrankkoffer war der
Cid zu ungebildet.)

»Cofre de el Cid« — welchen er »den zwei Juden Rachel
und Vidas für ein Darlehen von sechshundert Mark mit Sand
gefüllt übergab«. Ein prächtiger Zug des frischen Draufgän-
gers und Nationalhelden.

(Falls jedoch Rachel den Koffer mit Sand gefüllt hätte — —
na!)

XVIII.

Burgos ist eine muntere Stadt. Schon im Sommer verkühlt
sich hier das emsige Volk, um für das Spucken Stoff zu
haben.

Jenseits am Fluß liegen adelskastilische Wohnhäuser.
Schlummrig die »Casa de Miranda«, mit Wappen, Säulenhof,
Portal.

Ein Nachbar schließt sie ritterlich auf.

O Verfall! Drin ist heut ... nicht eine Gerberei, sondern
was Erstaunlicheres.

Ich sah: ganze Schweine werden hier als Fässer verarbeitet.
Gefüllte Mumien. Schwarze Schweine, weiße Schweine bilden samt ihrem ausgehöhlten Pfotenpaar ein Gefäß. Lederflaschen von mächtig tierischer Gestalt.

So weht ein Hauch der Vergänglichkeit in Burgos — auch
die irdische Hülle des Cid befindet sich hier ...

XIX.

Ihr jedoch, arme Sau-Leichen, was tut ihr jetzt mit dem Wein im Bauch?

Lebend muß man ihn kriegen — darauf kommt es an.

XX.

— — — — — — — — — — — — — — — — — — — —

Wo findet Philipp der Zweite Schlaf? Man weiß es, von Schiller. Der Escorial ist schon wieder aus Granit.

Philipp vollzog hier einen Wettkampf mit dem Gebirg — das er vielleicht kirren wollte. Da hat er in durchsteintes Grün, an tausend Meter hoch, neben die Stummheit einer Bergwand sein Abschiedsschloß gebaut.

Ein Schloß im Sinn des Abschließens. Ein Abschluß gegen Irdisches.

Die Landschaft karstig (nicht garstig) — bei nahem Schnee. In solche Unregelmäßigkeit ließ der Menschenhasser eine koloßhaft quadrige Regularität satzen.

(... eine koloßhaft quadrige Regularität satzen.)

XXI.

Der Escorial: grandiose Zurechtweisung der Natur. Ein bewußtes Übergipfeln. Ein totenköpfig eiskaltes »Siehste!«

Ein Seelenzuchthaus. Dabei hat diese Gruftvilla neunundachtzig Springbrunnen.

Und zwölfhundert Türen; — für Gespenster.

XXII.

Der Dom daneben. Das Äußerste von stämmiger Untersetztheit. Mit Elefantiasispfeilern. Jede Säule dick wie ein Zimmer.

Der dunkle Bauherr kniet, seitlich vom Altar, hoch, in Bronze.

XXIII.

Nur der Eingang des Orts, den er bei Schiller als Ruheposten angibt — nur dieser schmale Treppengang ist schaurig; von Kerzen prunksam-finster beflackert.

Unten die Särge sind in Schubladen geordnet. »Reich assortiertes Sarglager.«

In der obersten Schublade altert Karl der Fünfte. Philipp unter ihm.

XXIV.

So fromm war er, daß droben in seinem Escorialschlafzimmer ein Türl nach dem Dom zu öffnen ist — da hat er die Messe bequem im Bett gehört. Er sorgte für alles.

Durch die Gänge, wo er vielleicht stundenlang angestrengt den fürchterlichen Knaben Karl verflucht hat, schritt ich.

Durch Philipps Arbeitszimmer ging ich — und fand es nicht halb so freudlos wie auf unsren Bühnen. Der Schreibtisch, ohne Shannonregistrator für Todesurteile.

XXV.

Schlaf jedoch fand jener nicht im Escorial — denn zur Sommerzeit siedeln die Bürger Madrids in das nahe Dorf, sich zu erfrischen. Die kalte Strenge wird vom Familienglück entfeierlicht.

Philipp ist infolge des scheiterhaufenlosen, folterfreien Sommerbetriebs veruneinsamt. Ha, Tyrannnn, deshalb vergönn' ich dir zehen Jahre Zeit, in der Schublade darüber nachzudenken.

XXVI.

— — — — — — — — — — — — — — —

Frau Maria Luisa K., königlicher und holder — bei Gott! — als Goyas unkönigliche Maria Luisa, fuhr uns nach dem Escorial von Madrid. Zur Hochfläche stieg auf umlüftetem Weg das Auto (ohne, wie bei Philipp, in ein da fé zu entarten).

Der breite Fahrdamm ist herrlich. Sie, aus Valencia, sitzt oft schweigend. Spricht sie deutsch zu uns: so ist es, wie wenn ein Südvogel flötet. Spricht sie spanisch zum Kutschmann: so ist es wie stilles Tropfengeträuf ... Wir fühlen das Glück einer menschlichen Begegnung.

XXVII.

Wir sausten dann empor ins Gebirge, noch bis zum Alto del Leon — wo ein Leu steinern über die Ferne guckt; über die stolze, strenge, schwermütig-schöne Au. Nachmittags fuhren wir heim zur Stadt.

Ein Gedenktag im Leben.

Cadiz

I.

Ist in Spanien dies die frischeste Stadt? »Et weiht«, sagen bei uns die Inselmenschen. Auch hier weht es ... aber im Südland.

Schmuckkästelstraßen. Mit glatten Schmalhäusern, oft hellgrün; oft rosa; sehr lieblich. Puppenstubengasseln, ozeanfrisch; wohlgeglättet.

Die bildsauberen Häuschen, schmal und juwelenhaft, erinnern an irgendein zier-schmales Haus von ... Danzig.

II.

Aber in Cadiz ist eine ganze Stadt so — mit zieren, schmalen, saubren Puppengasseln. Dazu, das ist wichtiger: mit heiteren Südbäumen durchsetzt. (Mit heiteren Südbäumen durchsetzt.)

Und drittens liegt so was am Atlantischen Meer.

III.

Ja, aus dem Ei gepellt ... und südhaft. Man könnte fortfahren: ja, südhaft — aber fern vom Graus des Südens.

Sondern Cadiz ist eine Atmenstadt. Eine Ruhestadt. Mit verglasten weißen Schmalsöllern — oder hängenden Glaslauben. Mit überall einem weißen Erker ... auf der rosa, hellgrün, glatten Hauswand.

Sehr was Einladendes; Wohnliches; Schieres; Lockendes. (Ohne die nordische Gemütlichkeit schlechten Wetters.)

IV.

Denn für Sonne, Sonne, Sonne sind ja die Gitter-Vorsprünglein der schmalen Glas-Erkerle; jedes etwan ein Fenster breit und gar nicht tief; wirklich gewissermaßen flache, helle, weiße Glasschränke — die Stirn des Hauses lang.

Herr, so ein Haus mit drei Fenstern Front hat neun weiße Gitterbalkons mit neun weiß-ladenen Glasaltänchen — jegliches mit vielen, kleinen, weißen, gerahmten Glasscheiberln. (Unten vielleicht ein Gewölb in herzhaftem Hellbraun) ...

Die Calle de Tetuan ist ganz wie geschnitten; ganz wie vom Glaser, Silberschmied und Färberling.

V.

— — — — — — — — — — — — — — — —

Gestern abend in Cadiz angekommen. Setze mich auf eine Bank unter den Palmen. Kühle. Frischheit. Halblautes Stillesein. Herrlich rings.

Zwischen Cadiz und Xerez gab es eine Salzsteppe — aha! Mit Heideruch. Mit Leuchtturmblitzen. O schönes Schleswig, fern im Nord ... Oder ihr, »Les landes«, in Nordwestfrankreich. Salzglück — darum ist mein Cadiz auch so sauber. So frisch. So durchpustet.

(Nur, daß es zudem noch im Süden durchpustet ist.)

VI.

Heut am Vormittag sitz' ich in dem Parque Genovés. Ist ein Garten am Meer. Mit Palmen, Singvögelein, Hauch der Ferne — samt einem Blick über den Ozean.

Die Sinne, die Nüstern, Augen, Haut mit irgendwas Durchquicktem in der Seele feiern hier Hochzeit.

Eine lichtblaue Sonne wiegt sich, gewissermaßen mit einem Mund, worin sie alle Zähne klar enthüllt, über der rosa, zartgrün, frischen Leuchtstadt.

VII.

Medizinstudenten, aus einem Buch Anatomie paukend, gehn auf und ab ... oder sitzen auf einer Bank. (Im Parque

Genovés.) Was für Palmen! Es gibt welche, die sind hier dick wie zwo Elefantenbeine; und mit einer wahrhaften, ganz verwitterten Elefantenhaut, runzelig, hochbetagt.

Die Wipfel wackeln, im Atem der See.

Und eine Siedlung rings: luftgescheuert; lächelnd; voll schmucken Wohlstands.

VIII.

Wohlstands. Ich hatte nicht gewußt, daß Cadiz noch anno 1770 reicher war als London. Sieh mal an.

Nun ja, schon ein Jahrtausend vor Christi Geburt, sogar elfhundert Jahre vor der gemeinsamen Kindertötung durch Herodes, hatten Phöniker, welche die Stadt gegründet, hier ein Exportgeschäft. (Es war von ganz wesentlichem Umfang) . . .

Flinke Griechen saßen hier auch.

Räucherfische, Kochkunst, Liebesdirnen von Cadiz waren damals berühmt. Weltmarke. Ei, ei, ei!

(Das hat sich sehr geändert — die Stadt bietet an Unzucht nichts Nennenswertes.)

IX.

Der Küchenglanz blieb teilweis; — Hannibal aß gewiß hier langostinos; das ist die Mammutkrabbe.

Verzweifelt nicht, deutsche Gefährten; ein Trost für den Gegenwartsjammer steckt in Cadiz. Denn obschon Lord Essex, Elisabeths G'spusi, Cadiz dergestalt aussog, daß ein Gesamtkonkurs entstand; so war doch Cadiz, zwei Jahrhunderte danach, reicher als London.

Verzweifelt nicht, deutsche Gefährten dieser Zeit.

X.

1770 reicher als London? Aber wo ist heut (nur abermals hundertfünfzig Jahre danach) das viele Geld? Wo . . . ist . . . das . . . Geld — hä?

Die Stadt macht keinen üppigen Eindruck. Hat ein Feind es weggeschnappt?

No, señor. Die Landmannschaft. Die Stadt Barcelona!

Denn: Cadiz liegt nur im Südwesten der wunderbaren Halbinsel. Doch Barcelona blüht zukunftsträchtig im Ost. Barcelona hält heute die Vorherrschaft zur See.

Seit dem Suezkanal wurde Cadiz belanglos. Ein Fortschritt für die Welt ... war der Handelstod für eine Stadt.

Oder doch die Lungenentzündung — wovon sich das befallene Wesen jetzt erholt. Cadiz verschnauft. Es hat schon wieder (oder noch) ein paar Schiffahrtsstrecken.

XI.

Dabei war es doch gestern erst — für jenen Werdensgang, den wir Geschichte heißen; (für jenen Urwald, den wir vom Baumblatt sehn) — war's gestern erst: daß Hannibal und Hamilkar in Cadiz Truppen, Flotten zusammengestellt. Die Aufregung darüber ist ja noch in vollem Gang ...

Wie heut, so zu Hannibals Zeit sah man bestimmt am Ende der kurzen, frischen Straßen überall das grünbläuliche Meer. Wo du in Cadiz hingehst, kommst du gleich ans Meer. Cadiz ist gar keine Stadt, sondern eine Insel am Stiel. Oder: ein Tiegel (im Wasser).

Wovon sprach ich? Ja ...: überall sieht man das grünbläuliche Meer neben der weißen Bucht, indem es an die gelbliche Zuckergußstadt mit atlantischen Wellen bumst; haut; spritzt.

Cadiz war für Hamilkar Barkas gewiß eine Wonne, vor seinem Untergang. (Auch für die »Sieger«, die Scipionen — die gleichfalls untergingen.)

Heut für mich ... der ich atme.

XII.

— — — — — — — — — — — — — — — —

Bei oft stürmischem und feuchtem Wetter lebt sich's hier.

Dann aber sind auch Abende von beruhigt stillem Glanz.

Und Vorabende. Ach — Vorabende. Das zählt zum Herrlichsten in der Welt.

XIII.

An einem solchen ging ich, im Dunkelgedämmer (wie schön ist's, wenn es dunkelt in einer Meerstadt) zu dem alten Hospital für Weiber — wo ein Grecobild hängt.

Das Krankenhaus liegt kirchenähnlich in die Häuser gereiht.

Ein Priesterjüngling, bildhübsch, groß, knabenhaft, gütig, zeigt mir, in Gängen des alten Treppenhofs, das Bild.

Sehr gern ... Er ist schier überrascht, daß man kommt. Und mit wem er mal von derlei sprechen kann. Innerlich stolz, daß Spanien, die Heimat, Edelgut solchen Werts in verlorenen Winkeln herbergt. (Aber das errät sich nur in seinem erfreuten Kinderblick. In der willig-frohen Gebärde. Nicht in irgendeinem Wort.)

XIV.

Das Licht schwindet schon, draußen. Am Vorabend. Der Regen hat aufgehört ...

Die Cadiz-Menschen, als ich hinaustrete von dem kreuzgangähnlichen Hof, noch an der Seite des fabelschönen (und selber beglückten) Priesterlings — die Cadiz-Menschen, Soldaten, Greise, Hutzelfrauen, Mädel, mit schwarzem, fast venezianischem fazoletto, selten eine hübsch in dieser Stadt, aber mittendrin, köstlich, stille, rabenschwarze Kinder mit Wunderaugen ...

Wollte sagen: alles dies erging sich. An des letzten Wochentags vorabend. Zumal auf der freien Plaza Isabel — wo die Palmen stehn, und die Schiffe liegen, und die Mole sich im Abend verliert. (Wo die Palmen stehn, und die Schiffe liegen, und die Mole sich im Abend verliert.)

Das ist hart beim Catedralplatz — der vollends einen Palmenwipfelwald unweit vom Ozean hegt.

Verweile doch.

XV.

An Venedig denkt man ... Aber hier ist Weltmeerfrische. Venedigs unsterblich graziöser Verfall — das lebt an Herrlichkeit auf diesem Stern Erde nur einmal. Venedig hat jedoch keine Palmen. Venedig ist (von hier aus) eine Norderstadt.

Dennoch unsterblich; dennoch unvergleichbar.

XVI.

Die Sträßlein sind allenfalls doch zu vergleichen. Auch in Cadiz gibt es manche Merceria ...

(Spanische Mercerien, in Sevilla gleichfalls: eng, von einer dunklen Volkheit im Gewimmel durchfüllt — und wo kaum ein Wagen fährt.)

XVII.

... Sie wandelten, am Vorabend, als der Regen, wie schon festgestellt, nachgelassen hatte. Manchmal ein Gedräng'; langsam zum Durchkommen; doch alles ruhevoll; doch gewissermaßen schlendernd; noch mit Geplauder und letzten Besorgungen ... und im Genießen jenes Samstags, am Vorabend — (als der Regen aufgehört hatte).

XVIII.

Mittlerweile war es wirklich dunkel geworden. Im Dunkel glänzen die kleinen Gewölbe; voll von Alltagsdingen; von Speisen des Südens. Es war sonst nichts los; es ging nichts weiter vor; die Stadt ist zum Glück ohne Sehenswürdigkeit. Man erlebt hier nur, wie die Einwohner leben.

See-Spanier; von Fremden fern. Für sich — am Vorabend; als der Regen aufgehört hatte.

XIX.

Alle zwei Minuten sah man, links oder rechts, jetzt seitwärts, jetzt vorn, das überflorte, schon halb düsternde Meer. Es hauchte zu den Ladenlampen hin. (Doch ohne nordische Gemütlichkeit schlechten Wetters) — und draußen lagen die Schiffe.

Und draußen lagen die Schiffe.

Cadiz bleibt eine Palmenstadt, im Süden, ozeanfrisch.

Mit, zwischendurch in die engen Straßen gereiht, manchmal einer Kirche samt etwelchen Gottesmüttern und ihrem blutenden, gliederdurchbohrten Sohn. Mit ein paar gelegentlich verschollenen Türbogen — und mitunter einem Weinschank.

Und zur Römerzeit hieß die Stadt: Gades.

XX.

— — — — — — — — — — — — — — — — — —

Aber dies alte Gades liegt anderswo.

Nicht in jenen Puppengasseln mit den Glaskästen.

Sondern draußen liegt es — wo der Boden höckrig buckelt; am Hafenteil, wo alles holpernd ist, wüst, unwirtlich, mit felsiger Bauchung und Wölbereien. Mit Steinblöcken, die eine Brüstung sind. Wo Steinwallungen, Mauerschwellungen ragen. Wo Quadermauern dick die alte Stadt gegen eine Tobsee scheiden.

Klobig antikes Gewäll, schwärzer, zerrissener, steinwilder, gebirghafter als bei St.-Malo in der Bretagne.

Sondern es ist ein rohes, ein karthagisches Wuchtbild. Brandung spritzt und pfeifzischt und schlägt — davor aber liegt, mit zurückgeworfenem Kinn, die weißgelbe Stadt über (an diesem Platz) graubraunem Trotzgemäuer.

Unten grün das Weltmeer; es streichelt mit den Zehenspitzen Südamerika.

XXI.

Hier also wacht Gades; oder die ältere Semitenstadt: Gadir. Antiker Ort — noch heut, mit zwei, drei verirrten Kirchkuppeln; am Gischt.

Hier ist kein Heiland und kein Bischof in der Landschaft; in der Meerschaft. Hier ist Hannibal und Hamilkar. Hier ein Stückchen jenes Urwalds — welchen unsereins vom Baumblatt sieht.

(Man sieht etwas mehr, als die Muscheltiere sehn — die jahrtausendlang unterseeisch ein Salzstrom an diesen Fels haut. Für die nichts vorging, was außerhalb des Wassers vorgeht. Man sieht etwas mehr als die Muscheltiere. Und etwas weniger als ...

(Als — ? ...)

— — — — — — — — — — — — — — — — —

In dem geschmückten Kirchlein des Irrenhauses; bei den Walltrümmern und Steinblähungen: da hängt Murillos letztes Bild. Er fiel vom Gerüst hier ... und starb daran. Es heißt: Die Verlobung der heiligen Catalina.

Ich sehe das, am Ausgang eines andren Tags. Nicht als »Werk der Kunstgeschichte« — nur als einen flüchtigzarten Hintergrund. (Vorabend, Vorabend, wie schön bist du!)

Über dem Altar, in ihrer Welt voll Duft und Engeln, regt sich eine holde Frau, die ein abermals holdes Kindchen, wohl die kleine Catalina, hinhält — dort jedoch steuert auf das Himmelsjöhr stumm eine angelische Gestalt. Nichts daran ist gezuckert. Es verschwimmt.

XXIII.

Undeutlich sieht man das, beim Gottesdienst — während von der Kanzel ein katalanischer Pfaff mit köstlich angeborenem Rednertum, feinblütig, ein wunderglatter Agitator, von seiner Stadt Barcelona hier erzählt. Sehr beherrscht. Spricht von der Arbeitsstadt; von der Großgewerbstadt; ganz nebenbei vom Mont Serrat mit allen Heiligen dort ...

»Ich komme von Barcelona« — beginnt er jeden Absatz. Und nach jeder Klammer (die er mit der Stimme macht ... als ein Musicus) — nach jeder Klammer, in seiner geschliffenen, spargebärdigen Beredsamkeit, erklingt es: »Ich komme von Barcelona.« Vornehm. Kräftig. Sanft. Ein Soldat der Kirche.

Schlimmstenfalls könnt er Aufsätze schreiben, eines Tags. (Also: Musikstücke.)

XXIV.

Die Tür zum abgenutzten kleinen Kreuzgang steht offen. Mitten im Kreuzgang schießen hier Jungen Kobolds — und schreien. Hinter dem offenen Kreuzgangstor wieder dehnt sich die weite See ... am Vorabend.

Und eine Frau, schwarzhaarig, blaß, schön, in ein schwarzes Tuch geschmiegt, worin sie ein schwarzes Puppenkind hält, schreitet jetzt im Zwielicht über den Kreuzgang auf die Kirche zu.

Ich stehe schon draußen.

Die Stimme des Pfaffen hallt herüber. (Er kommt von Barcelona ...) Die Dämmerung steigt über das Meer.

Dort blinkt, im noch hellen Schein, ein Leuchtfeuer.

(Nebenan die Irren.)

XXV.

— — — — — — — — — — — — — — — — —

Das Wort: »Ich komme von Barcelona« gilt auch mir. Ich will diese Stadt noch bannen.

In C-Dur.

Barcelona

I.

Diese Stadt bleibt grundgetrennt von allen spanischen Städten, die ich hier beschwor. Grundgetrennt bleibt ein ganzer Landgau: Katalonien.

Ist Katalonien ein Teil Spaniens — oder ein Gegensatz zu Spanien?

In jedem Fall: es bedeutet mehr als den stärksten Teil Spaniens. Nämlich: den starken Teil Spaniens.

Und dieser Teil von Spanien will kein Teil von Spanien sein ...

So liegt, mit Stumpf und Stiel und Stock und Stein, der Fall.

II.

Was ist in der spanischen Symphonie Barcelona? Das Allegro molto des letzten Satzes? der klingende Gipfel?

Nein. Denn jedes sieghafte Presto des Schlußsatzes ähnelt im Bau dem Beginnsatz. Barcelona jedoch ähnelt gar keinem früheren Satz.

Sondern es erscheint plötzlich als erbittert-selbständige, sehr neue coda — (welche den Rest Spaniens für ihre kleine coda hält).

III.

Wie steht es zu diesem Rest?

Katalanen, das iberisch-griechisch-römisch-gotisch-arabisch-französische Mischblut — Katalanen sind flink. Als Arbeiter. Als Mittler. Als Rechner. Als Wertschöpfer.

Zum Unterschied gelten Kastilier für saumselig; halten darum ihre Abkunft sehr hoch.

(Indes die Andalusier aus ihrer Faulheit keinen Blutstolz herleiten; sondern halt nur faul sind.)

IV.

Ich möchte sagen (das Wort »Substanz« kaufmännisch, nicht spinozistisch genommen):

Der Katalane schafft die Substanz. Der Kastilier lebt von der Substanz. Der Andalusier lebt ohne Substanz (— von der Sonne).

Kurz: Der Andalusier hat Behagen; der Kastilier Haltung; der Katalane Sprungmacht.

V.

Und jener neue Mensch der Halbinsel, der von Katalonien, ist Republikaner. Er birgt ein Kämpferherz — bei der Verdienerhand.

Er hegt eine Wut gegen die spanische Wirtschaft. Gegen den Hof. Gegen das Dasein in der Vergangenheit.

Katalonien ist wie ein Künstler, der sich vom Agenten freimacht.

VI.

— — — — — — — — — — — — — —

Barcelona ... »Solch ein Gewimmel möcht' ich sehn.«
Ich sah es einmal; drüben; in der Neuen Welt.

Wie das flutet, unter Barcelonas Platanen. Wie das strömt, beim Lärm der Zeitungsrufer, zwischen Häusern, Bäumen, Kiosken, beim grellen Lichtgeschwirr.

Ein übersetzter Boulevard; ein verkleinter Broadway. Tags Arbeit, abends Gäste. Bilderbuntes Angebot; von gleißenden Laternen hingestrahlt mit frischer Technik.

Nachthelle Gewölbe; Glashäuschen mit Langusten, Brathühnern, Würsten, Sülzen, Ragouts, Muscheln, Salami, Pasten, Zitronen, Schinken — und gegenüber vom Ladentisch das Getränk, hundertfältig. Achtjährige Mädel verkaufen dazu singschallend Zeitungen. Getümmel und Gewimmel.

Man ahnt hinter alledem schon Argentinien.

VII.

Bei Tage: die Straßenpalmen, mit hochgehißten Fächern (sehn wie Indianerkopfschmuck aus). Darunter volkhaftes Getrieb von Männern in weißen Leinwandschuhen. Hanfsohlen; Mütze; Wolltuch.

Fischpaläste, Fleischpaläste, Fruchtpaläste.

Was Selbstbewußt-Emsiges. Es weht eine neue Luft — über einem begünstigten Schlag.

(C-Dur.)

VIII.

Morgens der Blumenmarkt. Mit Narzissen; mit Kamelien, weiß und rot wie aus Wachs; mit Nelken, Kalla, Anemonen; mit Goldregen, dunkelvioletter Iris — und wieder Hyazinthen, Hyazinthen, Hyazinthen. (Veilchenströme vergaß ich fast.)

IX.

Dieser Markt — mit allem Reichtumsbrodem der Morgenfrische! Plattsilbriges Meergetier mit roten Flossen. Tintenfische. Schnecken. Sardinen. Blutig mit dem Beil durchklopfte Seehechte. Polypengewirr. Kleinfischhügel.

Dann Berberfeigen: die Kaktusfrucht (sie ist wie ein erweichter, grüner Tannenzapfen voll dicken Saftes, bei vielen

Kernen). Hier Artischocken, Bananen, Pfefferschoten, Trauben, Grünspargel — und Blumenkohlgigantenköpfe; seltsam blauschwarze darunter. Oliven, Ananas, kandierte Frucht, Tomatenberge, Sellerie.

Dann wieder Hummerkrebse, durchsichtig (verblüffend schlank). Und ein Aalgezücht — Kinder!

X.

Mitten auf den breiten Baumstraßen, auf den Ramblas (das kommt vom arabischen Wort »ramla«, welches etwa Strombett heißt ... und hier wirklich ein Menschenstrombett ist; die ganze Stadt hieß einstens Bardschaluna — sarazenisch) ... auf den Ramblas ist ein steter Vogelmarkt mit Papageien und Kanariensängern, die ungewohnt fett und gelb sind; mit fremdblütigen Finken unter einem roten Hahnenkämmlein. Kolibris wie Schmetterlinge. Und Märchenkakadus. Und rings ein Gedonner der Trambahnen — durch das volkreiche Seegewimmel ... von Bardschaluna.

Von Bardschaluna.

XI.

— — — — — — — — — — — — — — —

Die Stadt scheint aus Männern zu bestehn.

Frauen und Mädel, die Minderzahl, gehen oft ganz in Schwarz. Zwar fesch und volkhaft — dennoch ganz in Schwarz.

Es rollsegelt langsam eine fette, breite Katalanin, wieder in tiefem Schwarz, mit schwarzem Spitzenkopftuch. Sie holt Luft, mit schwarzem Spitzenfächer.

XII.

In der mächtigsten Großgewerbstadt Spaniens gibt es leckere Veduten.

Dort, im Palacio-Viertel mit der Kolumbussäule. Mit jener »Lonja« (das Börsenhaus ist schon 1382 gegründet — o junge, grüne Burgstraße von Berlin!). Sitz des Seehandels; der Rechenstuben. Dort wird Baumwolle verfrachtet; entfrachtet, Seide, Maschinen, Töpferei.

Doch in der Calle San Fernando kannst du Lichteres erblicken.

Augenweiden gibt es. Schildpatt; Parfüms; Edelmetall; Spitzen; Seidenstoff; Hüte; Spielsachen; Hemden; Bonbons; Juwelen; Fächer; damasziertes Gold; Kinkerlitzchen — und sonstwas.

XIII.

Die Ramblas aber sind noch der alte Stadtteil. Der Paseo de Gracia ganz neu. Er will Champs-Elysées oder »Linden« sein. Recht absichtsvoll großstädtisch.

Ein freigebiger Zug herrscht in Avenuen.

Voll Unternehmungsgeist ist hier Grellneues. Unternehmend wie Barcelonas Taschenseidentüchlein mit wildbuntem Muster.

XIV.

Oder wie Kataloniens Architektur — mit ihrer Neuphantastik.

Es ist kein Expressionismus. Den schuf zwar in der Malerei ein Spanier (wie im Sprachstil ein Deutscher — seinen Namen werdet ihr nie erfahren) ... doch jener Picasso hat ihn längst schon aufgesteckt. Er malt wieder gebändigt oder naturnah — und lacht.

Die katalanische Neuarchitektur ist manchmal bauchig gewellt: so daß ich an Yvette Guilberts Häusel vor den Wällen von Paris denken muß — welches auch so eine wogige Vorderseite hat; so schmiegig, beugig.

Die Architektur der Neukatalanen liefert hierzu noch gelegentlich eine Schrecküberraschung — nicht ohne Geist.

XV.

Hochöfen, Fabrikessen. Kleines Gewühl von Schloten vor der Stadt ... So das neue Merkmal von Barcelona. (C-Dur.)

Das alte steckt in der düsteren Catedral voll ernster Gotik — wo im Kreuzgang Feigenbäume, Riesenpalmen stehn und im Steinwasserbecken ein Gänseschwarm haust.

(Diese scheußlichsten aller Vögel sind hier Dauergäste des Doms. Ein Sinnbild für den unfeierlichen Zug der spanischen, der volkstümlichsten Katholizität.)

XVI.

. . . .

Der Idealismus von Barcelona ruht nicht im Dom. Auch nicht in der Belénkirche, der ganz matt-dunkel-goldenen ... Eher in der Technik des Handels. Drittens jedoch in einer Bodenerhebung — dicht bei der Stadt, an einem Halbrund, am blauenden Meer. Das ist der Berg Tibidabo.

Er liegt bei Barcelona noch dichter als der Zobtenberg bei Breslau.

Jedenfalls ist er voll von Apfelsinenbäumen bis man hinaufkommt.

Weißgelbe Landhäuser, quadratisch, mit Flachdach. Mit Geländern aus hellem Stein. Eukalypten. Tolle Blumen. Veilchenfarbene Kletterblüten. Palmen. Johannisbrotwipfel ...

Über vieles blickt man mit staunender Pupille von oben — über sämtliche Goldorangen weg, auf jenes blauende (manchmal ganz gefallsüchtig-blaßblaue) Meer.

Ja, alles ist hellfarben an dieser Goldmuschel oder concha d'oro; — doch concha d'oro heißt auch bei Palermo der See- und Landstreif, so du von Monreale herabguckst ...

Es gibt halt mehrere Goldmuscheln in der Welt.

XVII.

Item: hier, vom Tibidabo schaut ein Mensch auf die machtvolle, besonnte, gelbe Stadt. Er blickt auf Baumgrün, auf Nacktfels, auf einen Hochstock — neben weit sich hindehnendem Gewimmel der Häusertausende.

Das alles mit seinem Glanz ist sehr C-Dur.

XVIII.

Die ganze Männerstadt Barcelona ist es; von Arbeitslüsten durchhaucht; mit Recht überschnappend in allerlei Zukunftshoffnung.

Voll Trotz auf die eigne Mundart. Das Wort Kataloniens ist ja fast provenzalisch.

Ähnlich dem Wort gestorbener Troubadours. Der Franzose Mistral schrieb noch gestern in verwandter Sprache sein Gedicht »Miréio«.

Statt »O notre amiral, ta parole est franche« sagt so ein Mistralvers: »O noste amirau, ta paraulo es franco.«

Im Gedächtnis bleibt mir, seit ich Altprovenzalisch vor Zeiten geschlürft, der Anruf eines Liebessängers an sein Mädel (das vielleicht eine Frau war), kräftig und frisch —: »Wenn süße Luft herüberweht, von deinem Heimatland, dann wird es mir, als röch' ich ... den Wind vom Paradies.«

> Quan la douss aura venta
> Deves vostre païs,
> Vejeire m' es quieu senta
> Un ven dou paradis ...

Das ist tausend Jahr alt. Hoffentlich schrieb ich es recht. Immer noch lebt jene Mundart — hier im Wochentag.

XIX.
— — — — — — — — — — — — — — — —

Katalonien will mehr als eine Mundart.

Zwar ein Andalusier wispert mir zu: Kataloniens Autonomie sei höchstens der Traum von »vier Menschen«. Das Ganze sei kaum ernst zu nehmen.

Nicht jeder denkt so ... Beispielshalber Spaniens Regierung nicht.

Keinen Funkspruch auf katalanisch befördert sie. In der Troubadoursprache darf nicht telegraphiert werden.

Gegen Landsgenossen ein kleinliches Mittel.

(Immerhin ... Selbst eine kleinliche Regierung ist mir zehnmal willkommener als eine schlappe, schlappe, schlappe, die jeden Hohn hinnimmt — und sich mit offenen Augen selber die Urne gießt.)

XX.

Katalonien kennt in Wahrheit zwei Ziele. In der Staatsform: Unabhängigkeit. In der Wirtschaft: Sozialismus.

Der Vergleich mit dem Kampf der Flamen und Wallonen bliebe falsch: weil Kataloniens Wort ja lateinisch ist wie das kastilische — während in Belgien zwei getrennte (Rassen — hätt' ich fast gesagt) ... zwei verschiedene Sprachstämme sich balgen.

XXI.

— — — — — — — — — — — — — — —

Ist hier ein Kampf nicht vermeidbar? — O tätigt nur eine Gewichtsverschiebung ... an Stelle des Kampfs! Darin liegt alles.

Mancher spanische Freund bangt um Spaniens »Anschluß an Europa«.

Ist nicht Katalonien (auch örtlich!) zu Europa der Übergang —?

Ist nicht hier ein Beginn der Sozietät ... an Stelle der Vereinsamung?

XXII.

Katalonien harrt nicht, still, gegenüber von Afrika.

Sondern reibt sich und rührt sich im Seegetrieb dieser mittelländischen Bucht. In Hall und Hauch.

Dies Ostgeheg stachelt sich zum Wettrennen. Ermüdet sich heiter im Entwicklungslauf; mit juchzender Überflügelungsgier — voll Schlafscheu.

(C-Dur.)

XXIII.

Wer Barcelona erlebt, weiß heute: daß Spanien eine Zukunft hat.

Barcelona-Postskriptum

Aus Barcelona kam das Pronunciamento des Generals Primo de Rivera — im September 1923 ... Denkwürdiger Umstand.

Denn Katalonien, industriesozialistisch, bedeutet ja das andre Ende der spanischen Wurst.

Professor R. Campalans von der Universidad Industrial in Barcelona, den ich menschlich nicht kenne, schickt mir eine Schrift (katalanisch abgefaßt), welche die Gegenströmung belichtet.

Sie heißt: »El socialisme i el problema de Catalunya«. Vertritt nicht nur Handarbeiter, sondern alle Wertschöpfer.

Auf der ersten Seite hat er, was ich im April drucken ließ, in deutschen Lettern wiederholt: »Und dieser Teil von Spanien will kein Teil von Spanien sein.«

Er schließt mit den Worten an seine Landsleute: »Amies: Visca la República Social de Catalunya!«

(Dies ist eben das andre Ende der spanischen Wurst.)

Coda

I.

Der Fittich rauscht. Die Muse spricht:
»Don Alfred Kerr! Halb Glück, halb Fluch
Dünkt mich dein seltsamer Besuch
Im Licht.
Einst endet wohl ein Tagebuch —
Jedoch die Sehnsucht endet nicht.«

II.

Ich sprach: »Dies Sonnenabenteuer,
Verzaubert hält es mein Gemüt.
Voll Veilchenglut und Kupferfeuer
Seh' ich den Horizont im Süd,
Und braune Ketten ohne Ende

Und Ölbaumhalden silbergrau
Und rosa Dächer, Kaktuswände
Und Blühgesträuch am Meeresblau
Und meines Lorbeers luftige Blätter.
    Die Welt ist schön — zum Donnerwetter!

Wenn Himmelstöne brechend starben,
    Fühlt' ich es im Gelenk der Hand;
Ich habe halb erloschne Farben
    Und quick erwachte festgebannt.
Und jetzo zieht die Zauberei,
    Nach der die deutschen Sinne darben,
Als Epilog an mir vorbei ...
    Schreib' ich ihn auf? — Ah was! es sei!«

III.

Spanien, an des Erdteils Rand, von dem Weltentrubel weit,
tagverlassen, kaum gekannt, stoisch in der Wesenheit. Nicht
geglättet, nicht verbildet, halb in Dornenschlaf gehext, von
der Sonne übermildet, daß der Wein zum Munde wächst.
Spanien, wo der traumverschwommne Erdensohn betracht-
sam schaut, und der Hang fürs Unvollkommne Feierabend-
welten baut ... Spanien, gar nicht fortschrittsdurstig, das die
Welt beim Alten ließ; triebversponnen, ruhewurstig — —
stehngebliebnes Paradies.

IV.

Fromm bedeckt ist Hals und Busen,
Wenn sie unter schwarzen Blusen
Ihre schwarzen Röcke raffen,
    Und die Augen sittig glühn.
Mohrentöchter. Zarte Affen.
Dunkel; fast olivengrün.

Und sie wandern wundersam
    Im Orangenruch;
Schwarzer Dutt und schwarzer Kamm,
    Schwarzes Spitzentuch.
Eine lächelt fragend-kühn.
(Dunkel; fast olivengrün.)

                    V.
Der grause Stierkampf, die corrída, bleibt eine wahre See-
lenseuche. Das Publikum will imma wieda die aufgeschlitz-
ten Pferdebäuche; auch Hahnenkampf mit Wettgekreisch
und bloßgelegtem Gurgelfleisch.
    Der Mensch bleibt eine lästige, zu früh verkalkte Bestie.

                    VI.
    Avila, du mein Entzücken! Hartsteintrotzig, unverzagt.
Türme. Tore. Kämpferbrücken; rauh von Zinnen überragt.
Moslimwälle, wuchtbetagt …
    Oben in der Diözese (christlich sanfte Antithese!) thront
die heilige Therese.

                    VII.
    Über deiner Schwesterstadt
        Aus der Mohrenberge Troß
    Wolkenhoch und äthersatt
        Hebt sich das Alhambraschloß.

    Goldnes Denkmal toter Träume.
        Rosa Mauern. Rosa Zinnen.
    Urzypressen. Feigenbäume.
        Und die Rauschebäche rinnen.
    Berg-Au. Übergrünte Almen.
        Unterm Schneegebirg die Palmen.

                    409

Schnörkelmärchen. Funkelwonnen.
Tausenfarbne Kringelströme.
Fabelwände. Flüsterbronnen.
Bunte Bogendiademe.
Glitzerblumen bläulich blühend.
Myrtenhöfe längst verwittert.
Flammenfrüchte rosa-glühend.
Träufegärten goldumgittert.
Wisperwinkel. Wasserbecken.
Hohe, himmelblau erhellte
Steingewordne Mondgezelte.
Gaukelfenster. Dämmerecken ...
Zeitzerfressne Löwenmäulchen.
Feenlichter, schimmerhold.
Alabasterkerzensäulchen.
Kuppeln, violett und gold.
Goldne Träume draußen, drinnen.
Goldne Säle, goldne Zinnen.

... Und die Rauschebäche rinnen.

VIII.
O Barcelona, Barcelona, du hast dein' Sach' auf dich gestellt. Längst ist der Rhythmus der Bewohna ein Vorklang aus der Neuen Welt.
Man fühlt in großen Linien ... den Takt von Argentinien.

IX.
Seltsam, diese Dunkelnis!
Dieses Zwielicht, das mich peinigt.
Schrumpft die Welt zum Schattenriß?
Selbst voll feierlicher Strenge
Sind die Sonnenuntergänge
In dem Hochland starr und steinigt.

Oben steht das Haus der Qual:
Escurial.

X.

Starrheit ohne Schliff und Schmelz. Wälle, Mauern, Tore,
Fels. Muren gelblichen Gerölls ... Von der Wacht mit wilder
Wucht, stürzt es in die Tajoschlucht.

Maurentrödel, zeitverlassen! Dies Toledo bröckelt steinern
mit den Holperstolpergassen, mit Morisken und Zigeinern.
Stauberstickt im räudigen Pelz.

Wälle. Mauern. Tore. Fels.

XI.

Dies fausta, dies illa!
    Manchen Flaschenhals bezwang ich.
Malaga und Manzanilla,
    Roten trank ich, Weißen trank ich.
Schluckte den Rioja gern,
    Adelfüllig, sonnenklar;
    (Dieser ähnelt dem Sauternes).

Doch mein schönster Landwein war
    Aus dem Dorfe Palomar.

XII.

Wenn dieser Greco, grünlich-bläulich,
    In kältester Verzückung rast
Um einen Heiland, stupsbenast,
    Um tölpelhafte Cherubim —
Dann denkt mein Blick: »Es ist abscheulich!«
Doch meine Seele denkt: ».. . Sublim!«

XIII.

Schwarze Fräuleins auf Altanen. Kerzenkinder, Himmelsbräute. Sakramente, Heiligenfahnen. Goldner Schein und
Domgeläute.

Kruzifixe bei Monstranzen; und im Gittergoldgehäus:
Heilandsdiener, Gottesschranzen; violette Weihrauchboys
.. . Blumen häufen sich zu Berg; schwärzlich stapft der Men-

schenstrom, nasgelockt vom Räucherwerk, zum Giganten-Wipfeldom.

Doch ein weißes Traumgespinst scheint am Steintor stumm zu stehn. Ein arabisch Auge blinzt — Kirchen waren einst Moscheen! Christi Braut in Kreuzesbrunst hat sie mit Gewalt verwandelt, übergotisch fromm zerschandelt; hold verhunzt.

(Auch betünchte Thorabogen in getauften Synagogen gucken lammfromm und verlogen.)

XIV.

Hohe Himmelsheil'ge schauen auf die Menge kniegeduckt, auf die Mohrenaugenbrauen eines Jungen, der sich juckt — während seine braune Braut (schwarzgefiedert, matte Haut) auf die Fliesen spuckt.

Orgelflüstern gipfelschwingend. Widerhall in Rätselgängen. Fern entweltlicht, zart verklingend, mit zerschwebenden Gesängen.

Sarkophage; Gottesmütter. Kerzendunkel; Zaubergitter. Tote Pfaffen; tote Ritter ...

XV.

Murillo: lieblich-lämmlich-kindlich;
Im Himmelskitsch unüberwindlich!
(Stark neben seinen süßen Masken
Hängt das Fabrikbild des Velasken ...)

XVI.

Mittagsglanz; am Katarakt — wo die Sierra, nacktgezackt, pomphaft die Pupille packt. Oben, ohne Schutz und Schirm, brütet eine breite, brave, gottgeduldige Agave, mitten auf dem Felsgetürm. Die Agave harrt und starrt, fern von jeder Gegenwart, ohne Inhalt, ohne Ziel — wie ein schlafender Schlemihl. Von der Sonne heißgekocht, fristet sie ihr Leben focht, Sommer, Winter, Herbst und Lenz ... ist das eine Existenz? — ? — ? —

XVII.

Francisco Goya. Bodenschlächtig;
  Bist einer von den Menschenfängern.
Den Alltag malst du ... mitternächtig
  Trotz Winzern, Buben, Stelzengängern,
  Trotz Jungfern und Gitarresängern.

Lemuren schielen vampirstill.
Die Sonne selber blinzt verdächtig
Beim Tanz der Mädels; im April.

XVIII.

Burgos! Zaubertürme. Rampen. Zierer Krimskrams. Stein-
gemäuer. Heilige Erker. Gnadenlampen. Wasserspeier-Un-
geheuer. Seitendächer tragen Traufen. Wilde Söller, säulen-
bündlig. Treppen, die in Nichts verlaufen. Steingeländer
stürzend-schwindlig.
Märchengänse; Teufelsvögel. Mißgetümlich, fabeltierisch.
Pfeilerfirste; Marmorkegel.
Eine Gotik: juwelierisch.

XIX.

Heimatlich gewissermaßen
  (Wenn sich wild an Haldenhängen
    Lichtgrau Feigenbäume drängen)
Sind im Frühling Abendstraßen;
Wo, vom Bauermann begleitet,
  Leise wippend mit dem Fuß,
Eine Frau das Maultier reitet —
  Andaluz! Andaluz!

Manchmal aus entschwebten Tagen,
  Wie zerspellter Saiten Schall,
Geistern Sarazenensagen,
  Warnend talkt's der Wasserfall.
Kissenberge, duftumfangen,
  Eingedrückt von sachten Wangen ...

Alle Zacken werden weich.
Und ein lila Abendreich
　　Spendet späten Schattengruß.
Kuppen, apfelsinenfarb;
Heuduft, eh' die Sonne starb —
　　Andaluz! Andaluz!

XX.

Cadiz in der Wassermitten einer süder-frischen Welt, sanft
vom Silberschmied geschnitten, und wie aus dem Ei gepellt.
Rosa, hellgrün sind die Wände, doch die Söller weiß wie
Schnee. Und an jedem Straßenende schaut man schimmer-
voll die See. In dem Städtle kreuz und quer, kehr dich hin,
kehr dich her — guckst aufs Meer.

Cadiz, ohne Wagenrasseln; wo die Bürger nicht berser-
kern, still sich über Puppengasseln sonnen in verglasten
Erkern.

Oder: still und ausgeruht in dem Parque Genovés, jenem
Garten an der Flut, sitzen sie auf dem Gesäß.

Träumen ruhig, sachgemäß ... (Palmen ragen rindenrunz-
lig; Blumen schmeicheln schmiegig-schmunzlig — in dem
Parque Genovés.)

Wenn der Regen nachgelassen
　　(Auf dem Weltmeer ist's noch hell),
Schreit' ich durch verschollne Gassen
　　Nach der Plaza Isabel.

Bleicher wird die Flutenbahn.
　　Späte Lüfte, salzig feucht.
Leiser Glast am Ozean.
　　Blinkefeuer. Turmgeleucht.

Staunend steh' ich still und seh's —
　　Und das Dunkel flitzt verstohlen
Über weiße Abendmolen
　　Zu dem Parque Genovés.

XXI.

— — — — — — — — — — —

Genug! Bald hat die Feder Ruh —
   Mit Versen voll sind zwanzig Blätter.
Die Welt ist schön, zum Donnerwetter!
   Und Eine — die gehört dazu.

Du klommst mit mir auf jeden Pfad,
   Du zogst mit mir durch alle Fernen,
   Du lachtest unter Abendsternen
Und bliebst mein starker Kamerad.

Und manchmal scholl ein stiller Ton:
   »In Deutschland wartet unser Sohn.«

Du bist, Ihr seid … der neue Tag,
Des schweren Herzens leichter Schlag.
   Das Lachen nach dem Leide.
Ihr spannt ein dämmerbuntes Band
Zum Träumebaum ins Kinderland —
   Ihr beide. Ihr beide …

XXII.

Der Fittich rauscht. Die Muse spricht:

»Der Puls des Bluts wird zum Gedicht. Ob Nord, ob Süd — noch einmal prangt die Welt im Licht … Das Leben blüht.«

XXIII.

Das Wort verhallt, der Ton verhallt; zum Fenster segelt die Gestalt.

Ich saß am Tisch — im Grunewald!

Die Allgier trieb nach Algier ...
Ausflug nach Afrika

Abschied vom Schwabenland

I.

Zu den Palmen von Algerien
Fahr' ich in die Frühlingsferien.
Erst im Schwabenland jedoch
Schlief ich. Sachter Mond erglänzte
    Hell herab von Degerloch —
    Und es lenzte.

II.

Und ein zuverlässiger, treuer
    Burghofbrunnen älterer Art,
Nachtumschimmert am Gemäuer,
    Raunte was vom Rauschebart.

III.

Plötzlich ... Sang das eine Grille?
    Quakte das ein Märchenfrosch?
Laut erscholl das Wort: Bazille —!
Scheu erschauerte die Stille,
    Und der gute Mond erlosch.
Motten murrten. Fliegen flennten.
    Vögel flohen flugs vom Ast —
Vor dem Schwabenpräsidenten,
    Der den deutschen Freistaat haßt.

IV.

... Zu den Palmen von Algerien
    Fahr' ich in die Frühlingsferien.
Jenes Abends denk' ich doch:
    Holder Spätzlemond erglänzte
Stumm herab von Degerloch —
    Und es lenzte.

Tief empfand ich, duftgebadet,
  Mildes Glück des Dämmerscheins.
Württemberg, du bist begnadet!
  (Bis auf Eins. Bis auf Eins.)

Algier

I.

Es ist Mai.

Unverständlich sind mir die Araber: weshalb sie nicht
nach Stuttgart gehen, sich zu wärmen. In Stuttgart war es, als
ich Europa verließ, mild und sommerlich.

Hier in Afrika wird morgens der frosterstarrte Mensch
mühsam aufgetaut.

Unverständlich sind mir die Araber.

II.

Ich wollte feststellen, ob dort noch alles da ist.

An dieser Küste war ich früher so oft gelandet. Jahre hindurch stets ein afrikanischer Frühlingsgang: Marokko, Algier, Tunis, Ägypten — bis dann ins Afrikanische zum Heiligen Land.

(Vor dem Krieg!)

Die Allgier trieb nun zurück nach Algier. Von diesen
Himmelsstrichen ist Algerien der lustigste. Noch einmal
Gesehenes wiedersehn — (und manches Dir, Jula, zeigen).
Nach Marseille! Dort auf ein Schiff! (Hapag und Lloyd sind
viel besser; bloß der Wein ist bei den Franzosen umsonst.)

Fast alles wird seekrank. Von hundert kommen acht zu
Tisch.

... Und sieh, mir fehlt ein teures Haupt.

III.

Ist noch alles da? ... Nein. Die alten Araberviertel von Algier (um die Burg, die »Kasba«) sind geschrumpft; halb vernichtet. Schieber, Bodenschlächter haben gehaust.

Ich verließ eine weiße Stadt — und fand eine rötliche wieder.

In zwei Jahrzehnten kamen fünfzigtausend Einwohner dazu ... mit Ziegeldächern.

Ich verließ eine afrikanische Stadt — und fand eine europäische.

IV.

Gern hätt' ich in dem lockenden Hotel von einst gewohnt: im obersten Mustapha; auf dem Gipfel.

Es besteht nicht mehr ... Ist umgewandelt: in ein reizendes Lyzeum für Frankreichs Töchter.

(Der Wunsch, dort nun erst recht untergebracht zu sein, ist so frevelhaft, daß er niemals in mir aufkäme.)

V.

Doch daneben ... Daneben liegt eine Besitzung, die damals kein Hotel war, heut L'Olivage genannt; versteckt zwischen Ölbäumen, Pfefferbäumen, titanischen Eukalypten, Nespolebäumen, Apfelsinenbäumen, Feigenbäumen, Araukarien, Pinien, brutalen Wuchtzypressen (wogegen die von Italien Streichhölzer sind), mit einem blauen Blick zum Atlasgebirg, mit unwahrscheinlichen Blumen, mit lichtblaufremden Blüten auf grünem Geblätter, mit goldenen, mit grellvioletten Ranken, mit weißem Kalla-Gepflänz, mit wunderlichem Palmzeug, alles wild übersponnen ... wo morgens ein arabisch weißer Gärtner, den roten Muselmansfes und gelben Schal um den Kopf, die Gänge fegt, vor dem brennend umrankten weißen Haus, auf der Höhe.

Dort findet man die Wohnstatt. Herrlichere gibt es nicht.

Unten liegt Algier.

VI.

In diesem verschollenen Wundergarten steigen alte, mäßig wohlhabende Jungfern aus England ab. »Spinsters« ist englisch das Wort für sie — (was an Gespenster im Unterbewußtsein anklingt).

Auch dies und jenes Ehepaar mit einer britischen Rente. Sie bleiben fünf Monate. Gehn für drei nach Biskra — und kommen für zwei zurück in das Zauberhotel ... mit seinem maurischen Rundpförtel und alten, engen Hühnerstiegen.

VII.

Auf der Treppe stand so ein spinster-Geschöpf, dreiundsechzig, grau-volles Haar.

Sie rief: »Marius!«, nach dem Kellner. Der andre Kellner, Marcel, will in ihr Zimmer eilen. Beide Kellner sind um zweiundzwanzig.

Sie winkt ab: »No — Marius!« (Marius wird gesucht und geht ungern hinauf.)

VIII.

Am heimlichen Ort steht hier in großen Lettern: »Please don't stand on the seat.« Daneben: »Ne montez pas sur le siège, s. v. p.« Man soll also nicht auf den Sitz steigen ... Tat es wer? Im Geiste sieht man eine spinster hinaufspringen. Seltsames Traumgesicht.

IX.

Traumgesichte kommen in dieser versteckten Pflanzenwildnis. Das Haus war einst arabisch; dann vielleicht auf einem europäischen Friedhof Leichenkapelle. Über dem getünchten Schlafzimmer strebt noch die Kuppel mit vermauerten Chorfensterln. Nein, es war eine Moschee.

In der ersten Nacht erscheint, seltsam, Otto Brahm. Immer deutlicher, näher, genauer, unverkennbarer, wirklicher, leibhafter, tatsächlicher — dies Gesicht. »Du ... bist ... Otto ... Brahm!« Also ist es doch wahr, daß die Toten wandern. Wahr ist es, daß man im Gedränge sie wiedertrifft? Irgendwo in der Welt? (Träume schildern, ist gemeinhin so langweilig wie Naturbeschreibung; doch dieser Traum war kurz — und so lebstark. Er ist in drei Sätzen erzählt.)

Aufs neue rief ich: »Otto — Brahm!« Er streckte die Hand hin. Aber ... So teuer dieser gewesene Mensch mir bleibt —

ich dachte schlafend: soll man die Hand eines Toten anfassen? Ich nahm sie nicht.

Was beim Erwachen einen Schmerz zurückließ.

X.

In Algier auf den Straßen wandeln Umrisse. Köstlich weiße.

Zweierlei Weiß: die weißverschleierten Araberfrauen; (bloß ihre schwarzen Augen sieht man, die Ränder mit »kohol« geschwärzt, und blau tätowierte Stirnen).

Das andre Weiß: — Einsegnungskinder; französisch-kleine Himmelsbräute.

Dies getrennte Weiß ist Symbol für ganz Algier: Koranfrauen ... und Katholikinnen.

(Südfranzösische Stadt — mit morgenländischem Einschlag.)

XI.

Die Moslim von Algier waren bis vor hundert Jahren schlimmste Seeräuber. Heut fressen sie aus der Hand.

Abgekämpft ... Wie etwa die venezianischen Eroberer von ehedem heut auffallend sanft sind. Wie das kriegerisch einst furchtbare Schwedenvolk heut still und hochgesittet ist. Wie in einem Jahrhundert wir Preußen unsagbar freundlich und lieb sein werden.

Die algerischen Piraten wurden Hotelwirte. (Das wird es sein. Man spürt's.) Meiner nicht — über den darf niemand klagen.

XII.

Cervantes, der göttliche (bißchen ausführliche) Humorpoet, saß in Algier vier Jahre gefangen.

Er wurde schließlich durch Pfandersatz ausgelöst, nachdem ihn die Mauren mehrfach prolongiert hatten.

Eine Büste feiert sein Mißgeschick.

Auch hier steckt ein Symbol. Denn wie er auf der Galeere geschuftet hat: so läßt heut Europa die Galeerenbesitzer von dazumal schuften. (Auch in Form von Preisbildung.)

O Weltgeschichte, nicht viel mehr als eine Wippe bist du!

Auf schlingerndem Autobusdach saß neben mir ein älterer, sauberer Araber, der mich unverwanzt ansah. »Hier«, sprach er wehmütig beim Hafen, »war vormals der Eingang zur Stadt.« »Ça, c'était la porte de la ville — autrefois.« Ich dachte jetzt, er werde sich fröstelnd in den Burnus hüllen. Er tat es jedoch nicht. Er hüllte und hüllte sich halt nicht in den Burnus.

Gemeint war in seinen Worten die stolze Zeit, wo der Enterhaken stärker im Wert stand als jetzo der Kinnhaken.

Zuletzt nahm ich wahr, daß er keinen Burnus bei sich hatte.

XIV.

Die Araber hier schicken sich zum Teil in die Gegenwart. Allah verbot ihnen beispielshalber das apéritif. (Man übersetzt »apéritif« als deutscher Mann gemäß dem Wort »Dämmerschoppen« zweckdienlich durch »Dämmerschnaps mit Siphon«.)

Die algerischen Araber nippen Absinth; schlecken amer Picon; nuppeln öffentlich Bockbier.

»Die Zeit kehrt sich wie ein Handschuh um« ruft Heinrich Kleist ... O du mein Mahomet!

XV.

Von dem Wein, den sie bauen (und irreligiös trinken), stießen mir folgende Marken auf.

Weißer: Kebir (wie trockener Sherry). Dann: Staoueli-Wein (leichtere Gattung). Roter: Nador; Medeah. (Medeah ist von der bekannten Kindesmörderin in dem Stück von Hans Henny Jahnn auseinanderzuhalten.)

Auch sonst gehn die Muselmanen mit der Zeit — was durch algerische Gerichte kenntlich wird. Etwa so:

Kaddour Aïssa Djilali ben Mohammed ist ein taleb (Gelehrter; Briefschreiber für Analphabeten). In Blidah bekam er für 6000 Frank Schmuck in die Hände: von einem muselmanischen Anwesenbesitzer, Herrn Boukama Mohammed ben Abdalah ben Abdelkader. Ihm gab er dafür einen verschlossenen Briefumschlag mit neuen Zwanzigfrankscheinen. Der war nach dem Auffinden des Schatzes erst zu öffnen. (Papierstreifen.)

Ähnliches tat er in Setif; in Ami-Moussa; in Orléansville. Der Polizist Sahraoui hat ihn verhaftet. Geständnis ...

Oder — das Handelsgericht. Es verhängt in diesen Tagen Konkurs über den Araber Zeghiche Dib ben Zaoud. Ansässig im Viertel Bab-el-Oued. Formalitäten. Protokoll. Akten.

Dib ben Zaoud ist pleite. Gibt es noch ein Afrika? Die Welt wird gleicher mit jedem Tag.

XVI.

Der Humor hört bei tieferem Zusehn auf. Ich sprach öfters mit dem Führer der Muselmanen, dem arabischen Arzt Bentami. (So sprach ich vormals in Newyork mit dem hochstehenden schwarzen Arzt, welcher die Neger führt. Ist es immer ein Arzt?)

Einmal fiel ich bei dem Moslim-Doktor in die Sprechstunde. Wüstensöhne saßen im Wartezimmer; weiß vom Scheitel zum roten Pantoffel; braun das Antlitz; schwarz der Bart.

Bentami selber geht hier in Hemdsärmeln und Hanflatschen europäisch herum. Am Kreuz quillt blähig das Hemd heraus. Ein großgewachsener, starker Mann. Er zeigt mir Bilder der Eltern und eigne: damals noch in arabischer Tracht. Er hat eine (hübsche) Europäerin geheiratet.

Was Bentami durch ärztliche Praxis verdient, steckt er in die arabische Zeitschrift »Attakodoum« (»Der Fortschritt«). Er kämpft für den Ausgleich zwischen Arabern und Franzosen.

Ein ernstes Kapitel.

Mehr: ein tragisches.

Von einem Dutzend Millionen Hektar sind noch drei Viertel angeblich in Moslimhand — aber was für welche!

425

Nicht Weinberge, sondern Steinberge. Nicht Land, sondern Sand.

Wein und Datteln hat vor allem der Kolonist. (Ach, die zeitraubende Beschäftigung mit dem Koran bringt ein edles Volk in den Rückstand. Allah verläßt die Seinen.)

XVII.

Unverhüllt und schamlos fordern die Kolonisten: keinen Unterricht an die Araber! . . . Wollen Dumme beherrschen.

Nicht Frankreichs Regierung (so der menschliche Gouverneur Pierre Bordes) ist schlimm gegen die Araber: die Kolonisten sind es.

Am schlimmsten die Araber selbst. Die arabischen Reichen; die Geschäftegeier — so durch Trinkgeld und Machenschaften an passendem Ort ihre Stammesbrüder begaunern.

Idealismus? Für die arabische Sache geben sie keinen Dreier. Kaufen lieber kostbare Pelze für die Frau. Zu Vergnügungs-trips.

Arabische Kinder sterben im Schmutz. Kinder dieses fruchtbaren Volks — das Abtreibung als Mord betrachtet.

Im Parlament sind Algeriens Araber unvertreten. Stimmrecht haben bloß Gediente von gewissen Graden, Amtsmenschen und . . . Besitzer.

Wackrer Bentami. Sein Kampf ist schmerzvoll; denn er traut seinen arabischen Brüdern selber nicht: sie sprechen — und lassen es dabei.

(An der Wand, im Empfangszimmer, hing übrigens »Goethe in Italien«. Auch Arnold Böcklin — welchem der Tod über die Schulter guckt. Was? In einer arabischen Wohnung.)

XVIII.

Auf den Straßen Algiers rufen arabische Lümmelchen Zeitungen aus. Darin bekämpfen Publizisten einander auf arabisch und französisch.

Hier haben sie noch das altmodische Prinzip: sie widmen dem reklamehungrigen Gegner Zeit — statt einen Tritt.

Fiori, Abgeordneter von Algier, gab hierzu manchen freundlichen Anlaß.

»Arabophob« oder »arabophil« zu sein — es gibt hier manche Mißgeburt, die jemandem dies mit fingerfertig gruppierten Zitaten »nachweist«. Aus edler moralischer Entrüstung.

Nachdenklich stimmt bei alledem: daß die achtjährigen Moslim Blätter ausrufen, so ihnen feindlich sind.

XIX.

Die Kälte wich. Algerien bleibt ein wunderbares Land. In arabischen Wäldern leuchtet Iris wild und blendend. Es droht Feuersgefahr: so brennen die Blumen hier.

Wände von Kaktus mit Stacheln von Stahl; gelbe Blüten drauf. (Wände von Kaktus mit Stacheln von Stahl; gelbe Blüten drauf.) Zwischendurch Bambus, Tabak; dahinter eine zartblaue See. Hochpalmen davor.

XX.

Aber die Zwergpalmen oben in Bouzarea haben sich verringert.

Bouzarea: salzburgisches Gebirg an einem Mittelmeer ... Der Blick voll friedherrlicher Schönheit — heut wie damals.

XXI.

Von dem geliebten Bouzarea stieg ich, wie vordem, durch ein dickichtschweres Tal mit ganz tollgewordenen Über-Feigenbäumen und mit Aloen und wilder Apfelsinenfrucht in Masse — bis zur Flut.

...Bei Dunkelanbruch zurück in die durchwimmelte Stadt.

XXII.

(Kleine Stiefelputzer wird man hier nicht los. Die fünfjährigen Moslim sind gefirre wie Spatzen. Springen lustigdreist mit Fremden um.

Die Erinnerung wird wach an ein Mädelchen in Europa,
der man sagt: »Geh jetzt — ich will arbeiten.« Sie lächelt und
bleibt.)

XXIII.

In summa: Wandlung einer afrikanischen Stadt zur europäischen ...

Trotz alledem: zwischen Himmel und Berg wächst immer
noch Beglückendes, in unsterblichem Glanz.

Alles fließt zu Träumen ineinander: die maurischen Pfört-
chen und Brahm; Töchterlyzeum und spinsters und Seeräuber und verwüstete Kasba; Cervantes und apéritif; der Mos-
lim-Arzt und weiße Schleierfrauen — und Wuchtzypressen
am südlichen Meer.

XXIV.
Afrika! Afrika!

Karthagisches Ufer

I.

Algier war aus einer weißen Stadt eine rötliche geworden?
Aus einer afrikanischen europäisch? Aber Tunis ...

Tunis blieb weiß, weiß, weiß. Und halbafrikanisch.

Ich sah diesen Ort nun wieder. Jede Stunde behext und
überleuchtet von dem Bewußtsein: dort, einen Katzensprung weit, bestattet unter felsigem Sand jenes braunen
Meerhügels, ruht in Salz und Sonne, was einst Karthago war.

Was einst Karthago war ...

(Körperlich geht man durch Tunis. Im Hirn lebt: Karthago.)

II.

Tunis, kleiner als Algier, ist weltfein-arabisch geblieben.
Residenz mit ihrem Bey — wenn auch Frankreich die, also,
Schirmherrschaft, und er nichts zu sagen hat. Seine Schran-

zen, Hofheiducken, Kastellane, Verwalterlinge spazieren
daher.

Weißes Licht, heißes Licht … Viel Kutschen, schlanke
Pferdel davor. Die schmucke Stadt hallt vom Geklingel der
Zweispänner. Drin sitzen vornehme Moslim, weiß zurückgelehnt. Am Fes die Quaste so lang: daß es wie ein Chine-
senzopf aussieht.

Dazu das Gemisch: von Italienern und Andalusiern. Von
Maltesern und Arabern. (Malteser sind schon daheim ein
Gemisch von Italienern und Arabern; Luft!)

Über allem: Frankreich, Schirmherr.

III.

Die Moslimfrauen hier sind … Moslimdamen. Schwarze
Masken über der weißen Hülle. Nur die dunklen Gucker
sichtbar.

Alles ein Mittelding zwischen Domino, Totenkopf und
florentinisch-vermummten Sargträgern — doch mit herrlichen Schuhchen manchmal.

Moslimfrauen sind Moslimdamen.

IV.

Eine sah ich, die trug folgendes: schwarze Schleiermaske
… bei ganz heutig-kurzem Knierock. Die kam aus dem feinen Araberviertel (es ist unzerstört — nicht geschächtet wie
die Kasba von Algier) … aus dem Araberviertel: mit seinen
vergitterten und so verdrahteten Fenstern, daß die Frau sehn
kann, doch nicht gesehn wird.

Die Schwarzmaske dieser Frau hieß: Glaubenstreu. Rock
und Schuh hießen: Sehnsucht nach Europa.

V.

Zwischendurch wandeln tunesische Jüdinnen, unverschleiert, in alter Tracht: weite Ballonhosen, weißer Seidenburnus … oder kurze Seidenjacke, mitunter grün, leucht-
farb; auf dem Kopf ein goldgestickter Aufbau, um den sie das
Burnustuch legen, so daß manche, stolz und spitz, einer in

weißen Buxen wandelnden Pyramide gleicht ... Fett, heiter, hübsch, großäugig.

Doch die Töchter tragen sich längst wie Französinnen. Sie sprangen mit einem Satz in die Europakultur wie, geistig, ihre Brüder, ihre Väter.

Brüder und Väter verpflanzen sich zuweilen von hier, mit einem Satz, in den Hyde Park Corner von London; in die Elysäischen Gefilde von Paris: zu weiten Unternehmungen ... vom arabischen Druck befreit.

In Tunis (in Algier auch) blieben die Araber Araber. Stehngebliebenes Naturvolk.

Die Juden sprangen in die Gegenwart.

VI.

Seltsam: diese halbfranzösischen Todesanzeigen ihres Mittelstands, mit Berufsangabe ... Dieweil ich dort bin, erscheint folgende:

»Herr Joseph Bismuth und seine Tochter; Frau Witwe Israel Maruani und ihre Kinder: Victor (auf ›la Belle Fermière‹) und Margot; Herr und Frau Gaston Maruani (Bekleidung en gros); Herr und Frau Jacques Brami und ihre Tochter; Herr und Frau Gagou Bismuth (Juwelierwaren); Herr und Frau Felix Bismuth und ihre Kinder; Herr und Frau Moriz Bismuth und ihre Kinder; Herr und Frau Messaoud Bismuth und ihre Kinder; Witwe Choua Bismuth und ihre Kinder; Herr und Frau Benjamin Maruani und ihre Kinder; Herr und Frau Broocha Maruani und ihre Kinder; Frau Witwe Hagesch Selbia und ihre Kinder; Herr und Frau Schalom Brami und ihre Kinder; Herr und Frau Nessim Bellaiche; Herr und Frau Isaac Lahmy und ihre Kinder; Herr und Frau Elias Allouch und ihre Kinder; Herr und Frau Albert Boubdil und ihre Kinder; Herr Elias Sultan; die Familien Bismuth, Maruani, Brami, Yacoub, Hagesch, Allouch, Bellaiche, Lahmy, Boublil, Hayat, Sultan, Sitbon, Sberro, Fitoussi, Costa, Lasry, Benmoussa, Abitbol, Sarfati, Maarek, Boccara, Timsit, Nataf, Mouly, Slama, nebst Verwandten und Freunden, geben schmerzerfüllt Kenntnis von dem grausamen Verlust, der ihnen widerfuhr in der Person ihrer sehr betrauerten Frau Emily Bismuth, geborenen Maruani, welche dem Liebesgefühl der Ihren im Alter von 26 Jahren entrissen wurde. Die rituellen Sterbegebete werden gesagt in Tunis, I, rue Courbet.«

VII.

Äußerlich ist zwischen Europäern und Arabern hier ein ertragbares Verhältnis. Von außen gesehen ... fast gemütlich. (Über das Innere bleibt manches zu sagen.)

Der Franzose, das merkt man, wirkt zwar mit fester Hand — reicht sie aber selbigen Augenblicks kameradschaftlich dem Eingeborenen. Er hat keinen Unteroffizierston. (Den Italienern — ihnen wurde ja Tunis weggeschnappt — gebrach dies Zugängliche; sie waren unbeliebt.)

Fortgeschrittene Araber machen heut Französinnen den Hof. (Meiner Wirtin liegt einer den ganzen Tag auf dem Hals.)

VIII.

Hinreißend blieb das Belvedere-Wäldchen von Tunis, wie damals. Roulette gibt es nicht mehr — weil die Araber gar zu versessene Spielratten sind. (»Die Jöhren auf der Straße würfeln um zwei Sous«, sagt meine Wirtin aus Nancy.)

Ein Abendblick von diesem Hügelwäldchen, gen Karthago ... Oder hinab auf etliche verschimmernde Silberflut samt einer grünsanften Ebbe. (Hinab auf etliche verschimmernde Silberflut samt einer grünsanften Ebbe.) ... Ein Abendblick nach dem Felsgebirg, über den See von Tunis, wo Karthagos Flotte ... Davor, den Berg hinunter, die wirklich weiße Stadt ...

Es haftet ein Leben lang.

IX.

Die Koubba leuchtet ... Koubba? Frankreichs Kunstsinn hat sie aus dem Verfall einer staubmodrigen Umgebung hierhin gebracht — und gerettet.

Das ist ein höchstes Wunder. Auf umbuschtem Gipfel dieser steigenden, afrikanisch-fremden Baumherrlichkeit steht ein maurischer Kuppelsaal, ohne Tür, ganz offen, mit Säulchen und eingelegter Gesteinwandung ...

Von allen Fenstern in Moscheen und Kirchen, so ich erblickt, sind hier die zaubervollsten. Schöner als etwas in der spanischen Alhambra. Mattbund-leuchtend. In Wahrheit: zugleich leuchtend, zugleich die Farbe zurückhaltend.

Nicht nur Scheibenzeug: sondern alle Pracht wird hier überhängt, überhängt, überhängt von steinernen Edelspitzen; von zarten, durchsichtigen, gelbgemeißelten, filigranernen.

X.

In dieser himmlischen Kitsch-Koubba wirkt kein Zentimeter ohne gedrängten Glanz. Der taleb (ein Gelehrter) wie der nur hindämmernde Mittelmensch, der Pflanzenschlung, fruges consumere natus — beide müssen hier auf dieselbe Schönheit fliegen, derselben Schönheit erliegen: dem stummen maurischen Kuppelsaal, ohne Tür, auf umbuschtem Gipfel der steigenden Baumherrlichkeit mit Farbgenie und Edelsäulchen. (Auf umbuschtem Gipfel der steigenden Baumherrlichkeit mit Farbgenie und Edelsäulchen.)

Über der wirklich weißen Stadt.

(So Tunis.)

XI.

— — — — — — — — — — — — — — — — — —

Unberührt sind und herrlich wie damals die souks; (mit scharfem »s«: ssouks). Überdeckte Kaufhallen der Moslim. Jeder souk der Sitz einer besonderen Zunft. Der Parfumeure, der Juweliere, der Stiefelmacher, der Seidenhändler, der Kissensticker.

Da gibt man sein Geld aus.

(Ich dachte, mit Shakespeare: »Unheil, du bist im ssouk, nimm, welchen Lauf du willst.«)

Abend für Abend ging ich einst, flog ich einst zur Freistatt
arabischer Herzen: Halfaouine-Platz. Dort saßen sie damals
bei Laternenschein platt auf der Erde. War zwei Jahrzehnte
her.

Heut schon meistens auf Stühlen.

Unaussprechbare Beglückung, abends, im stillen Beisammen der vergewaltigten Phantasiemänner. Auch jetzt noch.
Unter sich sind sie hier. Laben sich. Keine Frau weithin. Ruhen aus vom Gedenken an ihr Los. (Schirmherrschaft.) Spielen, trinken, nipppen, sinnen.

Ausruhend ... von Frankreich.

XIII.

Doch ich verschweige nichts: in einem kleinen Kaffeehäu-
sel dort steht ein Grammophon. Keine Romantik schmug-
geln!

In der Nebengasse gleißt schon das Kino ... Taktvoll
drehte man ein Werk — mit welchem Titel? »Le fils du
Sheik.«

XIV.

Ich rief, auf dem Halfaouine-Platz, den Kellner Achmed.
Er brachte die »Schischa«, das Nargileh: Wasserflasche mit
langem Schlauch, seit zwei Jahrzehnten durch schlürfendes
Geräusch bei zart entschärftem Tombakrauch mir wertvoll,
an manchem stillen Abend, in Deutschland.

Ich sog — und sah um mich.

Kein Europäer dazwischen. Was man bei uns »Fes« heißt,
und was sie »Scheschia« nennen, das allein dämmert hier;
Turban und Scheschia, soweit du blickst.

Kein »Roumi«, kein Fremder; kein Weib. Eine Moschee-
wand als Hintergrund; ein Platz; ein Mond.

(Abend für Abend erlischt Frankreichs Gedenken — drei
Stunden lang. Drei Stunden lang.)

XV.

Ich fuhr nach dem weißen Felsenort Sidi-Bu-Said; auf dem Meerberg, wo Mauren abermals unter sich sind.

Sie nisten hier allein: in älteren, weißen, vornehmen Lusthäuseln; mit Blumenwildnis — die ob der See wippt.

Auf der Endhöhe: das Leuchthaus, mit zwei arabischen Wärtern, wie damals; über dem Kap.

Ein einziger Außenseiter, der Bankmann Erlanger aus Paris, haust zur Sommerzeit mit einem Bruder hier auf dem Landsitz, oder Meersitz ... der voll hängender Gärten in verborgener Innigkeit glänzt.

Nebenan wohnen zwei Söhne vom verstorbenen Bey; dies Paar lebt recht verwunschen über der Flut — (indes ihr Onkel, Stammältester, auf dem vom Residenten Frankreichs erlaubten Thron im stillgewordenen Schlosse Bardo lebdämmert).

XVI.

Sidi-Bu-Said blieb eine Verschollenheit. Mit edlen Winkeln und Gassen. Jeder Weg ist ein, möcht' man sprechen, Spitzweg; auf arabisch.

(Unhörbar klagendes Rothenburg der Mauren. Diese Schönheit ward ihre Zuflucht.)

XVII.

Auf toten Puniern wächst Wein ...

Besser als der algerische. Roter: wie ein milder Beaujolais. Weißer: füllig. »Vin blanc sec doré de Carthage.« »Erzbistums-Gewächs.« »Clos de l'Archevêché.«

Denn Hannibals Land ist ein Erzbistum geworden ... Auf die versunkene karthagische Byrsa haben sie wahrhaftig einen Dom gekleckst.

Immerhin: der Berg Bou-Kornin gegenüber steht noch unbelastet, wie Hannibal ihn erblickt hat, am gleichen Golf.

(Damals ein »golf« ohne »links«.)

XVIII.

Die katholischen Weißen Väter hier tragen Fes und Burnus: um Vertrauen als Missionare zu wecken bei den Arabern. (Sowie Kirchen hier öfters den Moslimstil zeigen . . .)

Als Forscher und Ausgraber haben die Weißen Väter, die Weißen Brüder Prachtvolles an Arbeit getan. Herrlich ihr duftender, schwebender, kleiner Garten — mit einer Hausung für fabelhafte Reste der Punier. Wann sanken sie hin? Voriges Jahr? Da liegt ihr Schmuck, da ihre Spiegel, da ihre Lämpchen, da ihr Rasierzeug.

Und ihre Halsbänder, ihre Kettlein, ihre Waffen, ihre Särge . . . Starben sie nicht gestern? Dort schläft der Priester, »rab« auf karthagisch genannt . . .

Daneben, im uralten Hochrelief, trägt einer den Turban, so wie sie heut ihn tragen, nicht anders, vor Jahrtausenden.

XIX.

Himmelsglanz . . . Einen Blick hatten von hier die Barkas-Menschen, fern und nah über die Bucht . . . den schönsten Seeblick, den ich weiß. Das Karthagermeer —.

Das Karthagermeer ist blau-smaragden und in der Ferne purpurn. Ja: — blau-smaragden . . . und in der Ferne purpurn.

Immer sah ich dieses Land pathetisch. Immer durchlebt man hier den Krieg mit Rom, als wär's eine noch nicht abgeschlossene Sache.

Wer soll mich hindern, jenes Bruchstück eines Totenkopfs, das ich vor Jahren heimgebracht, als die Weißen Väter, von Arabern bedient, es der punischen Grabstatt entschaufelten — wer soll mich hindern, es für Hannibals Schädel zu halten? Bitte! niemand.

XX.

Eine Station der Trambahn heißt »Amilcar«. Eine Station heißt »Salammbo«; flaubertianischen Gedenkens.

Rings wunderschöne Villchen . . . an diesem, diesem Bord? Ist es nicht beleidigend für die gewesenen Punier: daß allenthalben auf ihrem Grund so hübsche Häusel hingebaut sind?

Das Mittelmeer beherrschten sie; Reichtümer grenzenlos scheffelten sie; Spanien und den Sudan kontrollierten sie; Sardinien und Sizilien zähmten sie; rudersegelten auf dem Atlantik; wikingerten furchtlos gen England; erschütterten Rom ... und sind ein Baugrund für Villenhäuschen.

Hannibal, was ist dein Land?

Ein weekend und ein Erzbistum.

XXI.

Laß dies Rumoren! Kschsch! Springt und zerspringt gar das Schädelstück? Muß nachsehn. Bist du still; Hannibal-Kopf!

Besser als ein blutiges Ende bleibt letztens ein Wochenende. (Bei dem kurzbemessenen hiesigen Aufenthalt.) Ehrlich zu sprechen.

Bist du still —!!

XXII.

Ein Karthager bedient mich. Amilcar? Er bringt morgens das petit déjeûner auf die Stube. Nein: so heißt er nicht. Sondern die Kellner hier, in La Marsa, heißen: Abderrhaman, Mohamed, Achmed (sprich: Ah-Meed).

... »Merci, Abderrhaman.«

XXIII.

— — — — — — — — — — — — — — — —

Lazerten flitzen; Palmen streben; Geranien glühn.

Ich schwimme täglich im Karthagermeer. Dieser Ort La Marsa bestand kaum zu Hannibals Zeit. Wenn er bestand, hieß er nicht so. Jetzt heißt hier das Hotelchen: »Au souffle du Zéphyr«, zum säuselnden Zephir. Araber, wohlhabende, kommen am Nachmittag hin. Trinken Zitronenwasser, Tee, verbotnen Wein.

Heut früh stieg eine Karthagerin hier in die Trambahn. Hatte den Schleier verloren. Sie hält sich schamvoll den Opferzipfel vom weißen Burnus vors Gesicht — als ob die Leute nicht ihren Mund zu sehn kriegten; sondern was andres.

Doch der Zipfel, den sie vor dem Gesicht hat, langt bei uns für ein Kleid.

Komische Welt.

XXIV.

Der Sand bei uns ist weißgelb. Hier hellbraun. Auf der Kanareninsel, bei Orotava, kohlrabenpechnachtschwarz.

Ich sah manchen Sand. Ich lag in manchem Sand.

(Nicht ungern in Schleswig-Holstein und Mecklenburg; nehmt beide, von hier auch, einen herzlichen, ja zärtlichen Gruß.)

XXV.

Karthagisches Ufer.

Tägliches Karthagermeer ... Das Wasser ist warm; salzig. Es trägt. Du suchst, noch in der flachen Küstensee, auf den so nahen Grund zu tauchen. Umsonst. Dringst nicht hinab.

(Das Karthagermeer ist blau-smaragden ... und in der Ferne purpurn.)

XXVI.

So döst hier der Mensch im Wasser. Mit verdämmerndem Bewußtsein von der weißen Stadt; von Zopfquasten; von Pferdeglöckchen; von Moslimdamen; von Jüdinnen-Pyramidinnen — samt ihrem Sterbegebet. Halfaouine ruht; Sidi Bu Said klagt; die Koubba glänzt; der souk lockt; Schimmerblitze schnellen im blaudunkelnden Mittag zu Hannibals Bou-Kornin.

XXVII.

Tiefstes Geleucht ...!

Wer hier unten, als Nordmensch, nur etliche Jahre gewohnt hat, kann in die europäische Welt nicht mehr zurück — sagen manche, die hier hausen.

Mag Südfrankreich ihre Heimat sein ... bei einem Besuch dort frösteln sie.

XXVIII.

Wie soll's einem in Berlin ergehn — nach dieser heiligen Überhelle? Man wird, wie A. Dürer zweckmäßig geäußert hat, »nach der Sonnen frieren«.

XXIX.

Europa —: das ist der dunkle Erdteil.

Kabylen und Araber

I.

Wie verschieden sind auf Erden die Länder: in Afrika gibt es bestimmte Moscheen, wo die Frau betet, Kinder zu kriegen. Bei uns würden sie Moscheen errichten, wo die Frau beten kann, daß sie keine kriegt.

Ich lag jedenfalls unter einem silbernen Baum, gepiekt von einer Halmwelt, gequetscht von rotem Gestein, schwerbedrängt von Mohnblumen — und dachte: diese Kabylen, diese Araber ...

(Es war im Kabylenland.)

II.

Wir werfen Kabylen und Araber in einen Topf. Aber Gegensätze sind es, nicht minder stark als zwei solche Gebetswünsche.

Die beiden Stämme lieben einander nicht. Der Kabyle: das höchste Genie des Ackerbaus; tatgeschäftig im Bergland. Der Araber: träumerischer Hoffnungsmensch; schicksalswurstig; und faul. Aber klug.

III.

Der Araber geht im alten Geläuse, denkt man. Das wäre jedoch falsch. Er ist kaum schmutziger als der Durchschnittsmann in Europa: man sieht es nur stärker am weißen Burnus. Gerechtigkeit!

Sein Fatalismus kommt offenbar von der Hitze — wo einem »schon alles gleich« ist. Das wird es sein. Der Araber sagt immerzu: »Gott hat es gewollt.«

Und oft will dieser, daß der Maure von Algerien bei geringem Grenzstreit einen Landsmann schon vor Feierabend ersticht. Sie schlagen einander zu häufig tot. Der französische Kolonist, wenn er's auch nicht ungern sieht, verdammt moralisch von hoher sittlicher Warte den für das Bürgerrecht unreifen (als Wettbuhler gefürchteten) Araber ...

Falls der eines Tages »erwacht«, wird man was erleben.

IV.

Ich sprach mit einem französischen Richter aus Sousse in Numidien. Ein großer, gewandter Herr. Er mißgönnte den Arabern sogar ihre Märchenbauten rings in der Welt. »Ah, was«, rief er, »die haben sie von Gefangenen aus Venedig und so entwerfen lassen« ... Erlauben Sie mal. Bitte doch sehr.

Der Richter sagte weiterhin: »Mit den Arabern ist nicht viel zu machen, wegen ihrer Zäheit.«

»So ein Maure«, sprach er, »kann beispielshalber Major geworden sein, sogar Oberst, eine hübsche Gesellschaftsstellung haben — da gibt er den Beruf auf, kehrt in sein ›gourbi‹ zurück, eine der arabischen Hütten, heiratet eine Achtjährige, ja: Achtjährige, lebt und stirbt mit seinen Stammesbrüdern — und ist für Frankreich verloren.« (Wenn er nicht für Frankreich nachträglich stirbt — was erfolgen kann.)

Im übrigen sprach der Richter: »Falls wir diese Länder nicht okkupiert hätten, da wären halt andre gekommen —!« Er meint natürlich die Italiener. Die wären allerdings gekommen. Und auch Spanien hätte dort sein Pech versucht.

V.

Die arabische Frau hat etwas mehr Recht (nach eignen Gesetzen) als die kabylische — gegen den Ehemann. Die kabylische hat überhaupt kein Recht. Ihr Mann, so heißt es im kabylischen Stammkodex, »darf alles aus ihr machen, bloß keinen Leichnam«. Der selige Strindberg-August hätte seine Freud' gehabt.

Jede hübsche, wohlhabende Kabylenfrau lebt als Dauergefangene; sie darf das Haus (ganz ohne Fenster) nie verlassen — außer wenn sie jährlich in die Moschee geleitet wird. Religiosität verbindet sich so mit kerniger Zucht.

Vier Frauen darf jeder Mann haben. Doch nicht mal sündige Büßer nehmen das auf sich. So weit geht die Reue nicht.

Der besitzlose Kabyle läßt seine Gattin freilich aus dem Hause: zum Ackern; zum Robotten. Wie hätte Karl Marx über kapitalistische Gebundenheit gelächelt und sich diesen Zug auf der Stulpe froh, gradezu ausgelassen, vermerkt.

VI.

Allenfalls darf die arabische Frau beim Ehebruch des Mannes die Scheidung fordern. Die Frau des Kabylen aber nie. Der kann die Ehe zwölfmal täglich brechen, wenn er kann, und sie darf nicht »muck« sagen. (Die Aussichten auf Naturalisation in der Kabylie sind zurzeit gering. Dies zur Kenntnis.)

VII.

Eine Missionarin (hübscher als Missionarinnen meist; in London gezeugt, in Paris gesäugt) erzählt mir eines Mittags nach dem Frühstück von ihren arabischen und kabylischen Schwestern.

Vieles war mir schon vertraut.

Wer eine heiraten will, kauft sie vom Vater. Der Araber sieht seine Künftige zum erstenmal nach der Hochzeit. Seine Mutter hat sie zuvor für ihn betastet, begutachtet. Wie ein Huhn auf dem Markt.

Der Gatte darf sie später zurückschicken — wann er will. Ohne Gründe. Da kriegt er sogar, gerechter Himmel, den Kaufbetrag zurück. Oft setzt er vollends einen Preis auf die zurückgeschickte Frau (femme répudiée); wer sie heiratet, muß ihm soundsoviel zahlen. Das darf er. Manche machen ein Geschäft hieraus.

Die Kinder verbleiben sämtlich dem Mann. Diese Herzblättchen ... (und Arbeitskräfte). Je öfter eine Frau weggeschickt, ihrem Vater zum Umtausch gesandt wird: je mehr verliert sie an Wert.

Vielleicht starb Mrs. Pankhurst, die Suffragette, weil sie dieses erfuhr.

VIII.

Es ist aber kein Kapitel zum Lachen. »Frauen«, die mit acht Jahren geheiratet sind, gehen körperlich elend zugrunde — sprach die Missionarin. Dreizehnjährige tragen vielfach ihr zweites Kind auf dem Arm.

»Und« (fügte mit gesenktem Kopf die Bekehrerin zu — die reizvoll ihr Englisch durch französischen Klangfall hob) ... »und es ist ein Märchen, wenn der Körper dieser nordafrikanischen Mädel als frühreif gilt. Kaum eher als in Europa werden sie reif. Ein Jammer; oft nicht zum Ansehn!«

IX.

Frankreich konnte dagegen amtlich nichts tun. Denn es verbürgte dem so eigenwillig frischen Völklein der Kabylen mit seiner still betreuten Heimatsitte: daß unantastbar ihr Stammesgesetz bleibt.

Gebildete Kabylen tasten es nun selber an. Unter ihnen gibt es Vornehme, Stolze, die von der gewinnenden Bergbewohnerschaft abrücken. Mancher Kabyle lebt schon als Anwalt, Arzt, Architekt in der Stadt (unser Kellner Marcel war Kabyle; gab das jedoch um keinen Preis zu). Die Gebildeten verlangten kürzlich also selber die Änderung dieses pietätvollen Schollenbrauches voll Schrot und Korn.

Seitdem bessert sich's. Gieprige Romantiker haben das Nachsehn.

X.

Ich redete viel mit Arabern. Ihr Standpunkt war so einseitig wie der des französischen Richters. Bloß: er sprach von ihrer Unfähigkeit zum Aufstand mit Spott; sie mit einem Lebensleid.

In Biskra verlief das Gespräch mit einem gebildeten Araber so:

Ich: »Die Franzosen haben euch Straßen gebaut, Autos kennen gelehrt, sie brachten Cinema, Photo, Telephon, sie zwangen euch, eine europäische Sprache zu lernen — seht ihr trotzdem bloß Nachteil in ihrer Herrschaft? Hättet ihr lieber die alte, wilde, kenntnisarme Zeit?«

Er: »Nein; lieber gute Straßen, Autos usw., aber ... Aber die Straßen sind nicht gut genug für das, was unsereins dafür zahlen muß! Der Franzose tut, als ob er uns Wohltaten brächte — es ist aber so: als ob der Doktor einen Augenkranken zwar von einer harmlosen Krankheit heilt, aber ihn dafür zugleich halbblind macht.«

(Die Araber sind nicht dumm.)

XI.

Er fuhr fort: »Frankreich fördert uns Araber durch Belehrung bis zu einem bestimmten Punkt — aber dann Schluß; nicht ein Zentimeter drüber weg. Nur soweit es zur Ausnutzung nottut. Genau dann Schluß, Schluß, Schluß.«

Er war korangläubig, sonst hell. Bloß mischte sich in seinem Hirn Ernstzunehmendes mit halb treuherzigen Vorstellungen.

Er äußerte nachdenklich (was ja stimmt): »Die Israeliten in Nordafrika haben ein glücklicheres Los: Bürgerrecht; sind also den Franzosen gleichgestellt.« Er phantasierte dann über sie allerlei zusammen — ohne Haß. Beinah geheimnisvoll, wie mit Bewunderung.

Die Kabylen hielt er für Deutsche. »Enkel der Vandalen!« sprach er gebildet. »Manche sind blond mit grauen Augen. Übrigens hören sie leicht auf, Mahomedaner zu sein — es ist ihnen da gleich, ob katholisch oder protestantisch oder sonstwas. Sie werfen die Kabylität rasch weg ... schicken aber noch aus Europa Geld nach Haus: um Land aus Franzo-

senbesitz damit loszukaufen; die Kabylie für die Kabylen! so
sind sie!«

Der Araber erzählte danach eine phantastische Geschichte
von einem mahomedanischen Leutnant im Weltkrieg und
einem französischen Unterleutnant. Im entscheidenden
Augenblick nahm der Unterleutnant ihm das Kommando
kurzweg ab: weil er ein Araber sei ... Was tut mein arabischer Leutnant? Er desertiert abends zu den Gegnern,
die senden ihn an die Türken weiter; dort wird er — General
... Heute wollen ihn die Franzosen gern zurückhaben; umsonst! ...

Der Mann schwelgte still in dieser unwahrscheinlichen
Geschichte — wie zum Trost.

Aber auch wie zum Trotz.

XII.

Zwei wohlhabende Araber, Vater und Sohn, reisten mit
uns in der Gegend von Constantine; Dattel-Agrarier. Sie
hatten zur Mahlzeit eine Art Brotkuchen; acht gekochte Eier;
ein gebratenes Huhn.

Sie luden mich zum Schmaus.

Der Sohn, ein bildschöner, großer Mensch mit edel-
ernstem Gesicht, sprach in zitternder Leidenschaft gegen
Frankreich. Die Welt stand gewissermaßen still vor diesem
Todhaß. Er wollte kein Auto, kein Kino, kein Photo, kein Ra-
dio. »Alles das war bei uns vor den Franzosen.« (Er meinte:
das alles wäre sowieso gekommen.) Auch ihm war der Kauf-
preis viel zu hoch.

Er sagte: »Die Franzosen verachten uns — was aber sind sie
selbst? Ein Amüsiervolk; des joueurrrs; des jouisseurrrs; woran denken sie, wovon sprechen sie? immer vom Casino, von
Kleidern, von Bekannten, von vorteilhafter Heirat — ein
Amüsiervolk; des fêtarrrds!«

In Constantine wollten Vater und Sohn die Dattelernte
verkaufen. Der Alte sah gutmütig aus; der Sohn machte den
Eindruck, als ob er beim »Erwachen« seiner Brüder zuerst
erschossen würde.

XIII.

Frankreich hat unter allen Umständen dort viel geleistet. In der algerischen Kolonie seit einem Jahrhundert; im tunesischen Protektorat seit einem halben. Großartige Arbeit ist getan. Weit hinaus über die Koppelung von Islam und Boulevard ... (was für Malersinne so fesselnd ist).

Algerien kostet heute keinen Zuschuß — und liefert, wie das Schirmgebiet, Soldaten.

XIV.

Das schreibt sich so hin: es »liefert« ... In welcher Zeit leben wir? Im zweiten Mittelalter.

Ich sah die Besatzung einer Oase: diesmal Senegalschützen. Gewimmel im Kasernenhof. Am frühen Morgen war es — und ich dachte: wozu? wozu? ... Nicht nur, daß abermals Mensch wider Mensch gedrillt wird: sondern sie sterben im gegebenen Fall nicht mal für sich; nur für ein fremdes Volk. (Es ist schon unangenehm genug für das eigne zu sterben.) Genau so die Kabylen und Araber. Ja — merkwürdiges Los: für Leute, von denen man schon unterjocht ist, plötzlich auch noch das Leben zu lassen. Dazu sogar als Moslim zu sterben gegen Moslim, zugunsten Dritter.

An einem Platz in Tunis zeigt man den »alten Sklavenmarkt«. Den alten? Der neue geht über Hektarmillionen, in der ganzen Welt.

XV.

_____

Ich merke bei alledem in Nordafrika die kranke Wesenheit zwiespältig Betroffener. Nicht, daß sie unterdrückt werden, ist das Schlimmste für ihren Seelenzustand. Sondern daß ihnen die lockende Kultur der Unterdrücker bewußt wird. Minderwertigkeitsgefühl in Massen streitet mit der Überzeugung vom Unrecht Höherstehender. (Minderwertigkeitsgefühl in Massen streitet mit der Überzeugung vom Unrecht Höherstehender.) Das ist es. Innerste Krankheit.

Protektor heißt: Beschützer. Protektorat ist ein tödliches Kosewort.

XVI.

Immerhin: »Zwei Seelen wohnen, ach, in meiner Brust«. Ich denke manchmal: diese Kabylen ...

Diese Kabylen, einst ungedämpft von Rom, nun gekirrt von Frankreich — ist es im Ernst ihr Schade? Sie leben zwar heut nicht unabhängig; doch mancher von ihnen wird Europäer. Kriegt so die Voraussetzung: sein Talent, in der Kulturgemeinschaft, zu entfalten; erst als »Entwurzelter« das zu werden, was der Nurkabyle nie hätte werden können; sogar das vielleicht, was einem Nichtkabylen versagt ist ...

Bleibt Erschließung eine Schuld? Sollen wir nicht, wie Vereine für Tierschutz, welche gründen für anständig-milde Kolonisation?

XVII.

Allerdings — das Ende kann so sein: daß ein europäisch gewordener Kabyle (hier steht »Kabyle« ganz allgemein für Naturvolk) seine Stammesgenossen eines Tags zusammenruft; mit ihnen die Lehrer festnimmt ... Wie es die Germanen mit Rom gemacht.

Vorläufig »liefern« die Senegalvölker, die Araber, der Kabylenstamm gute Soldaten für ein verwöhnteres Land — einst aber könnten diese Krieger zu ... Bekriegern werden.

Ja: Rom wurde durch seine Angestellten unterjocht. Von innen her, nicht von außen. Durch die »Gelieferten« wurde Rom geliefert.

> Völker, die im Zwielicht schlafen,
> Lenkt ihr und »erschließt« ihr gern.
> Anfangs sind sie eure Sklaven —
> Später sind sie eure Herrn

(sagt ein aus Bescheidenheit ungenannter Poet).

XVIII.

Dilemma. Ja oder nein?

Viel spricht dagegen, viel dafür ... Ich maße mir, beim besten Willen, kein Urteil an — und zahle darum zwei Mark pro Jahr »gegen Imperialismus und koloniale Unterdrückung«.

XIX.

Das Land der Kabylen bildet Algeriens herrlichsten Teil. Ich gab nicht Ruhe, bis ich oben war — in ihrem seltsamen Hochbezirk.

Er bleibt zu schildern.

Kabylenland

I.

Wer waren die gefährlichsten Feinde Frankreichs in Nordafrika? Wer die zähesten des alten Rom?

Aus der Überschrift ahnt es der durchtriebene Leser, vor dem man nichts verheimlichen kann; die Kabylen in der Kabylie.

Ja. Die Herren des Ufergebirgs.

Was war der Charakter dieses merkwür ... Ich will es lieber gleich sagen. Widerstandsmenschen. Unbeikömmlich.

Immer gab es in der Kabylie Kabbelei.

II.

Schließlich baute Frankreich ein Zwing-Uri: das »Fort National«. Es war 1857.

Das Kastell (auf einer Paradieshöhe) nennen die Umwohner mit schmerzvollem Gleichnis »den Dorn im Auge des Kabylenlands«. Der Blick von hier ist wunderbar; doch die Erinnerung an jenes Wort macht ihn schwermütig.

... Sonst ist Schwermut hier nicht zu Haus. Im Kabylen lebt hell der Wunsch zur Tat. (Im Araber fast Messiashoffnung.)

III.

Welches ist der Ursprung ... Sie sollen die afrikanische Rasse; die reine Rasse; die ganz berberische Rasse sein. Sie sollen die Reste der Römer sein. Oder: Reste der Vandalen. Oder: Reste des Urvolks. Oder: Reste der ...

Das ist also klar.

IV.

Wie wohnen sie? Ihre Moscheen waren befestigt. Ihre fensterlosen Steinhäuser wirken jetzt noch wehrbereit. Sie wohnen im felsigen Hochgefild. Sie wohnen der Sonne zu.

(Das Kastell haben sie 1871 umschnürt. Zwei Monate lang die Besatzung stillgelegt. Mäuschenstill.)

V.

— — — — — — — — — — — — — — — —

Unvergeßbare Stunden, unvergeßbare Tage: zu ihrem Land empor im Auto, gelenkt von einem Kabylen.

Bald merkt man beglückt: ihr Reich ist von fabelhaften Blumen voll. Blumen in absonderlicher Dichtheit; von absonderlicher Länge. Das sind nicht Stengel: schon mehr Halme. Das ist nicht Wiese: schon mehr Buntheide.

Gelb-Violett. Wurzelduftig. Wie das in die Nase leuchtet. Oft an Hängen — meist am Abgrund.

VI.

Kabylenkinder, arabische gleichfalls, haben manchmal auf dem jungen Haar etwas wie Sonnenkupfer. So ... Goldrötliches. Und hier, komisch, ist ein verwandter Schimmer — auf den Bäumen. Auf grünem Laub ein Goldrosa. (Dichtbei: schwarze Zypressen.)

Gegenüber starrt allemal ein steinern Hochgebirg — das patiniert ist. Oben Eis. Der Djurdjura.

Wein wächst hier auch. Die Kakteen sind entbehrlicher.

VII.

Alles Kabylische wirkt heiter, froh-üppig, ruhevoll ... Gelbgrüne Hangwelt.

447

Aber jetzt wird's einem zu viel: diese ewigen Hochsträucher, diese ewigen Gerankbäume, dies ewige Geleucht in Hellviolett.

Ich sah noch kein Gebirge, das dermaßen lacht. Wie zum Schabernack — indem es gegen die Logik verstößt: mit seinem Gemisch von Trockenglut und Sprießfülle. (Das ist es: Trockenglut und Sprießfülle ...)

Komisch.

VIII.

Unten in Tizi-Ouza war Viehmarkt gewesen. Kabylen, Stücker tausend, wimmelten durcheinander. Nein: schritten durcheinander. Tausend weiße Turbane.

Schon da unten war die Helle so, daß kaum schwarzes Brillenglas half.

Die Wüstensöhne, die Bergsöhne — beide tragen selber schwarze Brillen, grüne Brillen.

In der zunehmenden Schwachsichtigkeit liegt etwas erfreulich Völkerverbindendes, Kulturverlötendes.

Heil, Anschluß!

IX.

Noch heller ist es hier oben trotzdem: in wildester Blütenfruchtbarkeit. O Hochberghalden! Mit widerspruchsvoll afrikanischem Wunder: zugleich Verbranntheit, zugleich Getrief. Aber ...

Aber jetzo Schluß; auch die Landschaftsschilderung hat ihre Grenzen.

(Sie besitzt ein Lebensrecht, wenn sie zweierlei erfüllt hat. Erstens: der Leser darf die Dinge nicht lesen: sondern riechen. Zweitens: der Schriftsteller darf sie nicht vortischen: sondern aufzwingen — so daß niemand weglaufen kann.

Der Fall »Schilderung einer Landschaft« ist bereinigt, wenn der Aufnehmende sie wider seinen Willen aufgenommen hat.)

X.

Sind Vögel »Beschreibung einer kabylischen Landschaft«? Wurst soll es mir sein: wenn man sie mit einer Libelle verwechselt.

Sind es Libellenvögel, humming birds — von Südkalifornien mir im Gedächtnis, mir im Herzen? was da flitzt, schwirrt, hüpft, schwingt, schießt?

Liliputgeflügel! Überm Abgrund, zum Geäst! uietzipp-liliputputput! schwrrr!

Liliputputput ... putt ... putt ...

XI.

— — — — — — — — — — — — — —

Die Frauen im Kabylenland sind unverschleiert. Ist jedoch eine Junge mal am Weg: so wendet sie rasch die Stirn. Eigentlich ungezogen ... Bilde dir bloooß nichts ein, dämliches Lu ... cy heißt sie vielleicht.

XII.

Braune Röcke tragen sie. Wandeln braunrot, stattlich, aufrecht, schlankvoll ... (In der afrikanisch gesteigerten Hochwelt: mit Überblumen links, Felsketten rechts.)

Das gleichsam strahlende Kettendunkel starrt jetzt leuchtgrau jenseits der Steilschlucht. Bedrohlich und glühend, mit Schnee.

Bei uns auf dem Hochpfad ist aber alles heißgrün, heißgrün. Ginster, wilde Rosen.

... Also hier hausen sie.

XIII.

Die Kinder eines Kabylendorfs, der kleinste Schuljunge den Fes auf dem Kopf, betteln seltsamerweise nicht. Sondern sprechen: bonsoir.

Auf der Straße sitzen die Männer, im hochhängenden Ort, am Vorabend; — gegenüber der (nun bläulichsilbernden) Titanenwand.

Ein paar Gewölbe sind in der einzigen Gasse des Örtels. Die Menschen stehn oft in einem Dunkelschein, wie vom Rembrandt — nicht gleich an der Tür, sondern etliche Meter nach innen.

(Radierfertig.)

449

XIV.

Zu Pferd reitet ein Kabyle langsam durch das Dorf; lässig, doch zusammengerissen. Andre Kabylenmänner lagern geräkelt auf breitem Niederdach; alle durcheinander. Nur etliche sitzen am Rand, baumeln aber nicht. Ruhe. Stummsein.

Es bleibt Phantastik — doch ich will ehrlich sagen, was in dieser Hochstille meine verblüffte Netzhaut ergreift. Ist dies Rötliche dort ... Minimax?

Nein. Shell.

XV.

In einem Gewölbe wird Schmuck verkauft; den sie arbeiten. Unzierlich handfest Silbergeschmeid. Armspangen dicksilberngeflochten, mit Kugeln am offnen Abschluß. Alles bauernderb, lockend, schier.

Es ist unter den Stämmen Arbeitsteilung. Dieser Stamm fertigt nur Töpferei. Ein andrer Stamm Juwelierzeug. Zu schweigen vom Hauptberuf: der eisernen Bodenzucht.

Ich hatte den Traum: daß ein ganzer Stamm dichte. Nach dem Sprung aus dem Fenster lag ich neben dem Bett.

XVI.

Ja; heute nacht schlief ich im Kabylendorf. Zuvor ein herrliches Erlebnis — das keinen Inhalt hatte. Nur ein Gang auf Amrane zu. Feigenbäume, schon in unanständigen Massen. Der ferne Eselschrei.

Jenseits: fern fliegende Hochdörflein, braunrot geduckt. Oder fern auf Gräten reitend. Oder fern an den Himmel geklebt.

Amrane, das Dorf, ist auf einer steilen Abendmauer festgedrückt. Ein weißes Heiligtümchen oder »marabout« guckt aus dem fernen Grün. Das ferne Dächlein des Heiligtums ist ein weißes, halbiertes Ei. Das guckt aus dem fernen Grün.

Dies zusammen schwebt saft-hell durch den fernen, übergrillten Vorabend.

Sonst war weiter nichts.

XVII.

Der Abend im Kabylenreich ist hehr und duftstark. Der Morgen voller Seligkeiten.

Der Kabyle von gestern fährt uns am Morgen durch erwachenden Glanz auf diesem leuchthellen Steilweg, mit schwindligen Kehren.

Drüben afrikanischer Schnee. Mein Kabyle fährt in waghalsiger Gangart — sicher und geschickt.

XVIII.

In Amerika vergleicht man das Bethaus der Mormonen von Salt Lake City mit einer Schildkröte. Hier die Kabylendörfer bestehn aus lauter Schildkröten. Alle gedeckten Häusel so dicht gesetzt: daß ihre Dachschalen einander berühren; beinah decken. So sieht es aus.

Bäuchlings und platt liegt immer noch ein braunrotes Dörferl auf jeder denkbaren Kegelkuppe; noch auf jedem Gratfetzen. Noch auf ... noch auf schmal senkrechter Hochmauer.

Die Kabylen sind, allerdings, unbeikömmlich ... Bewohnen eine Wunderlandschaft. Eine Wunderbergschaft.

XIX.

— — — — — — — — — — — — — — — — — —

Manchmal reitet jetzt ein roter Turban auf adligem Roß in dieser verlorenen Friedwelt. Öfters jemand auf dem Maultier. Häufig zwei Menschen auf demselben Esel.

Hfff; ist das Minze? ... Kubikminze. Noch übers Gebirge weg sieht man Spitzen, Zacken, Kanten, Ketten.

(Andalusien ist ... nordisch.)

XX.

— — — — — — — — — — — — — — — — — —

Verwegene Niederfahrt. Formen und Farben fast wie im Grand Canyon, dem Geheimnis von Arizona — braunviolett.

Verschollene Treiber mit ganz kleinen Herden: Ziegen, Esel, Kühe durcheinander. Die Erde vollgestopft mit Oliven und verrücktgewordenem Mohn.

Jetzt ... nicht mehr Schildkrötendörfer. Schuppendörfer vielmehr.

Dächer, gleichsam ohne Wände darunter.

XXI.

Darunter ... verharren gefaßte Seelen ein ganzes Dasein. Weibliche.

Vielleicht ohne Sehnsucht — gewohnt seit Geschlechtern.

XXII.

— — — — — — — — — — — — — — — — —

Vom Joch wär' man herab. Oben schwebt nun ... jenes Reich eines gewissen Bergstammes. Der Widerstandsleute.

... Noch in tausend afrikanischen Metern Höhe will der Mensch ungern Fleisch genießen — wegen der Glutluft. Es ist nun Mittag. Wein allenfalls.

Her mit dem Kabylenwein.

Thamugadi

I.

In verlassener Gegend reckt sich ein Leichnam: die römische Säulenstätte Timgad.

Vor achtzehn Jahrhunderten als »Thamugadi« durch Soldaten erbaut — auf Befehl des Kaisers.

Thamugadi wurde leuchtender Mittelpunkt africolateinischen Lebens.

Metropolis einer ganzen Kultur.

II.

Wie der Brite gewissermaßen den Tennisplatz zum fernen Erdteil trägt: so brachten diese Römer dazumal jede Bedarfsannehmlichkeit (deutsch: Komfort) von Hause mit.

Eine Portion Forum. Eine Portion Kapitol. Einen Sportpalast. Ein Theater. Ein Warmbad; nein: mehrere, mit allen Gerissenheiten. Kühlräume. Marmorne Bedürfnisanstalten; darin volle fünfundzwanzig Sitze mit Bildhauerei ...

Man denkt sich den entschwundenen Text einer Aufschrift: »Senatus-Populusque-Döbbelju-Ssi«.

III.

Dies alles, verlassen, schläft hier in Einsamkeit.

Verlassen das Forum. Verlassen das Kaiserdenkmal (Zwangs-Ehrenbogen des Trajan). Verlassen die Steige, die Wege, die Häuser, die Bäder, die Tempel, die Gärten.

Mancher Grabstein (Schlußreklame des Menschen) stiert und verwittert.

Eine Pathosinschrift »Maureto Caesari« — wer gibt was dafür?

Schrecklich viel Säulen, Säulen, Säulen. (Rom ging auf Außenwürde; stets übte man den Repräsentiermarsch.)

IV.

Nach vier Jahrhunderten kamen die Araber ... Wie konnten sie das alles kurz und klein schlagen in der armen, pulverlosen Zeit, ohne jede dicke Berta?

Schwer muß es gewesen sein. Aber durch Feuer? Offenbar. Man muß sich nur zu helfen wissen.

V.

Diese Wölbung ist ein Speisezimmer. Die andre dort war, späterhin, das verborgene Kapellchen einer furchtsamen Christengemeinde. Sie ließen sich für ihren Traum foltern: besprengt zu werden. Das Besprengbecken steht noch.

»Wo sind sie nun?« singt Platen.

Die Steine hier — oh, das Staatstheater ... Im Halbrund Granitsitze, von der Sonne warm.

Ich setze mich auf einen, mit dem klaren, ruhigen Bewußtsein, keine Vornotiz zu telephonieren für morgen früh.

VI.

Gab es damals eine Kritik? Deshalb ist ja auch das römische Drama verschollen — eetsch!

Vielleicht billigten dazumal die Schreiber alles, was gespielt wurde. Schmeichelten der Landesdramatik, auch in ertragschwacher Zeit.

Wie mag die Kritik überhaupt gewesen sein? Vielleicht schrieben sie: »Der Schauspieler, welcher gestern die Phädra gebrüllt hat, gibt Anlaß zu Hoffnungen.« Oder: »Wenn sich der Darsteller der Klytämnestra das Lispeln abgewöhnen könnte.«

Vielleicht stand auch zu lesen: »Mit der Göttermaschine, die am Schluß emporsteigen soll, hat es vorläufig gehapert; ihr Gequietsch zerriß die Illusion des Überirdischen; man hofft von der zweiten Vorstellung, daß jener Maschinensklave, welcher die Gefährten zur passiven Resistenz ermunterte, fristlos ...«

VII.

Am Trajansbogen die Menschenfigur hat Falten im Steingewand, wie es die nachher kommenden Jung-Europäer nicht gekonnt. Ziemlich lange muß man bis Naumburg warten.

Überall die große Gebärde — trotz der hier nicht großen Stadt. Jenes Theater mit rund viertausend Plätzen erinnert an das Kapitol. An das newyorkische natürlich; sprich Käppi-tel.

(Käppitel? Aus »Okeanos« wurde heut in der angelsächsischen Weltsprache das schlichtere Wort: »Ooschen«.

»Käppi-tel ... »Ooschen« ...)

VIII.

Auf dem Forum sind Spieltische zeichnerisch dargestellt. Und eine Inschrift entschwundener Menschen äußert wörtlich:

»Jagen, baden, spielen, lachen heißt: leben.« Sie haben gelacht, gebadet, gespielt, gejagt — und gelebt.

Ein Lazertenheer schlüpft über den Spruch. Dazumal schlüpften zweibeinige Lazerten drüberhin — zweischenklige, wie Catull sie gekannt.

Mancher Jüngling, wenn er Pech bei einer gehabt, summte vielleicht, was ein andrer, Horatius Flaccus Heine, zuvor gedichtet: »Donec gratus eram tibi ...«

Lazerten, Lazerten.

IX.

Was hier? Inschriften, Springbrunnen, Säulen, Monumente. (Rom!) Porzellanmanufaktur, Erzschmelze, Gerichtsbau ... Erschien eine Zeitung? Mit faschistischer Zensur durch den Pressechef des Gouverneurs? Gab es darin die faden Fehden — den Schwindel entlarvter Fötusse, die sich rächen wollen?

Hier ist ein »Haus des Hermaphroditen« — so benannt, weil ein Zwitter dort in Mosaik dargestellt ist ... Ja, die harten Römer befaßten sich viel mit dem Handwerkszeug der Sinnlichkeit. (In Pompeji gibt es Inschriften, Abbildungen ..., so wie bei uns einer den Spruch hinsetzt: »Hopfen und Malz, Gott erhalt's!«)

X.

Pompeji wirkt zwar fesselnder, weil man das Innere der Häuser dort sieht. Gewiß.

Doch hier in Timgad ergreift jenes ... Plötzliche, mitten in Afrika. Dies Todvereinsamte so einer blühenden Gewesenheit. Dies Grabverschollene — still, ohne Zusammenhang mit der Welt.

XI.

Vorbei. Afrikaner saßen hier, dann Römer, dann Vandalen, dann Mauren, dann Türken, dann Franzosen ... Wem gehörte Thamugadi? Wem? An einem Haus überm Starnberger See finden sich die Worte:

Dies Haus ist mein und doch nicht mein.
Wer nach mir kommt, des wird's auch nicht sein.
Der wird's dem Dritten übergeben,

Und dem wird es wie ihm ergehen.
Den Vierten trägt man auch hinaus —
Freund, sag' mir: Wem gehört das Haus?

Darunter: »Gelobt sei Jesus Christus, in Ewigkeit.« Die Araber um Timgad würden dafür schreiben: »Allah-il-Allah!« (Genau: »la ilah illa'llah!«)

Ich selbst aber schriebe: »Dies Haus war mein, solang ich drin gewohnt. Ist das nichts? Ich hab' in diesem Haus gelebt, mit seinem Taglicht, seinen Nachtlampeln, seinen grünen Blättern, seinen Stimmen, seinen Antlitzen, seiner Musik und meinen Sätzen ... Es war doch einmal! Wenn's auch zu kurz gedauert hat. Ist das nichts?« (würd' ich schreiben).

XII.

Zum Glück war kein Führer da. Nur ein jüngerer Mensch mit dem Turban rupfte Gras. Ein, wider die Natur, stumpfsinniger Maure. Kein Wort Französisch.

Ich fragte nach den etwas abliegenden Thermen der Oststadt. Schulterzucken.

Das arabische Wort für Bad fiel mir ein: hammam ... Ahaaa! Er wies nun den Platz.

XIII.

Ich suchte, zum Schluß, nach einer Weile den Ausgang. »Où est la sortie?« Wieder kein Bescheid. Schulterzucken. Da fiel mir ein: das Tor heißt arabisch »bab«.

Ich rief langhinhallend über die Trümmer: »Bab!« Nochmals: »Bab!!« Kaum hatt' ich »Bab!« gerufen, da leuchtete sein Gesicht; er brachte mich begeistert hinaus.

XIV.

Die Säulenstadt fuhr fort zu verdämmern.

Das Auto schnob durch die afrikanisch-warme, summende, ruhevolle, weite Verlassenheit.

... »Jagen, baden, spielen, lachen —«

Strophen im Koffer

I.

Sonderbar: ich nahm dieses Gedicht neulich aus einem alten Kastenbehälter in Berlin, ließ es drucken, hab' es wieder hineingelegt — wie kommt es in den Koffer? (Mit einer Telephonrechnung.) Ein Quartblatt. Was draufsteht, liegt weit von der arabischen Welt. »Sang des Verliebten.«

II.

Sang des Verliebten

Was zählt hienieden? Weniges zählt.
Doch du, von Dämmerung umseelt
    In deinem schattensüßen Schimmer:
Hier, wo die Seelen Sehnsucht quält,
Du gabst mir, was dem Dasein fehlt —
    Für immer.
    (Für immer?)

★ ★ ★

Ich ginge lächelnd deinethalb
    In leichenwirre Wüstenei'n.
Und flögst du über Eis und Alp,
    Ich häng' mich an dein süßes Bein.
Und reitest du in rauhem Ritt
    Nach Feuerland, von Sturm bedrängt,
Ich renne raumerhaben mit,
    An dein verwunschnes Bein gehängt.

Three cheers dem Schöpfer, der dich schuf,
    Der einstens »Mägdlein, wandle!« sprach.
Turnst du zuletzt in den Vesuv,
    Ich turne nach,
        Ich hinterdrein
    Und sterb' an deinem süßen Bein.

457

III.

Dies Ganze las ich nun fast unberührt. Sachlich beobachtend. Als hätte das ein Fremder verfaßt.

Und es war doch einmal aus einer großen Seligkeit entstanden — und aus beglückendem Schmerz.

IV.

Ich strich die Worte »Sang des Verliebten« — und schrieb in Erinnerung der letzten Tage dafür mit Bleistift:

»... Thamugadi.«

Biskra

I.

Die Hotelwüste ... Zwar, die Große Wüste (Vorort von Kairo) ist auch eine Hotelwüste. Jedoch nachher wird es dort wirklich saharisch.

Wenn ich aber schon in die Wüste will, will ich nichts weiter sehn als Wüste, Wüste, Wüste. Klar.

Hier, um Biskra, stören die vielen Oasen. Man sieht immer was Grünes, mit vielem Palmzeug. Macht ein Mensch dazu kostspielige Reisen? Der Botanische Garten von Dahlem ... Genug.

II.

Ich kam diesmal in der heißen Zeit hin. Kein Fremder war mehr da. Verblüfft stand man vor der zuvor unbekannten Tatsache: daß in dieser Hitze dort sogar die eingeborenen Frauen und Kinder weggeschafft werden. Sie werden ausgewüstet.

Ich bewahrte mir stets (nach Nietzsche) das »Kind im Mann« — und wäre somit gleichfalls verschickt worden.

Schnell schlüpften wir also, die Gefährtin und ich, nach Biskra hinein ... in das Unglück.

III.

Es gab zuvörderst eine schlimme Nacht. Das einzig offne Hotel hatte Zimmer, die zum größten Teil fensterlos waren.

458

Ein Hitzdruck —! (wenn sich's nächtlich kaum abkühlt ...)
Was tut es unter diesen Verhältnissen, daß, nach dem Reise-
buch Hachette, hier in Biskra volle hundertfünfzigtausend
Palmen stehn?

Sind dreiundvierzig Grad Celsius im Schatten ein Kurort?
Und ich hatte vorher die Hitze so gern. Ist es ein Urlaub, falls
in der ersten schwülen Nacht noch das arabische Fest der
Hammelweihe stattfindet? Mit Gesang und Getrommel?

Bin ich hier, um das Negerstück von O'Neill, »Emperor
Jones«, einzuüben? Alles Geräusch war so, wie der Regisseur
in Berlin es damals gemacht hat. Sogar noch echter.

Und es begann beim Schlaf am Morgen ... Schrieb nicht
ein (heut unbekannter) Autor namens Paul Heyse, nein: Platen war es:

> Süß ist der Schlaf am Morgen
> Nach durchgeweinter Nacht —?

und erst nach durchschnappter; fensterlos.

IV.

Doch! Die eine Stube hat ein Fenster. Ich merke das vom
Bett aus, beim Umsehn. Darf ich rechtens dies Zimmer für
mich behalten? statt ... Da sei der kategorische Imperativ
von I. Kant vor.

Ich gehe stracks, nein: flugs, die ausgedehnten Gänge des
Wüstenhotels entlang, den Blick zwischendurch auf das
Palmgewipfel. Klopf-klopf. Verwechselt das Räumchen.
Zwei Handköfferchen werden transportiert. Hüpf-hüpf.

Jetzt bin ich, ich, ich fensterlos.

V.

Aber die Hammelweihe dringt mit Getrommel gegen vier
Uhr (o rüstiges Völklein, schon prächtig früh auf dem
Damm) in die Stube mit dem Fenster. Lärm — und Mücken.

Fensterlose Zimmer sind also vorzuziehen. Verwechselt das Räumchen. Abermals vierzigjährige Wanderung durch den Korridor, mit je einem Köfferchen.

Zersägt schaut man gegen sechs Uhr auf die hundertfünfzigtausend Palmen; sehr geneigt, die verbürgten hundertfünfzigtausend als wahr zu unterstellen.

Es hat sich nicht abgekühlt.

VI.

… Bei Biskra beginnt die Wüste noch lange nicht. Ein Vorurteil der Einwohner: diesen Ort als Oase hinzustellen. Der Gegensatz zu Oase heißt Wüste; aber das Gegenstück zu Biskra sind lauter Oasen! Diese andren Oasen haben, ihrerseits, ebenfalls keine Wüste zum Gegenstück.

Kurz, man hat seinen Ärger.

VII.

Walther Rathenau, der noch ein paar Wochen vor dem Tode freundlich unsren Kinderwagen durch den Grunewald schob, sagte mir, als ich zu den Pyramiden wollte, wo er mit seinem erkrankten Bruder gewesen war: »Ägypten ist eine Erfindung von Cook« … Hat Cook auch Biskra produziert?

Was lange vor Biskra beginnt, von Norden her, ist allerdings eine Steinwüste, Felssteppe — mit manchmal viel Palmen. Sie machen in Wahrheit einen seltsameren Eindruck als die Baedeker-Palmen von Biskra. Das ist ja bloß eine Palmschule. Künstlich angelegt.

Doch die Palmen im Wüstensand? Herrlicher, anspruchsloser Baum. (Es kommt selten vor, daß jemand so schön ist und hierbei so genügsam; liebe Wüstenpalmen!)

In Biskra verlangt eine Palme, wenn sie Datteln tragen soll, gefüllte Wassergräben. Sie will gebadet und manikürt sein.

Die wilden Palmen aber tragen keine Datteln? Da steckt ein Symbol 'zwischen: Zucht und Kultur.

Oder das Gebild von Menschenhand.

VIII.

Zuvor, bei Batna, zeigt sich eine Dromedarherde. Zelt-
lager von Beduinen. Was machen die eigentlich immerfort
hier?

Aus heißer Ebene steigt jäh manchmal ein kurzes Steinge-
birg. Zwischen Kamelen reiten Araber auf langschwänzig
dunklen Rossen.

In der Ferne flitzt jedoch ein Auto. Es gibt eine Wüsten-
Autostraße ... (Bei der Wahrheit bleiben. Gegen Färbung
und falsche Romantik.)

IX.

Spätabends: Rast; eine halbe Stunde lang, in dieser schau-
rig-schönen Steinwüste, bei El Kantara.

Nochmals: Beduinen, Kamele, Palmen, dazu kitschiger
Vollmond. Steinwände, Steilwände, ganz eng. Araber, Neger, Kolonisten, Kabylen, Zuaven und wir zwei Deutsche
flehen um Luft.

Hierzu Friedensgeräusch der fälligen Grille.

Beim Allah! (ich passe mich an) — beim Allah und der
Bartflechte des Propheten: die Steinwüste von El Kantara ist
mehr Wüste, als die Biskra-Wüste je Wüste war.

(Was bedeutet Wüste? Ein Tempelhofer Feld im Kubik?
Bloß nicht so flach. Nie ganz waagrecht. Von der Cheops-
pyramide sah mein Blick einst ihre Tiefen und Höhen.
Wüste: das ist ein Auf und Ab. Kein Nudelbrett.)

X.

Auf Kamelen, bei Biskra, ritten wir eines Nachmittags in
die bescheidne Dünenwelt dieser veranstalteten Halbsahara
für Unbemittelte.

Schrecklich ist es, immer Oasen zu sehn — und keine Wüste. Immer was Grünes. Der Hals, aus dem die Oasen dem
Wanderer zuletzt hängen, wird eine Röhrensammlung. Acht
Oasen gibt es bei Biskra. Doch ich will und will Sand sehn,
bei Fatma, der Schwester des Propheten, sakrafuffzigahalb-
noamal!!

461

XI.

In diesem Sand lagern wir. Der begleitende Araber spricht von seinem Sohn, welcher in der Bezirksstadt Medizin studiert.

Fern ein Schuß ... Was wird hier erlegt? Der künstliche Schakal? (Canis hotellensis.) Der Wüstenhase?

Das Kamelpaar haben wir heimgeschickt. Eine bestellte Droschke steht bereit: wir fahren aus der »Wüste« zurück.

XII.

Die Wirtin hat wundervoll blondes Haar. Diese schöne Besitzerin vom Hôtel de l'Oasis führt den deutschen Namen Schmidt. Man schließt sofort auf deutschen Ursprung. Doch wie trügerisch ist alles in der Welt. Just ihr Mann, ein Schwarzhaariger mit schwarzen Augen, heißt Schmidt; lothringischer Abkunft; — aber die Blonde mit dem langen Haar stammt von Urfranzosen und einem italienischen Großvater aus Parma. Geboren im algerischen Land.

Lichte Frau Schmidt, dunkler Schmidt — ihr seid ein Fraß für den Rassenforscher.

XIII.

In Biskra lebt ein baumlanger Brite, Mr. Simonds, mit seiner deutschen Frau. Sie und ihre köll'sche Schwester sorgen für das noch junge, begabte, fast stubenreine Kind. Er hat eine Dattelplantage.

Herrn Simonds Villa, mit allen Datteln, kostete 130 000 francs; nach dem Kurs weniger als 20 000 Mark. Vorher hatte sie einer für 40 000 francs gekauft.

Ein Araber bot hernach 45 000, wurde jedoch ermordet. Dies machte den Kauf hinfällig. Der Brite, die rheinische Frau, die Schwägerin, das Kind waren vor dem Celsius ausgerückt; — wir hatten sie drei Wochen zuvor in dem himmlischen Hotel Olivage oberhalb Algiers getroffen. Und wir zogen also genau drei Wochen später in diese Lufthölle.

(Daß die Palmen der acht Oasen insgesamt mehr als anderthalb Millionen Stück sind, war kein Grund, ausgelassen zu sein.)

XIV.

Abends tanzten immerhin im fremdenreinen Biskra die Ouled-Nails, also: Beduinenmädchen; wovon die älteste zweiundzwanzig, die jüngste sieben war. In einem arabischen Kaffeehaus.

Was? ... Waaas? Die Wände mit Zeichnungen geziert? halb »humoristisch«? Reicht der Kurfürstendamm bis zum Nomaden-Strich?

Ein Nigger und ein Maure machen grell-eintöniges Geräusch. Die bräunlichen Tanzmädel zuckschubsen den Bauch seitwärts ... und wild empor.

Eine tanzt bloß mit den Händen — aber die holde Amerikanerin Ruth St. Denis hat es dazumal besser gemacht.

XV.

Ouled-Nails (»Begleiterinnen des Nomadenstammes Oulad-Nail«) sammeln dann auf der flachen Trommel.

Das Reisebuch sagt, daß sie »später in ihrer Heimat trotz der in Biskra geübten Prostitution gleichwohl gesuchte und geachtete Weiber werden«.

XVI.

Einmal früher, als ich in Afrika den Fuß kaum vom Schiff gesetzt, fragte schon ein ehrwürdiger maurischer Greis: »M'siou, veux-tu voirrr des femmes mauvaises?«

In einer Gasse von Blidah lagen damals Ouled-Nails vor ihren Hütten; ausgestreckt; in der Natur; jung und braun; manchmal eine Blume zwischen den Zähnen.

Damals hielt ich ihr Bild fest — ob sie gleich die Hand vors Gesicht hoben, wenn man sie knipste.

Sie glauben, daß es Unglück bringt. Oder Keuschheit wehrt sich.

XVII.

In den Karawanen sitzen sie, durch die Helle leuchtend, rotröckig, oben blaublusig, auf dem Kamel. Ohne Wüstenprostitution zu treiben.

Die Karawanen gehn jetzt ins Gebirge, denn der Sommer naht. Die Karawanen wandern aus: weil ihnen die Wüste zu heiß wird. (Jetzt muß ich herkommen!)

Mancher lange Zug bewegt sich raupenhaft durch die Steinsteppe. Oben funkeln die Weiber. Der Spitz rennt wirklich um die Kamele, wie manchmal in Büchern; das stimmt also.

Mühsam, langsam geht es vorwärts; der Hund macht sich wichtig.

Ja, hier zwischen Batna und Biskra, ist eher die wahre Wüste für mein Empfinden. In dieser ungeheuren felsigen Ödnis, mit wildem rosa Oleander am ausgetrockneten Flußlauf, mit wilden Palmen ... (ohne Dattel).

XVIII.

Die seltsame Sehnsucht hier wohnender Menschen wird schließlich begreifbar. Eine französische Offiziersfrau, »catholique pratiquante«, in Batna geboren, sagt mir: »Bloß für das hier ringsherum haben wir ein Heimatsgefühl. In Frankreich möchte keiner von uns leben. Nur dies ist unser, unser Land.«

Aber die schöne Wirtin, gleichfalls in Batna geboren, sagt: »Blutleer wird man im Kopfe, von dem schlimmen Klima ... Obschon ich hier zur Welt kam.«

Darum öffnet sie, zur Entlastung von der Hitze, das lange, lange Zauberhaar. Herrlich abgespannt blickt sie, mit halb gesenkten Lidern. Die Schmidt.

(Wenn bei ihr, auch bei dem Söhnlein das Fieber steigt — ja, dann müssen sie rasch ans Meer, nach Bougie, zu dem schönen Golf ...)

Trotz allem: — verwurzelt ist sie mit diesem Land, gleich der Offiziersfrau, ihrer Freundin. Hier sterben: aber hier gelebt haben.

XIX.

Die Offiziersfrau, bei solcher Anhänglichkeit an die afrikanische Sonne, sagt mir, wie kalt sie Deutschland sich vorstellt.

La mer Baltique, die Ostsee, das muß gräßlich rauh sein, n'est-ce pas? ... Ich rühme, zu ihrer Bekehrung, wie Mecklenburg im Sommer ist. (Wohin ich aus diesem Oasenviertel eilen will.)

Ich schildere, wie man aus einem frischen, alleinstehenden Haus dreimal täglich in das anspruchsloseste, zutraulichste, billigste Meer, ohne Ebbe, sogar mit bissel Salz, schwimmen geht.

Ich male Hinterland mit Heideluft. Nächtens kühlt sich's ab ... Überhaupt: Deutschland im Sommer ...

XX.

Sie hört es; ohne zu glauben.

Es ist acht Uhr abends ... Die schöne Wirtin hat neununddreißig Grad Fieber.

Keine der hundertfünfzigtausend Palmen regt sich.

Constantine

I.

Die Merkmale dieser Stadt sind: Juden, Felsen; dazu kommen Lämmchen und Araber.

Die religiöse Mischung der Bewohner steht fest. Die Felsen stehn fest. Die Lämmchen beruhen auf meiner eignen Wahrnehmung.

II.

Auffallend häufig in Constantine sah mein betrübtes Auge Lämmchen geschleift und gezerrt. Zur Schlachtbank.

Manchmal so: der Araber ging auf der Straße vorwärts — und hatte das eine Hinterbein des Lämmchens gefaßt. Das Lämmchen mußte mit, rückwärts laufend: weil es vorwärts gebockt hatte.

Nur in Todesangst bocken Lämmchen.

III.

Am erträglichsten schien es noch, wenn ein Lämmchen auf den Nacken des Schlächters geladen war: die Vorderbeine links vom Kopf des Schlächters, die Hinterbeine rechts davon: so festgehalten. Es war der bequemere Sterbegang.

(Wenigstens nicht rückwärts geschleift.)

IV.

Das Lämmchen sang für mich ein deutsches Lied: »Zum Tode geht's, ich hab's gewußt« (das beiläufig auch Wagner einmal gesetzt hat) ... »lebt wohl, ihr Brüder ...« (Dabei sprach das Lämmchen gewiß arabisch.

Vielen Lämmchen erging es so. Und es war ein Feiertag. (Für die andren.)

V.

O Lämmchen, Lämmchen in der weiten Welt ... Ringsum ... Auch du, lesender Freund, bist eins; oder ich werde dereinst ein Lämmchen sein, an meinem jüngsten Tag (der mein ältester zu sein hat): wenn der dunkle Schlächter mich auf dem Nacken in das Paradies trägt.

In das bessere Jenseits, dem auch die Gläubigsten das schlechtere Diesseits vorziehn. Wo blieben sonst wohl die Ärzte, na.

Soviel über die Lämmchen; jetzt kommen die Felsen.

VI.

... Constantine ist eine steinige Stadt; eine hochhängende Felsstadt, Schluchtstadt, Abgrundstadt, Spaltstadt, Sturzstadt — ja schlechtweg: eine schwindlige Stadt.

Häuserlinien gekleckst auf allerhand Wüstenstürze, Gründe, Geröllhöhlen ... Ist es ein Zufall, daß hier dreißigtausend Orientjuden seßhaft sind? Jenes Steingründige, Schluchthafte gibt mir einen Nachgeschmack des Hochlands von Judäa mit seinen furchtbaren Trichtern, schaurigen Steintiefen — wo sich der Prophet Jochanaan halbvegetarisch in der durchtriebenen Zusammenstellung von Honig und Heuschrecken seinerzeit durchgebracht hat.

VII.

Die Innenstadt von Constantine wirkt harmlos. Maurinnen tragen hier gern den schwarzen Burnus. Die Scheiks öfter den weißen — am Autosteuer.

Ihre Steilstadt wurde vom Kaiser Konstantin vor längerer Zeit ausgebessert, sogar dem Verfall entzogen. Dafür hat er jetzt ein Denkmal am Bahnhof. Diesen Zustand (Konstantinos vor der Gepäckexpedition) hat man ihm auch nicht an der Wiege gesungen.

Steinern findet er sich damit ab.

Vielleicht nächtlich mit Grollblick auf die organisierten Gepäcksklaven.

Und wenn er nicht in lateinischer Sprache »Sic transit ...« flüstern sollte — wer dann?

VIII.

Die Stadt Constantine, sagt man mir dort, birgt unter 74 000 Einwohnern doch nur 14 000 Franzosen, aber 30 000 Araber und jene 30 000 Kinder Israels.

Die Juden gehn, soweit sie vom alten Schlag sind, ganz wie Mahomedaner: roter Fes, Turban drum. Die jüngeren tragen sich schon leichtfertig in französischer Art. (In südfranzösischer ...)

Ehedem gab es hier Kämpfe zwischen Juden und Arabern. Warum heute nicht mehr? Als Grund wird mir gesagt: »Wir mußten im Kriege Schulter an Schulter ...«

(Ein Weltkrieg war dazu nötig.)

IX.

Der politische Hetzer Max Régis lebt hier in verächtlichem Andenken. Und sobald in Constantine vorübergehend Ermunterungen zu netten, lieben Pogroms nach dem Krieg vorkamen, von etlichen Fabriken und Druckereien her: sobald zog ein Trupp makkabäischer Arbeiter los, schlug diese Institute kurz und klein — und seitdem ist alles eitel Freundschaft. Friedlich. Schulter an Schulter.

467

X.

Die merkwürdigen Juden von Constantine sprechen zu Haus arabisch. Im Außenverkehr französisch. Bei ganz feierlichen Anlässen hebräisch ... (Doch nur das junge Geschlecht meistert zur Unterhaltung diese Vätersprache.) Manche reden dazu, weiterhin, spaniolisch.

Vollends die algerischen Juden von Oran sprechen (wie eine bigotte, doch gütige Spanierin mir verwundert erzählt) auch reines Kastilisch.

Welche Belastung ... Wo es ohnehin schwer genug ist, sich in einer Sprache bleibend auszudrücken.

XI.

Constantine hat für seine Dreißigtausend (die still und sachlich sind) noch ein freiwilliges Ghetto.

Darin hausen die Proletarier Israels. Nicht aber die jüdischen Villenbesitzer von Constantine.

Die Juden dort waren Jahrhunderte durch im Verteidigungszustand. Ein arabisches Joch ist keine Flaumfeder ... Sie hielten lange durch. Heut atmen sie wieder menschlich — die heiteren Stehaufmänner.

XII.

Komische Welt. Die Herrschaft der feindlichen (jedoch semitischen) Araber ist gebrochen ..., und im Burgschloß des dahingegangenen Achmed Bey, auch manches dahingehangenen Sultans, hoch auf dem Felsen, haust ein »arischer« General. Unter dem, dem, dem sind sie frei.

Komische Welt.

XIII.

Für die Lämmchen ist sie nicht komisch. Ihnen gab kein Gott, zu sagen, wie sie leiden. Keiner die Kraft, sich zu wehren; und zu währen.

Es wird noch lange, lange dauern im gleichgewichtsschwachen Haushalte der Natur: bis durch kompressige

Nahrungsmittel untierischer Art allen Lämmchen (und sie sind so süß) ein froher Lebensabend beschieden wird.

Ich bin halt Pazifist.

Der Fakir in Tunis

I.

Für den Sonntagmorgen, um zehn Uhr, war das Lebendigbegrabenwerden des »indischen Prinzen Saidar« in großen Anschlägen verkündet.

Sowas zu sehn, blieb ein alter Wunsch, seit man als Zwanzigjähriger die Schriften von Carl du Prel gelesen hatte.

Allerdings unter freiem Himmel? Die Hitze war arg . . .

Ich hätte mir eher den kleinen Finger abgebissen als nicht hinzugehn.

II.

Ein Stätteplatz. Rings auf Steinmauern hocken tunesische Frauen, ducken Männer, kleben Kinder. (Die Mauern sind Wände vom zerstörten früheren Zirkus.)

Unten auf einer Stuhlreihe schwitzen Ärzte, italienische, französische, moslimische, zur Nachprüfung. Die Glut ist schon mehr ägyptisch.

III.

Hinter dem schwarzen Augenglas, das hier die Hälfte der Menschen trägt, muß man die Lider abdichten. Taschentücher sind über die Nacken gehängt. Geredet wird gallisch, arabisch, maltisch, kastilianisch, spaniolisch, indisch, amerikanisch.

(Der Mensch ist glücklich, wenn durch dies Vogelgeschwirr ein richtiges Wort Französisch klingt.)

Tropenhelme. Fes mit Turban. Strohhut. Borsalino-Filz. »Voile«-Gewandung. Afrikanischer Seidenburnus. Dazu das Miau von Kindern. Straßenlärm vom Boulevard Jules Ferry. Getute vom Hafen. Und Menschengesummmsummm-summm.

IV.

Der Prinz erscheint. Er sieht nicht indisch aus; er ist weiß-
häutig. (Ich erfuhr nachher von seiner Frau, daß er von der
belgischen Mutter in Indien geboren, von brahmanischen
Priestern unterrichtet worden ist.)

Diese dunkelschöne Gefährtin, schlank-hoch, hat eine be-
zaubernde kurze Nase; darüber trägt sie den weißen Turban,
die schwarzäugige Person, und Spangen am nackten Ober-
arm.

V.

Saidar befindet sich in einem Schlafrock mit violetten
Ecken. Er wirft ihn ab, steht nun in Pyjamas. Er spricht ein
klares Französisch.

Erinnert war auf den Anschlägen, daß von seinen Vorgängern einer für zwölf Minuten sich in Tunis einscharren ließ —
und hierbei starb. Die Tunesier wissen es; zwei Jahre her ...
Saidar jedoch erbot sich, anderthalb Stunden begraben zu
sein.

VI.

Er teilte jetzt die Bedingungen mit. Immer nach Ablauf einer halben Stunde, genau nach der Uhr, solle jemand mit lauter Stimme hinabrufen: »Êtes-vous réveillé?«, sind Sie wach?
Er wolle dann aus der Gruft antworten.

Der Fakir versetzt sich durch Selbsthypnose, das war zuvor erklärt worden, in einen kataleptischen Zustand — aus
dem er, genau zu der von ihm bestimmten Zeit, für Sekunden erwacht. Uhrgenau. Bloß um erwachend ein Zeichen zu
geben ... und bald wieder starr-kataleptisch einzuschlafen.
Also: keine Minute vorher, keine nachher ist er unten vorübergehend wach. Das Begrabensein (mit scheinbar unter-
bundener Atmung) bleibt nur in schlafstarrem Zustand
möglich.

Gleich nach dem kurzen Wachsein muß er sich unten im
Sarg wieder in kataleptischen Schlaf selber versetzen — dann
verschläft er eingegraben die kommende halbe Stunde.

Beim Wachen wäre der Tod gewiß. Ein Wacher würde bald ersticken.

VII.

Nach der zweiten halben Stunde soll aufs neue gefragt werden: »Sind Sie wach?«, genau nach der Uhr — und er will in der winzigen Frist seines Wachseins wieder unten im Sarg antworten.

Jedesmal wird, nach seiner Anordnung, zugefügt: »Comment allez-vous?«, wie befinden Sie sich? . . . für den Fall, daß etwas mißglückt; daß Gefahr droht.

Es ist immer ein Ding auf Tod und Leben — obschon Saidar es oft ausgeführt hat.

VIII.

Ich sage jetzt, um nicht künstliche Spannung zu schaffen: es gibt keinen Zweifel mehr an der Echtheit und an dem Erfolg dieses Experiments. Das ist in Wahrheit vor meinen Augen geschehn.

Ich weiß nun: Lebendigbegrabensein, dennoch Lebenbleiben ist nicht Trick noch Trug, nicht Taschenspiel noch Täuschung — sondern ein innerhalb der Natur bestalltes Faktum. Das Wunder vollzog sich. Wenn auch mit einem furchtbaren Zwischenfall.

IX.

Saidar hatte mich unter die kontrollierenden Ärzte gesetzt. Das Grab im steinigen Boden war 1,60 Meter tief. Die Möglichkeit des Entschlüpfens (durch einen Seitengang) oder sonst ein Kniff blieb unwiderlegbar ausgeschlossen. Alles ging mit rechten Dingen zu.

Saidar steckte sich etwas »hydrophile« Watte (die wir Nachprüfer einem frischgeöffneten Paket entnahmen) in Ohren und Naslöcher. Dem bedienenden Araber rief er dann zu: »Le cercueil!« — und man brachte den Sarg . . . Aus mäßig starkem, einfachem Holz von schwarzer Farbe.

Der Fakir, in Pyjamas, legte sich in den Sarg.

X.

Ich sehe genau hin. Er hat sich in kataleptischen Schlaf gewissermaßen mit einem Ruck versetzt. (Nach der Uhr in sieben Sekunden.) Ich beobachte: das Gesicht ist etwas verzerrt, er scheint Luft einen Augenblick auszupusten. Der Sarg wird zugemacht, versenkt; das Grab meterhoch über dem Deckel dicht, fest, schwer zugeschaufelt.

Ein Mißtrauen wider die Echtheit des greifbaren Sachbestands ist unmöglich.

... So verging die erste halbe Stunde.

XI.

Die Frau, mit beherrschter Angst, in einer Lebensnervosität, sitzt kauernd am Kopfende des im Sarg Vergrabenen. Wir sprechen. Sie erzählt mir, wie Saidar die Prüfung bei den Lehrern in Indien gemacht. Die besteht in einer ... drei Monate langen Katalepsie, unter der Erde. Der Prüfling wird jeden Tag einmal geweckt. Er hat es bis auf drei Monate und siebzehn Tage damals gebracht.

Auch die Begleiterin ist europäischer Abkunft, in Indien geboren. Ein lieber, ernst-überlegener Mensch.

Jedes ihrer Blutkügelchen scheint zu wissen, was jetzt auf dem Spiel steht. In dieser ganzen wüstgedrängten Masse der Zuschauer zuckt und rumort eine Spannung, ein halb gedämmtes Erregtsein — sie stauen sich zu dicht um das Grab; in dieser wuchtenden Überglut ...

XII.

Die Zeit vergeht schrecklich langsam ... Jetzt ist es bald soweit — für das erste Wecken.

Die Uhren sind gezückt. Haargenau nach dreißig Minuten wird von oben gefragt (vorher pantomimisch der summende Lärm gedämpft): »Êtes-vous réveillé?«

Es klingt wie eine Antwort schwach aus der Tiefe ... doch sie mischt sich ins nicht ganz nachlassende Geraun der Menschen im rosigen Licht — die mit Stangen zurückgedrängt werden, weil das Fieber sie jetzt überkommt.

»Comment allez-vous?«

Er scheint zu antworten: »Très bien.« Ich höre mehr das Geräusch dieser Worte von unten als die genauen Worte. Die Masse tobt nun bestialisch; kaum noch zu halten.

Jetzt hat er sich im Sarg hoffentlich wieder in Katalepsie versetzt. Er stirbt sonst.

XIII.

Die zweite halbe Stunde vergeht ... Nun ist, wahr und wahrhaftig, dieser Mensch fast eine volle Stunde begraben; mehr als anderthalb Meter unter der Erde, getrennt von Luft und Licht, in einem hermetisch fest überdeckten Sarg.

XIV.

Die andre Zeit ist um. Der zweite Anruf jetzt — nach einer Stunde. Da ... Er gibt keine Antwort. Doch! Aber nicht mehr mit der Stimme. Nur durch ein Klopfen. Es ist wie ein Notsignal. Die Tausende sind totenstill.

Die schöne Begleiterin ruft mit verlorener Fassung, sie schreit, sie brüllt: »Laßt ihn heraus! Gefahr! Gefahr!« Aus der Stille wird ein Massengeheul, Massengekreisch, ein Wahnsinnsgetob.

Sie brechen alle nach vorn durch. Ordner drängen sie zurück, schlagen sie zurück. In blindblöder Hast wird fiebrig mit Schaufeln Erde hochgeschleudert, es geht zu langsam, man zieht an den freien Enden der mitvergrabenen Seile, die unter den Sarg gelegt sind. Und nun geschieht das Entsetzliche: die eingegrabenen Stricke reißen, ehe sie den Holzbehälter heben helfen, er bleibt unter der noch ihn abschließenden Erde festgerammt.

Furchtbare Sekunden. Undämmbares Zetern der Masse. Gestampf. Irres Gedränge. Mittendrin ein halb zuckendes Weitergraben. Nur ein Ende des Sargs erscheint.

Die Vordersten sind so wirr, daß sie zwecklosgleichmäßig fortschürfen wollen, bis er ganz freiliegt. Aber die Frau hat zuvor gerufen, in Verzweiflung vor dieser Bande, vor diesen Wahnsinniggewordenen: »Ihr lärmt, ihr lärmt — wenn ein

Mensch sein Leben verliert!« Dann fleht sie schreiend: »Ne le laissez pas mourir dans son trou«, laßt ihn nicht in seinem Loch verrecken!

XV.

Ein wackrer Araber gräbt fort, ein französischer Soldat hilft, beide gehn in der Verwirrung zu systematisch vor, sie wollen offenbar von dem am einen Ende schon freiliegenden Sarg die Erde ganz genau abtragen, dazu ist keine Zeit mehr — sie sind so verdutzt, daß mein Ruf: »Mais ouvrez d'abord, mais ouvrez donc!« ihnen wie ein Einfall kommt. Da reißen sie schon jetzt am Kopfende den Deckel mit Gewalt auf. Das Gesicht kommt zum Vorschein ... Jetzt ist der ganze Sarg frei.

Der Mann steigt heraus.

XVI.

Hochrot. Wach. Voll Selbstbeherrschung. Aber doch wie aufgescheucht. Die Züge nicht verzerrt ... nach einer Stunde. (Viel verzerrter waren sie vorhin beim Versetzen in die gewollte Katalepsie.)

Das Wunder ist unbestreitbar. Jemand war sechzig Minuten begraben. Er hatte nur beim Einstieg ein zermürbtes Gesicht; nach anderthalbtägigem Fasten. Jetzt, in der Erregung des Gelingens, ist er wie befreit.

XVII.

Doch warum gab er das Notsignal? Er spricht; verschafft sich Ruhe. »Ich habe gesehn, ja, unten im Sarg nicht nur gehört, sondern gesehn, welches Tohuwabohu hier oben herrscht.« Er bekennt, daß da eine Furcht über ihn gekommen ist: in dem Wirrwarr könnte der Zeitpunkt des rechtzeitigen Ausgrabens verpaßt werden — und er müßte, selbst bei Minutenverzögerung, ersticken.

Denn er hat sich in Katalepsie für neunzig Minuten (mit den Erweckungen) versetzt, die Autohypnose hat, haarscharf, neunzig Minuten vorgesehn — er hätte sich nach Ablauf dieser Zeit, wenn sein Fernsignal im Lärm unterging, vielleicht nicht wieder bewußtlos machen können ... und wäre nach einem Verzug von fünf Minuten tot. Erstickt.

Deshalb hat er das Zeichen der Gefahr telegraphiert. — Ein angenehmer Beruf.

XVIII.

Er übt ihn, er lebt ihn mit Leidenschaft. Zwar lastet im täglichen Dasein etwas von der Schwermut erschütterter Nerven auf ihm (und auf der Begleiterin) — doch er ist körperlich stark wie ein Athlet. (Er zerreißt, so abgezehrt er aussieht, zwei Kartenspiele mit einem Ruck.)

Dieser ... Fakir macht einen ganz durchgeistigten Eindruck. Das ist kein Jahrmarktschreier.

XIX.

Ich hatte bei der »attestation médicale« als Außenseiter mitgewirkt. Ging später eines Vormittags in seine Wohnung.

Der Indobelgier hat seine Schwiegereltern dorthin kommen lassen, »monsieur le père, madame la mère«, und haust hier kleinbürgerlich; zu ebner Erde. Vor dem Krieg war er einmal ... beim Zirkus Schumann.

Ich schrieb, sehr gern, zusammen mit der Frau das Protokoll des nie zu vergessenden Vorgangs auf behördlich gestempeltes Papier. Nicht Trug noch Trick, nicht Taschenspiel noch Täuschung. Ich habe jetzt eine Gewißheit mehr.

(Und alles das ist kein »Wunder«, sondern eine weniger bekannte Körperfunktion.)

XX.

War es die Spannung eines Schauspiels, was mich erschüttert hat? — Es war die Beglaubigung einer mir bis dahin unbekannten Einsicht in irdische Möglichkeiten ... auf rein irdischem Grund.

Ich weiß nicht, ob wirklich die Seele, wie Saidar sagt, in der Katalepsie dem Körper entzogen wird, sich sozusagen selbständig macht. Das sind Worte.

Nur: ich weiß von einem nicht umzustoßenden Erlebnis. Von einer neuen, durchlebten Tatsache, die unsrer Kenntnis der Natur ... zu widersprechen schien.

Ich sah Bewiesenes, das praeter-propter dem Bewußtsein einer dünkelhaften Europäerwelt fremd blieb.

XXI.

Und ich habe bei alledem zwei Menschen kennengelernt, nicht einen bloß, die etwas dem Künstler Verwandtes haben — in Berufsglück, Schwermut, Nervenstrapaz' und Nicht-lassenkönnen.

Denn was ist es, wenn wir schreiben? Ein Trance, mit einer Muskelkontraktion.

Grübelei

I.

Das ist ein Logbuch von der Fahrt. Kein Lugbuch. (Setzer, um Gotteswillen!)

Beobachtungen, die man so macht. Wünsche, die man so hegt. Eindrücke, die man so hat. Fragen, die man so stellt.

II.

Ich frage mich: warum kriegen Störche nie den Sonnenstich, bloß wir? Ewige Gerechtigkeit!

Im Wüstenviertel, bei El Kantara, stehn Störche straflos stundenlang still — und starren stumpf, im glühenden Glast.

Ohne Kopfbedeckung. Obgleich sie Nordbewohner sind.

Stundenlang stehn straflos Störche stelzend stundenlang still, starren stumpf, im glühenden Glast. Warum kriegen Störche nie den Sonnenstich, bloß wir.

III.

Jetzt eine Hypothese naturwissenschaftlichen Inhalts.

Die Palme (so las ich immer in botanischen Büchern) hat ursprünglich in der See gewohnt. Ein Flutgewächs; hinterdrein auf die Erde verpflanzt.

Das ist in Tunis nicht vorstellbar. Käme sie wirklich aus dem Wasser: sie könnte nicht in diesem Höllenbrand leben.

Es war vielleicht umgekehrt: sie hat, wegen der Hitze, sich ins Wasser gestürzt.

(Ich tue das auch; bin ich darum eine Seepflanze?)

IV.

Dritte Grübelei. — Arabisch ist nicht schwer. Wenn die Maurenkinder auf meinem Weg äußern: »Give me a penny«, so versteh' ich das.

Und sie tun es schon zweijährig. Hochbegabte Menschen. Es gibt einjährige, welche den Satz »Donne-moi un sou« fehlerlos meistern.

Wenn ich früher nach Afrika kam, riefen die jüngsten Araber einfach auf Arabisch: »Chawadscha, bakschisch!«, genau übersetzt: »Herr, Trinkgeld!« Obschon ihr Trinken kostenlos hinter dem Brusttuch verlief.

Seitdem haben sich diese Kinder dem europäischen Anschluß zugeneigt. Bildhübsch sind sie, mit schwarzlächelndem Blick und kupfergoldnem Schimmer auf den Läusen.

Wenn man in einem Jahrhundert wiederkommt, betteln sie auf Sächsisch.

V.

Noch fortgeschrittener sind mittlerweile die Affen in der Chiffa-Schlucht, bei Blidah. Rasten, sagten sie sich, heißt rosten. Sie vermehrten im Kampf gegen den Geburtenrückgang ihre Zahl. Unterstützt von einer natürlichen Anlage.

Die Sträucher beim Ufer, die Bäume beim Bergbach: das wimmelt von Affen. Die sitzen auf dem Schornstein des Wirtshauses, auf dem Dach, auf der Köchin, auf dem Telephon, auf dem —.

Däumlingsaffen, zwei Tage bloß alt, reiten auf der Mutter. Die Wöchnerin springt, klettert, schaukelt; (welche Gertrud Ederle, welche Susanne Lenglen, welche Thusnelda macht ihr das nach?). Die kleinen Säuger halten sich reitend fest an ihr, ohne Wank.

(Das ist kein Lugbuch.)

VI.

Solches Affengetier lebt oben im Bergwald, bei Blidah. Mittags kommen sie zum Gasthaus, zum Affenbach, »ruisseau des singes«: weil sie Gäste zum Gabelfrühstück vermuten. Da fällt was ab. In kalter Berechnung tun sie dies.

Der Kellner flüstert mir zu: »Um drei ist kein Affe mehr da.«

VII.

Bei früheren Besuchen fand ich die Affen hier noch blöd und scheu. Wenn ich in hundert Jahren wiederkomme, geben sie eine Zeitschrift heraus.

VIII.

Manches hat sich bei Blidah geändert. Ein Bär, den ich vor Jahrzehnten dort auf der Landstraße mit Zigeunern getroffen, war für immer weg. Er ging seinerzeit aufrecht; wurde von mir geknipst.

Vergänglichkeit.

Ein deutscher Dichter singt:

Alles in der Zeiten Lauf
Hört am Schluß von selber auf.

Adieu, Bär.

IX.

Die Ouled-Nails oder braunen Freudenmädchen von Blidah, welche dazumal, Blumen kauend, langhin jede vor ihrer Hütte lagen, sind indes verheiratet. Haben keinen Ausgang mehr. Denken gewiß an die schönsten drei Jahre der Jugend voll Wehmut zurück, als sie jeden Tag ... Oh, wie weit, wie weit!

X.

Ein Heiligtümchen (»marabout«) bei Blidah ruht still, weiß, verschlafen, selig-einsam, durchrankt, überlaubt; in Versponnenheit schnarcht hier die Eikuppel des moslimischen Bethäusels, und sie nennen das Ganze den heiligen Hain; le bois sacré.

Jetzt ist hierneben ein Tennisplatz. Fifteen; advantage; game! Heiliger Hain ... Mir träumt: ein Derwisch wird Balljunge; hernach gibt es in Mekka golf links.

(... Und wenn!)

XI.

Das arabische Landstädtchen Blidah — vordem so luftig — ist heute vollgebaut. Eine französische Wirtin sagt mir: »Ach, es herrscht keine Frische mehr in Blidah; que voulez-vous — c'est le temps qui passe«. Sie hat Blidah, wie ich, noch holder gekannt.

(Und wer hat sie noch holder gekannt? ... C'est le temps qui passe.)

XII.

Immerhin grüßen in der Nachbarschaft zehntausend Orangenbäume. Bei Boufarik und Birkadem ist manches, heut wie vor dem Weltkrieg, von biblischer Schönheit.

Weidende Rinder. Rotgemäntelt, rotberockt arabische Bäuerinnen; maurische Hirten, auf dem Kopf die Scheschia.

Fruchtbarkeit, unter titanischen Maulbeerbäumen. Und in Araberfrauen — wenn sie häuslich, statt freudenhäuslich geworden sind.

Rotgemäntelt, rotberockt.

XIII.

Ich saß zuletzt auf einer Bank in Blidah — was soll man tun? — und aß das (auch vom Wetter) mitgenommene, kalte Hühnchen.

Wie lange hat es gelebt? Wie lange hat es gepickt? Seine Zeit floß hin ... C'est le hühnchen qui passe.

XIV.

Vorletzte Grübelei. Verhältnis zu Moscheen und Gläubigkeit. Etwa so:

Man möchte zwar derlei kindhafte Schönheit bewahren — weiß aber doch: für die Entwicklung des Geistes ist sie schädlich von Grund aus. O dieser abergläubischen Menschen Unvernunft. Also das steht fest.

Aber zugleich würde man das Schwinden solcher Unvernunft im Keller des Bewußtseins irgendwo bedauern: als das Schwinden eines Reizes. (Das steht auch fest.)

XV.

Gleichnis. Ein Kind sagt falsch: »Ich war in Mujiekzimma.« (Statt: im Musikzimmer ... wie es für die Entwicklung des Geistes nötig ist und heißen soll.)

Trotzdem schade — wenn jemand nur einfach und richtig Musikzimmer sagt. Man horcht kaum hin.

Aaaberrr es muß sein!!! (Hilft keine Hübschheit!)

So das Verhältnis zu den Moscheen.

XVI.

Letzte Betrachtung. Am Fuße des Atlasgebirgs wird es klar: der Anteil einer Frau für diesen Atlas ist verhältnismäßig gering.

Man beobachte gleichfalls ein Schwanken ihrer Seele: zwischen dem Louvre und dem Magasin du Louvre. Man beachte, prüfe, forsche, wo größeres Glücksgefühl ist: im Frühling oder im »Printemps«, Boulevard Haussmann —? Keiner wird es ergründen.

(Und wenn's nicht wäre, fehlt einem was ... wie das Mujiekzimma.)

Schluß der Grübelei.

Landung

I.

Auf dem Rückweg von Afrika — wie auf der Hinreise — war ich kurz in Marseille. (Damit ist nichts gegen meine Körperlänge gesagt.)

Marseille bleibt geräuschvoll. Wer dort versonnen einen Monolog hält, wie es vorkommt, muß brüllen, bis er sich versteht. Jedoch zwei Stunden ab ...

II.

Zwei Stunden ab liegt Aix; Landstädtchen. Die Stille selber. Der Schlummer in Geographie.

Zola stammte von Aix; Cézanne malte bei Aix ... Ich ging aber nicht wegen des Dichters noch wegen des Malers hin.

III.

Sondern ich wußte dort einen Buchhändler; im Zug nach Rom kennengelernt, mit Sohn und Tochter, vor zwei Jahrzehnten, 1908. Wir hatten damals gute Gespräche; fast Streitgespräche; doch immer von menschlichen Standpunkten.

Seitdem kam ein kurzes Lebenszeichen ab und zu. Einmal schickte mir der Aixer das von ihm verfaßte Faust-Büchlein. Ich ihm eine liebe Freundin, die Malerin Elsa Weise. Das war vor 1914.

Dann kam blutig der große Einschnitt — und manche Beziehung dieser Erde sank in Vergessenheit.

IV.

Jetzt fuhr ich aus dem schreienden Marseille in das Landstädtel. Um nach den einst getroffenen Wanderern zu fragen.

Es lockt einen immer zu so was.

V.

Die Fahrt ging übers Gebirge. Bei fast nordischem Himmel: Palmen, Pinien, Feigen, Zypressen, junge Ölbäume, nackter Fels und violettes Hochgesträuch. (Weiße Büsche massenhaft unter französischen Platanen.)

... Der Weg in die Provence.

VI.

Ich trat in die Buchhandlung. Ein graugewordener Herr, schwarzes Käppchen auf dem Kopf, sprach eben Literatur mit einem jungen Menschen — der deutlich Schriftsteller war; so daß ich ausreißen wollte. Zu spät.

Herr Dragon erkannte mich nicht (weil er so grau geworden war). Dann: mit beiderseits vorübergehend geöffnetem Mund Händedrücke ... Fast Erschütterung.

Lieber guter Herr Dragon. Ewiger Idealist. Friedmensch gleich mir. Bestürzt vom Weltenwirrwarr gleich mir. Nun war plötzlich 1928 — mit allem, was dazwischenlag. Von fern sah man immerhin ein Licht: das ausgehn oder aufgehn konnte.

VII.

Der Mann hegte vor dem Krieg für Deutschland ein, ja, zürnendes Neigungsgefühl. Sein Schibboleth in der Politik hieß: Frankreich und Deutschland beisammen, zum Ausgleich gegen den Schicksalsmischer in Downing Street. Sein Glaube war: die ganze Lösung ruht hier; der Menschenfriede wartet hier.

VIII.

Und als läge nicht ein Doppeljahrzehnt dazwischen, ging der Meinungsaustausch los.

Los? Weiter.

Wie zwischen Rom und Florenz 1908, als die Tochter dabeisaß.

Gleich alles wurde berührt, als drängte jemand zur Eile. Sofort, als stände wieder Trennung bevor auf ein halbes Menschenleben, und man müßte rasch ...

IX.

Hier sprach ein Antibolschewist. Ein Mensch, vor dem Krieg empfänglich für alle politischen Möglichkeiten, schien entsetzt, als eine davon wirklich geworden war.

Der Bolschewismus wurde für ihn ein stärkerer Lebensschmerz (oder: stärkere Lebensverwunderung) als die Frage Deutschland. (Diese Frage Deutschland war halb verstummt — aber nicht ganz beantwortet.)

X.

»Quel abîme entre nous!« welcher Abgrund zwischen uns!
Die gleichen klagenden Worte drangen in seinen Äußerungen immer durch. Wir standen in der Vormittagsstille zwischen den Büchern. Immer ähnlich klagende Wendungen —
»précipice«, »abîme« ...

Der verborgen lebende Südfranzos', dessen Begegnung im Dasein ich nicht missen möchte, besaß einen eignen Standpunkt zu dem Marschgang der Zeit. Etwa: der Patriot seines Landes Gambetta war ihm ein »hâbleur«; ein Wortmacher.

Die deutsche Reformation galt ihm als fortwirkender Krebsschaden für die Welt ... Sie war ihm nicht der moralbewußte Kontrast zur katholischen Kinderschönheit. Sondern das Kernübel noch in allem schwärenden Zwist einer zuckenden Gegenwart. Hinter Luthers damaligem Aufmucken sah er nicht Wirtschaftsnot; auch die völkische Meuterei nicht: nur die vermeinten Folgen — den Untergrund später, jetziger Verbissenheit. Seltsam. Er vertrat sonst Meinungen eines uns Vertrauten aus andrem Sprachbezirk.

XI.

Aber was liegt am Redestreit zweier Menschen, die einander urnahe sind. Die Nähe kommt aus herzlichem Gefühl. Aus dem Bewußtsein: »Wären alle wie wir, dann —!«

Er fragte nach Stresemann und Hindenburg. Was die nun wirklich für Menschen seien. (Ich hatte mit Hindenburg ein einziges Mal gesprochen — und fand ... nicht einen Greis, eher einen uralten Leutnant; von kalkloser Frische.)

Der Aixer fragte nach Stresemanns Zuverlässigkeit und Klarheit. Ich nach der von Poincaré ... »Poincaré«, sprach er mit Recht, »ist doch sehr viel kleiner als Bismarck.« In dieser Art.

Ich äußerte meine Sehnsucht (wie die Lage schon ist) nach ungenialen Führern in jedem getrennten Sprachgau dieses Sterns. Zulässig seien allenfalls Genies der Anständigkeit. Erwünscht jenes energische Mittelmaß, das erträgliche Zustände (nicht nur für ein einziges Land auf kurze Sicht) schafft. Tatkräfte mit etwas meinethalb spießigem Grips — frei von Gloria. Kurz: ehrliche Philister beim Ordnen der Zukunft. (Wie die Lage schon ist ...)

In ihm war dieselbe Sehnsucht.

XII.

Die Tochter war indes an einen Universitätsprofessor in Nancy verheiratet. Ich hab' sie nicht wiedergesehn — und grüße sie von hier.

Er bat mich dann hinauf, in die Wohnung. Die liegt im selben Haus des stillen Ortes, wo er geboren ist; wo er sterben wird.

»Erkennst du diesen Herrn?« sprach er zu seiner Frau; einer mit Nähzeug beschäftigten, noch nicht alten, schlanken Dame. Sie gab aufrichtig und ruhevoll zurück: »Nein.«

Er sprach: »Es ist Herr K.« Die Möbel der guten Stube nebenan waren mit Leinwand überzogen (wie fast nach dieser Fahrt ein Bankkonto). Sie freute sich nun sehr. Bat mich dort hinein. Ich solle zum Gabelfrühstück bleiben. Doch ich mußte zurück nach Marseille — wo todmüde jemand in einem Hotelbett schlief.

Ein Junge kam ins Zimmer, vierzehnjährig. Ich: »Das kann doch nicht Ihr Sohn sein, der war ja damals schon fast ...« Sie sagten beglückt: »Der Sohn unsrer Tochter; Ferien.«

Ein hübscher Gruß — »der Knabe lief.«

XIII.

Wir sprachen und sprachen. Es ging nicht länger. ... Aufbruch ... A revoir ... A revoir ... Ich gab noch einmal beiden die Hände.

Zur Mittagszeit wurde die Buchhandlung nun geschlossen, in der schlafenden Landstadt.

Und alles dies war ein sehr belangloses Zusammentreffen zweier irdischer Gruppen von Wanderern: sehr gleichgiltig für den Gang der Welt. Nur seltsam in dem haftend, dem es widerfuhr.

In Dragons Wohnung hieß das letzte Wort: »Nach zwanzig Jahren sehn wir uns vielleicht abermals!«

Hoffentlich ... Was wird dann sein? — Gleichviel; wenn man einander bloß noch sieht. Wenn man ... bloß noch sieht.

XIV.

Ich ging an dem spaßhaft kleinen Denkmal Zolas vorbei — den ich 1901 in Paris menschlich gekannt hatte. Hut vom Kopf! Und ein tiefes Verneigen.

Schlicht war das Wirrsal, worin er lebte. Hiergegen ist unser Wirrsal von einer seltsam stolzen Beschaffenheit: noch viel wirrsäliger — dennoch lichtvoller. Denn war nicht dieser Kampf aller gegen alle doch vielleicht die Näherung aller zu allen? Ein Beginn, aus Notwendigkeit?

Zola stand bescheiden und puppig in der Mittagssonne.

XV.

— — — — — — — — — — — — — — — — —

Ich fuhr nach Marseille zurück. Von einer Schilderung der Stadt nehm' ich Abstand. (Bitte, keine Ursache.)

Bloß ein paar Lebensregeln folgen hier: für Leute, die je nach diesem phönizischen Ort kommen. Unmetaphysischen Inhalts.

XVI.

Wenn der Mensch dort in das Wirtshaus von Basso geht, soll er im Gemüt, im Herzen, in der Seele wissen: praires sind noch besser als clovisses. Auf eines Ehrenmannes Wort.

Praires und clovisses: beides ist zwischen Auster, Muschel, Schnecke. Dabei fleischig-fest. Wie zum Kauen. Das Ergebnis einer für die Welt vollführten Untersuchung, an der nicht gerüttelt werden soll: praires sind noch, noch besser als clovisses.

XVII.

Zweite Lebensregel. Bei Basso gibt es »pieds et paquets Marseillais«.

Ich kann darüber Endgiltiges kaum äußern. Gegessen hätt' ich sie, wenn es nicht die »tripes« oder Kaldaunen von Hammeln wären. Das ging mir zu weit. Ich habe nichts gegen Kaldaunen. Aber gegen Hammel.

XVIII.

Fernere Lebensregel. Einmal schmause man Kartoffeln. Nicht was ein Hiesiger darunter denkt. (Grillparzer: »Hier nährt man sich, der Franke nur kann essen.« Ach, wie Josef Kainz dies »Franke!!!« geschmettert hat ...)

Kartoffelspäne. Nein: harte Blätter von gelben Rosen. Das ist es: wie harte Blätter von gelben Rosen. Aus der Hand eßbar ohne fetten Finger. Zu einem gebackenen Kalbfuß. Zu mehreren solcher. Die Knöchel mitbei.

Hierzu südfranzösischen, doch herben Weißwein.

XIX.

Bei uns ... Bloß in der populärsten Weinstube von Berlin (deren amerikanisch ungeheure Weinkeller ich einmal durchschritt — ohne Auto, solchen Rekord meldet niemand) ... bloß da kriegt man bouillabaisse verwandter Art. Verwandte Leckerschmäuse für jeden Unmilliardär.

Ich glaube nur, die bouillabaisse wird in Marseille mit andren Zutaten als in Europa gemacht. Sie tun dort wohl Ratten, Mäuse, Schlangen, Blutegel, Schaben hinein — alles mit Safran übergossen. Doch nicht gewöhnliche Tiere, sondern: Meermäuse, Flutegel — und so. (Mit Safran übergossen.)

War nur ein Spaß. Das Gegenstück zu dem alliterierenden Fluch·»Donner und Doria!« bleibt mir der Wonneruf: »Basso und Bouillabaisse!«

XX.

In diesem Glauben klomm ich zur Kathedrale Notre Dame de la Garde. Wegen des Fernblicks. Ja. Sehr nett ... Nicht hinreißend.

Hinreißend wird Marseille, wenn du, von Afrika her, um fünf Uhr morgens diesem Hafen, diesem Steininselbezirk, diesem Quai de la Joliette näher und näher kommst — und die Liebe Frau de la Garde nur einen Zentimeter hoch ist. Neapel verblaßt.

XXI.

— — — — — — — — — — — — — — — — — —

Afrika lag (zum wievielten Mal?) hinter mir. Und letztens kommt ein Mensch immer nach Paris. Jedes Schlußwort heißt für mich Elenden: Paris. Noch vor dem Abkratzen will mein Herz keine Mördergrube sein — und sprechen: Paris.

XXII.

Immer eine dieser Straßengassen des linken Flußufers schöner als die andre. Hier lebt Passau, Bamberg, Würzburg weltstädtisch geworden — mit in Stein gegliederten Wundern.

Unsterblich.

Das Gemütlichste noch im Erhabenen. Unsterblich. (Bin ein Sünder.)

Um Luxembourg, Senat, Odéon diese Gäßlein (mit dem Ewigkeitszug): hold wie Opernprospekte versunkener Menschheitsmoden — doch nicht schlummernd-lyrische Vergangenheit; sondern heiter; sondern überhaucht vom Odem aller Gegenwart.

Denkwürdige Mischung einer Stadt: Schönheit und geistige Klarheit. Das gibt es nur einmal, solang dieser Stern kreist. Nur einmal. Ich bin ein Sünder.

Es ist, alles in allem, die beglückendste Siedelung der Erdenwelt, auf der ich gewandelt bin. Peccavi. (Et animam salvavi.)

XXIII.

Ein schuldiger Mensch ist man. Zwei Tage Paris für ganz Afrika.

Heimkehr nach Mecklenburg

I.

Nun rastet meine Seele
  Mit ruhigen Gefühlen —
Ihr Palmen, ihr Kamele,
  Ihr Mauren und Kabylen.

So traumbekannt und kindvertraut
  Grüßt alles ringsumher
Mit Himbeerwald und Heidekraut
  In Mecklenburg am Meer.

II.

Am Mittag schwimmt zum Dünenwall
  Durchs leichtbewegte Naß
Ein Schwarm von Schälchen aus Kristall
  Wie veilchenfarbnes Glas;
Kiek: sind die Quallen angelangt?
  Der Juli prangt.

III.

Ein Haus. (Kein andres weit und breit.)
  Von Schimmern überhuscht.
Das Moorland in Verlassenheit
  Umwuchert und umbuscht.
Ein Dorf — das fern am Seedeich ruht;
  Der streckt sich schmuck und schmal;
Das lütte Kap langt in die Flut;
  Der Weg geht »up un dal«.
Was dorten döst in Duft und Schein,
  Das wird wohl Wustrow sein.

IV.

So rastet hier die Seele
  Mit ruhigen Gefühlen
  Vom Schweifenden und Schwülen —
Ihr Palmen und Kamele,
  Ihr Mauren und Kabylen.

Am Morgen hat es frisch getaut,
  Die Welt ist sommerschwer —
Mit Himbeerwald und Heidekraut
  In Mecklenburg am Meer.

Eine Insel heißt Korsika...

Vorspiel: Sardinien

I.

Civitavecchia, sauberes Städtel, geordnet und handlich, liegt bei Rom. Weißt du, wohin der Mensch von hier stechen kann? In See.

Vormals war der Ort so lecker nicht: als ein gewisser Henry Beyle (mit Schreibernamen Stendhal) da Konsul sein mußte. Brennend hat er fortgewollt.

Ihm war das Städtlein der Käfig. Mir das Sprungbrett — für eine Insel. (Für zwei Inseln.) Schließlich für drei Inseln.

Brennend hat er fortgewollt. Ich zog fast schwermütig den Hut... im Gedenken an ihn.

Hierauf stach ich in See.

II.

Einen Tag zuvor: im ausgegrabenen Ostia — wo sich dazumal der heilige Augustinus bekehrt hat. Er tat es in einem Haus, dessen... freudiger Charakter zu denken gibt. (»Una casa allegra«, sagte mit Schmunzeln der professore von einem ähnlichen.)

Rauschendes Rom. Rauschende Herzlichkeit in Festen. Sinnend-stiller Palatin. Etwas vergröberter Pincio.

Ich hatte dort einen Vortrag im Palazzo Aldobrandini gehalten. Über das deutsche Drama. (Frascati nur in Flaschen diesmal; nicht in Frascati.)

Und jetzt nach allem Trubel fährt mein schweigsames Schiff in den Abend; über das Mittelmeer; in die Nacht; zu einer Insel.

Es gibt allerhand Lebensgipfel im Dasein.

III.

— — — — — — — — — — — — — —

Früh vor fünf, bei der Fahrt in die Orangenbucht, auf Deck. »Golfo degli Aranci.« Ein Felsengolf, himmlisch, mit

493

zackigen Edelketten, darunter Grün. (Alles da: blasse Mond-
sichel, dünner Streif Morgenrot — vor fünf.)

Dies ist: das Felsland Sardinien.

IV.

Zusammengefaßt: steinern alles, hart alles, männlich alles,
gedrängt alles, zusammengebissen alles — mit wuchernd
hartem Gras ... aber auch mit vielen, vielen violetten, roten,
gelbgoldnen Blumen. Weißes Blühzeug auf hartem Dunkel-
gebüsch. Zweistockhohe Blöcke mitten im Strauchgras.

Kein spaßiges Land: aber ein strotzendes Land. Mehr
strotzend als üppig. (Es gibt Unterschiede zwischen strotzend und üppig — nicht wahr?)

So der Kern. Lichtvolles Fels- und Meerland.

V.

Diese Insel soll allerhand Urtümliches haben, aus der Vor-
zeit. Es gibt noch Klotztürme, »nurraghe« genannt; erbaut,
als Zuflucht, von einer versunkenen, verschütteten, verges-
senen, verschwundenen Bevölkerung ... nach deren Tod erst
Geschichte hier begann. Sprachreste von Altlatein. (Gott ist
nicht dio, sondern deus.)

Auf dem schwarzen Kopf tragen schwarze Weiber
schwarze Amphoren — wie längst vor Christi Geburt.

Dunkle Mannsbilder seh' ich hernach durch Dörfer
stiefeln; in ihrem Kreuz hängt an Messingschnüren die
kleine Waagschale. Denn die Menschen dort backen ihr Brot
wohl selbst und kaufen pro Fall ein bißl Korn. Ist das der
Grund?

Alter Stil, alte Schule. Das schwimmt, mitten in Europa.

VI.

Schwarze Kopftücher schwarzklüftiger Frauen. Carabi-
nieri. Tauben. Postsäcke. Morgengetrieb. Dieser Ort heißt
Terranova.

Viermal am Vormittag wird der Paß untersucht. Sogar
schriftlich festgestellt, daß der Vater Emanuel hieß, die Mut-

ter Elena... Nein, Herr Carabiniere, nicht Elena! bitte sehr! Helene hat sie geheißen! Helene!...

Man möchte beiden gern eine Ansichtskarte schicken — doch sie käme von dem lichten, feierlichen Friedhof in Breslau als unbestellbar zurück.

(Dort steht auf einem Stein: »Hier ruht, was sterblich ist von Ferdinand Lassalle, dem Denker und Kämpfer«; die Inschrift prägte der Altertumsforscher Böckh.)

Wollte sagen: keine Ansichtskarte. Die gibt es auch gar nicht. Vergessenes Land.

VII.

In Dörfern (weg von dem Zaubergolf) hängt blutendhautlos mancher Ochsenkopf mit ragendem Gehörn vor mancher entlegenen osteria. Speisen möcht' ich dort ungern — offen gegen offen.

Vor Bauernhäusern allemal im Holzkäfig ein Singvogel. Die Menschen grüßen; Fremde kommen sonst nicht her.

Sanft steigt aber und ernst-lieblich die Felsenstraße mit Hartheidegebüsch. Die heroische Landschaft ist karstig. (Setzer! nicht: garstig. Ach, ich weiß, Sie passen schon auf.)

Patinaberge rings; daran grüne Frühschatten; gibt es Besseres? Jetzt aber genug mit Schilderung, der Leser wächst mir sonst aus — obschon ich es derart einrichte, daß ihm die Landschaft löffelweis und zwangsmäßig, ja gegen seinen Willen, beigebracht oder eingehämmert wird. (Soweit jemand mit Löffeln hämmern kann; das ist mir gleich.)

VIII.

Nur dies noch... (So sagt jemand in meiner lieben Umschicht auch immer, bevor eine knappe Stunde fließendanmutig geredet wird.) Nur dies noch: — Steinmäuerle, die bis zum Nabel reichen, umzirken die Felsstraße samt verloren weidendem Vieh... (Die zweistockhohen Blöcke mitten im Hartgrün und Altgrün hab ich erwähnt; nun also. Dazwischen Wuchergewächs.)

Wer es jetzt nicht sieht, — — —!

Nur dies noch: ein trübungslos lila Himmel über dem Blühgebüsch. Der Himmel wäre gemacht. Nur dies noch: mitunter ein Anwesen, Landmann, Hund, kleine Tochter. Jetzt endgiltig Schluß, nur dies noch: auf gefirrem Pferd öfters ein verlassener Bauer, der Milch bei sich hat, aber sonst beschäftigungslos langsam durch die Steinheide tänzelt.

Wer es jetzt noch immer nicht — —. Genug. Das Felsland Nordsardinien.

IX.
Das Felsland Nordsardinien.
Ernährt windschiefe Pinien.
Auf blumbetupftem Grüngefild
Auch lichte Feigenbäume wild
Inmitten von dem Karste —
Da starrste!

X.
Hier geht ein Postwagen. Hinein. Mitten durchs Land. Wie heißen die Dörfer? Piliezza. Cavagliana. Saraghino. Molino-Ficaccia. Santa Maria Arzachena. Zuletzt Palau.

Palau liegt am Meer...

XI.
Gegenüber von Palau duckt sich das Fels-Inselchen Caprera. Dort ruht Garibaldi von allem aus, was er für Italien getan. Er schläft — nach seinem Wunsch — mit dem Gesicht nach Nizza, wo er geboren ist. (Es läßt sich vorstellen, daß jemand, auch ohne dort geboren zu sein, nicht ungern, wenn man schon sterben muß, dann mit dem Gesicht nach Nizza sterben möchte.)

Ein Mann erzählt mir, daß auf Garibaldis Bett, so dort bewahrt bleibt, noch die Flecken des Todesschweißes zu sehn sind.

Gekämpft hat er halt bis zum letzten Augenblick. Im Schweiße deines Angesichts sollst du... sogar den Tod fretten? Angenehm eingerichtet. Hoffentlich spät.

Noch später.

XII.

Vorläufig ist bei Palau eine wunderbare Bucht. Vorläufig sieht man sie noch. Vorläufig grüßt man sie noch. Vorläufig riecht man die hängend-goldnen Ginsterbüsche noch — mit ihrer blödsinnigen, verschollenen Süße.

Unberührt von Jahrhunderten liegt hier alles. Unbetreten. Diese großartig-holde Felsbucht ist fast eine Griechenbucht. Ein bißchen kykladisch. An dem elenden Dorf! (Kein Gasthof, zum Glück.) Unberührt, unbetreten; ungeglättet — wie das rauhkrustige Flutgestein. Edenhaft, jungfräulich die Landschaft, die Meerschaft.

Diese verschlafenen Blumenmillionen an den Buchtblökken. Über dem braunen Geblöck immer noch Leuchtginster, Blendginster, Ruchginster — an einer mattblauen See.

Dort klettert man herum. Nur neugierig bewacht... vom Glück.

XIII.

Sang nicht Brahms ein Lied: »Feldeinsamkeit«? Hier ist Felseinsamkeit. Und Farbeinsamkeit, Lazerteneinsamkeit, Hummeleinsamkeit, Zwitschereinsamkeit, Lichteinsamkeit, Dufteinsamkeit; — Meereinsamkeit.

Verkanntes Sardinien. Gefundenes Sardinien.

XIV.

Jetzt ist es noch nicht neun — an dieser verstohlenen Wunderküste. Verkanntes Sardinien, gefundenes Sardinien.

So bleiben soll sie. Keines Paschegiers Fuß soll sie betreten. Bis auf weiteres.

XV.

Gegeben bei Lenzbeginn in der Frühe des Tages.

Der Eintritt in Korsika

I.

»Gallura« hieß ein winziges, putziges, puppiges Schifflein, das von Sardinien über die Meerenge fuhr.

Außer mir war ein Kanari drauf. Der capitano (als geborener Sarde piepmatzfreundlich) trug seinen Vogel vom Schattenplatz in die Sonne: das Wohlgefühl des Lieblings zu mehren.

Meins war eh schon groß.

II.

Das wüste Gegenstück zu der Friedstille blauen Gleitens brach etliche Stunden später ein.

Vorläufig lag die Mittagsfläche dösend; »Gallura«, aus Liliput, schwamm in schläfrigem Glück. Die Welt schien ... waagrecht.

Bis auf den Hüpferich im Holzbauer, vorn, von Stange zu Stange.

III.

Die ferne Welt war jedoch nicht waagrecht. In Deutschland stand sie mehr vertikal-drunter-und-drüber. (Mit tausendjährig erprobter Geschicklichkeit.)

Hat jemand, blau zu gleiten, dann das Recht?

IV.

Ja. Das Leben ist zu kurz, es nicht zu tun. Die Zeitgeschichte zu blöd, es zu lassen.

Entrinnen sollst du nicht: aber dich gürten. Vergessen darfst du nicht; aber dich festmachen.

Zieh Luft ein: dem Müff zu begegnen.

Zerstreuung ist ... Sammlung. Ruhe nicht Beruhigtsein. Traum nicht immer Schlaf.

Zieh Luft ein.

V.

Wer den vorigen Absatz nochmals liest, kann ihn vielleicht auch singen; darauf kommt es an, bei der Geographie von Korsika.

Erst wurde noch in Sardinien bei Santa Teresa bißl angelegt. Das Fahrzeug schmiß irgendwas Geladenes an Land. Jetzt kam die Korseninsel ... Noch näher.

Dem Zwitschi war es wurst. Ihm dämmerte nicht, welcher Insulaner von dort einst ausgezogen war ... die Welt zu ändern. Das Hirnwerkzeug dafür ging dem Vöglein ab.

Wie es uns abgeht für unbekannte Sternenlümmel, die gleichfalls von irgendwoher ... auszogen. Wir sehn sie nicht.

Wir flöten gleichfalls: »Zwitschkiwitt, zwitschkiwitt, piep!«

VI.

Warum erklimmen Besucher die Insel nicht von Süden her? Obschon man von dort ihre ganze Fruchtbarnis und ihre ganze Herrlichkeit mit einem Schlag ins Blut kriegt.

Gelbgraues Küstengefels, frech und ablehnend, hoch über der Meerbläue. Das wuchtet und wacht; strotzt und trotzt; starrt und steint.

Und oben erst. Auf diesem Steilfelsen ist ein Häusergepferch — noch herausfordernder, frecher, waghalsiger ... dennoch, der Clan gleichsam: ein Haus ans andre gelehnt und gestützt.

Sie würden alle von dem Hochgrat brüsk ins Meer purzeln — hielten sie nicht, etwas rückgebeugt, einander fest. Oder träten sie nicht, immer dem Nebenmann ... auf den Absatz.

Jeder dem andren verhaßt, alle selbander versippt; Korsen. (Jeder dem andren verhaßt, alle selbander versippt; Korsen.)

VII.

Zu selten landet also jemand bei dem Felsennest Bonifacio (das nur von der See zu erblicken ist.)

Als ich es tat, rief der korsische Zollmensch, in der douane, froh überrascht: »Vous êtes des Allemands? J'ai été en Allemagne — pendant l'occupation.« Er fuhr fort: »Ich spreche deutsch.« Dann (leiser): »Wenn Sie erträglich essen wollen, jeden Tag Languste, gehn Sie nicht hinauf in die Akropolis ... sondern am Hafen vorbei, rechts, in das Gasthaus La Pergola.«

(In mir verschwammen die zwei Begriffe »douane« und »douanstesnicht«.)

Ich: »Oben soll ein Hotel zur Übernachtung sein.« Er: »Ich will als Beamter nichts darüber sagen...« Ich (deutsch): »Sagen Sie es auf deutsch; niemand versteht Sie dann.« Er (auf deutsch): »Das oben ist... Also versuchen Sie es lieber mit der Pergola; ich bin dort in Pension.«

VIII.

Languste...

Wenngleich der Planet im argen liegt? Ist man ein individueller Hund, volksfremd, falls man überhaupt noch Zungenunterschiede macht? Scheint es anfechtbar, falls jemand, in Läuften der Weltnot, sich das Tastgefühl der Sinne nicht abgewöhnt? Wird es ein Frevel, wenn man nicht immer bloß Vitamine bucht, Kalorien zählt? Und heißt es eine Logik, wenn man (ich mache mir nämlich gar nichts aus Languste) — wenn man somit als asozialer Schurk' dasteht... und es doch nicht ist?

Volkswirtschaft! Languste kostet hier fast gar nichts. Ich sag's immer: nur Transportfragen gibt es; auch in der Politik. Die Welt ist schön, die Welt ist reich — und alles ist für alle da...

Indes der Satz aufs Papier kommt, machen sich die eignen Worte selbständig — und ich höre:

> Das klingt so weich, das singt sich gleich,
> Kaum weiß der Kopf, wie das geschah:
> Die Welt ist schön, die Welt ist reich,
> Und alles ist für alle da.

(Mel.: Freude, schöner Götterfunken, aber jambisch mit Auftakt.)

Und doch gab es beim Kauen und Knacken des Krustentiers fast Gewissensbisse.

IX.

Der billige, junge Wirt kam erst vor zwei Monaten in diese Verborgenheit — als ihm sein Gasthof im gallischen Festland pleite ging. Hach, diese Zeit!

Bei ihm haust und schmaust nur noch ein Britenpaar, in dem versteckten, steinernen Spalt, hinter dem Hafen.

Der Brite soff dauernd am Zinntisch, bis er einschlief. Die Frau war unglücklich drüber.

Der Sohn (nach drei Jahren Heidelberg) legte dem deutschen Gast zu Ehren aufs Grammophon eine Platte mit dem Sang: »Das gibt's nur einmal, das kommt nicht wieder.« An dem hier menschenlosen Südkap der Felsinsel.

X.

Die Felsen der Küste (dahinter felsige Gebirgsketten)... das wirkt steiler als ein sardinischer Wall. Mächtiger. Mit klobigen Grotten.

Man fuhr ja auf dem Schiff in einen starren Engfjord. Obendrauf, brutal, die alte, schwindlig horstende Meerfestung — aus genuesischer Zeit.

Dabei gelten die Einwohner als besonderlich sanft. Nur ein unsanfter Artillerieoffizier hat mal acht volle Monate hier verbracht. Er hieß ... Jawohl, er war es.

XI.

Palmen, Berberfeigen, Maultiere, Ginster, Ölwälder, Hartgrün, Blumenfülle: wirklich alles hart, bei tollem Reichtum.

Hart-stolze Gepflänzwildnis. Heldisch geballtes Wucherwachstum — in einer Luft voll Jähheiten.

Das Banditisch-Waghalsige der Insel; ihr Schroff-Sturzsteiles; ein kaum angetasteter Überschwang der Schöpfung im Sonnensturm...

Von dieser Südseite soll man in Korsika landen.

XII.

Auf dem Puppenschiff: schlummerschwül. Beim Langustenfraß: drückende Glut. In der Stunde drauf: ein Tobwind.

Vom durchtobten, durchfauchten, durchrasten Südkap...
das noch eben durchleuchtet lag mit dem quiekend lebstarken Rülpsruf der Esel.

Dieser Sturm ist (unterbrechungslos) zum Umwerfen. Daß oben auf der Zitadelle die Afrikaner schaudern; und der Zivilist auseinanderknallt.

Ich hatte den einen angeredet, als er Wache schob. Der dunkle Kabylenmensch lachte (sehnsüchtig, aber gesund), als wir von La Marsa sprachen, von Karthago, von Sidi-bou-Said; er kannte das gut — und hörte sein Alphorn.

Jetzt, auf dem Rückweg, da der Jähsturm einbrach, glich er einem versteinten Marabu; in sich verkrochen. Andre Moslim, hinter deckenden Vorsprüngen, hüllten sich zitternd in ihre blaßfinstere Haut.

XIII.

Es war kein Schlafraum in der Pergola. Darum wohnte man oben in der Felsstadt, aß jedoch hier im Talspalt. (Neben andrem das korsische Leibgericht: broccio, weichen Ziegenkäse. Nie wieder. O Quark meiner schlesischen Kindheit, wie gut bist du.)

XIV.

Zum Nachtmahl kam der deutschredende douanier wieder. Seine Kenntnis war im besetzten Saargebiet erworben. Er schien hell und beweglich. Äugte nach Büchern. Ein Liebling dieses Korsen war der Humorist Courteline. Und sonst? Er sagte sofort: »Wo kommen die Löcher im Käse her, von Tucholsky.«

Draußen scholl und schwoll im Sturmdunkel die wandelbare Meerenge von Bonifacio.

XV.

Fünf Meter weit leuchtete die Wirtin mit der Laterne. Der Zöllner kam in der Pechfinsternis nach.

Ein Nachtgang mit ihm, hinauf, in die umheulte Zinnenstadt. Umheult, umzischt, umwütet, umsägt, umdröhnt. Wieder Brutalgemäuer auf Brutalfelsen, unten die See.

Durch Nachtschwarzes, am Ausgang der steinernen Klet-
tergasse, wittert ein Umriß von weitklaffenden Toren und
Quadergespenstern — riesenhaft.

Man vergißt es nicht.

XVI.

Auch das Hotel nicht. In dem Hochnest, fern von der
Bahn, das einzige.

Der Ziegelfußboden im Zimmer duftet sonderbar. Seit
Bonapartes Zeit ward kein Gefäß hier ausgegossen.

Der vergreiste Wirt führt sich dabei befremdend auf —
zum Gram der Seinen. Der Alte kneift Damen irgendwohin.
Es ist eine Krankheit; und (wie man hinterdrein hört) ortsbe-
kannt. Der Sohn faßt nach ihren Händen.

Eine verirrte Engländerin hat sich mal bei ihrem Konsul
beschwert. Der Präfekt mußte kommen. Untersuchung. Die
Familie verzweifelt. Doch der Alte läßt und läßt es nicht.
Sein Sohn ist ähnlich.

Der Zollmann erzählt am nächsten Tag, daß der Greis den
Jungen vor einem Schlüsselloch fand... und ihn sanft weg-
stieß mit den Worten:

»Dies ist der Platz deines Vaters.«

XVII.

Alleinstehende Frauensbilder aus der Umgebung nutzen
seine Vorliebe gut aus; sie scheinen hier Hof zu halten.

Diese Nacht war furchtbar. Mit Mineralwasser die Zähne
geputzt. Im nächsten Ort baden!

(Aus dem »Albine«-Schauspiel des Dichters Max Herrmann-Neiße ging mir ein Ausspruch, ein unvergeßbarer,
durch den Kopf: »Dieser Puff ist mein Tod«.)

XVIII.

Morgens im Empfangsraum, als ich »...zahlen!« rief, trat
nebenan aus ihrem Zimmer ein schweig- und gehorsames,
willenloses Lustmittel. Schreitend, ohne Wallung, ohne
Wimperzucken; sonst brünett-hübsch, reglos blickend. Fast

reglos schiebt sie das Fremdenbuch zum Einschreiben. Wortlos, wallungslos gibt sie das geholte Wechselgeld zurück. Hierauf kommt aus ihrem Zimmer ein Mann in Hut und Mantel — ein Korse, frisch zurechtgemacht. Es ist Sonntag.

XIX.

Bonifacio wurde durch einen Toskaner um 800 gegründet — als er von der Sarazenenjagd heimfuhr. Später drosselten Genuas Raubtiere die Gurgel des Orts. Ein Spanier hat Bonifacio dann geknebelt, ein Papst half dem Spanier. Genua schnob zurück — hiernach fledderten gemeinsam Franzosen und Türken die Siedlung. Sie torkelte nochmals an Ligurien.

Ortsgeschichte? Erdgeschichte.

Heut ist Bonifacio, wie Korsika, bewußt und willentlich bei Frankreich.

XX.

...Mittagsflut. Kanari. Felsfrechheit. Gepferchter Clan. Maßlos hochfliegender Pflanzentrieb. Härte des Überschwangs. Tobsturm. Der Zöllner. Der Saufbrite. Die Kabylen. Der Nachtgang. Das Hotel —:

Dies zusammen war der Eintritt in Korsika.

...bis ihn seine Rosa weckt

I.

Korsika ist komisch. Als der Wagen zwischen Bonifacio und Ajaccio hielt, ging ich in der Ortschaft Sartène umher, auf dem alten Hauptplatz, auch in kletternden Gassen — und fand (es war Sonntag) die vielen herumstehenden Leute bürgerlich, ehrenfest, friedlich, angenehm.

Erfuhr hinterdrein, daß hier noch die vendetta herrscht. Und daß vollends... Also in dieser Gegend spielen die Taten der korsischen Räuber.

Ich hätte das nicht vermutet. Nein.

504

II.

Auch durch das Abhangdorf Olmeto kam ich in treuherziger Gesinnung — für Olmeto gilt dasselbe. Nun gar erst für das hüglige Nest Calcatoggio, mit seinen scheinheiligen weißen Häusern. Ich sah sie wohlwollend an und arglos. (»Manches wurde hier vollbracht... in sturmfinstrer Mitternacht.«)

III.

Berichtet sei, vor sachlichem Eingehn auf das Banditentum, ein Erlebnis im Halbtraum.

Ich sprach zu Mitgliedern der Bevölkerung: »Würden Sie, bitte, mir einen korsischen Räuber zeigen?« — In ihrem halbitalienischen Dialekt sagten sie: »Es sind keine mehr da... wir kriegen erst wieder welche herein.«

Ich glaubte jedoch ein Anrecht zu haben und drohte mit Abreise. Was sie darauf zuckten, war kaum etwas andres als die Achseln.

»Korsen«, sprach ich gedämpft, »ich gehe noch weiter: gefangen soll mich einer nehmen. Der Grund? Klar (chiaro, clair). Es lockt mich zu wissen, es jückt mich gradezu (das ist keine Anspielung auf eure Hotels)... zu wissen, was ich meinem Vaterlande wert bin — ob es das Lösegeld für mich (mit zeitgemäßem Rabatt) aufbringt. Ein Hintergedanke kommt hinzu. Ich stelle mir, wenn ich in die nächste Zukunft blicke, das Leben unter Räubern immer noch netter vor als unter —«

Fünf Schüsse kappten meine Betrachtung. »Da ist er ja!« rief ich sehnsuchtsvoll, »hoffentlich Spada, der berüchtigte Oberbandit, herzlich willkommen!«

Die umstehenden Korsen schüttelten ihre von häufiger Blutrache durchfurchten Gesichter — und fügten hinzu: »Nein, es sind nur Wahlen bei uns... da wird öfter geschossen.« Sie äußerten dann: »Spada? Der letzte lebende korsische Räuber? Niemand weiß, wo der sich aufhält.« Ich sprach: »Damit ist es also vinaigre; aceto« — und ging trotzend in mein Hotel.

Dort lebte der springende Punkt. Mit ihm entspann sich ein kurzer innerer Kampf... das war alles.

IV.

So mein wacher Traum. Jetzt ernsthaft:

Kenner behaupten: die heidnische Frühzeit, die Urzeit habe noch in Korsika nicht aufgehört. Wer bevölkerte die Insel? Sarazenen, Phönizier, Mauren, Griechen, Berber. Das Räubertum, sagt man, sei nur ein Rest aus dem Gesamtherkommen des Landes.

Andre solcher korsischen Reste sind etwa: Dienstbarkeit der Frau (Hitler); Familienclan; Blutrache. Kurz: Atavismen der Barbarenzeit.

Nach alledem ist es klar: auch die Banditei bedeutet nur einen verbliebenen phylogenetischen Rückstand.

Sie fällt nicht in das Kapitel: Geschichtschronik, sondern in die Abteilung: Sitten und Gebräuche. (Wo es ein Wiedersehn gibt; von altem Schrot und Korn; keine zersetzende Neumodischkeit; wer ein Mann ist; markig; wenn ich zu meinem Kinde geh'.)

V.

Deshalb stand auch die korsische Bevölkerung immer den Banditen bei. (Bis es ihr jetzt zu viel wurde.) Man verkauft heut noch ihre Bilder. Fünftausend heimatfeste schluchzende Stück Bevölkerung folgten dem Sarg einer solchen bodenständigen Gestalt der alten Treue. (Ost und West, daheim am best'.)

VI.

Korsen sind Phantasiemenschen, heißt es. Erzähler, Sprecher, Dichter. Und (vaterländische) Schießkünstler. Zum Teil aus Nordafrika verpflanzt, Enkel von Piraten; wohl dem, der seiner Väter gern gedenkt. Der ist in tiefster Seele treu, der die Heimat liebt wie du.

Napoleons Mutter Letizia stammte, wie die Ortskunde feststellt, aus einem korsischen Gau, wo das Fordern von Lösegeld ein Berufszweig war. So erscheint mir sein lebenslanges Wirken als ein Akt der Pietät. Elterngrab und Sohnesliebe; wo sind sie, die vom alten Stein; das waren Zeiten.

VII.

Jetzt aber wirklich im Ernst.

Spada (das erzählt mir der Schulverwalter vom »Lyzeum Fesch« in Ajaccio, ein älterer Korse; der Kardinal Fesch, von schweizerischer Abkunft, war Letizias Halbbruder, der Onkel Napoleons — er gründete das Lyzeum, wo, nach amtlicher Feststellung, bei rund 300 Schülern rund 300 Revolver gefunden wurden).

»Spada«, sprach der Lyzeumskorse mit fremdfranzösischem Tonfall, »hat es zu toll getrieben. Man mußte gegen ihn was unternehmen (cela s'imposait) — er hatte sich zum Herrn des maquis gemacht.«

Maquis (Setzer, fügen Sie kein »r« ein, im Gedanken an unser neues Reichskabinett) — maquis ist das französische Wort für das korsisch-italienische »macchia«. Will sagen: das Buschland, Blumenland, Strauchland, Bergland, Felsland, Kakteenland, Versteckland. Der korsische Bandit ist verwachsen mit der macchia. Sein Obdach sind jene zauberschönen wilden Bezirke. Denn kaum etwas ist in Korsika gepflegt oder gekämmt (das macht ja die Herrlichkeit dieser Insel), sondern alles wächst, wie es will — aber hart und stolz; dabei wunderbar und zuviel. Erikabüsche, drei Meter hoch. In dieser Übertriebenheit von Grün, Gerank, Gesträuch, Fels, Dorn, Schlucht, Grat und wilder Amaryllis — »haust der Schütze frei«. (F. Schiller.)

Aber was hat es mit dem Spada auf sich?

VIII.

»Il court«, sagten mir die Eingeborenen. Er läuft frei herum; man weiß nur nicht, wo. Ihn konnte sogar der militärische Feldzug wider die Banditenschaft, der neulich losging, nicht heimsen noch killen.

Entwich er von der Insel und ... arbeitet jetzt in Südfrankreich? Oder wird er von Bauern im Eilandsgebirg immer noch heimlich ernährt? Wer sich weigert, wäre flink ein toter Mann.

Jedenfalls: il court. Er kann jedoch kein Ding mehr drehn, versichern sie; das Räubertum ist seit dem Feldzug »rasé«.

Spada soll der letzte sein... bis der Nachwuchs heran ist. (Ich sag's ja: allenthalben hapert es mit dem Nachwuchs.)

IX.

Ein Korse, der seit zwanzig Jahren in Paris lebt, besucht in korsischer Anhänglichkeit die Heimatinsel; wir kommen ins Gespräch — über die Räuber.

Er: »...und Sie können glauben, es gibt auf dem Festland viel ärgere Banditen, viel schlimmere Raubmörder, von denen wird nicht so viel hergemacht — wie von unsren paar korsischen Räubern, wovon einer mal einen Schangdarm wegschießt, und wenn schon.«

X.

Aber was hat es mit dem Spada auf sich?

Dies Wort »Degen« ist nur sein Spitzname. Eigentlich heißt er Kempner. (Was schreib' ich da —!) Wollte sagen: jeder, zu dem ich von ihm sprach, sagt sofort: »Spada ist ein Sarde.« Dabei stammt er gar nicht aus Sardinien (wie sein Vater), sondern aus Korsika, die Mutter war Korsin. Aber der Korse sagt gern dem Sarden Schlechtes nach — und Spada gilt ihm als ein schlechter Bandit; als ein gemeiner Bandit; nicht als ein ehrenhafter vaterländischer Bandit.

XI.

Es ist leicht, in Ajaccio Biographisches über die Räuber zu bekommen. Es wimmelt von willig gedruckten Belegen über sie. Mir rohrt immer der Verdacht ihm Kopf, daß wegen des zu hebenden Fremdenverkehrs ein Naturschutzpark mit Räubern geplant wird.

XII.

André Spada, heut fünfunddreißig, ungefangen, begann als Holzhacker; dann in Syrien Soldat; stand vor der Ernennung zum Zollbeamten. Doch tags davor widerfuhr es ihm, daß zwei Landjäger mit Tode abgingen. Er hatte das aus Gefälligkeit für einen Freund getan. Alle Korsen sind hilfreich von Natur.

Spada zog deshalb nicht ins Amt, sondern in das »grüne Schloß«: so nennen sie jenes maquis, das blühwuchernde Fluchtland. Er lebte dort mit Antoinette Leca, die heute sitzt — sie war die Banditenwitwe des erschossenen unvergeßlichen Romanetti; von ihm später.

(»...schläft der Räuber Rinaldini, bis ihn seine Rosa weckt.«)

XIII.

Spada vertauschte zweitweilig Antoinette mit der schöneren Mimi Caviglioli (im allgemeinen sind die Korsinnen klein, aber häßlich) — die jedoch ihm bald mit einem gewissen Giocundi durchging. Spada verfolgte das Paar und machte versehentlich (man irrt so leicht, wenn man durchs Fenster schießt) den Onkel und die Tante von Giocundi kalt, die Licht im Zimmer hatten.

Nachdem er einen Fuhrunternehmer nur kurz angeschossen, hielt er auf der Omnibusstrecke Ajaccio-Lopigna gelegentlich Autos an. Ein Herr Ricci und zwei Gendarmen wurden bald darauf beerdigt.

Schließlich kam es soweit, daß die Kebsin Antoinette kostbare Seidenwaren in einem Geschäft mitten in Ajaccio kaufte, dann ins Auto zurückstieg und scharf sprach: »Die Rechnung an Spada.« Was da der Verkäufer voll hatte, war sein Herz.

Der »Sarde« blieb dann für die korsischen Senatswahlen tätig (hierzu werden, aber in allem Ernst, Banditen als Beeinflusser, gegen Kasse, verwendet); dann, wie neulich Militär kam, beschloß er zu verschellen.

Il court.

XIV.

Spada hat Eiweiß und ist herzkrank; aber ein hübscher Kerl trotz Atemnot und Dicke. Sonst: Grundmuster des ordinären, rohen, stumpfen Briganten. In seiner Bleibe fanden sich an Gewehren und Revolvern dreißig — an Heiligenbildern mehr als hundert. Volkstum. Wurzelecht. Kernfest. Sonnigkeit und Innigkeit.

XV.

Verwandt sind ihm Bornea, Perfettini, Caviglioli... Wie kommen solche Menschen zum Räuberberuf? (Nur die Daten gab Maurice Privat).

Bornea, geboren 1903, ist heut erst siebenundzwanzig; war Schmied, Matrose, Rennfahrer und (da staunst du) Gendarm.

Der Gendarm geht nach einer Unterschlagung ins grüne Schloß. Erpresser; Frauenschänder. Schießt prahlend einen ganz Unbeteiligten tot — nur um zu zeigen, daß er keine Hamletnatur ist...

Der Staatsanwalt aus Saigon verbringt seinen Urlaub in der korsischen Heimat — Bornea verlangt erpreßbrieflich zehntausend Franken: sonst hören Frau und Kinder die Engel piepen. Der Staatsanwalt zahlt wirklich. Er weiß: ein Landsmann hält Wort.

XVI.

Ähnlich Perfettini. Schöner, dunkler Apache. Vorübergehend Zuhälter in Marseille (aber auch Faktotum des Kammerpräsidenten Bouisson). Doppelraubmord. Übersiedelung nach Korsika. Tötet hier den Vater und zwei Brüder der hübschen Madeleine Mancini: weil der Alte nur dreitausend Franken spuckt statt zehntausend. Madeleine sitzt heut; sie hat den Mord angestiftet — um bißl mehr Ellbogenfreiheit zu kriegen.

Perfettini schröpft und schatzt Bauern, Köhler, Holzfäller. Ein prassendes Viech.

Ihn zu erledigen, holt man den Gendarm Bustori, seinen Vetter, der ihn aus Familiengründen haßt. Bustori kommt, küßt ihn und schießt ihn dabei ins Herz.

Der Preisträger Bustori fällt vierzehn Tage danach von unbekannter Hand. Hach, Korsen, nein, ihr.

XVII.

Caviglioli, wiederum, hat mehrfach Landjäger nur zu seiner Zerstreuung erschossen.

Er wäre heut vierunddreißig. War Geschirrwäscher im Café Solferino zu Ajaccio, wo ich so gern saß.

Laufbahn. Er verkracht sich mit einem Bekannten, der Räuber ist, wegen einer Frau. Sagt ihm vendetta mit der geziemenden Formel an: »Hüte dich, ich hüte mich.« Er geht ins maquis dicht bei Ajaccio. (Wie reich und hold ist es hier — ich besuchte ja sein Arbeitsfeld.)

Er scheint verstimmt über den Berufsgenossen Spada, schießt auf ihn; Spada zerschmettert ihm die Kinnbacke, reißt ihm auch ein Stückchen Zunge weg. Caviglioli melkt jedoch weiter die Bauernschaft — je nach dem Einkommen; holt zwei kleine Neffen ins Geschäft, der eine davon ist im Grand Hotel Laufjunge (dieser sitzt heut). Onkel tötet u. a. einen Herrn Simeoni; noch ein Herr kommt ums Leben, der nur aus dem Fenster guckt; und Gendarmen.

Caviglioli bekommt nachts von einer Amtsperson den Fang, vom Straßengraben aus. Ich sah nur noch sein Dorf, Lopigna; an einem friedvollen Vorabend; herrlich; im Duftradius des lyrischen, schwermütig-blauen Golfs von Sagone.

XVIII.

Und Bartoli? Wie bringt man den zur Vernunft und um? Geboren 1902. Die ersten Schüsse knallten bloß in Händeln; Koloniesoldat; Chauffeur in Marokko. Später schickt ihm Spada, wegen Ausbeutung einer korsischen Autolinie, Schrot in den Bauch, das kann vorkommen — Bartoli läßt also rasch im Hospital von Ajaccio (es liegt wunderschön) die Laparatomie, den Bauchschnitt, machen — ohne Betäubung; zwei Revolver auf den angenehm berührten Arzt gerichtet. Ein kräftiger Freund hilft.

Dieser Raubritter Bartoli nimmt Geiseln und Lösegeld. Belästigt schließlich den englischen Konsul, den italienischen — das ist zuviel; da rüstet Paris den Feldzug. Der maître du maquis bleibt jedoch unfangbar.

Nachher half eine List. Er biß auf ein junges Mädchen an, das man aus Toulon hatte kommen lassen. Bildhübsch, und hieß Yaya. Im Auto, mit ihr, macht man ihn von hinten still. Wer, bleibt verborgen. So wurde Joseph Bartoli jung das Opfer seines anstrengenden Berufs. Er besaß einen Onkel, der Geistlicher war. Dieser starb in Dezember — und bat, als letzten Wunsch, auf dem Totenbett: Joseph müsse gerächt werden. Ein Familienkorse.

XIX.

Nun bleibt nur einer: Romanetti. Der beste. Sein Bild liegt vor mir. Kaum mittelgroß; muskulös; dichter Schnurrbart. Strapazierjacke von Plüsch. Wolfshund.

In den Augen aber, bei aller Männlichkeit, etwas Bekümmertes. Und Gewinnendes. Er arbeitet mit einem deutschen Maschinengewehr. Wie kam er zu dem Handwerk?

XX.

Romanetti sticht bei der Wahl als grünes Jungchen einen Clangegner in den Kopf. Dreiviertel Jahre Gefängnis. Er wird nachher gutbürgerlich Schlächter in Calcatoggio. Streit um eine Kuh. Aus verletztem Ehrgefühl endigt er den Besitzer. Vogelfrei.

Unter den Hirten gibt ihm die Familie Leca — mit Antoinette! — ein Obdach. Weltkrieg: Romanetti läßt fremde Herden melken, wird Milchlieferant, hat vier Autos, fünf Frauen, hunderttausend francs Rente, schrankenlose Macht. Setzt Bürgermeister ab und ein. Schiedsmann für das Volk, hilfshurtig, gerecht. Ein Räuber? schon mehr ein Raubunternehmer.

Nächtens um zwei Uhr, als er bei Sturm ausreitet, erlegt ihn ein alter Hirt — dessen Vetter er mal beleidigt hat. (Außerdem gegen bar.) Fünftausend folgen seinem Sarg. Dem Hüter der großen korsischen Überlieferung. Sein Gedächtnis lebt.

XXI.

Hier endet ein Blatt aus dem korsischen Tagebuch. Ich denke wehmütig noch einmal an diese Aufrechten. Bartoli, Bornea, Perfetti, Caviglioli, Romanetti — die dahingegangenen praktischen Heimatkünstler.

Und an Spada, den einzig frei Überlebenden.

XXII.

Ob er mich kapert? Kommt er? Er kommt nicht; der kleine Faulpelz. An mir lag es kaum.

Der Hund bringt mich um eine kultivierte Zukunft.

Der Menschenschlag

I.

Mit jedem Vorbehalt... Auf keinen Fall wird eine Gruppe hier abgestempelt. Und auf gar keinen erfolgt Rassengaunerei — nach der Betrügervorschrift: sich knallig herauszustreichen auf Grund der besten Proben... und andre herabzusetzen auf Grund ihrer schlechtesten.

Zu bewerten bleibt eine Gruppe... nicht nach dem, was man aus der Tiefe des Gemüts über sie schwatzt: sondern nach dem, was sie wirklich an Ethos und an Leistung in die Welt gesetzt hat. (Schon Ethos ist Leistung in dieser Raubtierwelt.)

Wie sind, hiernach, die Korsen?

II.

Ich weiß es nicht. Ehrlicherweise kann jemand nur äußern: was ihm schien. Und was andre versichern. Das schönste Pseudonym für anständige Schriftsteller heißt: Pontius Pilatus.

Ich bitte jeden Korsen um Verzeihung, wenn ich ihn zu günstig schildere.

(Man mißtraue somit der folgenden Feststellung. Nur dem Gefühl des Feststellers nicht.)

III.

Korsika besteht aus Bergnestern (oft mit hochstöckigen Hausungen). Und aus Meernestern (oft mit Hüttenhöhlen — als Wohnunterkunft). Und aus Eukalypten, Forellen, Blumen, Langusten, Ölwäldern, Weinstöcken, Ziegenkäse... samt Menschen, die zu Fremden ruhevoll-gefällig, untereinander hassend-leidenschaftlich sind.

Ihr Land ist eine Mischung von Himmel, Felsen und apéritifs. Es macht das Dasein angenehm.

IV.

In Ponteleccia, einer Ortschaft am Kreuzweg, soll das Essen besonders schlecht sein. Wirklich gab es zu Mittag Forellen, in Öl gebacken; dann cabri, in Wein gekocht (cabri: Zicklein); Fenchelgemüs; Roquefortkäse; Mandeln; und unberechneten Landwein... für wenig Geld.

Also wie muß da der Charakter eines Volks entarten — was? Wie verweichlichen.

V.

Er ist jedoch zufällig steinhart. Am besten schieb ich's auf das Felsgebirg. (Taine, welcher den Charakter aus der Umwelt erdeutet, hieß mit Vornamen Hippolyt — das klingt wie: Hyperliterat.) Korsen sind jedenfalls kleingewachsene Menschen, gewandt, ehrlich. Unscheinbare Kavaliere; hilfreich ohne Hermachen. Furchtlos-tapfer; geborene Soldaten, gesucht als Beamte. Jedoch allerdings...

VI.

Allerdings nehmen sie gern Geld... bei Wahlen. Etwas peinlich. Der Clan oder die Sippe zahlt für drei maßgebende Stimmen bis zu 70 000 francs. Die Wahl bleibt ihre Hauptleidenschaft. Sie holen Wähler selbst aus Afrika.

Schon als blutjunger Zwanziger ließ Napoleon Wähler der korsischen Gegenpartei wegschnappen, einsperren, ein Urkorse — das ist weniger bekannt. Als Leutnant in den Ferien.

(Daher die lebenslange Feindschaft der Grafen Pozzo di Borgo wider ihn... durch drei Geschlechter.)

VII.

Ein Wahlabend in Ajaccio — ich habe das erlebt. Tobsüchtig waren sie. Rottungen massenhaft in diesem zaubervollen Landstädtchen an Fels und See. Zahlen, fiebrig genannt; geschrien. Revolverschüsse, hoch in die Luft, immerfort, immerfort.

Am nächsten Tage sah man den Sieger, Horace de Carbuccia, von tausend Anhängern Arm in Arm durch die Straßen geschleppt, er allein barhaupt. (Dieser Abgeordnete schrieb das Stück »Der Prozeß Mary Dugan« — er hat, sagt man mir, für die Wahl was springen lassen.) Selig strahlte der Rundkopf des Geschleiften und Lachend-Erschöpften...

Das war ein Fest in Ajaccio.

VIII.

Verrücktes Völkchen — aber nobel. (Mit Webefehlern, wie gesagt.) Jeder heischt kameradschaftliche Behandlung. Jeder ist jedem gleich. Sie scheinen in aller Tapferkeit sanft. Sie helfen, frei von Aufgedräng. Einfach-ruhige Haltung. Samaritterlich — möcht' man sprechen.

In der Knabenzeit las ich »Matteo Falcone, der Korse« von Chamisso. Ein Vater schießt sein Kind am »schwarzen Stein« tot. Weil der Junge zum Verrat sich durch eine Taschenuhr bestechen ließ. Vater: ehrkitzlig; Sohn: zugänglich... Vielleicht steckt Korsika, beide Charakterarten, in diesem Gedicht.

IX.

Sie sehn aus wie ein Volk von (meist dunklen) Transportarbeitern. Sehr arm sind sie. Wenn einer was wird, vielleicht ein großer Advokat in Paris wie Campinchi, wie Moro Giaferri: dann hat der Clan Geld zusammengelegt, es ihn werden zu lassen... das erzählt mir, fast andächtig, ein junger Mensch.

Der Boden ist hart für Nützliches. (Nur für Überschüssiges wunderbar.) Was kitzeln sie heraus? Bißchen Seide; bißchen Zedersaft; bißchen Tabak, Wolle, Kastanienpolenta; bißchen Leder — jedoch die Einfuhr macht auch dies halb tot.

Reiches Korsika, arme Korsen.

Was muß die Folge sein?

X.

Ein Korse, der zeitweilig in Toulon wohnt und (wie jeder Korse) das Eiland stets wieder besucht, sagt mir: »Zwischen Achtzehn und Fünfzig gehn sie weg von der Insel, ihr Brot zu verdienen (in Frankreich, oft in Südamerika), dann kommen sie heim und sterben hier.« (Man denkt: wie der Grieche, der heut irgendwo Millionär wird, aber in Griechenland endet.)

Ich frage dann: »Wie sprechen Sie zu Haus? Sie leben in Toulon seit Jahren, sind jetzt auf Urlaub in dem Bergnest; sprechen Sie nun korsisch oder französisch?«

Er: »Sobald wir in guter Stimmung sind, korsisch.« Ich: »Bei uns, in Schleswig-Holstein, wird auch eine Mundart geredet. Eine herrliche. Wenn da jemand zu Besuch kommt, vielleicht eine längst verheiratete Tochter aus der Hauptstadt, verlangt ihr Vater, daß sie das schöne Platt in der Familie spricht; ist das bei Ihnen auch so?«

Er: »Es wird nicht grade verlangt — aber wenn wir fröhlich sind, sprechen wir von selber korsisch.«

... Was ist korsisch?

XI.

Die Sprache, die Napoleon lebenslang nicht los wurde. Die seine Mutter Letizia nur im feierlichen Augenblick mit falschem Italienisch vertauschte.

Der Schuster im Felsdorf Evisa, dem ich den geplatzten Stiefel gab, verstand kein Wort französisch. Der erste-beste Dolmetsch zu Hilfe! (Das halbe Dorf stand herum.)

Die Gebildeten drücken sich französisch aus. Oft ist es Niggerfranzösisch.

Als ich einen ansprach, politischen Straßenredner mit Krawatte (es war im Nachtdunkel, das nur durch Licht von einem »tabac« durchbrochen blieb): da antwortet er zwar französisch, doch in einer silbenpurzelnden Art; in einem Geknatter; in einer rasenden Gebrochenheit. Schwer zu folgen. Kaum zu erfassen.

So sprach in Brienne, vielleicht noch in Paris, der kleine Weltumkrempler aus diesem Örtchen.

XII.

Ich lese Namen auf Schildern. Florindo Magnavecca. Lucchini. Passano. Jerome Peri. Santandrea. Martinucci. Bataglini... Lauter Franzosen.

Im Geschäft sagt beim Zahlen eine alte Frau nicht »merci«, sondern statt »grazie«, in Fettitalienisch »grassie«. So sprach Letizia.

Die Greisin im Geschäft würde jedoch wüten, wenn man ihr Franzosentum bestritte. Sie wollen Franzosen sein. (Das zeugt für Frankreich.)

Sie sprechen halbitalienisch und mißachten die Italiener. (Heirat mit Sarden gibt es allenfalls im sanften Bonifacio — das vom Puffhotel gekrönt ist.)

XIII.

Weltgeschichte! Vor anderthalb Jahrhunderten vergoß der Korse sein Blut aus Haß gegen Frankreich. Heut (eine junge Korsin erzählt es lächelnd) wird ein Landsmann bei der Ankunft im Café gefragt: »Woher kommst du?«; er sagt zerstreut: »Aus Frankreich«; da fallen sie fast über ihn her, ihn abzukehlen — und schreien wild: »Korsika ist Frankreich!« Er hatte zu sagen: »Ich komme vom Festland... je viens du continent.« (Sie sagen fortwährend: du continent.)

Die Korsen sind heut in Wahrheit nicht nur gute, sondern leidenschaftliche Franzosen. Es kommt auf die Behandlung an.

(Warum blieben die sprachverwandten Dänen um keine Welt bei uns? Vielleicht ist politisch da was zu lernen.)

517

XIV.

Als Kulturbolschewist füg' ich eine Beobachtung bei.

In Korsika machen Hunde sozusagen den Gastgeber. Knurren tun sie nicht — das fiel mir auf. Im Gegenteil. Alle Hunde sind hier so freundlich. Alle Katzen so zutraulich. Und alle Lazerten beeilen sich nicht. Das läßt einen Schluß auf die Korsen zu.

Einmal, bei dem morgendlich-schimmernden Anwesen »Scudo«, an goldenen Seeklippen, begleiten uns freundwillig drei Köterle. Mit hängenden Ohren alle drei. Der eine läßt und läßt sich nicht heimschicken. (So wie, vor anderthalb Jahren, in einer Ortschaft namens Roquebrune, der Hund Poum jeden Morgen gewartet, jeden Morgen jemand an die See begleitet hat.)

Warum rennen bei uns alle Katzen weg? hä?

XV.

Sachlichkeit zwingt zu sagen, daß Berlin bestimmt sauberer ist als Korsika. Begründung: Augenschein. Wonne der Heimkehr, wenn man aufs ... Genug.

XVI.

Ja, das ist schlimm. Die Hochzeit von Sonne mit Sauberkeit bleibt ein Ziel in Südeuropa. Gut genährt und gut beherbergt — das ist zweierlei.

Elektrizität versprechen hier die Abgeordneten vor der Wahl. Doch mit einer Funze steigt man zu oft ins umhüpfte Bett.

Nur in großen Orten europäische Hotels.

XVII.

Eine Französin (aus Avignon auf die Insel verpflanzt) sagt mir: »Korsen sind Wilde! Sehr schön, wenn man zum Studium, zum Vergnügen durchreist. Aber hier wohnen! aber hier leben! schauerlich! ils ont une mentalité spéciale — etwas lütütü. Sie lieben keine Fremden, sind aber trotzdem gastfrei.« (Ich fand sie zu Fremden unanfechtbar.)

Sie fährt fort: »Als der Campinchi hier gewählt worden ist, hat er eine Million... verstreut, na!«

Es war in der schönsten Zuckerbäckerei oder patisserie von Bastia.

XVIII.

Dies Fräulein: eine Südfranzösin. Nun gar eine von Nordfrankreich auf die Insel verschlagen — die flüstert: »Ah, ces cochons! sie schütten den Unrat, und so, einfach aus dem Fenster. In den Hof die Reste vom Tisch. Dann kommen die Ratten. Nämlich Katzen und Ratten fressen zugleich an demselben Abfall — ah, ces cochons!«

Ich habe jedoch derlei nie gesehen. Dachte höchstens: so ging es bei Bonapartes in Corte zu. Bei alten Patriziern. Sie gossen vielleicht auch manches aus dem Fenster.

XIX.

Jeder Korse, wie gesagt, hängt an der Insel. Soviel Rassen: eine, eine Heimat. Schwindeln läßt sich hier nicht — bei der Tatsache: Sarazenen, Phönizier, Mauren, Griechen, Berber usw.

Drumont, der verstorbene Rassenbold von Frankreich, erklärt Napoleon für einen Semiten. Aber die Frauen von Korsika ließ er sich entgehen — obschon sie verdächtig als Klageweiber sind, bei Todesfällen. Sie murmeln die Sterbegebete; pendeln dabei mit dem Oberleib, gleich Hebräern im Gotteshaus.

Schön. Doch Anpeitscherinnen sind sie auch zur Blutrache. An die germanische Wagenburg denkt man. Da soll einer sich auskennen. Mein Name ist Pilatus.

XX.

Es gibt für die Wesenheit einer Menschengruppe... Vermutungen. Und Eindrücke — von Menschen, die man trifft. Meine waren auf Korsika nie schlecht.

Bis auf einen kleinen Umstand bei den Wahlen: Widerspruch zwischen Hochgemutsein und Schwachwerden... solche Mischungen gibt es also.

Abends in Bastia sagt mir ein Korse schmunzelnd: »Wir Korsen haben einen schlechten Ruf.«
Nicht bei mir.

Die Luft um Ajaccio

I.

Blaueste Holdbucht... mit sinkender Gebirgskette. Schöner als alle Flut bei Nizza.

Die Bucht sah er täglich: dieser neunjährige, kleingewachsne Lümmel mit einem zu großen, daher pendelnden Kopf — auf den seine Mutter Letizia zwischendurch Ohrfeigen pflanzte. Sie hat es erzählt... als er tot war.

Als ihr Junge schon der Welt, die er um einiges verändert hatte, längst entrückt blieb, ein Würmerfraß. Da hat sie erinnerungsvoll das von den Backpfeifen erzählt.

Blaueste Holdbucht mit sinkender Gebirgskette.

II.

Jedoch ganz nah (dies Eiland hegt alle Gattungen Landschaft; alle Gegensätze) — ganz nah, gleich im Gebirge nach Bonifacio zu, weht, faucht, pfeift es: von barschem Buchs und herbem Harz... durch schroffe, steil-heroische Lüfte.

Gleich ist alles frech; gewalttätig. Die Unbändigkeit der Insel, verrufen und hochgeschätzt, hausten von je hier.

Als Letizias Kind (mit zwei Jahren erst) getauft wurde, hat es wild auf den Priester und auf die Gäste losgeschlagen. Die korsischen Männer zählen seinen Stamm zu den Wurzelwilden aus diesem »Pomonte« — das ist: die Hinterberglerei.

Unten aber: Blaueste Holdbucht mit sinkender Gebirgskette.

III.

Ich will Natur schildern — und komme, solang man in Ajaccio bleibt, immer auf dies großköpfige Kind. Ob man will oder nicht. Ich fand mich stets wieder vor seinem Elternhaus.

In Erz, als Imperator gewandet, blickt er auf die See — unweit davon. (Seine vier Brüder, Joseph, Lucien, Louis, Jerome, am Sockel.)

Dann, auf dem kleineren Palmenplatz, steht er nochmals. In Marmor. Erster Konsul; antik. Vier Löwen umringen ihn besser als vier Brüder.

IV.

Aber ich will ja Natur schildern.

Nicht Nordafrika, nicht Kalifornien: dies schwimmende Land ist der Traum.

Ich bin vormittags ein Stück hinausgegangen aus dem schlechtweg einzigen Meerstädtle. Wandernd wird haltgemacht vor etwas lächerlich Blauem. Die Nase feiert ein Jugendfest: es riecht hier nicht bloß nach Salz, Sonne, See, Süden — zugleich so gebirgsfrisch und baumwächsern, wie es, am Lebensbeginn, in der Grafschaft Glatz roch, um Langenau, Reinerz, Landeck im Juni. Man wird besänftigt (und beseligt).

Dabei gelbe Klippstrecken; hellbraune Felsbrocken — in das Blau-Blaue planschend.

Ich lese. Links die kleine Stadt ... Neben mir ein Rupfgeräusch.

V.

Stücker zwölf Kühe, die hirtenlos umhergehn (ich sah sie schon in Ajaccio vor dem Gymnasium), sind langsam hierher nachgetrottet.

Die eine berührt mich mit der Flanke, ganz ungestört. Ohne Kenntnis von Hemmungen. Sie schubst mich fast vom Sitz, rupft weiter ... nach einer sonderlichen Leckerei in dem Seegepflänz. Und jetzt —

Jetzt ist man umringt von rupfenden, treuherzigen, hemmungslosen, arglosen, bedenkenfreien, freundlich rupfenden, rupfenden Kühen. (Was hat Napoleon schon erreicht! nie Zeit gehabt; vier Millionen Menschen gekillt; ist das ein Beruf? bloß vielleicht auf Sankt Helena kam er, dort erst,

grade dort, zu einem menschenwerten Dasein: zum Besinn-
lichen... Er hatte nicht Zeit, die Welt kennenzulernen, da er
sie verändern mußte. Das ist es: er hatte nicht Zeit, die Welt
kennenzulernen, da er sie verändern mußte.)

VI.

Doch als die Kühe — nun, vielleicht über mich, was? —
dicht an das gelbe Gebrock vor der Blauheit stiefeln: da
kommt ein älterer Herr, der das nicht mehr mitansehen kann;
und grunzt ein paarmal nur ziemlich leise; das verstehen sie
und kehren folgsam um, über mich weg... Es ist jedoch alles
ein freundlicher Vorgang und voll guten Willens.

Dies vollzog sich, während ein Schmetterling, weiß und
schwarz, über das beglitzerte Waschblau hin, sich von der
drübigen, oben etwas gezackten Kette des Gebirgs mittäglich abhob.

Man preise niemand glücklich vor seinem Tode. Doch eine
Weile vorher darf man es.

VII.

Immerzu riecht es jetzt wie aus einer wehenden, fliegenden, quellenden Luftgartenwildnis.

Dies ist (nämlich Korsika) das noch nicht verlorengegan-
gene Paradies. Jegliche »Riviera« bleibt ein Hund dagegen.

Seit ich über Spanien schrieb, ist Spanien von Deutschen
überreist, übergrast, überhupt. Auch dies Korsika wird in
zwanzig Jahren gekämmter sein. Heute nur, heut noch bist
du so schön — sang Storm (-Husum); ein unmodischer, doch
edler Freund. (Im selben Augenblick sag' ich mir: »Auch
Husum ist ja herrlich, nur anders«... Es gibt so viel Herrliches, ich kann mir nicht helfen, trotz der Zeitbelästigung
durch kitschige Knoten.)

VIII.

Blaugolden angestrichne See. Räkelnde Felszungen. Hellbraun leuchtende Steinglieder, schwimmend. Gelbweiße
Schrotkörner statt Sand am Strand.

»Ariadne!«... das ist kein Weibstück, das ist keine Musik (doch, eine Musik!) — das ist ein Küstenfleck auf der Insel; dort kannst du schwer die Augen öffnen, so viel schläfernder Glanz fährt ein; und so viel Grün, mit Feigenbäumen und Kakteen. (»Feigen sprießen auf dem Kaktus« singt ein, hier taktvoll ungenannter Poet, Verlag S. Fischer, Bülowstraße 90, eine Treppe, Bürohaus, Auslieferung links, vierte Auflage, nein, der Name des Dichters bleibt und bleibt verschwiegen, Wiederverkäufer Rabatt, der Band heißt »Die Harfe« und geht unverständlicherweise nicht genug) — wollte sagen: »Feigen sprießen auf dem Kaktus«; bei hängendem Ginster und besoffen duftender Mimose.

Nebenher allemal Weißblühendes... auf dem harten Busch: genannt »désespoir du paysan«, Verzweiflung des Landmanns; — (wie wir fluchend, für was andres, sagen: die Wasserpest).

IX.

... Mittelmeer!

Von dort ging ich mal aus — bevor einen der Schicksalswind nach dem (auch sehr lieblichen) Schlesien trug.

Ehe man jedoch am Ufer des Mittelmeers hauste, wo es am heiligsten, am feierlichsten ist, schwamm ich, hundert Jahrtausende lang, drin, drin, drin rum.

Bis ich auf den Baum klettern lernte. Ich ruderte zuvor tief im Palmtang unter Leuchtfischen; war ein Meertier — und machte mich lustig über schnappende Haie, die wichtig taten und dumm blieben und roh... und sich allerdings an Zahl mehrten wie das leere Kaninchengeschlecht am festen Land.

Dies meine hunderttausend Wasserjahre. Kühlflitzjahre. Wendigkeitsjahre. Mittelmeerige Flutjahre. Und hier setzten sie sich fort, 1932, im Bezirk oder Gouvernement Aschakssioh (so sprechen die Landfranzosen es aus — indes der Korse, gleich uns, Ajatschio sagt). Es ist aber des Glückes hier kein Ende. War ja ein Wiedersehn.

Nach, jetzt unter Brüdern, zween Jahrtausenden — seit man, schon etwas bekleidet, an diesen blauen Küsten herumstrich, atta–atta, und beim Gruß noch was Kehlsprachiges, Lieblich-Starkes äußerte. Hernach erst lernte man, statt solcher Ausdrücke, den freundlichen Ruf: »Mojen Mojen!« (Im bayrischen Gau zweckmäßig gewandelt in »Muagen! Muagen!«.)

Dies über Korsika.

X.

Der Wein, so hier wächst (und sich mir nicht entziehn konnte!) ist beispielshalber »Fior di macchia«; vino nostrano, heuriger-feuriger. Oder: »Castello di Forcina«, ein rosa Trank aus dem Binnenteil. Es gibt aber auch »rosé sucré«, der hält noch den süßen Traubengeschmack, ist nur angegoren; er stammt vom gebirgigen Ota. Mundlich der rosa »Patrimoine«. Weiß ähnelt er trocken-altem Ungar... manchmal schon einem Sherry. Während der Wein »Cap Corse« an griechisch-ungeharzten erinnert: mit edler Bitternis und feiner Fäule. Moscato, prickelnd, kommt bloß für Frauen in Betracht.

(Von Eßbarem sei nochmals der Käse broccio gestreift. Broccio ist: die Ziege an sich. Und das auch noch mit Zucker.)

XI.

Perlmuttmuschelchen, veilchenhaft versteckt, leuchten am korsischen Mittelmeer. Die großen traf ich im Stillen Ozean, bei der Insel Santa Catalina. Die korsisch-perlmutternen sind wie ein halbes Fünfmarkstück... reizend-kindhaft.

Liebe Hände fügten sie zum Halskettlein — für ein Mädelchen in Deutschland.

XII.

Jetzt, was ist das? Ja, wie stark Myrte duftet, war mir unbekannt vor Korsika. Das Amselgetier frißt goldnen Ginster und solche Myrte. Die Korsen fressen wiederum die Amseln. Wecken sie ein wie Gänseleber. Daß es zumal für die Fremden ist, merkt ein Esel.

Ein solcher, am Meer angepflockt, weidete zehn gute Schritt von den Perlmuttmuscheln... mit einem Blick auf die »Iles sanguinaires« oder Blutinseln.

Die Südwelt lag mittäglich.

XIII.

Im Umkreis von Ajaccio gibt es: Übernachtigallen tausendunddrei. Die Vogelarten äußern sich sehr durcheinander. Mit Gepiep, Gezwitsch, züküh, gurre, prrp, tjutjutju, pühh-pie, pfütju- und tiehuit-tiehuit.

Krise? Wem piepen Sie das, Herr Nachtigallerich? Kann Sie ja verstehn: überall heut dieselbe Geschichte! Nu ja. Wem trällern, wem zirpen, wem rollern Sie das!

XIV.

Erholsam ist Korsika schwerlich. Das Klima, so scheint's, macht schlapp.

Einen hat es nicht schlapp gemacht.

Und wo die Schiffe bei Gummibäumen, Platanen, Palmen anlegen — dieser Golf, unsterblich an Schönheit, zwischendurch mit einem Gramm Schnee auf der linden Südkette: jeden Tag hat er das gesehn. Der Großkopfete mit den Tachteln.

Das Elternpaar, samt vielen Kindern, hat gleich um die Ecke gewohnt; arm wie eine Kirchenmaus.

Man denkt oft an ihn. Öfter ist man hier nachdenklich aus andrem Grund.

Warum? Weil Korsika, trotz allem, trotz Krise, Krach und Nachkrieg, eine glückliche Insel bleibt.

Und weil heute das Land, in dem ich zuhaus bin, ein unglückliches Land ist.

Der zweite Sohn von dreizehn Kindern

»Eine Insel heißt Korsika,
Napoleon ist geboren da.
Er hat als Krieger tapfer gerungen
Und sich so emporgeschwungen
Bis zum französischen Kaiser.
Wenn Rat teuer – war er des Volkes Weiser.«

I.

Dies urkomische, schafsdumme Gedicht, vor der Kenntnis des Schreibens von einem Kind verfaßt, zeigt nur: wie selbst auf ein frühstufiges Hirn die Vorstellung dieser Gestalt mit einem Schlage bannend wirkt.

Er läßt einen auf Korsika erst recht nicht los. Auch wenn man sein irdisches Gastspiel mißbilligen will, nein, nur ablehn..., nein, man will es nicht ablehnen; sondern begeistert verfluchen.

Das ist es: begeistert verfluchen.

II.

Ich habe die Stätten seiner Kindheit durchstöbert; den Eindruck seiner Eindrücke gesucht.

»Napoleone« soll »Wüstenlöwe« heißen. So nannte man, las ich, immer den zweiten Sohn in dieser »alten Familie«.

Es scheint, daß alle zur gleichen Zeit lebenden Familien gleich alt sind. Vielleicht aber doch nicht. Kriegerische Familien scheinen mir dann grad jüngere Familien zu sein: weil sie später von den Bäumen kletterten. Napoleon stammt somit aus einer jüngeren Familie.

Mit unzuverlässigem Einschlag vom Vater her — der ein Süffel, Spieler, Vergeuder, Dicktuer, auch Eiertänzer, Ränkeschmied, Wendekopf bei lebenslänglichem Dalles war.

Dazu Mutters Vorfahren — in deren Bezirk Raubritterliches als Erwerbszweig für Strebsame galt. Eine jüngere Familie.

III.

Die Bonapartes waren Kleinstädter. Napoleon mit ewiger Ungelenkheit; später mit einstudiertem Knallprunk. Die Schwestern (darunter die süße Pauline-Paoletta, die mit dem Marktkorb in Marseille einholen ging, als die Familie von empörten Korsen aus Korsika verjagt war)... diese Schwestern protzten gleich nach dem Aufstieg in edelsteinträchtigen Kleidern. Fünfzehntausend Franken jedes — für Töchter aus diesem Kaff.

Die Mutter, Witwe mit acht überlebenden Kindern, das tapfre, wert- und wundervolle Haupt dieser erfolgreichsten Hochstaplerfamilie, wusch noch in Antibes die Wäsche der Mädels im Fluß.

Als Kaiserliche Hoheit Mutter hat sie Geld sparsam auf die Seite gebracht. Sie warnte ja stets: der Junge mit seiner Übertriebenheit hört nicht auf; der wird zu weit gehn; in jedem Fall: was auf die hohe Kante! Man aast hier eh mit dem Gänseschmalz... fand sie.

IV.

Kleinstädter. In diesem schlichten Haus, gegenüber von der Palme, haben sie gewohnt. Aber das in Corte war noch ruppiger.

Das in Ajaccio vormals auch. Was ich sah, ist hintendrein hergerichtet, als der Leutnant plötzlich General war. Die Korsen hatten das Haus wegen Meinungsverschiedenheiten etwas angezündet.

Jetzt, als ihr Landsmann die Lombardei genommen, die Pyramiden gestreichelt hatte: jetzt konnte die korsische Mutter, Signora Letizia, hochgeehrt nach Ajaccio zurücksiedeln.

Sie bestellt sogleich tatkräftig »dreitausend Dachziegel«, Tapeten, Stühle, Vorhänge. Baldigst aus Marseille.

Der gebesserte Familiensitz ist immer noch kein Palazzo. Steinerne Wohnung. Mittelgeräumiges Italienerhaus. Halbgroße Zimmer — und ein abgesparter Empfangsraum.

Die Falltür (der Leutnant entkam durch sie korsischen Verfolgern), gilt hier als ein Stück der Einrichtung.

527

V.

In Letizias Zimmer steht noch ihr Holzbett. Auch der Diwan, auf dem sie unvermutet entbunden hat — von da guckte der kleine Napoleon zuerst in die Welt. Der Zarte mit dem zu großen Wackelkopf.

Erwähnt ist schon, daß er vor dem kirchlichen Taufbecken Wut schnob, die Anwesenden prügelte. (Dies Kind hat später den Papst von Gefängnis zu Gefängnis geschleppt. Aber den Katholizismus wieder eingeführt.)

VI.

Stets aufs neue ging ich in dies Kathedralchen. Es ist von treuherziger, dunkelbunter Hoheit. Darin haben sie (lange nach dem Prügelvorgang; das Kind hatte seinen Weg beendet und sein Atmen) eine Tafel angenietet mit Worten aus Sankt Helena: »Sollte man meinen Leichnam ächten, wie man mich im Leben geächtet hat: so will ich in der Kathedrale von Ajaccio bestattet sein bei meinen Ahnen.«

(Hat sich was... mit die Ahnen!)

VII.

In dem Kathedralchen wurde Letizia von Leibschmerz erfaßt; es ging los; das Haus lag nicht weit, zum Glück. Ich bin den kurzen Weg oft gegangen. Der Tragstuhl, den man holte, wird noch gezeigt.

Wenn dieser Tragstuhl (dacht' ich) umgefallen wäre? Wenn es eine Fehlgeburt gab? Sähe die Welt anders aus?

VIII.

Doch. Die große Revolution wäre von den grauen Umliegern erstickt worden. Sie hätten den Francobolschewismus früh gelöscht. So aber drang von seinem Feuer immerhin einiges über den knechtischen Erdball.

Was dies Kind darüber hinaus getan hat, war ein großer Schwindel. Dennoch: fern von spießignazarenelnder Heuchelei.

Ein gewittriger, fruchtbarer Weltschwindel.

528

IX.

Wäre der Tragstuhl hier, zwischen Haus und Bethaus, um-
gestürzt: so hätten Monarchen (in andrem Sinn!) ein Genie
nicht allegemacht. Ich meine: durch ihr schlechtes Beispiel ... indem auch er Monarch wurde. Der Kleinstädter mit
dem Klaps — der die gekrönten Affen äffte.

Dennoch (dacht' ich) bleibt es hübsch, daß er die Affen zugleich gekirrt, zerlarvt, entblößt, durchlichtet hat in ihrem
selbstischen Tiefstand, ihrer flennenden Feigheit, ihrem fei-
len Verrätersinn.

(Besser ist schon, daß der Tragstuhl nicht kippte.)

X.

Die Bonapartes waren in Ajaccio eine gehobenzweitklas-
sige Familie. Neben der Wohnung besaßen sie draußen an
der See eine Sommerbude. Traumphantastisch gelegen. Ar-
beitsort für den Leutnant auf Urlaub. Heut hausen Hirten
darin. Zu diesem Fleck ritt, mit seinem Generalstab, das
Kind nach der Heimkehr von Ägypten. Er zeigte das alles
den Gefährten mit korsischem Stolz. Zum Grottenfels am
Casone ritten sie auch. Ihn hat neuerdings der Parfumeur
Coty mit Figuren geschmückt (der übrigens ein »erwachen-
des« Mistblatt, »L'Eveil de la Corse« bezahlt; es müfft gegen
Deutschland und Nordamerika).

Das vertriebene, heimgekehrte Kind war, schon mit achtundzwanzig Jahren, Herr eines Reiches; eines Erdteils.

XI.

Letizia hatte das Kind hier verwalkt, wenn es Feigen mau-
ste; wenn es die Großmutter »Hexe« hieß; wenn es in der
Volksschule tobsüchtig war. (Die Nonnen von Ajaccio
nannten jedoch später das Büblein den Mathematiker.)

Letizia hatte vormals in dieser Stadtwohnung Matratzen
für die Parteigänger des Leutnants gebreitet — im korsischen
Bürgerzwist. Letizia hatte, noch als der leichtsinnige Hund
von Gemahl am Leben war, für alle Kinder (dazu kam ihr ge-
liebter kleiner Halbbruder Fesch, der spätere Kardinal) ... sie

hatte streng alles eingeteilt. Fast klösterlich, sagt ein Bericht. Beten, schlafen, robotten, spazierengehn — nach der Uhr. Kleinstädtisch, ernst, gradherzig. Der Sohn hat in dieser Zucht arbeiten gelernt.

XII.

Bevor er den Staatsstreich macht (mit Hilfe des jüngeren Lucien; es bleibt eine Hochstaplerfamilie), geht sie von Korsika zum zweitenmal weg.

Zum letztenmal. Sie hat Korsika nicht wiedergesehn. Das tapezierte Haus nicht wiedergesehn. Siebenunddreißig Jahre später starb sie. (Nach ihr der weißhaarige Kardinal; das Brüderchen; der in Rom am Krebs verendet.)

Das Weltwerk des zweiten Sohnes war längst zusammengekracht. Er auf dem Felsen gestorben, auf dem Felsen verscharrt. Die Jungens von den Thronen weg. Kinder, Enkel sah sie bestatten. Sie sitzt in Rom... blind und gelähmt.

An diese Dinge denkt man in Ajaccio — ihrem Ausgangspunkt. An alles denkt man. Wo bin ich hier? Ist das eine Insel? Oder ist es ein ewiges Paradigma der trachtenden, siegreichen, leuchtenden, der geschlagenen, verröchelnden, dahingehenden Menschheit. Des Glanzes und des Stillwerdens. Des Glücks und des Erlöschens. Der Schönheit und des Abschieds. Der Blüten und der Verwesung?

... Ajaccio.

XIII.

In dem kasernenartigen Haus, das der greise Kardinal Fesch hinterlassen hat, sah ich einen Strumpf der leichtgesinnten Josephine. (Damals war derlei vom Zeh bis zur Wade maschig-durchlöchert... dann erst begann der zarte Stoff.) Und einen Handschuh der Mutter: ledern; gelblich-rauh; gradezu.

Pfeifenköpfe mit Napoleons Antlitz, Teller, Statuetten... Als Konsul in Marmor ist er von antiker Schönheit. Nur Pauline-Paoletta, Fürstin Borghese, die holde, hinsiechende

Schwester, war ebenso schön. (Einst mit dem Marktkorb in Marseille! lang her; sie starb im Jammer.)

XIV.

Als der zweite Sohn auf Sankt Helena nach und nach, aber nicht feststellbar, sozusagen anglikanisch-vorwurfsfrei gemordet wurde; als die Mutter, die ihn fünfzehn Jahre noch überlebt hat, vergessen zu Rom an der Piazza Venezia haust: da will die Blinde nach Korsika heim, dort zu sterben.

Es ging nicht: weil sie mit Kindern und Kindeskindern verbannt war; weil kein Stresemann sich in dem damals logischeren Frankreich fand, ihr die Heimkunft zu ebnen; — obschon das harmlos gewesen wäre.

XV.

Ajaccio lag fern. Sie hat schließlich dem Örtle noch irgendeine Summe vermacht.

Zu Carneto, bei Civitavecchia, wurde sie, ganz unauffällig, beigesetzt. Den Einzug des toten Kindes in den Invalidendom hat sie nicht erlebt.

Später hat man ihren Sarg (auch den des geliebten Halbbruders) noch nach Korsika gebracht.

XVI.

In der unterirdischen Gruft stand ich vor ihrer dunklen, marmornen Leichenschublade. Die Frau des Schuldieners vom »Palais Fesch« leuchtete mit einem Kerzenstumpf. Aus der Finsternis hob sich, mit etwas kleinstädtischem Stolz, die Inschrift: »Maria Letizia Ramolino Bonaparte. Mater regum«... Mutter von Königen.

Das sagt nichts; sie war mehr. Die königlichste Mutter.

Piana

I.

Auf dem Weg nach Piana lag ein merkwürdiger Ort.

Es gibt hier ein griechisches Meerstädtchen: Cargese. Das

guckt erhöht über den schwermütigschönen Sagone-Golf. (Korsika wird von Golfen belästigt — oder umschmiegt und umküßt.)

II.

Vor einem Vierteljahrtausend kamen achthundert entrüstete Griechen hier an. Mit Erlaubnis der Republik Genua.

Sie waren von den Türken bedrückt. Genua wiederum bedrückte die Korsen. Die Korsen, ihrerseits, bedrückten die Flüchtlinge. (Erdgeschichtlicher Ausschnitt.)

Das rege Korsenvölkchen zündete die Hellenenschar zu wiederholten Malen an. Die hielt aber durch. Und noch heute predigt ihr Geistlicher in griechischem Laut.

III.

Nun, schön; laßt ihn. Aber sieh da: zwei berückende Turmkuppelchen — sie kosen das Auge... Gelb. Unter dem gelben Rand so was, weißt du, reizend Achteckiges oder Sechseckiges. Erst unter dem Achteck das Würdig-Steile. (Nennt man das nicht Perpendikularstil? Doch; so heißt es in England.) Dazu drunten der Golf. Es stürmte derart, daß ich in kurzem so blau war wie er.

IV.

Geboten schien somit ein heißer Kaffee; von einem der Argiver, im Häuschen des Artischockengärtleins, langsam gekocht.

Homerisch zog beim Trinken durch das Haupt ein Klang, ein Rhythmus: »Autar epei posios kai edetyos ex eron ento«... So sprach ich sinnend zu dem Wirt. Er antwortete schlagfertig: »Au revoir.«

V.

— — — — — — — — — — — —

Nun Piana. Die Sonne sank.

Der Wirt von Piana schmeichelte sich durch eine Languste rasch in die Herzen.

Der Kellner oder Geschäftsführer oder maître d'hôtel, der zwischen den Mahlzeiten eine hübsche Begabung für Schuhputzerei verriet, schubste jeden Fleisch- und Gemüsegang mit einem Messer von der Schüssel vor den Gast — durch die Lüfte.

Zwischendurch rief er wie gehetzt, obwohl nur ein französisches Ehepaar noch dasaß, zur Küche hinein: »Zwei Braten! Deux rôtis, s'vouplaît!«

Nun — laßt ihn... Ein Gericht bestand in diesmal rohen Artischocken (mit Essig und Öl).

VI.

Und nach dem Abendbrot (»autar epei posios«... Genug) sprach der Wirt von Piana: »Ein Onkel dieser Herrschaften aus Paris, die bei mir abgestiegen sind, ist Sonntag zum Abgeordneten für Korsika gewählt worden — erlauben Sie mir, meine Freude durch einige Flaschen moscato auszudrükken.« Er goß jedem Gast von dem süßen Geprickel ein...

Ich hatte noch kaum Atem geschöpft.

VII.

Hernach ließ er durch das Faktotum seine guten Gewehre kommen, fünf Stück, und zwei Revolver. Zeigte sie, zielend, auf ein Knie gesenkt. Er sprach davon, wie man in dieser Berghöhe bei stattfindenden Überfällen zu schützen sei. Doch finden, sprach er, keine statt.

Er äußerte dann, gütigen Herzens, daß er im Krieg, an der italienischen Front, die rohe Blödsinnigkeit einer menschlichen, unmenschlichen Einrichtung tief erkannt habe. Mit abgedroschenen Worten, aber mit sehr empfundenen Worten rief er: »Warum!... Dieselbe Sonne leuchtet uns allen!«

Ich möchte dem im Verschüttungskrieg etwas wunderlich gewordenen, jedoch so reinen, kurz: anständigen Mann heut (über einen Katzensprung Mittelmeer hin) die Hand reichen.

Dies alles vollzog sich bei Petroleumlicht.

VIII.

Unten lag Porto; oben Piana.

Piana: Gießbachgerausch; Eselgequiek; Lazertenandrang.

Wie es in einem Blumengeschäft auf dem Kurfürstendamm riecht, so riecht es hier immer.

Piana: es weilt oder schwebt über einem Südfjord. Jawohl. Rote Reihen von ins Meer geschobenen Hochfelsrücken. Rote Reihen von ins Meer geschobenen Hochfelsrücken. Lächerlich-linde Meerfelslandschaft.

Höchst schroff; höchst lieblich; höchst still (bis auf die Weideglocken aus dem Abgrund). Höchst friedvoll — ja, man könnte sagen: höchst ewig.

IX.

Piana: die klüftig roten Meerwände klettern höher, höher bis in das topographisch dort zu vermutende Paradies bzw. Eden.

Wenn aber die Sonne gleitfliegt, seewärts, werden die roten Felsketten blau; der Meerhimmel goldenlila. Doch — bitte sehr! — selbst in dieser Bucht herrscht mitnichten etwa bloß Wonne: sondern (du bist in Korsika) Gewaltsames, Ernstes, Finsteres.

Die Losung: schreckenerregend und meerhold. Schreckenerregend und meerhold. (Abstürze gibt es, furchtbar, zwischen dem Rotfelsigen.)

Schauergründe wie dort sah ich nur im Hochland von Judäa — wo der Prophet Jochanaan sich von Heuschrecken salzlos (Gersonkost) ernährt hat.

X.

Diese roten Himmelsfelsen und Tauchfelsen an dem ekelhaft blauen Meer heißen Calanques. Nun gut, was ist ein Name. Morgendlich werden sie übergipfelt von einigem Leuchtschnee auf drüberhinfliegenden Hochbergen — dies freche Weiß vom Schnee wird zudringlich gegen Rot und feuchtes Ultramarin. Die balgen sich. Bei dem Geprügel muß man auch noch blinzeln, vor Blendsonne.

's ja ekelhaft.

XI.

Die Gegend scheint aus vielen Gegenden zusammengeholt. Man denkt etwa: norwegisches Baleholmen plus algerischer Chiffaschlucht nebst Dolomiten in Salzwasser — mit Weltenschwermut samt Erdenglück.

XII.

Drei junge Männer im Dorf (auf einem Mäuerle fußbaumelnd) klagen: »Hier hat man nichts, monsieur — kein cinéma!«

Das Dorf selber ist ein Steindorf. Ein Katzendorf. Ein Huhndorf.

(Huhndorf? So hieß in der heimatlichen Oderstadt die Fischhändlerin Huhndorf, die stets Fisch zu Festtagen lieferte — man schweift halt immer nach Schlesien. Oder in die Jugend? Wenn es irgendwo schön ist.)

XIII.

Achtung! Feigenbäume wild in einem Meerhochland. Orchideen, Kakteen, Alpenveilchen. Es wachsen hier Lämmer, Schmetterlinge, Ziegen, Käfer, Brunnen — ob der See. Von zwei Eseln ist der Sohn so hoch wie ein Hündlein und frißt am Abgrund. Die Kätzchen, die Kinder, alles nährt, alles erzieht sich von selbst. Blumen an jedem Fels angeklettet. Und Vögel etwa nicht? Rings erschütternde Herrlichkeit.

Einfach ekelhaft.

XIV.

Ja, diese roten Felsen oder Calanques muß man durchwandern; zu Fuß, eines Vormittags — an den man denken wird. Zu der Flut wird man hinabsehn. Als ein seltsamlich gehobener Pilgersmann.

Piana: Südfjord. Mittagsfjord und Abendfjord. Rastfjord.

In der Kinderzeit gab es ein Buch des Titels: »Pharus am Meere des Lebens«. Sollte das hier sein?

XV.

— — — — — — — — — — — — — — — — —

Immerhin: Gegend bleibt was Animalisches... Das Letzte kriegt sie doch nur durch so einen vormals Verschütteten — der altprophetisch ausruft: »Messieurs-dames, die selbe Sonne leuchtet uns allen!«

Die Sonne segne und behüte ihn.

Evisa

I.

Dieser widerliche Kerl war ein Belgier. (Hier besteht gegen Belgier kein Haß. Nur um zu sagen, daß er kein Franzose war.) Die Wirtstochter hat ihn gleich an der Sprechart erkannt.

II.

Es kam so. Ich saß in Evisa. Durch den verlassenschönen Hochort im westlichen Korsengebirge ging bloß an manchen Tagen ein Omnibus — der nach Corte, Korsikas Herzpunkt, Leute mitnimmt. Der Omnibus fuhr ein.

Kein Platz... Aber man hätte sich dünn gemacht. Die Insassen stimmten zu. Alles schien bereits...

Da erhob sich das Ekel. Weißhaarig; rotes Generalsgesicht; starre Wutaugen. »Non — je proteste!«

III.

Wir hatten deutsch gesprochen. Ach so. Im Krieg hat er wohl Erfahrungen eindrucksvollen Inhalts gemacht.

Ich: »Kein Franzose wäre so ungefällig wie Sie.« Er (glotzend-starr): »Je prrrotaiaiaiste!!« Und bestand auf seinem Fahr-Schein.

Der Schlag traf ihn nicht... Wie wenig vermag der Wunsch eines Menschen.

536

IV.

Noch eine Nacht in Evisa? Übrigens reuelos. Der Ort ist herrlich.

Zuvor war halsbrecherisches Bergbuschland abermals durchquert — mit Kegelwundern, Morgenbrunnen, Felstälern. (Da staunt man: in der Mitte zwischen der steinernen Ungeheuerversammlung und einem Fruchtsüden. Bei grausigen Schildwachen, Höllenstürzen ... und wucherndem Wein.)

Dies war der Weg von Piana nach Evisa. Vom Meerfels nicht weit zur Schneegrenze.

Leser! Korsika hat fast alle Regionen.

V.

Was denkst du nun von korsischen Kastanienwäldern hier ... im Mai?

Falsch — sie waren kahl. Eetsch. Da oben ist nur Vorfrühling. Der Grunewald hat einen besseren. Ich dachte: darum übers Mittelmeer? Blattlose Kastanien?

Aber die Gipfelgilde, der Gipfelhaufen, die Gipfelrotte — na!

VI.

— — — — — — — — — — — — — — — — — —

Ein Sohn von Evisa, fünfunddreißig, Hirt seiner eigenen Herde, kam nachmittags an den grünen Abgrund; schönste Stelle des Hochdorfs.

Wer dort lagert, weiß nicht genau, ob er bei schwarzen Oliven ruht — oder bei kugligem Ziegenmist. Wird auch gleichgiltig.

Denn das Höhenrudel rings, gratiges Zeug, Kronen, Kuppen, Schilde, Zacken, Hüte, zum Greifen alles nah (und durch ein winziges Dreieck sieht man das Mittelmeer): dies insgesamt ist von einer verwegenen Einsamkeit ... und auch lieblich.

Sehr lieblich ist es. Dazu — man stelle sich vor: die Spitzen, Wände, Kegel haben ebensolche wiederum hinter sich, die gucken manchmal durch. (Aus mit der Landschaft.)

VII.

Also der (nicht unwohlhabende) Korse, mit kurzgeschore-
nem, dunklem Backenbart, Hirt seines Ziegenschwarms;
froh, mit Fremden zu reden; das Auge von unsrem hängenden Fels über den grünbuschigen Abgrund gerichtet — so
sprach er zwanglos und ruhevoll:

»Ich könnte, wie mancher in Korsika, ein Geschäftsmann
werden; oder ein Beamter auf dem Kontinent. Oder in Marseille ein Viehhändler. Ich könnte zum Beispiel meinen Hof
— sehn Sie, da unterhalb — gut verkaufen... und hiervon angenehm leben. Aber, ich würde da nicht mehr so in der Luft
sein. Dies ist das Beste. Wozu dann? Hab' ich recht? Abends
kommen meine Tiere zurück — beobachten Sie: dort steigen
sie grade langsam hoch« (die Herde klomm aus dem Flußtal
über die Felsen) — »ich bringe sie jetzt ins Dorf; morgen vor
fünf bin ich schon hier, geh' herum,... und immer, immer
mein freier Herr!«

Ich: »Sie sind aber doch verheiratet.« (Er lacht.)

VIII.

Nach einer Pause: »Dies Zicklein« (er hielt was Puppiges
an dessen Hinterbein mit einer Schnur) — »das kam heute
früh zur Welt.«

Ich: »Und die Mutter?«

Er: »Manchmal rennt eine Mutter, die geworfen hat, rap-
pelköpfig auf und davon — sie kommt erst am nächsten Tag
zurück; sie rast hinab, zum Fluß.«

Ich: »Ist das etwa die Mutter da drüben, die so zu dem
Zicklein määt?« (Sie klommen weiter empor.)

Er: »Nein; das ist eine Mutter, der ich ihr Frischgeborenes
neulich wegnahm — sie weiß, daß dieses nicht ihr Kind ist;
aber sie weiß, daß es ein verlassenes Kind ist.«

IX.

Dann gingen wir mit den Ziegen (ein andrer, älterer Hirt
stieß mit seinen dazu) durch das Abenddorf; durch das Gip-
feldorf.

Das »cabri«, oder Zicklein, war die Schnur los. Galoppierte tölpisch-froh hinter einer fremden Ziege — zudringlich. Am Abend seines ersten Tages. Es wußte nicht (wie ich), daß es in vierzehn Tagen geschlachtet wird.

Weiß jemand es von sich? (Und wer weiß es über ihn?)

X.

Der Gasthof, in dem ich hause, heißt »Hôtel de la Spelunca«. Das bedeutet nichts Schlimmes; auch nichts Spaßiges. Der Fluß, der durch das Hochtal schießt, trägt halt geographisch die Bezeichnung Spelunca; da ist nichts zu machen.

Die Wirtstochter: »Wenn mal Deutsche hergekommen sind, haben sie furchtbar gelacht über den Namen des Gasthofs. Sie taten so allerhand Äußerungen... Wir selbst sind übrigens aus der Auvergne...«

XI.

Ich fühlte mich sehr wohl in diesem kleinen Haus — mit seiner schwebenden Sonnenplatte, die Küche daneben, unten die steinernen Dorfhäusel samt Glockenturm... ich fühlte mich sehr wohl.

Zu Tisch gab es den sonderbaren, durch die Natur gezuckerten Rosawein.

XII.

Ein Auto hielt am nächsten Tag. Vier Insassen. Korsischer Steuerinspektor: aus dem Nachbarort Calacuccia. Seine Frau: aus Besançon. Ein Kaufmann: aus Südfrankreich. Dessen Gattin: aus Paris. Alle sehr nett. Sogar herzlich mit uns.

Das Gespräch rutscht gleich in die Politik. Stresemann gilt ihnen als hinterhältig. Warum? »Il s'est payé la tête de Briand« — er habe sich über Briand lustig gemacht. Das beweist, sagen sie, in seinen Denkwürdigkeiten eine Stelle; sei das nicht tückisch?

Ich: »Nein; wir sind nicht tückisch!« (Im Innern, unhörbar: nur manchmal unlogisch, verschwommen, in der Politik; zickzack.) Die vier: »Aber wie soll man da vertrauen? Pauvre France!« Von den Nazis nicht zu reden.

Bei der Kriegsschuld wirft die Wirtstochter ein: »Alle hatten schuld!« Darauf die Pariser Dame: »Dann sind Sie keine Französin!!«

Die Wirtstochter: »Ah!« (geht hinaus).

XIII.

Die Wirtstochter, ein Mädel von neunzehn, mit nicht besonders häßlichem, jungem Gesicht, sagt mir, als sie weg sind:

»Mein Vater ist im Kriege vergast worden; daran ging er nachher zugrund. Er hat vor dem entsetzlich schweren Sterben manchmal gesagt: j'ai été gazé, nur daher kommt meine Herzkrankheit, und daß ich schon weg muß.«

Sie weigert sich auf Rußland zu schimpfen, was die Autogesellschaft unterbrechungslos tut. In Sachen der Kriegsschuld bleibt sie zäh.

Die Autogesellschaft ist beim Nachtisch für ein Bündnis mit Deutschland.

XIV.

— — — — — — — — — — — — — — — —

Die zwei Paare fuhren, woher ich kam. Schließlich holte jemand, ein junger Mensch im Dorf, seinen Wagen. Redlicher Preis. Auf nach Calacuccia.

Man überschlage die folgende Landschaft; nein, doch nicht. Was sind schon ein paar Zeilen. Also: durch den Wald von Aitone; durch den Wald von Valdoniello; vor solchen Riesenbuchen, Rieseneichen dacht' ich an den Spessart — wenn er in einem Südmeer schwämme. (Wenn er schwämme.)

Amphitheater von Gipfeln. (Ich höre bald auf.) Unten der Halbmond voll Grün. Unbeschreiblich. (Darum wird es beschrieben.)

XV.

Nun... über das höchste Joch Korsikas. Wer hätte das gedacht: dies Joch ist höher als der Brenner. Col de Vergio. Im Mittelmeer.

(»Mein armer Vater ist vergast worden«, hatte sie gesagt; »alle tragen die Schuld. Ich soll keine Französin sein? voyons!«)

XVI.

Jetzt bloß noch die Schneenachbarschaft!... Dann: gleich verbranntes Gefels. Komisch.

Abwärts, abwärts, Wagentreiber. Grundwärts, zwischendurch empor; lotse mich gen Calacuccia.

Fuhr auch der widerliche Kerl hier entlang? In Corte traf ich ihn.

Calacuccia

I.

Wie schloß das vorige Kapitel? Ja so. Zum Fuhrmann sprach ich: »Lotse mich gen Calacuccia.« Schöner, klarer Nachmittag, als man dort ankam: dicht unter Schneeschroffen, im korsischen Bergdorf.

Wer gerät sonst hierhin? Ein sorgenlos versessener Brite vielleicht, um den Monte Cinto zu machen. (Dies Berglein der Insel ist etwa so hoch wie Deutschlands höchste Zugspitze.)

II.

Auf dem Hochfeld schwarze Bäuerinnen; aber tiefschwarz; vom schwarzen Kopftuch, über das schwarzhängende Gewand, schwarz bis hinunter zum Schuh. (Wie Tintenflecke mitten in was höchst Lichtem.)

Sie hacken auf den Äckern steinigen Grund, unter Schneegraten dunkelgepuppt. Sind sie aus alter Zeit?

III.

Herr Luccantoni, korsischer Steuerdirektor im Ruhestand, hatte mir liebenswürdig ein Kärtchen für die Wirtin des Gasthofs überreicht. Er gehörte zu dem durchreisenden Doppelpaar, neulich in Evisa, das bei Tisch zuletzt für das

Bündnis mit Deutschland eintrat... nach einem Plausch, bei dem die Teller bebten.

Die Wirtin von Calacuccia war klein, aber freundlich. (Gemüsecreme, Forellen, Artischocken, Roquefort, Landwein.)

IV.

Auch ihre, zum Trotz, hochgewachsene Schwester ging schwarzgekleidet. Der zweijährige Neffe dieser jüngeren Tante (vollschlank) sprach, während sie ihn kosend und glücklich trug, immer auf und ab, vor dem Haus, auf der Landstraße,... sprach zu ihr: »Bobo! bobo!«

Während ich in Grübelei verfallen stand, ob bobo nicht ein unanständiger Körperteil sei; während hernach eher eine willkürliche, saloppe, unzulässige Abkürzung für »Bonbons« bei dem jüngeren Korsen streng vermutet wurde: währenddessen war beides falsch. Ich bat höflich die Tante (vollschlank) um Erläuterung von bobo, weil hier ein ethnologisch ungeklärter Punkt für Korsika wie für die Sprache der Urbewohner vorlag.

Die Tante (vollschlank), die noch ein Fräulein war, trauschau-wem, sagte: »Bobo — dies ist, daß ihm was weh tut.« Aber was? Darauf kam es an. Meine Besorgnis wuchs. Sie wuchs. Die Tante, mit seligem Vorwurf zu dem Bobo-Knaben hingewendet, sprach (vollschlank): »T'as mangé trop de gâteaux!« Auf deutsch heißt das unter Schneeschroffen: »Z'vüll Kucherln gessen hast!« Er sah auch so aus.

V.

Phönizisch-hellenisch-etruskische Sprachreste hängen gewiß noch an der Insel — und wenn »bobo« zweckmäßig ohne konstruierten Umschweif und frei von künstlicher Konjektur durch »aua!« zu übersetzen ist, so scheint linguistisch ein gangbarer Weg fürs erste gefunden, und das Gegenteil wäre mir ernsthaft bobo.

542

VI.

Nachmittags um fünf steht über dem sonnhellen Ort
schon der zunehmende Mond — unfern vom Schnee. Die
Luft ist aber lind und kosig, mit Grillengezirp nebst Fuglsang — was schreib' ich! Fuglsang heißen Leute manchmal in
Schleswig. Richtiger lautet es: Vogeljesank.

VII.

Ein alter Kirchbau döst; von dem Steinmäuerle (zum Sitzen) umringt. Hier in der Bergsonne hörst du bei Grillengezirp die Glocke weidender Esel und Lämmer.

Jetzt kommt ein Hirtenjunge still daher. Sonst geschieht
nichts. Doch! unter dem Schnee wächst Wein.

VIII.

Die Wirtin im Dorf hat alles unter sich: den Gasthof, den
Postwagen, die Gemischtwarenhandlung, den Zweijährigen
und die junge Tante... die übrigens ein Jahr in Tunis gewesen
ist.

So jung und schon in Tunis.

IX.

Der Postwagen nach Corte geht zu einer angenehmen
Zeit: morgens zwischen vier und fünf.

Gegen vier bin ich angezogen auf der gebirgigen Landstraße. Ein Goethe-Vers melodeit mit Recht: »Früh erwacht
nach kurzer Rast.« Es war heiß im Schlafzimmer — und sie
sprangen; sie sprangen, sie sprangen.

X.

Jetzt Geflöh... nein: Geflöt von Frühvögeln. Rosa
Schneeberge. Was träuft und rinnt und rauscht wie von einem entfernten Gießbach — durch die reine Stille?

Zwei Körbe mit Frucht im letzten Augenblick schläfrig
auf den Postwagen gestaut. Los.

XI.

Korsika bleibt ein Wunderland.

Der Postwagen hopst... Es wird nun dolomitig. Urgestein. Rasender Höllensturz. Teuflisches Geblöck. Irre Wildheit. Zuvor die Sonne rötlich auf dem Schnee.

Ein Wunderland.

XII.

Auch darum: weil es nun hinabgeht in das Gegenteil — in eine huldreich winkende, strahlende Belaubtheit (immer mit Vogelgepiep).

XIII.

Bei dem Ort Francardo: der Postkorse verlangsamt plötzlich die Fahrt. Er hält ganz nach rechts zu. Was ist los?

Auf dem Weg, rechts, schreitet ein Mädel. Er fährt sie mit dem beinah leeren Fuhrwerk fast an; beugt sich tief heraus, tief herunter und greift ihr mirnichtsdirnichts einfach mit allen fünf Fingern (was soll das werden) ins Gesicht.

Sie gibt keinen Ton von sich. Er lacht — und fährt schneller.

XIV.

(Jetzt, vor Corte, wird alles edenhaft grün. Ein Überfluß. Triefendes Bergland; Schnee, Wein, Blumen, Zypressen, Ölwälder. Mittendrin auf dem Fels die freche Burg von Corte.)

XV.

Corte: dies ist, wie gesagt, Korsikas Herz.

Hier wuchs im Leib einer verehrungswürdigen, gehetzten, unsagbar tapfren Mutter der sonderbare Mensch heran, der kurz darauf, 1769, in Ajaccio zur Welt kam.

Corte; Calvi

I.

Dies ist über Korsika das neunte Kapitel. Das vorletzte.

Nach druckschriftlicher Beschwörung der Stadt Corte (Entscheiderin jedes korsischen Kampfes) will ich noch einen

Blick auf den Meerort Calvi (Calvi enttäuscht) und eine rasche Pupille zuletzt auf Bastia schmeißen. Zum Abschied.

II.

In oder bei Corte haben die Eltern den Napoleon gezeugt. Sie legten dort seinen Grundstein im November 1768. Die Herzstadt der Insel war damals nur eine tolle Felsburg. (Zuvor der Sitz von Maurenkönigen.)

Heut ist hier auch eine Unterstadt; ein schlichtes Örtchen des Wohlseins. Friedlich; in mildklarer Luft. Ein paar Läden, ein paar Hotelchen, ein paar... Gaststätten mit Stühlen auf dem Gehsteig (Übersetzung für Caféterrasse). Statt nur die Felsburg oben.

Schießlöcher sind ja doch das letzte Ziel der Erdsöhne nicht.

III.

Oben hängt immer noch der Horst. Schwindligsteiler Absturz zum Tavignano, dem Bergstrom.

Oben, in einem öden, kargen Haus, wohnte Carlo Buonaparte, Rechtsanwalt, Gehilfe des korsischen Feldherrn Paoli, — mit seiner jungen Frau Letizia.

IV.

Ich landete früh um sieben, von Calacuccia her. Staubig nach der Wagenfahrt. Wo ist der Waschraum? (Es gibt hier ein reizendes, nicht großes Hotel mit stiller Baum- und Blütenseligkeit.)

Als ich zum Waschraum ging, eilte der widerliche Kerl aus Belgien, der Fanatische, Weißköpfige, Rotbackige, mit wütenden Generalsaugen (weißt du? neulich in Evisa) zu demselben Ort. Aus andrem Grund.

Ich schloß von innen die Tür. Ich ließ das Wasser langsam, träumerisch, mußevoll, ohne jeden Zeitbegriff über die Hände fließen. Er stand und rüttelte. Die Tür war zuverlässig. Er wagte noch einen Sturm. Ich hört' ein Bächlein rauschen. Das Wasser lief, das Wasser schwoll — wonnevoll.

Nach einer Viertelstunde war ich ganz kühl und ganz heiter.

V.

Letizia war nach der Vermählung in die Stadt Corte gezogen. Die jetzt Neunzehnjährige, nachdem sie fünfmal entbunden hatte, trug wieder etwas Werdendes. Diesmal war es eine Weltgeißel... oder ein Weltförderer?

Sie hatte die Gewohnheit, mit dem General Paoli, Carlos Vorgesetzten, dem kühnen Streiter für die Selbständigkeit Korsikas (der kurz darauf nach England floh), abends das italienische Kartenspiel »reversi« zu üben. Sie war darin, laut Paolis Zeugnis, unbesiegbar.

VI.

Ich trat in das Haus, in dem Napoelons Eltern gewohnt. Der wendige Helfer Paolis (von dem er kurz darauf abfiel) mit seiner auch nicht blöden Letizia.

Ich ging über die schon damals lückigen, vermorschten, ungleichen, klobigen Steinstufen — am wölbigen Gemäuer. (Ein Haus noch aus der genuesischen Zeit, das manchen Sturm erlebt hat.)

In diesem verlieshaften Bau kam... nicht er zur Welt. Sondern der ältere Joseph — nachmals bißl ein König von Spanien und Neapel... dank dem jüngeren Brüderchen. Das Brüderchen war erst unterwegs.

VII.

Letizia wird schwarz an Leib und Haupt gegangen sein wie die Frauen hier. Mit angeboren ernster Würde, bei knappem Wirtschaftsgeld.

Ihr Carlo nahm fast alles Zusammengekratzte für seinen Standesschwindel; für schäbigen Gesellschaftsaufwand. Sie hatte zu sparen und zu gebären.

546

VIII.

Ich trat in die Kirche, wo sie (glühende Katholikin, Mutter des Papstfolterers) vor der sechsten Niederkunft in Corte gebetet hat.

Rechts ein heiliger Antonius (auch ich war in Padua) mit dem Kind — fast wie meiner, den ich aus dem Salzburgischen mitgebracht, mein holzgemeißelter mit dem Strick um die Kutte... Was hier? Ein heiliger Aloysius — der urkundlich Gonzaga hieß und Kinder mild in der Pest gepflegt hat. Ich hab' nur einen ganz kleinen. Aus Würzburg.

(Bin Sammler!)

IX.

Schneegipfel schauen auf die Sommerstadt Corte. Rings ein wunderbar grünes Sommerschneetal.

In diesen fruchtreichen Himmelsstrich, auch in die wilden Wälder dort, war Letizia zeitweilig geflohen, dem Mann beritten zur Seite — bis in die Schlacht ihm nach. Jugendliche hatten hier Zutritt: denn sie hielt Giuseppe, den Einjährigen, in der Schlacht auf ihrem Gaul. Aber gegen wen ging der Krieg?

Komisch. Gegen Frankreich... Und der Kaiser von Frankreich war unterwegs.

Frankreich besiegte damals die Korsen — gegen den Wunsch der Buonapartes... die nachher sofort zum Feind übergingen. (Hochstapler!) Von jetzt ab kämpften sie — gegen die korsischen Landsleute.

X.

— — — — — — — — — — — — — —

Hübsche Gesichter gibt es in Corte; das ist wahr. Ein Städtchen des Wohlseins. Ein Stiegenort.

Auf halbem Weg nach der Burg liegt eine piazza; nur eine piazzetta; eigentlich bloß eine piazzettina; sozusagen ein Platzl. Mit dem Denkmal des historischen Korsen Gaffori.

Gegenüber: das Haus, worin Gafforis kriegerische Gattin, bald zweihundert Jahre her, bei einer Kapitulation alles in die Luft sprengen wollte.

547

Die Frau hat wenigstens das Wort »Lieber Sklav' als tot«
als ehrlicher Mensch bekräftigt — im Gegensatz zu manchem
subalternen Schmierian, der es im siechen Munde führt, aber
heut noch frech am Leben ist. Praktisch haben die Eheleute
Gaffori zwar nichts erreicht, es gelang ihnen jedoch, den
Blutverguß zu mehren. Der Erfolg war ein Denkmal.

XI.

Calvi hat eins für... Kolumbus. Schlichte Form: eine
Marmortafel. Mir fehlen die Worte darauf: »Auch hier kam
Christoph Kolumbus zur Welt.«

Von Calvi riß der Leutnant Napoleon vor den Korsen
aus. Ich tat es heut vor der Gleichgiltigkeit des Orts. Wenn
man auf eine Förde gucken soll, vom flachen Sandufer —
nein.

Engländer wollen mit Gewalt ein »Calvi Beach« eoh, eoh,
machen. Die Golfinsel als Insel für Golf. Schaurig. Und
quoad Seefestung: so ist Bonifacio gegen Calvi grandios.

Calvi bleibt mehr ein Anblick als ein Aufenthalt.

XII.

Extrablättchen über die Fauna. — Schwarz, in einem hellen, zusammengestoppelten, leichten Fähnchen; mit, am unteren Rockende, rosabreitem Saum; aber der war gewiß
zwanzig Zentimeter breit. Sie selber zwischen fünfzehn und
sechzehn. Gemeint sind ihre Jahre.

Winzig-winzig die Flaumspur über knackstarken Zähnen.
Leise Backenknochen sanft und zaubervoll merkbar. Das
Geschöpf geht mit andren Mädeln auf und nieder; äugt
kindlich, sommervoll, neckfragend — nie seitwärts.

Ich sah sie nur, als das Zügle hielt. (Oder: ich sah nur sie,
als das Zügle hielt?) Und nur solang das Zügle hielt. Es hielt
eine halbe Stunde. Sie schritt, glitt, guckte, scheinbar ohne zu
gucken, und war jung.

Dies die schönste Korsin. Der Ort hieß Palasca.

XIII.

Weiter. Ein Wildschaf oder mouflon war angepflockt — in jenem kleinen Duftgarten von Corte, dessen zarte Wipfelblätter ätherhin hold erblaßten und erstarben.

Diese Mouflonin (eine Sie) mit gemsigem Sattel fraß Zigaretten als Leibgericht. Sie leckte sich danach die Lippen.

Was doch alles vorkommt. (Auf Korsika.)

XIV.

Oder: beim Nachtmahl in Calvi rast ein Wildeber, sehr jung, in den Raum. Der Wirt hält ihn zum Vergnügen der Gäste. Der Wirt zeigt grade den Essern einen rohen zehnpfündigen Fisch.

Das Wildeberle tobt unter den Stühlen — wie ein drolliges Ungewitter. Mehr noch verzogen als belacht.

Was alles vorkommt; auf Korsika...

Bastia

I.

Wenn man durch einen Teil Norddeutschlands fährt, reist man nicht durch eine Landschaft, sondern durch eine Fabrik. Auf Korsika sah ich nur... Landschaft; sogar kaum einen Acker. Es war herrlich in der Natur, doch ich brüllte stets nach einem Kino.

Schwer sagbares Glück, daß Bastia nun wieder eine Stadt, eine Stadt, eine Stadt ist (und eine französische).

II.

Sauber. Mit Geschäften. Leckerlockend. Riesiger Palmenplatz und Platanenplatz am blauen Meer, mit einer großen marmornen Statue des größten Korsen. (Römisch; nackt; Imperator.) Errichtet, als er schon zweiunddreißig Jahre tot war.

III.

Unter fest hingepflanzten, rosa, grünen, gelben Sonnenschirmen sitzen die Bastianer an der See auf dem Napoleonsplatz — und schlürfen etwas, nippen etwas, saugen etwas, aperitieren etwas, dösen etwas, erörtern etwas, streiten etwas, begrüßen sich etwas.

Gucken manchmal etwas über das Steingeländer aufs Meer.

IV.

Eine Stadt!... Eine Stadt!... Eine Stadt besitzt die Fähigkeit, auch Mießnicks hübsch zu machen. Oder doch nett.

Was in einem wilden, halbverlassenen Dorf an eingeborenen Mädchen meine Augen tun (im Geist sie umkämmen, umgarnieren, umstecken, umkleiden, umkrempeln — ich kann's nicht lassen, wozu ist man Kritiker?): das tut hier eine Stadt für sie.

Die Stadt ist Zucker auf der Melone: sie holt Möglichkeiten heraus — (dacht' ich; in Bastia)...

Ich esse jedoch Melone gern ohne Zucker, offen gegen offen; — nun, für beides hat dies kurze Leben Raum (hätt' ich fast gottergeben gesagt... in Bastia).

Ganz ohne Zucker war das unsterbliche Balg von Palasca mit dem rosa Rocksaum. Keine Stadt brauchte was für sie zu tun.

Werde glücklich.

V.

— — — — — — — — — — — — — — — —

Es widerfuhr mir schon im Nordland und Fjordland einmal, daß ich schrankenlos beglückt war, nach allen dämlichen, tierischen, stumpfen, kaffrigen, kretinhaften Meerfelsen eine Statue zu sehen. (Die des Geigers Ole Bull war es damals, in der Stadt Bergen.) Erlösung.

Heiliges Bastia.

Nach allen Buchten, Bäumen, Gipfeln, Stränden, Klippen, Wänden, Zacken, Gründen, Schluchten, Bächen, Stegen,

Triften, Wellen, Büschen, Jochen, Wäldern, Klüften, Firnen,
Pässen und Kaps ein Kino.
Heiliges Bastia.

VI.

Rasch noch ein Dutzend Pflichtworte: Korsikas größte
Stadt, Korsikas Handelsstadt, Tabak, Seife, Wein, Holz,
Früchte, Kastanien, Zitronen, Fische, Zederkonfekt. Ausfuhr
jährlich ... (Bin ich ein Volkswirt?)

VII.

Dies war mein letzter korsischer Ort. Ich nahm die
Schiffskarten. Leicht ging ich nicht weg. (Doch nur 145
Pfund.)

Sonderbar. Auf dieser, gewiß nicht deutschen Insel kam
ich von einem Lied aus Deutschland nicht los — und wußte
nicht mal: ist es von Robert Franz oder Schumann? Doch, es
ist von Schumann. In E-dur auf das allzu weiche Abschieds-
wort: »Lebewohl ruf' ich dir zu.«

Gleichviel.

VIII.

Ich legte mich auf gerolltes Tauwerk, im offnen Kasten,
auf Deck — und fuhr über das Tyrrhenermeer. Es war Mittag
und Nachmittag.

Hier, bei dem sogenannten »Cap Corse«, fällt endgültig
das Eiland in die See. Letzter schmaler Landarm.

Die Sonne schien. Die Luft, die Flut und die Welt sangen
was in E-dur.

Eine Zeit verging, dann sah ich Elba. Wir glitten fern
vorbei.

IX.

— — — — — — — — — — — — — — — — —

Postskriptum. — Nach allem, was ich in Korsika gefühlt
(und wenn ich auch von andren Dingen sprach, dacht' ich
immer an den einen Mann) — nach alledem gab es kein Hal-

ten; ich fuhr von seiner Geburtsinsel nach Italien, dann ein Stück südwärts mit der Bahn; dann, von etwas gelockt, von etwas kutschiert, wieder mit einem Schiff: nach Elba.

Zwar, die Zeit war um, die Heimat rief, der Stirnschweiß quoll, der Ruf erscholl, die Krise schwoll — doch es gab kein Halten.

Von Elba wird, zum Abschluß, noch erzählt.

Nachspiel: Elba

I.

Von Piombino (das liegt im Toskanischen) fuhr ich auf einem kleinen Schiff nach Portoferraio... auf Elba.

Zu dem Ort, wo er — zwischen zwei Schicksalen — zehn seltsame Monate gelebt hat. Wohin seine Mutter ihm gefolgt ist. (Auch die süße Schwester Paoletta-Pauline.) Von wo er zum letzten Gang aufbrach... dieser Menschenschlächter, der ein Menschenvorbild im Selbstschinden und Arbeiten war. Gewiß nicht im verdammlichen, schädlichen, doch im keimträchtigen, geniehaften Handeln. Der geliebteste Teufel unter den Erdbürgern. Was er geschaffen, ist fraglos mit allzu vielem Blut bezahlt. Jawohl.

Der gnadenreichste Teufel unter den Menschen.

II.

In jedem Fall ist er damals an derselben Stelle gelandet, wo das Schiff heut anlegt. Am alten medizäischen Seetor. Schon damals im rauchigen Dunst von Eisenwerken... wie heut. Man hört wildes Gehämmer.

Mit einem Schlag ist alles dann still: auf der länglichen piazza des Orts; wo der große Schlächter »Heerschau« hielt — über seine lumpigen siebenhundert Gardemänner. Die hatte man ihm gelassen. Dem »Fürsten von Elba«. Dem Napoleonchen; dem Zwergkaiserle.

Heut ergehn sich auf diesem Korso die Elbaner — vor dem Nachtmahl, in der kühlen Zeit.

III.

Er kam auf ein herrliches Eiland — mit Südpflanzen. Der Hauptport nett, sauber, malerisch; Steintreppen überall. Putziges Königreich; oder winziges Fürstentum; oder puppige Grafschaft;... oder leuchtendes Gefängnis.

Der tollkühne Seefahrer gondelt auf einem Teich.

IV.

Was war vorausgegangen? Bei uns hatten die Könige von Bayern und Württemberg, die Großherzöge von Baden und Hessen als Helfer Bonapartes (von ihm bezahlt — in Terrains und in Titeln), gegen Deutschland gekämpft. Nebst andren bethronten Edelcharakteren, die dem »Welschen« dreiundsechzigtausend Landeskinder als Kanonenfraß lieferten. (Nach der frommen Sitte, Bewohner meistbietend zu verschärfen.) Wurde nicht Lützows »wilde, verwegene Jagd« von einer deutschen Truppe fest und treu überfallen? Jawohl. Nach der Schlacht bei Leipzig, als Napoleon mit hundertsechzigtausend Mann den zweihundertfünfundfünfzigtausend unterlag: da verrieten die noblen Rheinbundherrscher ebenso den Korsen wie zuvor das teure Vaterland.

Der selbstische Blutmensch hier; die tückischen Feiglinge dort: grauenhafter Doppelanblick für einen Betrachter der Geschichte. (Der Geschichte — das ist: der zu langsamen Entwicklung des »zweizinkigen Gabeltiers«.)

Sieger: Rußlands Schnee. Dann kam Preußens Widerstand.

V.

Elba. Napoleon thront nicht nur: er herrscht. Er ist hier als handelnder Mensch noch im Schuß. Er vermag nicht aufzuhören — gleichviel wo. Er kann's nicht lassen. Gleich am ersten Morgen um fünf Uhr mustert er die öffentlichen Gebäude. Bis neun. Gleich Befehl zu Umbauten. Sowie er dann, bei Herrichtung des Sommerhauses, wieder früh um fünf mitten unter den Maurern steht, Befehle gibt. Der Schwung (von Ajaccio her!) ist noch in Kraft.

VI.

Ich ging über die Treppen... Auch der Staatsmann war noch in Kraft. Oder der Hochstapler? Die Bevölkerung zu ködern, spendet er sofort sechzigtausend Franken für Wegebesserung — aber nicht in edelscheuer Vornehmheit auf dem Papier. Sichtbar, sichtbar. Seine Diener schleppen schwere Säcke mit Silberstücken durch den Ort... Über diese Stufen. Klimpern gehört zum Handwerk.

Als ich hinaufgestiegen war, sah ich, ganz oben, das Haus, worin er gelebt hat.

VII.

Es ist, auf dem Hochplätzchen, ein schlichtester, niedriger Steinbau — vier dürftige Fenster nach vorn. Dann seitlich angepappt was noch Niedrigeres, mit je drei Fensterln. Eine Kargheit. (Heut soll hier der italienische Platzkommandant hausen; alles ist aber baufällig; unbewohnt.)

Der Muschkot von der Kaserne dort, den ich ankriege, klettert durch ein Flurfenster hinein, öffnet von innen.

VIII.

Hier schlief der Gondelfahrer. In diesem Zimmer brüllten seine Träume. Hier hat er... anfangs wohl zurück, dann sehr vorwärts geträumt. (Geträumt? Gerechnet.)

Hier hat er gespeist — nach dem Reiten oder Segeln. Mit seinem General Bertrand. Ohne seine habsburgische Frau. Ohne seinen Jungen — ohne sein so sehr geliebtes, einziges Jungel. Der Blutkerl, der infame. Der ganz andre Schmerzen verbreitet hat... als er hier erfuhr. Eine »Sühne« war es? Eine tragoedia, gewiß. Mit dem Freispruch allerletzten Endes: für die Kraft, die »stets das Böse will und stets das Gute schafft«.

Das Böse gewollt? Er war ein Korse — mit Überschüssigkeiten.

IX.

Hier liegt sein locus... Ja, auch das vergegenwärtigt ihn — und eine Zeit. Einen Lebenshaushalt. Eine Gesittung.

Hier seine Küche, mit offnem Feuerherd — in dem armen
Steinhäusel. Hier empfing er abends um acht zweimal in der
Woche (der Deckenfries ist noch gut erhalten) Bewohner von
Elba. Der Hochstapler. Ein Beschmeichler der Umschicht.
Schlosser und Schuster und Bäcker mit ihrer Damenschaft.
Er fand sie zum... Kofferpacken (wie mein Freund Wenzel
zu sagen pflegt) — doch er war im Beruf. Handwerk!

X.

In seinem Gärtchen ragt noch die hohe Palme. Das Gärtchen liegt etwa zwei Stock über der See. Mittendrin wächst
ein alter Lorbeerbaum mit dickem Stamm.

In diesem Gärtchen traf er, nach Monaten der Geduld, der
Ungeduld, des Planens, des Brütens, des angeborenen Ver-
schwörens (Korse) bei Mondschein seine Mama; flüsterte
dieser ein Geheimnis in das immer noch schöne Ohr: »Morgen geht es ab« — als Mutter kein Geld mehr vorschoß, und
das Bourbonenpack nicht zahlte. Sein Schibboleth hieß: entweder — oder.

Sie soll zu dem Bluthund gesagt haben (so hat sie später
selbst behauptet): »Schlachte weiter...!« Nein, das nicht;
sondern sie will gesagt haben: für ein müßiges Leben sei er
nicht gemacht, lieber mit dem Degen in der Hand sterben —
und (das ist wahrscheinlich) lieber eine Million Leichen
mehr. Zusammengefaßt, wird sie, als Korsin, mundartlich
geäußert haben: »Sohnd'l, nur ka Untätigkeit!«

XI.

Ich lese, vorn an dem verlassenen Steinhäuschen: »Questa
casa angusta ed augusta dove cadde e onde risorse un impero
fu per quasi un' anno stanza al primo esilio di Napoleone
il Grande.« Auf deutsch: »Haus voll Engnis und Verhäng-
nis. Hier sank ein Reich; von hier erstand ein Reich. Ein kurzes Jahr Stätte des großen Napoleon, in der ersten Ver-
bannung.«

Des großen Napoleon? Des Napoleone — der Italien von
den Österreichern befreit hat. Die Menschen auf Elba haben

damals ihren Teufel so vergöttert, wie kein Volk vorher, kein Volk (erst recht keins) nachher.

Von wo ist er ausgerückt? Nicht wie jemand nach Holland schleicht. Sondern, als der englische Wachhund Sir Soundso abwesend war, kühn mit sieben Seglern. (Er hatte, von Calvi her, die Übung, auf einem Kutter zu entkommen.)

XII.

Ich ging durch das Örtle. Ja, hier war er noch im Schuß. Dies Theaterchen hat er gleich erbaut. Kinder spielen davor um den Brunnen; hübsche Mädel von Elba schöpfen Wasser.

Das Innere des Theaters muß ich sehn. Es ist schon Abend. Aber jemand holt willig die Tochter des Kustoden, mit dem Schlüssel. Aus einer tieferen Treppengasse.

Drin ist's erleuchtet, eine Operette wird für morgen geprobt... in Napoleons Theater. Es hat nur acht Reihen, demütiglich. Im Hintergrund noch die Loge des »Kaisers«. (Er durfte den Titel behalten; der Gondler hieß Großadmiral.)

XIII.

Auf meine Bitte wird sein alter Vorhang eingehakt — und vom Schnürboden abgerollt. Darauf ist, in farbiger Verschlissenheit, Napoleon, nackt, als »Admet, die Herde hütend«. Wer ist Admet? (Die Tochter des Kustoden sagt lieber: Apollo.)

Mir dämmert etwas. Admet: mit Alkestis aus Wien verheiratet... die ein Herakles ihm aus der Unterwelt zurückholen muß. Jedoch kein Herakles konnte die Habsburgische nach Elba bringen... Napoleons Mutter kommt, die Schwester kommt. Alkestis? Sie läßt es.

XIV.

Die Kustodentochter spricht ländlich immer »h« statt »c«. Statt »la casa di Napoleone« sagt sie: la hasa... während sie auf der Parkettbank neben mir vor Bonapartes Bühnchen sitzt.

Ihre Freundin hat einen Mann, der auch Napoleone heißt — nur abgekürzt. Leo ruft sie ihn. Sonst wäre das »troppo lungo«.

XV.

Die Mutter war ihm gefolgt. Ich trat in ihr Haus. An fünfzig Meter von seinem entfernt. Bißchen tiefer. Der Weg von ihr zu ihm war nicht weit.

In dieser verschollenen Wohnstätte der »Madame Mère« haust jetzt ein Klub. Der schlichte »circolo independente« von Portoferraio. In einem Zimmer wird gespielt.

Ein etwas merkwürdiger Klub. Ich ging abends mit Erlaubnis der Herren hindurch. In Letizias vormaligem Empfangsraum tanzen, seltsam, Marinemenschen miteinander. Inbrünstig immer zwei Männer umarmt. (Seefahrten dauern oft lange Zeit. Manche Freundschaft knüpft sich.)

An diesem Kamin hat Letizia, die das nicht ahnte, gesessen. In diesem Zimmer schlief sie — nach der gewittrigen Laufbahn des Sohns fast ruhevoll. Jetzt hatte sie was von ihm.

Sie war jedoch nicht mehr Mutter als Korsin... wie gezeigt.

XVI.

Nun am Spätabend ist alles auf Elba still. Mädel werden seltner. Von Mannspersonen bereden sich noch etliche. Wundersame Luft.

Im hellgetünchten Wirtshaus »Zur Biene« sitz' ich und trinke goldgelben, fruchtigen Wein, der auf Elba wächst.

Napoleons Gärtchen war ergreifend... mit der kleinen Brüstung und der Palme — und dem holden Blick aufs Meer. Ich klimme noch einmal vom Gasthof über die Treppen. Starre das Haus an. In so einer mondhellen Nacht ging er an Bord.

XVII.

Er hat, für die heiße Zeit, noch nicht eine Meile vor der Stadt, ein Sommerhaus bewohnt: bei San Martino.

Als ich am nächsten Tag in einem Lohnwagen hinfuhr (Letizia, die einst im Fluß bei Antibes Unterhosen und Hemden der Töchter wusch, war sechsspännig hier eingezogen), traf ich den Gärtner beim Winden eines ungeheuren Grabkranzes aus Rosen, Mimosen, Orangenblüten. Ein junger Landmann, sprach er, ist heut früh dreißigjährig an der Grippe gestorben. »Povero!« Er ließ den Kranz und ging voran in die leeren Räume.

Diesen Sommersitz hat Napoleon aus einer Bauernwohnung umgebaut. (Alles rasch; immer sofort; allemal schleunigst; presto–presto! all' opera!) Er ließ im Handumdrehen das Häusel erweitern und ausmalen. Der Gärtner kennt noch die Ortsüberlieferung: der Verbannte war bei Sonnenaufgang unter den Bauarbeitern und »dirigeva«.

XVIII.

Napoleon hatte vom Sommergarten den lieblichsten Blick auf Tal, Bucht, Berg. Alles war damals »macchia«, wucherndes Buschland. Hinter dem Häuslein fließt noch der Brunnen — der ihm rauschte.

Sieh mal an: in dies Däumlingsschloß hat er treuherzig einen »Pyramidensaal« gesetzt. Erinnerungen! Freskobilderchen aus dem ägyptischen Feldzug an der Wand. Gemalte Säulen, Palmen, Mamelucken. Ein Springbrunnbecken in der Mitte. Pyramiden im Eßzimmer? dacht' ich. Fast wie ein Mime, der sich die Kranzschleifen aufhebt. Friedrich Wilhelm Nietzsche raunt für diesen Fall: »Das Kind im Manne.«

XIX.

Das Häuschen (ein Prinz Demidoff hat später was angebaut) ist im Innern unverändert. Hier noch sein Schaukelstuhl. Im Badraum noch die steinerne Wanne. Dort, eng neben seinem, das Zimmer des Generals Bertrand. Vermutlich hat er sofort mit ihm Pläne geschmiedet. Zwei Tauben ließ er an die Decke des Empfangsälchens malen. Soll die eine davon Marie-Luise sein: so zeigt er sich wieder als Kind. Sie war ein ganz andrer Vogel... und bißl nymphoman.

XX.

Er hatte kaum Zeit, dies Sommerhaus lange zu bewohnen.
Im folgenden Sommer war er schon... wo? Er geht von
Elba, landet bei Cannes, stürzt bei Waterloo, dörrt auf Sankt
Helena. In diesem Sommer bezieht er ein andres Sommer-
haus — für immer...

Die Bourbonen kehren nach Paris zurück, der Papst nach
Rom, der sardinische König nach Turin, der spanische nach
Madrid.

Preußen, Rußland, Österreich schließen die Heilige Al-
lianz. Gegen die Völker. Nichts ist, nie, gewesen.

Oder doch?

Sechs Jahre darauf stirbt auf einem Felsen ein Korse fast
unbemerkt. Den Bösen war man los. Die Bösen sind geblieben.

XXI.

Das leere Sommerhaus auf Elba gehört jetzt einem Grafen
Pule. Ihm auch die fattoria für Weinanpflanzung. Sie steht
gleichfalls leer. Alles hier schlummert. Nichts ist, nie, gewesen. Der Frühsommer glänzt. Der verstorbene junge Landmann wird heut bestattet mit Rosen und Mimosen und
Orangenblüten. Der Kranz ist groß wie ein Doppelpneu.

XXII.

— — — — — — — — — — — — — — — — —

Letzte Nachschrift. — Im Pyramidenzimmer las ich ein
Wort des Kaisers, das er lateinisch an die Wand gekritzelt:
»Ubicunque felix Napoleo.« Überall ist Napoleon glücklich.

Und es kann wahr gewesen sein... während er es schrieb.
Glück des Verschnaufens; Glück des Gewerkthabens; Glück
des Handgelenks; Glück des Ichbewußtseins; und Glück der
heiteren Allesverachtung.

Es ist, ist, ist wahr gewesen.

559

Widmung an die Begleiterin
Für Julia

I.

Dir lebt im Gedenken, was sproßt und sprießt;
    Die Bucht und das Kap, der Paß und das Tal,
Der Felsenbach, der meerwärts fließt;

Es ist ja nicht das erstemal,
    Daß du mit mir die Welt durchziehst.

Ein heiterliebliches Gemisch
    Bliebst du vom Anfang bis zum Schluß:
Halb mädelweich, halb knabenfrisch,
    Mein liebster »Page Lucius«.

II.

Es war in Piana. Das Erdenall
    Beging den neuen Sonnensieg
Mit Brunnensang und Träufelfall;
    Die Städtewelt lag fern und schwieg.
Hoch über der See scholl Vogelmusik
    Zum Ruch der Blütenflocken,
Gießbachgerausch, Eselgequiek
    Und Maultierweideglocken.
Vom Himmel hauchte Lila-Gold,
    Das Mittagsmeer lag mäuschenstill,
Rotwände tauchten schroff und hold —
    O heiliger Süden im April!

III.

Verschollen wie ein Zwergenschloß
    Hob sich im Schattenwald ein Wall;
Ein Quell aus seinen Quadern floß
    Mit raunend leisem Schall.
Dort ruhten wir, im Laub versteckt,
    Die Knochen kühlsam hingestreckt.

Und eine Amsel sang vom Ast
(Ihr Trällern klang französisch fast):
   »Attention! Aufgepaßt!
      Je chante la vie,
      Je vante la vie,
      Mon cœur est enthousiaste —
   Attention! Aufgepaßt!«

IV.

Ich lauschte lange dem Gesing,
   Die Zeit verging...
Dann, wie ich lag und wie ich sann,
   Sprach ich zu dir (und sah dich an):

»Mir hatte der Tod die Lust vergällt:
   Ein lichter Mensch war mir genommen,
Da schien der Alltag über die Welt
   Gekommen.
Doch du mit fester und linder Hand
   Hast mich ins Leben zurückgelenkt,
Du zogst voran ins Kinderland,
   Hast mir ein süßes Paar geschenkt.
Du warst der Anfang nach dem Ende,
   Der Tod hat weichen müssen —
Ich möchte dir zum Dank die Hände
   Heut und immer küssen.«

V.

Ich schwieg. Die Amsel sang vom Ast,
   Doch klang es anders als zuvor:
»Je chante la vie! Je chante la mort!
   Ihr haltet eine Lebensrast?
Ihr zwei im Schlupf des Laubgehegs:
   Der Tod ist immer unterwegs —
      Aufgepaßt!«
Wir sprachen, du und ich, kein Wort,
   Das Tier flog fort.

VI.

Der Tod schleicht zwischen den Stämmen her,
  Er wandelt abends auf dem Meer,
Er lächelt durch das Mittagslicht,
  Er sagt: »Noch nicht.«

Und wenn ich einst krepieren muß,
  Dann küßt er mich mit deinem Kuß —
  Leb wohl, mein Page Lucius.

Anhang

»Ja, ich fühle, daß ich vom Geschlecht
der Schwärmer bin.«
Zu Alfred Kerrs Reiseprosa

Alfred Kerr reiste viel und gern. Eine unbändige Lebens-
freude trieb ihn, Menschen und Länder aufzusuchen, deren
offensichtlichen wie verborgenen Eigentümlichkeiten nach-
zuspüren und das Erlebte in Tagebüchern, schwarzen Quart-
heften, festzuhalten. Für den Sinnenmenschen Kerr, empfänglich für die Schönheiten nicht nur der Kunst, sondern
der prosaischen Welt ebenso, bedeutete Reisen die Vervoll-
kommnung menschlichen Daseins, die Erfahrung irdischen
Glücks. Und er bestätigt damit Immanuel Kant, der anläß-
lich seiner Anthropologie in pragmatischer Hinsicht aus-
führte: »Zu den Mitteln der Erweiterung der Anthropologie
im Umfange gehört das Reisen; sei es auch nur das Lesen der
Reisebeschreibungen.« (Immanuel Kant, Anthropologie in
pragmatischer Hinsicht, Vorrede, in: Werke in 10 Bden.,
hrsg. von Wilhelm Weischedel, Darmstadt 1971, Bd. 10,
S. 401.) Das Bedürfnis, Neues zu erfahren, das Fremde zu
verstehen, entspringt also nicht allein menschlicher Neugier.
Im Prozeß der Zivilisation sind Beobachtung und Beschreibung des Unbekannten vielmehr dem Menschen aufgegeben
zum Zwecke der Erkenntnis, der Selbsterkenntnis. Nicht jeder kann allerdings dem Abenteuer weitläufiger Ent-
deckungsreisen sich hingeben, ihm steht mit den Worten
Kants ein Hilfsmittel zur Verfügung: Literatur — im weitesten Sinne, »Weltgeschichte, Biographien, ja Schauspiele und
Romane«. (Ebd., S. 401.)

Kerr jedoch brauchte den authentischen Eindruck, die le-
bendige Erfahrung vor Ort. Vehement widersprochen hätte
er also, wäre ihm seine Reisetätigkeit vorenthalten und statt
dessen eine intensive Lektüre anempfohlen worden. Reisen
war notwendiger Bestandteil seines Erdenlebens, eine Berei-
cherung des eigenen Horizonts, und doch reiste Kerr auch

stellvertretend für seine Leserschaft. Sie sollte teilhaben an dem Vergnügen und den intellektuellen Lektionen des Weltenbummlers Kerr. Kerr ging deshalb auf große Fahrt stets mit der Absicht, die in gestochen scharfer, feiner deutscher Schrift niedergelegten Notizen später publizistisch aufzubereiten für jene, die zu Hause ungeduldig seiner Berichte harrten. Dabei schrak Kerr nicht davor zurück, auch sehr Persönliches mitzuteilen. Kerr wußte, daß er einem derart intensiv gelebten und beschriebenen Leben Tribut zollen mußte: »Daß man sich verblutet und veratmet und verschwelgt; daß man die Seele zurückgibt mit lebendem Bewußtsein, nicht erst nach dem Tod, sondern schrittweis und vor Seligkeit, diese Welt umfassend und verlassend.«

Momente solch existentieller Gefährdung waren offensichtlich der vorbehaltlosen Hingabe an das Dasein geschuldet. Gerade die Radikalität, mit der Kerr sich den mannigfaltigen Eindrücken aussetzte und sie literarisch verarbeitete, verlieh seiner Prosa Authentizität und die unverwechselbare Handschrift des Schwärmers. Ein zahlreiches Publikum dankte es ihm durch Wertschätzung und langjährige Treue; es las, wie die Welt in dieser Seele sich spiegelte, und sah die Welt, wie sie war: Sie eröffnete sich durchs Medium Kerrscher Literatur. Und der Leser erfreute sich am überschäumenden Temperament des Schriftstellers, Theaterkritikers und politischen Journalisten Alfred Kerr, der das Berliner Feuilleton seit der Jahrhundertwende entscheidend mitprägte.

Als einer der ersten hatte er die Möglichkeiten des Mediums Zeitung konsequent für sich genutzt. Er entwickelte, der Einzigartigkeit seiner journalistischen Schriftstellerei darin entsprechend, eine spezielle Satzgestaltung, die sofort und unzweifelhaft auf den Autor Kerr verwies. Die Gliederung des Textes unter zentriert gesetzten Nummern signalisierte dem Leser: Hier schreibt Kerr. Damit hatte er jenes Strukturierungsprinzip gefunden, das fortan alle Kerr-Veröffentlichungen, auch die eigenständig erscheinenden Publikationen, bestimmte. Diese Form der Selbstdarstellung, die durchaus Anfänge der Vermarktung enthält, war auf der einen Seite Resultat der publizistischen Massenkommunikation wie auf der anderen der gelungene Versuch, gegen die tendenzielle Gleichförmigkeit der Presse sich individuell und nach außen sichtbar abzugrenzen.

Kerr inszenierte sich selbst gleichsam zum Medienereignis im Kulturbetrieb. Er war der Starkritiker, der sich im Mittelpunkt des allgemeinen Interesses sonnte. Und mit großer Souveränität spielte er die ihm dadurch zufallende Rolle. Sein Urteil war gefürchtet, seine Meinung hatte Gewicht! Kerr nutzte seine Präsenz im öffentlichen Bewußtsein, um auch unpopuläre, ästhetische wie politische Diskussionen zu konturieren. Wo immer er das Wort ergriff oder es drucken ließ, es war darauf gerichtet, die Wahrheit zu befördern. Kerrs Sprachgewandtheit, das Gefühl für die knappe, treffende Formulierung ließen ihn zu einem deutschen Schrifsteller aufsteigen; seine Artikel und Bücher sind stupende Beispiele literarisch hochstehender Prosa.

Jenseits des aktuellen Journalismus für den Tag konnte sich Kerr bei der Reiseliteratur einen längeren Vorgang des Schreibens gönnen. Die Unmittelbarkeit des Erzählens, die Spontanität im Ausdruck litten darunter nicht. Elemente von Verspieltheit, gelegentlich drohendes Abrutschen in einen Sprach-Manierismus fing Kerr durch sprühende Selbstironie auf. Darüber hinaus verstand er es beispielhaft, die höchst subjektive Sicht auf die Menschen, ihr Leben im Alltag und im Weltgefüge zu verallgemeinern zu einer auch politische Analyse betreibenden Bestandsaufnahme. Während Kerr so über das Ausland schrieb, schrieb er immer auch im Gedenken an Deutschland. Mit wachen Augen registrierte er das jeweils Typische, d.h. das Fremde an der Fremde. Er zeigte, was er »dort gesehn, gefühlt, gedacht«. Kerr sah, fühlte und dachte in der besten Tradition des deutschen Bildungsbürgertums. Mithin reiste Kerr als Historiker, Soziologe und Philosoph gleichermaßen. Und in seinem Gepäck trug er sozusagen die gesamte deutsche Kultur und Geschichte bei sich. Da er zudem seinen politischen Standpunkt niemals verschwieg, wurde er nicht selten zum Botschafter Deutschlands. In der Zusammenkunft mit ausländischen Repräsentanten aus Literatur, Kunst oder Politik suchte Kerr sachliche Information und kontroverse Diskussion, um die Gegenseite kennen- und schätzenzulernen. Deshalb sind die Reisebücher durchsetzt mit sensiblen Beschreibungen des kulturellen, sozialen wie ökonomischen Umfelds, in dem Kerr sich während der Reise aufhielt. Gleichwohl hält Kerr seinen Leser auf Distanz, wenn er sein subjektives Empfinden mit objektiven Tatsachen aus der Geschichte konfrontiert.

Kerr war ein Meister des vergleichenden Blicks. Dem eigenen Entzücken vor dem hochentwickelten Kapitalismus in Amerika setzte Kerr die Hoffnung auf die Zukunft des Sozialismus entgegen; schon früh erkannte er die Unterschiede zwischen zwei Welten. Und doch gerät ihm das Portrait New Yorks zur Hommage an den technischen, den zivilisatorischen Fortschritt. Die Schnelligkeit der Entwicklung, die sprichwörtliche Hektik Amerikas finden ihren gestalterischen Ausdruck in der gedrängten, an den Expressionismus gemahnenden Sprache. Insofern »malte« Kerr mit Worten stets seine Welt. Er beschränkte sich also nicht auf die Wiedergabe eines bloß äußerlichen und das Klischee bestätigenden Reisebildes; er wollte »Wesenheit« geben, die Wirklichkeit nacherlebbar machen. Sein kritisches, wiewohl menschenfreundliches Auge verweilte nicht auf der Oberfläche, es drang vor zu den brennenden Fragen des Landes, der Menschen und der Zeit. Daß die Aufzeichnungen — über die durchaus dichte und literarisch prägnante Sprache hinaus — noch heute das Interesse des Lesers erwecken, ist gerade dieser wundersamen Verquickung von überbordendem Lebensspaß und sachlicher Analyse zu danken. Hier stellt sich ein Literat vor, der das Leben in vollen Zügen genoß und das Publikum einbezog in die Freude, die jede Reise ihm bereitete. Wein, Weib und Gesang, diese profanen Formen fröhlicher Geselligkeit, gehörten dazu, wurden sozusagen literarisch geadelt und in den gleichen Rang erhoben wie die Begegnung mit den Nationalliteraturen, der Nationalkunst und -musik. Fast könnte man Kerrs Vorliebe für die Nichtigkeiten des Lebens zu einer Philosophie des Alltags stilisieren, ganz im Sinne Georg Christoph Lichtenbergs, der unter dem Stichwort »Pfennigswahrheiten« vermerkt: »Die Neigung der Menschen, kleine Dinge für wichtig zu halten, hat sehr viel Großes hervorgebracht.« (Georg Christoph Lichtenberg, Pfennigswahrheiten, in: Werke in einem Band, mit e. Nachwort von Carl Brinitzer, hrsg. von Peter Plett, Hamburg o.J., S. 245.)

Im Zentrum der Reisebeschreibungen steht immer das Kerrsche Ich, das sowohl die Sehenswürdigkeiten des gebildeten als auch mit Akribie die Kleinigkeiten des eher zufälligen Blicks registriert. Und doch ist der gesamte Text mehr als nur Erlebnisbericht. In ihm äußert sich ein feinnerviger Chronist der Zeit zur Zeit. Auf der Folie von Empfindungen und Stimmungen des Reisenden kristallisiert sich aufs Ganze gesehen das Panorama einer Epoche heraus. Deren geschichtliche Entwicklung wird dabei nie übersehen; mit Nachdruck stellte sich Kerr den realen Problemen in der Welt und in der Heimat. Deutschland und natürlich Berlin waren die historischen wie geistigen Koordinaten, unter denen Kerr den Zug bestieg, sich einschiffte oder — wie am Ende seines Lebens — ins Flugzeug kletterte. Er vergaß nicht, aus welchem Lande er zu seiner Reise aufgebrochen war, als er beispielsweise im Jahre 1932 übers Mittelmeer der Insel Korsika entgegenschwamm. »Die ferne Welt war jedoch nicht waagrecht. In Deutschland stand sie mehr vertikal-drunter-und-drüber. (Mit tausendjährig erprobter Geschicklichkeit.) Hat jemand, blau zu gleiten, dann das Recht?« Für Kerr keine rhetorische Frage! Er nahm sich das Recht, denn »Das Leben ist zu kurz, es nicht zu tun.« Das Eintauchen in das fremde Land war keine Flucht, es war herausfordernde Muße zur Hebung der geistigen Spannkraft, deren der vielbeschäftigte Schriftsteller Alfred Kerr dringend bedurfte. »In die Welt zu gehen ist deswegen für einen Schriftsteller nötig, nicht sowohl damit er viele Situationen sehe, sondern selbst in viele komme.« (Lichtenberg, Über Sprache und Literatur, in: Werke in einem Band, a.a.O., S. 176.)

1933 jedoch wurde Kerrs Liebhaberei gewaltsam reduziert auf die über Leben und Tod entscheidende Abreise. Hals über Kopf mußte er — nach einer anonymen Warnung, daß am nächsten Morgen sein Reisepaß eingezogen werden würde — Berlin verlassen. Offiziell begab er sich im Auftrage des Rudolf Mosse Verlags ins Ausland, doch in Wirklichkeit war seine Reise der Abschied von Deutschland und der Beginn des Exils. Dem Juden Alfred Kerr galt der besondere Haß der neuen Machthaber, verkörperte er doch politisch-republikanisches Engagement, intellektuelle Unbestechlichkeit und sprachliches Gestaltungsvermögen in einer Person. Kerr wurde zum Prototyp des ›jüdischen‹ Journalisten uminterpretiert, eine Charakterisierung, die für den deutschen Schriftsteller Kerr völlig abstrus war. Bei seinem ersten Besuch Palästinas hatte Kerr von den Juden geschrieben: »Man nennt Euch, um Euch zu schmähen. Man nennt Euch, um ein dunkles Gegenstück zu haben für die sonnigwonnig-verwaschene Mehrheit, Mehrheit, Mehrheit — das ist es.«

Ausgewählte, ausgezeichnete Minderheit war für ihn das jüdische Volk; sich selbst zählte er nicht dazu. Wiewohl er, wie viele Zeitgenossen auch, seine jüdische Herkunft nie verleugnete, sie prägte ihn kaum. Einfluß auf die literarische Sozialisation nahm sie nicht. Erst der Nationalsozialismus meinte, Kerr über sein Judentum belehren zu müssen, indem er ihm sein tief empfundenes und gelebtes Deutschsein absprach. Wie hatte Kerr einmal notiert: »Ich würde, morgen nach Amerika verpflanzt, mein Deutschtum nicht vor die Köter schmettern — was der aufrecht-herzenstreue Blondäng tut.« Jetzt, im Februar 1933 raubte man es ihm; doch auch während der schlimmen, entwürdigenden Jahre des Exils blieb Kerr, was er zeit seines Lebens war — ein deutscher Schriftsteller.

Berlin, im August 1989   *Hermann Haarmann*

Editorische Notiz

Dieser Band vereinigt die eigenständig publizierten Reisebücher (bis auf den Band *Yankee-Land,* 1925 im Rudolf Mosse-Buchverlag in Berlin veröffentlicht) von Alfred Kerr: *Newyork und London, O Spanien!, Die Allgier trieb nach Algier* und *Eine Insel heißt Korsika.* Sie sind in der Abfolge ihres Erscheinens aufgenommen. Ihnen vorangestellt wurden Texte aus der zweiten Reihe der Gesammelten Schriften: *Die Welt im Licht* (1920, 2 Bände); der Titel *Reiseimpressionen* stammt vom Herausgeber. Die bibliographischen Nachweise finden sich jeweils zu Beginn der Anmerkungen.

Um thematische Überschneidungen und Wiederholungen zu vermeiden, wurde Kerrs Bericht *Yankee-Land* hier nicht wiederaufgelegt. Herausgeber und Verlag zogen die frühere Publikation *Newyork und London* von 1923 vor, die einen Kerr präsentiert, der als sensibler Zeitzeuge sowohl das fremde Land und seine Menschen als auch die geschichtlichen bzw. politischen Beziehungen zwischen Amerika, Europa und Deutschland beschreibt. Darüber hinaus ermöglicht die kontrastierende Darstellung der alten und neuen Welt in *Newyork und London* einen zusätzlichen, historisch bedeutsamen Einblick in die intellektuelle Mentalität von Weimar, vier Jahre nach dem Ersten Weltkrieg.

In den Lautstand der Kerrschen Prosa wurde nicht eingegriffen; Eigentümlichkeiten in Satzbau und Interpunktion wurden bewußt beibehalten, das betrifft die Groß- und Kleinschreibung ebenso. Offensichtlich war Kerr daran gelegen, seinen Denk- und Sprachduktus auch vom Schriftbild her kenntlich zu machen. Es verbot sich außerdem eine Vereinheitlichung bei der Setzung des Apostrophs (z. B. »Jahr'« oder »Gebirg«), da Kerr in der Anwendung bewußt unterschiedlich verfährt. Allein Namen wurden der heutigen Schreibweise stillschweigend angeglichen und offensichtliche Satzfehler korrigiert. Wo Kerr allerdings Begriffe oder Bezeichnungen in einer an die jeweilige Landessprache gemahnenden Schreibung verwendet, um den Eindruck der Reise auch in eine fremde Sprache zu verstärken, dort wurde verständlicherweise auf eine Angleichung verzichtet (z. B. »Cognac« oder »catedral«).

Der Kommentar beschränkt sich in den Wort-, Personen- und Sacherläuterungen auf notwendige Hinweise zum Verständnis der Texte. Insofern bleibt dieser Kommentar — wie jeder Kommentar — in der Auswahl durchaus selektiv. Das betrifft insbesondere Namen, die damals zwar von tagesaktueller Bedeutung waren, heute jedoch nicht mehr zu verifizieren sind.

Der Herausgeber konnte dankenswerterweise auf Kommentarteile zurückgreifen, die Gert Mattenklott (Marburg/Lahn) während eines Aufenthalts in Amhurst/Massachusetts anfertigte.

Anmerkungen

Anmerkungen zu den Seiten   3–47
Druckvorlage: *Paris,* aus: *Die Welt im Licht,* Bd. I, Berlin 1920, S. 314 — 360.

[5] *Ich kam zum ersten Mal*] K. brach um die Jahreswende 1899 / 1900 zu seiner ersten Frankreichreise auf. [8] *»Ah, mais … non-non-non!«*] (Frz.) Oh, nein! Hört mit diesen Späßen auf. Nein-nein-nein! [12] *Hebbel*] Friedrich Hebbel (1813 — 1863), dt. Dramatiker, ging 1843 nach Paris, dort beendete er das bürgerliche Trauerspiel »Maria Magdalene«. [13] *Thule*] sagenhaftes Land des Altertums im hohen Norden, sprichwörtlich das äußerste Land am Nordrand der Welt. [14] *Oscar Wilde*] (1854 — 1900) engl. Schriftsteller, die gesellschaftliche Ächtung nach einer zweijährigen Haftstrafe wegen Homosexualität trieb Wilde nach Frankreich, er starb am 30. November 1900 in einem kleinen Pariser Gasthof. [18] *Mail coaches*] (Engl.) Postkutschen.   — *»Garcon, l'addition s'il vous plaît«*] (Frz.) Kellner, die Rechnung bitte.   — *Yvette Guilbert*] (1866 — 1944), frz. Chansonette. [19] *im vierten Band meiner Schriften*] Die Welt im Drama, Berlin 1917, Bd. IV, Teil 5. [20] *Henry Becque*] (1837 — 1899), frz. Schriftsteller, seine »Œuvres Completes« erschienen in Paris 1924 — 1926.   — *»Il n'y a rien qui me la rappelle«*] (Frz.) Es gibt nichts, das mich an sie erinnert. *Cherubim*] Lichtengel, Schützer der Bundeslade und des Himmelsgarten.   — *Harpyien*] nach der griechischen Göttersage weiblicher Unheilsdämon mit Flügeln und Vogelkrallen. [21] *Taine*] Hippolyte Taine (1828 — 1893), frz. Historiker und Geschichtsphilosoph.   — *Josephine de Beauharnais*] (1763 — 1814), Kaiserin der Franzosen, erste Gemahlin Napoleons.   — *Marie Louise*] 1810 heiratete Napoleon nach der Scheidung von Josephine de Beauharnais wegen Kinderlosigkeit der Ehe die österreichische Kaisertocher Marie Luise.   — *Alfred de Musset*] (1810 — 1857), frz. Schriftsteller, ihn verband eine unglückliche Liebe mit der Schriftstellerin George Sand.   — *Mes chers amis*

... *au cimetière*] (Frz.) Meine lieben Freunde, wenn ich sterben werde / Pflanzt eine Weide auf den Friedhof. **[22]** *Dieser Friedhof*] gemeint ist der Friedhof Père Lachaise im 16. Arrondissement, auf dem Persönlichkeiten aus Kunst, Wissenschaft und Politik begraben liegen; unter ihnen Chopin (gest.1849), Molière (gest. 1873), Lafontaine (gest. 1695), Beaumarchais (gest. 1799) und Balzac (gest. 1850). — *Ludwig Börne*] (1786 — 1837), dt. Schriftsteller und Publizist, verließ Deutschland nach der Julirevolution und ging nach Paris. — *Béranger*] Pierre Jean Béranger (1780 — 1857) frz. Liederdichter. — *Racine*] Jean Baptiste Racine (1639 — 1699), frz. Dichter, seine Dramen bilden den Höhepunkt des französischen Klassizismus. — *Stein der Rachel*] Grabmal der großen französischen Tragödin Elisa Rachel (gest. 1858). — *zweier Liebenden Grabmal*] Mausolée d'Héloise et d'Abélard; Pierre Abaelard (1079 — 1142), frz. Philosoph, Scholastiker, wurde wegen seiner Liebesbeziehung zu Héloise, der Nichte des Kanonikers Fulbert, entmannt. **[23]** *Heinrich Heine*] (1797 — 1856), dt. Dichter, ging wegen politischer Verfolgung 1831 für den Rest seines Lebens ins Pariser Exil. Heine liegt auf dem Friedhof Montmartre begraben. **[31]** *»En France, la femme travaille«* (Frz.) In Frankreich arbeitet die Frau. **[32]** *Schubiack*] (Umgangssprachl.) Lump, niederträchtiger Mensch. **[33]** *in einem »Rapide«*] (Frz.) in einem Schnellzug. **[36]** *elle n'est pas mal*] (Frz.) Sie ist nicht schlecht. **[37]** *Kotzebue*] August von Kotzebue (1761 — 1819), dt. Schrifsteller, ein vielgespielter Dramatiker der Goethezeit. — *Webers Oberon-Ouvertüre*] Carl Maria von Weber (1786 — 1826), dt. Komponist, Wegbereiter der großen deutschen Oper besonders mit dem »Freischütz« (1821) und »Oberon« (1826). — *der »Matin«*] Le Matin (Der Morgen), frz. Tageszeitung. — *Luise Mühlbach*] (1814 — 1873), deutsche Schriftstellerin. **[43]** *noch einen Salamander*] Salamander reiben, studentischer Brauch: nach dem Kommando des Präsiden werden die gefüllten Gläser auf dem Tisch gerieben, ausgetrunken und, nachdem man mit ihnen auf den Tisch getrommelt hat, mit einem kräftigen Schlag abgestellt. **[44]** *»dans un état ... déporable«*] (Frz.) In einem beklagenswerten Zustand. — *»Mais à présent ... un salamandre.«*] (Frz.) Aber im Augenblick verstehen Sie, einen Salamander zu reiben. — *Falguière*] Jean-Alexandre-Joseph Falguière (1831 — 1900), frz. Bildhauer und Maler. **[45]** *Épicier*] (Frz.) Kaufmann. *»Ah, monsieur ... pardon«*] (Frz.) Mein Herr, ich bitte um Entschuldigung. **[46]** *Chaque homme ... la France*] (Frz.) Jeder Mensch hat zwei Vaterländer: das Seine und Frankreich dazu.

Anmerkungen zu S. 49–70
Druckvorlage: *Venezianisch,* aus: *Die Welt im Licht,* Bd. II, Berlin 1920, S. 3 — 67.

[51] *Löwe von Erz*] Markuslöwe auf der Piazzetta vor dem Dogenpalast in Venedig. [52] *Gentile signor ...*] (Italien.) Lieber Herr ... — *cordiali saluti ... R.*] (Italien.) Herzliche Grüße von Ihrer ergebenen R. [53] *»Rakéel', vien'a basso!«*] (Italien.) Rahel, komm herunter! [54] *Colombine*] in der Commedia dell'arte die Geliebte des Arlecchino. [57] *Comte*] Auguste Comte (1798 — 1857), frz. Philosoph, einer der Begründer des Positivismus. — *Gabriele d'Annunzio*] (1863 — 1938), italien. Schriftsteller, Vertreter eines Ästhetentums im Stile der europäischen Dekadenz. [58] *Osteria*] (Italien.) Wirtshaus. [59] *Die Duse*] Eleonora Duse (1859 — 1924), italien. Schauspielerin, legendäre Darstellerin der Figuren von Dumas, Ibsen und Maeterlinck. [64] *den Campanile*] der Glockenturm auf dem Markusplatz. *»Onorate ... Felice Cavallotti!«*] (Italien.) Bewahrt das Andenken an Felice Cavallotti; — *Felice Cavallotti*] (1842 — 1898), italien. Schriftsteller und Politiker, starb im Duell. [65] *Cavallotti con Macòla ... L'ultimo di*] (Italien.) Cavallotti maß seinen Degen mit Macòla; aber die Spitze drang durch den Mund in die Kehle. Das Blut floß in breitem Strom, die Seele floh und der Atem: Vor dieser fürchterlichen Szene müssen alle schaudern. Der Sänger Italiens, stark und frisch, beendete so seinen letzten Tag. [66] *des Kaisers Diocletian*] Gajus Aurelius Valerius Diocletianus (um 240-313/316), röm. Kaiser. [67] *Tizian*] eigentlich Tiziano Vecelli(o) (1476/77) oder 1489/90 — 1576), italien. Maler, Hauptvertreter der Hochrenaissance. — *Bellini*] Giovanni Bellini (1430 — 1516), italien. Maler, bedeutendster Vertreter der Frührenaissance.

Anmerkungen zu den Seiten 71–112
Druckvorlage: *Hesperisch,* aus: *Die Welt im Licht,* Bd. II, Berlin 1920, S. 25 — 67.

[71] *Hesperisch*] von Hesperos (Griech.-Lat.), Abendstern in der griechischen Mythologie; dichterisch für Italien, das Land gegen Abend. [77] *den »Titan«*] Jean Paul, Der Titan, Berlin 1800 — 1803. [78] *Graf Borromeo*] Die Mailänder Familie Borromeo ließ von 1630 an auf den Inseln »Isola Bella« und »Isola Madre« im Lago Maggiore Parkanlagen errichten. [79] *gratia plena ... nobis peccato-*

ribus] (Lat.) Voll der Gnaden ... Du bist gebenedeit unter den Weibern ... jetzt und in der Stunde unseres Todes ... bitte für uns Sünder; Auszüge aus dem kanonischen »Ave Maria«. [80] *Molyn*] Pieter de Molyn (1595 — 1661), holl. Maler und Radierer, bevorzugte schlichte niederländische Landschaften. [81] *Adonai*] (Hebr.) mein Herr, mein Gott, Gebetsanrede und Gottesname der Juden. [82] *Dein junger Albano*] Titelheld des Romans »Titan«. [84] *Johann Maria Farina*] (1685 — 1766), Hersteller des »Kölnisch Wasser« (Eau de Cologne). [87] *Herr Pecci, der Papst*] Papst Leo XIII. starb erst 1903. [88] *L'Avanti!*] Der Vorwärts, italienische Zeitung. — *Canossagänger Heinrich*] Heinrich IV. (1050 — 1106), dt. König und Kaiser, ging im Januar 1077 nach Canossa und tat Buße vor Papst Gregor VII., um die Lossprechung vom päpstlichen Bann zu erreichen. [91] *Botticellischer Engel*] Sandro Botticelli (1444/45 — 1510), italien. Maler, in den Uffizien hängen u.a. »Der Frühling«, »Geburt der Venus« und »Anbetung der Könige«. [92] *Ulrich Hutten*] Ulrich von Hutten (1488 — 1523), dt. Reichsritter und Humanist, verbündete sich mit Franz von Sickingen und Martin Luther. [93] *Lauff*] Joseph von Lauff (1855 — 1933), dt. Schriftsteller, von Wilhelm II. geförderter Historien-Dramatiker. [94] *Donatellos*] Den Hochaltar von Padua schmücken Bronzeskulpturen von Donatello (um 1386 —1466), dem Hauptvertreter der Florentiner Frührenaissancebildhauerei. — *Giotto*] Giotto di Bondone (1266? — 1337), italien. Maler, durch die plastische Körperlichkeit und perspektivische Räumlichkeit schulbildend für die gesamte italienische Malerei. [95] *Mutters Tod*] Helene Kempner, geb. Calé (1835 — 1911). [97] *mein Geburtstag*] K. wurde am 25. Dezember 1867 in Breslau geboren. — *»Mon lac ... soll Voltaire*] (Frz.) »Mein See ist der erste!«, Voltaire (1694—1778). [99] *durch seinen »Fiesco«*] Friedrich Schiller, Die Verschwörung des Fiesco zu Genua (1783). [101] *Johann Ludwig Fiesco*] Giovanni Luigi de Fieschi (1522 — 1547), gen. Fiesco, leitete eine von Frankreich und Papst Paul III. unterstützte Verschwörung gegen die kaisertreuen Doria. [107] *Konradin von Hohenstaufen*] Konrad, Herzog von Schwaben (1252 — 1268), nach einem Scheinprozeß als Hochverräter in Neapel enthauptet. [108] *Böcklin*] Arnold Böcklin (1827 — 1901), schweiz. Maler. [109] *Karriere*] (Frz.) schärfster Galopp. [111] *trachytgeplattet*] Trachyt (Griech.), junges, porphyrisches Ergußgestein, wird oft als Pflasterstein oder Straßenschotter verwendet.

Anmerkungen zu den Seiten 113–140
Druckvorlage: *Jeruschalajim*, aus: *Die Welt im Licht*, Bd. II, Berlin
1920, S. 153 — 179.

[117] *Dalilas Heimat*] Dalila, Geliebte des Simson, den sie an ihr
Volk verriet. [118] *Barkochba*] Bar Kochb'a, Anführer im letzten
Aufstand der Juden gegen die Römer (132 — 135). — *Simson*] jüd.
Nationalheld von gewaltiger Körperkraft, kämpfte gegen die Philister. — *Hillel*] jüd. Gelehrter aus Babylon mit Beinamen »der
Alte«, wirkte ungefähr um 30 v. Chr. bis 10 n. Chr. in Jerusalem. —
Spinoza] Baruch de Spinoza (1632 — 1677), holl. Philosoph, erhielt
in Amsterdam eine biblisch-talmudische Ausbildung der Jüdischen
Gemeinde, wurde 1656 wegen religiöser Irrlehren mit dem Bannfluch belegt. [119] *Itzig*] Kurzform von Isaak, verächtlich für
Jude. — *sanfter Reb Joschua*] Josua ben Chananja, einfach: R. Josua,
Tannaite aus der zweiten Generation zur Zeit der Zerstörung des
Tempels (586 v. Chr.), Levite; seine Friedfertigkeit und Besonnenheit verhinderten den Ausbruch der Revolution. [120] *chef du
train*] (Frz.) Zugführer. *le feu sacré*] (Frz.) das heilige Feuer. [121]
Hiob] Held des »Buches Hiob« im »Alten Testament«, eines Lehrgedichts, in dem Hiob die altjüdische Vergeltungslehre bestreitet. — *Kaffer*] (Hebr.-Jidd.) Bauer, (umgangssprachlich) dumm,
ungebildet. [122] *Anzengruber*] Ludwig Anzengruber (1839 —
1889, österreich. Dichter, Verfasser von volkstümlichen Bauerndramen und -komödien. [124] *Via dolorosa*] (Lat.) Kreuzweg. —
»Jesum ... flagellavit«] (Lat.) Da nahm Pilatus Jesum und geißelte
ihn (Joh. 19, 1). [126] *Jonteff*] (Hebr., volkssprachl.) Feiertag — *Sephardimjuden*] Juden span.-portugies. Abstammung. — *Aschkenasim*] Ostjuden, im Gegensatz zu den Sephardimjuden. [128] *Oscar
Wilde*] s. Anmerkungen zu »Paris«. [130] *»schem«*] Teil des Gottesnamens »Schem hamaforasch«, den voll auszusprechen nur dem
Hohepriester am Jom Kippur erlaubt war. [131] *Helena von Adiabene*] (um 257 — 330), Kaiserin, Mutter Konstantins des Großen,
soll nach der Legende das Kreuz Jesu in Jerusalem gefunden haben. — *die Kuh, welche der Paris*] Helena, Tochter des Zeus und der
Leda, wurde ihrem Gemahl, dem Menelaos, von Paris, dem Sohn
des trojanischen Königs Priamos, entführt, wodurch der Trojanische Krieg entfesselt wurde. [132] *Rahel*] im »Alten Testament«
Tochter des Labans, Frau Jakobs, Mutter Josephs und Benjamins.
[133] *Jochanaan*] Jochan'an ben Zakk'ai (1. Jh. n. Chr.), galiläischer
Rabbi. — *Herodes*] (37 — 4 v.Chr.), jüd. König, baute den Tempel

von Jerusalem wieder auf. [134] *Sykomoren*] (Griech.) Feigenbäume. [136] *Absaloms Grab*] Absalom, dritter Sohn König Davids.

Anmerkungen zu den Seiten 143–302
Druckvorlage: *Newyork und London. Stätten des Geschicks. Zwanzig Kapitel nach dem Weltkrieg,* Berlin 1923

[145] *»But now I have seen . . . with tooth-ache.«*] (Engl.) Nun aber habe ich diesen Löwen in einem Zustand der Verwirrung gesehen. Einen Löwen mit Zahnschmerzen. — *Menzel*] Adolph von Menzel (1815 — 1905), dt. Maler, bedeutender Vertreter des Berliner Realismus. [146] *ließ ich Hymnisches über Newyork drucken*] »Amerika«, in: Die Welt im Licht II, Berlin 1920, S. 184 — 200. — *Friederike Kempner*] (1836 — 1904), dt. Schriftstellerin, bekannt durch ihre unfreiwillig komisch wirkende Lyrik. [150] *Bernard Shaw*] George Bernard Shaw (1856 — 1950), irischer Schriftsteller, für dessen sozialkritische, ironische Dramatik sich K. in Deutschland frühzeitig einsetzte. [151] *»Hapag«*] Hamburg-Amerika-Linie. — *sic vos non vobis*] (Lat.) Er sei Euer, aber nicht euch zu Diensten. — *Harriman*] Edward Henry Harriman (1848 — 1909). [152] *Ballins treue Diadochen*] Diadochen (Griech.) Nachfolger; Albert Ballin (1857 — 1918), dt. Reeder, seit 1899 Generaldirektor der Hapag. [154] *Hesnard über Fr. Th. Vischer*] Oswald Hesnard: Friedrich Theodor Vischer, Paris 1921 (Collection historique des grands philosophes). [162] *Bric à brac*] (Frz.) Trödelkram. — *Hebbels Tagebuch*] Die »Tagebücher«, eine Sammlung von literarischen, philosophischen Notaten, durchsetzt mit Anmerkungen über banale Tagesereignisse und Zeitungsmeldungen, erschienen erstmals in Berlin von 1885 — 1887. [164] *Rhamses*] Ramses II. (1290 — 1224 v. Chr.), ägyptischer König, gilt als größter Bauherr des alten Ägypten. — *»Je veux renouveler les merveilles de l'Egypte«*] (Frz.) Ich will die Wunder Ägyptens erneuern. [168] *con amore*] (Italien.) mit Liebe. [170] *Ich spreche mit »Otto Eetsch«*] Otto H. Kahn (1867 — 1934), in Deutschland geborener Bankkaufmann, seit 1897 einer der einflußreichsten amerik. Finanzmanager, berühmt als Stifter und Mäzen. [171] *Richard Wagner*] (1813 — 1883) dt. Komponist, Schöpfer des musik-dramatischen Gesamtkunstwerks als Höhepunkt der romantischen Oper. — *Eugene O'Neill*] Eugene O'Neill (1888 — 1953), amerik. Dramatiker, dessen Frühwerk stark expressionistische Züge trägt. — *Richard Strauss*] (1864 — 1949), dt. Komponist, Vollender der spätromantischen Oper in Anknüpfung an die Mu-

siksprache eines Wagner und Franz Liszt. — *Kodizille*] (Lat.) Zu-
sätze zu einem Testament. [172] *»Put him in the next room!«*] (Engl.)
Schick ihn ins andere Zimmer! [174] *mein kleiner Michael*] Michael Kerr, geboren am 1. März 1921. — *Harriman*] William Ave-
rall Harriman (1891 — 1986). [176] *Bei Herrn Ford*] Henry Ford
(1863 — 1947), amerik. Unternehmer, Hersteller der ersten Serien-
Automobile. [177] *mit dem prachtvollen Hugo*] Hugo Lederer (1871
— 1940), dt. Bildhauer. [179] *Walt Whitman*] (1819 —1892), amerikanischer Dichter, sein Werk »Leaves of grass« wirkte bahnbrechend für die moderne Lyrik in Amerika und Europa. [181] *Marschall Joffre*] Joseph Jacques Césaire Joffre (1852 — 1931), frz.
Marschall, 1915 zum Oberkommandierenden aller französischen
Armeen bestellt. [182] *Grillparzer*] Franz Grillparzer (1791 —
1872), österr. Dichter. [183] *Lusitaniaversenkung*] Versenkung des
englischen Passagierdampfers und Hilfskreuzers »Lusitania« im Ersten Weltkrieg (1915) durch ein deutsches U-Boot. Der Tod von
anderthalbtausend, auch amerikanischen Passagieren führte zu
einer dramatischen Verschlechterung der deutsch-amerikanischen
Beziehungen. — *Dr. Henderson hat eine zweibändige Geschichte
Deutschlands verfaßt*] E.F. Henderson, A Short History of Germany, 2 vol., New York 1920. [184] *des verblichenen Josias v. Bunsen*]
Christian Josia Freiherr von Bunsen (1791 — 1860), preuß. Diplo-
mat und Gelehrter. [186] *»Steuben-Society«*] 1919 in New York ge-
gründete Gesellschaft zur Förderung der kulturellen Belange der
Deutschamerikaner, benannt nach dem deutsch-amerikanischen
General Friedrich Wilhelm von Steuben (1730 — 1794). — *Präsident Harding*] Warren Gamaliel Harding (1865 — 1923), 29. Präsident
(1921 — 1923) der Vereinigten Staaten von Amerika. — *Frenssens
Vortrag*] Gustav Frenssen (1863 — 1945), dt. Heimatschriftsteller mit
stark nationalistischer Tendenz. [187] *Gerhart Hauptmann*] (1862
— 1946), dt. Erzähler und Dramatiker, Vertreter des Naturalismus,
bis 1933 verband K. eine enge Freundschaft mit Hauptmann; diese
Freundschaft wurde von K. öffentlich aufgekündigt, als Hauptmann sich nicht eindeutig gegen den Nationalsozialismus aus-
sprach, vgl. dazu »Die Diktatur des Hausknechts«, Bruxelles
1934. — *Ludwig Lewisohn*] (1883 — 1955) Literaturwissenschaftler,
Schriftsteller und Übersetzer (The dramatic works of Gerhart
Hauptmann, New York 1912), 1922 erschien in New York seine Au-
tobiographie »Upstream. An America chronicle«. — *Henry Louis
Mencken*] (1880 — 1956) amerik. Zeitungsverleger und Publizist,
gemeinsam mit George Jean Nathan Herausgeber des »American

Mercury«, der für seine beißenden Polemiken berühmt war. [191] *Flaubert*] Gustave Flaubert (1821 — 1880), frz. Erzähler. — *»une cage plus vaste«*] (Frz.) einen etwas weiteren Käfig. [192] *Clemenceau*] George Clemenceau (1841 — 1929), frz. Staatsmann, Verfechter einer ausgesprochen deutschfeindlichen Politik. [194] *»I congratulate you«*] (Engl.) Ich gratuliere Ihnen. [195] *Vergil*] (70 — 19 v.Chr.), röm. Dichter. — *Inferno* ... *Purgatorio*] Anspielung auf Teile der »Göttlichen Komödie« von Dante Alighieri (1265 — 1321). [196] *Dernburg*] Bernhard Dernburg (1865 — 1937), dt. Finanzkaufmann und Politiker, 1919 Reichsfinanzminister und Vizepräsident im Kabinett Scheidemann. [198] *»Voyage autour de ma chambre«*] Erzählung von Xavier de Maistre (1765 — 1852), in der die fiktive Exkursion durch ein Zimmer Anlaß zu ausgedehnten Reflexionen über zeitgenössische Kunst und Literatur, gesellschaftliche und politische Ereignisse gibt. [203] *Enaksbetrieb*] Enak, ein Volk von riesenhaften Menschen in Kanaan , vgl. 4. Moss. 13, 22 — 23. [205] *»ils n'ont pas voulu de moi«*] (Frz.) Sie haben mich nicht gewollt. K. zitiert offensichtlich aus dem Gedächtnis, wobei er die jeweils letzte Zeile der ersten Strophe (»Ils ne m'ont pas trouvé malin«) und der dritten Strophe (»La mort n'a pas voulu de moi«) von Paul Verlaines Gedicht »Gaspar Hauser chante« vermischt; vgl. Paul Verlaine, Gedichte. Französisch und Deutsch, hrsg. u. übertragen von Hannelise Hinderberger, Heidelberg (4. Aufl.) 1979, S. 194. — *Strindbergs »Traumspiel«*] August Strindberg (1849 — 1912), schwed. Dichter, bedeutender Dramatiker des Naturalismus und Smybolismus; 1902 erschien »Ein Traumspiel«. — *Björnsons »Über unsere Kraft«*] Björnstjerne Björnson (1832 — 1910), norweg. Dichter, 1833 erschien »Über die Kraft« (auch »Über unsere Kraft«). — *Tollers »Masse Mensch«*] Ernst Toller (1893 — 1939), dt. Sozialist und Schriftsteller, »Masse Mensch« wurde am 29. September 1921 von Jürgen Fehling (1885 — 1968) an der Berliner Volksbühne inszeniert. — *Jeßners Jünger Fehling*] Leopold Jessner (1878 — 1945), dt. Regisseur, 1919 — 1930 Generalintendant der Staatlichen Schauspiele Berlin, gilt durch seine expressiv-symbolische Raumregie als Überwinder des dekorativen Berliner Theaters. [207] *Susan Glaspell*] (1882 — 1948) amerik. Schriftstellerin. — *Poe plus Fulda*] Edgar Allen Poe (1809 — 1849), amerik. Schriftsteller, bedeutendster Vertreter der (schwarzen) Romantik; Ludwig Fulda (1862 — 1939), dt. Schriftsteller, besonders bekannt durch Lustspiele und Märchenkomödien. [208] *Lengyel*] Jósef Lengyel (1896 —), ungar. Schriftsteller. [209] *die Pawlowa*] Anna Pawlowa (1882 — 1931), russ. Primaballerina des Kaiserl. Russ. Balletts. — *Schaljapin*] Fedor I. Schaljapin (1873 — 1938), russ. Sänger, berühmt durch zahlreiche Gastspiele und die Titelpartie des »Boris Godunow« von Modest Mussorgsky. — *»Fannys erstem Stück«*] deutsche Erstaufführung in Berlin 1911. [212] *Fritz Kreisler*] (1875 — 1962), dt.-amerik. Komponist und Geigenvirtuose. [213] *Mencken schrieb ein Buch über Nietzsche*] Henry Louis Mencken, The Philosophy of Friedrich Nietzsche, Bosten 1908. — *Edison*] Thomas Alva Edison (1847 — 1931) amerik. Ingenieur und Erfinder. — *Emerson*] Ralph Waldo Emerson (1803 — 1882), amerik. Philosoph und Dichter. [215] *Wilson*] Thomas Woodrow Wilson (1856 — 1924), 28. Präsident (1913 — 1921) der Vereinigten Staaten von Amerika, Verfechter einer strikten Neutralitäts- und Weltfriedenspolitik, die durch den 1. Weltkrieg scheiterte. [217] *Ecco*] (Italien.) Sieh da! [218] *William Turner*] (1775 — 1851), engl. Maler, Vorläufer des Impressionismus; vgl. dazu »Aber William Turner«, in: »Die Welt im Licht II«, Berlin 1920, S. 90f. [220] *Das damals Geschriebene*] »Amerika« findet sich in »Die Welt im Licht«, Bd. II, S. 180 — 200. [223] *verecundia*] (Lat.) Schüchternheit. [225] *Szepterschanten*] Schaute (Jidd.), Narr. [229] *Walther Rathenau*] (1867 — 1922), dt. Industrieller und Politiker, seit dem 1. Februar 1922 Reichsaußenminister, am 24. Juni 1922 von rechtsgerichteten, antisemitischen Attentätern ermordet. K. schrieb im Exil ein Buch über seinen Nachbar im Grunewald »Walther Rathenau. Erinnerungen eines Freundes«, erschienen im Querido-Verlag Amsterdam 1935. [230] *Jaurès*] Jean Jaurès (1859 — 1914), frz. Sozialist, Verfechter der deutsch-fanzösischen Verständigung, am 31. Juli 1914 von einem nationalistischen Fanatiker ermordet. [231] *Lloyd George*] David, Earl Lloyd George of Dwyfor (1863 — 1945), engl. Staatsmann, 1916 Kriegsminister, Ende 1916 Premiermin., Rücktritt 1922. *Mazzini*] Giuseppe Mazzini (1805 — 1872), italien. Freiheitskämpfer. [232] *Northcliffe*] Alfred C. W. Harmsworth, Viscount Northcliffe (1865 — 1922), engl. Journalist und Zeitungsverleger, leitete 1918 die publizistische Propaganda gegen Deutschland. *Clemenceau*] bei den Verhandlungen um den Versailler Vertrag Gegenspieler von Lloyd George. [237] *Chamberlain*] Joseph (Joe) Chamberlain (1836 — 1914), engl. Fabrikant und Handelsminister. [241] *scarf*] (Engl.) Schärpe, Schal. — *Gainsborough*] Thomas Gainsborough (1727 — 1788), engl. Maler, Hauptvertreter der Bildnismalerei. — *Whistler*] James Mac Neill Whistler (1834 — 1903), amerik. Maler, lebte seit 1859 meistens in London, wo er auch starb. — *minstrels*] (Engl.) Spielmänner, Barden. [246] *Aus den »Knaben Wunderhorn«*] Des Knaben Wunderhorn. Alte deutsche Lieder, gesammelt von Ludwig Achim von Armin und Clemens Brentano, Heidelberg 1805 (Bd. 1) und 1808 (Bd. 2 u. 3). — *Oscar im Zuchthaus*] Oscar Wilde (1854 — 1900) verbüßte in Reading eine zweijährige Haftstrafe wegen Homosexualität, 1905 erschien postum seine Rechtfertigungsschrift »De Profundis«. [249] *Duse*] s. Anmerkungen zu »Venezianisch«. — *Ring der Ristori*] Adelaide Ristori (1822 — 1906), italien. Schauspielerin, spielte vor allem in Paris. — *Grock*] eigentl. Adrian Wettach (1880—1959). — *Pallenberg*] Max Pallenberg (1877 — 1934), dt. Schauspieler, berühmt als Charakterkomiker. — *Max Reinhardt*] (1873 — 1943), dt.-österr. Theaterleiter und Regisseur. — *von Barries Stücken*] James Matthew Barrie (1860 — 1937), engl. Schriftsteller. [250] *Pinero*] Arthur Wing Pinero (1855 — 1934), engl. Dramatiker. — *Galsworthys Drama*] John Galsworthy (1867 — 1933), engl. Erzähler und Dramatiker. [251] *»Help is better than sympathy«*] (Engl.) Hilfe ist besser als Sympathie. [252] *»The truth about Germany«*] John Murray, The truth about Germany, London 1921. [255] *»It will be too late«*] (Engl.) Es wird zu spät sein. — *In einem Umriß Eberts, Wirths*] Friedrich Ebert (1871 — 1925), dt. Politiker, ab 1918 Reichskanzler, 1919 zum Reichspräsidenten gewählt; Joseph Wirth (1879 — 1956), dt. Politiker, 1920/21 Reichsfinanzminister, von Mai 1921 bis November 1922 Reichskanzler. — *Erzberger*] Matthias Erzberger (1875—1921), dt. Politiker, im 1. Weltkrieg Verfechter eines Verständigungsfriedens, am 26. August 1921 von rechtsradikalen, ehemaligen Offizieren ermordet. [257] *Poincaré*] Raymond Poincaré (1860 — 1934), frz. Staatsmann, von 1913 bis 1920 Staatspräsident, Vertreter einer deutschfeindlichen Außenpolitik. — *»uneducated«*] (Engl.) Ungebildet. [259] *»Now I'll go home – good night.«*] (Engl.) Jetzt werde ich nach Hause gehen — gute Nacht. [260] *Holbein*] Hans Holbein d. J. (1497/98 — 1543), dt. Maler, ließ sich 1532 in London nieder, 1536 wurde er Hofmaler Heinrich VIII. [261] *mein Sir John mit lustigen Weibern*] Anspielung auf Shakespeares Komödie »Die lustigen Weiber von Windsor«, in deren Mittelpunkt Sir John Falstaff steht. [264] *Robert Schumann*] (1810 — 1856), dt. Komponist, Hauptvertreter der deutschen Romantik. [265] *Platens letztem Haus*] August Graf von Platen Hallermund (1796 — 1835), dt. Dichter, starb in Syrakus. [266] *Vanitas, vanitatum vanitas*] eigentlich vanitas vanitatum, et omnia vanitas (Lat.), Eitelkeit der Eitelkeit, und alles ist Eitelkeit. [268] *Byron*] George Gordon Noel,

Lord Byron (1788 — 1824), engl. Dichter. [270] *Ben Jonson*] (1573 — 1637), engl. Dramatiker. [271] *van Dycks*] Anthonis van Dyck (1599 — 1641), fläm. Maler, seit 1632 Hofmaler Karls I. von England. — *Reynolds*] Sir Joshua Reynolds (1723 — 1792), engl. Maler, berühmt wegen seiner klassizistischen Portraitmalerei. [273] *Thomas Becket*] (1118 — 1170), engl. Erzbischof. [274] *Wyclif*] John Wyclif (1320 — 1384), engl. Theologe und Vorläufer der Reformation. — *Chaucer*] Geoffrey Chaucer (1340 — 1400), engl. Dichter, die »Canterbury-Geschichten«, eine unvollendete Rahmengeschichte von 24 Novellen, gelten als das Meisterwerk aus der letzten Schaffensperiode. — *Thomas Becket*] (1118 — 1170), engl. Erzbischof. [278] *Thomas Carlyle*] (1795 — 1881), engl. Schriftsteller. [279] *Walter Scott*] (1771 — 1832), schott. Dichter, berühmt durch seine historischen Romane, die zumeist im Schottland des 17. und 18. Jahrhunderts spielen. [280] *Robert Burns*] (1759 — 1796), schott. Dichter. [281] *Maria Stuart*] (1542 — 1568), Königin von Schottland, Gegenspielerin Elisabeths von England, Titelheldin mehrerer Dramen. — *Bethmann Hollweg*] Theobald von Bethmann Hollweg (1856 — 1921), Reichskanzler und preußischer Ministerpräsident (1909 — 1917) [282] *»Dio mio! ... Santa Madonna!«*] (Italien.) Mein Gott! Was willst du?! Heilige Madonna! [284] *Hans Thoma*] (1839 — 1924), dt. Maler. [287] *Sir George Henschel*] Georg Henschel (1850 — 1934), dt. Sänger und Komponist. — *Brahms*] Johannes Brahms (1833 — 1897), dt. Komponist der Neuromantik, eng mit der Familie Robert Schumanns befreundet. — *Klara Schumann*] Clara Schumann (1819 — 1896) dt. Pianistin, mit Robert Schumann verheiratet. — *Amalie Joachim*] Ehefrau des mit Brahms befreundeten Geigers und Komponisten Joseph Joachim (1831 — 1907). [288] *Sargent gemalt*] John Singer Sargent (1856 — 1925), aus Italien stammender Maler, als Portraitmaler in London und den Vereinigten Staaten von Amerika tätig. — *in Lenbachs Bild*] Franz von Lenbach (1836 — 1904), dt. Maler, einer der erfolgreichsten Bildnismaler seiner Zeit. — *bei Riedel den Hans Sachs*] Karl Riedel (1827 — 1888), dt. Dirigent, Vorsitzender des Leipziger Richard-Wagner-Vereins, Herzoglich-Sächsischer Kapellmeister; Hans Sachs, Hauptpartie in Wagners Oper »Die Meistersinger von Nürnberg«. — *Hans von Bülow*] (1830 — 1894), dt. Pianist und Kapellmeister. — *Robert Browning*] (1812 — 1889), engl. Dichter. — *Burne-Jones*] Sir Edward Coley Burne-Jones (1833 — 1898), engl. Maler im Stil der Präraffaeliten, illustrierte u.a. Chaucer. [289] *»You look like your mother«*] (Engl.) Du siehst aus wie Deine Mutter. [290] *Debussy*] Claude Debussy (1862 — 1918) frz. Komponist, führender Vertreter des Impressionismus. [292] *Peel*] Robert Peel (1788 — 1850), engl. Staatsmann und Führer der Konservativen; stürzte über die Aufhebung der Getreidezölle (1846). — *Chamberlain, Handelszöllner*] Chamberlains Pläne zur Einführung von Schutzzöllen zur Stärkung Englands scheiterten. — *Watt*] James Watt (1736 — 1819), engl. Ingenieur und Erfinder. — *Priestley*] Joseph Priestley (1733 — 1804), engl. Philosoph und Naturforscher. [296] *Hamurabi*] (1728 — 1686 v. Chr.) altbabylon. König. — *Josua aus Nazareth*] Jesus Christus. — *Tacitus*] Cornelius Tacitus (um 55 n. Chr. — nach 116), röm. Geschichtsschreiber. [299] *»God save the king«*] (Engl.) Gott schütze den König. — *»Curious world!«*] (Engl.) Komische Welt. [301] *»Rule, Britannia!«*] (Engl.) Herrsche Britannien!, altes patriotisches Lied.

Anmerkungen zu den Seiten 303–415
Druckvorlage: O *Spanien! Eine Reise,* Berlin 1924

[305] *Zum vierten Mal*] K. reiste 1905 zum ersten Mal nach Spanien; von dieser und der zweiten Reise berichtet K. in »Die Welt im Licht II«, Berlin 1920, S. 68 — 75. [306] *Hugo Lederer*] s. Anmerkungen zu »Newyork und London«. [308] *schrieb an Friedrich*] Voltaire stand seit 1736 mit Friedrich dem Großen (1712 — 1786, ab 1740 König von Preußen) im Briefwechsel, bevor er 1750 an den Hof Friedrichs ging. — *»Mon lac . . . le premier«*] s. Anmerkungen zu »Hesperisch«. [309] *Cuno*] Wilhelm Cuno (1876 — 1933), dt. Reeder und Politiker, von November 1922 bis August 1923 parteiloser Reichskanzler, führte den passiven Widerstand im französisch besetzten Ruhrgebiet. [310] *Gambetta*] Léon Gambetta (1838 — 1882), frz. Staatsmann, proklamierte nach der Kapitulation von Sedan die der Republik (1870), Führer der Linken in der Nationalversammlung, von November 1881 bis Januar 1882 Ministerpräsident. [312] *ein Murillokind*] Bartolomé Esteban Murillo (1618 — 1682), span. Maler. [314] *Einstein*] Albert Einstein (1879 — 1955), dt. Physiker, formulierte die sogenannte Relativitätstheorie; K. schrieb im Exil die Oper »Der Chronoplan«, in der u. a. Einstein mit Hilfe einer Zeitmaschine in die Vergangenheit reist. [315] *Goya*] Francisco de Goya (1746 — 1828), span. Maler und Graphiker. K. widmete seine Gedichtsammlung »Caprichos« dem Andenken Goyas. [316] *Velázquez*] Diego de Silva Velázquez (1599 — 1660), span. Maler, bekannt für seine Portraitmalerei am spanischen Hof. — *»Aaagua!«*]

agua (Span.) Wasser. [320] *Tristan*] »Tristan und Isolde«, Oper von Richard Wagner. [322] *Picador*] (Span.) Lanzenreiter. — *banderillas*] (Span.) mit Fähnchen geschmückte Spieße, die der Banderillero (berittener Stierkämpfer) dem Stier in den Nacken setzt. [324] *Espada*] (Lat.-Span.: Degen) Stierkämpfer. [326] *corrida*] (Span.) Stierkampf. [328] *ein politisches Buch*] James Williams Petavel, The Other Great Illusion, London 1913. [329] *Mahomet*] ältere Form von Mohammed (um 570 — 632), Begründer des Islam. — *Giordano Bruno*] (1548 — 1600) italien. Philosoph der Neuzeit, geriet durch Verrat in die Hände der Inquisition, wurde bei lebendigem Leibe verbrannt. [330] *Ferdinand und Isabella*] Ferdinand II., der Katholische (1452 — 1516), König (1479 — 1516) von Spanien, heiratete 1469 Isabella von Kastilien; 1494 verlieh Papst Alexander VI. dem Herrscherpaar den Ehrentitel »die katholischen Könige« (reyes catolicos). — *Peter der Grausame*] Peter I., König (1350 — 1369) von Kastilien. [331] *trochäisch*] Versfuß, im Deutschen aus betonter und unbetonter Silbe; wurde besonders zur Übersetzung spanischer Romanzenverse verwendet. — *Karl der Fünfte*] (1500 — 1558), römisch-dt. Kaiser, folgte 1516 seinem Großvater Ferdinand dem Katholischen in Spanien als König Karl I. — *des weiland Königs David*] David (etwa 1000 — 960 v. Chr.), vereinte die beiden Reiche Israel und Juda. — *Boabdil*] Abu Abdallah Boabdil (? — 1527), letzter maurischer König, 1492 von den katholischen Königen zur Übergabe Granadas gezwungen. Der von K. beschriebene Aussichtspunkt mit Blick auf die Alhambra heißt noch immer »Der letzte Seufzer der Mauren«. [337] *den russischen Nikolaus*] Zar Nikolaus II. (1894 - 1917) [340] *Ave!*] (Lat.) Sei gegrüßt. [342] *ein schlafender Schlehmihl*] Schlemihl (von hebr. Shelu-nu-el) Pechvogel, unbeholfener Mensch. [344] *Quae commutation!*] (Lat.) Welch eine Veränderung. [346] *Antonio Maura*] Antonio Maura y Montaner (1853 — 1925), span. Staatsmann, 1919 und 1921/22 Ministerpräsident. [347] *Primo de Rivera*] 1923 errichtete Primo de Rivera im Einvernehmen mit König Alfons XIII. eine Militärdiktatur. [348] *Herold Ferrer*] Francisco Guardia Ferrer (1859 — 1909), span. Revolutionär, der nach dem gescheiterten Aufstand aus Anlaß des spanischen Marokkofeldzuges erschossen wurde. Ferrer, Begründer einer Freidenkerschule und einer Liga für aufgeklärte Kindererziehung, galt als Symbolfigur des Liberalismus. — *Ortega*] José Ortega y Gasset (1883 — 1959), span. Schriftsteller und Kulturphilosoph, studierte von 1906 bis 1910 in Deutschland, hauptsächlich in Marburg. [349] *Don Rafael Alta-*

mira y Crevea] (1866 — 1951), span. Jurist und Historiker, von 1921 bis 1940 Präsident des Internationalen Weltgerichtshofs. [351] *Miguel de Unamuno*] (1864 — 1936), span. Lyriker, Dramatiker und Essayist, unter Primo de Rivera verbannt. [353] *Cossio* ... *des toten Greco*] Manuel Bartolomé y Cossio, El Greco, Madrid 1908; El Greco, eigentlich Domenikos Theotokópulos (1541 — 1614), griech.-span. Maler. [354] *Kant und Krause*] Immanuel Kant (1724 — 1804), dt. Philosoph; Karl Christian Friedrich Krause (1781 — 1832). [355] *Theobald Ziegler*] Theobald Ziegler, Die geistigen und sozialen Strömungen im 19. Jahrhundert, Berlin 1899. [356] *Ludendorff*] L. war als 1. Generalquatiermeister mitverantwortlich für die militärische Kriegführung im 1. Weltkrieg, nach 1918 politische und schriftstellerische Betätigung in der deutsch-völkischen Bewegung, Beteiligung am Hitler-Putsch im November 1923. [357] *Im Prado* ... *Goyas Bild*] Francisco de Goyas »Die Erschießung Aufständischer« von 1808 hängt im Prado in Madrid. [359] *Richard Strauss*] s. Anmerkungen zu »Newyork und London«. — *Henny Porten*] (1890 — 1960) dt. Filmschauspielerin, besonders bekannt durch die Darstellung komischer Rollen. — *Schröder, den Poeten*] Rudolf Alexander Schröder (1878 — 1962), dt. Dichter, geprägt vom Humanismus und der abendländlichen Tradition. [360] *unter Mißbrauch Liliencrons*] Detlev, Freiherr von Liliencron (1844 — 1909), dt. Dichter, nahm als Offizier am Deutschen Krieg 1866 und am Deutsch-Französischen Krieg 1870/71 teil, die »Kriegsnovellen« erschienen 1895. — *»Employer la langue ... la politique française«*] (Frz.) Die französische Sprache zu gebrauchen heißt keinesfalls, die französische Politik zu bejahen. [361] *»Los fundamentos ... critica literaria«*] (Span.) Die Grundlagen einer neuen Literaturkritik. — *Enrique Madrazo*] Enrique Diego Madrazo Azcona. [362] *Galdos*] Benito Galdós (1843 — 1920). — *Guimera*] Angel Guimerà (1847 — 1924). — *Benavente*] Jacinto Benavente y Martínez (1866 — 1954). — *Marquina*] Eduardo Marquina y Angulo (1879 — 1946). — *Hebbel*] s. Anmerkungen zu »Newyork und London«. — *Ibsen*] Henrik Ibsen (1828 — 1906), norweg. Dichter, seine Dramen waren bahnbrechend für den Naturalismus. — *Maeterlinck*] Maurice Maeterlinck (1862 — 1949), frz.-belg. Schriftsteller, Vertreter des dramatischen Symbolismus. — *Strindberg*] s. Anmerkungen zu »Newyork und London«. — *Wedekind*] Frank Wedekind (1864 — 1918), dt. Dramatiker, Vorläufer des Expressionismus mit stark symbolischen bis grotesken Zügen. — *Sternheim*] Carl Sternheim (1878 — 1942), dt. Schriftsteller, mit den satirisch-expressionistischen Dramen und sozialkritischen Erzählungen ein entschiedener Kritiker des Wilhelminismus. — *Toller*] s. Anmerkungen zu »Newyork und London«. — *O'Neill*] s. Anmerkungen zu »Newyork und London«. — *Calderón*] Pedro Calderón de la Barca (1600 — 1681), span. Dramatiker, gilt mit seinen 121 weltlichen und 73 religiösen Dramen als Höhepunkt des spanischen Theaters. — *Lope*] Lope Félix de Vega Carpio (1562 — 1635), span. Dramatiker, Schöpfer des nationalen spanischen Theaters mit einem der umfangreichsten dramatischen Werke der Weltliteratur. — *Tirso de Molina*] (1571 — 1648), span. Dramatiker, neben Lope de Vega und Calderón der bedeutendste spanische Bühnenschriftsteller. — *Echegaray*] José Echegaray y Eizaguirre (1832 — 1916), span. Dramatiker, Verfasser romantischer Degen- und Mantelstücke sowie sozialkritischer Thesendramen. [366] *Beaumarchais*] Pierre-Augustin Caron de Beaumarchais (1732 — 1799), frz. Dramatiker, Verkünder der Revolution, des Kampfes der unteren Stände gegen den Adel. — *Alarcon*] Juan Ruiz de Alarcón y Mendoza (1581? — 1639), span. Dramatiker, Verfasser zahlreicher Komödien. — *Molière*] Jean Baptiste Poquelin, gen. Molière (1622 — 1673), frz. Schauspieler und Dramatiker, in den der Commedia dell'arte verpflichteten Komödien artikuliert er Zeitkritik an den Mißständen seiner Epoche. — *Corneille*] Pierre Corneille (1606 — 1684), frz. Dramatiker, Vollender der klassischen französischen Tragödie. — *Pentameter*] (Griech.-Lat.) daktylischer Vers, mit verkürztem dritten und letzten Versfuß. [368] *Raffael*] Raffaello Santi (1483 — 1520), italien. Maler und Baumeister, gilt als einer der Vollender der Hochrenaissance. [372] *den Schriftzug*] griech. Namenszug von El Greco. [377] *Thumann-Genius*] Paul Thumann (1834 — 1908), dt. Illustrator, u.a. auch von »Auerbachs Kalender«. [378] *Franz Schubert*] (1797 — 1828), dt. Komponist. [382] *Tizian*] s. Anmerkungen zu »Venezianisch«. — *Rubens*] Peter Paul Rubens (1577 — 1640), fläm. Maler. [383] *Alfons ... in Begleitung des Cid*] König Alfons VI. (1030 — 1109); Cid, maurischer Beiname des spanischen Nationalhelden Rodrigo Diaz (1045 — 1099). [389] *Philipp der Zweite*] (1527 — 1598), König von Spanien (1555 — 1598). — [391] *Leu*] von leo (Lat.), Löwe. [395] *fazoletto*] faz (Span.), Gesicht, von K. eine italienisch klingende Verkleinerungsform angehängt. [405] *Mistral*] Frédéric Mistral (1830 — 1914), frz. Dichter, schrieb 1859 das ländliche Epos »Miréo«. — *»O notre ... es franco«*] (Frz. u. Span.) O unser Admiral, Deine Rede sei frei. [411] *Dies fausta, dies illa!*] (Lat.) Glücklicher Tag, jener Tag!

Anmerkungen zu den Seiten 417–489
Druckvorlage: *Die Allgier trieb nach Algier … Ausflug nach Afrika,*
Berlin 1929

[420] *dir, Jula, zeigen*] Julia Kerr, geb. Weissmann, seit 1920 Ehefrau
von K. [421] *»spinsters«*] (Engl.) ledige Frauenzimmer. [422] *Otto
Brahm*] (1856 — 1912), dt. Theaterleiter und Literaturkritiker, Mit-
begründer der »Freien Bühne« 1889, die sich der zeitgenössischen
Moderne widmete. K. hielt am 22. Dezember 1912 die Totenrede auf
Brahm. [424] *amer*] (Frz.) bitter. — *Hans Henny Jahnn*] (1894 —
1959), dt. Schriftsteller, Uraufführung der Tragödie »Medea« am
4. Mai 1926 im Staatlichen Schauspielhaus Berlin. [426] *»Goethe in
Italien«*] »Goethe in der Campagna« (1786/87) von Johann Heinrich
Wilhelm Tischbein (1751 — 1829), dt. Maler. — *Arnold Böcklin —
welchem der Töd*] Böcklin, »Selbstbildnis mit Geiger und Tod«,
1873. [433] *»Le fils du Sheik«*] (Frz.) Der Sohn des Scheichs. [434]
Hannibals Land] Hannibal (246/47 — 182 v.Chr.), karthagischer
Feldherr. [436] *petit déjeûner*] (Frz.) Frühstück. [441] *Mrs. Pankhurst*] Emmeline Pankhurst (1858 — 1928), engl. Frauenrechtle-
rin. [445] *»Zwei Seelen wohnen, ach, in meiner Brust«*] Goethe,
Faust I: »Vor dem Tor«, in: Goethes Werke, Bd. III., Hamburg
(9. Aufl.) 1972, S. 41, V. 1112. [455] *Lazertenheer*] Lazerten (Lat.) Ei-
dechsen. — *Catull*] Gaius Valerius Catullus (um 85 — um 54
v.Chr.), röm. Dichter. — *Horatius Flaccus*] (65 — 8 v.Chr.), röm.
Dichter. — *»Donec gratus eram tibi …«*] (Lat.) Solange ich Dir gefällig war … [456] *»Où est la sortie?«*] (Frz.) Wo ist der Ausgang? [459] *»Emperor Jones«*] »Kaiser Jones« von Eugene O'Neill,
Premiere im Lustspielhaus Berlin am 8. Januar 1924, Regie: Bert-
hold Viertel; K.s Kritik erschien am 9. Januar 1924 im »Berliner Ta-
geblatt«. — *Paul Heyse*] (1830 — 1914), dt. Dichter, bedeutender
Novellist des Naturalismus. — *Süß ist der Schlaf … durchwachter
Nacht*] August von Platen, Frühlingslieder III, in Sämtliche Werke,
Bd. 2.1, hrsg. von Max Koch und Erich Petzet, Leipzig 1910,
S. 156. — *der kategorische Imperativ von I. Kant*] »Handle so, daß die
Maxime deines Willens jederzeit zugleich als Prinzip einer allge-
meinen Gesetzgebung gelten könne.« In: Immanuel Kant, Kritik
der praktischen Vernunft, in: I.K., Werke in 6 Bden., hrsg. von
Wilhelm Weischedel, Wiesbaden 1956ff., Bd. 4, S. 140. [460]
Ägypten … Erfindung von Cook] Thomas Cook (1802 — 1892), engl.
Reiseunternehmer, eigentlicher Begründer des Tourismus mit aus-
gearbeiteten Touren und Reiseführern. [463] *»M'siou, veux-tu*

587

voirrr des femmes mauvaises?«] (Frz., umgangssprachl.) Mein
Herr, willst Du liederliche Frauen sehen? [464] *»catholique practi-
quante«*] (Frz.) ausübende Katholikin. [466] *Prophet Jochanaan*]
s. Anmerkungen zu »Jeruschalajim«. [467] *Kaiser Konstantin*]
(288 — 337), röm. Kaiser. — *»Sic transit...«*] (Lat.) So geht es vorüber. *Max Régis*] (1873 — ?), alger. Antisemit, der gegen das Bürgerrecht für die Juden Algeriens, 1870 auf Druck der französischen Regierung erteilt, stritt. [469] *Schriften von Carl du Prel*] Karl,
Freiherr du Prel (1839 — 1899), dt. Schriftsteller und Philosoph,
widmete sich der Erforschung des Okkultismus, 1890/91 erschienen die »Studien aus dem Gebiet der Geheimwissenschaften« und
1899 »Der Tod, das Jenseits und das Leben im Jenseits«. [474]
»Mais ouvrez ... donc!«] (Frz.) Aber öffnen Sie zuerst, öffnen Sie
jetzt. [475] *»attestation médicale«*] (Frz.) ärztliche Bescheini-
gung. [476] *praeter-propter*] (Lat.) nebenbei. [479] *Que voulez-
vous — c'est le temps qui passe*] (Frz.) Was wollen Sie — es ist die Zeit,
die vergeht. [481] *Zola*] Emile Zola (1840 — 1902), frz. Schriftsteller. — *Cézanne malte bei Aix*] Eines der beliebtesten Motive von
Paul Cézanne (1839 — 1906) war der Mont de St. Victoire nahe Aix-
en-Provence. [482] *Schibboleth*] (Hebr.) Erkennungszeichen, Lo-
sungswort. [483] *Gambetta*] s. Anmerkungen zu »O Spanien!«. — *Luthers damaligem Aufmucken*] Am 10. Dezember 1520
verbrannte Martin Luther (1483 — 1546) öffentlich die päpstliche
Bannbulle und vollzog damit den Bruch mit Rom. — *Poincaré*] s.
Anmerkungen zu »Newyork und London«. [484] *A revoir*] (Frz.)
eigentlich au revoir, Auf Wiedersehen. [486] *Kaldaunen*] (Mhd.)
Kutteln, Gekröse. — *Grillparzer*] s. Anmerkungen zu »Newyork
und London«. — *Josef Kainz*] (1858 — 1910), Schauspieler am
Deutschen Theater in Berlin, ab 1899 am Wiener Burgthea-
ter. [487] *Peccavi*] (Lat.) Ich habe gesündigt. — *Et animam salvavi*] (Lat.) Und ich habe das Leben gegrüßt.

Anmerkungen zu den Seiten 491—562
Druckvorlage: *Eine Insel heißt Korsika ...,* Berlin 1933

[493] *Stendhal*] (1783 — 1842), frz. Schriftsteller, wählte den Deckna-
men nach Winckelmanns Geburtsort Stendal, 1831 Konsul in Italien. [495] *Ferdinand Lassalle*] (1825 — 1864), Gründer der deutschen Sozialdemokratie. *Böckh*] August Böckh (1785 — 1867), dt.
Alterums- und Sprachforscher. [496] *Garibaldi*] Giuseppe Garibaldi (1807 — 1882), ital. Freiheitsheld. [497] *»Feldeinsamkeit«*]

Johannes Brahms, Feldeinsamkeit, op. 86, Nr. 3, Text von Hermann Allmers (1821 — 1902). [499] *»Vous êtes ... pendant l'occupation.«*] (Frz.) Sie sind Deutsche? Ich war in Deutschland während der Besatzung. [500] *jambisch*] Jambus (Griech.), Versfuß aus einer kurzen und einer langen Silbe. [502] *Courteline*] Georges Courteline (1858 — 1929), frz. Schriftsteller. [503] *Max Herrmann-Neiße*] (1886 — 1941), dt. Schriftsteller. [505] *vinaigre; aceto*] (Frz. u. italien.) Essig. [514] *Taine*] s. Anmerkungen zu »Paris«. [515] *Chamisso*] Adelbert von Chamisso (1781 — 1838), dt. Dichter und Naturforscher, »Mateo Falcone, der Korse«, in: Adelbert von Chamisso, Sämtliche Werke, Bd. I, hrsg. von Volker Hoffmann, München 1975, S. 450 — 455. [517] *»tabac«*] (Frz.) Rauchwarenladen. [518] *ils ont une mentalité spéciale*] (Frz.) Sie besitzen eine besondere Geistesverfassung. — *ces cochons!*] (Frz.) diese Schweine! [519] *Drumont*] Edouard Drumont (1844 — 1914), frz. Publizist und Politiker, 1885 erschien das Buch »La France juive« in 2 Bänden, Herausgeber der antisemitischen Zeitschrift »La Libre Parole« (1886 — 1907). [521] *Storm*] Theodor Storm, deutscher Lyriker und Novellist. [523] *»Die Harfe«*] K.s erster Gedichtband erschien 1917 im S. Fischer Verlag Berlin. [532] *Perpendikularstil*] Perpendicular Style (Engl.), Baustil mit starker Betonung vertikaler, stabartiger, schlanker Elemente in Wand- und Fenstergliederung. *»Autar epei ... eron ento«*] (Griech. in lat. Umschrift) Als sie aber das Verlangen nach Trank und Speise gestillt hatten. [534] *Prophet Jochanaan*] s. Anmerkungen zu »Jeruschalajim«. [536] *»Non — je proteste!«*] (Frz.) Ich protestiere! [539] *Briand*] Aristide Briand (1862 — 1932), frz. Politiker. [540] *Pauvre France!*] (Frz.) Armes Frankreich! [541] *Voyons!*] (Frz.) Wir werden sehen! [550] *Ole Bull*] Ole Bornemann Bull (1810 — 1880), norweg. Geigenvirtuose und Anreger der norwegischen Musikkultur. [551] *»Lebewohl ruf' ich dir zu«*] Schöne Wiege meiner Leiden (Text von Heinrich Heine), op. 24, Nr. 5. [554] *die Kraft, die »stets ... das Gute schafft«*] Ein Teil von jener Kraft, / Die stets das Böse will und stets das Gute schafft«, Goethe, Faust I, »Studierzimmer«, in: Goethes Werke, Bd. III, a.a.O., S. 47, Vers 1335f. [561] *Je chante ... est enthousiaste*] (Frz.) Ich besinge das Leben, / Ich preise das Leben, / Mein Herz ist begeistert. — *Je chante la mort!*] (Frz.) Ich besinge den Tod!

Register

Zeittafel zu Leben und Werk

1867	Am 25. Dezember als Sohn des Weinhändlers Emanuel Kempner in Breslau geboren.
1874-1886	Schulzeit in Breslau; erste Zeitungartikel; anschließend Studium der Germanistik und Philosophie.
1887	Fortführung des Studiums in Berlin.
1894	Promotion zum Dr.phil.; erste Italienreise.
1895	Beginn der Tätigkeit als Theaterkritiker in Berlin.
1896	Reise nach London.
1898	Veröffentlichung der Dissertation *Godwi – ein Kapitel deutscher Romantiker.*
1899-1900	Erste Frankreichreise; Kerr wird Kritiker der Zeitung *Der Tag* (bis 1919).
1903	Polemik *Herr Sudermann der D... Di ... Dichter;* Reise nach Palästina.
1904	Essayband *Schauspielkunst; Davidsbündler. Das neue Drama.*
1905	Erste Spanienreise.
1912-1915	Herausgeber der Zeitschrift *Pan.*
1914	Erste Amerikareise.
1917	Gedichtband *Die Harfe;* Erste Reihe *Gesammelte Schriften: Die Welt im Drama,* 5 Bde.; Ehe mit Inge Thormählen.
1918	Tod von Inge Kerr.
1919-1933	Theaterkritiker des *Berliner Tageblatts.*
1920	Zweite Ehe mit Julia Weissmann; Italienreise; Reisefeuilletons *Die Welt im Licht* 2 Bde. (Zweite Reihe *Gesammelte Schriften*)
1921	*Der Krämerspiegel,* Versallegorien auf zeitgenössische Musikverleger, als Privatdruck; Geburt des Sohnes Michael.
1922	England- und Amerikareise.

1923	Vierte Spanienreise; Reisebilder *New york und London;* Geburt der Tochter Anna Judith.
1924	*O Spanien!;* Amerikareise.
1925	*Yankee-Land.*
1926	Gedichtband *Caprichos.*
1927	*Der Russenfilm;* Neuausgabe *Gesammelte Schriften* zum 60. Geburtstag.
1928	Almanach *Für Alfred Kerr. Zum 60. Geburtstag,* herausgegeben von Joseph Chapiro; Prosaskizzen und Lyrik *Es sei wie es wolle, Es war doch so schön;* Reise nach Algier.
1929	Reiseprosa *Die Allgier trieb nach Algier ...;* politische Rundfunkvorträge in Berlin.
1930	Reise nach Spanien; *Spanische Rede vom deutschen Theater.*
1932	*Was wird aus Deutschlands Theater?;* Korsikareise.
1933	Letzte Veröffentlichung in Deutschland: *Eine Insel heißt Korsika ...;* am 15. Februar Flucht aus Berlin über Prag, Wien, Zürich nach Paris; am 23. August Aberkennung der deutschen Staatsbürgerschaft; Mitbeit an Exilzeitungen und -zeitschriften sowie ausländischen Tageszeitungen.
1934	*Die Diktatur des Hausknechts.*
1935	*Walther Rathenau: Erinnerungen eines Freundes.*
1936	Übersiedelung nach London; politische Kommentare für die BBC; Aufrufe und Flugblätter.
1938	Gedichtband *Melodien;* Gründungsmitglied des *Freien Deutschen Kulturbundes.*
1939-1947	Präsident des Deutschen PEN Club London.
1947	Mitarbeit für die *Neue Zeitung* in München.
1948	Flug nach Hamburg zu einer Vortragsreise durch mehrere deutsche Städte; Schlaganfall; Kerr scheidet am 12. Oktober freiwillig aus dem Leben.